1   **Entscheidungsfindung in vernetzten Systemen** 13

1.1   Der Betrieb als komplexes Gebilde – Erfahrungsobjekt – und als
Modell – Erkenntnisobjekt 13
1.1.1   Theorie und Praxis 13
1.1.2   Ziele und Ansätze der Betriebswirtschaftslehre 15
1.1.3   Der Betrieb als Modell: Entscheidungshilfen für die
betriebliche Praxis 16
1.2   Elemente und Beziehungen des Systems Betrieb 17
1.2.1   Der Betrieb im System Unternehmung 17
1.2.2   Der Betrieb und seine Stakeholder 19
1.2.3   Ziele und Zielsysteme 20
1.3   Kernprozesse eines Betriebes 24
1.3.1   Beschaffung von Produktionsfaktoren (Beschaffungs- und
Bereitstellungsprozess) 24
1.3.2   Leistungserstellung im Betrieb (Leistungserstellungsprozess) 25
1.3.3   Leistungsverwertung (Absatzprozess) 25
1.3.4   Finanzierung (Finanzwirtschaftliche Prozesse) 25
1.3.5   Betriebliche Geschäftsprozesse 25
1.4   Unternehmens- und Umfeldanalysen und -prognosen 28
1.5   Grundlagen betrieblicher Planungs- und Systemsteuerung 31
1.5.1   Strategische und operative Planung 31
1.5.2   Entscheidung und Kontrolle 34
1.6   Formen betrieblicher Organisation 37
1.6.1   Durch Organisieren zur zielorientierten Organisation 37
1.6.2   Organisatorische Gestaltungsalternativen 44
1.6.3   Die organisatorische Integration von Projekten 50
1.7   Konzepte betrieblicher Umweltökonomie 53
1.7.1   Das Spannungsfeld zwischen Ökonomie und Ökologie 53
1.7.2   Umweltschutz und Unternehmensziele: Die Verzahnung von
Ökologie und Ökonomie 53
1.7.3   Die natürliche Umwelt als Datenkranz für die Industrie 55
1.7.4   Umweltorientierte Unternehmenspolitik 56
1.7.5   Ökologisch orientierte Konzepte 59

2   **Marketing** 69

2.1   Marktinformationsbeschaffung 69
2.1.1   Analyse der unternehmensspezifischen Ausgangslage 69
2.1.1.1   Die Phasen der Marketingentwicklung 69
2.1.1.2   Definition des Begriffs Marketing 70
2.1.1.3   Die Umsetzung des Marketinggedankens in den Unternehmen 71
2.1.1.4   Organisationsstrukturen 72
2.1.1.5   Die Unternehmensanalyse 75
2.1.1.6   Marketingkonzeption und Marketingstrategie 76
2.1.2   Ermittlung der Wettbewerbssituation 77
2.1.2.1   Aufgaben der Marktforschung 77
2.1.2.2   Die Sekundärmarktforschung 78
2.1.3   Analyse der relevanten Kundenschichten 81

2.1.3.1	Die Primärmarktforschung	81
2.1.3.2	Die Erhebungsmethoden	82
2.1.4	Auswertung und Präsentation von Marktforschungsdaten	84
2.2	Marketinginstrumente	85
2.2.1	Produktpolitik	86
2.2.1.1	Die Produktinnovation	93
2.2.1.2	Die Produktmodifikation (Relaunch)	101
2.2.1.3	Die Produkteliminierung	103
2.2.2	Kontrahierungspolitik	104
2.2.2.1	Preispolitik	104
2.2.2.2	Konditionenpolitik	114
2.2.3	Distributionspolitik	117
2.2.3.1	Der Direktabsatz	118
2.2.3.2	Der indirekte Absatz	120
2.2.4	Kommunikationspolitik	123
2.2.4.1	Absatzwerbung	123
2.2.4.2	Verkaufsförderung	128
2.2.4.3	Public Relations	130
2.2.4.4	Product-Placement	131
2.2.4.5	Sponsoring	131
2.2.4.6	Corporate Identity	132
3	**Leistungserstellung**	134
3.1	Grundlagen und Rahmenbedingungen der Produktionswirtschaft	134
3.2	Produktionswirtschaft als integrierter Prozess	138
3.2.1	Produktorientierte Rationalisierungsmaßnahmen	138
3.2.2	Verfahrensorientierte Rationalisierungsmaßnahmen	140
3.2.3	Arbeitskräfteorientierte Rationalisierungsmaßnahmen	141
3.2.4	DV-Einsatz in der Fertigungswirtschaft	142
3.2.5	Unternehmensstrategien	144
3.3	Produkt-/Produktionsprogrammplanung	145
3.3.1	Langfristige Fertigungsprogrammplanung	147
3.3.2	Mittelfristige Fertigungsprogrammplanung	150
3.3.3	Kurzfristige Fertigungsprogrammplanung	152
3.4	Fertigungsverfahren	155
3.4.1	Erzeugungsverfahren	156
3.4.2	Produktionstypen	157
3.4.3	Organisationstypen der Fertigung	160
3.4.4	Fertigungsdurchführung bei unterschiedlicher Produktionstechnik	165
3.5	Fertigungsplanung	167
3.5.1	Fertigungsablaufplanung (Herstellungsplanung)	167
3.5.2	Bedarfsplanung	181
3.6	Fertigungssteuerung	183
3.6.1	Auftragsbearbeitung (Auftrags- und Terminwesen)	184
3.6.2	Auftragsumwandlung (Auftragsneustrukturierung)	184
3.6.3	Beschaffung und Bereitstellung der Produktionsfaktoren	188
3.6.4	Terminbearbeitung (Timing) – Grobterminierung	189
3.6.5	Maschinenbelegung – Feinterminierung	189

3.6.6	Arbeitsverteilung	194
3.7	Fertigungskontrolle	194
4	**Beschaffung**	**200**
4.1	Gegenstand der Beschaffung	200
4.1.1	Ziele der Beschaffungsaktivitäten	200
4.1.2	Bedeutung der Beschaffung in der Wertschöpfungskette – Supply Chain Management	201
4.1.3	Versorgen und Entsorgen	202
4.2	Organisation des Beschaffungsprozesses	203
4.2.1	Zentrale und dezentrale Organisation der Beschaffung	203
4.2.2	Interne Organisation der Beschaffung	206
4.3	Beschaffungsprozess	207
4.3.1	Beschaffungsmarktforschung	208
4.3.1.1	Gründe für die zunehmende Bedeutung der Beschaffungs- marktforschung	208
4.3.1.2	Untersuchungsobjekte der Beschaffungsmarkt- forschung	209
4.3.1.3	Informationsquellen der Beschaffungsmarktforschung	210
4.3.2	Analyse der Bedeutung der Beschaffungsobjekte	211
4.3.2.1	ABC-Analyse	211
4.3.2.2	XYZ-Analyse	214
4.3.2.3	Wertanalyse	215
4.3.2.4	Nutzwertanalyse	218
4.3.2.5	Preisstrukturanalyse	219
4.3.2.6	Optimale Bestellmenge	221
4.3.3	Beschaffungskonzepte	222
4.3.3.1	Einzelbeschaffung, Vorratshaltung, fertigungssynchrone Beschaffung	222
4.3.3.2	Modular Sourcing	223
4.3.3.3	Global Sourcing (International Sourcing)	224
4.3.3.4	Single Sourcing/Dual Sourcing/Multiple Sourcing	226
4.3.4	Lieferantenbewertung und -auswahl	226
4.3.4.1	Lieferantenbewertung	227
4.3.4.2	Lieferanteneingrenzung	228
4.3.4.3	Lieferantenauswahl	229
4.3.4.4	Lieferantenverhandlung	229
4.3.4.5	Vertragsabschluss	230
4.3.5	Internetgestützte Beschaffungsaktivitäten: E-Procurement	230
4.3.5.1	Elektronische Beschaffungsmarktforschung	230
4.3.5.2	Beschaffungs-Homepage	230
4.3.5.3	Elektronische Marktplätze	231
4.4	Lagerhaltung	233
4.4.1	Lagereingang	234
4.4.1.1	Überprüfung des Lagergutes beim Lagereingang	234
4.4.1.2	Überprüfung der Rechnungen und Erstellung der Papiere	236
4.4.2	Lagerung	237
4.4.2.1	Aufgaben und Funktionen der Lagerhaltung	237

4.4.2.2	Kriterien zur Bestimmung des Lagertyps	238
4.4.2.3	Lagerarten	239
4.4.2.4	Lagereinrichtung und Lagertechnik	245
4.4.2.5	Lade-, Hebe- und Fördermittel	254
4.4.3	Lagerorganisation	256
5	**Personalwirtschaft**	**260**
5.1	Grundlagen und Rahmenbedingungen	261
5.1.1	Funktionen und Zielsetzung einer modernen Personalwirtschaft	261
5.1.2	Die Aufgabenverteilung der Personalwirtschaft	263
5.1.3	Die Eingliederung der Personalwirtschaft in die Unternehmenshierarchie	264
5.2	Personalbestandsanalyse	265
5.2.1	Funktion der Personalbestandsanalyse	266
5.2.2	Stellenplan und Stellenbeschreibung als Basis der Personalbestandsanalyse	266
5.2.3	Quantitative und qualitative Darstellung der Personalsituation	267
5.3	Personalbedarfsplanung	270
5.3.1	Bestimmungsfaktoren des Personalbedarfs	270
5.3.2	Schritte zur Ermittlung des Personalbedarfs	272
5.4	Personalbeschaffung	273
5.4.1	Einzelschritte und Alternativen der Personalbeschaffung	274
5.4.2	Innerbetriebliche und außerbetriebliche Möglichkeiten der Personalbeschaffung	275
5.4.3	Instrumente der Personalbeschaffung	277
5.5	Personalauswahl und Personaleinstellung	279
5.5.1	Die Durchführung als Auswahlverfahrens	279
5.5.2	Die Personaleinstellung	281
5.6	Personaleinarbeitung und Personaleinsatz	281
5.6.1	Bedingungsfaktoren des Personaleinsatzes	281
5.6.2	Personaleinsatzplanung in der Praxis	283
5.6.3	Die Gestaltung der Arbeitsaufgabe	283
5.7	Die Gestaltung von Arbeitsplatz und Arbeitsumgebung	284
5.7.1	Zielsetzungen der Arbeitsplatzgestaltung	284
5.7.2	Arbeitswissenschaftliche Anforderungen an die Arbeitsplatzgestaltung	285
5.8	Die Gestaltung der Mitarbeitervergütung	286
5.8.1	Anforderungsbezogene Vergütungsgestaltung	286
5.8.2	Leistungsbezogene Vergütungsgestaltung	289
5.9	Personalbeurteilung	291
5.9.1	Anlässe und Ansatzpunkte der Personalbeurteilung	291
5.9.2	Verfahren der Personalbeurteilung	293
5.10	Personalausbildung	295
5.10.1	Eckdaten der Planung	295
5.10.2	Die Gestaltung der Ausbildung	296
5.11	Personalentwicklung	296
5.11.1	Gegenstand und Zielsetzung der Personalentwicklung	297

5.11.2	Das Instrumentarium der Personalentwicklung	298
5.12	Personalabbau	300
5.12.1	Ursachen des Personalabbaus	301
5.12.2	Maßnahmen des Personalabbaus	302
5.12.3	Die Kündigung in ihrer wirtschaftlichen, sozialen und rechtlichen Bedeutung	302
5.12.4	Outplacement und Outsourcing	303
5.13	Personalführung	303
5.13.1	Führungskonzepte	303
5.13.2	Führungsstile	305
5.13.3	Die Motivation der Mitarbeiter	306
5.13.4	Personalführung als Teil der Unternehmenskultur	307

6	**Investition und Finanzierung**	310
6.1	Der Zusammenhang zwischen Investition und Finanzierung	310
6.1.1	Leistungsbereich und Finanzbereich	310
6.1.2	Ziele der Finanzwirtschaft	311
6.2	Investitionsplanung und Investitionsentscheidungen	313
6.2.1	Schwierigkeiten der Investitionsentscheidungen	313
6.2.2	Der Investitionsbegriff und Investitionsarten	313
6.2.3	Phasen der Investitionsplanung	315
6.2.4	Beurteilung von Investitionen	317
6.2.5	Statische Verfahren der Investitionsrechnung	317
6.2.5.1	Kostenvergleichsrechnung	318
6.2.5.2	Gewinnvergleichsrechnung	324
6.2.5.3	Rentabilitätsvergleichsrechnung	326
6.2.5.4	Statische Amortisationsrechnung	328
6.2.6	Dynamische Verfahren der Investitionsrechnung	329
6.2.6.1	Kapitalwertmethode	329
6.2.6.2	Annuitätenmethode	332
6.2.6.3	Interne Zinssatzmethode	333
6.2.7	Qualitative Kriterien der Investitionsentscheidung	334
6.2.8	Berücksichtigung der Unsicherheit bei Investitionsentscheidungen	337
6.3	Finanzierung und Finanzierungsmöglichkeiten	339
6.3.1	Überprüfung der Finanzierungsmöglichkeiten	339
6.3.1.1	Der Finanzierungsbegriff	339
6.3.1.2	Die Finanzierungsarten	340
6.3.1.3	Liquidität und finanzielles Gleichgewicht	341
6.3.2	Aussagekraft einer Finanzanalyse	342
6.3.2.1	Bestandsorientierte Finanzanalyse	342
6.3.2.2	Cashflow-Analyse	348
6.3.3	Finanzplanung	349
6.3.3.1	Erfordernis einer Finanzplanung	349
6.3.3.2	Aufbau von Finanzplänen und Ermittlung des Kapitalbedarfs	349
6.3.4	Formen der Außenfinanzierung	351
6.3.4.1	Einlagen- bzw. Beteiligungsfinanzierung	351
6.3.4.2	Fremdfinanzierung	356
6.3.5	Formen der Innenfinanzierung	361

6.3.5.1	Selbstfinanzierung	361
6.3.5.2	Finanzierung aus Abschreibungsgegenwerten	362
6.3.5.3	Finanzierung aus Rückstellungsbildung	364
6.4	Wirkung falscher Investitions- und Finanzierungsentscheidungen	365

7 Strategische Planung und operative Managementprozesse 368

7.1	Planung der Strategieentwicklung	368
7.1.1	Zielgrößen	369
7.1.1.1	Zielsystem – Vision – Mission – Kultur	369
7.1.1.2	Kernkompetenz	373
7.1.1.3	Strategisches Geschäftsfeld – Strategische Gruppe – Strategische Geschäftseinheit	375
7.1.2	Istanalyse	377
7.1.2.1	Umfeldanalyse	377
7.1.2.2	Branchenanalyse	378
7.1.2.3	Stärken-Schwächen-Analyse, Chancen-Risiken-Analyse, SWOT-Analyse	382
7.1.2.4	Portfolioanalysen	385
7.1.3	Konzeptalternativen	392
7.1.3.1	Marktfeld	392
7.1.3.2	Marktabdeckung	398
7.1.3.3	Konkurrenzvorteil	402
7.1.3.4	Marktverhalten	408
7.1.3.5	Zeitabfolge	412
7.1.4	Strategiebewertung	420
7.2	Planung der Strategieumsetzung	421
7.2.1	Prozessmanagement	421
7.2.1.1	Geschäftsprozesse	421
7.2.1.2	Prozessuale Verschlankung	423
7.2.1.3	Prozessuale Verbesserung	424
7.2.2	Wertschöpfungskette	426
7.2.2.1	Wertkettenanalyse	426
7.2.2.2	Wertkettengestaltung und -verschränkung	427
7.2.3	PIMS-Studie	429
7.2.4	Benchmarking	430
7.2.5	Business Process Reengineering	432
7.2.6	Präventionssysteme	434
7.2.7	Entscheidungsfindung	435

8 Projektmanagement 439

8.1	Grundlagen	439
8.1.1	Projektbegriff	439
8.1.2	Arten von Projekten	440
8.1.3	Bedeutung von Projekten in der Wirtschaft	441
8.1.4	Aufgaben des Projektmanagements und Projektphasen	443
8.1.5	Praxisfall IPOS	444

8.2	Projektmanagement in der Phase „Projektdefinition"	445
8.2.1	Beschreibung und Analyse des Problems	446
8.2.2	Projektziele und Anforderungskatalog	448
8.2.3	Entwurf des Projektergebnisses („Lösungskonzept")	450
8.2.4	Durchführbarkeitsanalyse	450
8.2.5	Projektvertrag	451
8.2.6	Projektorganisation	452
8.2.7	Kick-off-Meeting	454
8.2.8	Praxisfall IPOS	455
8.2.9	Praxistipps für die Projektleitung	460
8.3	Projektmanagement in der Phase „Projektplanung"	462
8.3.1	Identifizierung der Arbeitspakete	463
8.3.2	Projektstrukturplan	465
8.3.3	Projektablaufplan und Terminplan	467
8.3.4	Kapazitätsplan	471
8.3.5	Kostenplan	473
8.3.6	Qualitätsplan	474
8.3.7	Praxisfall IPOS	475
8.3.8	Praxistipps für die Projektleitung	482
8.4	Projektmanagement in der Phase „Projektdurchführung"	483
8.4.1	Zusammenspiel von Projektsteuerung, -controlling und -dokumentation	484
8.4.2	Operative Maßnahmen der Projektsteuerung	485
8.4.3	Projektcontrolling	489
8.4.4	Projektdokumentation	492
8.4.5	Praxisfall IPOS	495
8.4.6	Praxistipps für die Projektleitung	497
8.5	Projektmanagement in der Phase „Projektabschluss"	498
8.5.1	Abschlusspräsentation	500
8.5.2	Abnahme des Projektergebnisses	501
8.5.3	Einführung in das Projektergebnis	501
8.5.4	Abschlussbesprechung	501
8.5.5	Abschlussbericht	503
8.5.6	Teamauflösung	503
8.5.7	Praxisfall IPOS	503
8.5.8	Praxistipps für die Projektleitung	505
Sachwortverzeichnis		508

Verzeichnis der methodischen Empfehlungen

Kapitel 1   Entscheidungsfindung in vernetzten Systemen
Kapitel 2   Marketing
Kapitel 3   Leistungserstellung
Kapitel 4   Beschaffung
Kapitel 5   Personalwirtschaft
Kapitel 6   Investition und Finanzierung
Kapitel 7   Strategische Planung und operative Managementprozesse
Kapitel 8   Projektmanagement

Berufliches Handeln unterliegt in zunehmendem Maße dem Prozess gesellschaftlicher und technologischer Entwicklungen. Lebenslanges Lernen ist dabei eine Grundvoraussetzung für die Entwicklung einer modernen Industriegesellschaft. Neben der beruflichen Erstausbildung gewinnt daher zunehmend die **berufliche Weiterbildung** an Bedeutung.

Vorwort zur Fachbuchreihe

Für die Fachschule für Wirtschaft ist ein **Konzept** entwickelt worden, das nicht nur dem wachsenden Weiterbildungsbedarf im postsekundären Bereich Rechnung trägt, sondern darüber hinaus auf die Veränderung im Bildungs- und Beschäftigungssystem reagiert. Das Lernen in komplexen Handlungssituationen und die Vermittlung umfassender beruflicher Handlungskompetenz stehen dabei im Mittelpunkt.

Entsprechend den curricularen Zielsetzungen der Fachschule für Wirtschaft bringt der Bildungsverlag EINS für diesen Bildungsgang eine **neu konzipierte Lehrbuchreihe** heraus. Inhalt, Struktur und Intention der Werke folgen den Anforderungen des Lehrplanes für die Fachschule für Wirtschaft in Nordrhein-Westfalen. Sie berücksichtigen eine **erwachsenengerechte Didaktik und Methodik** und stellen den **praxisbezogenen Fall in den Mittelpunkt** der Erarbeitung. Ziel der Buchreihe ist die **Erweiterung beruflicher Handlungskompetenz**, d. h. die Fähigkeit und Bereitschaft, in beruflichen und außerberuflichen Situationen problemorientiert und sachgerecht, durchdacht sowie in gesellschaftlicher Verantwortung zu handeln.

Aus diesem Verständnis heraus wurde die Buchreihe so konzipiert, dass alle Inhalte der **Lernfelder** in den fachsystematisch strukturierten Büchern enthalten sind. Sie ermöglichen den Studierenden so eine Erarbeitung schulischer Lernsituationen im Rückgriff auf die Buchreihe. Die Studierenden können ihr vorhandenes Wissen auf neue Situationen übertragen, ihre **Fachkompetenz** vertiefen und die **Methodenkompetenz** erweitern.

Die Herausgeber

Vorwort zum Handlungs- feld Betrieb

Vorwort

Das vorliegende Buch orientiert sich am Lehrplan für die Fachschule für Wirtschaft in Nordrhein-Westfalen. Es deckt die betriebswirtschaft- lichen Kompetenzen der Lernfelder des Lehrplanes ab und greift dabei die Gliederung des Lehrplanes zu den Fächern des fachrichtungsbe- zogenen Bereichs auf.

Der Gestaltungsspielraum staatlich geprüfter Betriebswirte/Betriebswirtinnen im Unter- nehmen erstreckt sich auf die **Kernprozesse** der Unternehmung, auf **unterstützende Prozesse** und auf **Managementprozesse**. Diese Sichtweise stellt den Ordnungs- rahmen des Lehrplanes und des vorliegenden Lehrbuches dar. Nach der Orientierung über das Unternehmen als System und die Systemumwelt im Kapitel **„Entschei- dungsfindung in vernetzten Systemen"** folgen die Kernprozesse der Betriebswirt- schaftslehre **„Absatzwirtschaft, Leistungserstellung, Beschaffung und Personal- wirtschaft"**. Das Kapitel **„Investition und Finanzierung"** als unterstützender Prozess und **„Strategische Planung"** als Managementprozess runden das Buch ab.

Die fachwissenschaftlichen Inhalte werden in konkrete betriebliche Handlungssituatio- nen eingebunden und anhand einer Vielzahl von Beispielen illustriert. Die **Entschei- dungsorientierung** der vorgestellten Handlungssituationen unterstützt dabei den Transfer der fachwissenschaftlichen Inhalte auf die Realität und die Integration des erworbenen Wissens in die Erfahrungen der Studierenden. Ein ausführliches Literatur- verzeichnis gibt Hinweise für die Vertiefung der Themen.

Die Verfasser

1 Entscheidungsfindung in vernetzten Systemen

1.1 Der Betrieb als komplexes Gebilde – Erfahrungsobjekt – und als Modell – Erkenntnisobjekt

Die LUX ETERNITAS AG – Leuchtmittel – produziert seit über 30 Jahren Leuchtmittel.

Die Unternehmensleitung nimmt ihre Funktion schon seit vielen Jahren ein, auch die Führungskräfte nachgeordneter Ebenen sowie die Mitarbeiterinnen und Mitarbeiter sind seit vielen Jahren im Unternehmen. Viele Abläufe sind systematisiert und gut organisiert, die Erfahrungen aus vielen Jahren scheinen weiterhin Früchte zu tragen.

Seit einiger Zeit gibt es aber erkennbare Unruhe: Die Neubesetzungen von zwei Abteilungsleitungen mit externen jungen Kräften, beide Dipl.-Betriebswirte, führen zu einem Rumoren in den Abteilungen und zu Irritationen bei anderen Abteilungsleitungen. Von den Neulingen wird offensichtlich die fehlende Aktualität im betriebswirtschaftlichen Handeln beklagt, vieles sei nicht mehr zeitgemäß und von der Wissenschaft längst überholt.

1.1.1 Theorie und Praxis

Der **„Betrieb als Modell"**: Was bedeutet dies eigentlich?

Wird diese Frage **„Praktikern"**, also betrieblich „Handelnden", vorgelegt, dann reicht die Bandbreite der Antworten, je nach Tätigkeit, Branche und individueller Perspektive, von pflichtschuldiger Zustimmung zur Notwendigkeit wissenschaftlicher Theoriebildung bis hin zur Leugnung eines Verwertungsnutzens für die „Wirklichkeit".

Die Betriebswirtschaftslehre wird oft als eine Angelegenheit für Professoren und Lehrer gesehen, die teilweise als „Theoretiker" gesehen werden, die über die Vergabe beruflicher Zulassungsberechtigungen bestimmen. Andererseits muss sich die berufliche Praxis oft den Vorwurf gefallen lassen, die Ergebnisse wissenschaftlicher Forschung nicht oder kaum wahrzunehmen.

Einen Betriebswirtschaftler muss der Vorwurf des fehlenden Anwendungsbezuges seines Tuns treffen. Hier stellt sich dann aber sofort folgende Frage: Was ist denn mit dem **„Praxisbezug"** konkret gemeint? Es kann nicht die Aufgabe einer wissenschaftlichen Disziplin sein, praktische Entscheidungen für jede betriebliche Situation vorzugeben, stattdessen leitet sie aus der Analyse der vielfältigen betrieblichen Realitäten Beobachtungen und Aussagen ab, die dann wiederum in **konkrete betriebliche Handlungssituationen** einfließen.

Praxisbezug

Beispiel Betriebe organisieren z. B. ihre Fertigung nach konkreten Erfordernissen, die sich aus dem Produkt und dessen Markt ableiten. Die Vielfalt der Produkte wird mit unterschiedlichen Fertigungssystemen hergestellt. Die Analyse und Systematisierung hat modellhafte Produktionssysteme zum Ergebnis. Das „Wissen" (daher „Wissenschaft") wird dann zur Grundlage und zu einem Element praktischer betrieblicher Entscheidungen. Die beiden neuen Abteilungsleiter im obigen Beispiel werden mit ihrem aktuellen Wissen die Strukturen und Prozesse einer kritischen Überprüfung unterziehen und notwendige Optimierungen durchführen.

Gebiete der BWL

Die grundsätzlichen Aussagen der Betriebswirtschaftslehre betreffen jede Art von Unternehmen, wobei **spezielle Gebiete der Betriebswirtschaftslehre** verschiedene Branchen oder Unternehmensgrößen besonders unterstützen.

> Beispiel Industrie-BWL, Bank-BWL, Handels-BWL
> BWL für Klein- und Mittelbetriebe

Allen Unternehmen ist aber gemeinsam **das Anbieten von Gütern oder Dienstleistungen auf dem Markt**, um Bedürfnisse von Kunden zu decken. Deshalb lässt sich die Betriebswirtschaftslehre in folgender Weise definieren:

„Die Betriebswirtschaftslehre (Managementlehre, Business Administration) ist die Wissenschaft, die sich mit der Führung und Gestaltung von Unternehmen befasst. Im Vordergrund stehen die Unternehmung als produktives und soziales System und das unternehmerische Handeln, mit dem das Überleben innerhalb der Marktwirtschaft gegenüber der Konkurrenz gesichert wird."

Thommen, Jean-Paul, Lexikon der Betriebswirtschaft: Management-Kompetenz von A bis Z, 2. Auflage, Zürich 2000, S. 86.

Unter „Wissenschaft" ist ein System von methodisch gesicherten, d. h. objektiven Sätzen über einen Gegenstandsbereich zu verstehen, bei der Betriebswirtschaftslehre ist dies der „Betrieb".

Wissenschaftliches Arbeiten

Der Weg zu gültigen und grundsätzlichen Einsichten in wirtschaftliche Zusammenhänge erfordert **systematisches, d. h. wissenschaftliches Arbeiten**, unter Zuhilfenahme der notwendigen Instrumente, so auch der Wirtschaftsmathematik und Statistik. Die dazu erforderlichen Kenntnisse sowie ein hohes Abstraktionsvermögen sind auch zu einem großen Teil verantwortlich für die Vorbehalte gegenüber der „Theorie". Hierbei wird aber übersehen, dass die Arbeit der „Praktiker" sich öfter vor dem Hintergrund mathematischer Grundlagen ereignen kann.

> Beispiel Ein Unternehmen steht vor einer Investitionsentscheidung: Die Produktionsanlage muss erneuert werden, zwei unterschiedliche Anlagen stehen zur Diskussion. Der Entscheidung sollen unterschiedliche Daten in vergleichbarer Form zugrunde gelegt werden.
>
> Hierzu können nun statische Kosten-, Gewinn-, Rentabilitäts- und Amortisationsvergleichsrechnungen herangezogen werden. Die Daten, z. B. Umsätze, Stückkosten, werden für einige Jahre als unverändert, also „statisch", gesetzt. Möchten die betrieblichen Entscheidungsträger prognostizierte Veränderungen der nächsten Jahre, z. B. Kostensteigerungen, mitberücksichtigt haben, dann können diese **Investitionsrechnungen** als dynamische durchgeführt werden.

Theorie und Praxis

Erfolg in der Praxis ist nur möglich mit einer guten Theorie, wenn diese auch nicht immer gesehen und erkannt wird. Hierzu ein Beispiel, das die dargestellte **„Schein-Problematik" von Theorie und Praxis** sehr schön veranschaulicht:

„Der Hinweis eines Studenten, bei seiner Ausbildung zum Industriekaufmann habe er niemals die Differenzialrechnung einsetzen müssen, zeugt aber nicht von der größeren Praxisnähe seiner bisherigen Ausbildung, sondern belegt, dass er sich der verallgemeinerungsfähigen Grundlagen von Entscheidungen nicht bewusst war. Dieses Bewusstsein zu vermitteln ist Teil der betriebswirtschaftlichen Ausbildung."

Berndt, Ralph/Fantapié Altobelli, Claudia/Schuster, Peter (Hrsg.), Springers Handbuch der Betriebswirtschaftslehre 1, Berlin u. a. 1998, S. 9.

1.1.2   Ziele und Ansätze der Betriebswirtschaftslehre

Das **Arbeitsgebiet der Betriebswirtschaftslehre** liegt in der **optimalen Gestaltung der Wertkette einer Unternehmung** (Beschaffungsprozess, Produktionsprozess, Absatzprozess) unter Berücksichtigung von Unterstützungs- und Managementprozessen.

Wertkette einer Unternehmung

◆ Zielsetzungen

Die Zielsetzungen der Betriebswirtschaftslehre bestehen in der

Zielsetzungen der BWL

- *Erklärungsaufgabe*: Die betrieblichen Sachverhalte werden beschrieben und das Zusammenwirken der Produktionsfaktoren im betrieblichen Gesamtzusammenhang erklärt;

- *Gestaltungsaufgabe*: Handlungsmöglichkeiten im Rahmen der betrieblichen Potenziale werden aufgezeigt und Kriterien für deren Bewertung geliefert, dazu gehören z. B. betriebliche Kennzahlen zur Messung des wirtschaftlichen Erfolges.

◆ Ansätze

Ansätze der BWL

Die Betriebswirtschaftslehre hat in der wissenschaftlichen Diskussion unterschiedliche Forschungsrichtungen entwickelt, die hier kurz vorgestellt werden.

⋆ Der **faktortheoretische Ansatz** stellt das Gesetz der industriellen Faktorkombination in den Mittelpunkt, das zur Grundlage einer Produktions- und Kostentheorie wird. Das zentrale Thema ist das Verhältnis zwischen Faktoreinsatzmengen und Faktorertrag.

> Beispiel   Wie entwickelt sich der Gesamtertrag, wenn steigende oder sinkende Einsatzmengen der Produktionsfaktoren eingesetzt werden? Wie entwickeln sich die Kosten, wenn steigende oder sinkende Ausbringungsmengen hergestellt werden?

⋆ Der **systemtheoretische Ansatz** betrachtet den Betrieb als produktives soziales System und beschäftigt sich mit den dabei auftretenden Gestaltungs- und Führungsproblemen. Es ist eine Betrachtungsweise mit hohem Abstraktionsgrad, in die psychologische, ökonomische und technologische Elemente eingehen.

> Beispiel   Ein Betrieb möchte im Rahmen einer Rationalisierungsmaßnahme jede Mitarbeiterin und jeden Mitarbeiter per Intranet in den Kommunikationsprozess einbinden. Wie wirkt sich dies auf die Mitarbeiterinnen und Mitarbeiter aus? Welche ökonomischen Vorteile ergeben sich daraus? Wie ist der wirtschaftliche Rationalisierungseffekt messbar?

⋆ Der **verhaltenstheoretische Ansatz** stellt den sozialen Prozess bei der Zusammenarbeit für das Unternehmensziel in den Vordergrund. Er beschäftigt sich mit den Handlungsantrieben, der Motivation und möglichen Konflikten.

> Beispiel   Aus der Vielzahl der Bewerberinnen und Bewerber für die Leitung einer Abteilung entscheidet sich die Unternehmensleitung für eine Bewerberin, sie wird die erste Frau in einer leitenden Stellung im Unternehmen sein. Wie wirkt sich dies auf die Abteilung aus? Welche Bedeutung hat dies für Frauen im Unternehmen? Welche motivierende Wirkung kann diese Entscheidung haben? Wo sind Konflikte zu erwarten?

⋆ Der **entscheidungsorientierte Ansatz** geht von Betrieben mit gegebenen ökonomischen Zielen aus. Betriebliche Entscheidungssituationen werden untersucht,

systematisiert und zu einer betriebswirtschaftlichen Entscheidungstheorie entwickelt.

> **Beispiel** – Welche der angebotenen Produktionsanlagen wird gekauft?
> – Kann der gewünschte Fertigstellungstermin verbindlich eingehalten werden?

1.1.3   Der Betrieb als Modell:
Entscheidungshilfen für die betriebliche Praxis

Die **betriebswirtschaftliche Entscheidungstheorie** unterscheidet zwei Ansätze:

Aufgaben der Entschei-dungstheorie

*„(1) Die **normative Entscheidungstheorie** geht bei der Modellbildung von einem ratio-nal handelnden Wirtschaftssubjekt, dem Homo oeconomicus, aus. Die Frage lautet: Wie soll entschieden werden, um ein Ziel zu erreichen?*

*(2) Die **deskriptive** (empirisch-realistische) **Entscheidungstheorie** untersucht das Zustandekommen von Entscheidungen unter verhaltenswissenschaftlichen Aspekten, wobei sie von eingeschränkter Rationalität ausgeht.“*

Wöhe, Günter/Döring, Ulrich, Einführung in die Allgemeine Betriebswirtschaftslehre, 23., vollst. neu bearbeitete Auflage, München 2008, S. 97

Der Anwendungsbezug des Ansatzes ergibt sich aus der Analyse komplexer betrieb-licher Realität. Die Untersuchung dieser Vorgänge sowie deren „betriebswirtschaftliche Beeinflussungen", aber auch die Entscheidungen selbst, werden zum Gegenstand **einer Betriebswirtschaftslehre als angewandter Entscheidungstheorie**. Betrieb-liche Handlungssituationen verlangen Entscheidungen.

> **Beispiel** Die Entscheidung für die Auswahl eines Lieferers hängt von vielen Faktoren ab, z. B. Preis, Qualität, Lieferungs- und Zahlungsbedingungen.

Während bei standardisierten und sich oft wiederholenden Abläufen der Entschei-dungsfindung, z. B. Angebotsvergleich, der zur Verfügung stehende Datenkranz wirt-schaftlicher Faktoren die Risiken überschaubar macht, gibt es auch nicht beeinfluss-bare Rahmenbedingungen.

> **Beispiel** Ein US-amerikanischer Importeur verlangt vom deutschen Exporteur ein Zahlungsziel mit Preisstellung in US-Dollar. Der Wechselkurs zwischen US-Dollar und Euro hat gro-ßen Einfluss auf die Preiskalkulation und den wirtschaftlichen Erfolg dieses Geschäftes.

Unterschied-liche Ent-scheidungen

Der **unterschiedliche Informationsstand über die Umweltbedingungen** führt zu folgender Kategorisierung von Situationen:

– *„Im Falle der Entscheidungen bei Sicherheit wird ein einziger Umweltzustand in das Entscheidungskalkül einbezogen; deshalb spricht man auch von **einwertigen Erwartungen**.*

– ***Entscheidungen bei Risiko** setzen voraus, dass mehrere Zustände existieren, für deren Eintreten eine Wahrscheinlichkeitsverteilung angegeben werden kann.*

– *Man spricht von **Entscheidungen bei Ungewissheit**, wenn eine Wahrscheinlich-keitsverteilung für die verschiedenen Zustände nicht bekannt ist und auch nicht abgeschätzt werden kann.“*

Berndt, Ralph/Fantapié Altobelli, Claudia/Schuster, Peter (Hrsg.), Springers Handbuch der Betriebs-wirtschaftslehre 1, Springer Verlag, Berlin u. a. 1998, S. 7.

– Ein langjähriger zuverlässiger Lieferer wird von einem Streik der Lkw-Fahrer betroffen sein, sagt aber dennoch die Lieferung zum festgelegten Termin zu.

– Ein deutscher Exporteur schließt – trotz der nicht zu kalkulierenden Entwicklung des Wechselkurses zum US-Dollar und der amerikanischen Wirtschaft – ein Geschäft ab, um sich den Zutritt zum amerikanischen Markt zu eröffnen.

– Ein deutsches Bauunternehmen plant eine Beteiligung an großen Bauprojekten in Afghanistan.

Neben diesen unterschiedlich planbaren Entwicklungen wirken sich die Entscheidungen anderer Wirtschaftssubjekte auf das Ergebnis eigenen Handelns aus. Betriebswirtschaftliches Arbeiten steht unter den Forderungen des Marketingkonzeptes, der Markt entscheidet über Erfolg und Misserfolg.

 Wird das in einem Zeitraum von drei Jahren bis zur Serienreife entwickelte Auto den Vorstellungen heutiger Käufer entsprechen?

Der entscheidungstheoretische Ansatz strukturiert den Prozess der Entscheidungen, der in die betrieblichen Zielsetzungen einmündet. Durch die Analyse der internen und der externen Einflussfaktoren werden die Möglichkeiten und Grenzen der Planbarkeit sichtbar (s. a. Wöhe, Günter/Döring, Ulrich, a. a. O. S. 96 ff.).

1.2 Elemente und Beziehungen des Systems Betrieb

Ein Chemieunternehmen mit Sitz im Kölner Norden beschäftigt 3.000 Mitarbeiterinnen und Mitarbeiter. Das Unternehmen unterhält Niederlassungen in Bitterfeld, Milwaukee/Wisc., USA und Madras/Indien, in denen insgesamt noch rund 2.000 Beschäftigte arbeiten. Es werden Farben hergestellt und vertrieben. Die Produkte sind ausschließlich selbst entwickelt, teilweise werden die Entwicklungen als Lizenz verkauft. Der Bereich Textilfarben, der seinen Betrieb in Köln hat, möchte zukünftig das Hauptgewicht in der Produktion auf die Herstellung von ökologisch verträglicheren Farben legen.

Diese Umstellung erfolgt natürlich nicht so ohne Weiteres. Das Vorhaben ist mit einigen Vorüberlegungen und vorbereitenden Maßnahmen verknüpft.

Diese Konsequenzen betreffen einmal den Betrieb als solchen, zum anderen aber auch die am Prozess beteiligten Personen, Institutionen und die Ziele. Hierauf soll zunächst eingegangen werden.

1.2.1 Der Betrieb im System Unternehmung

◆ **Betrieb und Unternehmung**

Betriebe werden in der Regel als örtliche, technische und organisatorische Einheiten definiert, die ihre Aufgabe in der Erstellung von Sachgütern und/oder Dienstleistungen sehen. Das heißt, dass in diesen Einheiten räumlich zusammenhängend organisiert und zielgerichtet agiert wird. Dieses Handeln kann zwischen Menschen und Menschen, Menschen und Sachen oder Sachen und Sachen stattfinden. Der Begriff **Unternehmung** charakterisiert im Gegensatz dazu eine wirtschaftlich-finanzielle und rechtliche Einheit. Eine Unternehmung kann mehrere Betriebe beinhalten.

Betrieb

Unternehmung

Vgl. Gablers Wirtschaftslexikon, 14., vollständig überarbeitete und erweiterte Auflage, Wiesbaden 2000.

◆ **Unternehmung als System**

Das System **Betrieb/Unternehmung** besteht wie jedes System aus Systemelementen, Beziehungen und Systemgrenzen. Als **Systemelemente** können beispielsweise die Mitarbeiter und die Arbeitsplätze angesehen werden. **Systembeziehungen** bestehen zwischen den Systemelementen und dem System und seinem Umfeld (vgl. Abb. 1.2-1). Die Unternehmung zeigt sich als **künstliches System**, das menschlicher Planung, Steuerung und Überwachung unterliegt. Sie ist das Ergebnis menschlicher Gestaltungshandlungen.

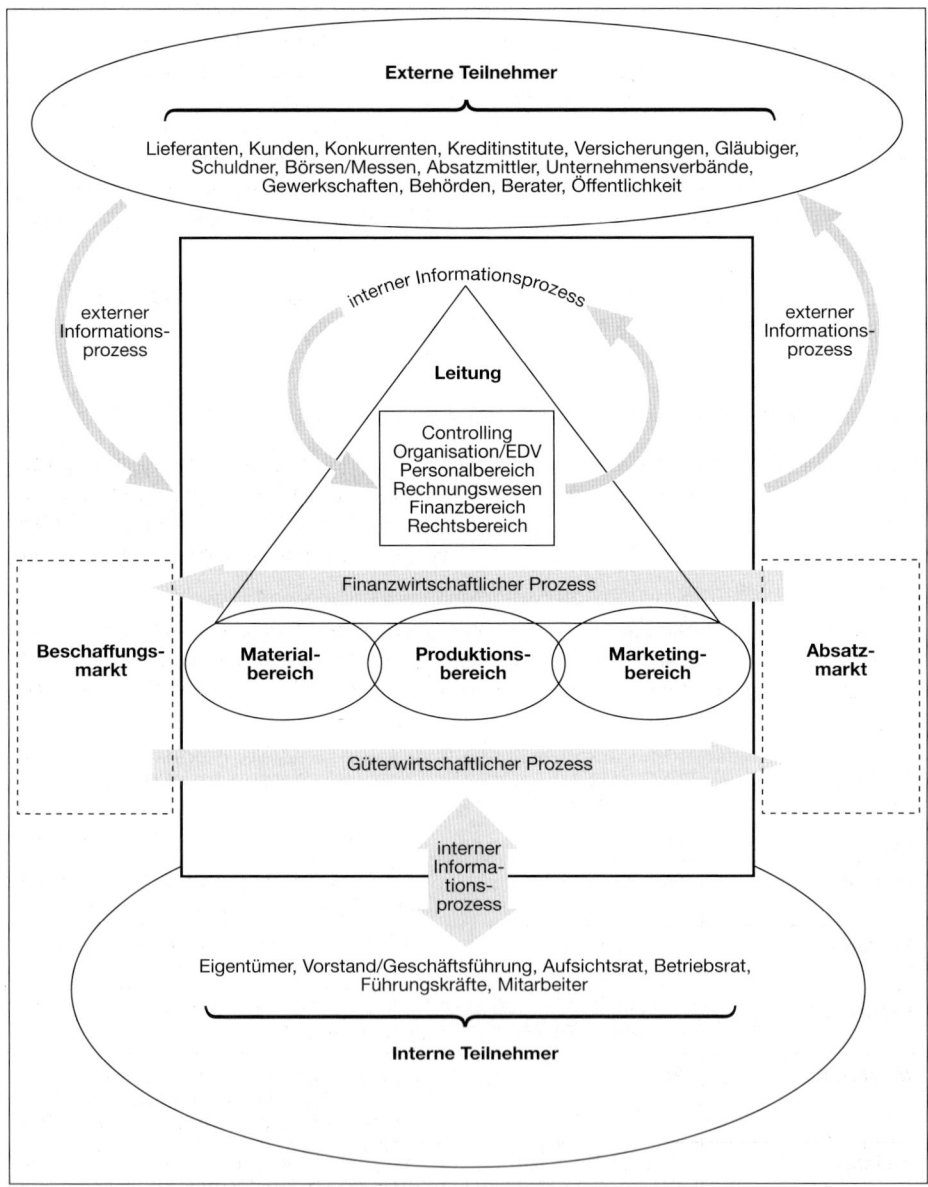

Abb. 1.2-1: Das System der Unternehmung

So ist die zuvor erwähnte Unternehmung kein natürliches System, das willkürlichen Entwicklungen unterliegt, sie wird vielmehr durch menschliche Handlungen beeinflusst. So stellt beispielsweise das Vorhaben, ökologisch verträgliche Farben herzustellen, eine Einflussnahme auf bisherige Prozesse in der Unternehmung und im Betrieb dar. Es müssen Maßnahmen eingeleitet werden, um dieses Vorhaben zu realisieren.

Dieses Beispiel verdeutlicht auch, dass die Unternehmung ein **dynamisches System** ist, da sie im Laufe der Zeit Veränderungen unterworfen ist. Die Systemelemente sind konkret und die Beziehungen erkennbar, sodass wir auch von einem **materiellen System** sprechen. Da die Beziehungen zwischen den Systemelementen der Unternehmung einerseits und dem System Unternehmung und seinem Umfeld andererseits vielschichtig sind, lässt sich die Unternehmung als **hochkomplexes System** identifizieren. Im Gegensatz zu deterministischen Systemen, bei denen das Verhalten des Systems im Voraus erkennbar ist, unterliegt das Verhalten der Unternehmung nur einer gewissen Wahrscheinlichkeit. Daher bezeichnet man sie als **stochastisches (zufallsabhängiges) System**. Das Zusammenwirken von Mensch und Technik zeigt, dass die Unternehmung ein Musterbeispiel für ein **sozio-technisches System** ist, im Gegensatz zu sozialen Systemen, wie es beispielsweise Vereine sind, oder technischen Systemen, wie sich Computer charakterisieren lassen.

Systeme

Das Schaubild auf der Vorseite soll veranschaulichen, wie das System Unternehmung aufgebaut ist.

1.2.2 Der Betrieb und seine Stakeholder

Wie wir in der Zielbetrachtung sehen werden, kann der Betrieb/die Unternehmung nicht isoliert betrachtet werden. Die **betrieblichen Kernprozesse** (Beschaffung, Produktion, Absatz und Finanzierung) können immer nur in Hinblick auf das betriebliche Umfeld gesehen werden. Das Umfeld ist es, das den Betrieb befähigt den produktiven Prozess zu initiieren und dessen Ergebnis umzusetzen.

Betriebliche Kernprozesse

In diesem Zusammenhang sind die Gruppen, die zu diesem Prozess beitragen (Stakeholder), natürlich auch **Anspruchsgruppen**, die spezifische Interessen und Ziele mit dem Einbringen ihres Beitrages verknüpfen. Die folgende Übersicht vermittelt beispielhaft den Zusammenhang:

Anspruchsgruppen

Anspruchsgruppe (Stakeholder)	Beitrag zum Unternehmen/Betrieb	Interessen, Ansprüche, Ziele
Eigenkapitalgeber	Eigenkapital	Erhaltung, Wertsteigerung, Verzinsung des Kapitals
Fremdkapitalgeber	Fremdkapital	Verzinsung des eingebrachten Kapitals, vertraglich vereinbarte Tilgung, sichere Kapitalanlage ...
Management	dispositive Arbeit, „Führung"	Einkommen, Macht, Einfluss, Prestige ...
Unternehmer	siehe Eigenkapitalgeber und Management	siehe Eigenkapitalgeber und Management ...
Mitarbeiter	Arbeit	leistungsgerechte Entlohnung, sicherer Arbeitsplatz, menschengerechte und motivierende Arbeitsbedingungen, soziale Absicherung, Anerkennung, soziale Integration ...
Zulieferer	Bereitstellung von Gütern	kalkulierbare und langfristige Lieferbedingungen, fristgerechte Bezahlung ...

Anspruchsgruppe (Stakeholder)	Beitrag zum Unternehmen/Betrieb	Interessen, Ansprüche, Ziele
Kunden	Abnahme der erstellten Leistungen	qualitativen und quantitativen Anforderungen entsprechende Leistungen, günstige Preise, Konditionen und Service, Sicherheit und Zuverlässigkeit der Güter ...
Mitbewerber	„Konkurrenz", Gestaltung der Marktsituation auf der Anbieterseite	„Fairness", Wettbewerb, ggf. Kooperation ...
Öffentlichkeit Staat/Gesellschaft	Umwelt, Infrastruktur, Subventionen, Rechtsordnung, Innere und Äußere Sicherheit	Erhaltung der Umwelt, Einhaltung der Rechtsnormen, soziale Gerechtigkeit, Sicherung der Staatsfinanzen, Vollbeschäftigung, Wettbewerb ...
Verbände	Unterstützung, Kontrolle, Interessensvertretung	Förderung, Einhaltung der von ihnen vertretenen Grundsätze (Prinzipien, Ethik, ...), Kooperation ...
Anwohner	„Nachbarschaft"	Sicherheit vor Risiken, Minimierung von Belastungen ...

Abb. 1.2-2: Stakeholder

Aus der Übersicht ist zu entnehmen, dass eine Person/Personengruppe durchaus mehreren Anspruchsgruppen angehören kann, woraus sich bei der individuellen Zielformulierung Probleme ergeben können.

1.2.3   Ziele und Zielsysteme

Entstehung von Unternehmenszielen

Die Unternehmung/der Betrieb verfolgt bestimmte Absichten. Diese Absichten sind in Zielen zu konkretisieren. Die Ziele sind so zu operationalisieren, dass daraus auch Maßnahmen abgeleitet werden können, die dazu beitragen, diese Vorhaben zu realisieren. Die Entstehung von Unternehmungszielen soll die nachstehende Übersicht verdeutlichen (Abb. 1.2-4):

◆ **Zielinhalte**

Die **Absichten**, die mit der Unternehmung erreicht werden sollen, **bestimmen** die **Zielinhalte**. Am folgenden Schema sollen anhand ausgewählter Betrachtungsebenen beispielhaft Zielinhalte dargestellt werden:

Betrachtungsebene / Betrachtungsweise	technologisch	ökonomisch	sozio-kulturell	ökologisch
Art	● Menge ● Qualität	● Werte	● Bedürfnisse ● Rollen	● Verfahrensvorschriften
Schwerpunkte	● Leistungsbereitschaft ● Leistungsfähigkeit	● Preise auf den Beschaffungs- und Absatzmärkten ● Umsatz ● Kosten etc.	● Verhaltenserwartung ● Motivation	● Abfälle ● Abwasser, -gase ● Wärme, Licht, Geruch ● Recycling
Zielinhalte	● Produktivität ● Wirtschaftlichkeit	● Erfolg (Gewinn, Rentabilität) ● Erfolgspotenzial	● Zufriedenheit der Mitarbeiter	● Umweltverträglichkeit

Abb. 1.2-3: Zielinhalte der Unternehmung

Vgl. Ziegenbein, Klaus, Controlling, Ludwigshafen (Rhein) 2001.

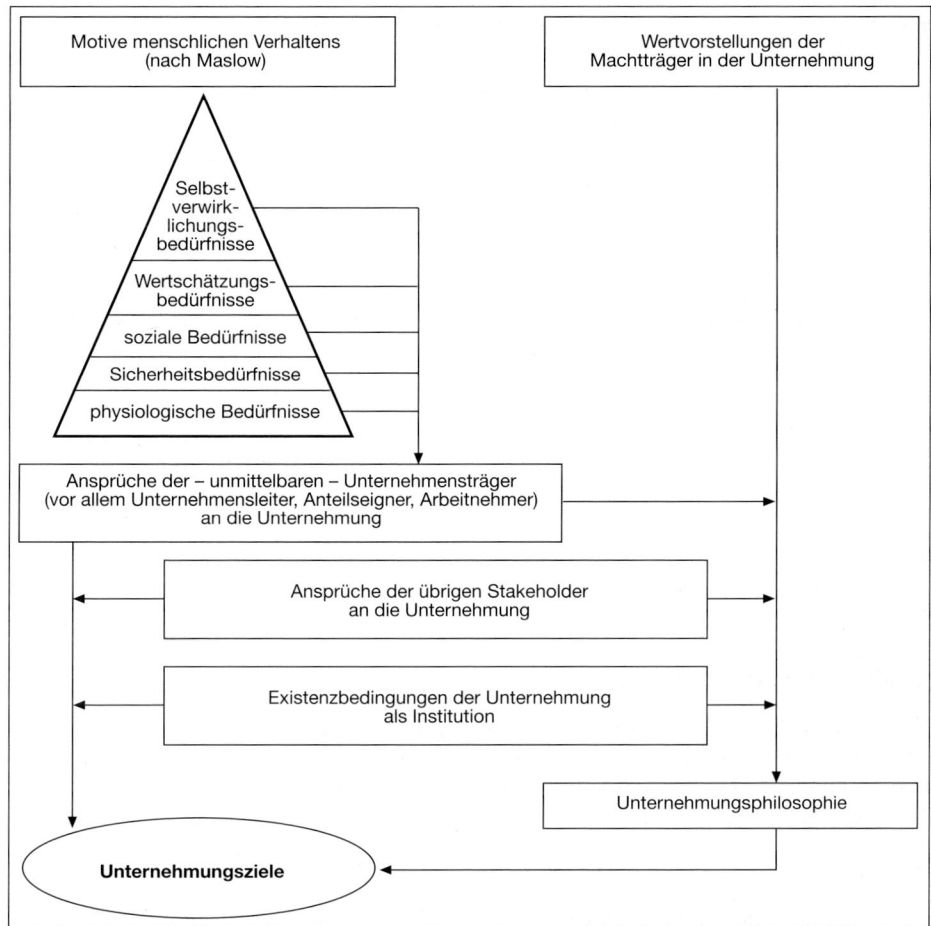

Abb. 1.2-4: Entstehung von Unternehmungszielen

Man könnte zum Beispiel annehmen, dass die Umstellung der Produktion auf ökologisch abbaubare Farben einem Chemieunternehmen zunächst sicherlich finanzielle
Einbußen brächte, weil Kosten für Entwicklung, Produktionsumstellung etc. entstün-
den. Es könnten also **Zielkonflikte** entstehen.

Zielkonflikte

◆ **Folgende Zielbeziehungen sind möglich:**

Mögliche Zielbeziehungen			
indifferente	**konkurrierende**	**ausschließende**	**komplementäre**
keine negative, keine positive Beziehung	Ziele stehen in Konkurrenz zueinander	Ziele sind gegensätzlich, schließen sich aus	Ziele ergänzen sich in ihrer Wirkung
↓	↓	↓	↓
Ziele beeinflussen sich nicht	es können Zielkonflikte entstehen	es entstehen auf jeden Fall Zielkonflikte	Ziele verhalten sich positiv (teilweise verstärkend) zueinander

**Ziel-
beziehungen**

Abb. 1.2-5: Mögliche Zielbeziehungen

**Konkurrie-
rende Ziele**

Das bedeutet natürlich, dass **Ziele** nicht als Einzelphänomene zu betrachten sind, sondern stets im **Gesamtsystem** zu verstehen sind. Haben wir es nun mit **konkurrierenden Zielen** zu tun, so muss ein Bewertungsprozess stattfinden:

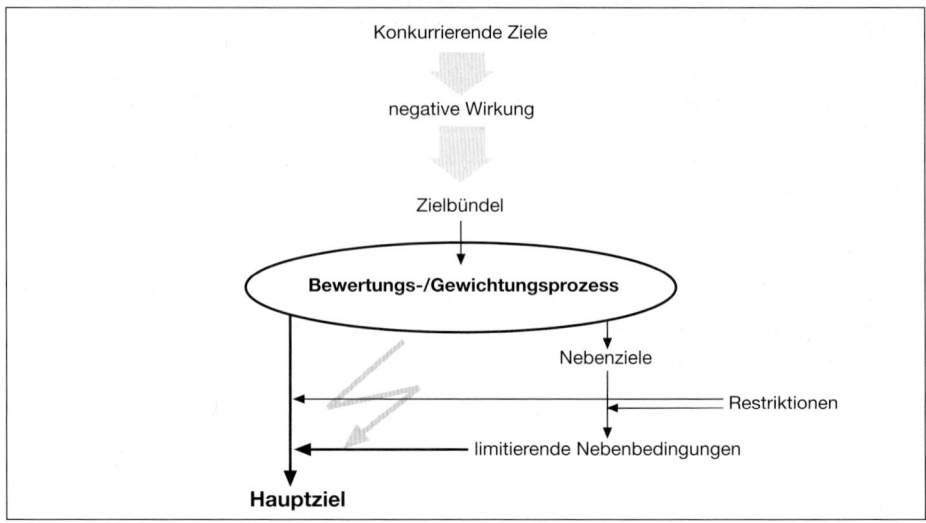

Abb. 1.2-6: Bewertungsprozess bei konkurrierenden Zielen

**Spannungs-
verhältnis
bei der
Zielbildung**

Dieser Bewertungsprozess verdeutlicht das **Spannungsverhältnis**, in dem sich die Unternehmung befindet.

Bei der Auswahl der Unternehmensziele sind deshalb besonders folgende Aspekte zu berücksichtigen:

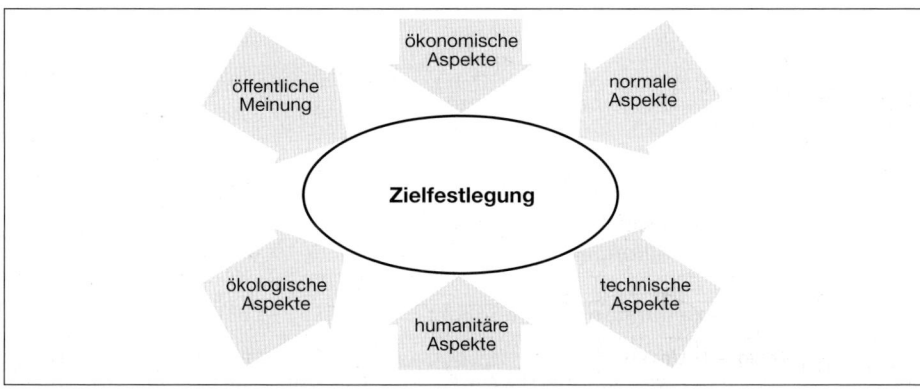

Abb. 1.2-7: Spannungsverhältnis der Aspekte bei der Zielbildung

**Aspekte der
Zielbildung**

Die oben erwähnten Vorüberlegungen, die in dem Chemieunternehmen anzustellen sind, müssen die hier aufgeführten Aspekte berücksichtigen. Die Umstellung auf ökologisch verträglichere Farben wird sicherlich aus **ökologischer Sicht** keine Widerstände hervorrufen. Auch aus Sicht der **öffentlichen Meinung** sind wohl eher positive Rückmeldungen zu erwarten. **Gesetzlichen Vorlagen** käme man sicherlich auch entgegen. Wahrscheinlich wären die Arbeitsplatzbedingungen ebenfalls besser für die Mitarbeiter, sodass auch aus **humanitärer Sicht** eine positive Resonanz zu erwarten ist, sofern mit der Umstellung keine Rationalisierungsmaßnahmen einhergehen sollten, die Arbeitsplätze einsparen. Diese Rationalisierungsmaßnahmen werden aber vielleicht notwendig, um eventuelle höhere Produktionskosten (zum Beispiel durch den Einsatz teurerer Rohstoffe bedingt) zu kompensieren. Hier drängt sich natürlich auch die Frage auf, ob dieses Vorhaben zurzeit aus **technischer Sicht** überhaupt möglich ist.

Diesem kleinen Beispiel ist zu entnehmen, dass die Zielfestlegung durchaus das Ergebnis von **Kompromissen** oder aber der Festlegung auf **Schwerpunkte** ist, wobei die Stakeholder der Unternehmung entscheiden, wie dieser Prozess abläuft und zu welchem Ergebnis er führt. Entscheidend hierbei ist natürlich auch, mit welchem **Hauptziel** die Unternehmung betrieben wird. **Kompromisse und Schwerpunkte**

◆ **Zielsystem**

Im Zielsystem wird ein Gesamtzusammenhang zwischen einzelnen Zielen hergestellt. Im hier aufgeführten Beispiel wird versucht, die Beziehung zwischen Sach- und Formalzielen als Zielsystem herzustellen. **Zielsystem**

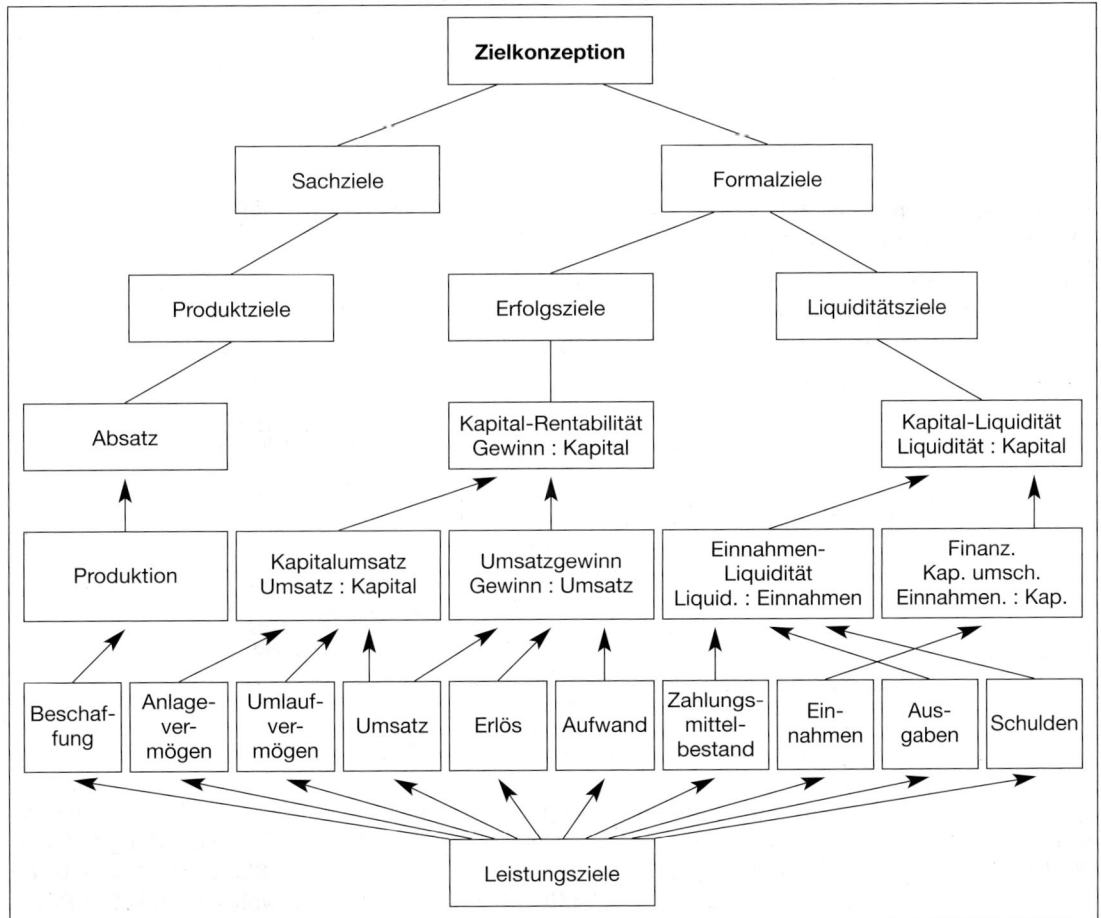

Abb. 1.2-8: Zieldimensionen im Zusammenhang

Quelle: Horvát, P., Controlling, 8., vollständig überarbeitete Auflage, München 2001, S. 147.

1.3   Kernprozesse eines Betriebes

Betrieb

Der Betrieb ist innerhalb des Wirtschaftssystems als **produzierende Einheit** anzusehen, die Sachgüter und/oder Dienstleistungen durch die **Kombination von Produktionsfaktoren** herstellt und/oder bereitstellt. Ziel ist es, diese Leistungen an Absatzmärkten umzusetzen. Die Erlöse aus dem Absatz der Leistungen fließen zurück in die Unternehmung. Diese Geldmittel können in den Leistungserstellungsprozess eingebracht werden, wodurch eine Fortsetzung der Leistungserstellung ermöglicht wird.

1.3.1   Beschaffung von Produktionsfaktoren (Beschaffungs- und Bereitstellungsprozess)

Für die umweltverträgliche Herstellung von Textilfarben benötigt eine Unternehmung Werkstoffe, Betriebsmittel, Arbeitskräfte und Nutzungsrechte an Informationen. Die Produktionsfaktoren werden auf unterschiedlichen Märkten (Arbeitskräfte beispielsweise auf dem Arbeitsmarkt) beschafft. Sie müssen in der notwendigen Menge und Qualität zur richtigen Zeit und am richtigen Ort vorhanden sein, um die reibungslose Produktion zu erreichen.

◆ Produktionsfaktoren

Produktionsfaktoren

Der Einsatz körperlicher und geistiger Fähigkeiten eines Menschen zum betrieblichen Zweck wird als menschliche **Arbeit** bezeichnet. Man unterscheidet wesentlich ausführende von **leitender (dispositiver) Arbeit**. Bei der **ausführenden Arbeit** werden lediglich Arbeitsvorgänge erledigt, aber keine Arbeitsanordnungen erteilt.

Die **Betriebsmittel** können einen längeren Zeitraum gebraucht werden. Es handelt sich dabei um die **betrieblichen Einrichtungen und Anlagen**.

Die **Werkstoffe** umfassen **Roh-, Hilfs- und Betriebsstoffe** sowie bezogene **Fertigteile**.

Rohstoffe gehen als **Hauptbestandteil** in das Fertigungsprodukt ein. **Hilfsstoffe** dienen als **Nebenbestandteil** für das Fertigprodukt, sie haben wertmäßig meist eine untergeordnete Rolle. Die **Betriebsstoffe** gehen **nicht direkt** in das Fertigprodukt ein, dienen aber der Herstellung des Endproduktes.

Beispiel Energie zum Betrieb der Betriebsmittel dient als Betriebsstoff.

Nutzungsrechte an Informationen ermöglichen den Unternehmungen, zum Beispiel technisches Know-how anderer Marken oder Lizenzen bei der Leistungserstellung und beim Verkauf zu verwerten.

Beispiel Würde eine Chemie-Unternehmung beispielsweise keine eigene Forschung im Bereich ökologisch verträglicher Farben betreiben, wäre sie auf die Forschungsergebnisse anderer Unternehmungen angewiesen, sie müsste die Rechte zur Verwertung dieser Forschungsergebnisse bezahlen.

◆ Material- und Warenwirtschaft

Material- und Warenwirtschaft

Im Rahmen der **betrieblichen Materiallogistik** kommen der Material- und Warenwirtschaft die Aufgaben der **Beschaffung, Lagerhaltung, Lagerkontrolle und der Lagersteuerung** zu.

Die **Beschaffung** beinhaltet den Einkauf der erforderlichen Produktionsfaktoren. **Lagerhaltung** beschäftigt sich mit der Lagerung der eingekauften Produktionsfaktoren.

Lagerkontrolle garantiert die Überwachung der Lagerbestände und der Lagerkosten. Ein reibungsloser Verlauf der Material- und Warenwirtschaft hat zur Voraussetzung, dass der Warenfluss jederzeit transparent ist. Dazu bedient man sich **computergestützter Warenwirtschaftssysteme** (vgl. Kapitel 4 „Beschaffung").

1.3.2 Leistungserstellung im Betrieb (Leistungserstellungsprozess)

Das Ziel der Leistungserstellung im Betrieb ist es, verwertbare Sachgüter und/oder Dienstleistungen zu erstellen. Hier stellt sich die Frage nach dem **Fertigungsprogramm**, das festlegt, welche Produkte in welchen Mengen in einer bestimmten Zeit zu erstellen sind. Dabei spielen **Programmbreite** und **Programmtiefe** eine wesentliche Rolle.

Fertigungsprogramm

Bevor das Produktionsprogramm umgesetzt werden kann, müssen Überlegungen über die Fertigungsverfahren angestellt werden. Es sind zwei Grundprobleme zu lösen:

1. Wie groß ist die **Anzahl** der zu produzierenden gleichartigen Produkte?
2. Wie sollen die **Betriebsmittel** und **Arbeitsplätze angeordnet** werden?

Zur ausführlichen Darstellung vgl. Kapitel 3 „Leistungserstellung".

1.3.3 Leistungsverwertung (Absatzprozess)

Die erstellte Leistung muss am Markt verwertet werden. Nicht verwertete Leistungen können gegebenenfalls auf Vorrat gelagert oder bei Bedarf zum Eigenverbrauch verwendet werden. Der Absatz der erstellten Leistungen schließt den betrieblichen Leistungsprozess ab, an dessen Beginn die Absatzentscheidungen getroffen werden. Absatzentscheidungen erfordern die **unbedingte Marktorientierung**.

Absatz der erstellten Leistungen

Um die Leistungen **am Markt optimal platzieren** zu können, muss daher vor Aufnahme des Produktionsprozesses durch Marktforschung erkundet werden, ob ein entsprechender Bedarf und die nötige Nachfrage auf dem Markt bestehen.

Die Erkenntnisse aus der Marktforschung leisten wertvolle Beiträge zur Erstellung eines Marketingkonzeptes (vgl. Kapitel 2 „Marketing").

1.3.4 Finanzierung (Finanzwirtschaftliche Prozesse)

Finanzierung

Am Ende des Leistungserstellungsprozesses fallen Einnahmen an. Jedoch benötigt die Unternehmung bereits zu Beginn des Leistungserstellungsprozesses finanzielle Mittel zur Deckung von Ausgaben, die zum Beispiel durch die Beschaffung der Produktionsfaktoren entstehen. Aufgabe der Finanzierung ist es, diese Mittelzuflüsse zum richtigen Zeitpunkt zu gewährleisten.

1.3.5 Betriebliche Geschäftsprozesse

Geschäftsprozesse

In den letzten Jahren entfernt sich die Gestaltung der Ablauforganisation von Unternehmen zunehmend von der isolierten Betrachtung und Verknüpfung einzelner Funktionen und Verfahren. Immer häufiger bedient man sich der Betrachtung komplexer, logisch zusammenhängender Vorgänge und aller ihrer Aspekte.

◆ **Geschäftsprozesse**

Unternehmen bieten die Basis für eine bestimmte Anzahl von Geschäftsprozessen, mit deren Hilfe Produkte und Dienstleistungen für interne und externe Kunden erstellt werden.

Ein Geschäftsprozess besteht formal betrachtet aus einer Kette von Aktivitäten mit einem bestimmten Anfangs- und Endpunkt.

„Ein Geschäftsprozess sollte
- *sich am Unternehmensleitbild und an den Unternehmenszielen orientieren,*
- *ein Ergebnis (Mehrwert), das einen Kundennutzen (Wertschöpfung) hat, haben,*
- *einen definierten Anfang und ein eindeutiges Ende haben,*
- *aus einer Kette von Aktivitäten (Teilprozessen) bestehen."*

Kühn, G./Schlick, H., Das Kompendium Industriekaufleute, Allgemeine und Spezielle Wirtschaftslehre, Troisdorf 2009, S. 75.

Aktivitäten/ Akteure im Geschäftsprozess

Mitarbeiter (Akteure) steuern den Aktivitätenfluss und nehmen entsprechend ihrer Kompetenz und organisatorischen Einbindung eine bestimmte **Rolle** ein. Eine Rolle umschreibt eine Person, die berechtigt ist, eine bestimmte **Aktivität** innerhalb des Aktivitätenflusses einzunehmen. Die **Rolle** kann definiert sein durch die **Organisationseinheit** (z. B. Abteilung), die **Stelle** (z. B. Gruppenleiter) oder die **Kompetenz** (z. B. bestimmte Vollmachten). Die einzelnen **Aktivitäten** sind als **„Und-Nacheinander"-Aktivitäten** (Aktivitäten, die zeitlich in Folge getätigt werden), **„Und-Nebeneinander"-Aktivitäten** (Aktivitäten, die gleichzeitig ausgeführt werden) oder **„Oder-Nebeneinander"-Aktivitäten** (Alternativ-Aktivitäten) verknüpft.

◆ **Prozessarten**

Prozessarten

Kernprozesse sind die wesentlichen Prozesse, die unbedingt zur Erlangung des Ziels erforderlich sind und einen direkten Nutzen für den Kunden stiften. Es handelt sich hierbei um den eigentlichen Wertschöpfungsprozess, der sich wesentlich auf die konkrete Entwicklung wettbewerbsorientierter Strategien vor dem Hintergrund der Kundenbedürfnisse und auf die Umsetzung dieser Strategien mithilfe bereitgestellter Faktoren und deren Einsatz zur direkten Leistungserstellung ausrichtet.

Beispiel Eine Chemie-Unternehmung wickelt einen Auftrag über die Lieferung von 2.000 Litern „Bio-Grün"-Textilfarbe an eine Textilunternehmung ab.

Führungs- (Dispositions-) und Unterstützungsprozesse sind zur Realisierung der Kernprozesse unabdingbar, sie stiften dem Kunden somit nur mittelbar einen Nutzen. **Die Führungsprozesse/Managementprozesse** richten ihre Aktivitäten auf die Unternehmensführung aus. Sie erstrecken sich auf alle hierarchischen Ebenen der Unternehmung unter strategischen und operativen Perspektiven.

In den **unterstützenden Prozessen** werden wesentliche Instrumente für die Gestaltung der Kernprozesse bereitgestellt.

Beispiel Die Finanzabteilung bereitet mithilfe der Investitionsrechnung eine Investitionsentscheidung vor. (Unterstützungsprozess)

Beispiel Die Unternehmensleitung einer Chemieunternehmung legt die strategische Planung für die nächsten Jahre fest. (Führungsprozess)

Die einzelnen Prozesse lassen sich weiter detaillieren in **Haupt- und Teilprozesse** sowie **Prozessschritte** (Aktionen).

Betrachtung aus Systemsicht

◆ **Geschäftsprozesse aus Systemsicht**

Die Abbildung 1.3-1 zeigt einen Geschäftsprozess, der aus sechs Aktionen (Aktivitäten) besteht („n-Ebene"). Zum Beispiel könnte es sich um einen Vermarktungsprozess einer

Chemieunternehmung handeln. Die erste Aktivität besteht aus der Kontaktaufnahme eines Marketingmitarbeiters mit dem Kunden, um dessen genaue Produktwünsche zu erfahren. Die Aktivitäten 2 und 3 umschließen dann zum einen die Überprüfung der technischen Realisierbarkeit, zum anderen die Kalkulation des Objektes. Die Zusammenfassung des Ergebnisses der beiden Aktivitäten ergibt in der 4. Aktivität die Angebotserstellung. Bestellt der Kunde, erfolgt die Produktion (5. Aktivität), danach der Versand (6. Aktivität).

Aktivitäten im Geschäftsprozess

Die einzelnen Aktivitäten können jetzt nochmals differenziert werden („n+1-Ebene"). Aktivität 5 könnte beispielsweise in die Aktivitäten Produktionsplanung (5.1), Produktdokumentation (5.2), Produktionssteuerung (5.3) und Qualitätskontrolle (5.4) unterteilt werden. Auf der „n+2-Ebene" erfolgt dann die weitere Aufschlüsselung der Aktivitäten 5.1 in 5.1.1 etc. bis 5.4 in 5.4.1 etc.

Die „n-1-Ebene" umfasst die wesentlichen Größen wie zum Beispiel Start, Ende, Kosten und Erlöse des Projektes.

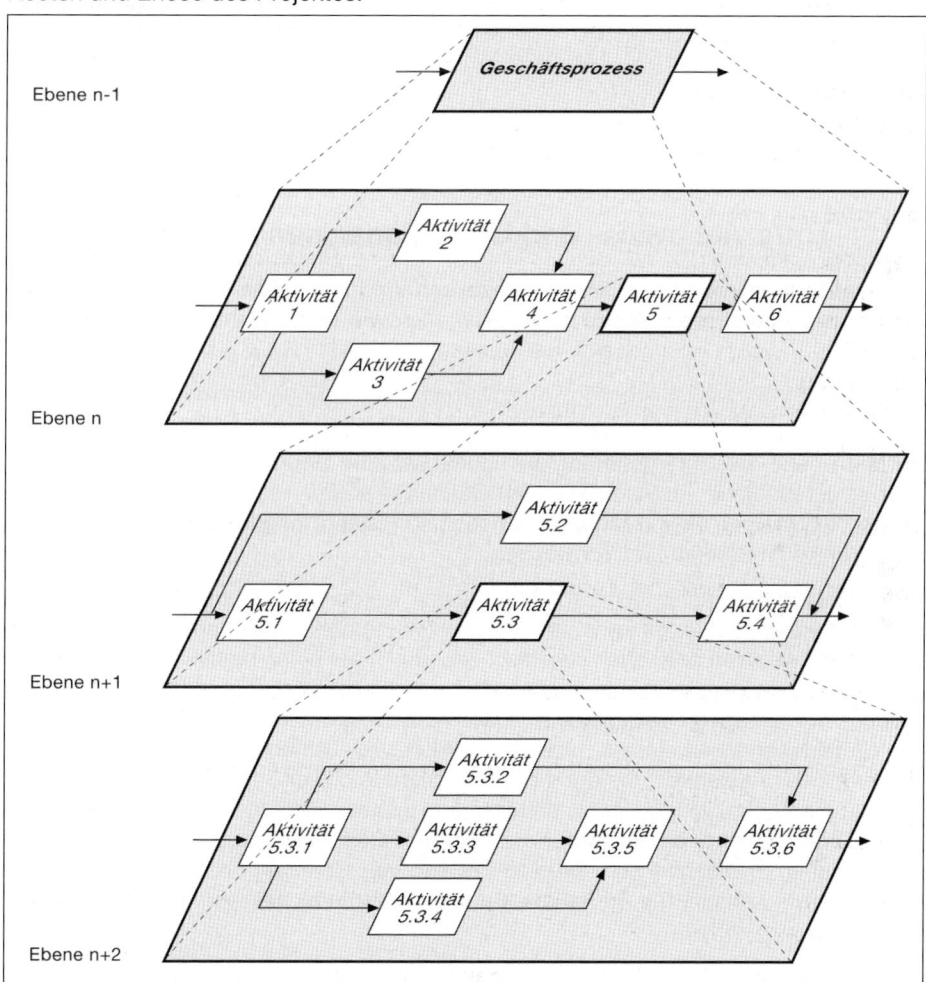

Abb. 1.3-1 Geschäftsprozesse aus Systemsicht

Quelle: Schiemenz, B./Schönert, O., Entscheidung und Produktion, 2., überarbeitete und erweiterte Auflage, München/Wien 2002, S. 6.

◆ Gestaltung von Geschäftsprozessen

Gestaltung von Geschäftsprozessen

Die **Länge von Geschäftsprozessen** wird definiert durch die Anzahl der organisatorischen Einheiten, die am Prozess beteiligt sind. Man unterscheidet unternehmens-, funktions- und stellenübergreifende Geschäftsprozesse. Bei **unternehmensübergreifenden Prozessen** handelt es sich um Abläufe, die von mindestens zwei Unternehmungen organisiert werden. **Funktionsübergreifende Geschäftsprozesse** erstrecken sich über mehrere Organisationseinheiten in einer Unternehmung, während **stellenübergreifende Geschäftsprozesse** innerhalb einer Organisationseinheit zwischen mehreren Stellen organisiert sind.

Innerhalb von Geschäftsprozessen laufen eine Vielzahl konkreter Geschäftsvorfälle ab. Bei der Festlegung der **Breite** der Geschäftsprozesse legt man die **Anzahl der Vorgänge** fest, unter deren Aspekt die Geschäftsprozesse betrachtet werden sollen. Dabei kann ein Vorgang als konkreter Aspekt des Geschäftsvorganges betrachtet werden, ebenso ein Vorgangsbündel oder alle Vorgänge, die in Verbindung mit dem Geschäftsprozess stehen.

1.4   Unternehmens- und Umfeldanalysen und -prognosen

Die zentralen Phasen von Planungsprozessen sind die Analyse und Prognose, die Zielbildung, die Strategiesuche und -auswahl sowie die Implementierungsvorbereitung.

Vgl. Steinle/Bruch (Hrsg.), Controlling – Kompendium für Controller/-innen und deren Ausbildung, Stuttgart 1999, S. 284.

Analysen

Auf der Ebene der Unternehmung wird zunächst eine Unternehmungs- und Umfeldanalyse durchgeführt. Im Bereich der Umfeldanalyse eröffnen sich für die Unternehmung bei der Realisierung ihrer Vorhaben Chancen und Risiken. Innerhalb der Unternehmung entwickeln sich Stärken und Schwächen.

Umfeldanalyse

Die Umfeldanalyse kann weiter (global) gefasst werden, wobei insgesamt politische, wirtschaftliche, soziale, gesellschaftliche und technologische Gegebenheiten betrachtet werden, sie kann aber auch spezifisch, das heißt auf einen bestimmten Teilbereich, konzentriert werden. In diesem Fall sind vorrangig die Stakeholder und die auf den Teilbereich bezogenen Bedingungen zu berücksichtigen. Die eigentliche Problematik der Umfeldanalyse ist einmal in der Auswahl der relevanten Sachverhalte zu sehen. Ferner gilt es, Indikatoren, die auf die Quantifizierung dieser Sachverhalte ausgerichtet sind, zu erarbeiten, Prognosen zu erstellen und sicherzustellen, dass diese Ergebnisse in den weiteren Prozess eingebunden werden. Das Ergebnis dieser Analyse sind die kritischen Erfolgsfaktoren, die sich in Form von Chancen beziehungsweise Risiken darstellen können. Sie zeigen die Abhängigkeiten der Unternehmung vom Umfeld auf.

Unternehmungsanalyse

Die Unternehmungsanalyse stellt die bereits realisierten und potenziellen Stärken und Schwächen der Unternehmung dar. Hieraus werden die Kernfähigkeiten und Kernkompetenzen der Unternehmung ersichtlich, die die Potenziale der Unternehmung ausmachen.

Die folgende Abbildung verdeutlicht den Prozess:

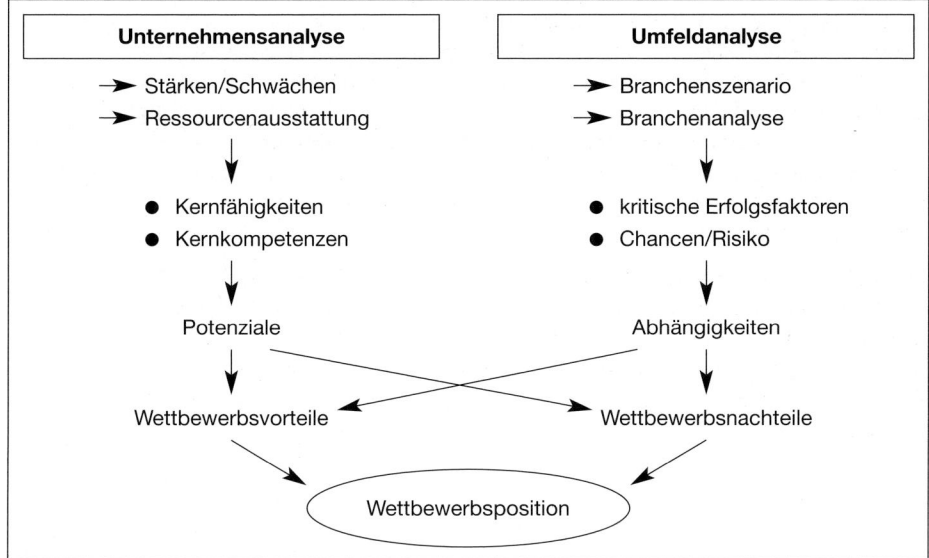

Abb. 1.4-1: Bestimmung der Wettbewerbsposition

◆ Die Stärken-/Schwächen-Analyse

Die strategische Analyse zielt auf die Feststellung der Ausgangsposition der Unternehmung. Hierbei geht es einmal um die gesamte Unternehmung, aber auch um die Position des jeweiligen Teil-/Geschäftsbereichs.

Strategische Analyse

Die Darstellung der Zusammenhänge lässt sich durch unterschiedliche Techniken realisieren. Beispiele hierfür sind die Strategische Bilanz und das Stärken-/Schwächen-Profil.

Die Strategische Bilanz

Um die Leistungsfähigkeit (Stärken) einer Unternehmung erhalten zu können und ggf. auszubauen sowie die Schwächen – also die Leistungslücken – reduzieren bzw. beseitigen zu können, müssen zunächst ihre Stärken und Schwächen ermittelt werden. Dies geschieht im ersten Schritt durch eine Stärken-/Schwächen-Gegenüberstellung.

Stärken-/ Schwächen-Gegenüberstellung

Quelle: Ziegenbein, Klaus, Controlling, Ludwigshafen/Rhein 2001, S. 314.

Im zweiten Schritt werden die einzelnen Strategiebereiche, in denen die jeweiligen Betrachtungsgrößen mit ihren Gewichtsanteilen enthalten sind, bewertet. Dies kann mit einer Skalierung erfolgen, die getrennt nach Stärken und Schwächen zwischen den beiden Extremwerten 100 (%) (= vollkommen wirksam) und 0 (%) (= völlig unwirksam) misst.

Nun lassen sich die jeweiligen Profile aus der Stärken-/Schwächen-Gegenüberstellung nach dieser Skalierung (Bewertung) in einer grafischen Profildarstellung in Form einer Bilanz zusammenfassen. Man erhält damit eine Strategische Bilanz.

Strategische Bilanz

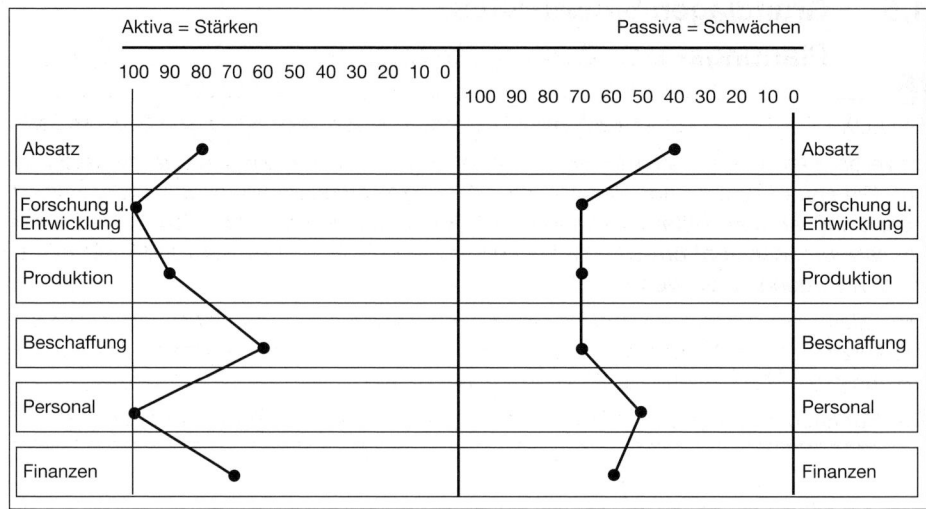

Abb. 1.4-2: Strategische Bilanz

Quelle: Ziegenbein, Klaus, Controlling, Ludwigshafen/Rhein 2001, S. 315.

Identifizierung strategischer Engpässe

Mit dieser Strategischen Bilanz lassen sich die Stärken und Schwächen des Unternehmens in seinem Umfeld anschaulich darstellen. Die Abstände zwischen den Skalenmarkierungen bei Aktiva und Passiva der betrachteten Strategiebereiche ermöglichen die Identifizierung strategischer Engpässe. Liegen die Entfernungspunkte zwischen jeweils einem Aktiv- und Passivposten unter 100, handelt es sich hierbei um einen kritischen Engpass. Aus der Summe aller Abstände lassen sich Rückschlüsse auf die Existenzfähigkeit der Unternehmung ziehen.

Das Stärken-/Schwächen-Profil

Vergleich zu kritischen Mitbewerbern

Die eigene Position im Vergleich zu sogenannten kritischen Mitbewerbern lässt sich anschaulich anhand eines Stärken-/Schwächen-Profils darstellen. Hierbei werden die einzelnen Erfolgsfaktoren/-potenziale der strategischen Geschäftseinheit der eigenen Unternehmung mit denen des kritischen Mitbewerbers verglichen.

Strategiebereich	Abstand	Rangfolge
Absatz	140	5
Forschung und Entwicklung	130	4
Produktion	120	3
Beschaffung	90	1 kritisch
Personal	150	6
Finanzen	110	2
Summe	**740**	

Abb. 1.4-3: Positionierung des Unternehmens

Quelle: Steinle/Bruch (Hrsg.), Controlling – Kompendium für Controller/-innen und deren Ausbildung, Stuttgart 1999, S. 298.

Zu Kapitel 1.4.1 vgl. Kapitel 7 „Strategische Planung und operative Managementprozesse".

1.5 Grundlagen betrieblicher Planungs- und Systemsteuerung

Die LUX ETERNITAS AG – Leuchtmittel – produziert seit über 30 Jahren Leuchtmittel.

Im vergangenen Geschäftsjahr wurde ein deutlicher Rückgang des Umsatzes verzeichnet. Die erste Reaktion der Unternehmensleitung bestand in hektischen und schnellen Sofortmaßnahmen, Mitarbeiterinnen und Mitarbeiter wurden mit deutlich erhöhten Umsatzvorgaben konfrontiert, Kosten sollten auf jeden Fall minimiert und Rationalisierungen vorgenommen werden.

Dies alles ließ auf fehlende langfristige Strategieplanung und Zielformulierung schließen, mit kurzfristigen Maßnahmen wurde ein Aktionismus entfaltet, der mehr Energie und Kosten produzierte, statt die Situation zu verbessern.

Der Ruf nach systematischer Planung, Steuerung und Kontrolle wird immer lauter.

1.5.1 Strategische und operative Planung

◆ **Planung** ist als ein **systematisch-methodischer Prozess** zu verstehen, in dessen Verlauf künftige Problemstellungen erkannt und Lösungsalternativen entwickelt werden. Es ist die **gedankliche Vorwegnahme künftigen betrieblichen Handelns**, das von Fall zu Fall Lösungsalternativen benötigt und Entscheidungen erfordert. Hierbei werden alternative Handlungsweisen im Hinblick auf künftige Umweltsituationen analysiert und eine Handlungsalternative ausgewählt.

Planung

Eine mögliche Differenzierung der Planung nach Ebenen, Inhalt und Bereichen zeigt die folgende Abbildung:

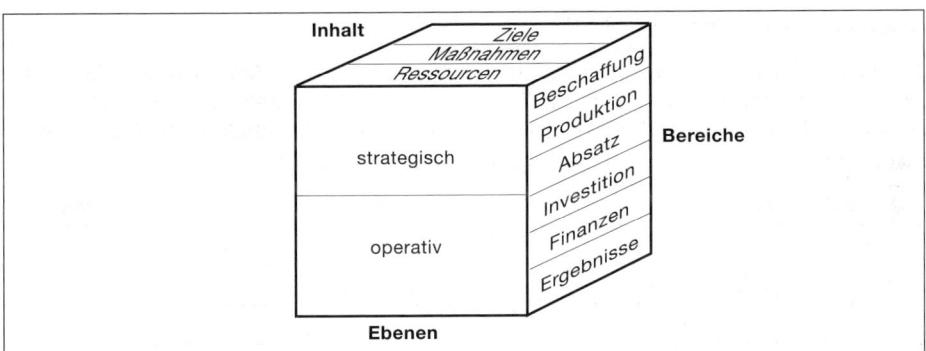

Abb. 1.5-1: Differenzierung der Planung

Planung bedeutet daher nichts anderes als das Treffen von Entscheidungen, die auf die **Zukunft des Betriebes** und der Märkte ausgerichtet sind. (Vgl. dazu: Wöhe, Günter, Einführung in die Allgemeine Betriebswirtschaftslehre, 20., überarbeitete Auflage, Verlag Franz Vahlen, München 2000, Zweiter Abschnitt, A. 6, Die Planung und die Entscheidung.)

Ziele

◆ Die Lösungsvorstellungen werden in **Zielen** definiert, die sich folgendermaßen unterscheiden lassen:

★ **Formalziele**
- Streben nach Gewinn
- Streben nach Größe und Wachstum
- Streben nach Wahrung oder Erreichung eines technischen Leistungsprofils
- Streben nach Konsonanz mit den Beziehungsgruppen der betrieblichen Umwelt und den Interaktionsgruppen innerhalb der Organisationsstruktur

★ **Sachziele** = Maßnahmenpakete
- Erweiterung der Produktionsanlagen für Werkzeugmaschinen
- Ausdehnung der Marktposition

★ **Qualitative Ziele:** In der gelebten Unternehmenspolitik konkretisiert sich die Unternehmensphilosophie. Als Fazit der Umwelt- und Unternehmensanalyse äußert sich das Leitbild der Unternehmung in ökonomischen, ökologischen und sozialen Handlungen.

 Ein Unternehmen legt besonderen Wert auf umweltschonende Produktionsverfahren im Betrieb, betont dies in der Werbung für seine Produkte und sponsert im Rahmen von PR-Aktivitäten einen Waldlehrpfad im Stadtwald der Gemeinde.

★ **Quantitative Ziele:** Ökonomische, ökologische und soziale Vorhaben werden zahlenmäßig konkretisiert und vorgegeben – und damit überprüfbar. Der zeitliche Horizont der Zielerreichung ist kurz- bzw. mittelfristig.

 Steigerung des Markanteils um 10 % in den nächsten zwei Jahren, Senkung der Stückkosten um 5 % im nächsten Geschäftsjahr.

◆ **Strategische Planung**

Strategische Planung

„Strategische Planung ist ein informationsverarbeitender Prozess zur Abstimmung von Anforderungen der Umwelt mit den Potenzialen des Unternehmens in der Absicht, mithilfe von Strategien den langfristigen Erfolg eines Unternehmens zu sichern."

Bea, Franz Xaver/Haas, Jürgen, Strategisches Management, Stuttgart/Jena 1995, S. 46.

Die strategische Planung ist **originäre Aufgabe der Unternehmensleitung**. Ihre Aufgabe besteht darin, mittel- und langfristige, d. h. künftige **wirtschaftliche Ertragspotenziale zu entwickeln** und **zu sichern**. Die Planung bezieht sich dabei sowohl auf das Unternehmen insgesamt als auch auf die Teilbereiche.

Die zukünftige Entwicklung des Unternehmens hängt intern von den Entscheidungen auf allen Ebenen und extern vom Markt sowie wirtschaftspolitischen Einflüssen ab.

Es werden die wichtigsten Merkmale relativ allgemein für einen längerfristigen Zeitraum festgelegt, indem Konzepte formuliert werden, mit denen die **künftige Existenz der Unternehmung** gesichert werden soll.

Die **strategische Planung** selbst hat **Prozesscharakter**:

Prozess-charakter der Planung

Jede Planung beginnt mit der **Analyse der gegebenen IST-Situation**. Hier ist die Einordnung des Unternehmens in seine Umwelt zu untersuchen, so ist z. B. die Frage zu klären, in welchem Maße natürliche und daher begrenzte Ressourcen zur Leistungserstellung benötigt werden.

In der **Phase der Zielformulierung** entscheidet sich das Unternehmen für qualitative und quantitative Ziele, die dann in der **Phase der Strategiebestimmung** in strategische Entscheidungen (Unternehmensstrategie, Geschäftsfeldstrategie) übersetzt werden. In der **Ausführungsphase** werden diese Vorgaben mit konkreten Maßnahmen realisiert und in der abschließenden **Kontrollphase** überprüft.

Phasen

In einer dynamischen Wirtschaft wird die strategische Unternehmensplanung zu einer **permanenten Managementaufgabe**:

„Der künftige Zustand der Umweltbedingungen kann sich gegenüber der heutigen Situation unvorhersehbar und drastisch ändern. In die strategische Planung von heute muss deshalb auch stets ein Stück Phantasie und Kreativität im Hinblick auf die Erfassung der möglichen Welt von morgen mit einfließen."

Kreikebaum, Hartmut, Strategische Unternehmensplanung, 5. Auflage, Stuttgart u. a. 1997, S. 31.

◆ Unternehmensstrategien

Mit **Unternehmensstrategien** sind Maßnahmen bezeichnet, die den langfristigen Erfolg eines Unternehmens sicherstellen sollen.

Langfristiger Erfolg

Die Einwirkungen der Umwelt auf die Unternehmung erfordern ein Management, das die Vielzahl der Informationen analysiert, bündelt und in betriebliche Konzepte umsetzt.

Beispiel Marktdurchdringungsstrategien, Investitionsstrategien, Personalstrategien

Mit strukturierten und formalisierten Mitteln von **Planungstechniken** werden Planungen erleichtert und optimiert, die den Planungsprozess zielorientiert ermöglichen.

◆ Operative Planung

Bei der operativen Planung **werden bestehende Ertragspotenziale optimal eingesetzt**. Die globalen strategischen Entscheidungen werden in konkrete Einzelmaßnahmen im Unternehmen umgesetzt.

Optimaler Einsatz der bestehenden Ertragspotenziale

Zu den Teilbereichen der operativen Planung gehören:

* die **Budgetierung**, d. h. Vorgabe der Budgets an die betrieblichen Entscheidungsträger,

* die **Kostenplanung**, d. h. Kostenermittlung, Kostenanalyse und Verfahren zur Kostensenkung, z. B. Gemeinkosten-Wertanalyse,

* die **Investitions-, Finanz- und Ergebnisplanung**.

Mithilfe der operativen Planung soll die Unternehmensgesamtplanung konkret realisiert werden, d. h., sie integriert die betrieblichen Teilpläne unterschiedlicher Funktionsbereiche, um Reibungsverluste zu verhindern.

*„Im Gegensatz zum traditionell **vergangenheitsorientierten Rechnungswesen** ist die **operative Planung zukunftsorientiert**, durch die Transformation vergangener Entwicklungen in die Gegenwart. Das Ergebnis der Planung ist der Kurs für die kommende Periode."*

Hering, Ekbert/Zeiner, Hannes, Controlling für alle Unternehmensbereiche, mit Fallbeispielen für den praktischen Einsatz, Taylorix Fachverlag, Stuttgart 1995, S. 24.

Die **operative Analyse** (SOLL-IST-Vergleich) ist nicht personen-, sondern **ursachenorientiert**. Sind die Ursachen gefunden, werden Maßnahmen zur künftigen Vermeidung gesucht, die dann in der Anwendung auf ihre Wirkung hin untersucht werden.

Zur **optimalen Information der betrieblichen Entscheidungsträger** ist die operative Information als Berichterstattung über erzielte Ergebnisse sowie über den Grad der Zielerreichung erforderlich. Mit der operativen Steuerung werden Aktivitäten zur Planerfüllung ergriffen, d. h. Abweichungsanpassungen vorgenommen.

◆ **Vergleich** der beiden Planungsarten:

Strategische und operative Planung

Merkmale	Strategische Planung	Operative Planung
1. Hierarchische Stufe	Schwerpunkt bei der obersten Führungsebene der Unternehmung	Involvierung aller Stufen mit Schwerpunkt auf mittleren Führungsstufen
2. Unsicherheit	wesentlich größer	kleiner
3. Art der Probleme	meistens unstrukturiert	relativ gut strukturiert und oft repetitiv
4. Zeithorizont	Akzent langfristig, jedoch auch kurz- und mittelfristige Aspekte möglich	Akzent kurz- bis mittelfristig
5. Informationsbedürfnisse	primär Richtung Umwelt	primär nach innen
6. Alternativen	Spektrum an Alternativen grundsätzlich weit	Spektrum eingeschränkt
7. Umfang	Konzentration auf einzelne wichtige Problemstellungen	umfasst alle funktionellen Bereiche und integriert alle Teilpläne
8. Grad der Detaillierung	globaler und weniger detailliert	relativ groß

Quelle: Schierenbeck, Henner, Grundzüge der Betriebswirtschaftslehre, München/Wien 2003, S. 116 f.

1.5.2   Entscheidung und Kontrolle

◆ **Betriebswirtschaftliche Entscheidungen**

Betriebliche Handlungssituationen erfordern – nach Analyse und Strukturierung der **Problemsituation** – Entscheidungen.

Unternehmerische Führungsprozesse

Unternehmerische Führungsprozesse ereignen sich in der wiederholten Abfolge von **Planung, Entscheidung und Kontrolle**. Durch die Planung wird die Entscheidung vorbereitet, daran schließt sich die als optimal eingeschätzte Handlungsalternative an. Dann werden die erzielten Ergebnisse erfasst und mit den Plandaten verglichen. Das Ergebnis dieses Soll-Ist-Vergleiches zeigt dann, in welchem Maße es dem Unternehmen gelungen ist, die formulierten Pläne und Ziele zu verwirklichen. Zusammen mit ggf. veränderten Rahmenbedingungen kommt es nun wieder zu weiteren Plänen: Der **Kreislauf** beginnt von Neuem.

> **Beispiel** Ein auf der Grundlage von Marktforschungen entwickeltes Produkt soll in verschiedenen Varianten an den Markt gebracht werden. Es wird ein Absatzplan mit entsprechenden betrieblichen Teilplänen erstellt.
> Sechs Monate nach der Markteinführung haben sich einige Produktvarianten als sehr erfolgreich, zwei als Flops erwiesen.
> Der neue Plan sieht nun vor, die Ausbringungsmenge der „stars" zu erhöhen, die „poor dogs" (schwer verkäufliche Erzeugnisse) dafür aber vom Markt zu nehmen.

Der Zusammenhang zwischen diesen Phasen wird deutlich, wenn unter entscheidungstheoretischen Aspekten die Ziele, die Alternativen und die Unsicherheiten betrachtet werden.

◆ Controlling

*„Planung ohne **Kontrolle** ist sinnlos und liefert vor allem nicht die Steuerungsimpulse, die sie als Führungsinstrument bedeutsam machen."*

Hammer, Richard M., Unternehmensplanung, Lehrbuch der Planung und strategischen Unternehmensführung, 7. Auflage, München/Wien 1998, S. 171.

Steuerung und Kontrolle sind dabei im Rahmen einer konzeptionellen Gesamtsicht des Unternehmens zu verstehen. Die **Interpretation des Begriffs „Controlling"** reicht in der Betriebswirtschaftslehre von einer führungsunterstützenden Servicefunktion bis hin zu einem Bestandteil der Führung selbst (vgl. Pfohl, Hans-Christian/Stölzle, Wolfgang, Planung und Kontrolle – Konzeption, Gestaltung, Implementierung, Verlag Vahlen, 2. Auflage, München 1997, S. 28). In Abhängigkeit vom jeweiligen Begriffsverständnis lassen sich **Controllingziele** differenzieren in:

Steuerung und Kontrolle

Controllingziele

* ⋆ **indirekte** Controllingziele: Es handelt sich um grundsätzliche Unternehmensziele, deren Erreichung durch Controlling unterstützt wird;

  Beispiel | Verstärkung und Hervorhebung der technologischen Spitzenposition des Unternehmens

* ⋆ **direkte** Controllingziele: Sie ergeben sich aus der Koordinations- und Informationsfunktion.

  Beispiel | Betriebliche Kennzahlen

Diese Aufgabe der Unternehmensführung muss in der Durchführung praktikabel und wirtschaftlich sein, deshalb kommen nur **führungsrelevante Kennzahlen** infrage, um die Effizienz der eingeschlagenen Strategie zu überprüfen.

Beispiel | Marktanteil, Umsatz, Preise, Cash-Flow, Deckungsbeiträge, Produktivität, Rentabilität

⋆ Strategisches Controlling

Strategische Ziele mit operativer Konkretisierung ermöglichen den SOLL-IST-Vergleich und damit die Steuerung und Kontrolle von Vorgängen. Ziele müssen konkretisiert werden, nur so ist ihre Zielerreichung überprüfbar.

Ziele und Zielerreichung

Die **zeitliche Perspektive des strategischen Controllings** beginnt in der Gegenwart und reicht in die Zukunft, wobei im Gegensatz zum operativen Controlling die **abgeschlossene Planungsperiode fehlt**.

Große Bedeutung hat hier der **Begriff des „Potenzials"**, mit dem die Möglichkeiten der Unternehmung, z. B. hinsichtlich des technischen Know-hows oder der personellen Entwicklungsressourcen, angesprochen sind.

Die **Dynamik der Umweltveränderungen**, z. B. steigende Intensität des Wettbewerbs sowie die Technologiedynamik, führen zu Problemen und Herausforderungen in der Unternehmensführung. Bisherige Schwächen in der Führung und im Einsatz der Führungsinstrumente wirken dabei noch problemverstärkend.

Das **Ziel des strategischen Controllings** muss daher im Aufbau neuer Umweltbeziehungen bestehen, um Erfolgspotenziale nutzen und die Existenz des Unternehmens sichern zu können.

⋆ Operatives Controlling

**Ergebnis-
sicherung
durch
operatives
Controlling**

Das **operative Controlling** gehört zum **taktischen Handlungsbereich**, SOLL-IST-Abweichungen führen zur Entwicklung von konkreten Vorschlägen zur Erreichung kurz- und mittelfristiger Ziele.

Operatives Controlling bezeichnet die **Eingriffe in den Betriebsablauf**, die zur Ergebnissteuerung des wirtschaftlichen Zieles einer Unternehmung notwendig sind.

Konkret gehört hierzu die Sicherstellung der Liquidität – der Zahlungsfähigkeit –, die angemessene Rentabilität – die Verzinsung des eingesetzten Kapitals – sowie die Wirtschaftlichkeit – Verhältnis von Kosten und erzielten Leistungen.

⋆ Gliederung des Controllings nach den betrieblichen Funktionsbereichen

Gliederung

Die **Gliederung nach den klassischen betrieblichen Funktionsbereichen** ordnet Controlling entsprechend zu.

> **Beispiel** Absatzcontrolling
> Die langfristige operative Absatzplanung **plant den langfristigen Einsatz der absatzpolitischen Instrumente** – Produkt- und Sortimentsgestaltung, Vertriebssysteme, Werbung, Preis- und Konditionenpolitik – sowie die langfristigen Absatzmengen und die aus ihnen zu erzielenden Erlöse.
> Die Durchführung dieser Planungsaktivitäten ist die Aufgabe der zuständigen betrieblichen Bereiche. Das **Controlling** hat dabei die Aufgabe, diese Durchführungen zu **koordinieren** und Planungshilfen zur Verfügung zu stellen.

> **Beispiel** Finanzcontrolling
> Finanzcontrolling ist als System zu verstehen, das die Unternehmung und die Unternehmensleitung mit den Informationen versorgt, die **zur finanziellen Unternehmensführung** und **Steuerung des finanziellen Geschehens** erforderlich sind. Zu den **konkreten Aufgaben** sind zu zählen:
> – strukturelle und laufende Sicherung der Liquidität
> – Höhe und Struktur der Liquiditätsreserven
> – Kontrolle der kurz-, mittel- und langfristigen Finanzierungen sowie Anlagen unter Beachtung der Rentabilität

Die besondere Aufgabe des Finanzcontrollings liegt in der Controllingaktivität in der Planungs- und Kontrollphase. Zu den **Methoden des Finanzcontrollings** werden z. B. Finanzplanungsrechnungen und Kennzahlensysteme gezählt.

⋆ Weitere Einteilungen des Controllings

Eine andere Kategorisierung ordnet Controlling objektorientierten **Organisationsstrukturen** bzw. **Branchen** zu.

> **Beispiel** Projektcontrolling
> Die Ziele eines Projektcontrollings bestehen darin, die in ein Projekt, z. B. ein Investitionsvorhaben, gesetzten Erwartungen mit dem tatsächlich erzielten Ergebnis zu vergleichen, bei Abweichungen den verantwortlichen Funktionsbereich zu Korrekturmaßnahmen anzuleiten bzw. sogar Entscheidungen, z. B. im Investitionsbereich, zu revidieren.

> **Beispiel** Controlling von Leitungsebenen, etwa die Effizienz der Leitungsebene „Meister"

In verschiedenen **Planungsphasen** sind Controllingprozesse zu unterscheiden:

> **Beispiel** Strategisches und operatives Controlling

Eine weitere Einteilungsmöglichkeit ordnet den Begriff den **Lebensphasen einer Unternehmung** zu.

> **Beispiel** Gründungscontrolling: Wurden die bei der Gründung der Unternehmung gesetzten Ziele erreicht? Wo gibt es Abweichungen? Welche Verhaltensalternativen gibt es?

Die **Controlling-Funktion** wird zwar von der **obersten Unternehmensebene** wahrgenommen, wegen der Komplexität der Aufgaben existiert – in größeren Unternehmen – aber meist eine **eigenständige Controllingorganisation**.

1.6　Formen betrieblicher Organisation

Die Meier Möbelwerke GmbH wurde 1965 von den beiden Brüdern Siegfried und Herbert Meier gegründet. Im Laufe der Unternehmensentwicklung wurde das ursprünglich handwerklich orientierte Produktionsprogramm auf die industrielle Herstellung und den Vertrieb hochwertiger Wohn- und Büromöbel ausgerichtet. Seit 10 Jahren produziert und vertreibt die Meier Möbelwerke GmbH sehr erfolgreich auch exklusive Gartenmöbel aus Holz. Das Unternehmen beliefert überwiegend inländische Groß- und Einzelhandlungen der Möbelbranche. Die Verwendung nachwachsender Rohstoffe und der Einsatz umweltschonender Produktionsverfahren sind explizite Ziele der Meier Möbelwerke.

Der Vorsitz der Geschäftsleitung wird seit zwei Jahren von Frau Sabine Meier, der Tochter eines der beiden Unternehmensgründer, wahrgenommen. Frau Meier hat sich einer Unternehmervereinigung angeschlossen, die ihren Mitgliedern im Rahmen von Beiträgen in der Verbandszeitschrift, Vorträgen und Diskussionsforen die Auseinandersetzung u. a. mit Themen der Unternehmensorganisation ermöglicht. Bezogen auf die Meier Möbelwerke GmbH sucht die junge Geschäftsführerin nun Antworten auf die folgenden Fragen:

Welche Organisationsform hat das Unternehmen eigentlich?
Wie ist es zu dieser Organisationsform gekommen?
Welche alternativen Organisationsformen sind denkbar?
Welche Organisationsform ist für das jeweilige Unternehmen geeignet?
Welche Bedeutung hat Organisation im Rahmen der Unternehmensführung?

1.6.1　Durch Organisieren zur zielorientierten Organisation

Jedes Unternehmen im betriebswirtschaftlichen Sinn verfolgt die Erreichung von definierten Sach- und Formalzielen. Die Umsetzung dieser Ziele erfordert eine Vielzahl von Teilaktivitäten, die gemeinsam der Erfüllung der Gesamtaufgabe dienen. Dabei wird durch Organisation die zielorientierte und strukturierte Koordination aller Teilaktivitäten angestrebt. Organisation weist damit zwei begriffliche Aspekte auf:

◆ **Organisation als Tätigkeit**

Organisation kann als eine **Tätigkeit** verstanden werden, die die betriebliche Gesamtaufgabe in Teilaktivitäten zergliedert und die Ausführung der Teilaktivitäten im Hinblick auf die Erreichung der betrieblichen Ziele ordnet. Damit ist Organisation als **Organisieren** die Gestaltung einer Organisationsstruktur und der Abläufe im Unternehmen und gehört zu den klassischen Aufgaben der Unternehmensführung.

Organisation als Tätigkeit → Organisieren

◆ **Organisation als Ergebnis des Organisierens**

Organisation bezeichnet aber auch das **Ergebnis** dieses Gestaltungsprozesses und beschreibt damit das **organisatorische Gefüge** im Unternehmen und die **Regeln**, nach denen die betrieblichen Teilaufgaben ausgeführt werden sollen. Organisation in diesem Sinn wird auch **formale Organisation** genannt.

Organisation als Ergebnis → formale Organisation

Aufbau-organisation

Ablauf-organisation

Die klassische Organisationslehre unterscheidet im Rahmen des Organisationsbegriffs die Aufbauorganisation und die Ablauforganisation. **Aufbauorganisation** ist die Gestaltung der organisatorischen Struktur im Unternehmen und führt zur Bildung von Organisationseinheiten (Stellen, Abteilungen, Hierarchieebenen), die über Beziehungen miteinander verbunden sind. **Ablauforganisation** gestaltet die inhaltliche, zeitliche und räumliche Abfolge der Arbeitsvorgänge im Unternehmen. Aufbau- und Ablauforganisation müssen stets gemeinsam betrachtet werden, da einerseits betriebliche Abläufe immer in betrieblichen Strukturen stattfinden, andererseits die Optimierung betrieblicher Abläufe Veränderungen der betrieblichen Struktur bewirken kann.

◆ Aufgabenanalyse

Aufgaben-analyse

Die klassische Organisationslehre stellt an den Anfang der Organisationsgestaltung mit der **Aufgabenanalyse** die systematische Zerlegung der Gesamtaufgabe (oder einer neuen Aufgabe) des Unternehmens in Teilaufgaben. Die abgeleiteten Teilaufgaben können ihrerseits wieder in Teilaufgaben zerlegt werden. So entstehen Teilaufgaben unterschiedlicher Gliederungsebenen. Teilaufgaben der untersten Ebene werden als Elementaraufgaben bezeichnet.

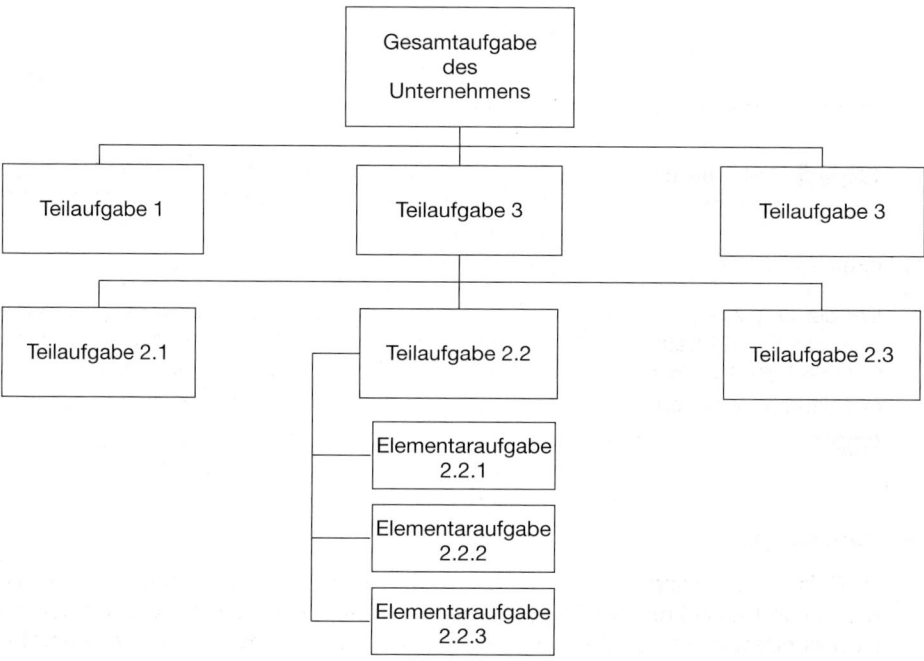

Abb. 1.6-1: Aufgabenanalyse

Die Teilaufgaben können nach den **sachlichen Merkmalen** Verrichtung und Objekt sowie nach den **formalen Merkmalen** Rang, Phase und Zweckbeziehung abgeleitet werden, wobei die Anwendung der Merkmale kombinierbar ist.

● Verrichtungsanalyse

Bei einer Aufgabenanalyse nach dem Kriterium der Verrichtung stellt sich die Frage, welche konkreten Tätigkeiten zu erbringen sind.

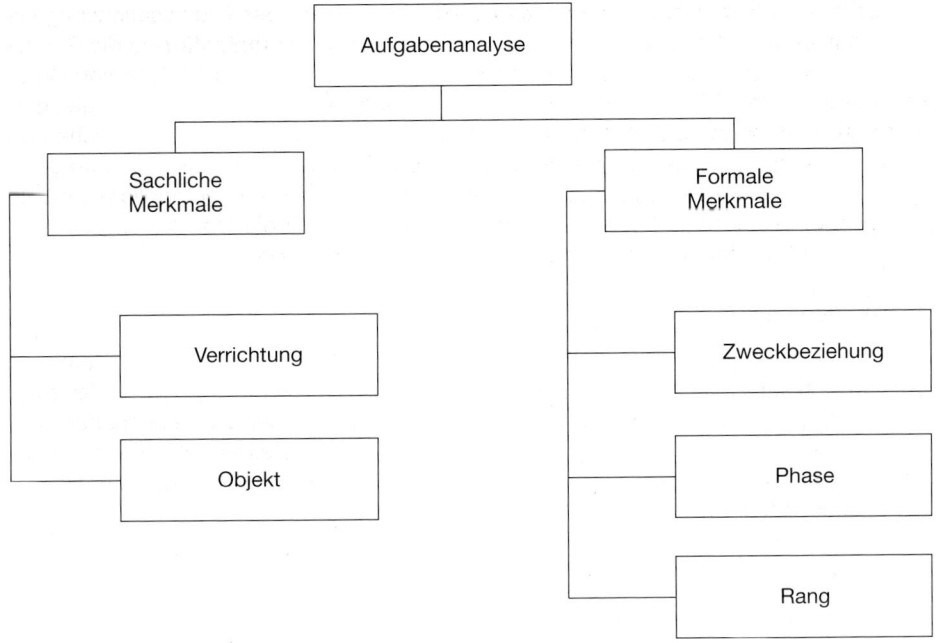

Abb. 1.6-2: Gliederungsmerkmale der Aufgabenanalyse

> **Beispiel** So könnte die Analyse der Aufgabe **Kundenberatung** die Elementaraufgaben persönliche Beratung beim Kunden, telefonische Kundenberatung, Beratung des Kunden in unseren Ausstellungsräumen und Beratung auf Messen ergeben.

● **Objektanalyse**

Bei der Objektanalyse werden die Aufgaben im Hinblick auf das jeweilig zu bearbeitende Objekt betrachtet. Objekte können durch Produkte (z. B. Kleiderschrank, Schreibtisch, Esszimmerstuhl), durch Personengruppen (z. B. Debitoren, Kreditoren) oder durch Regionen (z. B. Verkaufsgebiete Nord, Mitte, Süd) gebildet werden.

> **Beispiel** Die Analyse der Vorgänge im Rahmen der Kreditorenbuchhaltung könnte u. a. zu den Elementaraufgaben rechnerische Kontrolle, Kontierung, Buchung und fristgerechte Bezahlung der Eingangsbelege führen.

● **Ranganalyse**

Im Rahmen der Ranganalyse findet eine Gliederung der Aufgaben nach Entscheidungs- und Ausführungsaufgaben statt. Eine Analyse der Entscheidungsaufgaben ist besonders dann anzuwenden, wenn aus ihr die Einrichtung von Leitungsstellen abzuleiten ist.

> **Beispiel** Eine Entscheidungsaufgabe könnte im Bereich der Produktion die Planung und Zuordnung von Maschinenlaufzeiten sein, Ausführungsaufgabe wäre in diesem Zusammenhang die Umrüstung der Maschinen auf das jeweilig zu bearbeitende Produkt.

● **Phasenanalyse**

Im Rahmen der Phasenanalyse werden die Aufgaben nach ihrem zeitlichen Ablauf (häufig nach dem Schema Planung, Durchführung, Kontrolle) in untergeordnete Aufgaben zerlegt.

> So könnte im Rahmen der Abwicklung eines Kundenauftrags der Warenversand per Lkw in die Teilaufgaben Routenplanung, Kommissionierung der Ware, Warenausgangskontrolle sowie Verladen, Transport und Auslieferung der Ware gegliedert werden.

● **Analyse nach Zweckbeziehungen**

Bei der Analyse nach ihrer Zweckbeziehung werden Aufgaben in Primär- und Sekundäraufgaben zergliedert. Primäraufgaben sind solche Aufgaben, die im unmittelbaren Zusammenhang mit der Erfüllung des Sachziels stehen. Sekundäraufgaben haben lediglich unterstützende Funktion.

> So werden z. B. bei Produktionsunternehmen im Rahmen der Sekundäraufgaben die Aufgaben von Rechnungswesen, Controlling oder Personalwesen weiter analysiert.

Inwieweit die betriebliche Gesamtaufgabe nach allen fünf Gliederungsmerkmalen analysiert wird, hängt in der Organisationspraxis von Zweckmäßigkeitserwägungen ab. Die häufigste Anwendung finden Verrichtungs- und Objektanalyse.

Aufgabensynthese zur Stelle

Im Anschluss an die klassische Aufgabenanalyse werden die Elementaraufgaben im Rahmen der **Aufgabensynthese** zu Stellen zusammengeführt. Eine **Stelle** ist die kleinste organisatorische Einheit im Unternehmensgefüge. Sie entsteht durch die **dauerhafte Zuordnung** bestimmter **Teilaufgaben** auf eine oder mehrere gedachte Personen. Stellen werden grundsätzlich personenunabhängig gebildet, um bei einem Wechsel des Stelleninhabers die Kontinuität der Aufgabenerfüllung zu gewährleisten. Die Erfüllung der Stellenaufgabe setzt die Übertragung angemessener **Kompetenzen** an den Stelleninhaber voraus. Vahs definiert Kompetenzen als formale Rechte und Befugnisse und unterscheidet die folgenden Kompetenzarten:

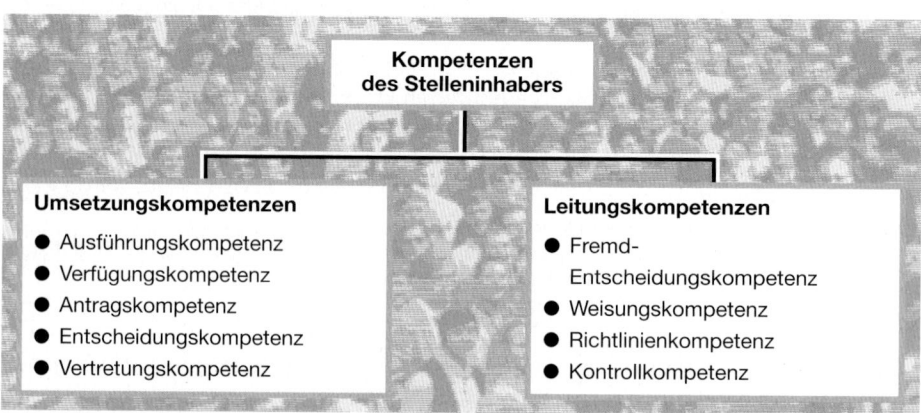

Abb. 1.6-3: Kompetenzen des Stelleninhabers

Quelle: Vahs, Organisation, Stuttgart 1999.

Kompetenzarten

◆ **Umsetzungskompetenzen** berechtigen den Stelleninhaber dazu, die Stellenaufgabe zu bewältigen.

● Die **Ausführungskompetenz** erlaubt das Tätigwerden im Rahmen der übertragenen Teilaufgaben.
● Die **Verfügungskompetenz** berechtigt zur Anforderung und Nutzung von Informationen, Sach- und Finanzmitteln und der Objekte, an denen die Arbeit ausgeübt werden soll.

- Die **Antragskompetenz** beinhaltet das Recht, Anträge an andere Stellen zu richten, die über den formulierten Sachverhalt entscheiden.
- Mit seiner **Entscheidungskompetenz** kann der Stelleninhaber selbstständig Handlungsalternativen wählen, die in seinen Ausführungsbereich fallen. Betreffen diese Entscheidungen das Außenverhältnis des Unternehmens, bedürfen sie einer **Vertretungskompetenz**.

◆ **Leitungskompetenzen** betreffen den Einfluss einer Stelle auf eine andere Stelle im Rahmen des Über- und Unterordnungsverhältnisses.

- Im Rahmen der **Fremd-Entscheidungskompetenz** ist eine Stelle befugt, für andere Stellen verbindliche Entscheidungen zu treffen.
- Die **Weisungskompetenz** beinhaltet das Recht, anderen Stellen die Ausführung von Aktivitäten im Rahmen ihrer jeweiligen Stellenaufgaben verbindlich anzuordnen.
- **Richtlinienkompetenz** ist das Recht, Richtlinien oder Grundsätze für bestimmte Abläufe oder Verhaltensweisen zu erlassen.
- **Kontrollkompetenz** erlaubt, die richtige Ausführung der Anweisungen und die Einhaltung der Richtlinien zu überwachen. Sie umfasst die **Ergebniskontrolle** und die **Verfahrenskontrolle**.

Mit der Übernahme der Aufgaben und Kompetenzen einer Stelle übernimmt der Stelleninhaber auch die Verantwortung für die richtige Aufgabenerfüllung. Vahs unterscheidet

Verantwortungsarten

- **Handlungsverantwortung** als Rechenschaftspflicht hinsichtlich der Art und Weise der Aufgabenerfüllung,
- **Ergebnisverantwortung** als Rechenschaftspflicht hinsichtlich der Zielerreichung,
- **Führungsverantwortung** als Rechenschaftspflicht hinsichtlich der wahrgenommenen Führungsaufgabe.

Je nach Art und Umfang der Kompetenzen und Aufgaben können Stellen in unterschiedliche Stellenarten eingeteilt werden.

Stellenarten

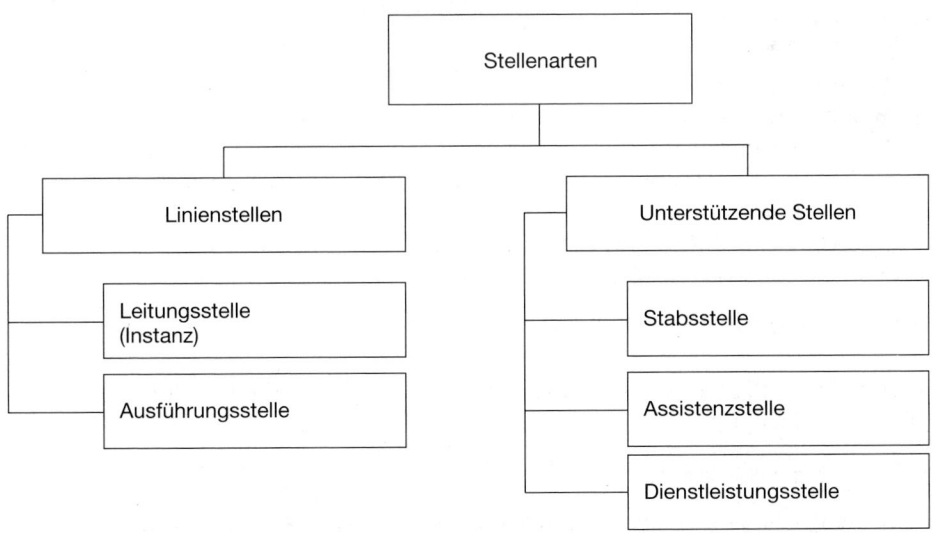

Abb. 1.6-4: Stellenarten

◆ **Linienstellen** sind unmittelbar in die Abwicklung der betrieblichen Kernaufgaben eingebunden.

● **Leitungsstellen** (Instanzen) sind in ihrer Führungsfunktion mit Durchführungs- und Leitungskompetenzen ausgestattet. Im Rahmen ihrer Weisungsbefugnis werden das fachliche und das disziplinarische Weisungsrecht unterschieden. Fachliche Weisungsbefugnisse betreffen die Art und Weise der Aufgabenerfüllung, disziplinarische Weisungsbefugnisse personalpolitische Maßnahmen gegenüber anderen Stellen.

● **Ausführungsstellen** besitzen lediglich Durchführungskompetenzen, können aber im Rahmen der zugewiesenen Aufgaben höchst anspruchsvolle Anforderungsprofile aufweisen.

> **Beispiel**   Die Stelle mit der Bezeichnung „Beschaffung IT-Systeme" ist im Rahmen der IT-Grundsatzentscheidungen zur Bereitstellung und Finanzierung der erforderlichen Sachmittel berechtigt. Sie verwaltet ein großes Budget, erfordert umfassende Kenntnisse im IT-Bereich und im Vertragsrecht (Kauf- und Leasingverträge) und verlangt großes Verhandlungsgeschick im Umgang mit den potenziellen Lieferanten.

◆ **Unterstützende Stellen** sind nur mittelbar bei der Abwicklung der betrieblichen Kernaufgaben eingebunden. Sie nehmen beratende und entlastende Tätigkeiten wahr.

● Vahs definiert eine **Stabsstelle** als **spezialisierte** Leitungshilfsstelle, die immer an eine Leitungsstelle angebunden ist. Stabsstellen haben häufig beratende, entscheidungsvorbereitende und überwachende Aufgaben und sollen die Instanzen quantitativ und qualitativ auch im Rahmen der Umsetzung von Entscheidungen entlasten. Sie können auch auf eigene Initiative aktiv werden.

> **Beispiel**   Die Mitarbeiter der Personalabteilung wenden sich mit Fragen zum Arbeitsrecht an die Stabsstelle „Personalrecht".

● **Assistenzstellen** sind nach Vahs **generalisierte** Leitungshilfsstellen, die die Instanz, der sie zugeordnet sind, quantitativ entlasten. Sie üben ihre Tätigkeiten lediglich auf Anweisung der Instanz aus und sind als Station im Rahmen einer systematischen Personalentwicklung häufig zeitlich befristet.

> **Beispiel**   Der Unternehmensleitung wird für die Dauer der Einführung des betrieblichen Vorschlagswesens ein Geschäftsleitungsassistent zugeordnet.

● **Dienstleistungsstellen** finden sich in Unternehmen häufig als Zentral- oder Servicestellen und können Zentralabteilungen oder einem Service Center zugeordnet sein. Sie nehmen zentral Unterstützungsaufgaben für mehrere Leitungsstellen wahr und entwickeln sich häufig aus früheren Stäben.

> **Beispiel**   Die Betreuung und Weiterentwicklung der IT-Infrastruktur ist für alle Unternehmensbereiche einer zentralen Einheit mit der Bezeichnung „IT-Technik" zugeordnet.

Gesetzlich geforderte Stellen

Die Einrichtung spezieller Stellen ist gesetzlich gefordert. So sind Organisationen bei Vorliegen entsprechender Voraussetzungen – meist die Erreichung einer bestimmten Zahl an Beschäftigten – verpflichtet, z. B. Stellen für **Datenschutzbeauftragte** (§ 4 f. Bundesdatenschutzgesetz), **Sicherheitsbeauftragte** (§ 22 Sozialgesetzbuch) oder **Umweltbeauftragte** (nach unterschiedlichen umweltrechtlichen Bestimmungen) zu schaffen und zu besetzen.

Bildung von Abteilungen

Stellen werden i. d. R. unter Leitung einer Stelle mit Weisungsbefugnis, einer Instanz, zu größeren organisatorischen Einheiten (z. B. Teams, Gruppen, Abteilungen, Hauptabteilungen, Bereiche, Direktionen) zusammengefasst. Häufig entsteht hierbei ein pyramidenförmiges Organisationsgefüge mit unterschiedlichen Leitungsebenen. Stellen der untersten Ebene sind Ausführungsstellen.

**Betriebs-
pyramide**

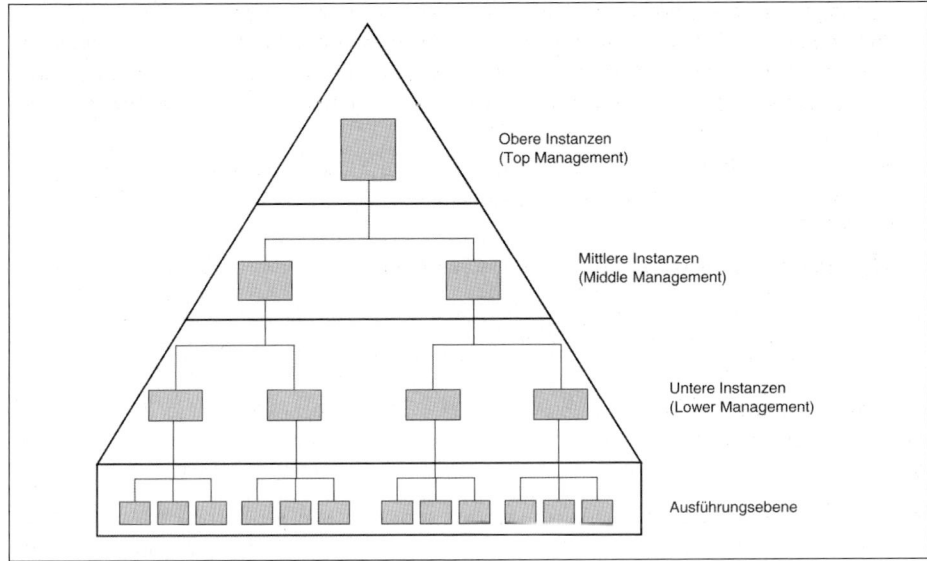

Abb. 1.6-5. Betriebspyramide

Die **Leitungsspanne** gibt an, wie viele Mitarbeiter jeweils einer Instanz direkt unterstellt sind, die **Leitungstiefe** kennzeichnet die Anzahl der Hierarchieebenen unterhalb der obersten Leitungsebene des Unternehmens.

◆ **Dokumentation der organisatorischen Entscheidungen**

Da die getroffenen organisatorischen Entscheidungen dauerhafte Gültigkeit für das gesamte Unternehmensgefüge haben, werden das strukturelle Gefüge und die organisatorischen Regeln häufig zur Erleichterung der Kommunikation und Zusammenarbeit dokumentiert.

**Strukturelles
Gefüge**

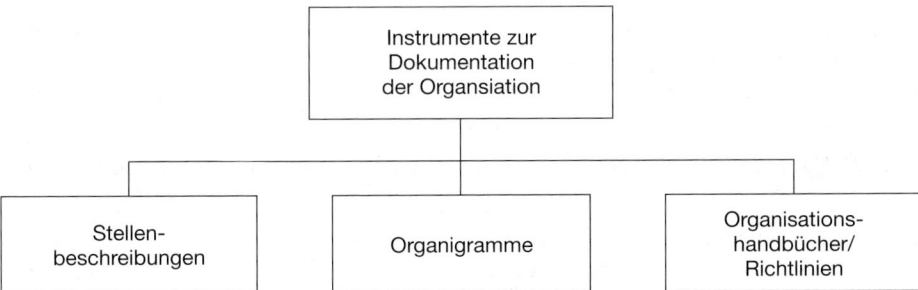

Abb. 1.6-6: Instrumente zur Dokumentation der Organisation

- So werden in der **Stellenbeschreibung** die an eine Stelle gebundenen Aufgaben und Merkmale in standardisierten Formularen schriftlich fixiert.
- Die entwickelte Über- und Unterordnung von Organisationseinheiten wird grafisch in Form von **Organigrammen** abgebildet.

- Organisatorische Vereinbarungen zu Arbeitsabläufen und Verfahren werden in Form von **Richtlinien** und **Organisationshandbüchern** dokumentiert.

◆ **Gestaltung der Beziehungen zwischen den Organisationseinheiten**

Im Hinblick auf eine Ausrichtung aller Unternehmensaktivitäten auf die Erreichung der Unternehmensziele ist es erforderlich, das Kommunikations- und Weisungsgefüge zwischen den über- und untergeordneten Stellen formal zu regeln. In Abhängigkeit von den getroffenen Regelungen entstehen unterschiedliche Organisationstypen.

Einlinien-system

◆ Dem **Einliniensystem** liegt das **Prinzip der Einheit der Auftragserteilung** zugrunde. Dieses Prinzip besagt, dass eine Stelle jeweils nur von einer direkt übergeordneten Stelle Anweisungen erhält und nur dieser gegenüber eine Informationspflicht hat. Damit werden im Einliniensystem klare Dienstwege und Informationsflüsse definiert.

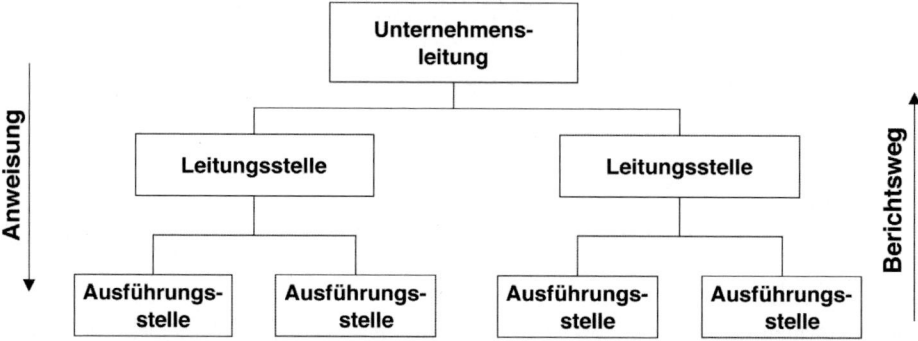

Abb. 1.6-7: Einliniensystem

Mehrlinien-system

◆ Das **Mehrliniensystem** folgt dem **Prinzip des kürzesten Weges**. Die untergeordneten Stellen erhalten Anweisungen von mehreren übergeordneten Stellen der nächsthöheren Hierarchieebene und können sich bei Fragen und Problemen direkt an den jeweiligen vorgesetzten Spezialisten wenden.

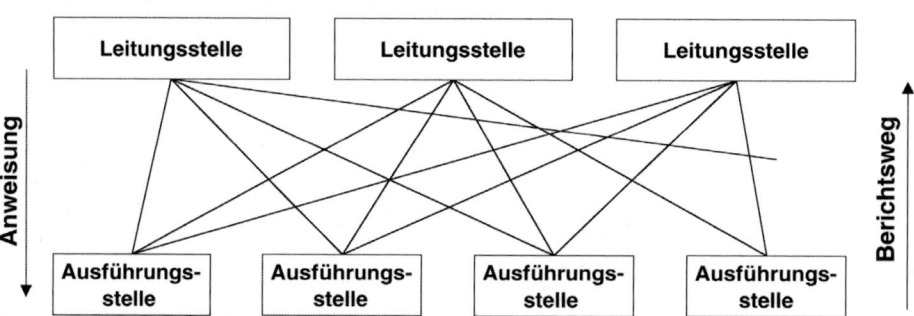

Abb. 1.6-8: Mehrliniensystem

1.6.2 Organisatorische Gestaltungsalternativen

◆ **Funktionale Organisationsstrukturen**

Bei einer **funktionalen Organisationsstruktur** werden die Organisationseinheiten zumindest der zweiten Hierarchieebene nach der Verrichtungsart gebildet. Beispiele sind Einkauf, Produktion, Vertrieb, Forschung und Entwicklung, Rechnungswesen oder

Personalwesen. Es besteht die Tendenz zur **Zentralisation der Entscheidungen**. Die Weisungsbefugnisse entsprechen dem Einliniensystem. In den weiteren Hierarchieebenen besteht die Gestaltungsmöglichkeit der Organisationseinheiten nach objektorientierten Gesichtspunkten. So ist es denkbar, Organisationsstrukturen nach Produktgruppen, Kundengruppen oder Absatzgebieten zu bilden.

Beispiel Die Geschäftsleitung der zu Beginn des Kapitels vorgestellten Meier Möbelwerke GmbH wird unter dem Vorsitz von Frau Sabine Meier von den Leitern der Abteilungen Produktion und Vertrieb ausgeübt. Der Vertrieb gliedert sich in die drei Bereiche Wohnmöbel, Büromöbel und Gartenmöbel. Hierdurch wird eine stärkere Markt- bzw. Kundenorientierung durch die Spezialisierung nach **Produkten** angestrebt. Weitere Abteilungen sind Einkauf/Logistik, Produktion, Rechnungswesen und Personalwesen.

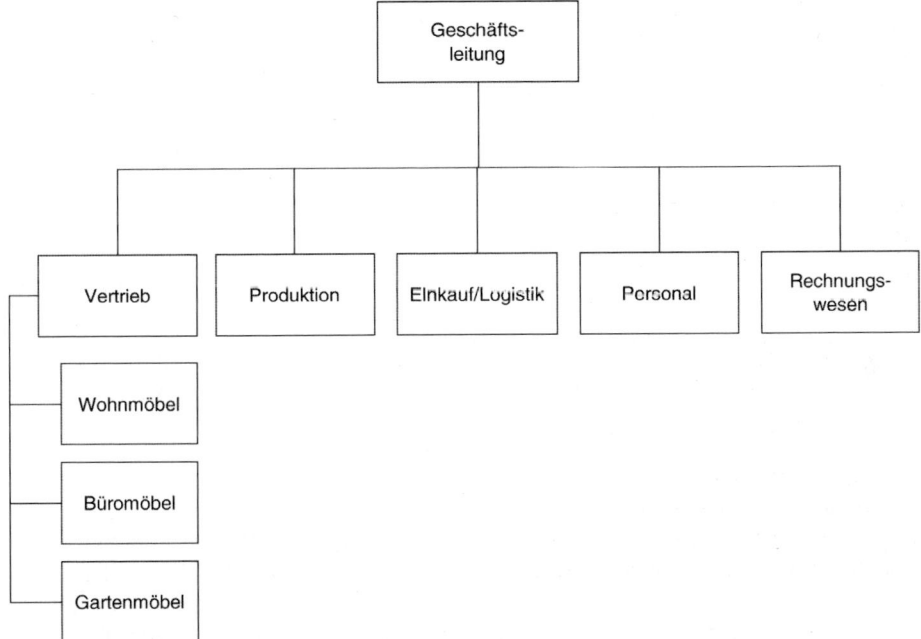

Abb. 1.6-9: Funktionsorientierte Organisationsstruktur

Im **Stabliniensystem** werden den leitenden Linienstellen Stabsstellen zugeordnet. Auf diese Weise wird eine Entlastung der Instanzen häufig im Zusammenhang mit Informationsbeschaffung, Entscheidungsvorbereitung und Analysetätigkeiten durch Spezialisten erreicht. Stabsstellen können sowohl der obersten Leitungsebene als auch den weiteren leitenden Organisationseinheiten direkt zugeordnet werden.

Beispiel Die Geschäftsleitung der Meier Möbelwerke GmbH möchte ihre Aktivitäten im Zusammenhang mit umweltschonenden Produktionsverfahren weiter verstärken und in ihre Öffentlichkeitsarbeit einbeziehen. Daher bildet sie eine **Stabsstelle Umwelt**, die mit einem erfahrenen Spezialisten zu diesem Themenbereich besetzt wird. Außerdem richtet sie ein **zentrales Controlling** ein, das die strategische Unternehmensplanung und ein systematisches Berichtswesen fördern soll.

Aufgaben der Unternehmensführung im Rahmen einer funktionsorientierten Organisationsstruktur sind vor allem die Koordination der einzelnen Funktionsbereiche und die Formulierung der strategischen und operativen Unternehmensziele und die Überwachung der Zielerreichung.

Aufgaben der Unternehmensführung

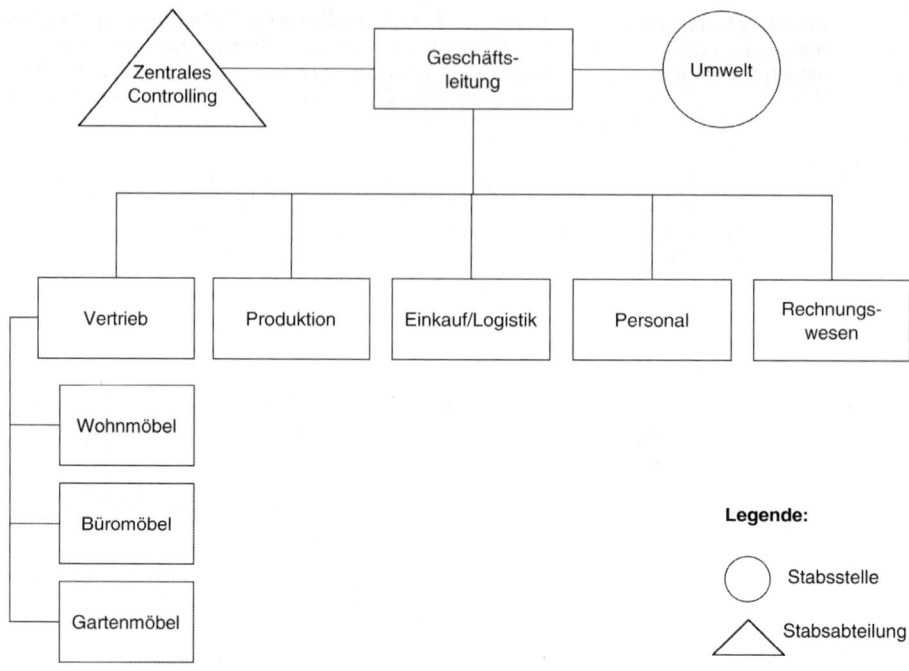

Abb. 1.6-10: Stabliniensystem

◆ Divisionale Organisationsstrukturen

Grenzen einer funktionsorientierten Organisationsstruktur

Besonders in Unternehmen ab einer bestimmten Größe und mit einem diversifizierten Produktprogramm werden die Grenzen einer funktionsorientierten Organisationsstruktur erkennbar, vor allem dann, wenn das Unternehmen in einem von Veränderungen geprägten Umfeld agiert. Mit der Zielsetzung einer größeren Kunden- und Marktorientierung werden **objektorientierte Geschäftsbereiche** gebildet. Kriterien für die Bildung der Geschäftsbereiche, die auch als **Divisionen** oder **Sparten** bezeichnet werden, können z. B. **Produkte bzw. Produktgruppen**, abgrenzbare **Kundengruppen** oder **Regionen** sein. Die Geschäftsbereiche haben eigene Funktionsbereiche und agieren in ihrem Verantwortungsbereich weitgehend autonom, auch wenn bestimmte strategische Entscheidungen, z. B. das Produktionsprogramm, mit der Unternehmensleitung abgestimmt werden müssen. Die Weisungsbefugnisse werden nach dem Einliniensystem zugewiesen. Häufig ist es sinnvoll, neben den Geschäftsbereichen bestimmte Unternehmensaufgaben als Zentralbereiche, die nach funktionalen Gesichtspunkten gebildet werden, einzurichten. Die Zentralbereiche leisten gleiche oder ähnliche Dienstleistungen für alle Divisionen (z. B. Personalwesen, Rechnungswesen) oder nehmen spartenübergreifend zentrale Koordinations- oder Kontrollaufgaben wahr (z. B. Zentrales Controlling, IT-Infrastruktur). Auf diese Weise können Synergie- und Spezialisierungseffekte genutzt werden.

Beispiel Die Geschäftsleitung der Meier Möbelwerke GmbH erkennt zunehmend Koordinationsprobleme im Rahmen der Produktion der unterschiedlichen Produktgruppen. So kommt es immer wieder zu Lieferverzögerungen, weil die Abwicklung einiger Aufträge nicht ausreichend aufeinander abgestimmt war und erforderliche Rohstoffe nicht verfügbar waren. Bei den Planungsmeetings entstehen in diesem Zusammenhang immer wieder heftige Diskussionen zwischen den Leitern der produktorientierten Vertriebsabteilungen, der Logistik und der Produktion, die sich gegenseitig die Verantwortung für die

Schwierigkeiten zuweisen. Da aufgrund des Unternehmenswachstums die Produktionskapazitäten ausgeweitet werden müssen, entschließt sich die Unternehmensleitung zur Einführung einer divisionalen Organisationsstruktur mit Produktorientierung und den Zentralbereichen Personal und Rechnungswesen. Die bestehenden Stabseinheiten werden beibehalten.

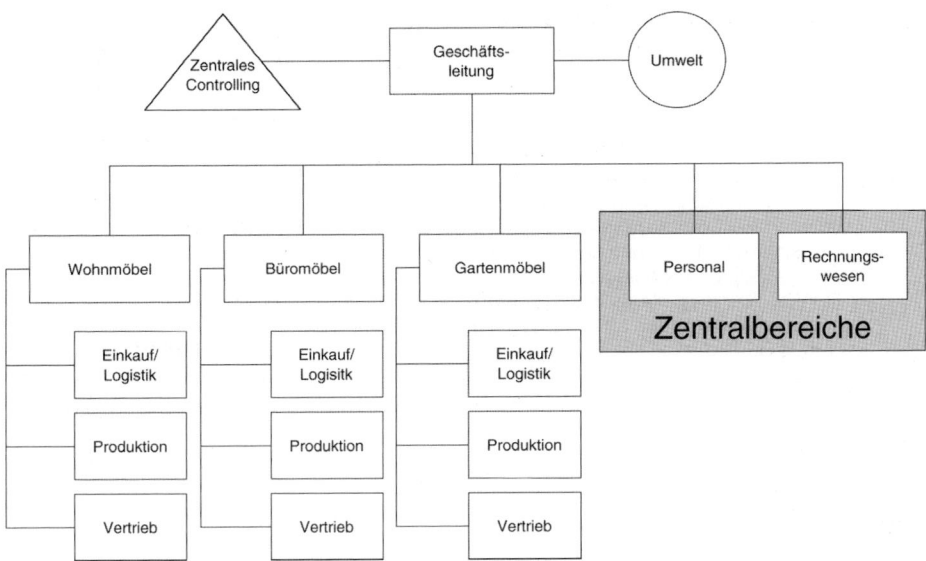

Abb. 1.6-11: Divisionale Organisationsstruktur

◆ Häufig wird die divisionale Organisation durch **Center-Konzepte** ergänzt:

● **Cost Center**
Die Division hat im Rahmen eines Kostenbudgets Entscheidungskompetenz über die Ausgaben. Dies kann verbunden sein mit der Freiheit, Leistungen von anderen internen Unternehmenseinheiten oder von Fremdunternehmen zu beziehen.

● **Profit Center**
Werden die Divisionen als Profit Center geführt, sind sie für ihr wirtschaftliches Ergebnis – gemessen am Gewinn oder der Kapitalrentabilität – verantwortlich.

● **Investment Center**
Bei diesem Konzept haben die Divisionen Entscheidungskompetenz über die Verwendung des erwirtschafteten Gewinns im Geschäftsbereich.

Die Aufgaben der Unternehmensführung im Rahmen einer divisionalen Struktur sind nach Vahs insbesondere:

Aufgaben der Unternehmensführung

● die Formulierung der Unternehmenspolitik und -strategie,
● die Finanz- und Ergebnisplanung und die laufende Überwachung der Geschäftsergebnisse mithilfe von Planungs- und Kontrollsystemen,
● die personelle Besetzung der obersten Leitungsfunktionen in den Divisionen und
● die Entscheidung über die Verteilung der finanziellen Ressourcen (v. a. Forschung und Entwicklung sowie Sachinvestitionen).

◆ **Matrixorganisation**

Kombination von Funktions- und Objektprinzip

In der Matrixorganisation werden das Funktions- und das Objektprinzip auf der zweiten Hierarchieebene miteinander kombiniert. Ein Leitungssystem wird vertikal objektorientiert (z. B. nach Produktgruppen), ein zweites horizontal verrichtungsorientiert angeordnet. Die Leitungsstellen werden als Matrixstellen bezeichnet und sind der obersten Unternehmensleitung direkt unterstellt. Die Matrixschnittstellen als ausführende Stellen erhalten ihre **Weisungen also von den beiden** jeweils übergeordneten **Matrixstellen**. Die Weisungsbefugnisse folgen also dem Mehrliniensystem. Kompetenzüberschneidungen sind gewollt und erfordern eine regelmäßige Koordination der Entscheidungsträger.

> **Beispiel** Die Geschäftsleitung der Meier Möbelwerke GmbH möchte ausgehend von einer bestehenden funktionsorientierten Organisationsform die Koordination der Entscheidungen und Aktivitäten in den einzelnen Unternehmensbereichen fördern. Sie richtet daher im Rahmen einer Matrixorganisation objektorientierte Einheiten für das Management der jeweiligen Produktgruppen unter Beibehaltung der funktionsorientierten Einheiten Einkauf/Logistik, Produktion, Vertrieb, Personal und Rechnungswesen ein. Die Matrixorganisation erfordert z. B., dass sich der Produktmanager „Büromöbel" vor der Annahme eines Großauftrags mit den Abteilungen Einkauf/Logistik und Produktion über die möglichen Vorgehensweisen zur Auftragsabwicklung abstimmt. Die bestehenden Stabseinheiten Umwelt und Zentrales Controlling bleiben erhalten.

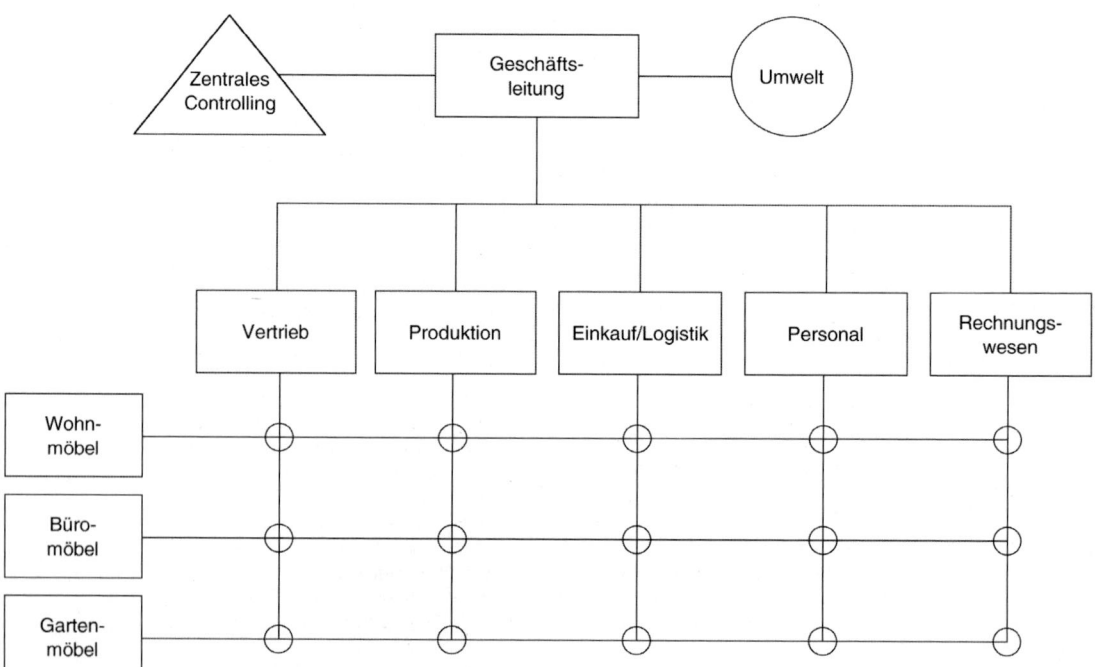

Abb. 1.6-12: Matrixorganisation

Aufgaben der Unternehmensführung

Aufgaben der Unternehmensführung als Matrixleitung sind insbesondere die strategische Führung und Kontrolle des gesamten Unternehmens und die Besetzung der Matrixstellen sowie die Koordination der Aktivitäten derselben.

Nach Vahs können die einzelnen Organisationsformen wie folgt bewertet werden: .

Organisations-struktur	Vorteile	Nachteile
Funktionale Organisations-struktur	• Einfache und überschaubare Struktur • Nutzung von Spezialisierungseffekten (economies of scale, Erfahrungskurve) • In sich geschlossene, klar abgegrenzte und damit gut kontrollierbare Funktionsbereiche	• Vielzahl an Schnittstellen und Interdependenzen; dadurch erhebliche Koordinationsprobleme • Gefahr von Bereichsegoismus und Suboptimierungen • Überlastung der Unternehmens-führung • Überbetonung des Spezialistentums • Eingeschränkte Entwicklung der Personalentwicklung
	Geeignet v. a. für kleine und mittlere Unternehmen mit einem überschaubaren und homogenen Leistungsprogramm, die sich in einer relativ stabilen Unternehmens-umwelt befinden.	
Divisionale Organisations-struktur	• Entlastung der Unternehmensführung; dadurch stärkere Konzentration auf strategische Fragen • Ganzheitliche Delegation von Aufgaben, Verantwortung und Kompotonzen möglich • Bessere Koordination und schnellere Entscheidungsfindung innerhalb der Divisionen • Divisionen können auf Umwelt-änderungen flexibel reagieren • Weitgehende unternehmerische Selbstständigkeit der Spartenleiter erhöht die Motivation und ermöglicht bessere Erfolgsbeurteilung • Vielfältige Möglichkeiten der Personalentwicklung	• Gefahr des Spartenegoismus und einer kurzfristigen Gewinn-orientierung • Suboptimale Ressourcenallokationen und Doppelarbeiten sind möglich • Mehrbedarf an Leitungsstellen • Zentralfunktionen zur übergreifenden Koordination der Divisionen erforderlich • Gefahr von unproduktiven Konflikten zwischen den Divisionen und zwischen den Divisionen und den Zentralfunktionen
	Geeignet v. a. für mittlere und große Mehrproduktunternehmen, die sich in einer dynamischen Unternehmensumwelt befinden.	
Matrix-organisation	• Ganzheitliche, innovative Problem-lösungen unter Berücksichtigung von unterschiedlichen Standpunkten sind möglich • Entlastung der Unternehmensführung durch spezialisierte Leitungsfunktionen innerhalb der verschiedenen Dimensionen • Kurze Kommunikationswege • Flexible Anpassung der Organisation an die Markt- und Wettbewerbs-erfordernisse • Hierarchie steht nicht im Vordergrund • Vielfältige Möglichkeiten der Personalentwicklung durch unternehmerische Perspektiven der Matrixmanager	• Problematische Kompetenz-abgrenzung durch die Mehrfach-unterstellung der Ausführungs-stellen; dadurch können Kompetenzkonflikte durch Machtkämpfe entstehen • Unter Umständen schwierige und zeitintensive Koordinations- und Entscheidungsprozesse • Gefahr zu vieler Kompromisse • Hohe Informationsverarbeitungs-kapazität erforderlich • Bürokratisierungstendenzen durch aufwendige Kommunikations- und Kompetenzregelungen • Großer Bedarf an qualifizierten Führungskräften
	Geeignet v. a. für große Mehrproduktunternehmen, die sich in einer dynamischen Unternehmensumwelt befinden.	

Abb. 1.6-13: Zusammenfassende Bewertung der dargestellten Organisationsstrukturen

1.6.3   Die organisatorische Integration von Projekten

Ein Projekt ist gemäß der Definition DIN 69901 „ein einmaliges Vorhaben mit den Merkmalen Zielorientierung, einer zeitlichen Vorgabe, Begrenzungen finanzieller, personeller oder anderer Art, Abgrenzung gegenüber anderen Vorhaben und einer spezifischen Organisation". Darüber hinaus gelten folgende Merkmale in der Wirtschaftspraxis als typisch für ein Projekt:

- **Komplexität:** Die Lösung des Problems muss zahlreiche komplizierte Zusammenhänge berücksichtigen.
- **Aufwand:** Die Projektarbeit ist umfangreich und erfordert viele Mitarbeiter und finanzielle Mittel.
- **Fachübergreifender Charakter:** Fachleute verschiedener Disziplinen bzw. Mitarbeiter unterschiedlicher Organisationseinheiten sind beteiligt.
- **Teamarbeit:** Die Fachleute arbeiten eng zusammen, da ständiger Informationsaustausch und die Weitergabe von Teilleistungen erforderlich sind.

Externe Projekte

Je nach Auftraggeber werden externe und interne Projekte unterschieden. Bei **externen** Projekten vergibt ein rechtlich eigenständiges Unternehmen einen Projektauftrag an ein anderes rechtlich eigenständiges Unternehmen. Die Auftragnehmer sind dabei in der Regel Unternehmen, die sich auf die Durchführung von Projekten spezialisiert haben.

Beispiel Die Meier Möbelwerke GmbH beauftragt ein Softwarehaus mit der Entwicklung und Einführung eines Managementinformationssystems für das Gesamtunternehmen.

Interne Projekte

Interne Projekte werden innerhalb eines Unternehmens in Auftrag gegeben und als Auftrag angenommen. Möglicherweise erkennt die Leitung eines Wirtschaftsunternehmens den Bedarf einer betriebsinternen Problemlösung in Form eines Projekts oder eine Fachabteilung stellt einen Projektantrag an eine höhere Unternehmensebene. Die Entscheidung, ob ein betriebliches Vorhaben, auf das alle Projektmerkmale zutreffen, als Projekt durchgeführt wird, trifft die Unternehmensleitung.

Beispiel Die Geschäftsleitung der Meier Möbelwerke GmbH möchte ein betriebliches Vorschlagswesen einführen. Sie beauftragt ein Projektteam aus Vertretern der drei Sparten Wohnmöbel, Büromöbel und Gartenmöbel sowie der Abteilung Personal mit der Ausarbeitung eines entsprechenden Konzepts.

Aufgrund der besonderen Merkmale eines Projekts kommt der Organisation von Projekten besondere Bedeutung zu. In den ziel- und themenorientiert gebildeten Projektteams, die sich nach Projektabschluss wieder auflösen, arbeiten jeweils unterschiedliche Mitarbeiter interdisziplinär zusammen, Projekte stehen unter einem hohen zeitlichen und finanziellen Erfolgsdruck, der Projekterfolg muss bereits im Projektverlauf in vielfältiger Hinsicht überwacht und gesteuert werden und der Koordinationsaufwand in Projekten ist wegen der engen Verzahnung der vielfältigen und komplexen Projektaktivitäten hoch. Die zielorientierte und erfolgreiche Bearbeitung von Projekten erfordert ein umfangreiches Instrumentarium an Methoden und Techniken des Projektmanagements, das in den einzelnen Projektphasen in jeweils geeigneter Weise eingesetzt wird. Projektorganisation unterscheidet also zwei Fragenstellungen:

1. Wie wird das Projekt in das organisatorische Unternehmensgefüge integriert und wie sind Projektleitung und Mitarbeit in den Projektteams organisiert?
2. Wie wird die Vorgehensweise im Projekt selbst mit den Methoden und Techniken des Projektmanagements organisiert?

Die erste Frage wird im folgenden Text beantwortet, die Behandlung der zweiten Frage erfolgt in Kapitel 8 (Projektmanagement).

◆ **Integration des Projektes in das Unternehmen (Rahmenorganisation)**

Grundsätzlich muss die Projektrahmenorganisation geregelt werden, d. h. die Einbindung des Projektes in die Unternehmensorganisation. Die wichtigsten Varianten sind die **Einbindung des Projektes**

- Projektkoordination,
- Matrix-Projektorganisation,
- reine Projektorganisation.

● Bei der **Projektkoordination** gibt es statt eines Projektleiters einen Projektkoordinator mit beratender Funktion. Dieser koordiniert die Mitarbeit der Projektmitglieder, welche von den verschiedenen Fachabteilungen (z. B. Konstruktion, Produktion, Marketing) aus erledigt wird. Der Projektkoordinator hat keine Entscheidungs- und Weisungsbefugnis im Rahmen des Projekts, diese bleibt ausschließlich bei den Leitern der Fachabteilungen. **Koordination**

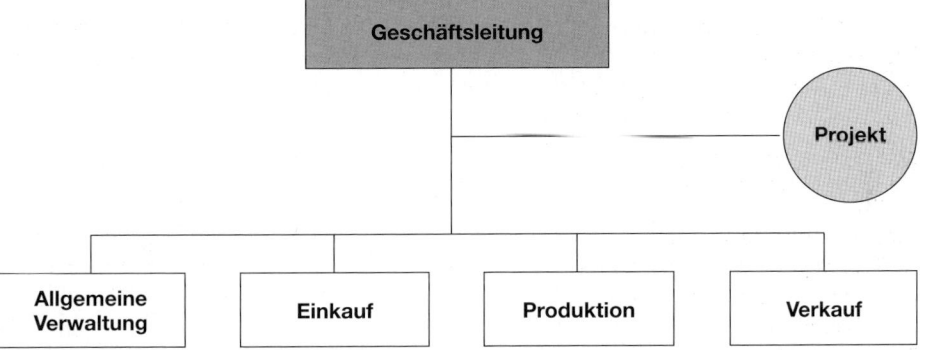

Abb. 1.6-14: Projektkoordination

● Bei der **Matrix-Projektorganisation** wird die reine Linienorganisation um eine Projektorganisation ergänzt. Dabei erhalten die Projektleiter Entscheidungs- und Weisungsbefugnis. Zwar bleiben auch hier die Projektmitglieder in den Fachabteilungen, aber die Weisungsbefugnisse zwischen Projekt- und Fachabteilung werden nun aufgeteilt, d. h., Projektleitung und Leitung der Fachabteilung müssen sich abstimmen. So kann es z. B. zu einem Interessenkonflikt zwischen beiden kommen, wenn der Projekt- **Ergänzung der reinen Linienorganisation**

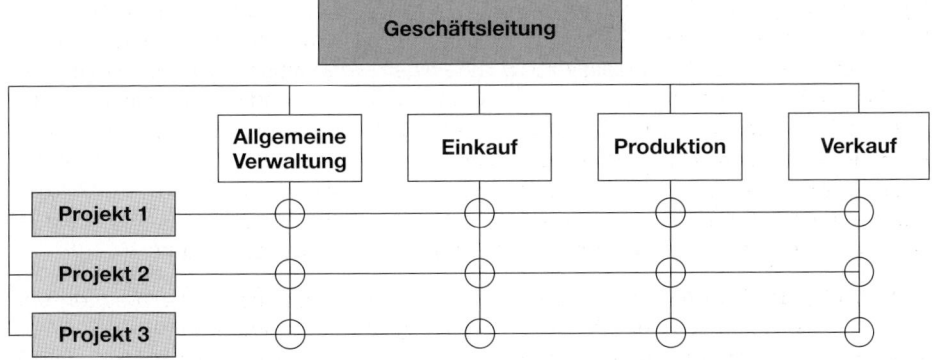

Abb. 1.6-15: Matrix-Projektorganisation

leiter einen Mitarbeiter aus der Produktion unverzüglich benötigt, um etwa ein Modell zu erstellen, der Leiter der Produktionsabteilung diesen Mitarbeiter aber im Rahmen anderer Aufgaben eingeplant hat.

Einrichtung einer Organisationseinheit

● Die **reine Projektorganisation** sieht die Einrichtung einer eigenen und selbstständigen Organisationseinheit vor. Alle Projektmitglieder werden aus den Fachabteilungen abgezogen (oder extern beschafft) und einem Projektleiter unterstellt.

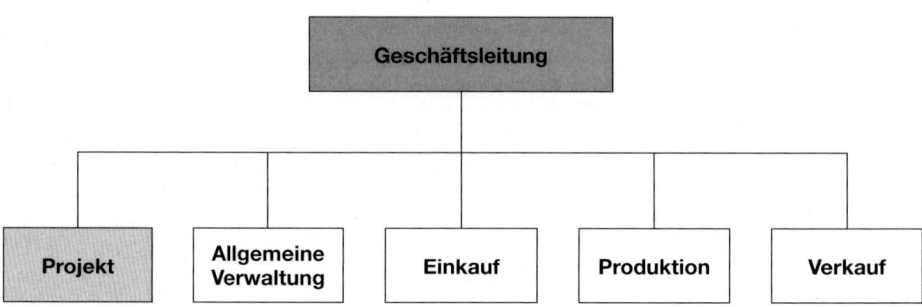

Abb. 1.6-16: Reine Projektorganisation

◆ Projektleitung

Im Idealfall trägt der Projektleiter allein die Verantwortung für das Erreichen der Projektziele. Entsprechend ist er mit umfangreichen Befugnissen ausgestattet. So entscheidet der Projektleiter in Abstimmung mit der Unternehmensleitung über die Auswahl der Projektmitarbeiter und die Verteilung des Budgets. Nicht selten befindet er sich dabei in einem Spannungsfeld mit anderen Projekten, die parallel von der Geschäftsleitung verfolgt werden, was häufig zu einem „Kampf der Projektleiter um Ressourcen" führt. Er hat allen Mitarbeitern gegenüber Weisungskompetenz und Anspruch auf alle projektrelevanten Informationen. Im Zweifelsfall liegt die letzte Entscheidung bei ihm. Entsprechend werden an den Projektleiter hohe Anforderungen in fachlicher, methodischer wie auch sozialer Hinsicht gestellt. Die Hauptaufgaben des Projektleiters sind:

Aufgaben der Projektleitung

– Abstimmung der Projektziele im Rahmen des Projektauftrags mit dem Auftraggeber

– Zusammenstellung des Projektteams

– Organisation der Infrastruktur (siehe Kapitel 8.2.6)

– Leitung des Planungsprozesses bzw. eine eigene Planung des Projektverlaufs

– Steuerung und Kontrolle des gesamten Projektverlaufs

– Führung der Projektmitarbeiter

– gelegentliche Mitarbeit in Teilbereichen

– Sicherstellung des Informationsflusses unter den Projektmitarbeitern

– Kontakt zum Auftraggeber

– Präsentation des Projektergebnisses

– Sicherstellung einer erforderlichen Dokumentation einschließlich Abschlussbericht

1.7 Konzepte betrieblicher Umweltökonomie

Die LUX ETERNITAS AG – Leuchtmittel – mit über 2.000 Mitarbeiterinnen und Mitarbeitern alleine in ihrem Stammwerk in Düsseldorf existiert seit über 30 Jahren am Markt. In den vergangenen Jahren erfolgreich durchgeführte Expansionen machen nun eine Erweiterung der Produktionskapazitäten erforderlich. Zur Diskussion steht der Kauf der DYNAMO LICHT AG in Sachsen.
Wie zeitgemäß sind die Anlagen?
Welche Neuheiten gibt es?
Welche Kosten entstehen?
Wie kann die Produktion Umweltauflagen und Kostenminimierung gleichermaßen berücksichtigen?

1.7.1 Das Spannungsfeld zwischen Ökonomie und Ökologie

Seit der Aufklärung im 18. und der industriellen Revolution im 19. Jahrhundert haben sich die Menschen an den Gedanken gewöhnt, dass technische Entwicklungen und Neuerungen alle materiellen Probleme der Menschheit im Laufe der Zeit lösen werden.

Erst in den Sechzigerjahren des 20. Jahrhunderts begann sich langsam die Einsicht durchzusetzen, dass die **industrielle Produktion** Folgen nach sich zieht, die zur **Verschlechterung der Lebensbedingungen der Menschen führt**.

Industrielle Produktion und Umwelt

Der **Energieverbrauch in privaten Haushalten und der Industrie** wirkt sich an verschiedenen Stellen auf die Umwelt aus: Rohstoffe wie Kohle und Erdöl müssen zunächst gefördert und zu den Verwendungsstellen befördert werden. Damit ist zwangsläufig die Gefahr der Bodenverschmutzung, z. B. durch Leckagen an Pipelines, sowie transportbedingter Emissionen, z. B. durch den Transport per Lkw, verbunden. Die Risiken des Transportes von Rohöl auf dem Seeweg sind durch zahlreiche Tankerkatastrophen im öffentlichen Bewusstsein. Die Umwandlung der Rohstoffe in Energie, z. B. in Kraftwerken, sowie die Gewinnung von Benzin in Raffinerien sind mit Emissionen in die Luft verbunden. Der Endverbrauch durch Haushalte und Industrie setzt ebenfalls wieder Abgase frei.

Mensch und Umwelt

◆ In der Diskussion stehen sich zwei Begriffe gegenüber:

– **Ökonomie** [griech.], Wirtschaft, auch Wirtschaftlichkeit, Sparsamkeit

– **Ökologie** [griech.], von E. Haeckel 1866 eingeführte Bezeichnung für „die gesamte Wissenschaft von den Beziehungen des Organismus zur umgebenden Außenwelt"; ein Teilgebiet der Biologie zur Erforschung der Wechselwirkungen zwischen Organismen und zwischen Organismus und Umwelt.

1.7.2 Umweltschutz und Unternehmensziele: Die Verzahnung von Ökologie und Ökonomie

Die LUX ETERNITAS AG überprüft die alten technischen Anlagen zur Produktion von Leuchtmitteln.
Welche Kosten entstehen durch die bisherige Produktion?
Welche Kosten entstehen als Folge der umweltbelastenden Produktion?
Lassen sich – z. B. durch substituierte Einsatzstoffe oder neuartige Produktionsverfahren – Entsorgungskosten senken?
Lohnt sich die Investition in neue Anlagen?

◆ Ein ökologieorientierter Ansatz in der Betriebswirtschaftslehre

Umwelt und Kosten

Das entwickelte Problembewusstsein im Umgang mit der Natur führte auch zur Ausprägung eines ökologieorientierten Ansatzes in der Betriebswirtschaftslehre (vgl. Wöhe, Günter/Döring, Ulrich, Einführung in die Allgemeine Betriebswirtschaftslehre, 23., vollst. neu bearbeitete Auflage, München 2008, S. 27 ff.). **Die Umwelt galt früher als „freies" Gut**, so die klassische volkswirtschaftliche Diktion, und hatte keinen Marktpreis für ihre Nutzung, z. B. Wasser und Luft. Somit entstanden keine Kosten für die Betriebe. Diese Denkweise galt sowohl für natürliche Ressourcen als auch gerade für die Abgabe von Produktionsrückständen an die Natur (Abgase und Abwässer).

Die Betriebswirtschaftslehre machte die natürliche Umwelt erst zu ihrem Gegenstand, als die Produktion und die entsprechende Entsorgung von Produktionsrückständen mit Kosten verbunden wurden. Diese Kosten (Abwasserabgaben, Schwefeldioxydabgaben usw.) beeinflussten die Preiskalkulation und damit die Wettbewerbsfähigkeit der Unternehmen. Hier war und ist die Betriebswirtschaftslehre gefordert, ressourcen- und umweltschonende Alternativen zu entwickeln.

Ausrichtungen

Innerhalb des ökologieorientierten Ansatzes sind **zwei Ausrichtungen** erkennbar:

* Eine **ethisch-normative ökologische Betriebswirtschaftslehre**, die die Vereinbarkeit von ökologischer und betriebswirtschaftlicher Sichtweise in das Zentrum stellt, nicht das konkret Machbare.

* Die **Einbeziehung ökologischer Fragestellungen in die traditionelle Betriebswirtschaftslehre**, wobei der Schutz der Umwelt als neues Element im betriebswirtschaftlichen Zielsystem verstanden wird. Umwelt und Umweltschutz können in der Betriebswirtschaftslehre methodisch aber nur da erfasst werden, wo sie sich in **Kosten und Erlösen bemerkbar** machen.

◆ Zwei alternative Ansätze zum Umweltschutz

Vor- oder Nachsorge

Vom Ansatz her kann Umweltschutz **nachsorgend bzw. defensiv** betrieben werden, d. h., Umweltschäden werden als Umweltreparatur nachträglich behoben. Der **vorbeugende/vorsorgende bzw. offensive** Umweltschutz soll Beeinträchtigungen der Umwelt von vornherein vermeiden.

Bisher hatte Umweltschutz überwiegend nachsorgende Qualitäten: Dem eigentlichen Produktionsprozess **nachgeschaltete Anlagen (End-of-Pipe-Technologien)** neutralisieren die bei der Produktion entstandenen Schadstoffe oder fangen diese vor ihrer Emission in die Umwelt auf. Unter nachsorgendem Umweltschutz lässt sich die nachträgliche Beseitigung von Umweltbelastungen verstehen.

* **End-of-Pipe-Maßnahmen** schaffen aber neue Probleme:

  ● **Ökologisches Problem**
    Beim Verarbeitungsprozess werden Stoffe in die Abluft gesetzt, die mit einem aufwendigen Filtersystem herausgefiltert werden müssen. So können zwar akute Schadstoffemissionen verhindert werden, Probleme bereitet jedoch die Entsorgung der häufig hoch kontaminierten Filter.

    `Beispiel` Kokserzeugung

- **Ökonomisches Problem**
  Nachgeschaltete Umweltschutzmaßnahmen sind immer mit zusätzlichen Kosten verbunden.

  Beispiel Abwasserreinigung

★ Der **integrierte Umweltschutz (clean-technology)** bedeutet:

- Die Anwendung von Produktionsprozessen, bei denen von Anbeginn an möglichst **wenig Schadstoffe entstehen**.

  Beispiel Anwendung alternativer Stoffe

- Die Entwicklung und Herstellung von Produkten, die hinsichtlich ihres Gebrauchs und ihrer Entsorgung **möglichst umweltfreundliche Eigenschaften** aufweisen.

  Beispiel Produkte aus Altpapier statt aus Kunststoffen

- Eine wichtige Rolle spielt auch die Verwirklichung **geschlossener Stoffkreisläufe** und die Entwicklung von über ihren ganzen Lebenszyklus hinweg umweltfreundlichen Produkten. Hierbei werden von der Planung über Beschaffung und Produktion bis zu Absatz und Recycling umweltfreundliche Bestimmungsgrößen zur Entscheidungsgrundlage.

  Beispiel Wiederverwertbare Kunststoffteile in der Automobilindustrie

1.7.3 Die natürliche Umwelt als Datenkranz für die Industrie

Jeder Industriebetrieb ist eingebunden in die natürliche Umwelt, entnimmt Stoffe verschiedenster Art zur Produktion und hinterlässt Produktionsrückstände.

Industriebetriebe in ihrer natürlichen Umwelt

◆ Eine Industrieunternehmung (aus systemorientierter Sicht) ist in mehrfacher Hinsicht ein „**System**":

offenes System	**dynamisches** System	**soziokulturelles** System
Austausch von Stoff und Energie zwischen System und Systemumgebung Umsystem = relevante Umwelt der Unternehmung	Prozesse von Input und Output	Zusammenwirken von Menschen

◆ Was bedeutet dann eine „umweltorientierte" Unternehmenspolitik?
Die Ausgangsbasis bilden **ökonomische Überlegungen:**

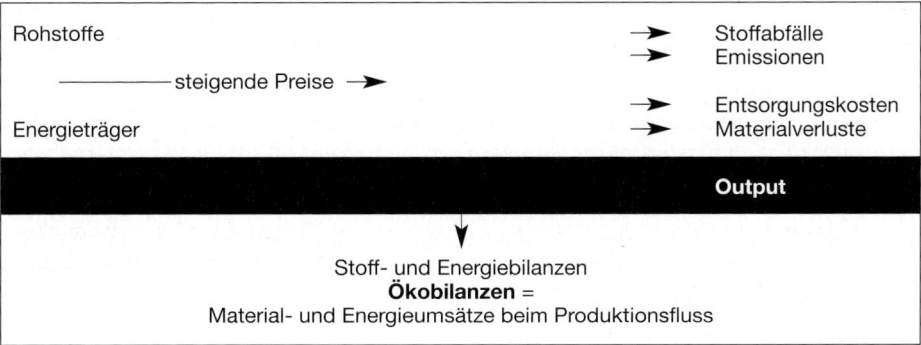

◆ Die **Ökologie** wird als die Wissenschaft von den Beziehungen der Lebewesen zu ihrer Umwelt definiert.

Die **industrielle Produktion** – als Teil der Umwelt – umfasst folgende Prozesse:
– Urproduktion
– Stoffumwandlung zur Gewinnung von Sekundärenergie
– Be- und Verarbeitung von Stoffen
– Entsorgung (Rückstandsbehandlung)

Mittels Input und Output der Produktion steht die Industrieunternehmung in direkter Verbindung mit Ökosystemen. Unter einem **Ökosystem** wird dabei die funktionale Einheit aus Organismen und unbelebter Natur verstanden.

Beispiel Ein Bachlauf mit seinen Ufern

1.7.4   Umweltorientierte Unternehmenspolitik

Die bisherigen Darstellungen zeigen eine Vielzahl von Aspekten auf, die zur **Revision traditioneller unternehmensphilosophischer Konzepte** führen müssen.

Markt-orientierung und Umweltbelastung

Die Orientierung eines Unternehmens in der modernen Konsumgesellschaft erfolgt am Markt. Der zunehmende Konsum, der die entsprechende Produktion voraussetzt, führt zu einer steigenden Belastung der Umwelt, wenn die Faktorkombination in alten Gewohnheiten verhaftet bleibt. **Eine umweltorientierte Unternehmensführung verfolgt wirtschaftliche Ziele, die von sozialen und ökologischen Zielen flankiert werden.**

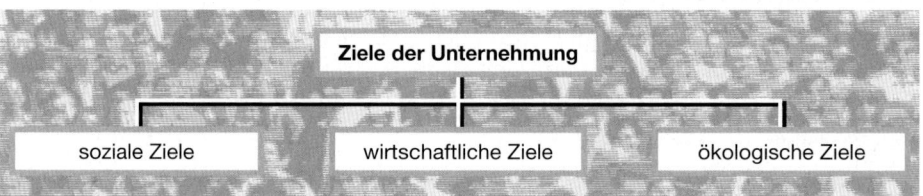

Die **sozialen Ziele** differenzieren sich in
– die Sicherung der Arbeitsplätze,
– die menschenwürdige Gestaltung der Arbeitsplätze,
– die gerechte Entlohnung und Beachtung der Mitbestimmung der Beschäftigten.

In **ökologischer Hinsicht** werden angestrebt:
– die Vermeidung,
– die Entsorgung oder
– die Verwertung von Abfallprodukten.

◆ **Ökologische Unternehmenspolitik** kann z. B. in folgender Weise definiert werden:

Ökologische Aspekte und Gewinnorientierung

*„Ziel einer ökologischen Unternehmenspolitik muss es hiernach sein, die Belange des Umweltschutzes mit dem Gewinnstreben der Unternehmen zu verbinden. Umwelbelastung muss danach **Kostenfaktor**, ihre Vermeidung **Ertragsfaktor** für das Unternehmen sein. Der Staat hat durch die Gestaltung der umweltpolitischen Rahmenbedingungen für die Unternehmen monetäre Anreize für umweltverträgliches Verhalten zu schaffen. Nicht staatliche Auflagen, die unternehmerisches Handeln einschränken, sondern Schaffung von Bedingungen, die umweltschonendes Verhalten durch Kostensenkungen oder Ertragssteigerungen belohnen, sollen die Umweltpolitik bestimmen."*

Tischler, Klaus, Umweltökologie, München 1994, S. 59.

Handlungsantrieb für die Konkretisierung ökologischer und ökonomischer Ziele **ist der Markt**, der – durch eine sich verändernde Nachfrage der Konsumenten – in zunehmendem Maße unter ökologisch orientierten Erwartungsdruck gerät.

Eine **ökologische Unternehmenspolitik** verfolgt das Ziel, über einen „Push-Effekt" eine stärkere Umweltverträglichkeit der Wirtschaft durch eine entsprechende Gestaltung des Angebotes und der Angebotsbedingungen zu erreichen (Tischler, Klaus, a. a. O., S. 62).

*„Bei der **ökologischen Verbraucherpolitik** dagegen liegt die Zielsetzung im Pull-Effekt. Durch Formulierung und Durchsetzung umweltorientierter Verbrauchervorstellungen soll die Nachfrageseite einen Sog bewirken, der Unternehmen veranlasst, diesen Verbrauchervorstellungen ein entsprechendes Angebot gegenüberzustellen."*

Tischler, Klaus, a. a. O., S. 62.

Der **Umweltschutz** ist eine **staatliche Aufgabe**, dies kommt so z. B. in Deutschland in der Existenz und Bezeichnung des entsprechenden Ministeriums zum Ausdruck: „Bundesministerium für Umwelt, Naturschutz und Reaktorsicherheit (BMU)". Neben der Produktion umweltverträglicher Produkte gehörten die Ressourcenschonung sowie die Emissionsverringerung zur staatlichen Umweltpolitik. In Deutschland wurde und wird – vor dem Hintergrund eines gewachsenen Umweltbewusstseins, umweltpolitischer Entscheidungen und zunehmender Nachfrage nach entsprechenden Techniken – die Umwelttechnik staatlich gefördert (vgl. Institut der deutschen Wirtschaft, IW-Umwelt-Service, Nr. 1/Februar 2003).

Die Rolle des Staates

Der **Staat** hat somit die Aufgabe, aus seiner Verantwortung für die nachfolgenden Generationen die natürlichen Lebensgrundlagen zu schützen und zu erhalten. Daraus ergibt sich eine Vielzahl von Gesetzen, Rechtsverordnungen und Verwaltungsvorschriften zum Schutz der Umwelt.

◆ Das **staatliche Umweltrecht** zielt darauf ab, dem Menschen eine Umwelt zu sichern, die ein menschenwürdiges Dasein auf Dauer ermöglicht. Die Konkretisierung dieser Zielsetzung basiert auf drei Prinzipien:

Prinzipien des staatlichen Umweltrechts

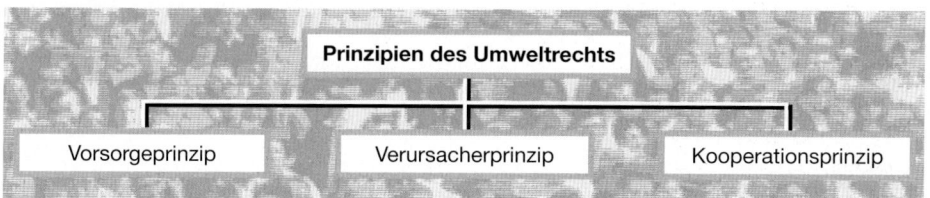

Prinzipien des Umweltrechts

| Vorsorgeprinzip | Verursacherprinzip | Kooperationsprinzip |

★ **Vorsorgeprinzip**
Mögliche Umweltbelastungen sollen bereits von Beginn an verhindert werden, gemäß dem Grundsatz: „Vorbeugen ist besser als heilen."

★ **Verursacherprinzip**
Hier wird derjenige zur Kasse gebeten, der die Umwelt verschmutzt, er soll die Kosten zur Vermeidung oder die Folgekosten seines Handelns bezahlen.

★ **Kooperationsprinzip**
Der „Staat" kann nicht im Alleingang Umweltpolitik betreiben. Da die Umwelt alle gesellschaftlichen Gruppen berührt, soll möglichst durch ein aufeinander abgestimmtes Handeln der Umweltschutz konkretisiert werden.

Welche Gesetze sind in diesem Zusammenhang von den Unternehmen zu beachten?

Gesetze für den Bereich der Produktion

Im Bereich der Produktion wird die Entnahme und Rückgabe von Stoffen aus bzw. in die Natur kritisch gesehen.

* Das **Wasserhaushaltsgesetz** des Bundes legt z. B. Mindestanforderungen für das Einleiten von Abwässern in Gewässer fest – dies schafft überall da Probleme, wo Wasser als Katalysator benötigt wird, etwa in der chemischen Industrie.

* Das **Bundes-Immissionsschutzgesetz** – ergänzt durch die **sog. Technische Anleitung zur Reinhaltung der Luft** sowie zur Vermeidung von Lärm – führten inzwischen z. B. zum Verzicht auf PCB; sehr komplex sind mittlerweile die Bestimmungen im Bereich der Produktion von „Abfall".

* An der Spitze steht hier das Gesetz zur Förderung der Kreislaufwirtschaft und Sicherung der umweltverträglichen Beseitigung von Abfällen **Gesetz zur Förderung der Kreislaufwirtschaft und Sicherung der umweltverträglichen Beseitigigung von Abfällen (KrW-/AbfG)**, das die Bestimmungen über die ordnungsgemäße Beseitigung von Abfällen, insbesondere von Hausmüll, vorsieht.

* Aus der Fülle der verschiedenen Regelungen sollen hier stellvertretend einige Beispiele kurz genannt werden.

– Altölverordnung
– Abfallverbringungsverordnung
– Verpackungsverordnung
– Klärschlammverordnung
– Batterieverordnung
– Getränkemehrwegverordnung

Antizipation durch die Unternehmen

◆ Unternehmen in Deutschland sind somit dazu gezwungen, sich umweltpolitischen Forderungen zu stellen. Eine Möglichkeit besteht in der Reaktion auf Vorstöße und Vorgaben des Gesetzgebers, die **dynamischere Variante** ist aber eher darin zu sehen, **Fortschritte durch Innovationen** zu erreichen, die als unternehmerische Aktion den Weg bahnen.

Mittlerweile bietet das Internet Informationsmöglichkeiten für interessierte Unternehmen an.

 – Das „Online Branchenbuch" für ökologische Firmen und Unternehmen (www.oekoadressen.de) bietet ökologisch orientierten Firmen und Einrichtungen die Möglichkeit, Auskunft und Firmeninformationen zu veröffentlichen.

– Der „Gewerbepark Öko-Zentrum in Hamm" wirbt mit einem ökologischen Gesamtprojekt. In diesem Gewerbepark sind mittlerweile ökologisch orientierte Handwerks- und Dienstleistungsbetriebe angesiedelt: z. B. Niedrigenergiehäuser, Ökobaumarkt der Firma OBI u. a.

◆ Umweltschutz, der den Industriebetrieb als „Technoökosystem" versteht und die Verbindung ökologischer und ökonomischer Ziele offensiv verfolgt, muss sowohl über eine strategische Unternehmenskonzeption und -philosophie als auch über ein konkretes unternehmensspezifisches Zielsystem verfügen; eine bloß abstrakte Einsicht in die Notwendigkeit nützt nichts ohne die konkrete Umsetzung in den einzelnen Funktions- und Verantwortungsbereichen des Unternehmens.

* **Technoökosysteme** bestehen aus natürlichen und künstlichen (vom Menschen geschaffenen) Elementen.

  Beispiel Landwirtschaft

* **Strategische Unternehmensziele** sind Leitlinien für unternehmerisches Handeln, ausgerichtet auf einen Zeitraum von bis zu 10 Jahren.

  Beispiel Ein Unternehmen will im US-amerikanischen Markt expandieren.

* **Operationalisierte Unternehmensziele** leiten sich aus strategischen Zielvorgaben ab. Konkrete Ziele sind quantitativ und zeitlich fassbar und daher überprüfbar hinsichtlich des Grades der Zielerreichung.

  Beispiel Der Umsatz unseres Unternehmens soll auf dem US-amerikanischen Markt im nächsten Geschäftsjahr um 20 Prozent gesteigert werden.

1.7.5   Ökologisch orientierte Konzepte

Die LUX ETERNITAS AG – Leuchtmittel – hat im Rahmen der Osterweiterung der EU ein Unternehmen in Tschechien erworben. Hier sollen nun, marktnah, Teile der Produktpalette direkt für den osteuropäischen Markt hergestellt werden.

In früheren Jahren spielten Umweltschutzaspekte bei der Produktion vor Ort keine große Rolle, dies muss nun bei der Neuorganisation der Fertigung geändert werden. Die LUX ETERNITAS AG muss nun auch hier die EU-weiten Vorgaben berücksichtigen und eine umweltschonende Produktion als Bestandteil ihrer Unternehmensphilosophie realisieren. Dabei muss die Konkurrenzsituation berücksichtigt werden, da inzwischen auch neu gegründete tschechische Unternehmen die Forderungen und Erwartungen der Öffentlichkeit und damit der Käufer beachten.

Die Bedeutung und Notwendigkeit dieser Überlegungen zeigen Blank/Rösener in folgender Weise auf:

„Phase der Umfeldorientierung
In den 90er-Jahren hat sich die Profilierung der Unternehmen am Markt durchgesetzt. Für den Erfolg am Markt gewinnen Umfeldfaktoren wie die Ökologie, politische oder technologische Entwicklungen oder gesellschaftliche Veränderungen an Bedeutung. Das rechtzeitige Erkennen relevanter Umfeldfaktoren wird zum Engpass. Nur Unternehmen, denen es gelingt, sich kurzfristig an diese Entwicklungen anzupassen, werden in Zukunft am Markt erfolgreich sein."

Umfeldorientierung der Unternehmen

Blank, Andreas/Rösener, Maria, Marketing, Troisdorf 2009, S. 12

Zur **umweltgerechten Produktionsgestaltung** stehen zwei Aspekte im Vordergrund.

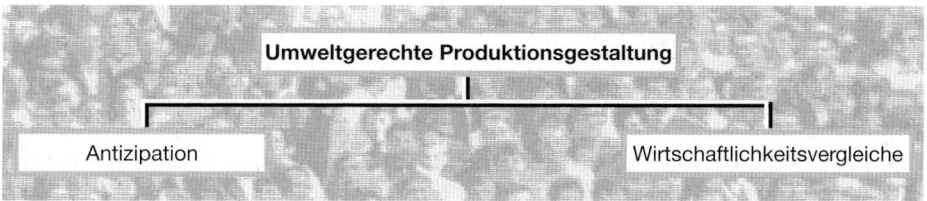

◆ Antizipation

Antizipatives Marketing-konzept

Unternehmerisches Handeln bedeutet Beachtung eines Marketingkonzeptes, d. h. **Orientierung am Markt und dessen Veränderungen**. Ein Produzent, der seine Produktpalette nicht vor dem Hintergrund gesellschaftlicher Trends und dem folgenden Nachfrageverhalten hinterfragt, wird durch die Marktveränderung oder spätestens durch staatliche Interventionen in Form von Gesetzen zur Änderung oder Aufgabe genötigt.

Die **Antizipation** künftig wirksam werdender und/oder **zu erwartender umweltschutzrechtlicher Rahmenbedingungen** muss daher zu einem unternehmerischen Konzept werden, das gerade mittel- und langfristige Investitionsentscheidungen beeinflussen wird.

◆ Wirtschaftlichkeitsvergleiche

Erweiterung betrieblicher Kennziffern

Traditionelle Entscheidungshilfen bei Wirtschaftlichkeitsvergleichen und Investitionsentscheidungen (statische Kostenvergleichsrechnungen, Amortisationsvergleichsrechnungen usw.) müssen um Überlegungen **erweitert werden**, die z. B. die Verringerung des Faktorverbrauchs oder die Reduzierung von Abfällen und Schadstoffen – für die wiederum Kosten entstehen – mit in die Kalkulation einbeziehen.

Da **konkretisiertes Umweltschutzbewusstsein** auch unter absatzwirtschaftlichen Aspekten – PR-Maßnahme, unmittelbare Werbung für ein umweltfreundliches Produkt – zu sehen ist, kann eine freiwillige Übererfüllung gesetzlicher Anforderungen oder Richtwerte kostensenkend und wettbewerbsfördernd sein.

◆ Vom „ex und hopp" zum Recycling

Nutzung der Rohstoffe

Die Erkenntnis, dass die weltweiten Ressourcen nicht „ewig" reichen werden, ist inzwischen ein Allgemeinplatz der öffentlichen wie der privaten Diskussion. Der Verbraucher kennt die Problematik, gelbe Säcke oder graue/blaue Tonnen gehören zum Bild der Städte und Gemeinden.

Knapper werdende Rohstoffe treiben den Preis in die Höhe, Unternehmen suchen entsprechend nach Einsparungsmöglichkeiten, um mit ihren Produkten noch marktfähig zu bleiben.

Trotz aller **Unsicherheiten in der Einschätzung des weiteren Rohstoffverbrauches** ist bei der Beibehaltung der gegenwärtigen bzw. einer Steigerung künftiger Industrieproduktion die Erschöpfung der Vorkommen absehbar.

In den Zusammenhang der **Stoffkreisläufe** gehört dann natürlich auch die Frage des internen Produktionsabfallrecyclings, das „Abfall" aus der Produktion dieser wieder in sinnvoller Weise zuführt, dadurch Ressourcen schont und die Rohstoffkosten senkt. Ist dies aus Kostengründen nicht möglich, so gilt es immer noch zu prüfen, inwieweit dann **externes Altstoffrecycling** möglich ist.

Die Wirtschaftlichkeit der „Müllverwertung" hat sich inzwischen sowohl bei den Produzenten als auch gerade bei den Verwertern durchgesetzt.

◆ Recycling – das Begriffsfeld

Recycling – wörtlich übersetzt: wieder in den Kreislauf bringen – bezeichnet alle Maßnahmen, die es zum Ziel haben, aus „Abfällen" Stoffe zu gewinnen und diese wieder dem Produktionsprozess zuzuführen.

Grundgedanke des Recyclings

Der Grundgedanke des Recyclings ist der **Stoffkreislauf**, ein durchaus natürliches Phänomen.

Beispiel Der Kreislauf des Wassers: Regen – Quelle – Nutzung – Fluss – Meer – Verdampfen – Wolke – Regen usw.

Alle Produktionsprozesse greifen in das natürliche Gleichgewicht ein und stören komplizierte Systeme.

Beispiel Entnahme von Wasser aus einem Bach/Fluss als Kühlwasser, dann Rückführung des erwärmten Wassers. Dies reduziert den Sauerstoffgehalt des Baches und verschlechtert die Lebensmöglichkeiten der Pflanzen und Tiere.

◆ Das Recyclen erfolgt auf verschiedenen Wegen:

Wege des Recyclings

bewährte Wege	teilweise umstrittene Wege	Kennzeichnung der Rohstoffe
● Wiederverwertung von Schrott	● Einwegverpackung auf jeden Fall vermeiden	● z. B. „Öko-Nummer" Identifizierung der Komponenten von Produkten unter ökologischen Kriterien
● Abfälle aus einer Produktion	● Mehrwegflaschen ohne Einschränkungen begünstigen	
● Sammeln von Altpapier		

◆ In einer Reihe von Bereichen wurde Recycling schon lange praktiziert, ohne dass der Begriff benutzt wurde.

Beispiel Das Wiedereinschmelzen von Eisenschrott zu Gusseisen oder Stahl

In der **Metallindustrie** hat diese Wiederverwertung von Schrott eine **lange Geschichte**, die sowohl in deren großen Energieaufwand bei der Gewinnung als auch in der zunehmenden Verknappung zu sehen ist.

Eine andere Form ist die Weiterverwertung von Produktionsabfällen – sog. **Kuppelprodukte.**

Beispiel Einsatz von Sägespänen in der Papiererzeugung oder die Verwertung von Abfällen

Das Sammeln von **Altpapier** und dessen Einsatz in der Papier- und Pappeerzeugung ist inzwischen ein etabliertes Verfahren. Hierbei besteht aber ein stoffliches Problem: Die Papierfasern werden bei jedem Recyclingvorgang „verkürzt", was zur Folge hat, dass jeweils ein Teil „neuen" Materials hinzugefügt werden muss, um einen „Recycling-Kollaps" zu vermeiden.

Glassammel-Container gibt es seit 1972, die **Glas** erzeugende Industrie hat dieses Verfahren mit Erfolg zum festen Produktionsbestandteil gemacht, da insbesondere hohe Einsparungen an Material und auch Energie dafür sprechen. Dieser Bereich verdeutlicht die **Grundprinzipien des Recyclings**:

– Schonung der Ressourcen – Einsparung von Energie – Schutz der Umwelt

★ **Recycling von Kunststoffen**

Aufgrund der politischen Vorgaben werden in Deutschland große Mengen Wertstoffe (Altglas, Altpapier, Altmetalle, Altkunststoffe) gesammelt. Dazu gehören jährlich mehrere hunderttausend Tonnen Kunststoffabfälle. Geeignete Recyclingverfahren ermöglichen es inzwischen, solche **„Kunststoffe aus der zweiten Reihe"** wieder **in den Wertekreislauf einzugliedern.** Da in diesen Stoffen ein großes Rohstoff- und Energiepotenzial steckt, ist es logisch, dies wieder zu verwerten. Sortenreiner Kunststoff ist aber

Rohstoff- und Energiepotenziale

eher die Ausnahme, die meisten Kunststoffprodukte sind von unbekannter Zusammensetzung und lassen sich lediglich zu einfachen Erzeugnissen verarbeiten.

Beispiel Pflanzencontainer, Rohre

Es ist schwierig, verschiedene Kunststoffe voneinander zu trennen sowie in der Vorbereitung den verwertbaren Stoff von Papier, Metallen und anderen unerwünschten Begleitmaterialien zu trennen.

Die veränderten Möglichkeiten der elektronischen Datenverarbeitung haben zu neuen Speichermedien wie CDs, CD-ROMs und DVDs geführt, die in den letzten Jahren wegen ihres Speichervolumens und des geringen Preises eine sehr große Verbreitung gefunden haben. Für die Verbraucherinnen und Verbraucher stellt sich daher immer häufiger die Frage nach einer sinnvollen Entsorgung.

Beispiel Das Recycling von CDs ist in Deutschland bereits Realität. So werden jährlich etwa 5.000 Tonnen Produktionsabfälle, Überschussproduktionen und CDs aus nicht verkauften Zeitschriften erfasst und verwertet. Die Rückläufe aus dem privaten und gewerblichen Bereich fallen hingegen mit einigen Hundert Tonnen weniger ins Gewicht. Offenbar ist die Bevölkerung nicht ausreichend über Rückgabemöglichkeiten von Alt-CDs informiert. CDs bestehen überwiegend aus dem Kunststoff Polycarbonat, einer dünnen Metallschicht, Schutzlack und Druckfarben. Die Beschichtung lässt sich mit geringem Aufwand von der Kunststoffscheibe lösen. Das aufbereitete Polycarbonat ist ein hochwertiger Wertstoff, aus dem Produkte für die Medizintechnik, Automobil- und Computerindustrie hergestellt werden. Eine Verwertung ist nicht nur wirtschaftlich sinnvoll, sie hilft auch Erdöl und damit nicht erneuerbare Ressourcen zu sparen (www.umweltbundesamt.de).

Vermeidung von Stoffverlusten

Die Verbrennung von Kunststoff – euphemistisch als **„thermische Entsorgung"** bezeichnet – kann **nicht** als **ökologisch sinnvoller Weg** betrachtet werden, da insbesondere die darin enthaltenen Erdölanteile damit dem Stoffkreislauf verloren gehen.

Beispiel Sonstige Beispiele für Recycling:
– Bauschutt
– Altöl
– Lösungs- und Reinigungsmittel
– Fixierbadaufbereitungen

⋆ **Rückführung in die Produktion**

Der Prozess der **Zurückführung in die Produktion** bedarf der Vorbereitung, z. T. bereits bei der Konstruktion und Montage der Produkte.

Um die Vielfalt der Stoffe erkennbar zu machen, ist die **Kennzeichnung aller Rohstoffe** – insbes. bei Kunststoffen – sinnvoll, da somit im Recyclingprozess eine leichtere Identifizierung möglich wird. Die längere Gebrauchsdauer der Produkte reduziert alle damit verbundenen Kosten, eine Auflistung der Stoffe – und Abfallstoffe – macht Produktionsabläufe transparenter.

Beispiel Glas, Dosen

◆ **Auswirkungen des Recyclings**

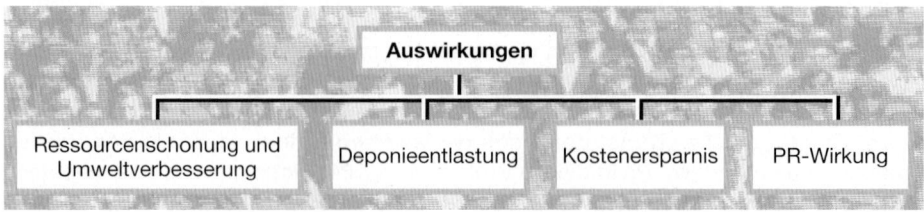

Im Folgenden werden drei wichtige ökologisch orientierte Konzepte kurz vorgestellt.

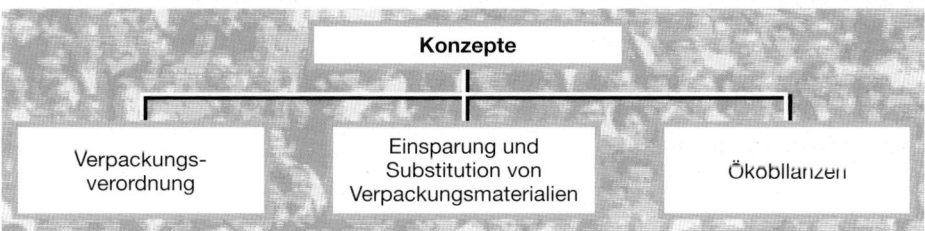

◆ Die Verpackungsverordnung

Die **1991 zum ersten Mal** in Kraft getretene Verpackungsverordnung dokumentierte den politisch umgesetzten Wandel in der gesellschaftlichen Wahrnehmung und Einschätzung der Umwelt. Im Ziel der Reduzierung des Verpackungsmülls wurde das Ende der Wegwerfgesellschaft deutlich.

Ende der Wegwerfgesellschaft

Die **neu gefasste Verpackungsordnung** aus dem Jahr 1998, sie gilt für **alle in Verkehr gebrachten Verpackungen**, wurde inzwischen mit mehreren Änderungsverordnungen präzisiert und ergänzt. Die **Fünfte Verordnung zur Änderung der Verpackungsverordnung** – Stand 02.04.2008 (Bundesministerium für Umwelt, Naturschutz und Reaktorsicherheit) – soll zum 01.04.2009 in Kraft treten. Wesentliches Ziel dieser Novelle ist die Sicherstellung der haushaltsnahen Entsorgung von Verkaufsverpackungen. Alle Verpackungen, die zu privaten Endverbrauchern gelangen, müssen dann bei dualen Systemen lizenziert werden.

---

§ 1 Abfallwirtschaftliche Ziele

„Diese Verordnung bezweckt, die Auswirkungen von Abfällen aus Verpackungen auf die Umwelt zu vermeiden oder zu verringern. Verpackungsabfälle sind in erster Linie zu vermeiden; im Übrigen wird der Wiederverwendung von Verpackungen, der stofflichen Verwertung sowie den anderen Formen der Verwertung Vorrang vor der Beseitigung von Verpackungsabfällen eingeräumt. Um diese Ziele zu erreichen, soll die Verordnung das Marktverhalten der durch die Verordnung Verpflichteten so regeln, dass die abfallwirtschaftlichen Ziele erreicht und gleichzeitig die Marktteilnehmer vor unlauterem Wettbewerb geschützt werden."

Rücknahmeverpflichtung für Hersteller und Handel

Mit der ersten Verpackungsverordnung wurde die Wirtschaft zum ersten Mal in der Geschichte der Bundesrepublik verpflichtet, sowohl Verpackungen zurückzunehmen als auch an deren Entsorgung beteiligt zu sein. In all den Jahren vorher war die Beseitigung von Abfällen Angelegenheit der Kommunen. Seit 1991 besteht nun eine **abfallwirtschaftliche Produktverantwortung**.

Beteiligung von Hersteller und Handel

Zur konkreten Durchführung der Rücknahme wurde in Deutschland ein flächendeckendes Sammel- und Entsorgungssystem, die Duale System Deutschland AG („Der Grüne Punkt"), etabliert.

∗ Verpackungsbegriffe

Die Verpackungsverordnung (vgl. § 3) unterscheidet:

– **Verkaufsverpackungen**
Dies sind Verpackungen, die beim Endverbraucher anfallen, sogenannte Service-
verpackungen sowie Einweggeschirr und Einwegbestecke.
– **Umverpackungen**
– Das ist Verpackungsmaterial, das zusätzlich zu Verkaufsverpackungen verwendet wird.
– **Transportverpackungen**
– **Getränkeverpackungen**
– **Mehrwegverpackungen**

Dosen und Einwegverpackungen: Ansatz und Probleme

Pfandpflicht
Seit dem 1. Januar 2003 gilt die **Pfandpflicht** für Einweg-Getränkeverpackungen, die Mineralwasser, Bier und Erfrischungsgetränke mit Kohlensäure enthalten. Bei Einheiten bis zu 1,5 Liter Inhalt sind 25 Cent, dann 50 Cent Pfand zu erheben. Dieses Pfand ist **auf allen Vertriebsstufen** vom Abfüller bis zum Letztvertreiber zu erheben.

Diese Pfandpflicht ist vom Verordnungsgeber darin begründet, dass die in der Verord-
nung von 1991 geforderten 72 Prozent Anteil der Getränke in Mehrwegflaschen nicht erreicht worden waren. Der Anteil lag 1997 bei lediglich 64 Prozent (iwd – Informationsdienst des Instituts der deutschen Wirtschaft, Köln, Nr. 5, 30.01.2003). Viele Getränke-
hersteller gehen inzwischen dazu über, ihr Einwegangebot drastisch zu reduzieren, statt sich auf die Rücknahmepflicht einzustellen (vgl. Informationsdienst des Instituts der deutschen Wirtschaft Köln, Nr. 49, 04.12.2003).

◆ **Einwegpfand** wird erhoben für:

Alle Einwegverpackungen aus Metall (Dosen), Plastik und Glas.

Wie differenziert dies zu sehen ist, zeigen die Erläuterungen des BMU (vgl. www.bmu.de) zum Bier: „Auf alle bierhaltigen Getränke einschließlich Biermischgetränke ist ein Pfand zu erheben. Dazu zählen auch alkoholfreies Bier, Mischungen von Bier mit Cola oder Limonade, Bier mit Sirup (wie Berliner Weiße mit Schuss), Bier mit einem anderen alko-
holischen Getränk (zum Beispiel Bier mit Wodka) oder aromatisiertes Bier (zum Beispiel Bier mit Tequila-Aroma). Auf die Einhaltung des Reinheitsgebotes kommt es nicht an.“

◆ **Kein Pfand** ist erforderlich bei:

– Getränkekartons (Tetra Pak)	– Wein-, Sekt- und Spirituosenflaschen
– Schlauchbeutel für Milch	– Beutel für Erfrischungsgetränke
– Diätetische Lebensmittel (Babynahrung)	(z. B. Capri-Sonne)

Grüner Punkt
In der praktischen Durchführung zeigte sich eine Reihe von **Nebenwirkungen**: Die Super-
märkte mussten Bierdosen und leere Plastikflaschen entsorgen und Rücknahmeauto-
maten installieren. Der „**Grüne Punkt**" bekam unbeabsichtigte Probleme, da Einnahmen aus Lizenzen zurückgingen. Das Institut der deutschen Wirtschaft schätzte den jährlichen Verlust an Lizenzgebühren für den Grünen Punkt auf jährlich über 300 Millionen EUR (Informationsdienst des Instituts der deutschen Wirtschaft Köln, a. a. O.).

Im Oktober 2003 hat die **Europäische Kommission** ein Vertragsverletzungsverfahren gegen das deutsche Dosenpfand eingeleitet. Im Fehlen eines einheitlichen Rück-
nahmesystems für Einwegverpackungen sah die Kommission durch die mangelnden Rückgabemöglichkeiten einen Wettbewerbsnachteil für ausländische Getränkepro-
duzenten wegen der großen Entfernungen und damit langen Transportwege. Aus Sicht der Getränkewirtschaft wurde daher die Europatauglichkeit des Dosenpfandes grundsätzlich infrage gestellt.

Handelsketten verfielen in dieser Situation auf folgende **Auswege**:

- Die Discounter boten Getränke nur noch in speziellen, an der Form erkennbaren Flaschen an. Diese konnten dann in jeder eigenen Filiale abgegeben werden. Fremde Flaschen mussten dort nicht akzeptiert werden (sog. „Insellösung").

> **Beispiel** Aldi-Flaschen konnten bundesweit nur bei Aldi, Lidl-Flaschen nur bei Lidl zurückgegeben werden.

- Viele große Supermarktketten haben mit Pfand belegte Einwegverpackungen ganz aus dem Sortiment geworfen. Diese Maßnahme bedroht die betroffenen Verpackungshersteller in ihrer Existenz und gefährdet Arbeitsplätze. (aus: Informationsdienst des Instituts der deutschen Wirtschaft Köln, Nr. 49, 04.12.2003)

Verhalten des Handels

Die ökologische Wirkung wird insgesamt infrage gestellt, da das Pfand lediglich 15 Prozent des Verpackungsmülls ausmache (vgl. Informationsdienst des Instituts der deutschen Wirtschaft Köln, a. a. O.).

Einheitliche Regelung für die Pfandrückgabe

Am 1. Mai 2006 trat die Novelle der Verpackungsverordnung in Kraft, die eine Erweiterung der Pfandpflicht für Einweggetränkeverpackungen vorsieht. Danach wird die Pfandpflicht in Höhe von 25 Cent auf weitere Einweggetränkeverpackungen mit einem Volumen von 0,1 bis drei Liter ausgedehnt. Gleichzeitig wird durch ein neues Rücknahmesystem die Rückgabe von Leergut erleichtert. Händler müssen seit diesem Zeitpunkt auch dann leere Verpackungen von Getränken annehmen, wenn diese nicht bei ihnen gekauft wurden. Der Verbraucher kann nun seine Einweggetränkeverpackungen in jeder beliebigen Einkaufsstätte abgeben – vorausgesetzt der Händler führt die jeweilige Verpackungsart in seinem Sortiment. Mit dieser Regelung werden die Händler nun deutlich stärker in die Pflicht genommen.

Maßnahmen der Verbände

> **Beispiel** Wer etwa Cola in Dosen und Plastikflaschen anbietet, muss auch Pfand für Bierdosen und Mineralwasser-Plastikflaschen zurückgeben. Dagegen braucht der Händler, der ausschließlich pfandpflichtige Getränke in Glasflaschen anbietet, weder Dosen noch Plastikflaschen zu akzeptieren (www.verbraucherzentrale-nrw.de).

Diese kundenfreundliche Regelung wird lediglich dadurch erschwert, dass Kioske und Läden mit einer Verkaufsfläche unter 200 Quadratmeter sich auf die Rücknahme derjenigen Getränkemarken beschränken können, die sie im Sortiment führen. In Erweiterung der alten Regelung werden nun auch mehr Getränke mit dem Einweg-Pfand belegt.

> **Beispiel** Erfrischungsgetränke ohne Kohlensäure wie Eistee

Für den Fall, dass Händler die Rücknahme und die Pfanderstattung zu Unrecht verweigern, gilt dies als Ordnungswidrigkeit und kann mit einem Bußgeld von bis zu 50.000,00 EUR geahndet werden. Getränkekartons oder Schlauch- und Standbeutel gelten als umweltfreundlich und bleiben weiterhin von der Pfandpflicht befreit.

◆ Ökobilanzen

★ Begriffsklärung

Das Fraunhofer Institut für Materialfluss und Logistik legte im Februar 1993 einen Bericht mit dem Titel **„Ökologischer Vergleich eines Einweg- und Mehrweg-Transportsystems"** vor. Hierin wird hervorgehoben, dass es unter dem Aspekt der Reduzierung der Umweltbelastungen nicht ausreichend sein kann, eine Verminderung bzw. Vermeidung von Verpackungsmaterialien ohne Berücksichtigung aller anderen Umweltparameter zu betreiben.

Ökobilanzen

Als ein wesentliches Instrument der ökologischen Bewertung von Produkten, Verfahren und Prozessen wird der Begriff der **„Ökobilanz"** bezeichnet. Eine Ökobilanz ist das **„Umweltprotokoll" eines Produktes**, z. B. von Getränkeverpackungen. Hier wird der Weg von der Herstellung über die Nutzung bis zur Entsorgung unter Umweltauswirkungen erfasst.

Beispiel – Wie viel Energie wird für die Herstellung benötigt?
– Wie viele Rohstoffe werden dafür verbraucht?
– Welche Umweltbelastungen verursachen die vielfältigen Transporte?

Weiterhin werden die Umwelteffekte der Vorprodukte berücksichtigt sowie die Wiederverwertung und die endgültige Lagerung auf Deponien.

Ökobilanzen erhalten somit eine unternehmensstrategische und ordnungspolitische Schlüsselrolle für unternehmerische Entscheidungen.

Beispiel Mehrwegflaschen (Glas und Kunststoff) haben gegenüber Einwegflaschen deutliche Umweltvorteile, sie können bis zu 40-mal nachgefüllt werden (vgl. zweite Studie des Umweltbundesamtes – UBA – zur Ökobilanz von Getränkeverpackungen: www.umweltbundesamt.de).

Was ist mit dem **Begriff der „Bilanz"** gemeint?

*„**Bilanzen** als Gegenüberstellung von Vermögen auf der einen und Kapital (Eigen- und Fremdkapital) auf der anderen Seite haben die Aufgabe, die Bilanzadressaten über die Vermögens- und Finanzlage des Unternehmens zu informieren."*
Wöhe, Günter/Döring, Ulrich, a. a. O., S. 706

Ökobilanzen sind z. B. als Entscheidungshilfe für die Auswahl von Verpackungen unter ökologischen Gesichtspunkten zu verstehen und sind inzwischen ein wichtiger Bestandteil gesamtbetrieblicher Planungsprozesse:

*„Basis einer integrierten Umweltschutzplanung ist daher ein **betriebliches Umweltinformationssystem**, mit dessen Hilfe die für mögliche Umweltbelastungen relevanten Stoff- und Energieflüsse im Unternehmen dargestellt werden können. Auf Basis eines solchen Informationssystems kann auch eine **ökologische Buchführung** oder eine zur Veröffentlichung vorgesehene **Ökobilanz** erstellt werden."*
Wöhe, Günter/Döring, Ulrich, a. a. O., S. 377

Umweltwirkungen eines Produktes

Ökobilanzen sollen konkretisieren, welche Umweltauswirkungen einzelne Produkte – und gegebenenfalls auch konkurrierende Produkte – besitzen. Sie sollen Schwachstellen in Produktions-, Distributions- und Entsorgungsketten sowie betriebliche Orte aufzeigen, die Investitionen in umweltrelevante Maßnahmen wirtschaftlich erscheinen lassen.

In diesem Zusammenhang werden z. B. die Umwelteinwirkungen untersucht, die bei der Herstellung von 1 kg Glas oder 1 kg Kunststoff entstehen. Zu berücksichtigen ist dabei die eingesetzte Materialmenge, der Energieaufwand, die Folgewirkungen für den logistischen Aufwand sowie die weitere stoffliche Verwertung. Das **Ziel der Ökobilanzen** besteht nun darin, diese Zusammenhänge transparent zu machen. Von der Rohstoffgewinnung über die verschiedenen Stufen sowohl der Produktion als auch der Handelskette bis zur Verwertung und letztlichen Entsorgung wird die Umwelt sowohl durch die Entnahme von Stoffen als auch durch die Abgabe von Stoffen in die natür-liche Umwelt beeinträchtigt. Bei der Erfassung dieser Vorgänge ist natürlich auch an die Verpackung in ihren verschiedenen Formen in unterschiedlichen Phasen dieses Produktweges zu denken.

Vergleicht man nun zwei mögliche Alternativen, so wird man in den weitaus meisten Fällen feststellen, dass für jede Wahlmöglichkeit Schwerpunkte der Umwelteinwirkungen in unterschiedlichen Umweltbereichen (Rohstoffe, Wasser-, Luftbelastungen, zu deponierende Reststoffe) und bei unterschiedlichen Stoffen festzustellen sind. Es ist dann immer noch nicht klar, welche Variante denn nun die umweltfreundlichere ist.

⋆ Aussagefähigkeit von Ökobilanzen im Überblick

Eine **Ökobilanz** oder ein **ökologischer Vergleich** kann

- wirtschaftliche und politische Entscheidungshilfen geben;

  `Beispiel` Ist die Rückkehr zur Mehrwegverpackung ökologisch und ökonomisch tatsächlich sinnvoll?

- Handlungsansätze zur ökologischen Optimierung aufzeigen;

  `Beispiel` Investitionsentscheidung zwischen zwei Maschinen

- Auswahlkriterien für Werkstoffe und Materialien bestimmen;

  `Beispiel` Stoffliste in der Beschaffung

- Auswirkungen geänderter Daten (Verfahren, Produkte) aufzeigen (Sensitivitätsanalyse);

  `Beispiel` Einsparung von Frisch- und Abwasser durch einen geschlossenen Wasserkreislauf innerhalb der Fertigung

- die Umweltrelevanz von Produkten und Verfahren deutlich machen;

  `Beispiel` Werbung für Produkte aus recycelten Stoffen

- ökologische Schwachstellen fokussieren.

  `Beispiel` Unökonomischer Verpackungsaufwand

⋆ Bewertung

Es ist nicht möglich, einzelne Stoffe grundsätzlich und allgemein zu bewerten. Deshalb sind die **Erwartungen an Ökobilanzen** zurzeit als überzogen einzuschätzen.

Realistische Erwartungen an Ökobilanzen

Zu den **Bewertungskriterien** lässt sich die kritische Belastung der Umwelt zählen, wobei allerdings die wissenschaftliche Basis für die Aggregation unterschiedlicher Belastungen der Luft, des Wassers und des Bodens nicht erwiesen ist. So ist die Festsetzung verschiedener Grenzwerte willkürlich. Die ökologische Knappheit verschiedener Rohstoffe – insbesondere Rohöl – ist bekannt, die **Schaden-Nutzen-Analyse** eingesetzter Stoffe ist **noch nicht präzisiert**.

Eine Folge der Diskussion um Ökobilanzen besteht auch darin, dass **Mehrwegsysteme** – so die „klassische" Milchflasche – **unerwartet in die Kritik** geraten, wenn zusammengerechnet wird, in welchen Fällen und in welchem Ausmaß dieses scheinbar so umweltfreundliche Verfahren die Umwelt berührt:

- Die Herstellung von Glas verlangt Energie.
- Die Wiederverwertung der Pfandflasche setzt einen entsprechenden logistischen Aufwand voraus, der durch die Zahl der Transporte mit Verkehrsmitteln – hier in der Regel Lkw – umweltbelastend ist.
- Die Flaschen müssen nach jedem Gebrauch gründlich gereinigt werden. Dies verlangt Wasser, Energie und insbesondere den Einsatz chemischer Reinigungsmittel, denn die Hygieneanforderungen sind zu beachten.

Dem steht die Produktion der Einwegverpackungen für Milch gegenüber, hier könnte dann eine Ökobilanz weiterhelfen – oder?

Literatur

Bea, Franz Xaver/Haas, Jürgen, Strategisches Management, Stuttgart/Jena 1995.

Beiderwieden. A., Pürling, E., Projektmanagement, Troisdorf 2003.

Berndt, Ralph/Fantapié Altobelli, Claudia/Schuster, Peter (Hrsg.), Springers Handbuch der Betriebswirtschaftslehre 1, Berlin u. a. 1998.

Blank, Andreas/Rösener, Maria, Marketing, Troisdorf 2009.

Kühn, G./Schlick, H., Das Kompendium Industriekaufleute, Allgemeine und Spezielle Wirtschaftslehre, Troisdorf 2009.

Frese, E., Grundlagen der Organisation, Wiesbaden 1998.

Gablers Wirtschaftslexikon, 14., vollständig überarbeitete und erweiterte Auflage, Wiesbaden 2000.

Günther, Edeltraud, Ökologie-orientiertes Management, Um(weltorientiert)-denken in der BWL, UTB, Stuttgart 2008.

Hammer, Richard M., Unternehmensplanung, Lehrbuch der Planung und strategischen Unternehmensführung, 7. Auflage, München/Wien 1998.

Hering, Ekbert/Zeiner, Hannes, Controlling für alle Unternehmensbereiche, mit Fallbeispielen für den praktischen Einsatz, Stuttgart 1995.

Horvát, P., Controlling, 8., vollständig überarbeitete Auflage, München 2001.

Kreikebaum, Hartmut, Strategische Unternehmensplanung, 5. Auflage, Stuttgart u. a. 1997.

Informationsdienst des Instituts der deutschen Wirtschaft Köln, 24, 16.06.1994.

Ring, Irene, Marktwirtschaftliche Umweltpolitik aus ökologischer Sicht, Möglichkeiten und Grenzen, Stuttgart/Leipzig 1994.

Schiemenz, B./Schönert, O., Entscheidung und Produktion, 2., überarbeitete und erweiterte Auflage, München/Wien 2002.

Schierenbeck, Henner, Grundzüge der Betriebswirtschaftslehre, München/Wien 2003.

Schimmelpfeng, Lutz (Hrsg.), Ökologische Produktgestaltung, Stoffstromanalysen und Ökobilanzen als Instrumente der Beurteilung, Springer Verlag, Berlin 1999.

Schreyögg, G., Organisation, Wiesbaden 1999.

Steinbuch, P., Organisation, Ludwigshafen 2000.

Steinle/Bruch (Hrsg.), Controlling – Kompendium für Controller/-innen und deren Ausbildung – Stuttgart 1999.

Strebel, H., Umwelt und Ökonomie, zitiert nach: Wöhe, Günter, Einführung in die Allgemeine Betriebswirtschaftslehre, 20. Auflage, München 2000.

Thommen, Jean-Paul, Lexikon der Betriebswirtschaft: Management-Kompetenz von A bis Z, 2. Auflage, Zürich 2000.

Tischler, Klaus, Umweltökonomie, München/Wien 1994.

Vahs., Organisation, Stuttgart 1999.

Weis, Hans Christian, Marketing, 9., überarbeitete und erweiterte Aufl., Ludwigshafen/ Rhein 1995.

Wöhe, Günter/Döring, Ulrich, Einführung in die Allgemeine Betriebswirtschaftslehre, 23., vollst. neu bearbeitete Auflage, München 2008.

Ziegenbein, Klaus, Controlling, Ludwigshafen (Rhein) 2001.

2 Marketing

2.1 Marktinformationsbeschaffung

Die Martin Fugger Regalfabrik ist ein mittelständisches Industrieunternehmen in der Rechtsform einer GmbH. Es werden in ihrem Stammwerk in Leverkusen Metallregale, Lagertreppen und Werkbänke für die gewerbliche Lagerung hergestellt.

Im Rahmen einer Fortbildungsveranstaltung wird Martin Fugger, der Geschäftsführer, von der IHK eingeladen, einen Vortrag über die Entwicklung des Marktes für Lagereinrichtungen, insbesondere über computergesteuerte Lagerhaltungssysteme, zu halten. Da er sehr beschäftigt ist, bittet er seine Vertriebsleiterin Elke Christiansen, diesen Auftrag zu übernehmen.

Diese fragt sich nun, woher sie die notwendigen Informationen über die vergangene und zukünftige Entwicklung des Marktes bekommen kann, um sich auf diesen Vortrag gut vorzubereiten.

Ein Unternehmen benötigt Informationen über die **Wettbewerbssituation** und über die **relevanten Kundenschichten**. Diese Informationen sind in Beziehung zur **unternehmerspezifischen Ausgangslage** zu setzen und zu bewerten. Nur auf der Grundlage dieser Informationen lassen sich Marketingkonzeptionen formulieren und erfolgreiche Strategien entwickeln.

Informationsbedarf des Marketing

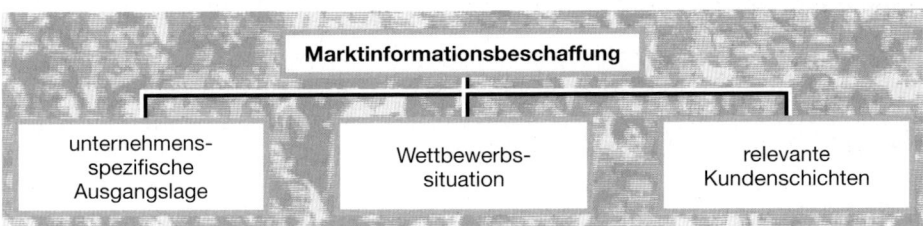

In einem alten Vortrag liest Elke Christiansen folgende Zeilen:

„Wir sind froh, dass wir uns bereits seit Beginn der Siebzigerjahre konsequent mit den Grundsätzen des Marketing beschäftigt haben. Marketing bedeutet, dass ein Unternehmen ‚vom Markt her' geführt wird, d. h., dass alle Entscheidungen des Unternehmens vom Marktgeschehen bestimmt werden. ... Darüber hinaus bedienen wir uns zur Erreichung unserer Ziele vieler Marketing-Mix-Instrumente, ohne die betriebswirtschaftliches Arbeiten heute nicht mehr möglich ist: ...“

Elke Christiansen erkennt, dass es wichtig ist, ihren Zuhörern die Bedeutung des Marketing für ihr Unternehmen zu verdeutlichen.

2.1.1 Analyse der unternehmensspezifischen Ausgangslage

2.1.1.1 Die Phasen der Marketingentwicklung

Die Stellung des Marketing im Unternehmen spiegelt in vielen Fällen die **Entwicklung des Marketing in der Bundesrepublik Deutschland** seit dem Zweiten Weltkrieg wider.

Phasen der Marketing-entwicklung

Dabei konnten in den vergangenen 50 Jahren die nachfolgenden fünf Phasen unterschieden werden (vgl. Bruhn, Wiesbaden 2007).

◆ **Phase der Produktionsorientierung**

In den 50er-Jahren des vorigen Jahrhunderts stand der Wiederaufbau des zerstörten Deutschland im Vordergrund. Es bestand große Nachfrage nach Gütern aller Art. Engpass war die Produktion der Unternehmen, die die starke Nachfrage oft nicht befriedigen konnten. Nur Unternehmen, denen es gelang, ihre Produktion auszubauen, waren am Markt erfolgreich. Diese Situation wird auch als **Verkäufermarkt** bezeichnet.

Verkäufer-markt

◆ **Phase der Verkaufsorientierung**

In den 60er-Jahren stellte der Handel den Engpass dar, da er sich einem stark steigenden Angebot der Unternehmen gegenübersah. In dieser Phase waren diejenigen Unternehmen erfolgreich, denen es durch eine starke Verkaufsorganisation gelang, ihre Produkte beim Handel zu platzieren.

◆ **Phase der Kundenorientierung**

In den 70er-Jahren kam es zu einem Überangebot im Handel. Durch die daraus resultierenden Sättigungserscheinungen wurde der Kunde zum Engpass. Unternehmen, denen es gelang, sich auf die Bedürfnisse der Kunden einzustellen, waren am Markt erfolgreich. Der Verkäufermarkt der Nachkriegszeit hatte sich zum **Käufermarkt** gewandelt.

Käufermarkt

◆ **Phase der Wettbewerbsorientierung**

In den 80er-Jahren verstanden es immer mehr Unternehmen, sich an den Bedürfnissen der Kunden zu orientieren. Der Engpass war jetzt die Profilierung gegenüber den Wettbewerbern. Wer am Markt erfolgreich sein wollte, musste Wettbewerbsvorteile gegenüber seinen Mitbewerbern aufbauen und diese am Markt durchsetzen.

◆ **Phase der Umfeldorientierung**

In den 90er-Jahren hat sich die Profilierung der Unternehmen am Markt durchgesetzt. Für den Erfolg am Markt gewinnen Umfeldfaktoren wie die Ökologie, politische oder technologische Entwicklungen oder gesellschaftliche Veränderungen an Bedeutung. Das rechtzeitige Erkennen relevanter Umfeldfaktoren wird zum Engpass. Nur Unternehmen, denen es gelingt, sich kurzfristig an diese Entwicklungen anzupassen, werden in Zukunft am Markt erfolgreich sein.

In Nordrhein-Westfalen gibt es auf dem Markt für Lagereinrichtungen eine Vielzahl von Anbietern und dadurch einen starken Konkurrenzkampf. Entsprechend muss die Martin Fugger Regalfabrik GmbH ständig versuchen, Wettbewerbsvorteile gegenüber Wettbewerbern auf- bzw. auszubauen. Darüber hinaus muss sie in der Lage sein, schnell auf technologische und gesellschaftliche Veränderungen zu reagieren.

2.1.1.2 Definition des Begriffs Marketing

Entsprechend der dargestellten Entwicklung haben sich auch die **Definitionen des Marketing** gewandelt. Es besteht heute jedoch bei allen Autoren Einigkeit darüber, dass Marketing als **Lenken und Führen eines Unternehmens vom Markt her** verstanden werden muss.

So nennt Heribert Meffert folgende klassische Marketingdefinition:

„Marketing bedeutet (...) Planung, Koordination und Kontrolle aller auf die aktuellen und potenziellen Märkte ausgerichteten Unternehmensaktivitäten. Durch eine dauerhafte Befriedigung der Kundenbedürfnisse sollen die Unternehmensziele im gesamtwirtschaftlichen Güterversorgungsprozess verwirklicht werden.“

Meffert, 2007, S. 31.

Manfred Bruhn definiert Marketing als

„Planung, Organisation, Durchführung und Kontrolle sämtlicher Unternehmensaktivitäten, die durch eine Ausrichtung des Leistungsprogramms am Kundennutzen darauf abzielen, absatzmarktorientierte Unternehmensziele zu erreichen“.

Bruhn, 2007, S. 13.

Für Hans Christian Weis ist Marketing eine umfassende Konzeption des Planens und Handelns, bei der

„alle Aktivitäten eines Unternehmens konsequent auf die gegenwärtigen und künftigen Erfordernisse der Märkte ausgerichtet werden, mit dem Ziel der Befriedigung von Bedürfnissen des Marktes und der individuellen Ziele“.

Weis, 2007, S. 19.

2.1.1.3 Die Umsetzung des Marketinggedankens in den Unternehmen

Der Grad der Umsetzung des Marketinggedankens in den Unternehmen spiegelt die dargestellte Entwicklung der letzten 50 Jahre in Deutschland wider. Er kann in Anlehnung an die dargestellten fünf Phasen der Entwicklung des Marketing wie folgt erläutert werden.

1. Phase: Beim traditionellen Verkaufs- oder Marketingkonzept ist das **Produkt Ausgangspunkt aller Überlegungen**. Die Verkaufs- oder Marketingabteilung ist ein gleichberechtigter Funktionsbereich im Unternehmen. Ihre Aufgabe besteht darin, für das Produkt durch entsprechende Maßnahmen der Werbung und des Verkaufs die geeigneten Kunden zu finden.

2. Phase: In der Phase der Verkaufsorientierung nimmt das **Marketing** gegenüber den anderen Funktionsbereichen des Unternehmens eine **vorrangige Funktion** ein. Der Erfolg des Unternehmens wird hier durch den Aufbau einer schlagkräftigen Verkaufsorganisation gesichert.

3. Phase: In der Phase der Kundenorientierung wird das **Marketing** zur **zentralen Funktion**. Das Unternehmen soll „vom Markt her" geführt werden. Die Marktforschung und der gezielte Einsatz des absatzpolitischen Instrumentariums treten in den Vordergrund.

4. Phase: In der Phase der Wettbewerbsorientierung steht die Profilierung des Unternehmens oder Produktes beim Kunden im Vordergrund. Es werden **kundenorientierte Marketingorganisationen** aufgebaut.

5. Phase: Um Marketing im Sinne der Umfeldorientierung so effizient wie möglich zu gestalten, bietet sich das **integrierte Marketingkonzept** an. Hier werden alle betrieblichen Funktionen durch das Marketing koordiniert und kundenorientiert ausgerichtet.

2.1.1.4 Organisationsstrukturen

Nach der Art der Abgrenzung und der Weisungsbefugnis zwischen den Stellen lassen sich die folgenden Grundformen der Marketingorganisation darstellen.

Grundformen der Marketingorganisation

| funktionsorientiert | produktorientiert | kundenorientiert | gebietsorientiert |

◆ **Funktionsorientierte Marketingorganisation**

Gliederung nach Funktionen

Die **funktionsorientierte Marketingorganisation** ist nach den Hauptfunktionen der Unternehmung (wie z. B. Beschaffung, Produktion und Absatz bzw. Marketing) gegliedert. Jeder Mitarbeiter ist für sein Ressort verantwortlich und damit Spezialist in seinem Funktionsbereich. Die funktionsorientierte Marketingorganisation nutzt die Vorteile des Einliniensystems mit ihren klaren Kompetenzzuweisungen. Arbeitsanweisungen gehen immer von einer übergeordneten Stelle aus und werden auf dem Dienstweg weitergeleitet.

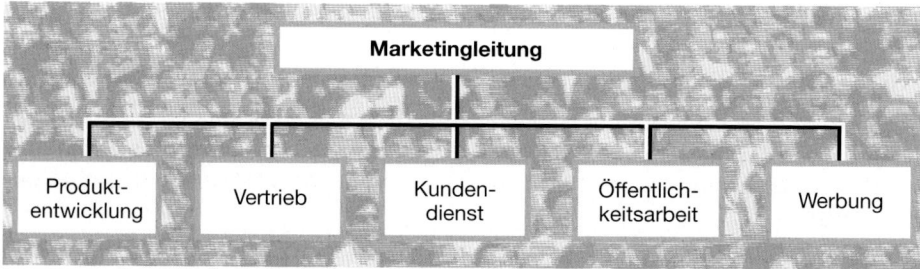

Marketingleitung

| Produkt-entwicklung | Vertrieb | Kunden-dienst | Öffentlich-keitsarbeit | Werbung |

- Die funktionsorientierte Marketingorganisation eignet sich für Unternehmen, die ein kleines oder homogenes Produktprogramm auf überschaubaren Märkten anbieten.

- **Vorteile** sind die klare Zuweisung der Kompetenzen und das hohe Erfahrungswissen der Funktionsspezialisten.

- **Nachteile** sind der langwierige Informationsfluss zwischen den Abteilungen aufgrund des Dienstweges, die fehlende Gewinnverantwortlichkeit für einzelne Produkte, die Innenorientierung innerhalb der Funktionsbereiche mit einem ausgeprägten Ressortdenken und die schwierige Koordination aller Aktivitäten im Hinblick auf das Marketingziel.

- Eine in der Praxis häufig anzutreffende **Variante** der funktionsorientierten Marketingorganisation ist die funktionsorientierte Marketingorganisation mit funktionellen Stabsstellen.

◆ **Produktorientierte Marketingorganisation**

In der **produktorientierten Marketingorganisation** stellen die Produkte den Bezugspunkt für die organisatorische Gliederung dar. Erst auf einer tieferen Ebene der Unternehmenshierarchie gelangen Funktionsaspekte zur Anwendung. Für die verschiedenen Produktgruppen können so maßgeschneiderte Marketingkonzeptionen entwickelt werden. Die Produktgruppe wird von einem **Produktmanager** oder Produktdirektor geleitet, der für die gesamten Marketingaktivitäten in seinem Bereich verantwortlich ist.

Produkt- manager

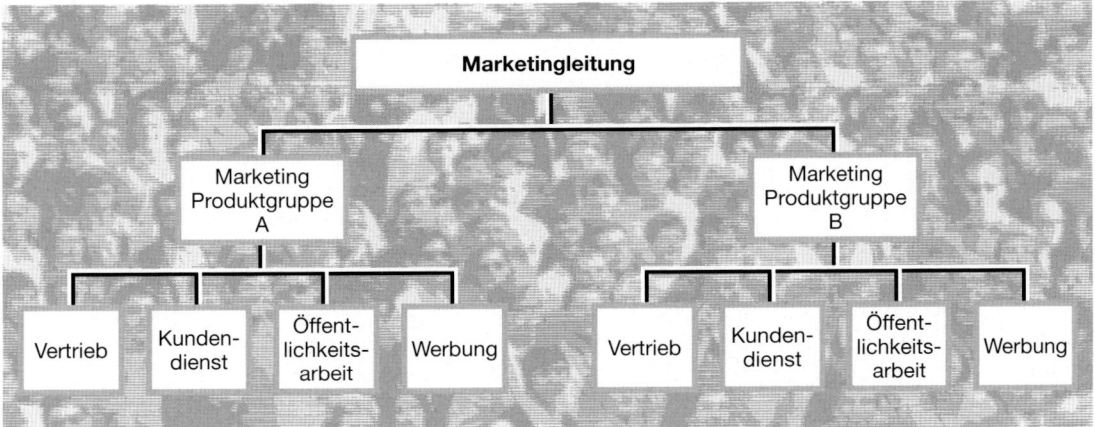

- Die produktorientierte Marketingorganisation eignet sich für Unternehmen mit umfangreichem und differenziertem Produktprogramm.

Gliederung nach Produkten

- Die **Vorteile** liegen in der intensiven Betreuung der Produkte, in der einfachen Kompetenzabgrenzung und der größeren Flexibilität und Kreativität sowie in der direkten Erfolgszumessung.

- **Nachteile** sind der hohe Personalaufwand durch eine Vielzahl funktional gleicher Abteilungen, die Gefahr von Parallelarbeiten in den einzelnen Produktsparten und das Konkurrieren der Produktsparten um knappe Ressourcen des Unternehmens.

- Eine in der Praxis anzutreffende **Variante** der produktorientierten Marketingorganisation ist die Spartenorganisation, bei der Produktgruppen zu homogenen Sparten zusammengefasst werden. Sämtliche produktbezogenen Funktionen, wie Beschaffung, Forschung und Entwicklung, Produktion, Personal, Finanzen und Absatz, werden dem Spartenleiter untergeordnet. Diese Organisationsstruktur bietet sich insbesondere bei Großunternehmen mit heterogenem Produktprogramm an.

◆ Kundenorientierte Marketingorganisation

Die **kundenorientierte Marketingorganisation** kommt dem Ideal der marktorientierten Unternehmensführung am nächsten, da hier eine gezielte Ausrichtung aller Marketingaktivitäten auf die Wünsche der Kunden erfolgt. Voraussetzung für die Wahl dieser Organisationsform ist, dass sich die Kunden in klar zu unterteilende Marktsegmente gliedern lassen und dass die Kaufgewohnheiten sowie die Verwendung der Produkte stark voneinander abweichen.

Kunden- struktur als Gliederungs- prinzip

In der Praxis spielt die kundenorientierte Marketingorganisation im Konsumgüterbereich eine zunehmende Rolle. Hier werden Großkunden des Groß- und Einzelhandels von sogenannten **Key-Account-Managern** (Manager für Schlüssel- oder Großkunden) betreut, deren Aufgabe es ist, die Beziehungen zum Kunden im Hinblick auf das

Key-Account- Manager

gesamte Leistungsprogramm des Herstellers so günstig wie möglich zu gestalten. Darüber hinaus werden Wünsche und Anregungen der Kunden hinsichtlich der Innovation oder Modifikation von Produkten an das Unternehmen weitergegeben.

◆ Gebietsorientierte Marketingorganisation

Gliederung nach Gebieten

Die **gebietsorientierte Marketingorganisation** kommt für Unternehmen in Betracht, die über ein großes Absatzgebiet verfügen oder sich einem nach Gebieten differenzierten Verbraucherverhalten gegenübersehen. Dies ist z. B. bei multinationalen Unternehmen der Fall, deren Teilmärkte sich hinsichtlich Sprache, nationaler Rechtsordnung und Verbraucherverhalten erheblich unterscheiden können.

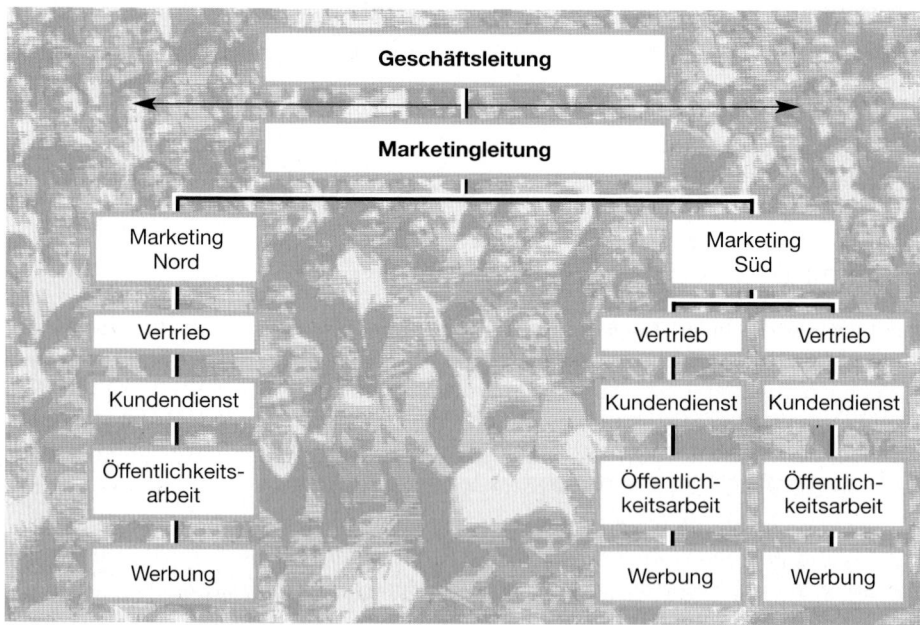

2.1.1.5 Die Unternehmensanalyse

Nachdem die Stellung des Marketing im Unternehmen ermittelt ist, werden im Rahmen der Unternehmensanalyse die Ziele des Unternehmens und die Bedingungen der Umwelt analysiert.

Entscheidungen im Marketing müssen dabei immer vor dem Hintergrund des **Zielsystems der Unternehmung** getroffen werden.

Zielsystem

Die Zielhierarchie eines Unternehmens kann in **übergeordnete Ziele** einerseits und die immer konkreter werdenden **Handlungsziele** andererseits gegliedert werden.

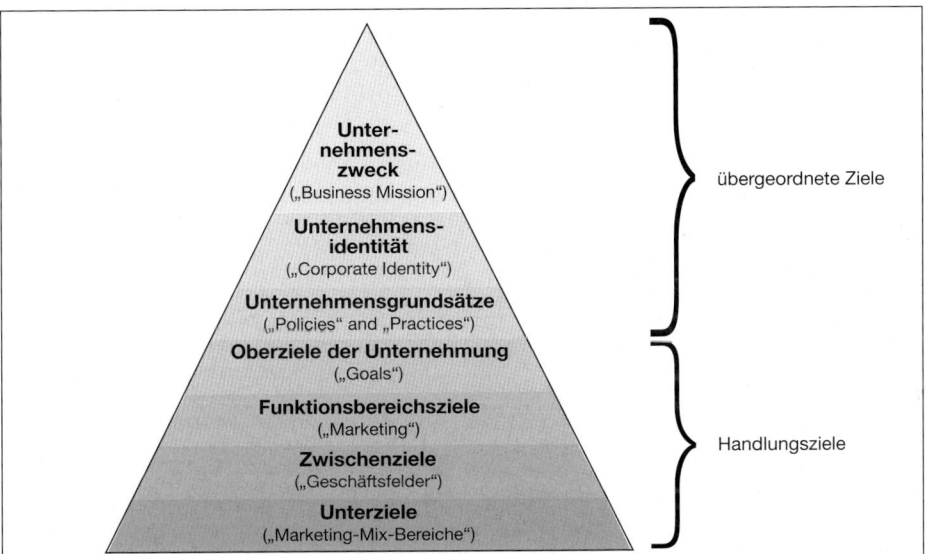

Quelle: Meffert, 2007, S. 76

`Beispiel` In der Martin Fugger Regalfabrik werden z. B. folgende Ziele verfolgt:

◆ **Übergeordnete Ziele**

– der Unternehmenszweck „Business Mission"

> `Beispiel` Die Martin Fugger Regalfabrik hilft dem Kunden bei der Lösung logistischer Probleme im Lager.

Zielhierarchie

– die Unternehmensidentität „Corporate Identity"

> `Beispiel` Das Logo der Martin Fugger Regalfabrik steht für Innovation und Effizienz.

– die Unternehmensgrundsätze „Policies and Practices"

> `Beispiel` Das Unternehmen arbeitet kunden- und umweltorientiert.

◆ **Handlungsziele**

– Oberziele der Unternehmung „Goals"

> `Beispiel` Marktstellungsziel: Marktführer im Segment „vollautomatische Lagerhaltung"

– Funktionsbereichsziele

> `Beispiel` Ökonomisches Marketingziel: Steigerung des Marktanteils im Segment „vollautomatische Lagerhaltung bei Mittel- und Großbetrieben" von 30 Prozent auf 40 Prozent

◆ **Zwischenziele**

 Geschäftsfeld „vollautomatische Lagerhaltung": Steigerung des Marktanteils bei der definierten Zielgruppe im Geschäftsfeld vollautomatische Lagerhaltung von 50 Prozent auf 60 Prozent im laufenden Geschäftsjahr.

◆ **Unterziele**

 Distributionsziel: Steigerung der Zahl der Kunden aus der Automobilindustrie von 20 auf 25 im laufenden Geschäftsjahr

Die Betrachtung des Zielsystems der Unternehmung ist Teil einer umfassenden Unternehmensanalyse, die darüber hinaus die Marktstellung, die Rentabilität, den finanziellen und den sozialen Rahmen umfassen sollte. Die Unternehmensanalyse sollte z. B. die Frage beantworten, ob die geplante Maßnahme mit den vorhandenen finanziellen Mitteln zu realisieren ist und ob sie mit dem vorhandenen Personalbestand erreicht werden kann.

Zielbeziehungen

Die genannten Ziele eines Unternehmens können sich ergänzen ⟶ **Zielharmonie**, sich neutral zueinander verhalten ⟶ **Zielneutralität** oder einander beeinträchtigen ⟶ **Zielkonflikt**.

Beispiel In der Martin Fugger Regalfabrik werden folgende Zielbeziehungen identifiziert:

● **Zielharmonie** liegt vor, wenn die Verwirklichung eines Zieles die Erreichung eines anderen Zieles begünstigt.

Die Ziele, den Marktanteil und den Bekanntheitsgrad zu steigern, begünstigen einander. Es handelt sich um Zielharmonie.

● **Zielneutralität** liegt vor, wenn betriebliche Ziele unabhängig voneinander verfolgt werden können.

Marktstellungsziele wie die Steigerung des Marktanteils und innerbetriebliche Ziele wie die Einführung eines Controllingsystems können in der Regel unabhängig voneinander erreicht werden (Zielneutralität).

● Ein **Zielkonflikt** liegt vor, wenn die Erreichung eines Zieles nur auf Kosten eines anderen Zieles möglich ist.

Das Ziel einer Steigerung des Marktanteils bei den Werkbänken wird durch niedrige Einführungspreise erreicht. Dies hat jedoch zur Folge, dass die Gewinne sinken. Es kommt zwischen dem Marktstellungsziel und dem Ziel der Rentabilität zum Zielkonflikt.

Die Ziele eines Unternehmens können immer nur vor dem Hintergrund konkreter Umweltbedingungen formuliert werden. Rechtliche, politische und ökologische Rahmenbedingungen spielen hier ebenso eine Rolle wie die Entwicklung der gesamtwirtschaftlichen Lage, die Wandlung der Kundenansprüche oder die technische Entwicklung.

2.1.1.6 Marketingkonzeption und Marketingstrategie

Marketing als marktorientierte Konzeption der Unternehmensführung lässt sich nur dann konsequent verwirklichen, wenn dem unternehmerischen Handeln eine abgesicherte Marketingkonzeption zugrunde liegt.

Definition

◆ **Eine Marketingkonzeption ist ein umfassender gedanklicher Entwurf, der sich an einer Leitidee bzw. bestimmten Richtgrößen (Zielen) orientiert und grundlegende Handlungsrahmen (Strategien) wie auch die notwendigen operativen**

Handlungen (Instrumenteeinsatz) in einem schlüssigen Plan (Policy Paper) zusammenfasst.

Vgl. Becker, München 2006.

Die Grundlage jeder Marketing-Konzeption sind also die Ziele des Unternehmens. Auf ihrer Grundlage wird die Konzeption formuliert und die **Marketingstrategie** abgeleitet, die wiederum konkrete Aussagen über die operativen Maßnahmen im Rahmen des Marketing-Mix trifft. Eine Marketingstrategie kann demnach als langfristiger, globaler Verhaltensplan zur Erreichung der Unternehmens- und Marketingziele beschrieben werden.

Marketingstrategie als Verhaltensplan

2.1.2 Ermittlung der Wettbewerbssituation

Die Martin Fugger Regalwerke GmbH ist bestrebt, sich ständig an den veränderten Marktanforderungen zu orientieren. Dabei unterliegt das Angebot an Lagerbedarf einem stetigen Wandel. Zurzeit ist das Unternehmen in drei Teilmärkten aktiv, wobei die Produkte in diesen Teilmärkten sehr unterschiedliche Marktanteile aufweisen. Bei den erst vor Kurzem ins Produktprogramm aufgenommenen Werkbänken ist der Marktanteil noch relativ gering, während im Bereich der Metallregale bereits ein Marktanteil von 30 Prozent vorliegt. Nur der Verkauf von Lagertreppen ist durch die zunehmende Einrichtung von vollautomatisierten Lägern stark rückläufig.

Aufgrund der negativen Umsatzentwicklung in diesem Bereich schlägt der Leiter der Abteilung Rechnungswesen, Herr Wolfgang Prieß, vor, diese Produktgruppe aus dem Produktprogramm zu nehmen. Er argumentiert, dass man durch die Beschränkung auf zwei Teilmärkte viel kostengünstiger einkaufen und produzieren könne.

Über diese Strategie gibt es heftige Auseinandersetzungen. So entgegnet Günter Lehmann, Abteilungsleiter der Konstruktion, dass die Unternehmung im letzten Jahr doch gerade erst in ein Galvanisierungsbecken investiert habe, um die Herstellungskosten zu senken. So konnte die Veredlung des Stahls selbst vorgenommen werden.

Die Vertriebsleiterin Frau Elke Christiansen schlägt vor, zunächst einmal zu schauen, wie sich die Konkurrenz verhält. Zudem könne man potenzielle Kunden über die Bedarfsstruktur befragen, um daraufhin eine Entscheidung zu treffen.

Welche Marktdaten sind der Entscheidungsfindung dienlich?

Auf welche Weise kann die Martin Fugger Regalwerke GmbH an die erforderlichen Marktdaten gelangen?

2.1.2.1 Aufgaben der Marktforschung

Die systematische Erhebung, Analyse und Interpretation von Daten über den Markt ist Aufgabe der **Marktforschung**.

Werden zu einem bestimmten Zeitpunkt Daten über einen abgegrenzten Markt erhoben, handelt es sich um eine **Marktanalyse**. Findet eine zeitraumbezogene Erhebung von Daten über den Markt statt, wird dies als **Marktbeobachtung** bezeichnet. Von einer **Marktprognose** ist die Rede, wenn systematische Aussagen über mögliche Entwicklungen eines Marktes in der Zukunft gemacht werden.

Bereiche der Marktforschung

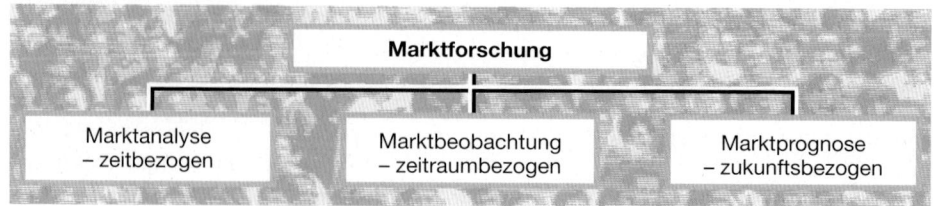

Die Erhebung von Daten über den Markt kann sich auf vorhandenes Material stützen oder das Material kann für den Untersuchungszweck neu erhoben werden.

Primär- und Sekundär-markt-forschung

- Werden die Daten für eine konkrete marketingpolitische Fragestellung neu erhoben, spricht man von **Primärmarktforschung**.

- Greift man bei der Analyse, Auswertung und Aufbereitung auf bereits vorhandene Daten zurück, handelt es sich um **Sekundärmarktforschung**.

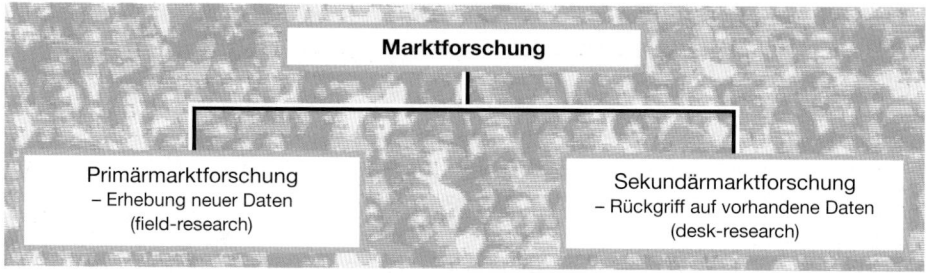

2.1.2.2 Die Sekundärmarktforschung

Die Sekundärmarktforschung kommt oft bei der Ermittlung der Wettbewerbssituation zum Einsatz. Dabei kann auf inner- und außerbetriebliche Datenquellen zurückgegriffen werden.

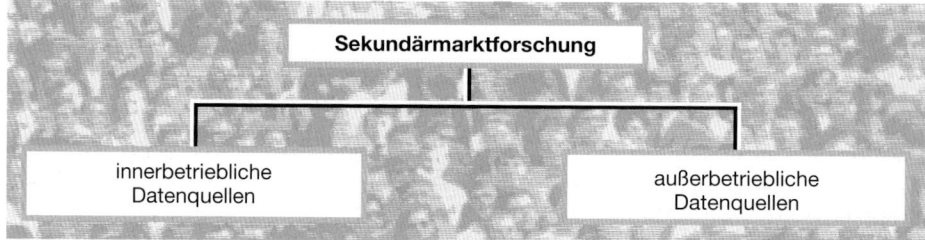

Inner-betriebliche Datenquellen

◆ **Innerbetriebliche Datenquellen**

Innerbetriebliche Datenquellen sind z. B. das Rechnungswesen, die Außendienst-berichte oder die Kostenrechnung.

Das **Rechnungswesen** kann Umsatz- und Absatzstatistiken liefern und diese nach Produkten, Produktgruppen, Kunden, Regionen, Distributionswegen oder Zeiten auf-schlüsseln.

Systematisch erhobene und ausgewertete **Außendienstberichte** sind eine der wich-tigsten innerbetrieblichen Datenquellen. Die Zahl der Besuche und Abschlüsse, der

Reklamationen, Wünsche und Anregungen der Kunden kann so erfasst und in den Entscheidungsprozess einbezogen werden. Durch den Einsatz moderner Kommunikationstechniken, wie z. B. Laptop mit Internetzugang, sind diese Daten kurzfristig in den Unternehmen verfügbar.

Die **Kostenrechnung** gibt z. B. Aufschluss über die Kostenarten, die Deckungsbeiträge einzelner Produkte oder Produktgruppen, den Break-even-Point (Rentabilitätsschwelle), die Kalkulation und das Betriebsergebnis.

Innerbetriebliche Daten werden zunehmend in unternehmensinternen **Datenbanken** zusammengefasst, die es ermöglichen, Informationen jederzeit abzurufen und sie problembezogen zu verknüpfen.

◆ Außerbetriebliche Datenquellen

Außer-
betriebliche
Datenquellen

Außerbetriebliche Datenquellen sind z. B. veröffentlichte Statistiken, Veröffentlichungen der Verlage und in anderen Zusammenhängen durchgeführte Untersuchungen von Marktforschungsinstituten.

Die Zahl der veröffentlichten **Statistiken** ist sehr groß und kaum zu verarbeiten. Hier steht nicht die Beschaffung des Materials, sondern die Auswahl und Bewertung der Informationen im Vordergrund. Je nach Quelle kann in amtliche Statistiken, Verbandsstatistiken und Statistiken der wissenschaftlichen Institute unterschieden werden.

Amtliche Statistiken	
Statistisches Jahrbuch für die BRD (Erscheinungsweise jährlich, auch auf CD-ROM erhältlich)	www.destatis.de
Wirtschaft und Statistik (Wista), Monatszeitschrift	www.destatis.de
Veröffentlichungen der Europäischen Union	www.europa.eu
Monatsbericht der Deutschen Bundesbank	www.bundesbank.de
Verbandsstatistiken	
Bundesverband der Deutschen Industrie	www.bdi-online.de
Centrale Marketing-Gesellschaft der Deutschen Agrarwirtschaft (CMA)	www.cma.de
Mitgliederzeitschriften und Veröffentlichungen der IHK und Handwerkskammer	www.ihk-koeln.de www.handwerkskammer-koeln.de
Berichte des Deutschen Industrie- und Handelstages (DIHT)	www.dihk.de
Statistiken der wissenschaftlichen Institute	
Deutsches Institut für Wirtschaftsforschung (DIW)	www.diw.de
Institut für Handelsforschung an der Universität zu Köln	www.ifhkoeln.de
Gesellschaft für Konsum-, Markt- und Absatzforschung	www.gfk.com

Bei den für die Sekundärmarktforschung nutzbaren **Veröffentlichungen der Verlage** handelt es sich im Wesentlichen um Fachzeitschriften. Darüber hinaus gibt es eine Vielzahl von Firmen-Adressbüchern, die, z. T. nach Branchen geordnet, angeboten werden.

Veröffentlichungen der Verlage	
ABC der deutschen Wirtschaft	www.abconline.de
Wer gehört zu wem? Wirtschaftsdaten und Prognosen	www.commerzbank.de
Wer liefert was?	www.wer-liefert-was.de

Marktforschungsinstitute oder deren Auftraggeber veröffentlichen zunehmend Studien zu allgemein interessierenden Themen, die Hinweise über gesellschaftliche Entwicklungen geben können. Die Veröffentlichung der Studien ist Teil der Kommunikationspolitik der Unternehmen, die sich dadurch als besonders aktuell und nah an gesellschaftlichen Trends darstellen wollen.

Marktforschungsinstitute	
Institut für Demoskopie Allensbach	www.ifd-allensbach.de
TNS Emnid Medien- und Sozialforschung GmbH	www.tns-emnid.com

Hilfestellung bei der Mediaplanung und der Bestimmung von Zielgruppen leisten **Markt- und Mediastudien.**

Markt- und Mediastudien	
Arbeitsgemeinschaft Media-Analyse (AG.Ma)	www.agma-mmc.de
Allensbacher Markt- und Werbeträgeranalyse	www.awa-online.de
Informationsgesellschaft zur Feststellung und Verbreitung von Werbeträgern e. V.	www.ivw.de

Datenbanken

◆ **Datenbanken**

Marktinformationen werden zunehmend auch in Form von Datenbanken angeboten. Hier besteht die Möglichkeit, Informationen unterschiedlicher Dateien beliebig miteinander zu verknüpfen.

Beispiel Für eine geplante Mailing-Aktion lässt sich Elke Christiansen die Adressen aller Reifenhersteller und -händler in den Postleitgebieten 5 und 6 ausdrucken.

Datenbanken können je nach Zugriffsmöglichkeit und Datenträger in Offline-Datenbanken, Online-Datenbanken und CD-ROM-Datenbanken unterschieden werden.

- Bei **Offline-Datenbanken** werden Informationen aufgrund von Aufträgen selektiert und auf den gewünschten Datenträgern bereitgestellt. Dieses Verfahren eignet sich z. B. für die Beschaffung von Adressen bei einmaligen Mailing-Aktionen. Die Kosten sind abhängig von der Zahl der Adressen oder Informationen, dem Informationsumfang, den gewünschten Datenträgern und der Selektionstiefe.

- Bei **Online-Datenbanken** kann der Nutzer mithilfe von Personalcomputer, Datenübertragungssoftware und Internetzugang direkt in der Datenbank des Anbieters recherchieren. An Kosten entstehen die Nutzungsgebühr für den Rechner, die Nutzungsgebühr für die Datenbank, die Gebühr für die abgerufene Information und die Kosten der Datenübertragung.

Datenbanken	
Wirtschaftsdatenbanken der Creditreform	www.creditreform.de
Homepage von Hoppenstedt	www.hoppenstedt.de
Firmendatenbank von Hoppenstedt	www.firmendatenbank.de
Managerdatenbank von Hoppenstedt	www.manager-datenbank.de

2.1.3   Analyse der relevanten Kundenschichten

2.1.3.1 Die Primärmarktforschung

Die Primärmarktforschung wird in der Regel im Rahmen der **Analyse der relevanten Kundenschichten** erfolgen.

Ist die Gesamtheit der zu untersuchenden Elemente **(Grundgesamtheit)** klein, kann eine **Vollerhebung** durchgeführt werden. Ist die Grundgesamtheit groß, wird in der Regel eine **Teilerhebung** durchgeführt.

Grundgesamtheit

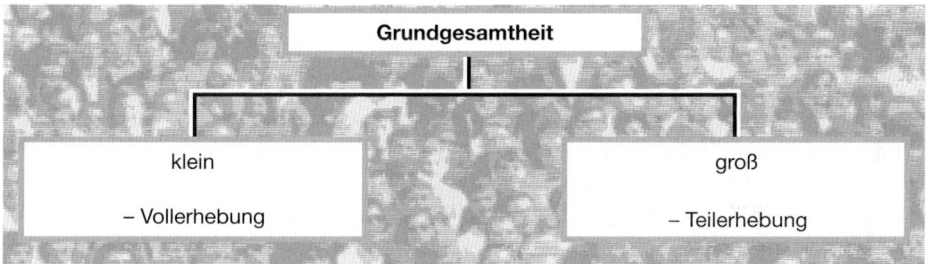

Grundgesamtheit

klein
– Vollerhebung

groß
– Teilerhebung

◆ **Die Vollerhebung**   *Vollerhebung*

Ist die Entscheidung für eine Erhebung der Daten über die relevanten Kundenschichten im Rahmen der Primärmarktforschung gefallen, muss zunächst die Frage nach dem Erhebungsverfahren geklärt werden. Grundsätzlich besteht natürlich die Möglichkeit, die Gesamtheit der potenziellen Kunden zu befragen. In diesem Fall spricht man von einer **Vollerhebung**. Die Ergebnisse sind genau und zuverlässig. Eine Vollerhebung bietet sich an, wenn die Grundgesamtheit, d. h. die Gesamtheit der statistisch erfassten gleichartigen Elemente, relativ klein ist.

> **Beispiel** Die Martin Fugger Regalfabrik möchte die Erfahrungen mit dem Einsatz der neuen Lagerhaltungssoftware in Großbetrieben der Automobilindustrie erfragen. Da die Grundgesamtheit hier relativ klein ist, wird der entsprechende Fragebogen an alle Unternehmen verschickt.

Da die zu befragende Grundgesamtheit in der Praxis häufig sehr groß ist, entstehen bei einer Vollerhebung hohe Kosten. Weitere Nachteile sind der Zeitaufwand und die Tatsache, dass die Grundgesamtheit der zu befragenden Personen oft gar nicht bekannt ist.

◆ **Die Teilerhebung**   *Teilerhebung*

Aufgrund der Nachteile der Vollerhebung werden in der Praxis nicht alle Elemente der Grundgesamtheit (= die Gesamtheit der statistisch erfassten gleichartigen Elemente) befragt, sondern es wird eine **Teilerhebung** durchgeführt. Dabei wird der Grundgesamtheit eine **Stichprobe** entnommen, die im Hinblick auf die zu untersuchenden Merkmale repräsentativ für die Grundgesamtheit sein soll.

2.1.3.2 Die Erhebungsmethoden

Erhebungsmethoden der Primärmarktforschung

Erhebungsmethoden der Primärmarktforschung sind die **Befragung**, die **Beobachtung** und das **Experiment**.

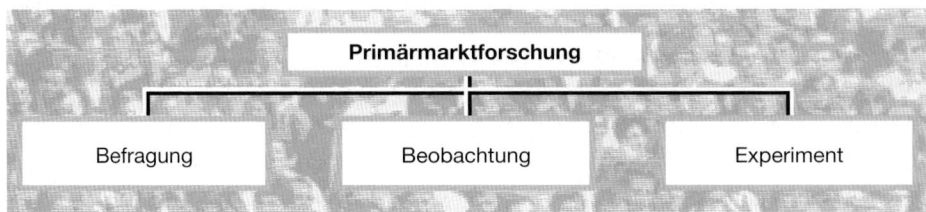

◆ Die Befragung

Bei der **Befragung** wird versucht, durch Antworten von Personen Informationen über den Befragungsgegenstand zu erhalten. Nach der Kommunikationsform kann zwischen mündlicher, schriftlicher, telefonischer und computergestützter Befragung unterschieden werden.

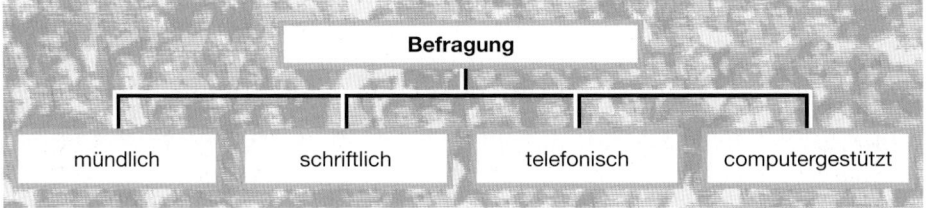

Arten der Befragung

- **Mündliche Befragungen** haben den Vorteil, dass Interviewer und Befragter zusammenkommen und dadurch auch komplexe Fragen gestellt werden können. Der Interviewer kann Erläuterungen geben und überprüfen, ob die Frage verstanden wurde. Nachteile dieser Methode sind der Zeitaufwand und die hohen Kosten. Darüber hinaus kann der Einfluss des Interviewers das Ergebnis verfälschen.

  Beispiel Bei einer Befragung zum Thema „Gewalt in der Ehe" werden Männer weiblichen Interviewern gegenüber möglicherweise anders antworten als männlichen.

- Bei der **schriftlichen Befragung** wird dem Befragten ein Fragebogen durch die Printmedien bzw. mit der Post zugestellt oder auch persönlich verteilt und wieder abgeholt. Dem Vorteil der geringen Kosten stehen wesentliche Nachteile gegenüber. So ist der Rücklauf in der Praxis sehr gering, und es ist nicht möglich zu überprüfen, ob der Interviewte die Fragestellung verstanden hat.

- Bei der **telefonischen Befragung** werden die Informationen durch einen Telefonanruf erhoben. Nachteilig könnte sich hier auswirken, dass komplexe Fragestellungen am Telefon nur schwer zu beantworten sind. Die wesentlichen Vorteile sind die Aktualität, die nahezu unbegrenzte Reichweite und die geringen Kosten.

- Zunehmend gewinnen **computergestützte Befragungen** an Bedeutung. Im Rahmen der Online-Befragung werden Befragungen in Datennetzen durchgeführt.

◆ Die Beobachtung

Im Rahmen einer Beobachtung werden sinnlich wahrnehmbare Vorgänge an Gegenständen oder Personen in Abhängigkeit von bestimmten Situationen erhoben, ohne dass beobachtete Personen befragt werden. Die Informationen können auch ohne die Auskunftsbereitschaft der Beobachteten ermittelt werden. Nach dem Ort der Beobachtung kann in **Feldbeobachtung** und **Laborbeobachtung** unterschieden werden.

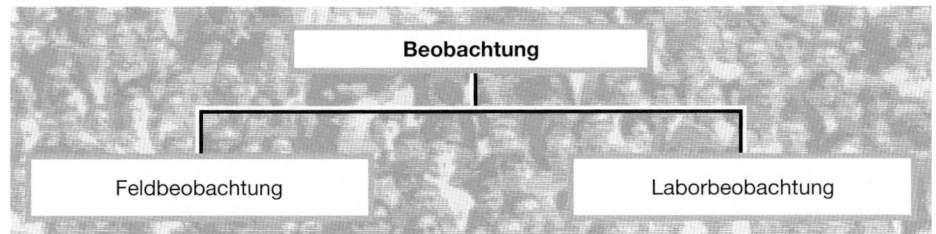

- **Feldbeobachtungen** werden unter weitgehend normalen Bedingungen durchgeführt. Hilfsmittel sind z. B. Videokameras zur Registrierung des Kaufverhaltens, Lichtschranken zur Kundenzählung oder das „GfK-Meter" zur Messung der Einschaltquoten im Fernsehen.

  Feldbeobachtung

   Mithilfe des „GfK-Meters" wird das Einschalten von Fernsehgeräten, unterschieden nach Haushaltsmitgliedern, festgehalten. Darüber hinaus wird die Aufnahme und Wiedergabe von Filmen und die Nutzung von Videospielen und Bildschirmtext erfasst. Die registrierten Daten werden täglich über Telefon abgerufen, an eine Datenbank übermittelt und ausgewertet (www.gfk.de).

- **Laborbeobachtungen** finden unter künstlichen Bedingungen statt. Hierin liegt auch der Hauptnachteil dieses Verfahrens, da sich die Versuchspersonen der Beobachtungssituation bewusst sind. Hilfsmittel der Laborbeobachtung sind z. B. die Blickregistrierung bei der Betrachtung von Anzeigen, die Messung des Hautwiderstandes mit dem Psychogalvameter zur Ermittlung der Reaktion auf Werbemaßnahmen und das Tachistoskop.

  Laborbeobachtung

  Beispiel Ein Markenartikelunternehmen möchte unterschiedliche Packungsgestaltungen auf ihre Wirkung hin überprüfen. Mithilfe eines Tachistoskops werden die Verpackungen den Versuchspersonen für den Bruchteil einer Sekunde dargeboten. Anschließend werden die Versuchspersonen nach ihren Wahrnehmungen befragt. Aufgrund der geäußerten Wahrnehmungen werden Rückschlüsse auf die Wirkung der Verpackung gezogen.

◆ Das Experiment

Durch ein Experiment wird versucht, den Zusammenhang zwischen Ursache und Wirkung von mindestens zwei Faktoren zu ermitteln. Dazu wird in einer kontrollierten Versuchsanordnung eine Variable verändert, wobei alle anderen konstant gehalten werden.

Experimente werden zur Überprüfung aller Marketingaktivitäten eingesetzt.

Beispiel Produkttests, Verpackungstests, Preistests, Platzierungstests, Werbemitteltests.

Experimente können zur Prüfung des Erfolgs einer Marketingaktivität vor deren Einsatz als **Pre-Test** durchgeführt werden. Nach der Durchführung der Marketingmaßnahme kann deren Erfolg mithilfe eines **Post-Tests** festgestellt werden.

Das Experiment kann als **Feldexperiment** und als **Laborexperiment** durchgeführt werden.

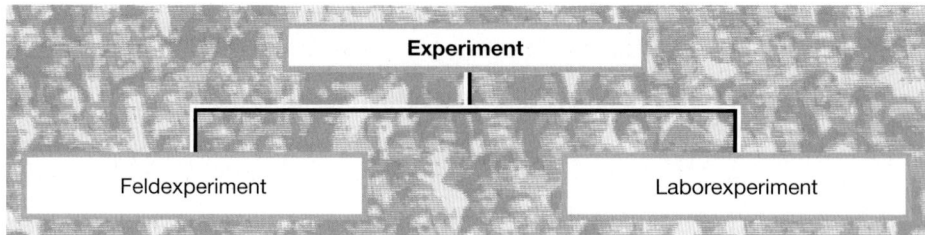

Feld-experiment

- Das **Feldexperiment** kann z. B. in Form eines **Markttests** bei Neuprodukten im Konsumgütermarkt angewendet werden. Hierzu wird ein abgrenzbarer Markt ausgewählt, in dem das Produkt unter realistischen Bedingungen testweise verkauft wird. Gegenstand eines Markttests kann das gesamte absatzpolitische Instrumentarium sein. So können z. B. das Produkt selbst, die Verpackung, die Werbung oder der Preis im Feldexperiment auf ihre Akzeptanz hin untersucht werden.

Labor-experiment

- Bei Experimenten, die unter künstlichen Bedingungen durchgeführt werden, spricht man von **Laborexperimenten**. Nach dem Einblick, den die Versuchspersonen in das Versuchsgeschehen haben, können Experimente mit offener und mit nicht durchschaubarer Versuchsanordnung unterschieden werden.

  ⋆ Bei **Laborexperimenten mit offener Versuchsanordnung** ist den Versuchspersonen Zweck, Aufgabe und Versuchssituation bekannt.

    Beispiel Im Rahmen eines Anzeigentests soll die Farbwirkung überprüft werden. Dazu wird einer Versuchsperson ein Anzeigenmotiv in unterschiedlicher Farbgebung gezeigt. Mithilfe des Psychogalvameters wird der Hautwiderstand bei der Betrachtung der verschiedenen Motive gemessen und aus der Veränderung auf die emotionale Beteiligung der Versuchsperson geschlossen.

  ⋆ Bei einem **Experiment mit nicht durchschaubarer Versuchsanordnung** hat die Versuchsperson zwar Einblick in ihre Aufgabe und Rolle als Versuchsperson, der Zweck des Versuchs ist ihr aber nicht bekannt.

    Beispiel Im Rahmen eines Preistests werden Versuchspersonen aufgefordert, Produkte nach ihrer Wertschätzung in eine Reihe zu bringen. Aus der gebildeten Rangfolge werden Schlüsse auf die Preisakzeptanz gezogen.

Obwohl keine generellen Aussagen gemacht werden können, wann welches Verfahren eingesetzt werden kann, werden in der Praxis Laborexperimente häufig im Entwicklungsstadium eines Produktes oder dessen Verpackung durchgeführt. Ist ein sogenannter Prototyp entwickelt, wird die Wirkung der anderen absatzpolitischen Instrumente, wie z. B. der Preis, die Distribution oder die Kommunikationspolitik, im Feldexperiment, z. B. in Form eines Markttests, auf ihre Akzeptanz hin überprüft.

2.1.4   Auswertung und Präsentation von Marktforschungsdaten

Bevor mit der Verarbeitung der Informationen begonnen werden kann, müssen diese für die EDV aufbereitet werden. Dies ist insbesondere bei offenen Fragen wichtig, die zu Gruppen gleichartiger Antworten zusammengefasst und verschlüsselt werden müssen. Hierzu wird zunächst ein Teil der Fragebogen ausgewertet und es werden die Antworten auf die offenen Fragen wörtlich aufgelistet. In einem zweiten Schritt wird jetzt der Versuch unternommen, die Fragen in sinnvolle gleichartige Gruppen zusammenzufassen. Jeder Gruppe wird dann der entsprechende Code zugeordnet.

Sind die Daten codiert, können sie eingegeben und verarbeitet werden.

Durch den Einsatz entsprechender Software, z. B. zur statistischen Analyse, können die Daten in jeder gewünschten Form aufbereitet werden. Bei der Aufbereitung in Form von **Tabellen** kann zwischen eindimensionalen und zweidimensionalen Tabellen unterschieden werden. **Marktforschungsbericht**

Die Ergebnisse werden in einem **Marktforschungsbericht** zusammengefasst.

2.2 Marketinginstrumente

Vor dem Hintergrund der Unternehmenszielsetzung ist vom Marketingmanagement eine optimale Kombination der marketingpolitischen Instrumente vorzunehmen. Die vier Marketing-Mix-Instrumente Produkt, Kontrahierung, Distribution und Kommunikation sollen dabei so eingesetzt werden, dass die Marketingziele bestmöglich erreicht werden.

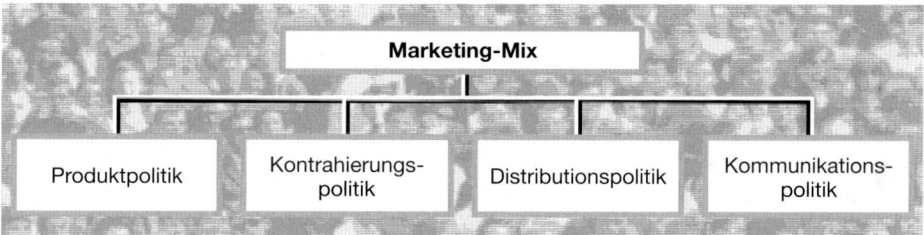

◆ **Submix-Bereiche der Marketinginstrumente**

Produktpolitik	Kontrahierungs-politik	Distributionspolitik	Kommunikations-politik
● Produktinnovation ● Produkt- modifikation ● Produktelimination	● Preispolitik ● Konditionenpolitik – Rabattpolitik – Lieferungs- und Zahlungs- bedingungen – Kreditpolitik	● Direktabsatz – unternehmens- interne Organe – unternehmens- externe Organe ● indirekter Absatz	● Absatzwerbung ● Verkaufsförderung ● Public Relations ● Product-Placement ● Sponsoring ● Corporate Identity

Abb. Marketing = politische Instrumente

Die Bedeutung der einzelnen Marketing-Mix-Instrumente hängt von einer Vielzahl von Faktoren ab:

● vom Verhalten des Käufers,
● von der Konkurrenzsituation der Unternehmen,
● von der Homogenität der Produkte und Dienstleistungen.

◆ **Submix-Elemente bei Dienstleistungsunternehmen**

Für den Dienstleistungsbereich kommt hinzu, dass der Faktor Personalpolitik als weiteres internes Marketing-Mix-Instrument angesehen werden kann. Die Qualität und Leistung des Personals entscheidet hier unmittelbar über den Verkaufserfolg.

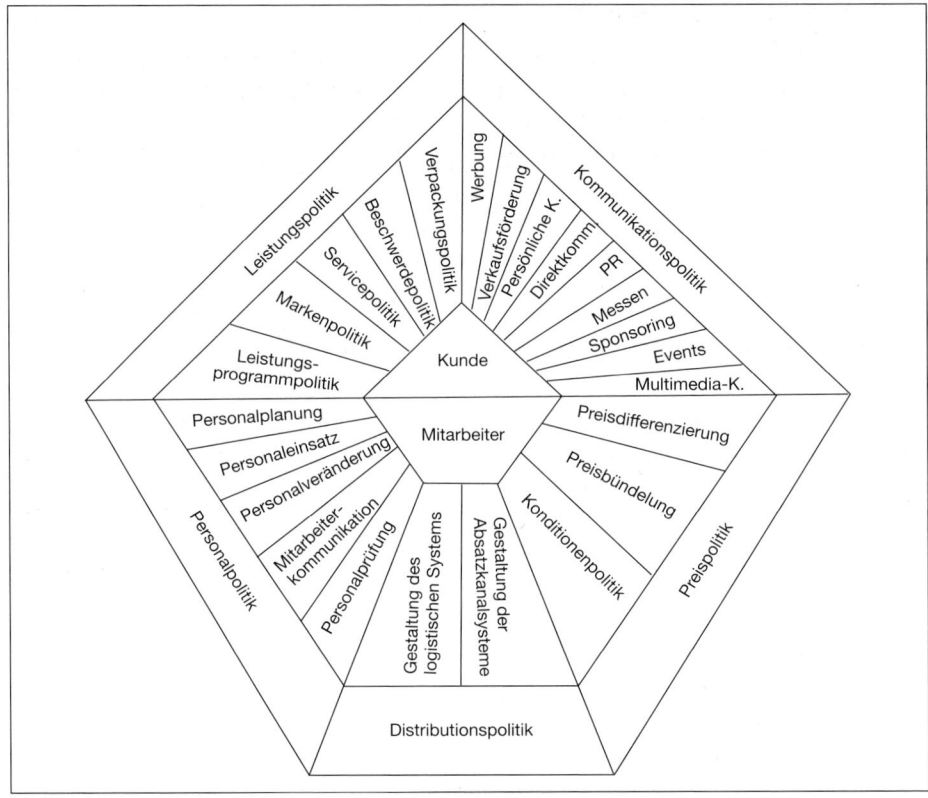

Abb.: Submix-Elemente bei Dienstleistungsunternehmen

Schneider, Karl, Werbung in Theorie und Praxis, 5. Auflage, Waiblingen 2000.

2.2.1 Produktpolitik

Martin Fugger sichtet die notwendigen Informationen, mit deren Hilfe er eine Ent-scheidung fällen will über die Ausweitung, Differenzierung oder Eliminierung der Pro-dukte bzw. des Sortiments seiner Unternehmung. Im Mittelpunkt steht immer noch die evtl. Eliminierung der Lagertreppen, sodass die Martin Fugger Regalwerke GmbH in diesem Fall nur noch auf zwei Teilmärkten aktiv wäre.

Anhand der Unterlagen aus der Finanzbuchhaltung und Kostenrechnung stellt er fest, dass der Umsatz und die Wachstumsrate der Lagertreppen seit Monaten tendenziell leicht rückläufig sind. Der Gewinn nimmt ständig ab und nähert sich der Gewinnschwelle.

Eine extern durchgeführte Marktuntersuchung ergibt, dass die Lagertreppen sowohl im Hinblick auf die Konstruktion als auch auf das Image als überholt angesehen werden.

Als bisherige Abnehmer werden Personen ermittelt, die einen hohen Preis für Qualität und Leistung zahlen.

Martin Fugger bittet seine Abteilungsleiter, mithilfe dieser Untersuchungsergebnisse eine Analyse der Ausgangssituation durchzuführen. Hierbei sollen auch die anderen Produkte (die Metallregale und Werkbänke) mit einbezogen werden. Die Analyse soll der produktpolitischen Entscheidungsfindung dienen.

Aufgaben der Produktpolitik

Die Produktpolitik umfasst alle Entscheidungen, die im Zusammenhang mit dem Produkt stehen und die darauf gerichtet sind, neue Produkte zu entwickeln und auf dem Markt einzuführen **(Produktinnovation)**, bereits auf dem Markt befindliche Produkte zu verändern **(Produktmodifikation)** oder aus dem Markt herauszunehmen **(Produktelimination)**.

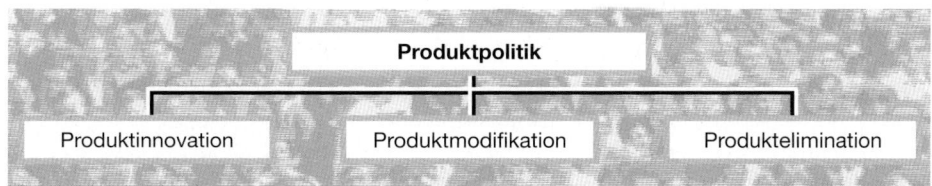

Beispiel Für die Martin Fugger Regalfabrik könnte eine **Produktinnovation** darin bestehen, dass sie für die Automobilindustrie, die ihrerseits neue Stoßstangen auf den Markt gebracht haben, eine spezielle, neuartige Aufhängung für die Lagerung dieser Stoßstangen anfertigt. Damit könnte sie auf dem Markt Vorreiter sein.

Produktpolitische Aktivitäten

Im letzten Jahr hat die Martin Fugger Regalfabrik die Lochstanzung der Regalständer verbessert, sodass ein Herausrutschen der Regalböden unmöglich ist. Dazu wurde die Bohrung nach unten verjüngt und nach oben hin verbreitert. Durch diese technische Verbesserung ist das bestehende Produkt der Regalfabrik variiert worden. Man spricht von **Produktmodifikation**.

Sollte sich der Entwicklungstrend bezüglich der Lagertreppen fortsetzen, wäre zu überlegen, diese Produktgruppe aus dem Produktionsprogramm zu entfernen und nur noch fremdzubeziehen. Hierbei handelt es sich um eine **Produktelimination**.

Der Produktbegriff

Ein Produkt ist ein Teil der Marketingleistung. Es umfasst konkrete Gegenstände, Dienstleistungen, Personen, Orte, Organisationen und Ideen und die damit verbundenen Nutzenerwartungen.

Beispiel Gegenstände   → Kosmetikartikel
Dienstleistungen   → Reisen
Personen   → ein Rocksänger
Orte   → ein Kurort
Organisationen   → eine politische Partei
Ideen   → eine Konfession

Die **Nutzenerwartungen** können sich dabei auf den Grund- und Zusatznutzen eines Produktes beziehen.

Nutzenerwartungen

◆ Der **Grundnutzen** basiert auf den objektiv-technischen Gebrauchseigenschaften des Produktes. In der Vergangenheit beschränkten sich die meisten Unternehmen auf eben diesen Grund- oder Produktnutzen. Die Qualität der Produkte wurde verbessert, ihre Haltbarkeit erhöht, der Preis wurde optimiert und die Leistungsfähigkeit gesteigert.

◆ Da sich die technischen Gebrauchseigenschaften der Produkte in den letzten Jahren jedoch immer mehr angenähert haben, tritt der **Zusatznutzen** in den Vordergrund. Er umfasst die Eigenschaften, die über die reine Funktionserfüllung des Produktes hi-nausgehen. Der Zusatznutzen kann in den persönlichen Nutzen, den soziologischen Nutzen und den magischen Nutzen differenziert werden.

- Der **persönliche Nutzen** eines Produktes umfasst Erwartungen und Vorstellungen, die das Verhältnis des Käufers zum Produkt betreffen.
- Der **soziologische Nutzen** entsteht aus der Beziehung des Individuums zu seiner gesellschaftlichen Umwelt. Er wird immer dann angesprochen, wenn der Kauf des Produktes zur Angleichung oder zur bewussten Abhebung von der gesellschaftlichen Umwelt dient.
- Der **magische Nutzen** eines Produktes trägt irrationale Züge. Hier werden dem Produkt Eigenschaften zugeschrieben, die es durch seine objektiv-technischen Gebrauchseigenschaften in der Regel nicht erfüllen kann.

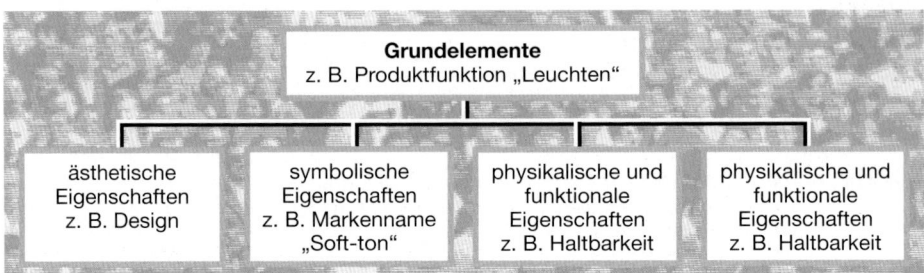

Quelle: Meffert, H., Marketing, Wiesbaden, 2007.

Die Produktarten

Im Rahmen der Produktpolitik soll eine Unterscheidung der Produkte nach der **Selbstverkäuflichkeit**, nach der **Dauer der Kaufentscheidung** und nach dem **Ausmaß der Markierung** vorgenommen werden.

Produktarten

Selbstver-käuflichkeit

◆ Nach der **Selbstverkäuflichkeit** kann in problemlose und erklärungsbedürftige Produkte unterschieden werden.

- **Problemlose Produkte** eignen sich im Rahmen des indirekten Absatzes für das Angebot in Selbstbedienung.
- **Erklärungsbedürftige Produkte** erfordern ausführliche Beratung und sollten im Direktabsatz, z. B. durch unternehmensinterne Distributionsorgane wie Reisende oder Vertragshändler, angeboten werden.

Dauer der Kaufent-scheidung

◆ Die Unterscheidung nach der **Dauer der Kaufentscheidung** kommt aus den USA. Hier wird zwischen convenience goods, shopping goods und speciality goods unterschieden.

- **Convenience goods** (Güter des täglichen Bedarfs) werden vom Verbraucher häufig und mit einem Minimum an Aufwand gekauft. Der Verbraucher hat ein festes Präferenzsystem für qualitativ und preislich etwa gleichwertige Substitu–tionsgüter. Ist das gesuchte Produkt nicht verfügbar, unternimmt der Käufer keine zusätzlichen Beschaffungsanstrengungen, sondern weicht auf ein gleich-wertiges Ersatzerzeugnis aus. Bei convenience goods ist der Käufer also darauf bedacht, den Beschaffungsaufwand zu minimieren. Im sozialen Bezugssystem haben convenience goods keine Bedeutung. Für ihren Kauf sind keine Finan-zierungsüberlegungen erforderlich. Man spricht auch von **Low-Involvement-Produkten**.

`Beispiel` Milch, Butter, Eier, Brot

- **Shopping goods** (mit Einkaufsaufwand verbundene Güter) werden vom Ver-braucher relativ selten und nach sorgfältigem Vergleich von Preis und Qualität gekauft. Da hier kein festes Präferenzsystem vorhanden ist, ist der Beschaf-fungsaufwand und das Risiko des Fehlkaufs größer.

  `Beispiel` Schuhe, Elektrogeräte, Heimwerkerbedarf, Bekleidung

- **Speciality goods** (spezielle Güter) werden in größeren Abständen gekauft, befriedigen spezielle Bedürfnisse und rechtfertigen beachtliche Kaufanstrengun-gen durch den Konsumenten. Ähnlich wie bei den convenience goods hat der Käufer ein festes Präferenzsystem. Da diese Güter im sozialen Bezugssystem erhebliche Bedeutung haben, unternimmt der Kunde im Gegensatz zum Kauf von convenience goods sorgfältige Vergleiche von Qualität und Preis. Die Anschaffung von speciality goods erfordert darüber hinaus langfristige, planmä-ßige Finanzierungsüberlegungen. Hier spricht man auch von **High-Involvement-Produkten**.

  `Beispiel` Pkw, Computer, Geräte der Unterhaltungselektronik, Möbel, Urlaubsreisen

◆ Nach dem **Ausmaß der Markierung** unterscheidet man anonyme Ware, markierte Ware und Markenartikel.

Ausmaß der Markierung

- **Anonyme Ware** findet sich insbesondere bei Fleisch, Gemüse oder Backwaren. Eine Variante sind die sogenannten „No-name-Artikel", auch Gattungsmarken oder Generics genannt. Hierbei handelt es sich um preiswerte Produkte in be-wusst schlicht gehaltener Verpackung. In der Praxis werden „No-name-Artikel" oft von Handelsunternehmen angeboten, die sich dadurch gegen Niedrigpreis-anbieter behaupten wollen.

  `Beispiel` Tip (Plus) Ja (REWE)

- Tragen Produkte einen Namen, haben aber noch keine Marktgeltung erlangt, handelt es sich um **markierte Ware**.
- **Markenartikel** sind durch eine Marke (englisch: brand) gekennzeichnete Pro-dukte. Eine Marke besteht dabei aus dem Markennamen und dem Markenzei-chen, das durch ein Symbol oder die Schreibweise des Namens das Produkt optisch im Bewusstsein des Kunden verankert. Neben der Markierung sind Mar-kenartikel durch folgende Merkmale gekennzeichnet:
  - gleichbleibende Qualität und Aufmachung
  - überregionaler Vertrieb
  - überregionale Werbung
  - hoher Bekanntheitsgrad

  Gelingt es einem Hersteller, sein Produkt zum Markenartikel zu profilieren, kann er dadurch die Markenbindung seiner Kunden verstärken. Durch die Schaffung einer eigenen Produktpersönlichkeit hebt sich das Produkt von den Erzeugnissen der Mitbewerber ab. Auf diese Weise entstehen beim Kunden **Präferenzen**, die den preispolitischen Spielraum des Herstellers erweitern.

 Die Produkte der Martin Fugger Regalfabrik sind erklärungsbedürftige Produkte und speciality goods. Die Martin Fugger Regalfabrik versucht, ihre Produkte als Markenartikel am Markt zu platzieren.

Markenstrategien

Welche Strategie ein Unternehmen bei der Markierung seiner Ware aufwendet, ist von den Zielen des Unternehmens abhängig.

Arten der Markenstrategien

Steht das Streben nach Gewinn im Vordergrund, werden die Produkte mit dem höchsten Deckungsbeitrag gefördert. Sind die Ziele auf Prestige ausgerichtet, werden Markenartikel unabhängig von der Gewinnsituation bevorzugt. Mögliche Markenstrategien sind z. B. die Monomarkenstrategie und die Sortiments- oder Dachmarkenstrategie.

◆ Bei der **Monomarkenstrategie** wird für jedes einzelne Produkt eine eigene Marke gewählt. Das Marketingkonzept kann so auf das jeweilige Produkt individuell zugeschnitten werden.

Beispiel Auszug aus den Monomarken des Henkel-Konzerns:

Wasch- und Reinigungsmittel	**Klebstoffe**
– Persil	– Pritt
– Spee	– Pattex
– Dixan	– Duck
– Vernel	– Ceresit
– Bref	– Tangit
	– Dufix
Kosmetik/Körperpflege	**Henkel Technologies**
– Vison	– Liofol
– Diadermine	– Teroson
– Taft	– Loctite
– Schwarzkopf Seborin	
– Dep	

Vorteil dieser Strategie ist, dass der Ruf des Unternehmens nicht vom Erfolg des Produktes abhängt und dass das Produkt vollkommen frei positioniert werden kann.

◆ Bei der **Sortiments- oder Dachmarkenstrategie** werden alle Produkte des Unternehmens unter dem Firmennamen angeboten.

Beispiel Milka, Nivea, Audi, Sony

Der **Vorteil** dieser Strategie liegt darin, dass die Produktfamilie durch das Markendach geschützt wird und die Marketingaufwendungen für das einzelne Produkt geringer sein können, da dieses durch das gesamte Sortiment mitgetragen wird.

Produkt- und Programmanalyse

Produktpolitische Entscheidungen setzen eine gründliche Analyse der jeweiligen Ausgangslage voraus. Neben der zwingend erforderlichen Abstimmung mit dem Zielsystem des Unternehmens stellen die **Zielgruppenanalyse**, die **Portfolioanalyse** und die Analyse des **Produktlebenszyklus** mögliche Verfahren zur Entscheidungsfindung dar.

◆ **Die Zielgruppenanalyse**

Im Rahmen der Zielgruppenanalyse wird die Frage gestellt, wer das Produkt kauft oder kaufen soll. Es muss kritisch hinterfragt werden, welche soziografischen, psychografischen und demografischen Merkmale die Zielgruppe aufweist. Sind es Unternehmen oder Endverbraucher, Männer oder Frauen, Alte oder Junge; welche soziale Schicht wird angesprochen etc.? Im Idealfall stimmt die tatsächliche Zielgruppe mit der geplanten überein, die Zielgruppen können aber auch auseinanderfallen.

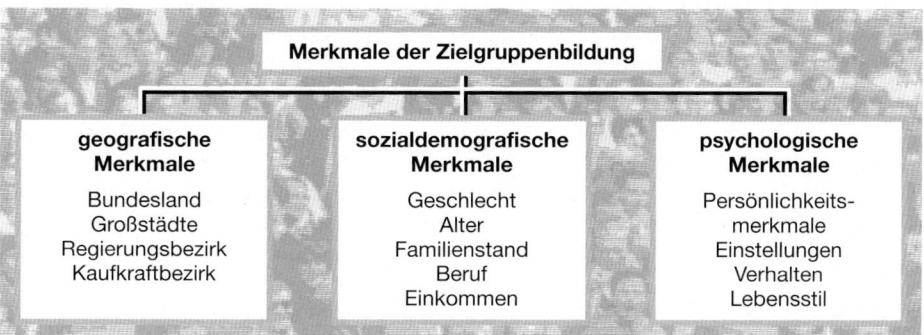

Die genaue Kenntnis der Zielgruppe ist wichtig, um auf Veränderungen der Zielgruppe sofort reagieren zu können.

◆ **Das Produktportfolio**

Um die Stellung eines Produktes, ganzer Produktgruppen oder strategischer Geschäftseinheiten im Vergleich zum Wettbewerb zu analysieren, können **Produktportfolios** erstellt werden.

◆ **Der Produktlebenszyklus**

Der Grundgedanke der Produktlebenszyklus-Analyse ist, dass Produkte, Produktgruppen oder Produktklassen im Laufe des Zeitraumes, den sie am Markt sind, dieselben Phasen

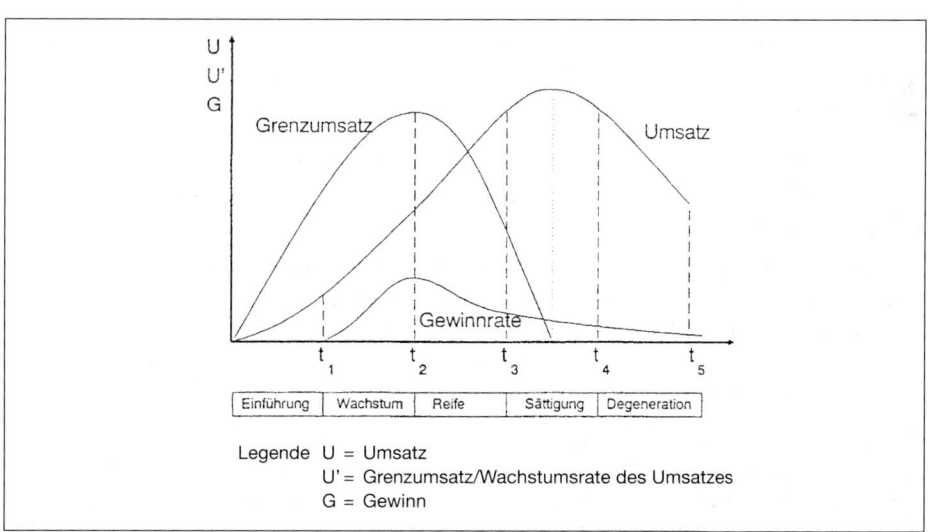

Abb. Produktlebenszyklus

durchlaufen. Betrachtet man Umsatz oder Gewinn dieser Bezugsgrößen im Zeitablauf, so können während der Lebensdauer fünf Phasen identifiziert werden: die Einführung, das Wachstum, die Reife, die Sättigung und die Degeneration.

Einführung
- Die **Einführungsphase** beginnt mit dem Erscheinen des Produktes auf dem Markt und endet mit der Erreichung der Gewinnschwelle. Die Umsätze steigen langsam, aufgrund der hohen Ausgaben für Marketingaktivitäten erwirtschaftet das Produkt jedoch noch Verluste. Handelt es sich um ein neuartiges Produkt, hat das Unternehmen zunächst eine monopolartige Stellung und die Preiselastizität ist gering. Konsumenten sind die aufgeschlossenen und innovationswilligen Konsumpioniere oder **Innovatoren**.

Wachstum
- In der **Wachstumsphase** nimmt der Bekanntheitsgrad des Produktes zu, und es kann sich langsam am Markt durchsetzen. Der Umsatz wächst jetzt schneller, und das Produkt erwirtschaftet Gewinne. Da die Zahl der Konkurrenten zunimmt, die mit „me-too-Produkten" (d. h. Nachahmungen) oder Substitutionsprodukten auf den Markt treten, nimmt auch die Preiselastizität zu, d. h., die Kunden reagieren verstärkt auf den Preis. Die Steigerung des Bekanntheitsgrades und die Festigung des Images führt zu einer Erweiterung des Käuferkreises. Durch die Zunahme der Nachkäufe etablieren sich erste Stammkunden. Die Gruppe der Kunden, die in dieser Phase kauft, wird als **Frühadopter** bezeichnet.

Reife
- In der **Reifephase** kommt es zwar noch zu einer absoluten Umsatzerhöhung, die Wachstumsrate des Umsatzes und der Gewinn gehen jedoch zurück. Die Preiselastizität der Nachfrage nimmt stark zu, und die Preispolitik wird zu einem wirkungsvollen absatzpolitischen Instrument. Durch die steigende Zahl der Konkurrenten verschärft sich der Wettbewerb zunehmend, die Preise sinken und der Gewinn geht weiter zurück. Der Anbieter sucht im Rahmen der Produktpolitik nach Möglichkeiten, sein Produkt von den Konkurrenzprodukten zu differenzieren. Konsumenten sind Kundengruppen mit konservativer Kaufeinstellung und schwachem Innovationsbewusstsein, die als **frühe Mehrheit** bezeichnet werden. Das Ende der Reifezeit ist erreicht, wenn der Umsatz auch absolut nicht mehr wächst.

Sättigung
- In der **Sättigungsphase** stagniert die Nachfrage, da das Marktpotenzial ausgeschöpft ist, der Umsatz hat seinen absoluten Höhepunkt überschritten und beginnt zu sinken. Die Preiselastizität der Nachfrage ist in dieser Phase am größten. Preiskämpfe und steigende Ausgaben zur Verteidigung der Marktstellung, z. B. im Bereich der Kommunikationspolitik, drücken auf die Erträge. Der Gewinn nimmt ständig ab und erreicht am Ende der Sättigungsphase die Gewinnschwelle. Bei den Konsumenten handelt es sich um die sogenannte **späte Mehrheit**, die oft nur noch gewohnheitsmäßig kauft und der Tradition stark verhaftet ist.

Degeneration
- Die **Degenerationsphase** beschließt den Lebenszyklus eines Produktes. Ursache ist, dass die Konsumenten ihre Bedürfnisse besser, preiswerter oder bequemer durch andere Produkte befriedigen können. Die Nachfrage geht rapide zurück, der Umsatz sinkt, und das Produkt erwirtschaftet Verluste. Bei den Konsumenten handelt es sich um die **Nachzügler**. Die Preiselastizität nähert sich dem Nullpunkt, d. h., Preissenkungen zeigen kaum noch Wirkung. Die absatzpolitischen Maßnahmen werden zunehmend eingeschränkt, und das Produkt wird vom Markt genommen.

Ergänzungen des Modells

Der Aussagewert der **Produktlebenszyklus-Analyse** ist begrenzt, da der idealtypische Lebensweg eines Produktes lediglich modellhaft beschrieben wird. In der Praxis gibt es eine Vielzahl abweichender Zyklen, so z. B. den **Flop**, der durch schnelles Wachstum und einen ebenso schnellen Rückgang gekennzeichnet ist, oder das **Produktrelaunch**, das nach Umsatzrückgang und Neuanpassung des Produktes zu neuem Umsatzwachstum führt.

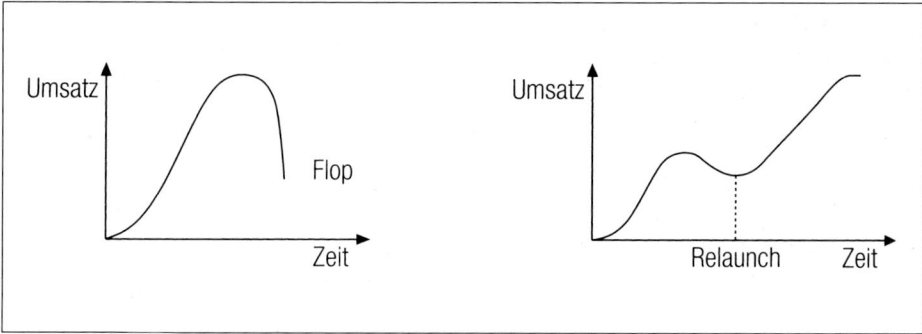

Abb. Ergänzungen zum Produktlebenszyklus

2.2.1.1 Die Produktinnovation

Produktinnovationen treten in immer kürzeren Intervallen auf den Markt, und die Produktlebenszyklen werden immer kürzer.

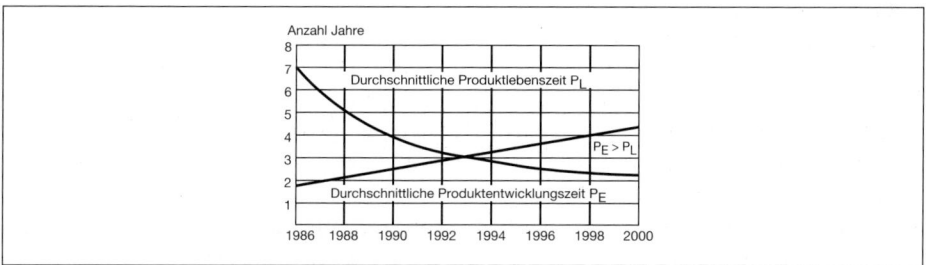

Abb. Entwicklung von Produktlebenszyklen

Da die Produktneuentwicklung für ein Unternehmen sehr kostspielig und zeitaufwendig ist, müssen die **Gründe für Produktneuentwicklungen** sorgfältig geprüft werden. Mögliche Gründe für eine Neuentwicklung können sein:

Gründe für Produktneuentwicklung

- Wachstumssteigerung, da mit bestehenden Produkten keine Marktanteile mehr hinzugewonnen werden können
- Produkt ist veraltet
- Patente laufen aus und es ist mit starkem Wettbewerb zu rechnen
- Produkt-Mix ist einseitig
- technische Erneuerungen
- geänderte rechtliche Restriktionen
- veränderte Kundenansprüche
- unternehmensinterne Restriktionen
- veränderte Unternehmenspotenziale
- Zufallsentwicklungen

Formen der Produktinnovation

Die **Formen der Produktinnovation** sind die Produktdifferenzierung und die Produktdiversifikation.

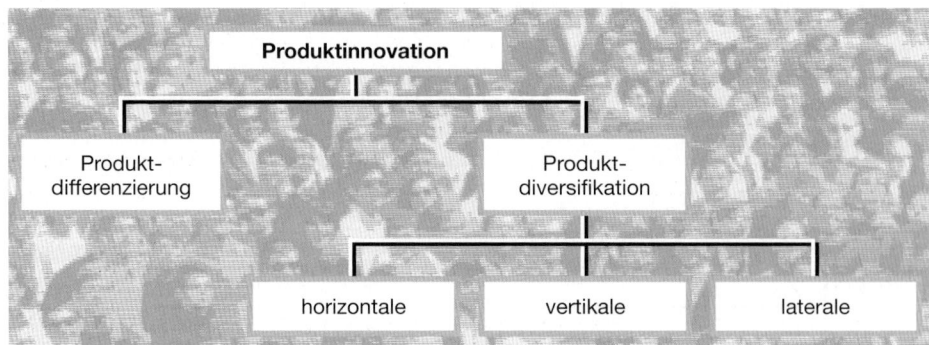

Definition

◆ **Eine Produktdifferenzierung ist die Entwicklung und Vermarktung von Produktvarianten zusätzlich zu den schon vorhandenen Produkten. Sie steht in engem Zusammenhang zur Strategie der Marktsegmentierung.**

Gründe für eine Produktdifferenzierung können sein:

- neue Märkte sollen mit einem bekannten Produkt erobert werden
- konsequente Marktsegmentierung
- Ausnutzung von Synergieeffekten
- technischer Fortschritt
- Anpassung an modische Veränderungen
- rechtliche Unterschiede in verschiedenen Ländern
- Einführung eines erfolgreichen Nischenproduktes

Definition

◆ **Eine Produktdiversifikation ist die Entwicklung und Vermarktung neuer Produkte für neue Märkte.**

- Bei der **horizontalen Diversifikation** geht es um die Erweiterung des bestehenden Produktionsprogrammes durch Produkte auf derselben Wirtschaftsstufe. Die Produkte stehen dabei in einem sachlichen Zusammenhang mit dem bisherigen Produktionsprogramm. Dieser Zusammenhang kann z. B. durch die Abnehmer oder den Verwendungszweck der Produkte gegeben sein.
- Bei der **vertikalen Diversifikation** wird das Leistungsprogramm des Herstellers durch Produkte der Vor- oder Nachstufe ergänzt.
- Bei der **lateralen Diversifikation** besteht zwischen dem neuen Produkt und dem vorhandenen Leistungsprogramm kein sachlicher Zusammenhang.

Die Produktidee

Die **Suche nach Produktideen** kann grundsätzlich durch das Sammeln oder das Erzeugen von Produktideen erfolgen. Eine einfache Möglichkeit, Produktideen zu gewinnen, ist die **systematische Ideensammlung**. Hierbei können Ideen aus dem Unternehmen oder von außerhalb beschafft werden.

◆ **Interne Informationsquellen** sind häufig die **Forschungs- und Entwicklungsab-teilungen**. In der täglichen Arbeit werden oft Lösungen entwickelt, die für das momentane Problem nicht relevant sind, jedoch für ein anderes Produkt hilfreich sein können.

Systematische Ideensammlung

Beispiel Ein Unternehmen der Kunststoff verarbeitenden Industrie suchte einen neuen Klebstoff für ein Klebeband. Der dabei entwickelte Klebstoff hatte leider nicht die gewünschte Klebkraft. Trotzdem wurde dieses Abfallprodukt aufgegriffen und versuchsweise auf Papier aufgebracht. Dieses Papier konnte mehrmals aufgeklebt und abgezogen werden, ohne Rückstände zu hinterlassen. Die Haftzettel der „post-it"-Generation waren geboren.

Weitere Ideen können aus dem Marketing und vor allem **aus dem Verkauf** kommen. Die Umsetzung von Kundenideen ist gerade bei Produktveränderungen oder -differenzierungen eine häufig gewählte Möglichkeit, da die Kunden Schwächen der Produkte sehr schnell erkennen bzw. aus dem täglichen Umgang mit dem Produkt neue Ideen entstehen.

In vielen Unternehmen existiert ein **internes Vorschlagswesen**. Hier werden neben Rationalisierungs- und Sicherheitsvorschlägen auch Produktverbesserungsvorschläge gefördert und prämiert.

Produktideen können auch durch eine sorgfältige Auswertung von **Reklamationen** entstehen. Schwachstellen eingeführter Produkte können so Ansatzpunkt für die Entwicklung neuer Produkte sein.

◆ Im Rahmen der **externen Informationsbeschaffung** können Veröffentlichungen jeglicher Art herangezogen werden. Messen und Ausstellungen, das Internet, die Auswertung von Fachzeitschriften oder die Neuanmeldung von Patenten dienen ebenso der Informationsbeschaffung wie die Beauftragung von Marktforschungsunternehmen zur Findung von Ideen. Ideen können darüber hinaus aus anderen Produktbereichen entliehen werden. Häufig geben auch Neuentwicklungen von Mitbewerbern Anstöße zur Entwicklung von Produkten.

Ideenquellen

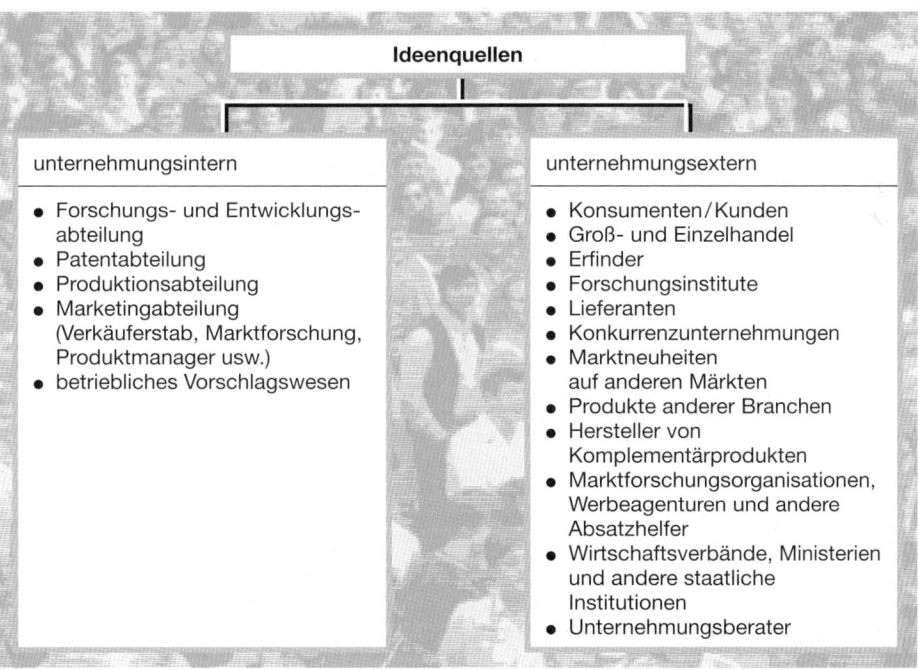

Ideenquellen	
unternehmungsintern	**unternehmungsextern**
• Forschungs- und Entwicklungsabteilung • Patentabteilung • Produktionsabteilung • Marketingabteilung (Verkäuferstab, Marktforschung, Produktmanager usw.) • betriebliches Vorschlagswesen	• Konsumenten/Kunden • Groß- und Einzelhandel • Erfinder • Forschungsinstitute • Lieferanten • Konkurrenzunternehmungen • Marktneuheiten auf anderen Märkten • Produkte anderer Branchen • Hersteller von Komplementärprodukten • Marktforschungsorganisationen, Werbeagenturen und andere Absatzhelfer • Wirtschaftsverbände, Ministerien und andere staatliche Institutionen • Unternehmungsberater

Methoden zur **Erzeugung von Produktideen** sind z. B. das Brainstorming, die morphologische Analyse oder die Synektik.

Brainstorming

Beim **Brainstorming** soll durch freie Assoziation und gegenseitige Anregung der Teilnehmer ein „Sturm" an Ideen entstehen. Die Regeln für ein erfolgreiches Brainstorming sind unbedingt einzuhalten. Sie lauten:

1. **Freie Entfaltung der Ideen!** Die Teilnehmer können ihren Ideen freien Lauf lassen. Jede Anregung, und sei sie noch so utopisch, ist willkommen.
2. **Quantität geht vor Qualität!** Je mehr Ideen erzeugt werden, desto größer ist die Chance, eine verwertbare Lösung zu finden.
3. **Jede Kritik ist streng verboten!** Einwände wirken sich hemmend auf den schöpferischen Prozess aus und sind zu unterlassen.
4. **Es gibt keine Urheberrechte!** Ideen anderer Teilnehmer sollen aufgegriffen, weiterentwickelt oder kombiniert werden. Gerade die wechselseitige gedankliche Befruchtung bringt Ideen hervor, auf die der einzelne Teilnehmer allein nicht gekommen wäre.

Beispiel Auszug aus einer Checkliste für die Auswahl von Produktideen:
- **1 Unternehmen**
- 1.1 Passt das Produkt zur Zielsetzung des Unternehmens?
- 1.2 Sind Substitutionseffekte bei eigenen Produkten zu erwarten?
- **2 Zielgruppe**
- 2.1 Welche Kundenbedürfnisse erfüllt das Produkt?
- 2.2 Deckt das Produkt die formulierten Bürfnisse der Zielgruppe ab?

Liegen die Produktideen vor, werden sie in einer **Selektionsphase** einer kritischen Beurteilung unterzogen. Dabei spielt der erwartete Erfolg der Produkte eine entscheidende Rolle.

Auswahl der Produktideen

Im Rahmen einer **Wirtschaftlichkeitsanalyse** wird der Versuch unternommen, den erwarteten Erfolg zu ermitteln. Hilfe hierbei leistet die **Break-even-Analyse**, mit der die Absatzmenge ermittelt werden kann, die erforderlich ist, um die mit Entwicklung, Produktion und Absatz eines Produktes verbundenen Kosten zu decken.

Die grafische Darstellung zeigt die Beziehung zwischen Kosten und Erlösen sowie die Menge **(Break-even-Point** oder **Gewinnschwelle)**, bei der die Gesamtkosten durch die erwarteten Erlöse gedeckt werden.

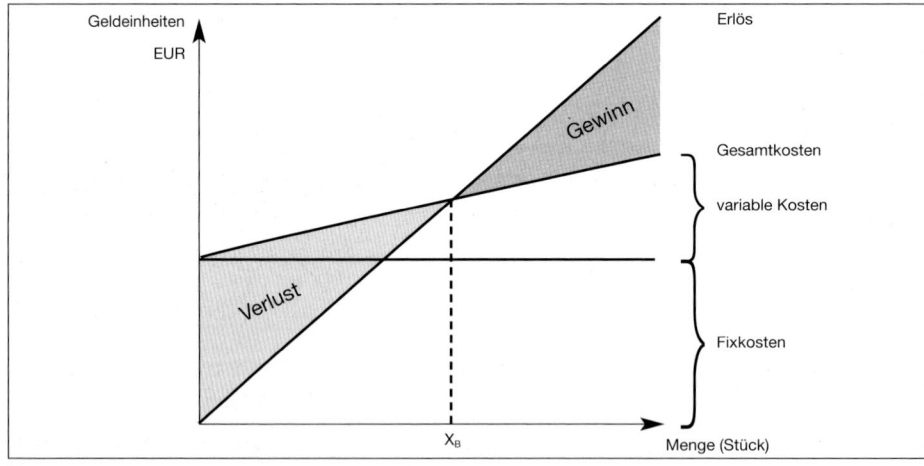

Abb. Beziehung zwischen Kosten und Erlös

Die arithmetische Ermittlung des Break-even-Absatzes ist folgendermaßen möglich:

$$\textbf{Break-even-Absatz} = \frac{\textbf{Fixkosten}}{\textbf{Preis} - \textbf{variable Kosten}}$$

Die Martin Fugger Regalfabrik plant als Ergänzung zu den Werkbänken einen Werkzeugschubladeneinsatz. Die Fixkosten würden 60.000,00 EUR, die variablen Stückkosten des Produktes 12,00 EUR betragen. Die Marktforschungsabteilung hält einen Verkaufspreis von 15,00 EUR für realisierbar. Der Break-even-Absatz errechnet sich wie folgt:

$$\textit{Break-even-Absatz} = \frac{\textit{Fixkosten}}{\textit{Preis} - \textit{variable Kosten}} = \frac{60.000,00 \text{ EUR}}{15,00 - 12,00 \text{ EUR}}$$

$$= \quad 20.000 \text{ Stück}$$

Weiß man aufgrund von Marktuntersuchungen, dass sich 25.000 Stück absetzen lassen, ergibt sich für die Martin Fugger Regalfabrik folgende Gewinnsituation:

Gewinn = X · P − (F + X · v)

Gewinn = 25.000,00 EUR · 15,00 EUR − (60.000,00 EUR + 25.000,00 EUR · 12,00 EUR)

Gewinn = 375.000,00 EUR − 360.000,00 EUR

Gewinn = 15.000,00 EUR

Ist der erwartete Absatz größer als der Break-even-Absatz, kann das neue Produkt aus Wirtschaftlichkeitsgründen eingeführt werden.

Die Produktkonzeption

Produktkonzeption

Wird im Rahmen der durchgeführten Auswahlverfahren eine Produktidee als marktgängig, wirtschaftlich und zum Zielsystem des Unternehmens passend bewertet, erfolgt im Rahmen der **Produktkonzeption** eine konkrete Zielformulierung. Diese sollte Aussagen über die Marktsituation, die Konkurrenzsituation, die potenziellen Verbraucher und das Produkt beinhalten.

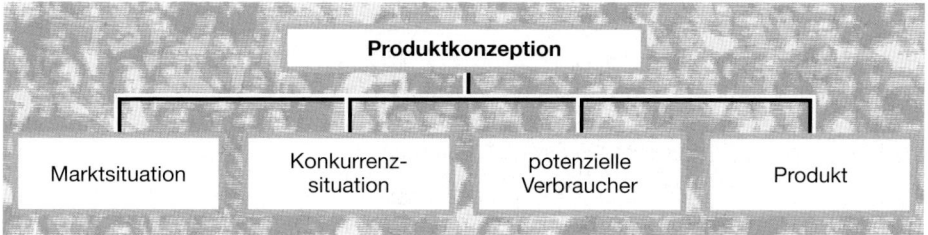

Marktsituation als Konzeptelement

Die **Marktsituation** kann anhand der Begriffe des Markt- und Absatzpotenzials und des Markt- und Absatzvolumens beschrieben werden (vgl. S. 106).

Definition

◆ **Das Marktpotenzial ist die maximale Aufnahmefähigkeit des Marktes für ein Produkt, das Absatzpotenzial ist der Anteil des eigenen Produktes am Markt, welcher maximal erreicht werden kann.**

Es gibt in Deutschland ca. 60 Mio. Haushalte. Wird unterstellt, dass jeder Haushalt maximal einen DVD-Player nutzen kann, beträgt das Marktpotenzial für DVD-Player 60 Mio. Stück. Kann ein Unternehmen aufgrund seiner Produktionskapazitäten 15 Mio. DVD-Player fertigen, beträgt das Absatzpotenzial maximal 25 Prozent.

Definition

◆ **Das Marktvolumen ist die realisierte oder prognostizierte Absatzmenge einer Güterart in einem Markt, das Absatzvolumen die getätigte Absatzmenge eines Unternehmens in einer Periode.**

Hilfe bei der Formulierung von Aussagen über die **Konkurrenzsituation** kann die Marktforschung leisten. Hier ist die Frage der Marktanteile oder der Produktpositionie-

Produktpositionierung

rung zu klären. Die **Produktpositionierung** kann anhand von begrifflichen Gegensatzpaaren auch grafisch vorgenommen werden und somit Aufschluss über Marktlücken geben. Dabei kann anhand folgender Regeln vorgegangen werden:

1. Es werden zunächst **charakteristische Begriffe** gesucht, die das Produkt oder das Unternehmen im Markt beschreiben.

    Preiswürdigkeit, Qualität, Natürlichkeit, Ökologie, Design, Service usw.

2. Zwei charakteristische Begriffe werden ausgewählt und anhand von **Gegensatzpaaren** in einem Koordinatensystem angeordnet.

    preiswert   <-> hochpreisig
   primär synthetisch <-> primär natürlich

3. Produkte oder Mitbewerber werden jetzt **in den entsprechenden Vektoren des Modells positioniert.** Die jeweilige Nähe zum Mitbewerber bzw. etwaige Marktlücken werden so leicht erkennbar (siehe Abb. S. 99).

    angenommene Positionierung von Produkten im Kosmetikmarkt anhand der Gegensatzpaare preiswert <-> hochpreisig und primär synthetisch <-> primär natürlich

Verbraucher als Konzeptelement

Die Definition der **potenziellen Verbraucher** (Zielgruppe) erfolgt vor dem Hintergrund der im Rahmen der Marktforschung ermittelten Kundenansprüche. Dabei werden Verbraucher mit weitgehend homogenen Bedürfnisstrukturen zu Marktsegmenten zusammengefasst. Kriterien der Marktsegmentierung können z. B. demografische, psychografische oder soziologische Merkmale sein.

 – demografische Merkmale: Alter, Geschlecht, Familienstand, Ortsgrößenklassen
– psychografische Merkmale: Lebens- und Kaufgewohnheiten, Wünsche und Neigungen, Einstellungen und Erwartungen
– soziologische Merkmale: soziale Schicht, soziale Rolle, Status innerhalb der Gruppe, Sozialprestige

Die Aussagen über das **Produkt** können sich z. B. auf die Formulierung des einzigartigen Nutzens des Produktes, die Ansprüche an die Produktgestaltung und -verpackung und die Festlegung des Preises beziehen.

Die Formulierung des einzigartigen Nutzens des Produktes erfolgt in Abgrenzung zu den Stärken und Schwächen der Mitbewerber. Dieser einzigartige Nutzen wird auch als **USP** (unique selling proposition) bezeichnet. Der USP soll eine Antwort auf die Frage geben, warum der Kunde gerade dieses Produkt kaufen soll.

Die Produktgestaltung oder das **Design** legt die Erscheinungsform des Produktes hinsichtlich Form, Farbe, Qualität, Markierung und Verpackung fest. Da die äußere Form des Produktes häufig kaufentscheidend ist, gewinnt dieser Bereich zunehmend an Bedeutung.

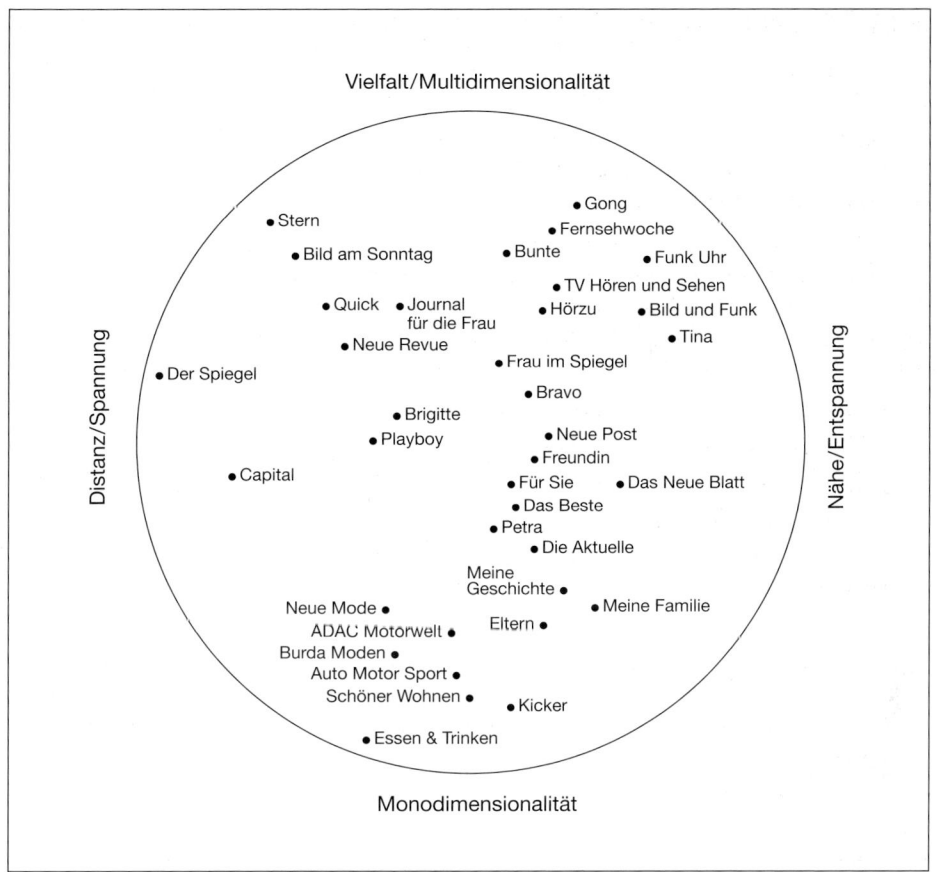

Beispiele für Produktpositionierung

Diese Verpflichtungen entfallen bei Verpackungen, „für die sich der Hersteller oder Vertreiber an einem System beteiligt, das flächendeckend ... eine regelmäßige Abholung gebrauchter Verkaufsverpackungen beim privaten Endverbraucher oder in dessen Nähe in ausreichender Weise gewährleistet ...“ (§ 6 Abs. 3 VerpackV 1998).

◆ Die **Produktverpackung** vermittelt ähnlich wie die Produktgestaltung den ersten, oft   **Verpackung**
kaufentscheidenden Eindruck. Sie erfüllt dabei für das Produkt, den Hersteller, den Handel und die Kunden unterschiedliche Funktionen. Daneben spielt der Wertewandel im Bereich der Umwelt eine zunehmende Rolle.

● Wesentliche Funktion der Verpackung **für das Produkt** ist der Schutz auf dem Weg vom Hersteller zum Kunden. Dabei sind die Kosten, die Lagerfähigkeit sowie technische und rechtliche Vorschriften zu beachten.

> **Beispiel**   Geräte der Unterhaltungselektronik werden in Asien produziert und per Schiff nach Europa gebracht. Die Verpackung muss die Geräte gegen Stoßschäden, Temperaturunterschiede und Feuchtigkeit schützen.

● Die Funktion der Verpackung **für den Hersteller** liegt in erster Linie im Bereich der Kommunikationspolitik (vgl. Kapitel 2.2.4). Leichte Identifizierung, die Selbstverkäuflichkeit und die Einfügung in das Sortiment sollten bei der Gestaltung der Verpackung berücksichtigt werden. Gelingt es, eine produkttypische Verpackung zu entwickeln, kann diese schon durch ihre Form und Gestaltung über den Inhalt informieren.

> **Beispiel** Odolflasche, Niveadose, Maggiflasche

- **Für den Handel** beziehen sich die Ansprüche an die Produktverpackung auf die Stapelfähigkeit, Palettentauglichkeit, Transporteignung/fähigkeit und Bruchsicherheit.

  > **Beispiel** Die Anlieferung der Waren im Handel findet ausschließlich über Paletten statt. Nicht stapelfähige und palettengängige Ware wird vom Handel in der Regel nicht gelistet.

- **Für den Kunden** steht die Informationsfunktion im Vordergrund. Menge, Gewicht, Inhaltsstoffe und Haltbarkeit sollen möglichst vor dem Öffnen der Verpackung erkennbar sein. Die Verpackung selbst muss funktional gestaltet sein, sodass sie einfach zu handhaben und ggf. wiederzuverwenden ist.

  > **Beispiel** Nachfüllpackungen für Reinigungsmittel

Die **Preisfestsetzung** des neuen Produktes erfolgt im Rahmen der Preispolitik. Nach Abschluss der Produktkonzeption wird die **Entwicklungsempfehlung** gegeben, die bei positiver Bewertung durch die Unternehmensleitung zur **Entwicklungsentscheidung** führt.

Die Produktentwicklung

Vor der Markteinführung werden die neu entwickelten Produkte durch Produkttests oder auf Testmärkten auf ihre **Marktgängigkeit** hin überprüft. Gegenstand des Tests können dabei das gesamte Produkt oder einzelne Komponenten, wie z. B. die Verpackung oder der Preis, sein.

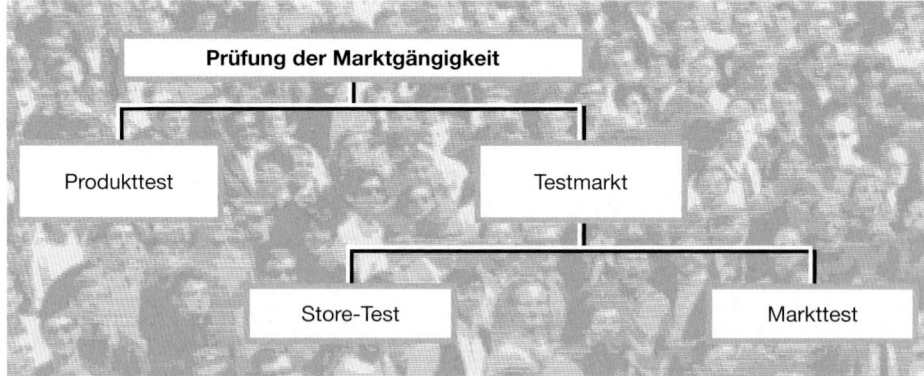

Produkttest

- ◆ Im Rahmen eines **Produkttests** werden Qualität, Name, Verpackung oder Preis des Produktes überprüft. Dies kann als Einzeltest oder im Vergleich mit Konkurrenzprodukten geschehen. Da der Produkttest in der Regel in Form eines Labortests stattfindet, kann er Umweltbedingungen nur unzureichend einbeziehen, und seine Ergebnisse sind nur begrenzt auf den Gesamtmarkt übertragbar.

  > **Beispiel** Ein Marktforschungsinstitut prüft im Rahmen eines Labortests eine neu entwickelte Flaschenform für Bier. Mithilfe eines Tachistoskops wird den Versuchspersonen die Flasche für den Bruchteil einer Sekunde gezeigt und sie werden aufgefordert anzugeben, was sich in der gesehenen Verpackung befindet. Nachdem die Mehrheit angibt, es handle sich um eine Ketchup-Flasche, wird die Form der Verpackung geändert.

◆ Bei einem **Markttest** handelt es sich um den probeweisen Verkauf des Produktes unter kontrollierten Bedingungen. Im Sinne einer letzten Kontrolle sollen hier vor der Einführung des Produktes Erfahrungen über die Marktgängigkeit und die Wirksamkeit der Komponenten des Marketing-Mix unter möglichst realen Bedingungen gesammelt werden. Der Test kann als Store-Test in ausgewählten Einzelhandelsgeschäften oder in einem regional abgegrenzten Gebiet erfolgen.

Markttest

◆ Vor der probeweisen Einführung des Produktes im Testmarkt wird häufig ein **Store-Test** in ausgewählten Einzelhandelsgeschäften durchgeführt. Hier kann die Variation einzelner Elemente des Marketing-Mix unter realen Bedingungen simuliert werden. Insbesondere der Preis, die Platzierung oder Maßnahmen der Verkaufsförderung können im Store-Test auf ihre Wirksamkeit hin überprüft werden. Nachteil des Store-Tests ist, dass er nur in ausgewählten Einzelhandelsgeschäften durchgeführt wird und nicht das gesamte Marketing-Mix zum Einsatz kommt.

Store-Test

Beispiel Ein Hersteller für Tiefkühlprodukte entwickelt einen gefrorenen Joghurt, der als eine Mischung aus Eisspezialität und Milchprodukt angeboten werden soll. Da man sich unklar darüber ist, ob das Produkt bei den Milchprodukten in der Kühltheke oder bei Speiseeis im Gefrierschrank platziert werden soll, führt man einen Store-Test durch. Das Produkt wird an beiden Standorten präsentiert, und der Abverkauf wird gemessen. Es wird festgestellt, dass der Verkauf im Verbund mit Speiseeis mehr als dreimal so hoch ist wie der aus der Kühltheke. Eine zusätzlich durchgeführte Befragung ergibt, dass die Kunden den festgesetzten Preis von 0,90 EUR für eine Eisspezialität akzeptieren. Beim Angebot in der Kühltheke orientierte man sich am Preisniveau für Milchprodukte und empfand den Preis für das hier platzierte Produkt als zu hoch.

Ist die Produktkonzeption aufgrund der Ergebnisse des Store-Tests optimiert worden, kann die **probeweise Einführung im Testmarkt** erfolgen. Um die Vergleichbarkeit der Daten des Testgebietes mit dem Gesamtmarkt sicherzustellen, sollte dieser räumlich abgegrenzt sein und in der Zusammensetzung der Grundgesamtheit entsprechen. Auch das Verbreitungsgebiet der eingesetzten Werbeträger muss dem Testgebiet entsprechen. Beim Markttest können neben dem Produkt auch absatzpolitische Maßnahmen, wie z. B. alternative kommunikationspolitische Strategien, in die Versuchsanordnung einbezogen werden. Der Nachteil des Verkaufs im Testmarkt liegt in der atypischen Reaktion der Konkurrenz, die auf das begrenzte Angebot eines neuen Produktes nicht in der Weise reagiert, wie es bei der Einführung im Gesamtmarkt zu erwarten wäre. Ein weiteres Problem besteht darin, Einzelhändler zu finden, die bereit sind, das Produkt für die probeweise Einführung in ihr Sortiment aufzunehmen.

Testmarkt

Beispiel Der Hersteller für Tiefkühlprodukte bietet seinen Joghurt im Saarland als „FreeGhurt" testweise an.

Hat ein Produkt auch im Rahmen der Markttests seine Marktgängigkeit unter Beweis gestellt, beginnt die **Einführung** des neu entwickelten Produktes im Gesamtmarkt.

2.2.1.2 Die Produktmodifikation (Relaunch)

Wichtigster Ansatzpunkt für ein **Produktrelaunch** sind die Daten der Produktlebenszyklus-Analyse. Hat der Gesamtumsatz seinen Wendepunkt erreicht und wird die Umsatzveränderungsrate negativ, muss das Produkt verändert (modifiziert) werden, um es in den Augen der Verbraucher weiterhin attraktiv erscheinen zu lassen.

Bevor Maßnahmen im Rahmen eines Produktrelaunch ergriffen werden, müssen sorgfältig die **Ursachen** der negativen Umsatzentwicklung erforscht werden. Die Entwicklung des eigenen Produktes ist dabei immer vor dem Hintergrund des Gesamtmarktes zu sehen. Ist die Entwicklung des Marktes insgesamt negativ, ist ein Umsatzrückgang weniger dramatisch, als wenn sich der Gesamtmarkt positiv entwickelt und nur das eigene Produkt einen Umsatzrückgang zu verzeichnen hat.

Gründe für ein Relaunch

Neben der Entwicklung des Gesamtmarktes gibt es folgende weitere **Gründe** für einen Produktrelaunch:

- veränderte Kundenansprüche
- rechtliche Veränderungen
- technische Erneuerungen
- Austausch technisch oder wirtschaftlich überholter Teile
- verbesserte Wettbewerbsprodukte
- Verschlechterung des Produktimages
- unternehmensinterne Restriktionen
- veränderte Unternehmenspotenziale
- soziale Veränderungen
- Produktfehler

Maßnahmen im Rahmen des Relaunch

Sind die Ursachen für den Umsatzrückgang erkannt, können gezielte **Maßnahmen für ein Produktrelaunch** ergriffen werden. Diese können sich z. B. auf das Produkt, seinen Namen oder seine Verpackung beziehen.

Die Notwendigkeit einer **Veränderung des Produktes** entsteht durch veränderte Kundenansprüche oder technische Innovationen.

> **Beispiel** **Veränderte Kundenansprüche:** Ein Arzneimittelhersteller stellt fest, dass seine potenziellen Kunden Kopfschmerztabletten jederzeit auch ohne ein Glas Wasser einnehmen können wollen. Das Unternehmen bietet seine Kopfschmerztabletten daraufhin zusätzlich in der Darreichungsform einer Kautablette an, die auch ohne Wasser eingenommen werden kann.
> **Technische Innovationen:** Kunden erwarten von einem Fernsehgerät, dass es videotexttauglich ist.

Änderungen des Produktnamens sind in der Praxis häufig zu beobachten. Durch Hinzufügung von Bezeichnungen wie „neu", „super", „supra", „aktiv", „forte", „light" oder „Vollwert" wird versucht, sich auf veränderte Kundenansprüche einzustellen. In der Regel wird der Name im Zusammenhang mit der Veränderung des Produktes variiert.

Veränderungen der Verpackung können technische, rechtliche oder kommunikationspolitische Ursachen haben.

- **Technische Ursachen** können z. B. in einer Veränderung der Handelserfordernisse liegen.

> **Beispiel** Eine Veränderung der Standardmaße der Tiefkühltruhen im Handel erfordert eine Anpassung der Verpackungsmaße eines Tiefkühlherstellers.

- Eine Veränderung der Verpackungsverordnung und die Einführung des „Grünen Punktes" waren die **rechtliche Ursache** für die Veränderung der Verpackungen im Konsumgüterbereich.

> **Beispiel** Die Verpackungsverordnung zwingt die Unternehmen zur Rücknahme und Verwertung ihrer Verpackungen. Mitgliedsbetriebe der Gesellschaft Duales System Deutschland GmbH kennzeichnen ihre Verpackungen mit dem „Grünen Punkt" und weisen damit nach, dass die Rücknahme und Verwertung durch das Duale System Deutschland sichergestellt ist.

- **Kommunikationspolitische Ursachen** einer Veränderung der Packungsgestaltung können z. B. in einer Veränderung des Geschmacks der Zielgruppe liegen.

> Die Marktforschungsabteilung eines Tabakwarenherstellers stellt fest, dass hellere Packungen von Verbrauchern mit leichteren Zigaretten assoziiert werden. Entsprechend dem Konsumtrend zu leichten Zigaretten wird für die Packung eine hellere Farbe gewählt.

Die Martin Fugger Regalwarenfabrik kann aus den Daten der Produktportfolio-Analyse und des Produktlebenszyklus entnehmen, dass Lagertreppen längst ihren Wendepunkt erreicht haben. Es ist eine Produktelimination oder eine Produktmodifikation notwendig. Ursachen sind die zunehmende Einrichtung von vollautomatisierten Lagern und die damit verbundenen veränderten Kundenansprüche. Für Herrn Schäfer aus der Abteilung Forschung und Entwicklung ist es eine Herausforderung, einen Relaunch für dieses Produkt in Angriff zu nehmen.

Sollte Herrn Schäfer nichts Innovatives für die Lagertreppen einfallen, bleibt der Martin Fugger Regalwerke GmbH nur noch übrig, dieses Produkt aus dem Produktionsprogramm zu eliminieren.

2.2.1.3 Die Produkteliminierung

Befindet sich ein Produkt in der **Degenerationsphase** und ist sein Absatz den Unternehmenszielen nicht mehr förderlich, muss die Entscheidung über eine Produkteliminierung getroffen werden.

Folgende **Gründe** können für eine Eliminierung den Ausschlag geben:

Gründe
für die
Eliminierung

- das Produkt erwirtschaftet langfristig Verluste
- das Produkt ist überaltert
- das Produkt ist technisch überholt
- die Mode hat sich geändert
- Patente sind ausgelaufen
- rechtliche Bedingungen haben sich geändert
- gesellschaftliche Änderungen
- das Produkt passt nicht mehr ins Unternehmensbild
- Verschlechterung des Produktimages
- Potenzialänderungen des Herstellers
- die Ansprüche der Kunden ändern sich

Die Elimination eines Produktes ist eine der **schwierigsten unternehmenspolitischen Entscheidungen.** Auch nach sorgfältiger Wirtschaftlichkeitsanalyse bleibt das Risiko, dass gerade das zu eliminierende Produkt wesentlich zum Bild des Unternehmens in der Öffentlichkeit beiträgt und im Sinne einer Erreichung des Unternehmensziels erhalten werden sollte.

> Ein Küchenhersteller will sein umfangreiches Küchenprogramm auf die umsatzstärksten Produkte reduzieren. Eine Kundenumfrage ergibt jedoch folgende Situation: Die teuerste Küche aus dem Produktprogramm steht umsatzmäßig sehr schlecht da. Gleichzeitig wird diese Küche jedoch häufig als Ausstellungsstück in Schaufenstern gezeigt. Obwohl diese Küche aus Preisgründen kaum gekauft wird, ist sie der Magnet, der die Kunden veranlasst, das Geschäft zu betreten und sich beraten zu lassen. Die Kunden entscheiden sich in der Regel für eine preisgünstigere Alternative des gleichen Herstellers. Die Marketingabteilung beschließt, auf eine Elimination des Küchenprogrammes zu verzichten.

2.2.2   Kontrahierungspolitik

Die Martin Fugger Regalwerke GmbH plant die Einführung einer neu entwickelten Werkbank. Die erforderlichen Vorarbeiten, wie die Situations-, Markt- und Wettbewerbsanalyse und die Entscheidungen im Bereich der Produktpolitik wurden getroffen. Jetzt steht das Unternehmen vor der Aufgabe, einen marktgerechten Preis festzulegen.

Wolfgang Prieß, Abteilungsleiter Rechnungswesen, weist darauf hin, dass der Preis die Kosten decken und dass zusätzlich eine Gewinnmarge von 10 Prozent erzielt werden muss. Elke Christiansen vom Vertrieb gibt zu bedenken, dass es besser sei, sich an der Konkurrenz zu orientieren. Martin Fugger schlägt vor, erst einmal herauszufinden, welche Preise die Kunden bereit sind für eine solche Spezialwerkbank zu bezahlen.

Nach dieser längeren Diskussion erklärt sich Elke Christiansen bereit, zunächst drei alternative Preiskonzeptionen zu entwickeln und diese mit ihren jeweiligen Vor- und Nachteilen auf der nächsten Konferenz vorzustellen.

Die **Kontrahierungspolitik** umfasst alle Entscheidungen, die sich mit der Festlegung des Preises **(Preispolitik)** und den Konditionen **(Konditionenpolitik)** für die Unternehmensleistung beschäftigen.

2.2.2.1 Preispolitik

Der zu realisierende Preis für eine Unternehmensleistung ist grundsätzlich immer das Ergebnis einer **Übereinstimmung von Angebot und Nachfrage**. Die angebotene Leistung des Unternehmens und die Gegenleistung der Abnehmer führt zu einem Kaufabschluss, wenn das „Preis-Leistungs-Verhältnis" vom Käufer als angemessen empfunden wird. Die Festlegung dieses Preises ist eine der schwierigsten und zugleich weitreichendsten Entscheidungen im Rahmen des Marketing-Mix.

**Preis-
bestimmende
Einfluss-
faktoren**

Hilfestellung hierbei leistet neben der **Marktforschung** insbesondere die **Kostenrechnung** im Rahmen des betrieblichen Rechnungswesens und die **Volkswirtschaftslehre**, die theoretische Aussagen zu den Marktformen, dem Modell der Preisbildung und der Preiselastizität macht.

Preisniveau, Preisindex und Kaufkraft

Preisniveau

Das **Preisniveau** drückt die durchschnittliche Höhe der Preise für Güter und Dienstleistungen in einer Volkswirtschaft aus. Die Veränderung der Verbraucherpreise wird durch das Statistische Bundesamt gemessen.
(Informationen im Internet: http://www.destatis.de).

Da es unmöglich ist, die Preisniveauänderungen aller Güter einer Volkswirtschaft zu erfassen, fasst das Statistische Bundesamt repräsentative Güter zu einem **Warenkorb** zusammen. Wird der Wert dieses Warenkorbes für ein Basisjahr gleich 100 gesetzt, kann man für die folgenden Berichtsjahre die Preisveränderungen ermitteln. Der ermittelte Wert ist der **Preisindex**, der die Veränderung des Geldwertes bezogen auf die ausgewählten Güter angibt.

Preisindex

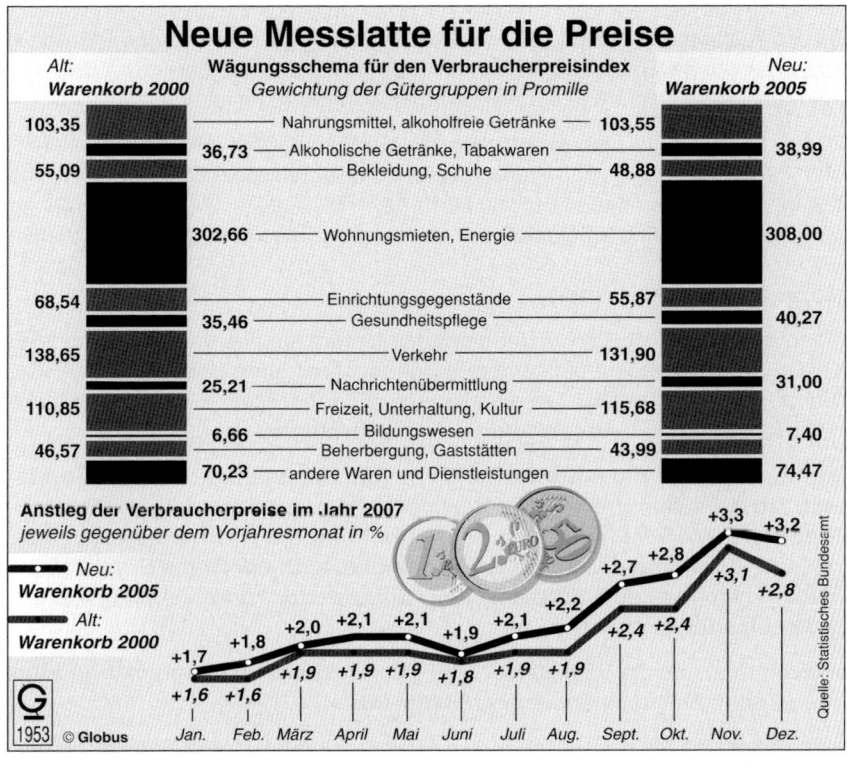

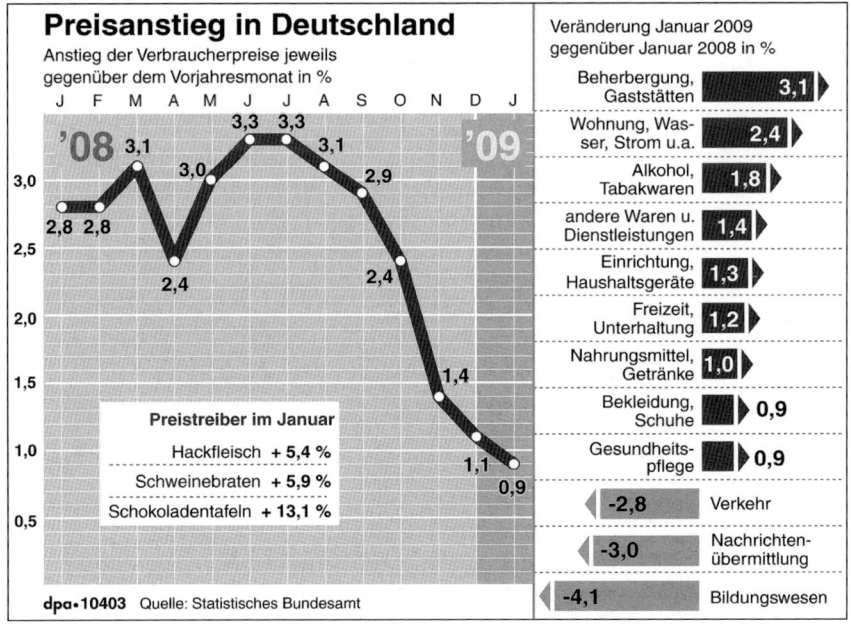

Kaufkraft

Je niedriger die Preissteigerungsrate, desto größer ist die Gütermenge, die dafür gekauft werden kann und desto größer ist die **Kaufkraft des Geldes** in einer Volkswirtschaft. Die Kaufkraft stellt also den Wert des Geldes in einer Volkswirtschaft dar (Informationen im Internet: http://www.bundesbank.de).

Die verfügbare Geldmenge, die jeder Haushalt oder Einwohner in Waren und Dienstleistungen umsetzen kann, wird als Kaufkraft der Haushalte bezeichnet. Sie ist von der Höhe des Einkommens abhängig und je nach Einkommensniveau regional unterschiedlich.

Die Höhe des Einkommens beeinflusst auch die Konsumstruktur. Musste ein mittlerer Arbeitnehmerhaushalt 1960 noch 45 Prozent seiner Verbrauchsausgaben für Nahrungsmittel aufwenden, so genügten dafür 2005 ca. 20 Prozent. Die Anteile für andere Ausgaben, z. B. für Bildung und Freizeit, Kommunikation oder das Auto, sind dafür deutlich gestiegen.

Marktgröße und Marktformen

Im Marketing erfolgt das Denken und Führen des Unternehmens vom Markt her. Aus diesem Grund sollen zunächst einige den Markt beschreibende Begriffe geklärt werden. Anhand der **Marktgröße** lassen sich die Begriffe **Marktpotenzial**, **Marktvolumen**, **Absatzpotenzial**, **Absatzvolumen** und **Marktanteil** erläutern.

Definition Marktpotenzial

Als Marktpotenzial wird die maximal mögliche Aufnahmefähigkeit eines Marktes bezeichnet. Sie leitet sich u. a. aus der Zahl der potenziellen Kunden, der Bedarfsintensität und der Marktsättigung ab. Eine Erhöhung des Marktpotenzials lässt sich durch eine Zunahme der potenziellen Kunden, z. B. durch die Erschließung neuer Kundenschichten, eine Zunahme der Kaufkraft oder durch eine Steigerung der Bedarfsintensität, erreichen.

Definition Marktvolumen

Das Marktvolumen ist die realisierte oder prognostizierte Absatzmenge einer Güterart pro Zeiteinheit in einem abgegrenzten Markt.

Definition Absatzpotenzial

Das Absatzpotenzial ist das individuelle Marktpotenzial eines Unternehmens, d. h. der Anteil am Marktpotenzial, den ein Unternehmen aufgrund seiner Zielsetzung maximal erreichen kann.

Definition Absatzvolumen

Als Absatzvolumen bezeichnet man die Gesamtheit der realisierten Absatzmenge eines Unternehmens pro Zeiteinheit in einem abgegrenzten Markt.

Definition Marktanteil

Der Marktanteil ist das Absatzvolumen im Verhältnis zum Marktvolumen. Er drückt aus, wie stark ein Unternehmen im Verhältnis zu seinen Mitbewerbern ist.

$$\text{Marktanteil} = \frac{\text{Absatzvolumen} \cdot 100}{\text{Marktvolumen}}$$

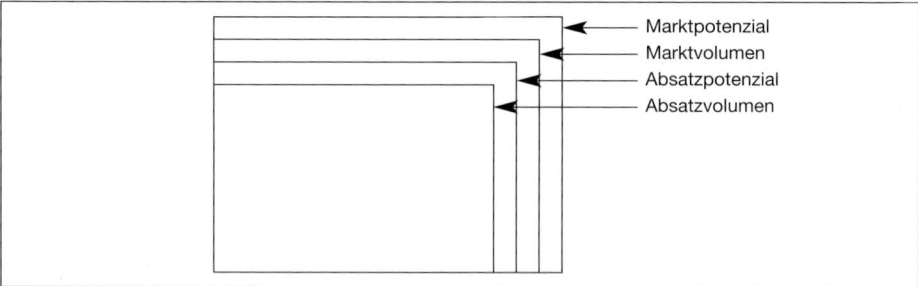

Abb. Marktanteile

Anhand der Zahl der Marktteilnehmer lassen sich folgende **Marktformen** bilden:

Anbieter / Nachfrager	viele	wenige	einer
viele	Polypol	Angebotsoligopol	Angebotsmonopol
wenige	Nachfrageoligopol	zweiteiliges Oligopol	beschränktes Angebotsmonopol
einer	Nachfragemonopol	beschränktes Nachfragemonopol	zweiseitiges Monopol

Marktformen

Je nach Marktform ist das betroffene Unternehmen mehr oder weniger in der Lage, den gefundenen Preis am Markt durchzusetzen. Im **Polypol** kann der einzelne Anbieter dabei keinen Einfluss auf den Marktpreis nehmen, da es eine Vielzahl konkurrierender Marktpartner gibt. Im **Angebotsmonopol** bestimmt der Anbieter den Preis, er muss lediglich die Reaktionen der Nachfrager berücksichtigen.

In der Praxis ist es schwer festzustellen, welche Marktform vorherrscht, da nicht nur gleichartige Güter berücksichtigt werden müssen, sondern auch der Markt für **Substitutionsgüter** einbezogen werden muss.

Die Preiselastizität der Nachfrage

Sollen Käuferreaktionen auf Preisänderungen eingeschätzt werden, kann das Modell der Preiselastizität der Nachfrage herangezogen werden. Es macht Aussagen über das **Verhältnis einer prozentualen Nachfrageänderung eines Gutes zu einer prozentualen Preisänderung dieses Gutes**.

$$EN = \frac{\delta X \cdot p}{\delta P \cdot X}$$

EN = Elastizität der Nachfrage
X = Ausgangsmenge
δX = Mengenänderung
P = Ausgangspreis
δP = Preisänderung

Ist die Elastizität > 1, spricht man von einer **elastischen Nachfrage**, ist EN < 1, spricht man von einer **unelastischen Nachfrage**.

Elastische und unelastische Nachfrage

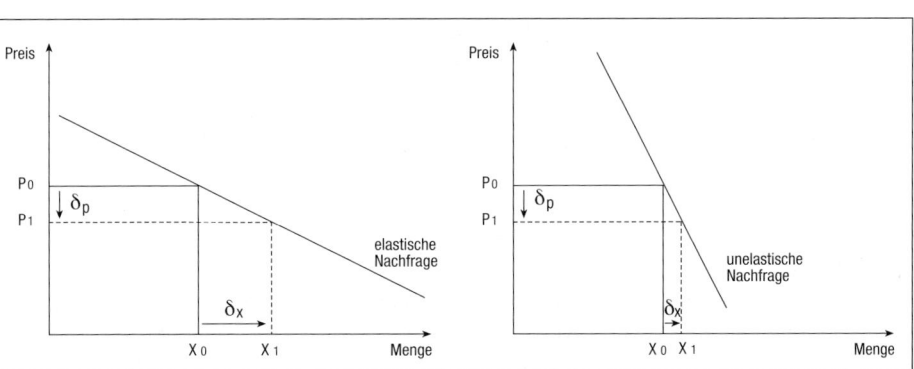

Abb. 2.5-2: Elastische und unelastische Nachfrage

Von den Schubladeneinsätzen für die Werkbänke werden 10.000 Stück zum Preis von 10,00 EUR abgesetzt. Eine erforderliche Preiserhöhung von 10 Prozent würde zu einem Rückgang der Verkaufszahlen um 500 Stück führen.

$$EN = \frac{\delta X \cdot p}{\delta p \cdot X} = \frac{500 \cdot 10,00}{1,00 \cdot 10.000} = 0,5$$

Die Elastizität der Nachfrage beträgt 0,5. Dieser Wert kann als Prognosewert bei weiteren Preisänderungen herangezogen werden.

Grundsätzlich kann es für ein Gut auch unterschiedliche Elastizitäten geben. Diese Situation wird durch die **geknickte Nachfragekurve** dargestellt, die unterschiedliche Elastizitätsbereiche aufweist.

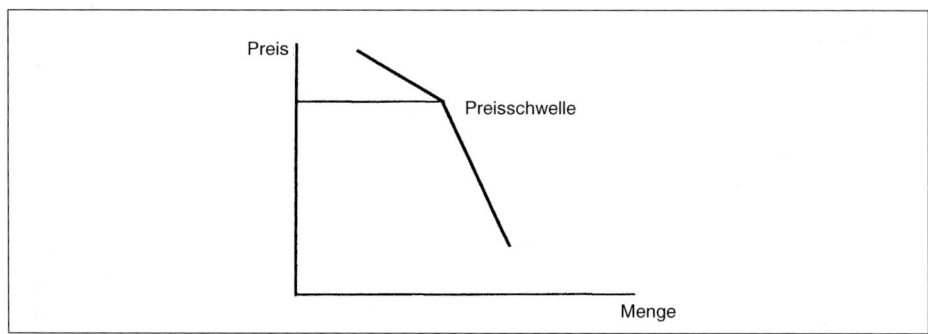

Abb. Geknickte Nachfragekurve

Beispiel Die Nachfrage nach Benzin verringert sich bei geringfügigen Steigerungen kaum (–> unelastische Nachfrage). Übersteigt die Preissteigerung jedoch eine bestimmte Preisschwelle, geht die Nachfrage deutlich zurück (–> elastische Nachfrage).

Ziel eines Unternehmens muss es sein, die **Preiselastizität der Nachfrage** bei seinen Produkten **zu verringern** und so den preispolitischen Spielraum auszuweiten. Dies kann z. B. durch Markenbildung oder eine Verstärkung der Kundenbindung geschehen.

Die Preisfestsetzung in der Praxis

In der Praxis wird es immer dann zu Preisfestsetzungen oder -änderungen kommen, wenn ein Produkt neu auf den Markt kommt, wenn die Wettbewerber die Preise variieren oder wenn sich Kosten oder gesetzliche Grundlagen ändern.

Praktische Bedingungsfaktoren

Kommt ein Produkt neu auf den Markt, stellt sich die Frage, zu welchem Preis es angeboten werden soll. Ein zu niedriger Preis birgt die Gefahr, gesetzte Ziele, wie z. B. einen angemessenen Gewinn, nicht zu erreichen. Bei einem zu hohen Preis besteht die Möglichkeit, dass der Kunde auf alternative Produkte ausweicht. Dies können sowohl Wettbewerbsprodukte als auch Substitutionsgüter sein. Orientierung bei der Preisbildung geben die Kosten, die erwartete Nachfrage und die Konkurrenzpreise.

Die **kostenorientierte Preisbildung** ermittelt den Preis im Rahmen der Kalkulation auf der Grundlage von Kosten und angestrebtem Gewinn. Kalkulationsverfahren der Praxis sind die **progressive** (fortschreitende, sich entwickelnde) und die **retrograde** (rückläufige, rückwirkende) **Kalkulation**.

◆ Progressive Kalkulation

Hier wird der Preis ausgehend von den Produktionskosten unter Hinzurechnung von Gemeinkosten und Gewinn ermittelt. Einfachste Form ist die Zuschlagskalkulation.

Progressive Kalkulation

Der erwartete Absatz für ein Produkt der Martin Fugger Regalfabrik liegt bei 15.000 Stück. Die variablen Stückkosten betragen 4,00 EUR, die Fixkosten 30.000,00 EUR. Die Vertriebs- und Verwaltungskosten betragen 10 Prozent der Fertigungskosten, der Gewinn soll 10 Prozent der Gesamtkosten betragen.

variable Stückkosten	*4,00 EUR*
+ fixe Kosten/Stück	*2,00 EUR*
= gesamte Fertigungskosten/Stück	*6,00 EUR*
+ Vertriebs- und Verwaltungskosten	*0,60 EUR*
= Gesamtkosten	*6,60 EUR*
+ Gewinn	*0,66 EUR*
= Verkaufspreis/Stück	*7,26 EUR*

Nachteil der progressiven Kalkulation ist, dass von der Menge auf den Preis geschlossen wird. Senkt z. B. ein Mitbewerber die Preise, wird die Nachfrage nach den Gütern eines Unternehmens sinken. Wendet man weiterhin die progressive Kalkulation an, müsste der Verkaufspreis pro Stück bei gleichen Ausgangsdaten steigen, was einen weiteren Nachfragerückgang zur Folge haben würde.

Der Mitbewerber senkt seinen Preis unter 7,26 EUR, die nachgefragte Menge eines Produktes sinkt auf 10.000 Stück.

variable Stückkosten	*4,00 EUR*
+ fixe Kosten/Stück	*3,00 EUR*
= gesamte Fertigungskosten/Stück	*7,00 EUR*
+ Vertriebs- und Verwaltungskosten	*0,70 EUR*
= Gesamtkosten	*7,70 EUR*
+ Gewinn	*0,77 EUR*
= Verkaufspreis/Stück	*8,47 EUR*

Als Folge der progressiven Kalkulation steigt der Verkaufspreis wieder, was zu einem weiteren Rückgang der Nachfrage führt.

◆ Retrograde Kalkulation

Retrograde Kalkulation

Hier wird vom Marktpreis ausgegangen und die Menge errechnet **(Break-even-Point** oder **Gewinnschwelle)**, die erforderlich ist, um die Fixkosten zu decken. Bei Produkteinführungen kann der zu realisierende Marktpreis durch Preistests, Store-Tests oder durch einen Markttest ermittelt werden.

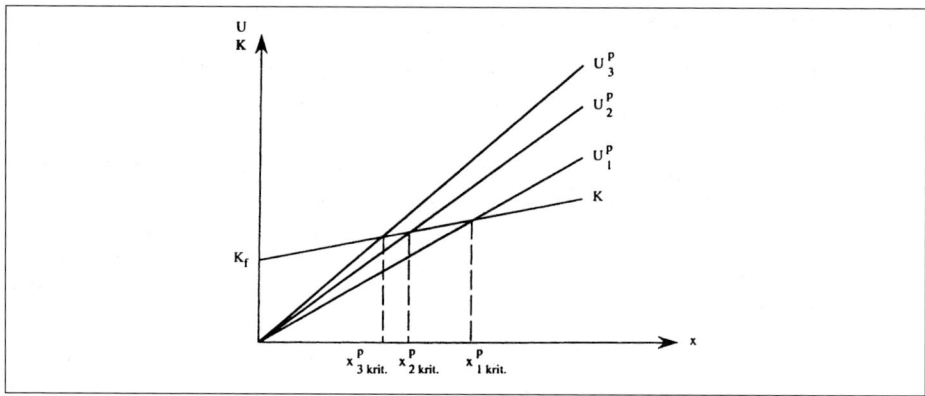

Abb. Ermittlung des Break-even-Point

Stellenwert im Wettbewerb

Die Marktstellung des eigenen Unternehmens und die des Wettbewerbers sind für die Reaktion auf eine **Preisänderung des Wettbewerbs** ausschlaggebend. Bei homogenen Gütern und auf wettbewerbsintensiven Märkten stellt der Konkurrenzpreis ein Datum für die eigene Preisfestsetzung dar. Diese Preispolitik wird als **adaptive Preispolitik** bezeichnet.

Beispiel Ein großer Mineralölkonzern senkt die Kraftstoffpreise. Die Mitbewerber passen sich der Preissenkung an.

Ist es dem eigenen Unternehmen gelungen, durch den Einsatz des absatzpolitischen Instrumentariums Präferenzen bei den Kunden zu schaffen, vergrößert sich der Spielraum bei Preisänderungen der Wettbewerber. Das Unternehmen kann eine **offensive Preispolitik** betreiben.

Beispiel Ein Markenartikelhersteller der Kosmetikindustrie mit starker Kundenbindung reagiert nicht auf eine Preissenkung der Mitbewerber.

Unabhängig von der Marktstellung muss sich ein Unternehmen immer die Frage stellen, warum der Wettbewerber die Preise ändert und welche Zielsetzung strategischer oder taktischer Art die Ursache hierfür ist.

Interne Ursachen

Preisänderungen können auch **unternehmensinterne Ursachen** haben. So kann sich die Kostenstruktur ändern und eine Preisänderung nach sich ziehen. Weiterhin können eine veränderte Nachfragestruktur oder spezielle Verkaufsförderungsaktionen der Anlass für Preisänderungen sein. Sollen Preise z. B. im Rahmen einer Verkaufsförderungsaktion gesenkt werden, muss die Preisuntergrenze ermittelt werden, bis zu der eine Preissenkung möglich ist.

Die **langfristige Preisuntergrenze** entspricht den Gesamtkosten (Kg). Ein Unternehmen kann langfristig nur bestehen, wenn die Fixkosten (Kf) und die variablen Kosten (Kv) über den Preis gedeckt werden.

Die absetzbare Menge des Regalfachbodens beträgt 6.000 Einheiten. Die Fixkosten für diesen Bereich betragen 30.000,00 EUR, die variablen Stückkosten 1,50 EUR/Einheit. Der kostendeckende Preis (P) beträgt:

$$P = \frac{Kf}{X} = \frac{30.000,00}{6.000} + 1,50 = \underline{6,50\ EUR}$$

Gesamtumsatz = X · P = 6.000 · 6,50 = <u>39.000,00 EUR</u>

Gesamtkosten = Kf + Kv = 30.000,00 + (6.000 · 1,50) = <u>39.000,00 EUR</u>

d. h., die Gesamtkosten werden durch die Gesamterlöse gedeckt.

Externe Gesichtspunkte, wie z. B. Veränderungen der gesetzlichen Rahmenbedingungen, können eine **Preisänderung** notwendig machen.

Externe
Ursachen

> **Beispiel** Die Verpackungsverordnung zwingt den Handel, Verkaufsverpackungen zurückzunehmen oder Abgaben an die Verwertungsgesellschaft mbH „Duales System Deutschland" (Grüner Punkt) zu zahlen. Die entstehenden Kosten werden in der Kalkulation des Einzelhandels berücksichtigt.

Zwangsläufig werden Preiserhöhungen stattfinden, wenn zusätzliche **Steuern** oder erhöhte **Abgaben** erhoben werden und die Kostenstruktur ansonsten unverändert bleibt.

> **Beispiel** Eine Erhöhung der Mineralölsteuer wird in der Regel unverzüglich über die Preise an den Kunden weitergegeben.

Darüber hinaus können Preiserhöhungen im Bereich der Roh-, Hilfs- und Betriebsstoffe oder **Lohnerhöhungen** das Unternehmen zu Preiserhöhungen veranlassen.

Generell muss man davon ausgehen, dass jeder Kunde aufgrund seiner Erfahrung ein subjektives Gefühl für das „Preis-Leistungs-Verhältnis" hat. Er weiß, ob ein Preis „in Ordnung" ist oder ob dieser zu hoch oder zu niedrig angesetzt wurde. Weiterhin orientieren sich Käufer bei ihren Einkäufen an Schlüsselprodukten, deren Preise sie genau kennen und die den Kauf auslösen oder verhindern können. Werden die Preise vor dem Hintergrund dieser Erkenntnisse festgesetzt, handelt es sich um die sogenannte **psychologische Preisfestsetzung**.

Psycho-
logische
Preisfest-
setzung

> **Beispiel** Ein Fall, den jeder kennt, ist die Wurfsendung eines Supermarktes mit den aktuellen Sonderangeboten für die nächste Woche. Es werden nicht alle Produkte, die darin aufgeführt sind, von Interesse sein. Einige jedoch braucht man regelmäßig, wie z. B. Milch oder Waschmittel. Die bevorzugte Marke des Waschmittels gibt es nun in diesem Supermarkt zu einem extrem günstigen Preis von nur 9,99 EUR, wo doch sonst 11,40 EUR dafür gezahlt werden. Die Kunden sind begeistert, fahren die ca. drei km Umweg, kaufen zwei Pakete Waschmittel nebst drei Flaschen Milch und noch einige andere Dinge, die sie auch noch brauchen; zahlen 78,30 EUR an der Kasse und freuen sich, wie günstig sie wieder eingekauft haben. Leider haben sie nicht darauf geachtet, was die Zahnpasta gekostet hat, oder sie haben wegen der 0,10 EUR Differenz nicht noch extra ein anderes Geschäft aufsuchen wollen.

Innerhalb eines bestimmten Spielraums toleriert der Kunde Preisdifferenzen, da diese durch andere Leistungen, wie beispielsweise die freundliche Bedienung oder die Nähe des Einzelhandelsbetriebes, ausgeglichen werden. Der Käufer zieht den Preis hier nicht als alleiniges Entscheidungskriterium heran. Außerhalb dieser **Preistoleranz** wird der Preis für die Entscheidung immer wichtiger. Wird die **absolute Preisschwelle** überschritten, weicht der Käufer auf ein anderes Produkt aus.

Die Preisdifferenzierung

Jeder Kunde hat aufgrund seiner ganz persönlichen Kauferfahrung eine Vorstellung davon, was ein Produkt für ihn kosten darf. Diese Vorstellung kann z. B. je nach Gebiet, Käuferschicht, Verwendungszweck oder -zeitpunkt variieren. Für den Verkäufer bedeutet dies, dass er im Rahmen der Preispolitik für jeden dieser Teilmärkte die gewinnoptimale Preis-Mengen-Relation suchen muss und die Preise je nach Teilmarkt **differenziert**.

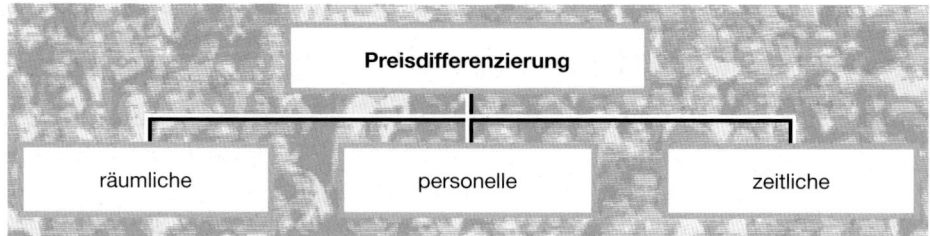

räumliche

◆ Eine **räumliche Preisdifferenzierung** kann vorgenommen werden, wenn räumlich getrennte Teilmärkte mit unterschiedlichen Preiselastizitäten vorhanden sind. Es muss jedoch sichergestellt werden, dass es zu keinem Rückfluss von Waren kommen kann.

> **Beispiel** Aufgrund des unterschiedlichen Preis- und Einkommensgefüges in den Ländern der EU bieten Automobilhersteller ihre Fahrzeuge hier zu unterschiedlichen Preisen an. Im Jahr 2000 haben 180.000 Käufer die Möglichkeit des freien Warenverkehrs genutzt und ein Fahrzeug „grau" aus dem europäischen Ausland importiert.

personelle

◆ Im Rahmen der **personellen Preisdifferenzierung** wird verschiedenen Kundengruppen das gleiche Produkt zu unterschiedlichen Preisen angeboten. Voraussetzung ist, dass der Gesamtmarkt anhand kundenbezogener Merkmale aufgeteilt werden kann und dass geringe Markttransparenz herrscht. Kundenbezogene Merkmale sind z. B. die Kaufkraft oder die Verbrauchsgewohnheiten einzelner Abnehmergruppen bzw. deren Alter.

> **Beispiel** – Ein Filialbetrieb des Einzelhandels bietet sein Sortiment in Stadtteilen mit deutlich höherer Kaufkraft zu höheren Preisen an.
> – Die Zahl der 1-Personen-Haushalte in Deutschland nimmt zu. Die Markenartikelhersteller reagieren hierauf durch das verstärkte Angebot von „Single-Packungen". Diese werden zu einem deutlich höheren Preis angeboten als die vergleichbaren Mengen in einer Großpackung.

zeitliche

◆ Werden zu verschiedenen Zeiten unterschiedliche Preise verlangt, liegt eine Form der **zeitlichen Preisdifferenzierung** vor. Ziel kann der Abbau von Spitzenbelastungen der Nachfrage oder die Ausnutzung von Zeitpräferenzen der Kunden sein.

> **Beispiel** – Um die Nutzung im Mobilfunknetz möglichst gleichmäßig zu verteilen, bieten die Betreiber nach Zeiten gestaffelte Tarife an.
> – Die Touristikunternehmen fordern für die Hauptsaison höhere Preise als in der Nebensaison.

Das Problem der genannten Formen der Preisdifferenzierung ist, dass eine Absatzerhöhung durch Preisdifferenzierung nur gelingt, wenn man Teilmärkte isolieren kann. Als Lösung bietet sich hier eine Ergänzung dieser preispolitischen Maßnahmen durch Aktivitäten im Rahmen der Produktpolitik an. Die Preisdifferenzierung kann so z. B. durch eine Produktdifferenzierung ergänzt werden, bei der die Kosten der Produktvarianten kleiner als die zu realisierenden Preisdifferenzen sind.

Preispolitische Strategien

Strategien der Preispolitik

Steht für den Hersteller eine Preisentscheidung an, dann stellt sich gerade bei Produkteinführungen die Frage, **welchen Preis der Produktmanager festsetzt**. Die Kostenrechnung ermittelt die Herstell- oder Selbstkosten des Produktes. Der Produktmanager kennt den Deckungsbeitrag und die Gewinnschwelle. Welcher Preis gewählt wird, hängt von der **preispolitischen Strategie** ab. Diese wiederum ist eingebunden in die Marketingstrategie und das Zielsystem der Unternehmung.

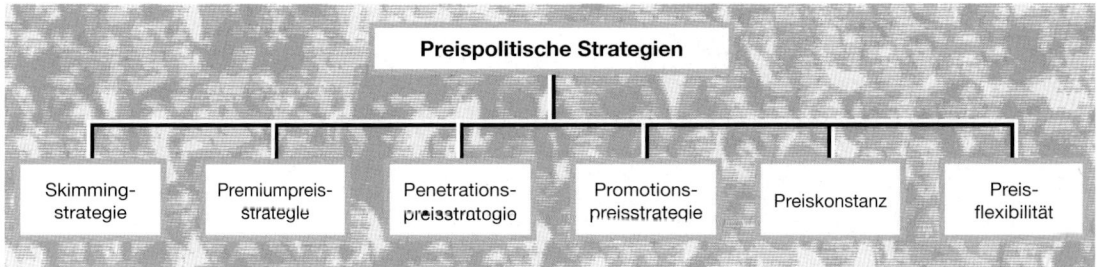

◆ Im Rahmen der **Skimmingstrategie** (Abschöpfungsstrategie) wird in der Einführungsphase ein hoher Preis festgesetzt, der im Verlauf des Produktlebenszyklus sukzessive gesenkt wird. Ziel ist es, die hohe Preisbereitschaft der Innovatoren abzuschöpfen, um anschließend den Massenmarkt mit niedrigeren Preisen zu beliefern.

Skimming-strategie

● **Voraussetzung** hierfür ist, dass es zu dem einzuführenden Produkt keinen oder nur geringen direkten Wettbewerb gibt, dass die Substituierbarkeit gering ist und dass die Strategie nicht durchschaut wird. Liegen diese Gegebenheiten vor, kann der Produktmanager die Abschöpfungsstrategie anwenden.

● **Vorteil** dieser Strategie ist, dass so die Forschungs- und Entwicklungskosten sehr schnell amortisiert werden, dass schnell hohe Deckungsbeiträge erwirtschaftet werden und aufgrund der geringen Stückzahlen zunächst ein geringer Kapazitätsbedarf in den Bereichen Produktion und Distribution besteht.

● Die **Gefahr** der Abschöpfungsstrategie besteht darin, dass die Eintrittsbarrieren für potenzielle Wettbewerber relativ gering sind. Sie sehen das Marktvolumen und die geringen Kosten im Vergleich zum Erlös und versuchen schnell nachzuziehen, da Investitionen schnell amortisiert werden. Ein weiterer Nachteil ist, dass der hohe Preis potenzielle Käufer abschrecken kann. Muss der Preis beim Auftreten von Mitbewerbern gesenkt werden, kann das Unternehmen an Glaubwürdigkeit verlieren.

Beispiel Der Preis für DVD-Player hat sich seit ihrer Einführung von ca. 2.000,00 EUR auf ca. 200,00 EUR verringert.

◆ Im Rahmen der **Premiumpreisstrategie** (Premium ist das englische Wort für Belohnung, Prämie) legt der Unternehmer auf Dauer einen relativ hohen Preis fest. Die Festlegung auf die Premiumpreisstrategie ist an folgende **Voraussetzungen** gebunden:

Premium-preisstrategie

● Der hohe Preis muss durch die **Marketingstrategie** des Unternehmens gestützt werden, d. h. eine gleichbleibend hohe Qualität, einen exklusiven Vertriebsweg und eine darauf abgestimmte Kommunikationspolitik.

● Es muss sich um eine potenzielle Zielgruppe mit relativ **geringer Nachfrageelastizität** handeln.

◆ Im Rahmen der **Penetrationspreisstrategie** (Penetration: Englisch = Durchdringung) soll mit einem niedrigen Einführungspreis so schnell wie möglich ein hohes Absatzvolumen erreicht werden. Möchte der Produktmanager dieses Ziel erreichen, wird er den Preis niedrig festsetzen.

Penetrations-preisstrategie

● **Voraussetzung** ist eine hohe Preiselastizität der Nachfrage, ein ausreichend großes Marktpotenzial und dass keine oder wenige günstigere Konkurrenzprodukte am Markt sind.

- **Vorteile** sind die Ausschöpfung des Niedrigpreismarktsegments und die Kostendegression durch die zu erwartenden hohen Stückzahlen. Durch den niedrigen Gewinn pro verkauftem Stück werden Wettbewerber abgeschreckt.

- Die **Gefahr** besteht in der negativen Qualitäts-Assoziation. Das Image des primär über den Preis eingeführten Produktes wird keinen hochwertigen Charakter erhalten.

Promotions-preisstrategie

◆ Im Rahmen der **Promotionspreisstrategie** wird der Preis für ein Gut auf Dauer relativ niedrig angesetzt.

Voraussetzung für die Promotionspreisstrategie ist eine potenzielle Zielgruppe mit relativ hoher Nachfrageelastizität und ein Produkt, bei dem Aufmachung und Verpackung aus Kostengründen keine große Rolle spielen.

Preiskonstanz

◆ Im Rahmen der Strategie der **Preiskonstanz** wird versucht, den Preis ohne Rücksicht auf veränderte Marktsituationen konstant zu halten.

- Der **Vorteil** liegt für den Kunden darin, dass er sich auf den festgelegten Preis verlassen kann. Der Kunde ist aufgrund des Preises der Meinung, dass das Produkt gut kalkuliert ist. Er weiß, dass er zu jeder Zeit das Produkt für den gleichen Preis erhält.

- Der **Nachteil** ist, dass bei veränderten Marktbedingungen keine Anpassung stattfindet.

Preis-flexibilität

◆ Mit der Strategie der **Preisflexibilität** entscheidet sich ein Unternehmen, auf veränderte Markt-, Kosten oder Wettbewerbsbedingungen grundsätzlich flexibel zu reagieren.

- Der **Vorteil** dieser Strategie ist, dass durch die Flexibilität mögliche Umsatzeinbrüche verhindert werden können.

- Der **Nachteil** liegt in der Unberechenbarkeit des Preises für den Kunden. Werden häufig Sonderpreisaktionen durchgeführt, kann sich der Kunde mit Hamsterkäufen über die Normalpreisphase hinweg eindecken. Anschließende Preiserhöhungen sind zudem schwer durchzusetzen. Häufig müssen dann kostenintensive Werbekampagnen gestartet werden, um Imageveränderungen herbeizuführen und eine Preiserhöhung zu rechtfertigen.

Der Ausgangspunkt für preispolitische Überlegungen wird in der Regel das einzelne Produkt sein. Eine preispolitische Strategie muss jedoch immer das Preisgefüge der gesamten Produktpalette und das Zielsystem der Unternehmung einbeziehen, d. h., es sollte **Preispolitik im Produktverbund** betrieben werden. Bei preispolitischen Überlegungen kann man so mit dem Preis eines Produktes den Absatz eines anderen Produktes forcieren oder mit den Deckungsbeiträgen des einen Produktes Verluste eines anderen Produktes ausgleichen.

Beispiel   Der reduzierte Preis für Feinstaubmasken kann dazu führen, dass der Umsatz für die dazugehörigen Filter steigt.

2.2.2.2 Konditionenpolitik

Die Konditionenpolitik ist ein Mittel der preispolitischen Feinsteuerung, das die Möglichkeit bietet, Preise je nach Zielgruppe zu differenzieren. Beim Verkauf an den Endverbraucher sind im Rahmen der Rabattgewährung die wettbewerbsrechtlichen Regelungen zu beachten.

Rabattpolitik

Rabatte sind Preisnachlässe, die für bestimmte Leistungen des Abnehmers gewährt werden und mit der Ware in Zusammenhang stehen. In der Praxis hat sich eine Vielzahl unterschiedlicher Rabatte herausgebildet. Diese sind grundsätzlich nur sinnvoll, wenn ein eingeführter Preis besteht, auf den ein glaubwürdiger Nachlass gewährt wird.

Beispiel Viele kennen aus dem Urlaub den Straßenhändler, der auf einen viel zu hohen Ausgangspreis großzügige Nachlässe gewährt. Da der Ausgangspreis weit außerhalb der Preistoleranz des Kunden liegt, ist der Rabatt in der Regel unglaubwürdig.

Rabattarten

Anhand unterschiedlicher Zielsetzungen können folgende Rabattarten unterschieden werden.

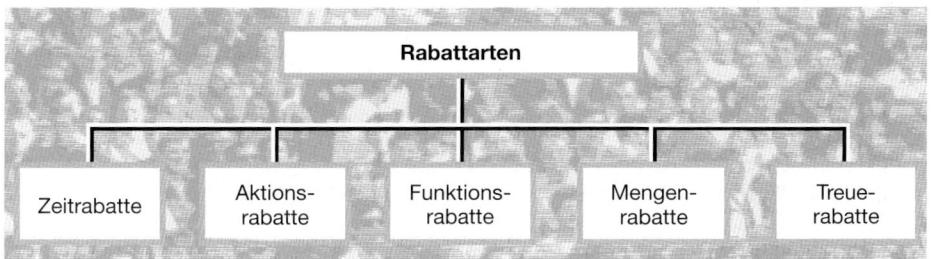

- ◆ Beim **Zeitrabatt** werden Rabatte innerhalb eines bestimmten Zeitraumes gewährt. In Form des Einführungsrabattes, der meistens für die ersten Monate bei einer Produkteinführung gewährt wird, erleichtern sie den Markteintritt oder honorieren das Absatzrisiko des Handels. Werden Einführungsrabatte im Handel als Naturalrabatte gewährt, erhöhen sie den Lagerdruck und motivieren den Handel zu verstärkten Verkaufsanstrengungen. Weiterhin können Aktionsrabatte zu bestimmten Anlässen gewährt werden. Die Preisnachlässe im Winter- oder Sommerschlussverkauf sind typische Zeitrabatte für den Endkunden. Vordispositions- oder Saisonrabatte haben die Aufgabe, Absatzschwankungen auszugleichen und für eine ausgeglichene Auslastung der Produktion zu sorgen.

Beispiel Um die Absatzschwankungen auszugleichen, bieten Ölhändler das Heizöl in den Sommermonaten zu günstigen Sommerpreisen an.

- ◆ **Funktionsrabatte** werden dem Handel für die Wahrnehmung seiner Funktionen gewährt, ohne dass deren Erfüllung überprüft wird. Funktionen des Handels sind die Sortimentsbildung, die Markterschließung, die Raumüberbrückung, die Warenverteilung, die Lagerhaltung, die Kundenberatung und die Warenveredelung. Dem Handel entstehen für die Wahrnehmung seiner Funktionen Kosten. An diesen Kosten beteiligt sich der Hersteller durch die Gewährung des Funktionsrabattes. Generell wird er in Form eines Pauschalrabattes auf den Listenpreis direkt beim Kauf verrechnet.

Beispiel Ein Markenartikelhersteller stellt dem Handel Preislisten für den Endverbraucher zur Verfügung. Auf den dort ausgewiesenen Preis gewährt der Hersteller dem Handel einen Pauschalrabatt von 25 Prozent.

- ◆ Bei **Mengenrabatten** gibt der Hersteller Kostenvorteile weiter, die aus der großen Produktionsmenge und der Verringerung des Absatzrisikos resultieren. Sie werden auf einzelne Aufträge oder auf den in einem bestimmten Zeitraum getätigten

Umsatz gewährt. Mengenrabatte werden eingesetzt, um die einmaligen Auftrags-kosten zu reduzieren und den Kunden zu einer größeren Bestellmenge zu veranlas-sen. Gerade im Handel sind Mengenrabatte üblich. Häufig wird der Mengenrabatt als nachträglicher Nachlass auf den im Laufe eines Jahres erzielten Umsatz gewährt. Diese Form wird als **Bonus** bezeichnet. Die Gefahr besteht jedoch, dass am Ende eines Jahres eine größere Menge bestellt wird, um den Bonus zu erlangen; diese Umsätze fallen dann am Anfang des nächsten Jahres aus.

Treuerabatt
◆ **Treuerabatt** und Mengenrabatt sind sich sehr ähnlich. Beim Treuerabatt versucht man die Kundenbindung zu verstärken. Es kann auch versucht werden, den Kunden zum Kauf weiterer Produkte aus der Produktpalette des Herstellers zu veranlassen.

Bei der Gewährung von Rabatten ist stets zu beachten, dass die Preisstellung des Herstellers **glaubwürdig** bleibt. Darüber hinaus fördern insbesondere Mengenrabatte die Konzentration im Handel und können Kunden zu überdimensionierten Aufträgen verleiten.

Kreditpolitik

Absatzförde-rung durch Kredite
Kunden- oder Lieferantenkredite können aus unterschiedlichen Gründen gewährt werden. Häufig sind diese dann sinnvoll, wenn der Kunde aufgrund der Preishöhe nicht oder nur schwer in der Lage ist, das Produkt zu kaufen. Ziel der Kreditpolitik ist es somit, die Kaufkraft der Nachfrager zu stärken und dadurch den Absatz zu fördern.

Bei der Kalkulation der Kreditkosten sollten auch etwaige Folgeaufträge im Rahmen einer Mischkalkulation berücksichtigt werden.

 Ein Hersteller gewährt einem Kunden beim Kauf einer Druckmaschine einen günstigen Kredit. Er weiß, dass auf der Maschine ein Spezialpapier eingesetzt werden muss. Da er diese Papiere gleichzeitig anbietet, forciert er durch den Verkauf der Maschine den Abverkauf seiner Spezialpapiere und kann die Kosten der Finanzierung durch die Gewinne beim Verkauf der Papiere ausgleichen.

Leasing
Eine sehr verbreitete Form der Absatzfinanzierung ist das **Leasing**. Durch den immer schnelleren technischen Wandel ist der Kauf bestimmter Produkte wirtschaftlich nicht mehr sinnvoll. Darüber hinaus binden gerade Güter des Anlagevermögens Kapital. Hier bietet sich das Leasing an. Vertragliche Nutzungsrechte an Gütern des Anlagevermögens werden beim Leasing vom Leasinggeber auf den Leasingnehmer übertragen. Nach Ablauf der Nutzungsdauer muss der Leasingnehmer den geleasten Gegenstand zurückgeben oder er kann ihn zum Restwert kaufen. Wesentliche Vorteile für den Leasingnehmer sind, dass die Leasinggegenstände ständig auf dem neuesten Stand der Technik sind und dass die Kapitalbindung geringer ist als beim Kauf. Nachteil ist die hohe Kostenbelastung durch die Leasingraten.

Zahlungsbedingungen

Absatzförde-rung durch Zahlungs-bedingungen
◆ Die **Zahlungsfrist** legt fest, wann gezahlt werden muss, ob im Voraus, nach Erhalt der Ware gezahlt wird oder ob ein Zahlungsziel gewährt wird.

◆ Beim **Zahlungsziel** wird dem Käufer die Möglichkeit gegeben, innerhalb einer Frist, z. B. 30 Tage, den Kaufpreis zu zahlen. Zahlt der Käufer vor Ablauf dieser Frist, kann er einen Nachlass vom Rechnungsbetrag (Skonto) in Abzug bringen. Der Skonto sollte stets in Anspruch genommen werden, da dies selbst bei einer Überziehung des Kontos und der Inanspruchnahme eines Kontokorrentkredites günstiger ist, als das Zahlungsziel auszuschöpfen.

Auf einer Eingangsrechnung mit Datum vom 30. September über 15.000,00 EUR ist als Zahlungsziel vermerkt: „Zahlbar in 30 Tagen nach Rechnungserhalt netto Kasse oder innerhalb von 10 Tagen abzüglich 2 Prozent Skonto." Da dem Kunden die Barmittel zurzeit nicht zur Verfügung stehen, überlegt er, ob er sein Kontokorrentkonto in Höhe des fehlenden Betrages überziehen soll. Der Zinssatz hierfür beträgt 9 Prozent. Um eine Entscheidung treffen zu können, muss er zunächst den effektiven Jahreszins des Lieferkredits ermitteln und kann dann den etwaigen Finanzierungsgewinn aus der Inanspruchnahme von Skonto errechnen.

Da die Zahlungsbedingung „zahlbar innerhalb von 10 Tagen unter Abzug von 2 Prozent Skonto" lautet, muss der Kunde erst am 10. Oktober zahlen und auch erst am 10. Tag den erforderlichen Bankkredit aufnehmen. Da er so für 20 Tage eine Verzinsung von 2 Prozent erhält, beträgt die effektive Verzinsung 36,73 Prozent.

Zieht der Kunde 2 Prozent vom Rechnungsbetrag ab, muss er bei der Bank lediglich 14.700,00 EUR für 20 Tage als Kredit aufnehmen. Bei einem Zinssatz von 9 Prozent betragen die Zinsen hierfür 73,50 EUR.

Für den Kunden ergibt sich folgende Rechnung:

Skonto	300,00 EUR
– Kosten des Bankkredits	73,50 EUR
= Finanzierungsgewinn	226,50 EUR

◆ Die **Zahlungsweise** regelt, wie die Zahlung erfolgt. Möglich ist die Zahlung durch Scheck, bar, durch Überweisung, per Nachnahme, mit Kreditkarte, als Schuldverschreibungen oder durch Wechsel, in Raten oder als Gesamtsumme.

2.2.3 Distributionspolitik

Nach Festlegung eines marktgerechten Preises für das Produkt „Spezialwerkbank" muss sich Martin Fugger überlegen, ob er die bisherigen Absatzwege nutzen will oder ob er sich eventuell für neue Vertriebsformen entscheidet.

Martin Fugger beschließt, zunächst einen Überblick über die Möglichkeiten des Vertriebs zu erstellen, Vor- und Nachteile zu erwägen, um sich daraufhin zu entscheiden.

Die **Distributionspolitik** umfasst alle Entscheidungen, die im Zusammenhang mit dem Weg des Produktes vom Hersteller zum Verwender stehen. Im Rahmen der Distributionspolitik müssen dabei zwei Fragen geklärt werden:

Grundfragen der Distributionspolitik

● Auf welchem Weg soll das Produkt vom Hersteller zum Verwender gelangen **(Absatzweg)**?

● Welche logistischen Maßnahmen müssen getroffen werden, damit das Produkt in der richtigen Menge zur richtigen Zeit am richtigen Ort ankommt **(physische Distribution)**?

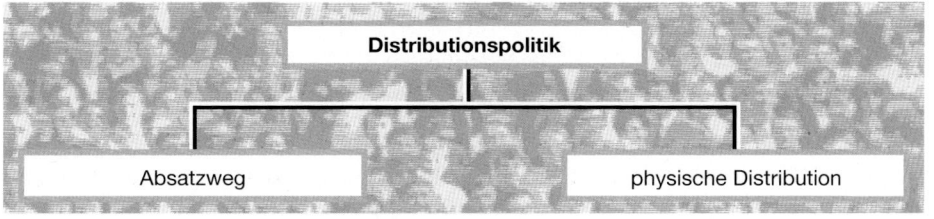

Die **Wahl des Absatzweges** gehört zu den langfristigen unternehmerischen Entscheidungen. Sie determiniert in hohem Maße den Einsatz der weiteren absatzpolitischen Instrumente.

Die Wahl des Absatzweges legt die Art und Anzahl der Institutionen fest, die ein Produkt auf seinem Weg vom Hersteller zum Endverbraucher durchläuft. Dabei kann zwischen dem **absoluten Direktabsatz**, dem **relativen Direktabsatz** und dem **indirekten Absatz** unterschieden werden.

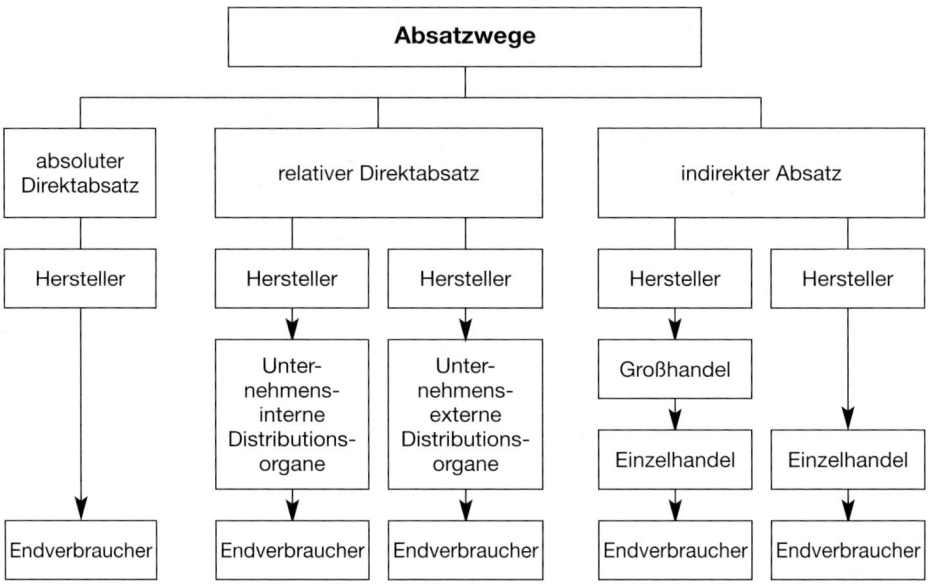

2.2.3.1 Der Direktabsatz

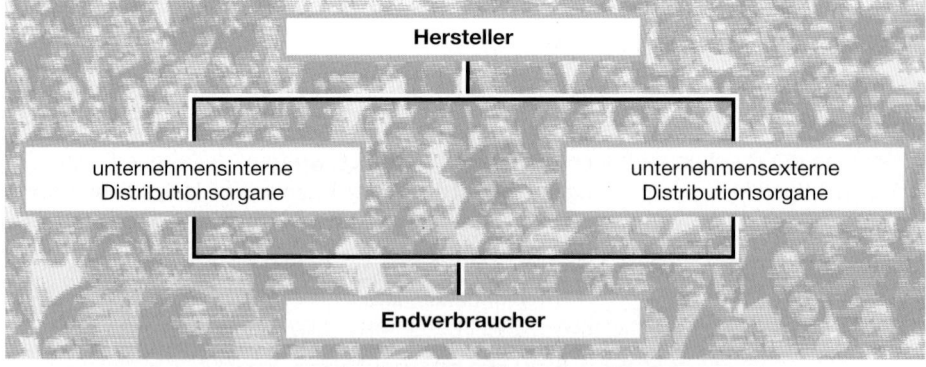

Merkmale des Direktabsatzes

Beim **absoluten und relativen Direktabsatz** wird die Unternehmensleistung ohne Einschaltung des Handels durch **unternehmensinterne Distributionsorgane** oder durch Einschaltung von **unternehmensexternen Distributionsorganen** (Absatzhelfer) vom

Hersteller zum Endverbraucher bzw. Verwender gebracht. Akquisition, Beratung und Kundendienst werden hier vom Hersteller übernommen und durch Außendienstmitarbeiter, Absatzhelfer oder durch Fachpersonal in der Unternehmung durchgeführt.

◆ **Unternehmensinterne Distributionsorgane**

Die wichtigsten unternehmensinternen Distributionsorgane sind neben dem **Werks- oder Lagerverkauf Reisende** (Außendienstmitarbeiter), eigene **Verkaufsniederlassungen, Vertragshändler** und das **Franchising**.

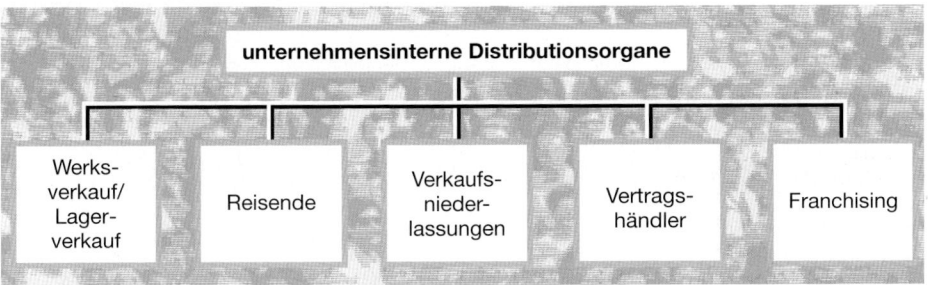

	Kennzeichen	Vorteile	Nachteile
Reisender	– Außendienstmitarbeiter – Angestellter des Unternehmens – erhält ein Gehalt (Fixum) und umsatzabhängige Provision	– verkauft Produkte „seines" Unternehmens – dezentraler Einsatz ermöglicht große Repräsentanz	– Glaubwürdigkeit der Argumente nicht gewährleistet
Verkaufs-niederlassung	– wirtschaftlich und rechtlich Teil des Unternehmens	– Zugehörigkeit zum Unternehmen – verbunden damit sind Motivation und Steuerbarkeit – Kalkulation liegt bis zum Verkauf in einer Hand – große Marktnähe des Herstellers	– beschränktes Produktangebot
Vertragshändler	– rechtlich selbstständige Unternehmen – wirtschaftlicher oder organisatorischer Einfluss des Herstellers	– können in den Entscheidungsprozess des Herstellers eingebunden werden und übernehmen somit die Denkweise des Herstellers – Marktkenntnis, Marktnähe des Vertragshändlers	– hoher Rabattsatz, der den Vertragshändlern gewährt werden muss
Franchising	– rechtlich selbstständige Unternehmen (im eigenen Namen auf eigene Rechnung) – Beschaffungs-, Absatz- und Organisationskonzept liefert der Franchise-Geber	– günstige Einkaufsbedingungen für Franchise-Nehmer – Risiko des Scheiterns wird verringert	– ein großer eigenständiger Spielraum – hohes Entgelt

◆ **Unternehmensexterne Distributionsorgane**

Unternehmensexterne Distributionsorgane (Absatzhelfer) sind der **Handelsvertreter**, der **Kommissionär** und der **Handelsmakler** sowie Messen und Ausstellungen.

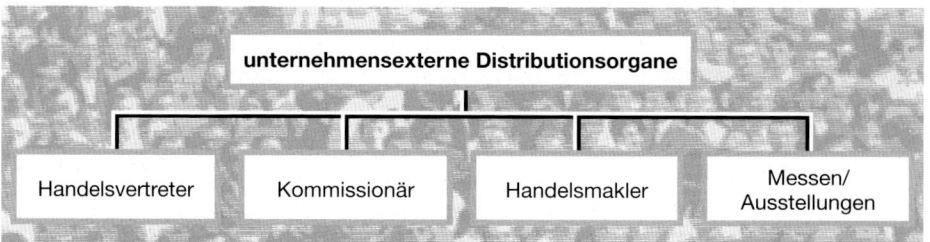

	Kennzeichen	Vorteile	Nachteile
Handelsvertreter	– selbstständiger Gewerbetreibender (Kannkaufmann) – vermittelt Geschäfte für andere (im fremden Namen auf fremde Rechnung) – erhält dafür eine Provision	– Umsatzabhängigkeit der Kosten (ohne Umsatz keine Provision) – keine Lohnnebenkosten – Glaubwürdigkeit der Argumente bei den Kunden eher vorhanden – Motivation durch Provision	– bei umsatzstarken Produkten kann die Provision des Handelsvertreters die Kosten des Reisenden übersteigen
Kommissionär	– verkauft im eigenen Namen auf fremde Rechnung – erhält dafür eine umsatzabhängige Provision	– Marktkenntnisse des Kommissionärs	– Engagement fraglich, da er nicht verkaufen muss – Das Absatzrisiko liegt beim Auftraggeber
Handelsmakler	– führt vertragswillige Partner zusammen – bekommt eine Maklergebühr (Courtage)	– Er muss die Interessen beider Seiten wahren. – Es besteht in der Regel keine dauerhafte vertragliche Regelung. – Als Absatz- bzw. Verkaufsorgane spielen Handelsmakler nur im internationalen Geschäft (Ex- und Import) eine Rolle.	
Messen/ Ausstellungen	– Auf Messen wird aufgrund von Mustern für den Wiederverkauf oder für gewerbliche Verwendung verkauft. – Ausstellungen sprechen neben Fachkreisen auch die Allgemeinheit an.	– einem breiten Publikum können die Produkte sehr konzentriert vorgestellt werden	– sehr hohe Kosten (Standmiete, Kosten der Exponate, Standbau, -versorgung, Werbung, Pressearbeit, Personalkosten, ...)

2.2.3.2 Der indirekte Absatz

Merkmale des indirekten Absatzes

Als indirekter Absatz wird der **Absatz unter Einschaltung des Handels** bezeichnet (In der Literatur finden sich auch Definitionen, nach denen vom indirekten Absatz gesprochen wird, wenn der Vertrieb durch unternehmensexterne Personen durchgeführt wird, z. B. durch den Handelsvertreter, den Kommissionär oder den Handelsmakler.).

Der Handel übernimmt in erster Linie die Verteilung der Güter und verringert so die Zahl der Kontakte zwischen Hersteller und Endverbraucher. Grundsätzlich kann ein Herstel-

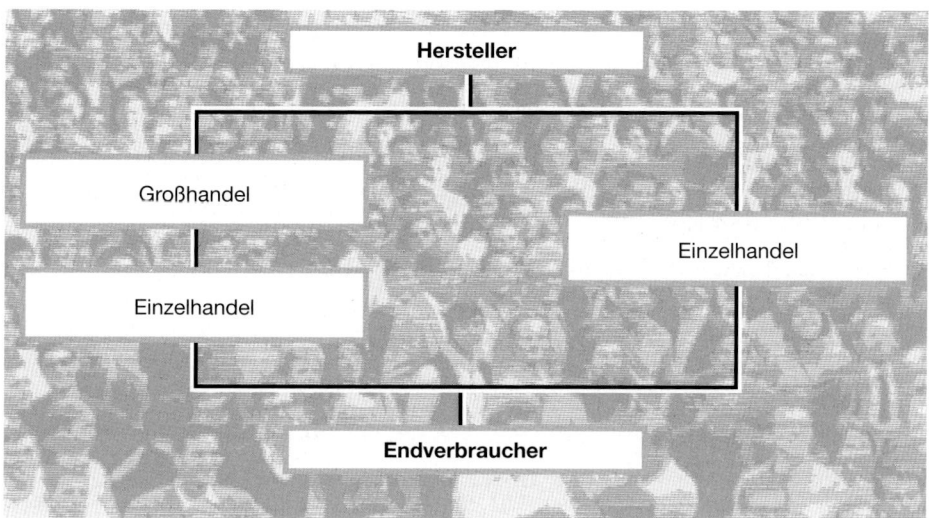

ler den **Großhandel** und den **Einzelhandel** beliefern. Der Großhandel liefert dabei an den Einzelhandel oder an Großabnehmer, der Einzelhandel direkt an den Endverbraucher. Auch die Kombination von Groß- und Einzelhändlern ist in der Praxis üblich.

Der **Vorteil** eines gut ausgebauten Händlernetzes liegt in der Nähe zum Kunden. Erst durch die Einschaltung des Handels ist ein Unternehmen am Markt präsent und lässt sich eine bedarfsgerechte Versorgung der Bevölkerung sicherstellen. Darüber hinaus fördert der Handel durch die Wahrnehmung seiner Funktionen den Absatz der Güter. Insbesondere die Markterschließung im Rahmen der Produkteinführung ist für Konsumgüter von unschätzbarer Bedeutung.

Der **Nachteil** sind die hohen Kosten, die jede Handelsstufe mit sich bringt.

◆ **Betriebsformen des Handels** sind z. B. das Fachgeschäft, das Spezialgeschäft, der Fachmarkt, das Discountgeschäft, das Warenhaus, das Kaufhaus und der Versandhandel.

Betriebsformen des Handels

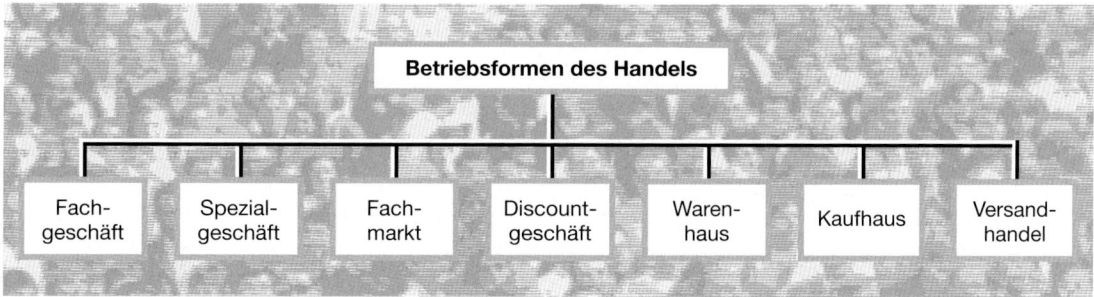

● **Fachgeschäft** (schmales und tiefes Sortiment)

| Beispiel | Fachgeschäfte für Radio und Fernsehen, Lebensmittel, Herrenoberbekleidung, Haushaltswaren |

● **Spezialgeschäft** (nur Waren einer Warensorte, beratungsintensiv)

| Beispiel | Spezialgeschäfte für Elektronik, Befestigungstechnik, Drogerien, Anglerbedarf |

- **Fachmarkt** (größer als ein Fachgeschäft, > 1.000 m^2, geringeres Preisniveau)

  Beispiel – Spezialfachmärkte für Fliesen, Tapeten, Bodenbeläge
  – Sortimentsfachmärkte für Bau- und Hobbybedarf
  – Mehrfachmärkte für Möbel und Geschenkartikel

- **Discountgeschäft** (flaches Sortiment, keine Beratung, niedrige Preise)

  Beispiel Discountgeschäfte im Bereich Lebensmittel, Wasch- und Reinigungsmittel sowie Körperpflege

- **Warenhaus** (alles unter einem Dach, shop in the shop)

  Beispiel Kaufhof, Karstadt

- **Kaufhaus** (geringere Sortimentsbreite und Verkaufsfläche als das Warenhaus)

  Beispiel Kaufhäuser für Textilien, Bekleidung, Elektroartikel, Möbel

- **Versandhandel** (Angebot über Kataloge, Anzeigen, Prospekte …)

  Beispiel – Sortiments-Versandhandel: Quelle, Neckermann, Otto
  – Spezial-Versandhandel: Gartenartikel, Fotoversandhandel, Tee- und Kaffeeversand

- ◆ **Neue Formen des Handels** sind die Factory-Outlets, das Teleshopping und das Online-Shopping.

Veränderungen im Handel

- Bei den **Factory-Outlets** handelt es sich um den Fabrikverkauf insbesondere in der Textilbranche. So können bei fast allen großen Marken der Herrenoberbekleidung Textilien „ab Werk" zu deutlich niedrigeren Preisen verkauft werden.

- Beim **Teleshopping** werden Waren in Werbespots angeboten und es besteht die Möglichkeit, diese telefonisch oder per E-Mail zu bestellen.

- Im **Online-Shopping** kann fast in allen Branchen im Internet eingekauft werden.

  Beispiel – www.otto.de
  – www.neckermann.de
  – www.quelle.de
  – www.amazon.de
  – www.fleurop.de

Ausgehend von der dargestellten Entwicklung zeichnen sich folgende **Entwicklungstendenzen im Einzelhandel** ab:

- anhaltende Unternehmens-Umsatzkonzentration
- die Zunahme der Kooperationen im Facheinzelhandel ermöglicht eine Behauptung dieser Betriebsform
- nur noch geringe Expansion der Verkaufsfläche
- Abnahme der Standortverlagerung in Vororte und Randlagen
- anhaltendes Wachstum der Filialbetriebe und Fachmärkte
- leichte Marktanteilsgewinne der Verbrauchermärkte und des Versandhandels

Die physische Distribution (Distributionslogistik)

Merkmale der physischen Distribution

Die physische Distribution oder Distributionspolitik umfasst alle Tätigkeiten, die mit der Überbrückung der räumlichen und zeitlichen Differenz zwischen Güterproduktion und Güterkonsum verbunden sind. D. h., es geht um die Gestaltung, Steuerung und Überwachung von **Transport** und **Lagerung** der Produkte eines Unternehmens auf dem Weg vom Hersteller zum Endverbraucher.

2.2.4 Kommunikationspolitik

Im Rahmen der Überlegungen zur Markteinführung der neuen Werkbänke (wie Design, Preisfestsetzung und die Bestimmung der Absatzwege) muss Martin Fugger entscheiden, wie die Informationen über das neue Produkt der Martin Fugger Regalfabrik die potenziellen Kunden erreichen könnten.

Günther Lehmann schlägt vor, Fernsehspots zu senden, Prospekte zu erstellen und zu versenden sowie Anzeigen in Fachzeitschriften zu schalten.

Die Bereichsleiterin Frau Krüger bevorzugt dagegen die Einschaltung einer soliden Werbeagentur, deren Auftrag es sein wird, für das neue Produkt ein Gesamtkonzept zu entwerfen. Diese Agentur soll auch dabei helfen, Möglichkeiten zu finden, die Martin Fugger Regalfabrik als ganzes Unternehmen in ein positives Licht zu setzen.

Die Kommunikationspolitik umfasst die bewusste und geplante Gestaltung aller auf den Markt gerichteten Informationen eines Unternehmens.

Die hierzu eingesetzten Instrumente sind die **Absatzwerbung**, **Sales Promotion** (Verkaufsförderung), **Public Relations** (Öffentlichkeitsarbeit), **Product-Placement**, **Product-Publicity** und **Sponsoring** sowie das einheitliche Bild des Unternehmens in der Öffentlichkeit, bezeichnet als **Corporate Identity**.

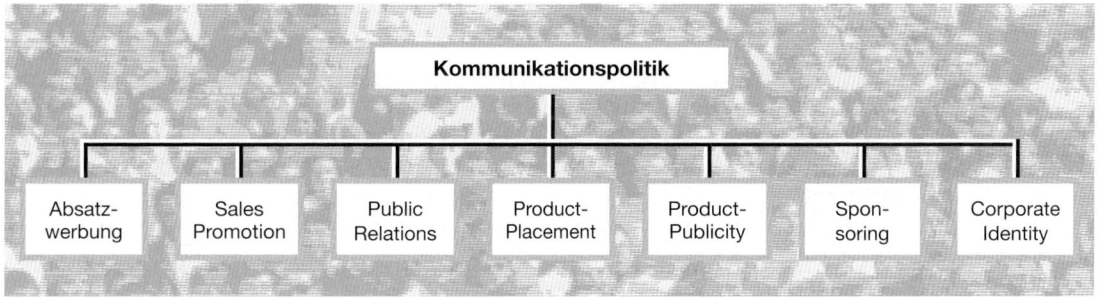

Das **Zielsystem der Kommunikationspolitik** umfasst:

Zielsystem der Kommunikationspolitik

– Gewinnung von Aufmerksamkeit
– Vermittlung von Wissen
– Steigerung der Bekanntheit
– Verstärkung einer Handlungsabsicht
– Auslösung der Handlung
– Bestätigung der Handlung

Beispiel Durch eine Anzeige gelingt es einem Konsumgüterhersteller, die Aufmerksamkeit von 20 Prozent der definierten Zielgruppe zu erlangen. Die in der Anzeige enthaltenen Informationen vermitteln Wissen über das Produkt und steigern seine Bekanntheit. Stimmen das Angebot des Herstellers und der Bedarf des Kunden überein, wird der Kunde in seiner Kaufabsicht bestärkt, oder es kommt zur Auslösung des Kaufs. Einem Kunden, der den Kauf bereits getätigt hat, wird bestätigt, dass seine Entscheidung richtig war.

2.2.4.1 Absatzwerbung

Die Absatzwerbung umfasst die den Unternehmenszielen dienende absichtliche und zwangsfreie Beeinflussung von Menschen mithilfe spezieller Kommunikationsmittel.

Definition

Werbeziele

Will man Werbung erfolgreich betreiben, ist die Festlegung von **Werbezielen** von großer Bedeutung. **Ökonomische Größen** kommen hierbei weniger infrage, da man beispielsweise bei einer Umsatzsteigerung keine festen Rückschlüsse auf die konkrete Werbeaktion ziehen kann.

Mögliche **außerökonomische** (psychografische) **Zielgrößen**:

- Bekanntheit
- Image / Einstellung
- Information

Zielpersonen durchlaufen bis zum letztendlichen Kauf, den die Werbung bewirken will, verschiedene **Werbe-Wirkungsstufen.**

Werbe-wirkung

Ein Modell der Werbewirkung, das den Verarbeitungsprozess der Werbeinformationen wiedergibt, ist das **AIDA-Schema**. Es stellt die Verarbeitung von Werbeinformationen durch die Werbesubjekte als mehrstufigen Prozess dar. Erst wenn die jeweils niedrigere Stufe abgeschlossen ist, kann die nächsthöhere erreicht werden. Die Stufen lauten:

1. Aufmerksamkeit (attention) **A**
2. Interesse (interest) **I**
3. Kaufwunsch (desire) **D**
4. Kauf (action) **A**

◆ **Ziel der Werbung**

Ziel der Absatzwerbung ist es, die potenzielle Zielgruppe mit Informationen über die Identität und den Leistungsumfang des Unternehmens zu versorgen. Wichtig ist hierbei, welche Art von Produkt beworben wird **(Werbeobjekt)** und wer beworben werden soll **(Werbesubjekt)**. Bei Produkten mit hohem Individualisierungsgrad werden nur wenige potenzielle Käufer infrage kommen. Bei Produkten des alltäglichen Bedarfs werden Massenumwerbungen stattfinden.

Werbeobjekt
Werbesubjekt

Arten der Werbung

◆ **Arten der Werbung**

Hinsichtlich des **Werbeobjektes** unterscheidet man zwischen

- Sachleistungswerbung (z. B. Canon Kamera)
- Dienstleistungswerbung (z. B. Lebensversicherung)
- Konsumgüterwerbung (z. B. Nahrungsmittel)
- Investitionsgüterwerbung (z. B. Produktionsmaschinen)

Hinsichtlich des **Werbesubjektes** (gleichzusetzen mit der Zielgruppe) unterscheidet man

- nach der **Zahl** der Werbesubjekte:
  - Einzelwerbung (Direct-Mailings)
  - Mehrheitswerbung (Massenmedien)

- nach der **Stellung** der Werbesubjekte im Wirtschaftsprozess:
  - Unternehmenswerbung (Fachzeitschriften)
  - Haushaltswerbung (Wurfsendungen)

- nach der **Wirkung** auf das Bewusstsein der Umworbenen:
  - Informationswerbung (sachliche Werbung)
  - Suggestivwerbung (verführerische Werbung)

Als **Werbeträger** können **Printmedien** wie Tageszeitungen, Wochenzeitungen, Anzeigenblätter, Zeitschriften, Fachzeitschriften, Verbandszeitschriften oder Beilagen infrage kommen. **Elektronische Medien** sind das Radio, das Fernsehen, das Kino (Film, Funk, Fernsehen) und das Internet. Dazu kommen die Möglichkeiten der **Außen- und Verkehrsmittelwerbung** wie Plakatwerbung, Großflächen, Litfaßsäulen, die Werbung in Bussen und Bahnen sowie neue Werbeträger wie CD-ROM und DVD.

Werbeträger

Zu den **Werbemitteln** zählen z. B. Anzeigen, Plakate, Drucksachen, Kataloge, Werbefilme, Verkaufsgespräche, Vorführungen etc.

Werbemittel

◆ **Berechnung der Kosten für Anzeigen in Tageszeitungen**

Berechnung der Kosten

Die Berechnung der Kosten für Anzeigen in Tageszeitungen erfolgt aufgrund der Anzeigenformate oder mithilfe des **Millimeterpreises**.

Anzeigenformate im Satzspiegel sind z. B. $^1/_1$ Seite, $^3/_4$ Seite hoch oder $^1/_8$ Seite quer.

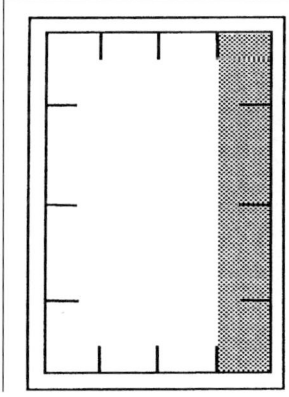 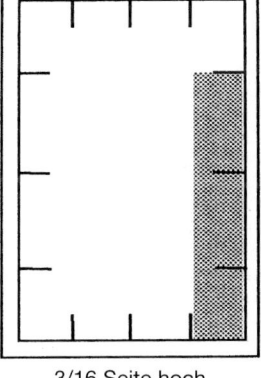 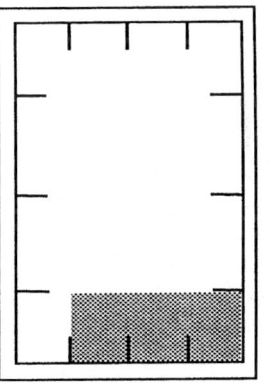

| 1/4 Seite hoch | 3/16 Seite hoch | 3/16 Seite quer |

Abb. Anzeigenformate

Der **Millimeterpreis** bezieht sich auf einen Millimeter Höhe der Anzeige in einer Spalte. Die Zahl der Spalten ist dabei vom Zeitungsformat abhängig.

Millimeterpreis

Berliner Format	Satzspiegel 430 · 278 mm	6 Anzeigenspalten
Rheinisches Format	Satzspiegel 487 · 325 mm	7 Anzeigenspalten
Nordisches Format	Satzspiegel 570 · 400 mm	8 Anzeigenspalten

Die Millimeterpreise sind je nach Ausgabe (z. B. Gesamtausgabe, Bezirksausgabe), Rubrik (z. B. Stellenanzeigen, Wortanzeigen, Nachrufe) und Zeitungsteil (z. B. Anzeigenteil, Textteil) unterschiedlich. Falls Zusatzfarben möglich sind, werden diese gesondert berechnet.

Möchte man wissen, welche Zeitschriften in welcher Auflage erscheinen, wie viele Leser pro Ausgabe sie hat und welche Leser angesprochen werden, so kann man bei den Verlagen **Mediadaten** und **Leseranalysen** anfordern.

Mediadaten

| | GRUNDPREISE / SCHWARZWEISSANZEIGEN | | | | | | | |

Kölner Stadt-Anzeiger Kölnische Rundschau			Grundpreise		Textteil-anzeigen	Stellen-angebote	rubrizierte Anzeigen**	Nachrufe	Wortanzeigen***
			je mm	Seitenpreis	je mm	je mm	je mm	je mm	je Wort
GS	Gesamtausgabe	Mo. - Fr. €	10,41	26.857,80	52,05	11,25	7,92	10,41	2,40
		Wochenende €	11,37	29.334,60	56,85	12,35	8,71	11,37	2,61
HK	Hauptausgabe Köln	Di. + Do. €	8,58	22.136,40	-	-	-	-	-
HB	Hauptausgabe Bonn*	€	2,87	7.404,60	14,35	2,87	2,87	2,87	0,51
HS	Hauptausgabe Süd*	€	1,83	4.721,40	9,15	1,83	1,83	1,83	0,51
SK	Stadt Köln	Di. + Do. €	4,36	11.248,80	-	-	-	-	-
KL	Rhein-Erft-Kreis / Köln-Land*	€	1,54	3.973,20	7,70	1,54	1,54	1,54	0,51
BG	Rhein-Erft-Kreis / Bergheim*	€	1,11	2.863,80	5,55	1,11	1,11	1,11	0,51
RB	Rheinisch-Berg. Kreis*	€	1,54	3.973,20	7,70	1,54	1,54	1,54	0,51
LE	Leverkusen*	€	1,35	3.483,00	6,75	1,35	1,35	1,35	0,51
OB	Oberbergischer Kreis*	€	1,64	4.231,20	8,20	1,64	1,64	1,64	0,51
RS	Rhein-Sieg-Kreis (rrh.)*	€	1,67	4.308,60	8,35	-	-	-	-
EN	Kreis Euskirchen*	€	1,51	3.895,80	7,55	1,51	1,51	1,51	0,51
BO	Bonn*	€	0,36	928,80	1,80	-	-	-	-

Abb. Beispiel Zeitungsgruppe Köln

Quelle: www.ksta.de

◆ Prozess der Werbeplanung (Werbestrategie, Werbebudget, Mediaplan)

Werbeziel

Ausgehend von den Marketingzielen sind die **Werbeziele** festzulegen. Danach sind die relevanten **Zielgruppen** zu identifizieren, zu beschreiben und deren Erreichbarkeit über Medien **(Werbeträger)** zu ermitteln.

Werbe-strategie

Im Mittelpunkt steht die **Werbestrategie**. Hierbei wird langfristig und verbindlich angegeben, mit welchen Werbeträgern und Werbemitteln die Werbeziele des Unternehmens erreicht werden sollen. Die Werbestrategie lässt sich anhand der **„Lasswell-Formel"** darstellen:

– Wer sagt? (Sender)
– Was? (Werbebotschaft)
– Wie? (Werbeträger- und mittel)
– Zu wem? (Werbezielgruppe)
– Mit welcher Wirkung? (Werbeziel)

Werbebudget

Auf der Basis dieser Strategie ist das **Werbebudget** festzulegen. Hierbei beeinflussen Produktionskosten der Anzeigengestaltung, Schaltkosten in den Medien und Beratungskosten für die Werbeagentur die Höhe des Budgets. Mögliche Methoden der Budgetplanung sind:

– Prozentsatz vom Umsatz/Gewinn
– Ausrichtung an Absatzmengen
– Ausrichtung an verfügbaren Finanzmitteln

Die anschließende Verteilung des Werbebudgets (Werbestreuplanung) erfolgt in zweierlei Hinsicht:

– Sachliche Verteilung: auf Produkte, Werbeträger und Werbemittel
– Zeitliche Verteilung: Wahl des Belegungs- bzw. Schaltzeitpunktes (Mediaplan)

◆ Werbeerfolgskontrolle

Im Rahmen der **Werbeerfolgskontrolle** wird die Frage nach der Effektivität einer Werbemaßnahme gestellt. Eine Antwort hierauf zu geben, fällt insofern schwer, weil man zwischen kurzfristigem und langfristigem Erfolg unterscheiden muss.

Werbeerfolg

- Der **kurzfristige Erfolg** kann anhand von Umsatzerhöhungen oder Rückmeldungen des Außendienstes auf eine Aktion gemessen werden.
- **Langfristige Wirkungen** werden z. B. anhand einer Imageverbesserung oder eines generellen Umsatzzuwachses deutlich.

> **Beispiel** Zur Problematik der Werbeerfolgskontrolle kann ein amerikanischer Werbefachmann zitiert werden, der gesagt haben soll: „Ich weiß, dass ich die Hälfte meines Werbeetats aus dem Fenster werfe, aber ich weiß leider nicht, welche Hälfte.“

Die Messung des **Erfolgs einer Werbemaßnahme** erfolgt auf jeder der bereits beschriebenen Werbewirkungsstufen der AIDA-Formel, wobei die Erfolgsmessung auf den ersten drei Stufen (Aufmerksamkeit, Interesse, Kaufwunsch) nur außerökonomisch erfolgen kann. Die vierte Stufe (Kauf) erfolgt durch ökonomische Werbeerfolgskontrollen.

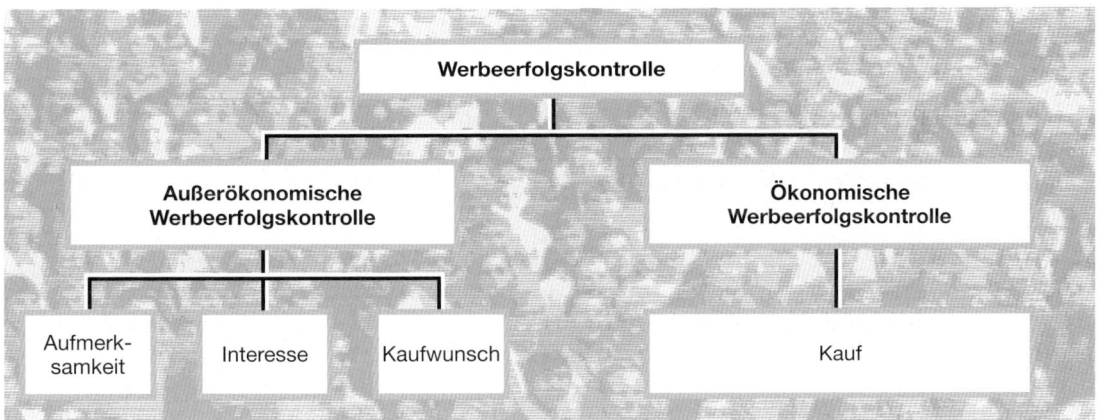

◆ Im Rahmen der **außerökonomischen Werbeerfolgskontrolle** kann die Werbemaßnahme mithilfe von sogenannten Pre-Tests (vor dem Einsatz der Maßnahme) oder als Post-Test (nach dem Einsatz der Werbemaßnahme) erfolgen. Bekannte Tests sind der Copytest, der Recalltest und der Recognitiontest.

- Beim **Copytest** werden den Testpersonen Anzeigen vorgelegt. Im Anschluss werden sie danach befragt, was und wie viel sie vom Inhalt der Anzeige behalten haben.

Copytest

- Beim **Recalltest** (Erinnerungstest) werden die Testpersonen danach befragt, ob und an welche Werbebotschaften sie sich erinnern.

Recalltest

- Der **Recognitiontest** ist ein Wiedererkennungstest zur Messung der Gedächtniswirkung von Werbemitteln. Die Testperson wird danach befragt, ob sie eine bestimmte Werbebotschaft wiedererkennt.

Recognitiontest

Im Rahmen der **ökonomischen Werbeerfolgskontrolle** ist der Umsatz kein geeignetes Mittel für die Erfolgskontrolle. Hier können zu viele andere Einflussfaktoren eine Rolle spielen.

Folgende Methoden stehen zur Verfügung:

1. Bestellung unter Bezugnahme auf das Werbemittel
   Vorgehen: Man heftet an die Werbebotschaft einen Bestellabschnitt und misst den Werbeerfolg anhand der eingehenden Bestellungen.
2. Durchführung von Direktwerbeaktionen
   Vorgehen: Auch hier misst man den Erfolg anhand der eingehenden Bestellungen.
3. Methode der Direktbefragung
   Vorgehen: Der Käufer wird befragt, auf welche Werbemaßnahme er seine Käufe zurückführt.

◆ **Weitere Instrumente des Kommunikationsmix**

Below-the-line

Above-the-line

Neben der klassischen Werbung durch Medien gibt es weitere Instrumente der Kommunikationspolitik. Diese Instrumente werden auch als **„Below-the-line"**-Maßnahmen bezeichnet, wobei für die Werbung der Begriff **„Above-the-line"** verwendet wird.

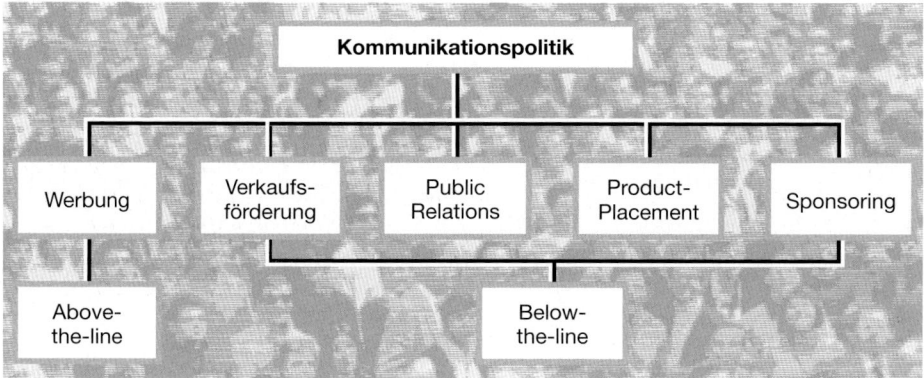

2.2.4.2 Verkaufsförderung

In der Verkaufsförderung

Die **Verkaufsförderung** umfasst diejenigen Maßnahmen der Kommunikationspolitik, die der Unterstützung und Erhöhung der Effizienz der unternehmensinternen Distributionsorgane, der unternehmensexternen Distributionsorgane und der Beeinflussung der Verwender dienen.

Die kommunikationspolitischen Instrumente der Werbung und Verkaufsförderung ergänzen sich. Während die Werbung die langfristige Profilierung von Produkt und Unternehmen zum Ziel hat, schafft die Verkaufsförderung kurzfristige zusätzliche Kaufanreize, die zur vorübergehenden Absatzsteigerung des durch die Werbung geschaffenen stetigen Produktabsatzes führen.

Adressaten der verkaufsfördernden Maßnahmen sind die eigenen Verkaufsorgane, die Absatzmittler und die Verbraucher.

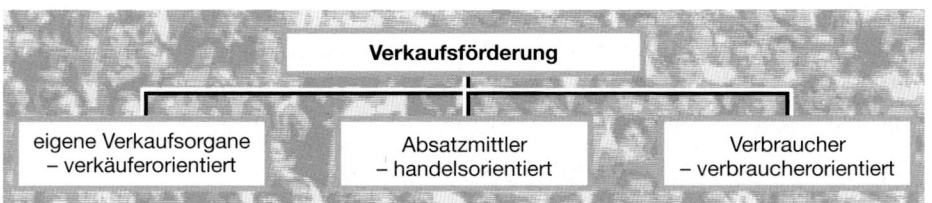

◆ **Verkäuferorientierte Verkaufsförderung** soll die Leistungsfähigkeit des eigenen Verkaufspersonals steigern und die/dessen Verkaufsbemühungen unterstützen. Maßnahmen der Verkaufsförderung, die sich an die eigenen Verkaufsorgane richten, sind z. B. die Ausbildung und Schulung von Außendienstmitarbeitern, die optimale Ausstattung der Außendienstmitarbeiter mit Verkaufsunterlagen, wie Handbücher, Musterbücher, Musterstücke, Salesfolder, Referenzen und Testergebnisse, sowie Maßnahmen zur Steigerung der Leistungsbereitschaft durch materielle oder nichtmaterielle Anreize. **Verkäuferorientierung**

Die Martin Fugger Regalfabrik führt für ihre Außendienstmitarbeiter folgende Verkaufsförderungsmaßnahmen durch: Die Mitarbeiter nehmen an einem Schulungsseminar zum Thema „Verkaufsgesprächsführung zum neuen Produkt" teil, sie erhalten ein „Sales Manual", das alle Daten zum einzuführenden Produkt enthält, und es wird eine zusätzliche Absatzprämie pro verkaufter Einheit gewährt.

◆ **Handelsorientierte Verkaufsförderung** unterstützt die Verkaufsbemühungen der Absatzmittler. Diesem Ansatz liegt der Gedanke zugrunde, dass die Produkte des Herstellers erst verkauft sind, wenn sie den Handel passiert und den Weg zum Kunden gefunden haben. Handelsorientierte Verkaufsförderung dient der Förderung des „Rausverkaufs", d. h. des Verkaufs des Handels. Maßnahmen sind die Schulung der Händler und ihres Verkaufspersonals, Maßnahmen zur Steigerung der Leistungsbereitschaft wie Händlerpreisausschreiben oder Platzierungswettbewerbe sowie Maßnahmen des „Merchandising". **Handelsorientierung**

Die Martin Fugger Regalfabrik führt für ausgewählte Fachhändler eine Produktschulung im Herstellbetrieb durch und lobt für den höchsten Umsatz eine Prämie aus.

Unter **„Merchandising"** werden alle verkaufsfördernden Maßnahmen im Geschäft des Einzelhändlers, am „point of purchase" (Ort des Kaufs), verstanden. In den Lebensmittelgeschäften können beispielsweise Produkte in speziellen Regalen, Ständern oder mithilfe von Displaymaterialien dargeboten werden.

Der Begriff des Merchandising wird heute auch für die Vermarktung von Rechten in den Bereichen Film und Fernsehen und im Sport verwendet.

Beispiel Titel und Stars erfolgreicher TV-Serien werden auf Videos, CDs und auf T-Shirts vermarktet.

◆ **Verbraucherorientierte Verkaufsförderung** stellt die dritte Säule der Verkaufsförderungsmaßnahmen des Herstellers dar. Sie soll den Verbraucher in besonderem Maße auf ein Produkt aufmerksam machen, auf besondere Vorteile hinweisen oder den potenziellen Kunden mit dem Produkt in Berührung bringen. Maßnahmen sind z. B. die **Verbraucherorientierung**

Verteilung von Proben oder Zugaben, Werbegeschenke oder die Durchführung von Sonderverkaufsaktionen.

 Im Rahmen der Produkteinführung eines Schokoriegels werden im Einzelhandel durch Propagandisten Proben verteilt. Die Kunden werden zum Geschmack des Riegels befragt und nehmen an einer Verlosung teil. Beim Kauf einer Großpackung erhalten die Kunden drei „Mini-Riegel" als Zugabe.

2.2.4.3 Public Relations

Definition

Die Deutsche Public Relations Gesellschaft definiert Public Relations

Ziele der Public Relations

„als das bewusste und legitime Bemühen um Verständnis sowie um Aufbau und Pflege von Vertrauen in der Öffentlichkeit".

Ziel der PR-Maßnahmen ist es demnach, Vertrauen zu gewinnen und zu festigen, um Verständnis zu werben und das Image des Unternehmens zu pflegen und zu verbessern.

PR-Maßnahmen können grundsätzlich **nach innen und nach außen** wirken.

◆ Die **interne PR** wendet sich an die eigenen Mitarbeiter und ihre Familien. Da man Vertrauen nur gewinnen kann, wenn man vertrauenswürdig ist, trägt z. B. die Verbesserung des Betriebsklimas und der Identifikation der Mitarbeiter mit dem Unternehmen wesentlich zur Verbesserung des Bildes eines Unternehmens in der Öffentlichkeit bei.

Maßnahmen interner PR bei der Martin Fugger Regalfabrik sind die Gestaltung eines Mitteilungsbretts, die Auszeichnung langjähriger Mitarbeiter und das Angebot von Sozialeinrichtungen wie einer Kantine usw.

◆ Die **externe PR** wendet sich an die Öffentlichkeit und versucht, das Unternehmen oder die Unternehmensleistung im positiven Sinne in die Umwelt einzuordnen. Zielgruppe sind dabei in der Regel Multiplikatoren wie Verbände, Politiker, Journalisten oder Lehrer.

◆ **PR-Anlässe** können feststehende Anlässe, zufällige Anlässe oder bewusst geschaffene Anlässe sein.

● **Feststehende Anlässe** sind Jubiläen, Hauptversammlungen oder der jährliche Geschäftsbericht.

Der Geschäftsbericht der Martin Fugger Regalfabrik wird aufwendig gestaltet. Er enthält neben den gesetzlich vorgeschriebenen Fakten Informationen über das Unternehmen und positive Meldungen aus dem laufenden Geschäftsjahr. Der Geschäftsbericht wird an Kapitalgeber und leitende Mitarbeiter versandt.

● **Zufällige Anlässe** können technische Innovationen, Eröffnungen von neuen Filialen oder Produktionsstätten sowie besondere Leistungen der Mitarbeiter sein.

Der Betriebssportverein der Martin Fugger Regalfabrik wird Meister in seiner Disziplin. Die PR-Abteilung stellt der örtlichen Tageszeitung Fotos und einen Artikel zur Verfügung.

● **Bewusst geschaffene Anlässe** werden unter Mitwirkung der PR-Berater geplant und realisiert.

Schenkungen und Stiftungen, Fachtagungen mit Kunden, Vorträge in Schulen, Tage der offenen Tür, Mitarbeit in unternehmensexternen Gremien wie Prüfungs- und Normausschüssen.

2.2.4.4 Product-Placement

Product-Placement ist eine Form der indirekten mittelbaren Kommunikation zwischen Werbungtreibendem und Werbesubjekt. Das Produkt des Werbungtreibenden wird dabei in artfremden Zusammenhängen wie im Film oder Fernsehen gezeigt, ohne dass die werbende Wirkung unmittelbar erkennbar wird. Dies kann z. B. dadurch geschehen, dass Multiplikatoren das Produkt im Film, Funk oder Fernsehen nutzen.

Ziele des Product-Placement

Beispiel Ein großer Automobilhersteller vereinbart mit dem Produzenten einer Fernsehserie, dass die Hauptdarsteller im Film Fahrzeuge des Herstellers nutzen.

◆ Der **Vorteil des Product-Placement** ist das Herauslösen des Produktes aus der eigentlichen Werbung und die Möglichkeit der Einflussnahme auf die Art der Präsentation aufgrund der Vertragsgestaltung. Die Kombination des Produktes mit der positiven Ausstrahlung und Kompetenz des Multiplikators erhöht dabei die Werbewirkung.

Beispiel Der Automobilhersteller vereinbart mit dem Produzenten, dass seine Fahrzeuge nur von den positiv besetzten Darstellern genutzt werden und dass die Fahrzeuge nicht bei Übertretungen der Straßenverkehrsordnung oder Unfällen gezeigt werden dürfen.

◆ Der **Nachteil des Product-Placement** sind die z. T. erheblichen Kosten.

Zahlt ein Unternehmen dafür, dass das Produkt in artfremdem Zusammenhang gezeigt wird, handelt es sich um Product-Placement. Zahlt der Hersteller dafür nicht, wird dies als **Product-Publicity** (kostenlose Produktwerbung) bezeichnet.

Beispiel Eine Automobilzeitschrift führt nach der Neueinführung eines Fahrzeugs einen Vergleichstest durch.

◆ Der **Vorteil von Product-Publicity** ist der Werbeeffekt ohne die Entstehung von Kosten. Ein weiterer Vorteil liegt darin, dass die Berichterstattung z. B. von Journalisten als glaubwürdig angesehen wird.

◆ Der **Nachteil von Product-Publicity** ist, dass der Hersteller keinen Einfluss auf die Darstellung seines Produktes hat.

Beispiel Bei dem durchgeführten Vergleichstest werden dem Fahrzeug des Herstellers gravierende Mängel zugeschrieben.

2.2.4.5 Sponsoring

Um **Sponsoring** handelt es sich, wenn Unternehmen Personen oder Organisationen Geld- oder Sachmittel zur Verfügung stellen. Die Sponsoren erwarten für ihre Leistung eine Gegenleistung, die in der Nennung des Sponsors, z. B. auf Plakaten oder Programmen oder auf der Kleidung oder Ausrüstung des Sponsors, bestehen kann. Die Grenzen zwischen Sponsoring und Product-Placement sind dabei fließend. Sponsoring wird heute in den Bereichen Sport, Kultur und bei der Lösung gesellschaftlicher Probleme eingesetzt.

Ziele des Sponsoring

◆ Im **Sportsponsoring** werden Personen, Mannschaften oder Veranstaltungen unterstützt.

> **Beispiel** Im Motorsport ist es üblich, dass Fahrzeuge und Kleidung mit den Namen oder Logo der Sponsoren gekennzeichnet sind. Im Tennis werden Schläger und Kleidung publikumswirksam präsentiert, und im Wintersport zeigen sich Skiläufer grundsätzlich mit den Skiern des Sponsors vor der Kamera. Wenn der erfolgreiche Rennfahrer auf seinem Anzug den Namen des Automobilherstellers trägt, erhofft sich der Hersteller, dass die potenziellen Kunden Erfolg und Kompetenz des Sportlers auf das Produkt übertragen.

◆ Im **Kultursponsoring** fördern Unternehmen die Künstler persönlich oder Veranstaltungen wie Ausstellungen und Konzerte.

> **Beispiel** Die Tournee einer Rockband wird von einem Erfrischungsgetränkehersteller gefördert. Das Firmenzeichen wird auf allen Plakaten und Eintrittskarten gezeigt. Während der Veranstaltung werden nur Getränke des Herstellers angeboten.

◆ Im **Soziosponsoring** unterstützen Unternehmen Personen oder Organisationen bei der Lösung gesellschaftlicher Probleme.

> **Beispiel** Ein großer Mineralölkonzern finanziert eine jährlich erscheinende Studie zum Thema „Jugend". Der Bericht trägt den Namen des Unternehmens.

2.2.4.6 Corporate Identity

Die **Corporate-Identity-Politik** hat die Aufgabe, die unterschiedlichen Maßnahmen der Kommunikationspolitik und der anderen absatzpolitischen Instrumente so zu koordinieren, dass ein unverwechselbares Bild des Unternehmens in der Öffentlichkeit entsteht. Dieses Bild wird als Unternehmensidentität, als Corporate Identity, bezeichnet.

Instrumente der Corporate Identity

Instrumente der Corporate-Identity-Politik sind Corporate Design, Corporate Communications und Corporate Behaviour.

◆ Im **Corporate Design** geht es um die einheitliche Gestaltung der visuell wahrnehmbaren Firmenpersönlichkeit. Corporate Design bezieht sich also auf das „Outfit" des Unternehmens. Vom Firmenzeichen bis zum Auslieferungsfahrzeug, vom Produktdesign bis zur Gestaltung der Geschäftsgebäude soll eine einheitliche Linie erkennbar sein.

Bürogebäude und Fertigungshalle der Martin Fugger Regalfabrik sind in Anlehnung an das Design des Firmenlogos rot und blau angestrichen.

◆ Im Rahmen der **Corporate Communications** wird versucht, in allen Kommunikationsaktivitäten die einheitliche Unternehmensidentität sichtbar zu machen.

Die Martin Fugger Regalfabrik möchte sich als besonders fortschrittlich und modern darstellen. Im Rahmen der Corporate Communications wird darauf geachtet, dass bei allen Kommunikationsaktivitäten die Themen Fortschritt, Forschung und Zukunft im Vordergrund stehen. Der Slogan des Unternehmens lautet „Vorsprung durch Technik".

◆ **Corporate Behaviour** wirkt nach innen und nach außen. Nach außen gerichtet betrifft es das Verhalten des Unternehmens auf den Beschaffungs- und Absatzmärkten. Nach innen gerichtet geht es um das Verhalten gegenüber den Mitarbeitern. Führung und Vergütung, Maßnahmen der Personalentwicklung und der Umgangston sollten auf das gewünschte Bild des Unternehmens in der Öffentlichkeit abgestimmt sein.

 Beispiel Ein großes schwedisches Möbelhaus möchte sich in der Öffentlichkeit als „junges" Unternehmen mit hoch qualifizierten Mitarbeitern darstellen. Der Umgangston ist locker, und alle Mitarbeiter werden mit dem Vornamen angesprochen. Im Rahmen der Personalbeschaffung werden an Bewerber hohe Anforderungen gestellt, was auch im Rahmen der Stellenanzeigen kommuniziert wird.

Je größer ein Unternehmen ist und je komplexer und unterschiedlicher die Produktgruppen sind, umso wichtiger wird die **Klammer der Corporate Identity**, die das Unternehmen trotz aller Vielfältigkeit als Einheit präsentiert.

Literatur

Becker, J.: Der Strategietrend im Marketing, München 2000.

Becker, J.: Marketing-Konzeption, München 2006.

Berekoven, L. u. a.: Marktforschung, Wiesbaden 2004.

Böcker, J., u. a.: Marktsegmentierung in der Praxis, Göttingen 2004.

Bruhn, M.: Marketing, Wiesbaden 2007.

Bruhn, M.: Marketing für Nonprofitorganisationen, Stuttgart 2005.

Hüttner, M.: Grundzüge der Marktforschung, Berlin 2002.

Jahn, D., u. a.: Basiswissen Marktforschung, Frankfurt a. M. 2004.

Koppelmann, U.: Produktmarketing, Berlin 2000.

Mann, R., u. a.: Controlling für Einsteiger, Mannheim 2004.

Meffert, H.: Grundlagen unternehmensorientierter Unternehmensführung, Wiesbaden 2000.

Meffert, H. : Marketing, Wiesbaden 2007.

Meffert, H., u. a.: Markenmanagement, Wiesbaden 2006.

Simon, H.: Das große Handbuch der Strategiekonzepte, 2000.

Specht, G.: Distributionsmanagement. Stuttgart 2005.

Weis, H. Chr.: Markenmanagement. Wiesbaden 2004.

Weis, H. Chr.: Marketing. Ludwigshafen 2007.

Weis, H. Chr.: Verkaufsmanagement. Ludwigshafen 2005.

Weis, H. Chr. u. a.: Marktforschung. Ludwigshafen 2005.

Ziegenbein, K.: Controlling. Ludwigshafen 2004.

3 Leistungserstellung

Die Martin Fugger Regalfabrik GmbH gehört Martin Fugger und seiner Schwester Monika Hauser, geb. Fugger, zu gleichen Teilen. Im Gesellschaftsvertrag ist geregelt, dass Martin Fugger als Geschäftsführer tätig ist. Bisher hat er auch die Planung, Steuerung und Kontrolle der Produktion selber durchgeführt.

Da die Regalfabrik in den letzten Jahren expandiert ist, hat er Sabine Krüger, die gerade ihre Prüfung als staatlich geprüfte Betriebswirtin erfolgreich abgeschlossen hat, als Betriebsleiterin eingestellt. Um ihr den Einstieg in ihr neues Arbeitsgebiet zu erleichtern, hat er ein wöchentliches Meeting anberaumt.

Die Treffen haben das Ziel, die zukünftigen Arbeitsbereiche für Sabine Krüger abzustecken und über die Art und Weise des Vorgehens Einigkeit herzustellen. Bei ihrem ersten Treffen wird deutlich, dass Martin Fugger und Sabine Krüger unterschiedliche Vorstellungen darüber haben, was eigentlich noch zur Produktion als Funktionsbereich im Industriebetrieb gehört und was bereits zu anderen Funktionsbereichen, z. B. zum Absatz, zählt.

3.1 Grundlagen und Rahmenbedingungen der Produktionswirtschaft

Über das, was unter Produktion zu verstehen ist, gibt es auch in der Literatur verschiedene Auffassungen. Einigkeit herrscht aber darüber, dass die Produktion von Sachgütern ein wesentliches Merkmal von Industriebetrieben ist.

Definition Produktion

◆ **Im Folgenden soll unter Produktion die betriebliche Leistungserstellung im Sinne der Herstellung von marktfähigen Sachgütern und ergänzenden Dienstleistungen durch die Kombination von betriebswirtschaftlichen Produktionsfaktoren verstanden werden.**

Aufgabe der Produktionswirtschaft

◆ Die **Aufgabe der Produktionswirtschaft** ist dabei die Planung, Steuerung und Kontrolle dieser betrieblichen Leistungserstellung in einem Industriebetrieb.

Die grundlegenden Produktionsfaktoren, die im Produktionsprozess zu neuen Gütern kombiniert werden, sind

– Werkstoffe,
– Betriebsmittel und
– menschliche Arbeitskraft.

Frau Krüger ist neugierig, welche Produktionsfaktoren konkret benötigt werden, um das Produktionsprogramm der Martin Fugger Regalfabrik herzustellen. Martin Fugger erklärt ihr bei einem Rundgang durch die Fabrik, welche Faktoren im Produktionsprozess kombiniert werden.

Sabine Krüger erfährt, dass verschiedene Werkstoffe benötigt werden. Zu den Werkstoffen zählen z. B. der Stahl für die Regalständer und -böden als Rohstoff, Schrauben und Muttern als Hilfsstoffe und das Lötfett als Betriebsstoff.

Ihr ist natürlich bekannt, dass zur Verarbeitung der Werkstoffe Betriebsmittel benötigt werden. Aber es ist doch etwas anderes, Betriebsmittel wie z. B. die Gebäude (Fertigungshalle und Verwaltungsgebäude) und die Maschinen (Schweißautomaten, För-

deranlagen, Lackierkabinen, Falz- und Stanzmaschinen) tatsächlich im Einsatz zu sehen. Zu den Betriebsmitteln gehören auch die Betriebs- und Geschäftsausstattung in den Verwaltungsbüros.

Zur leistungserstellenden Kombination dieser beiden Produktionsfaktorgruppen Werkstoffe und Betriebsmittel ist auch die menschliche Arbeitskraft nötig. Bei dem Rundgang erhält Frau Krüger Gelegenheit, die Mitarbeiter kennenzulernen. Bei der Martin Fugger Regalfabrik sind insgesamt 85 Mitarbeiter beschäftigt, davon 30 im Verwaltungs- und Vertriebsbereich. 55 Mitarbeiter sind direkt mit der Leistungserstellung in der Produktion betraut.

Es wird also deutlich, dass die Produktion als Prozess der betrieblichen Leistungserstellung nicht ausschließlich die technische Fertigung eines bestimmten Produktes umfasst, sondern in erster Linie Tätigkeiten im Bereich Planung, Durchführung und Überwachung der Produktion.

Die Produktionswirtschaft umfasst neben einigen Randthemen im Wesentlichen die folgenden **Teilgebiete**:

- Fertigungsprogrammplanung,

- Fertigungsplanung und Fertigungssteuerung als Bestandteile der Arbeitsvorbereitung,

- Fertigungsdurchführung und

- Fertigungskontrolle.

Die **Produktionswirtschaft** erfüllt eine Grundfunktion in einem Industrieunternehmen. Sie steht mit den Grundfunktionen der **Materialwirtschaft** im Sinne der Bereitstellung der Werkstoffe als Produktionsfaktor und der **Absatzwirtschaft** im Sinne des Vertriebs der produzierten marktfähigen Produkte in einer Prozesskette.

**Produktions-
wirtschaft**

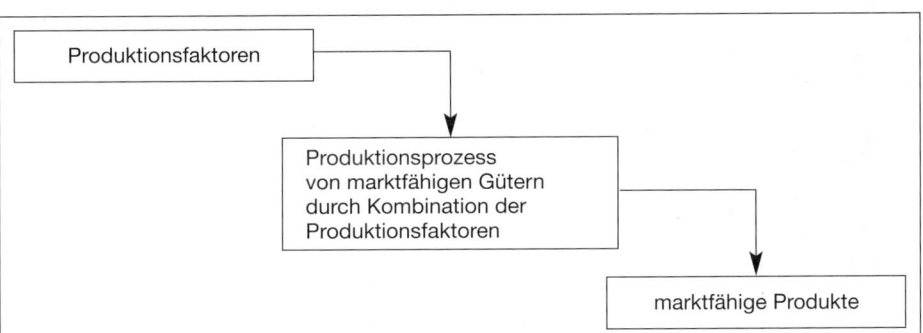

Durch die **Beschaffung** werden der Produktion die benötigten Werkstoffe zur Verfügung gestellt. Zusammen mit den längerfristig zur Verfügung stehenden Betriebsmitteln und Arbeitskräften werden die Produkte in der Produktion so hergestellt, dass sie vom **Absatz** gewinnbringend vertrieben werden können.

Durch die Herstellung und den Vertrieb von marktfähigen Produkten soll das generelle Ziel eines jeden marktwirtschaftlichen Unternehmens, nämlich die Gewinnmaximierung unter Erhaltung der Liquidität, erzielt und gesichert werden. Zur Erreichung des generellen Unternehmensziels müssen verschiedene Unterziele in den Dimensionen **Wertziele**, **Sachziele** und **Humanziele** angestrebt werden.

**Wertziele,
Sachziele und
Humanziele**

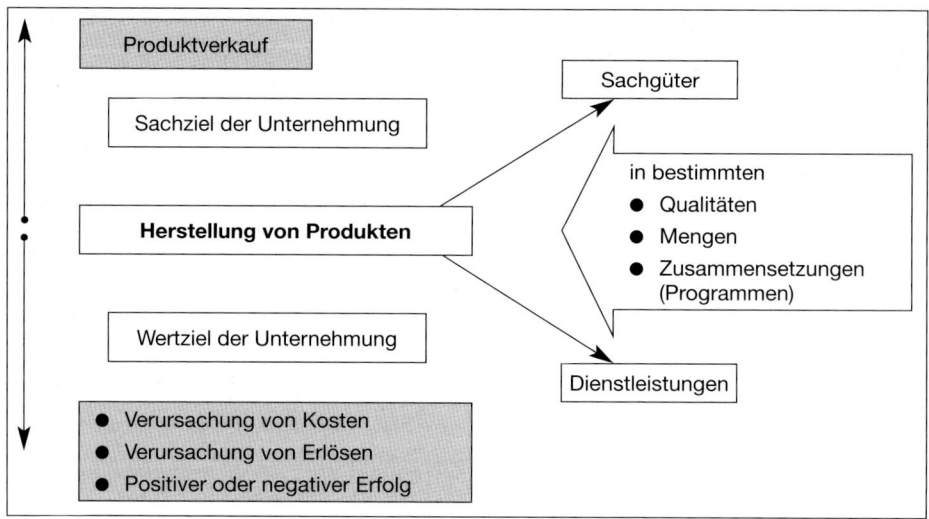

Abb. 3.1-1: Sach- und Wertziele

Die industrielle Herstellung von Produkten tangiert dabei insbesondere das Sachziel sowie das Wertziel einer Unternehmung.

◆ Die Herstellung von Sachgütern und die Erbringung ergänzender Dienstleistungen in bestimmten Qualitäten, Mengen und Zusammensetzungen als Produktprogramm einer Unternehmung stellen primär das **Sachziel einer Unternehmung** dar. Bei Verkauf dieser Güter werden Erlöse erzielt, denen durch die Produktion im weitesten Sinne verursachte Kosten gegenüberstehen. Dadurch ergibt sich der Erfolg als ein **Wertziel der Unternehmung**.

Frau Krüger möchte sich mit den Unternehmenszielen der Martin Fugger Regalfabrik vertraut machen. Herr Fugger überlässt ihr zu diesem Zweck einen Bericht für die nicht an der Geschäftsführung beteiligte Gesellschafterin, dem Frau Krüger die grundsätzlichen Sach- und Wertziele für den folgenden Monat entnehmen kann:

Die Martin Fugger Regalfabrik verfolgt als Sachziel den Verkauf der Sachgüter in Form von Lagereinrichtungen mit einem geplanten Umsatz von 1.200.000,00 EUR pro Monat. Das Produktionsprogramm setzt sich dabei aus Metallregalen, Lagertreppen und Werkbänken zusammen, die in den folgenden Stückzahlen im nächsten Monat gefertigt werden sollen:

Metallregale	→	*1.400 laufende Meter*
Lagertreppen	→	*12 Stück*
Werkbänke	→	*40 Stück*

Neben dem reinen Vertrieb von Sachgütern bietet die Regalfabrik auch als Dienstleistung die Planung und softwaremäßige Installation von Lagerhaltungssystemen an. Die Produktion von Metallregalen z. B. verursacht Kosten durch die Verarbeitung von Werkstoffen, die Inanspruchnahme von Betriebsmitteln und den Einsatz von Arbeitskräften. Dem gegenüber stehen die durch den Verkauf der Sachgüter und Dienstleistungen erzielten Erlöse. Durch Gegenüberstellung der Erlöse und der Kosten ist der Erfolg der Unternehmung in Form von Gewinn oder Verlust zu ermitteln.

Die Erzielung eines geplanten Jahresgewinns in Höhe von 225.000,00 EUR bedeutet die Realisierung eines möglichen Wertzieles der Unternehmung. Da die ersten Monate des laufenden Geschäftsjahres noch nicht sehr erfolgreich waren, hat Herr Fugger als Wertziel für den folgenden Monat einen Monatsgewinn von ca. 20.000,00 EUR vorgesehen.

Von besonderer Bedeutung ist der **Zusammenhang zwischen Produktion und Absatz**. Während die Produktionswirtschaft als **Leistungserstellung** bezeichnet wird, kann man die Absatzwirtschaft als **Leistungsverwertung** sehen. Zur Verfolgung der Unternehmensziele sind beide Bereiche wichtig. Eine Produktion von Gütern, die nicht abgesetzt werden können, ist sinnlos, weil nur ein erfolgreicher Absatz den Rückfluss der investierten Mittel garantiert. Dagegen kann auch nur das von der Vertriebsabteilung an fertigen Erzeugnissen angeboten werden, was auch im Hinblick auf die technische Ausstattung und Kapazität überhaupt hergestellt werden kann.

Zusammenhang zwischen Produktion und Absatz

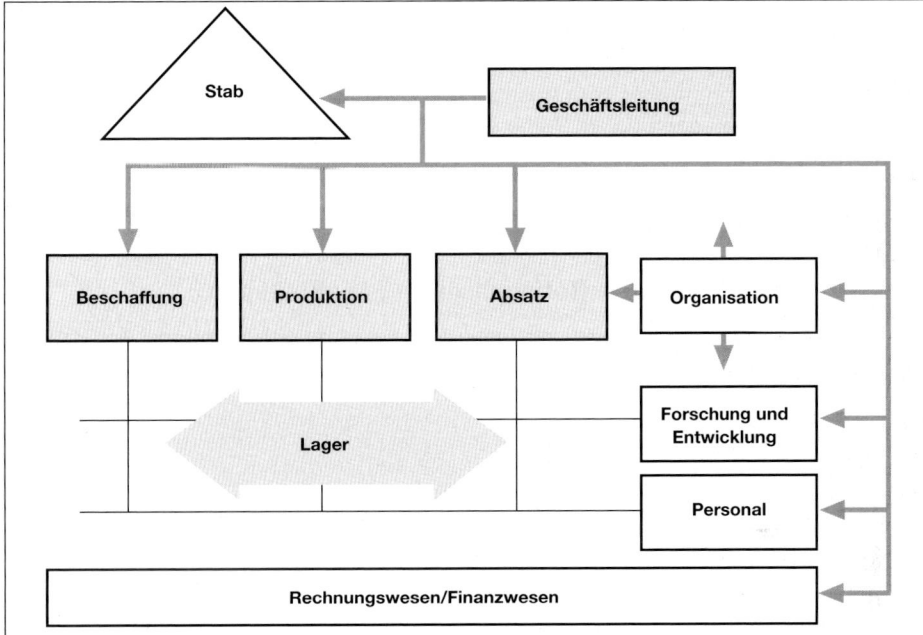

Abb. 3.1-2: Schema eines Industrieunternehmens

Die Planungen der beiden Bereiche Produktion und Absatz müssen daher aufeinander abgestimmt werden. Welche Planung zuerst vorgenommen werden sollte, hängt allerdings von der jeweiligen Marktsituation ab. Liegt ein Käufermarkt vor, besteht zumeist eine Restriktion im Absatzbereich. Das bedeutet, dass man bei der Planung von den voraussichtlichen Absatzmöglichkeiten ausgehen muss. Sind allerdings die Produktionsmöglichkeiten geringer als die Absatzmöglichkeiten, geht die Planung vom jeweiligen Engpass im Produktionsbereich aus.

Beim nächsten Meeting erhält Frau Krüger Gelegenheit mit Frau Christiansen, der Vertriebsleiterin, zu sprechen. Sie erläutert Sabine Krüger die Marktsituation der Fugger Regalfabrik:

Auf dem Markt für Lagereinrichtungen gibt es eine Vielzahl von Anbietern, insbesondere in Nordrhein-Westfalen. Durch einen starken Konkurrenzkampf der Anbieter, die fast alle als mittelständisch zu bezeichnen sind, liegt hier eindeutig ein Käufermarkt vor. Dazu kommt, dass die Lagereinrichtung auf die speziellen Bedürfnisse der Kunden angepasst werden muss. Daher wird bei der Martin Fugger Regalfabrik in erster Linie nach Auftrag produziert. Beschäftigungsschwankungen sind somit nicht auszuschließen.

Grundsätzlich besteht keine Notwendigkeit, dass die produzierten Erzeugnisse auch den tatsächlich verkauften entsprechen. Das Produktionsprogramm kann sich dadurch vom Absatzprogramm unterscheiden, dass Produkte zur Vervollständigung des Absatzsortiments fremdbezogen werden. Unterschiede können sich aber auch durch die zeitliche Komponente ergeben.

Produktions-programm

Das **Produktionsprogramm** unterscheidet sich vom **Absatzprogramm** in dieser Hinsicht durch die Lagerbestandsveränderungen an fertigen Erzeugnissen. Wird mehr produziert als verkauft, nimmt der Lagerbestand zu. Ist die verkaufte Menge größer als die hergestellte, handelt es sich um eine Minderung des Lagerbestandes. Bei einem Absatz, der voraussichtlich starken Schwankungen unterliegt, kann durch Entkopplung des Produktionsprogrammes vom Absatzprogramm ein gleichmäßigeres Herstellen der Produkte durch die Lagerung als Puffer erreicht werden.

3.2   Produktionswirtschaft als integrierter Prozess

Produkt-orientierte Rationali-sierungs-maßnahmen

3.2.1   Produktorientierte Rationalisierungsmaßnahmen

Es gibt viele verschiedene produktorientierte bzw. erzeugnisbezogene Ansätze zur Rationalisierung. Davon werden im Folgenden einige wesentliche Maßnahmen vorgestellt. Dazu zählen:

– Standardisierung
– Normung
– Typung
– Spezialisierung
– Baukastensystem
– Teilefamilien

Eine Möglichkeit, die Herstellung von Erzeugnissen zu rationalisieren, besteht darin, die Produktion zu standardisieren. Zwei Formen der **Standardisierung** sind Normung und Typung.

Definition Normung

◆ **Unter Normung wird die Vereinheitlichung von Einzelteilen verstanden, über die in einem bestimmten Geltungsbereich (z. B. im Unternehmen oder in der Bundesrepublik Deutschland) Vereinbarungen getroffen werden.**

Ziel der Normung ist eine Senkung der Kosten und damit die Erhöhung der produktionstechnischen Effizienz. Kostensenkungen können u. a. dadurch entstehen, dass nicht bei jedem Bedarf eines Einzelteils neu geplant und konstruiert werden muss und die Kommunikation z. B. bei einer Bestellung durch eindeutige Vereinbarungen und Abkürzungen schneller und damit kostengünstiger gestaltet werden kann.

Nach dem Inhalt dieser Vereinheitlichungen können nach DIN 820 u. a. unterschieden werden:

- Abmessungsnormen (Größen, Abstände, Toleranzen)
- Gütenormen (Anforderungen an die Qualität)
- Prüfnormen (Prüf- und Messverfahren)
- Stoffnormen (physikalische, chemische oder technologische Eigenschaften von Materialien)

Nach dem **Geltungsbereich** wird unterschieden zwischen:

- Werksnormen (gelten nur für einen Betrieb oder ein Unternehmen)
- Verbandsnormen (gelten für mehrere Unternehmen einer Branche, die sich in einem Verband zusammengeschlossen haben)
- Nationalen Normen (gelten für ein Land, z. B. die Bundesrepublik Deutschland, werden vom Deutschen Normausschuss festgelegt und tragen die Bezeichnung DIN für Deutsche Industrienorm)
- Internationalen Normen (gelten international innerhalb von Europa, werden als Empfehlungen vom Comité Européen de Normalisation herausgegeben und tragen die Bezeichnung ISO für „International Organization for Standardization")

In der Martin Fugger Regalfabrik werden ausschließlich genormte Schrauben, Muttern und Unterlegscheiben verwendet:

Schrauben DIN 933 M 8 · 20
Muttern DIN 934 M 8
Scheiben DIN 125 für Schrauben M 8

Dadurch können für verschiedene Erzeugnisse die gleichen Schrauben verwendet werden, deren Beschaffung nicht von bestimmten Lieferanten abhängt und in optimalen Bestellmengen erfolgen kann.

◆ **Unter Typung wird im Unterschied zur Normung die Vereinheitlichung von zusammengesetzten Teilen verstanden.**

Definition
Typung

Während der Zweck der Normung eher in Vereinfachungen für die Produktion liegt, ziehen sich Typisierungen bis in den Verkauf hinein. Der Kunde kann zwischen vorgegebenen Typen mit verschiedenen Abmessungen, Qualitäten, Formen oder Farben wählen. Durch die Einführung von Typen können **Kosten reduziert** werden, indem u. a.

- die Tätigkeiten in der Produktion zerlegt und angelernten Mitarbeitern übertragen werden,
- die Maschinen durch Lagerproduktion bestimmter Einzelteile besser ausgelastet werden,
- die Beschaffung der notwendigen Materialien in optimalen Bestellmengen planmäßig vorgenommen wird,
- die Lagerhaltung für immer wiederkehrende Teile vereinheitlicht wird und
- der Service bei Reklamationen etc. schneller und kostengünstiger durchgeführt wird.

Die Werkbänke sind nur in drei verschiedenen Typen (ohne Schubladen, mit Schubladen einseitig und zweiseitig) bei der Martin Fugger Regalfabrik zu erhalten. Dadurch werden die Produktionskosten niedrig gehalten. Trotzdem können 80 % der Kundenwünsche abgedeckt werden.

**Speziali-
sierung**

Damit ist Typung auch eine Form der **Spezialisierung**, mit der im Unterschied zur Standardisierung die Beschränkung bei der Produktion auf ein Produkt oder zumindest wenige Produkte gemeint ist.

**Baukasten-
system**

Beim **Baukastensystem** werden wenige standardisierte Einzelteile so kombiniert, dass für den Absatz verschiedene Typen gebildet werden können. Durch das Baukastensystem können die Vorteile der Standardisierung mit der Möglichkeit, individuell auf Kundenwünsche einzugehen, kombiniert werden.

Die Metallregale der Martin Fugger Regalfabrik werden im Baukastensystem verkauft. Es gibt Ständer in drei Höhen und drei Arten von Regalböden in jeweils unterschiedlichen Breiten. Durch Kombination von Ständerhöhen und Bodenarten und -breiten entstehen 18 verschiedene Einzelregaltypen, die sich für die Ausstattung eines Lagers weiter beliebig kombinieren lassen.

		Regale mit Ständerhöhe		
		200 cm (4 Böden)	*250 cm (5 Böden)*	*300 cm (6 Böden)*
Fachboden	*100 cm*	*100502*	*100512*	*100522*
	200 cm	*100501*	*100511*	*100521*
Paletten	*100 cm*	*100504*	*100514*	*100524*
	200 cm	*100503*	*100513*	*100523*
Kragarm	*100 cm*	*100506*	*100516*	*100526*
	200 cm	*100505*	*100515*	*100525*

◆ Unter einer **Teilefamilie** ist in diesem Zusammenhang eine Gruppe von ähnlichen Einzelteilen zu verstehen, deren Herstellung in ähnlicher Art und Weise durchgeführt wird.

Die Ständer und Böden bilden jeweils eine Teilefamilie, weil ihre Herstellung in der gleichen Art und Weise stattfindet. Es sind lediglich Einstellungsänderungen beim Wechsel auf den Produktionsanlagen I und II zwischen den verschiedenen Maßen vorzunehmen.

**Verfahrens-
orientierte
Rationali-
sierungs-
maßnahmen**

3.2.2 Verfahrensorientierte Rationalisierungsmaßnahmen

Durch den technischen Fortschritt kann in zunehmendem Maße die menschliche Arbeitskraft durch den Produktionsfaktor Kapital ersetzt werden. Indem in komplexere und qualitativ bessere Produktionsanlagen mit einem höheren Grad der **Automation** investiert wird, kommt es in den Unternehmen häufig zu sprunghaften Verbesserungen der Leistungskennzahlen. Nicht selten werden dabei eine Vielzahl von Arbeitsplätzen abgebaut. Durch den veränderten Einsatz der technischen Anlagen kommt es auch zu Veränderungen bei den Produktionsverfahren und dem damit verbundenen Produktionsablauf. Daher ist eine genaue Planung einer solchen Rationalisierungsmaßnahme sinnvoll.

3.2.3 Arbeitskräfteorientierte Rationalisierungsmaßnahmen

◆ Unter arbeitskräfteorientierter Rationalisierung ist die **Arbeitsteilung** im betriebswirtschaftlichen Sinne zu verstehen. Der Begriff der Arbeitsteilung wird in verschiedenen Zusammenhängen benutzt. Man kann u. a. zwischen der natürlichen, volkwirtschaftlichen, internationalen und betriebswirtschaftlichen Arbeitsteilung unterscheiden.

Arbeitskräfteorientierte Rationalisierungsmaßnahmen

∗ Mit der **natürlichen Arbeitsteilung** ist die „von der Natur bestimmte" Arbeitsteilung (hinsichtlich Geschlechterunterschiede, Alter, Begabungen usw.) gemeint.

∗ Die **volkswirtschaftliche Arbeitsteilung** meint die historisch gewachsene Aufteilung in Branchen. Daraus ist die Berufsbildung, z. B. die der Handwerksberufe, hervorgegangen. Auf die Berufsbildung folgte die Berufsspaltung, die eine Spezialisierung bedeutet (z. B. Schmied zu Waffenschmied).

∗ Bei der **internationalen Arbeitsteilung** spielt die Spezialisierung einzelner Länder aufgrund der territorialen Gegebenheiten eine Rolle (z. B. Öl fördernde Länder).

∗ Unter der **betriebswirtschaftlichen Arbeitsteilung** ist einerseits die Aufteilung der Arbeiten nach Funktionen in Abteilungen eines Unternehmens zu verstehen. Zum anderen handelt es sich bei der betriebswirtschaftlichen Arbeitsteilung um die Zuteilung einzelner Tätigkeiten, um durch die Spezialisierung einer Arbeitskraft auf bestimmte Tätigkeiten die Herstellung eines Produktes zu rationalisieren. In diesem Zusammenhang spricht man auch von **Arbeitszerlegung**.

◆ **Unter Arbeitszerlegung ist die systematische Zergliederung von Tätigkeiten bei der Herstellung eines Produktes in einzelne Handgriffe zu verstehen. Dies geschieht zumeist bei einer Arbeitsfolgeplanung, häufig im Rahmen einer Arbeitsablaufstudie nach REFA (Verband für Arbeitsgestaltung, Betriebsorganisation und Unternehmensentwicklung).**

Definition Arbeitszerlegung

Frau Krüger bereitet für die nächste Abteilungsleitersitzung eine Übersicht über die Vor- und Nachteile von Arbeitsteilung bei der Herstellung der Werkbänke vor.

Vorteile von Arbeitsteilung	Nachteile von Arbeitsteilung
Die Mitarbeiter können beim Verbinden der Seitenteile, beim Einsetzen der Schubladen und beim Befestigen der Arbeitsplatte eine höhere Geschicklichkeit durch Erfahrung entwickeln. Die Herstellung wird dadurch beschleunigt, die Kosten werden reduziert.	*Die Gleichförmigkeit der Bewegung und die stets gleiche Körperhaltung beim Zusammenfügen der Teile der Werkbank führen nach Angaben des Werksarztes zu schnelleren Verschleißerscheinungen in Gelenken und im Rücken der Mitarbeiter. Höhere Kosten durch Ausfall des Mitarbeiters können die Folge sein.*
Durch den Lerneffekt beim Mitarbeiter können auch die Betriebsmittel effektiver genutzt werden.	*Die psychische Belastung des Mitarbeiters durch die Monotonie der Arbeit kann auch zu höheren Fehlzeiten führen.*

Vorteile von Arbeitsteilung	Nachteile von Arbeitsteilung
Die Zerlegung des Zusammenbaus der Werkbank in einzelne Handgriffe macht es möglich, ungelernte Arbeitskräfte für einen bestimmten Handgriff anzulernen.	Die mangelnde Motivation des Mitarbeiters kann sich in mangelnder Qualität der verrichteten Arbeit niederschlagen. Notwendige Nacharbeiten oder Kosten durch Mängelrügen können die Folge sein.

3.2.4   DV-Einsatz in der Fertigungswirtschaft

Im Rahmen der Fertigungsplanung, -steuerung und -kontrolle kommt in zunehmendem Maße der Integration moderner Kommunikationssysteme eine bedeutende Rolle zu. Durch die **Nutzung der Datenverarbeitung** sollen im Sinne der Rationalisierung Fertigungsabläufe optimiert und dadurch Kosten gesenkt werden.

Dabei ist es sinnvoll, dass alle Bereiche der Fertigung auf die gleichen Daten als Basis zurückgreifen können, auch um Doppelerfassungen zu vermeiden. Diese gemeinsamen Daten werden **Betriebsdaten** genannt.

Definition

◆ **Betriebsdaten sind alle betrieblichen Informationen, die bei der Planung, Durchführung und Überwachung in allen Bereichen der Fertigung anfallen.**

Es ist strittig, ob nur die Istdaten oder auch die Solldaten dazu zählen. Mit dem Begriff der **Betriebsdatenerfassung** (BDE) ist die systematische

- Sammlung,
- Sicherung,
- Verarbeitung und
- in Datenbanken aufbereitete Bereitstellung

der oben definierten Betriebsdaten gemeint.

CIM

Die Betriebsdatenerfassung ist Basis und Instrument für eine fertigungsweite, integrierte DV-Nutzung in Form des CIM-Konzeptes. Hinter dem Kürzel **CIM**, das für **Computer Integrated Manufacturing** steht, steckt die Idee, dass die verschiedenen Bereiche der Fertigung informationstechnologisch zusammenwirken. Der koordinierte EDV-Einsatz ist z. B. in Bereichen wie

- Forschung und Entwicklung,
- Fertigungsplanung,
- Fertigungsdurchführung und
- Qualitätssicherung

möglich.

CIP

Besonders rentabel ist eine solche aufwendige EDV-Organisation, die mit hohen Investitionen verbunden ist, wenn die Fertigung eines komplexen Erzeugnisses in mehreren, voneinander abhängigen Fertigungsstufen in Werkstattfertigung in begrenzten Stückzahlen kundenorientiert erfolgt. Dabei besteht das CIM-Konzept, das in der chemischen Industrie zuweilen **CIP (Computer Integrated Processing)** genannt wird, aus den Komponenten:

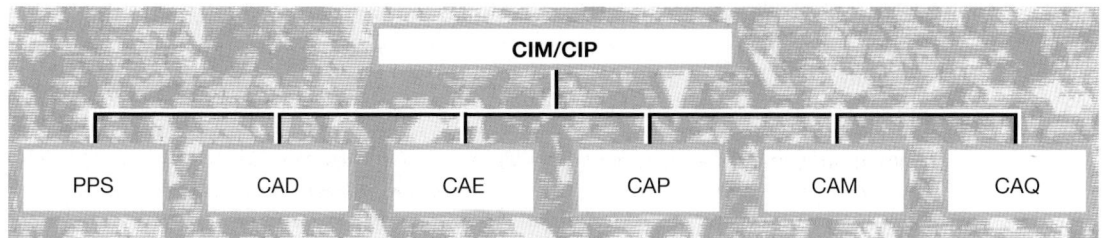

◆ **PPS** steht für **Produktionsplanungs- und Steuerungssysteme** und bildet das **PPS** Herzstück des CIM-Konzeptes. Diese Steuerungssysteme erfüllen als DV-Programme die Aufgaben der Produktionsplanung, -steuerung und -überwachung, verzahnt mit dem EDV-Einsatz in anderen Unternehmensbereichen.

Frau Christiansen gibt im Vertrieb die Daten der Kundenaufträge in das Betriebsdatensystem der Martin Fugger Regalfabrik ein. Herr Lambeck (Bereich Arbeitsvorbereitung) entnimmt die Auftragsdaten, die im PPS-System direkt nach der vorgegebenen Prioritätsregel zeitlich sortiert werden, in Form von Arbeitsplänen der EDV.

◆ Unter **CAD (Computer Aided Design)** wird die computergestützte (Produkt-) **CAD** Konstruktion verstanden. Dabei findet die Konstruktion nicht mehr am Zeichenbrett, sondern auf elektronischen Zeichen-Pads mittels Mouse-Pen statt. Vorteilhaft ist, dass auf die Daten bereits vorhandener Teile zurückgegriffen werden kann bzw. diese Daten leicht verändert werden können. Diese Art der Konstruktion erleichtert das Verwerfen eines Konstruktionsversuches, weil Neuzeichnung und -berechnung nicht mehr so lange dauern.

◆ Zum Teil kann die EDV bereits bei der Entwicklung neuer Produktideen eingesetzt werden. Dann spricht man von **CAE (Computer Aided Engineering)**. **CAE**

Herr Schäfer konstruiert in der Martin Fugger Regalfabrik neue Regalteile und Regale mittels CAD. Er erhält als Ergebnis seiner Arbeit am PC fertige Konstruktionszeichnungen aus dem Plotter, Dateien mit den Konstruktionsberechnungen sowie alle erforderlichen Stücklisten als Betriebsdaten und als Ausdruck für die Dokumentation.

◆ Mit **CAP (Computer Aided Planning)** ist die EDV-gestützte Fertigungsplanung **CAP** gemeint. Im Rahmen der Arbeitsvorbereitung werden die Reihenfolgen der Arbeitsschritte für die Erzeugnisse geplant und in Steuerungsanweisungen für die automatisierte Fertigung umgerechnet.

Herr Lambeck entnimmt der EDV die Auftrags- und Konstruktionsdaten. Nach entsprechender Verarbeitung der Daten mittels CAP erhält Herr Lambeck die Arbeitspläne sowie die Steuerungsprogramme für die CNC-Maschinen (CNC: Computer Numerical Control, programmierbare Werkzeugmaschinensteuerung).

◆ Die eigentliche EDV-gelenkte Steuerung und Überwachung der Produktionsmittel wie Maschinen, Förderzeuge und Lagereinrichtungen wird mit **CAM (Computer Aided** **CAM** **Manufacturing)** bezeichnet.

CAQ

◆ Abschließend erfolgt bei **CAQ (Computer Aided Quality)** computergesteuert die Qualitätssicherung vor, während und nach der Fertigung. Damit sind insbesondere computergestützte automatisierte Qualitätskontrollen gemeint.

Herr Schäfer aus der Abteilung Qualitätswesen kann dem EDV-System die per CAQ erstellten Prüfpläne entnehmen, die die entsprechenden Prüfwerte und zulässigen Toleranzen enthalten. Außerdem erstellt er ebenfalls per CAQ die Prüfprogramme zur Durchführung rechnergestützter Prüfverfahren beim Schweißen.

3.2.5   Unternehmensstrategien

In den letzten zwanzig Jahren des 20. Jahrhunderts sind im Rahmen von Rationalisierungsbestrebungen verschiedene Unternehmensstrategien entwickelt worden, die das unternehmerische Denken beeinflusst haben. Dazu zählen insbesondere Konzepte wie

– Lean Production,
– KANBAN und
– Kaizen.

Lean Production

◆ Die Strategie der **Lean Production** kommt aus der amerikanischen Automobilindustrie. Sie wurde entwickelt, um Wettbewerbsnachteilen gegenüber der japanischen Automobilindustrie zu begegnen, indem Denkansätze aus der japanischen Arbeitswelt auf amerikanische Arbeitsprozesse angewandt wurden.

Lean Production kann mit „schlanke Produktion" übersetzt werden. Dieser Name ist jedoch leicht irreführend, weil sich die Strategie nicht nur auf die Fertigung bezieht, sondern vielmehr eine unternehmensweite Ausrichtung auf eine Verschlankung der Handlungsabläufe zur Einsparung von Ressourcen gemeint ist. Man spricht in diesem Zusammenhang auch von **Lean Management**. Eine Einschränkung der Ressourcenverschwendung soll zu einer Kostenreduzierung und damit zu einer Verbesserung der Leistungskennziffern führen.

Zur Erreichung der Verschlankung können Maßnahmen in verschiedenen Unternehmensbereichen miteinander verbunden werden:

● flache Hierarchien mit kurzen Leitungswegen durch Einsparung der mittleren Führungsebene

● Einführung von Teamstrukturen, insbesondere in der Fertigung z. B. durch Einrichtung von Fertigungsinseln, die autonom ganzheitlich ihren Arbeitsprozess planen, steuern und kontrollieren

● Motivation der Mitarbeiter durch höhere Entscheidungskompetenz in ihren Arbeitsbereichen z. B. durch Übernahme der Verantwortung für die Qualitätskontrolle und/oder die Betriebsmittel durch eigene Wartung und Instandhaltung

● höhere Identifikation des Mitarbeiters durch eine ressourcenorientierte Unternehmensphilosophie

● Verringerung der Fertigungstiefe durch Erhöhung des Anteils von Fremdbezug und Outsourcing

● erhöhte Zusammenarbeit mit Zulieferern und Kunden zur Verbesserung der Kundenzufriedenheit, der Produktqualität und zur Verkürzung der Durchlauf- und Lieferzeit, nach Möglichkeit bereits bei der Produktentwicklung

- Verringerung der Lagerbestände z. B. durch Vereinbarung von zeitlicher Abstimmung (just in time) und Reduzierung der Sicherheitsbestände

- durchgängiger Einsatz von Automation zur Verbesserung der Qualität und der Produktivität

◆ Das Konzept der Lean Production wird häufig kombiniert mit dem aus Japan stammenden **KANBAN**-Ansatz. Bei Anwendung des KANBAN-Konzeptes wird davon ausgegangen, dass im Bereich der Fertigung eine anfordernde Stelle ein interner Kunde der liefernden Stelle ist. Daraus folgt, dass z. B. Einzelteile nur auf Anforderung der nachgelagerten Stelle (interner Kunde), die dieses Einzelteil zur Herstellung braucht, gefertigt werden. **KANBAN**

In ihrer Rolle als interner Kunde verlangt die nachfolgende Stelle die Lieferung zu einem bestimmten Zeitpunkt, in einer bestimmten Menge und in einer bestimmten Qualität. Durch die bedarfsorientierte Fertigung innerhalb eines Unternehmens kommt es zu einem kontinuierlichen, fertigungssynchronen Teilefluss, der im Grundsatz dem Gedanken der fertigungssynchronen Materialbereitstellung beim Just-in-Time-Konzept entspricht. Durch das KANBAN-Konzept wird die zentrale Fertigungssteuerung durch ein dezentrales Steuerungssystem abgelöst, bei dem die Mitarbeiter der einzelnen Bereiche ihren Arbeitsprozess durch Kommunikation mit den anderen Bereichen eigenverantwortlich organisieren.

◆ Ein weiteres Konzept, das die Zielsetzung von Lean Production unterstützt, ist **Kaizen**, auch mit KVP (kontinuierlicher Verbesserungsprozess) übersetzbar. Auch bei diesem Konzept liegen die Ursprünge in Japan. Inhalt des Konzeptes ist eine gedankliche Abkehr von der Planung von Innovationsschüben. Es geht vielmehr um die Verinnerlichung des Gedankens einer stetigen, aber kleinschrittigen Verbesserung. **Kaizen**

Dadurch liegt die Initiative für Verbesserungen nicht bei einem Planungsgremium, das selber in die Produktion gar nicht involviert ist, sondern bei den einzelnen Mitarbeitern selbst. Das Ziel eines Verbesserungsvorgangs ist nicht länger ein konkretes, fremdbestimmtes Ergebnis, sondern der eigentliche Prozess und seine Verstetigung. Hierbei steht der Mitarbeiter als Ressource für die Optimierung seines eigenen Arbeitsbereiches im Mittelpunkt der Überlegungen.

3.3 Produkt-/Produktionsprogrammplanung

Der konkrete **Aufbau eines Produktionsplans** hängt von der jeweiligen Unternehmung und ihren Produkten ab. Auf jeden Fall sind innerhalb der Produktionsplanung Entscheidungen in verschiedenen Phasen vorzunehmen. Basis ist die Planung des aktuellen Produktionsprogramms, indem die innerhalb einer bestimmten Periode zu fertigenden Produkte in ihrer Art, Menge und Zusammensetzung zu einem Sortiment festgelegt werden. Ein weiterer wichtiger Aspekt ist die Bereitstellung der jeweils benötigten Produktionsfaktoren. Mithilfe der Ergebnisse aus diesen beiden Planungsbereichen wird die eigentliche Fertigung geplant (Fertigungsplanung), anschließend durchgeführt (Fertigungssteuerung) und abschließend kontrolliert (Fertigungskontrolle). **Produktions-plan**

Für die Planung der Produktion sind verschiedene **Daten und Angaben** erforderlich. Besonders wesentlich sind Informationen über die Zusammensetzung des Produktionsprogramms sowie über die einzelnen Produkte. Zu solchen Informationen zählen unter anderem:

- Konstruktionszeichnungen
- Stücklisten
- Kalkulationswerte

- Rechtsschutzmöglichkeiten
- Arbeitspläne

Um sich mit ihrem neuen Arbeitsplatz vertraut zu machen, hat Frau Krüger in ihrer ersten Woche die Stellenbeschreibung für die Betriebsleitung gelesen. Dabei erscheint ihr die dort genannte Aufgabe „Erstellen des jeweils aktuellen Produktionsplanes" noch etwas vage. Bei ihrem Meeting mit Herrn Fugger versucht sie, darüber Klarheit zu erhalten. Herr Fugger erklärt ihr, dass die Entscheidung über das Produktionsprogramm als strategisches Entscheidungsproblem in seine Zuständigkeit fällt. Ihre Aufgabe besteht darin, auf der Basis des grundsätzlichen Produktionsprogramms kurz- bis mittelfristig mit den zum Planungszeitpunkt vorliegenden Produktionsfaktoren die eigentliche Fertigung in ihrem sachlogischen, räumlichen und zeitlichen Ablauf zu planen, zu steuern und zu kontrollieren.

Er erklärt ihr außerdem, dass sie für diese Planung bestimmte Daten berücksichtigen muss. Es existiert, im PPS-System hinterlegt, für jedes Produkt eine Konstruktionszeichnung mit entsprechenden Stücklisten. Aus der Kostenrechnung können für alle Produktionsschritte entsprechende Kalkulationswerte wie z. B. Gemeinkostenanteile oder Arbeitswerte erfragt werden. Die Rechtsabteilung kann zu allen Fragen des Rechtsschutzes Auskunft geben und in der Arbeitsvorbereitung können die Arbeitspläne aus bisherigen Aufträgen genutzt werden.

Frau Krüger erkennt, dass die Leitung der Produktion mit vielen Abteilungen eng zusammenarbeiten muss, um einen reibungslosen Ablauf zu gewährleisten. Sie ist froh, dass Herr Fugger ihr die einzelnen Informationsquellen noch einmal im Einzelnen zeigen will.

Definition Produkt- programm

◆ **Unter einem Produktprogramm eines Betriebes ist die qualitäts- und mengenmäßige Zusammensetzung des Sachziels in einer bestimmten Betrachtungsperiode zu verstehen.**

Entscheidungen im Zusammenhang mit der Programmerstellung richten sich nach drei Grundfragen aus:

- Welche Erzeugnisse sollen hergestellt werden?
- Welche Mengen sollen von jedem Erzeugnis im Einzelnen produziert werden?
- Zu welchen Terminen sollen die einzelnen Erzeugnisse jeweils fertiggestellt sein?

Herr Fugger weist Frau Krüger darauf hin, dass er eine wöchentliche Fertigungsprogrammplanung auf der Basis der Auftragseingänge erwartet. Für die 23. Kalenderwoche hat er eine solche Planung bereits vorgenommen. Danach setzt sich das Fertigungsprogramm der Martin Fugger Regalfabrik für diese Woche wie folgt zusammen:

Artikelbezeichnung	Art.-Nr.	Geplante Absatzzahlen	Endtermin
Regalständer 200 cm	1001	600	23. KW
Regalständer 250 cm	1002	200	23. KW
Regalständer 300 cm	1003	100	23. KW
Fachboden 100 cm	2001	400	23. KW
Fachboden 200 cm	2002	200	23. KW
Palettenboden 100 cm	2003	250	23. KW
Palettenboden 200 cm	2004	100	23. KW
Kragarmboden 100 cm	2005	25	23. KW
Kragarmboden 200 cm	2006	25	23. KW
Treppenstufen 80 cm	3001	10	23. KW
Treppenstufen 100 cm	3002	30	23. KW
Treppengeländerelemente	3003	15	23. KW
Werkbank Standard	4001	3	23. KW
Werkbank mit Schubladen einseitig	4002	2	23. KW
Werkbank mit Schubladen beidseitig	4003	5	23. KW

Um das optimale Produktionsprogramm zu bestimmen, werden Informationen aus dem Absatz-, dem Lager- und dem Beschaffungsbereich benötigt. Als Grundlage dient der Absatzplan mit Angaben über die möglichen Absatzmengen und den dazugehörigen Absatzpreisen. Um vom Absatzplan das Produktionsprogramm abzuleiten, müssen die aktuellen Lagerbestände berücksichtigt werden. Außerdem muss geprüft werden, welche Betriebsmittel, welche Arbeitskräfte und welche Werkstoffe in welchen Mengen zu welchen Terminen zur Verfügung stehen. Das auf dieser Basis entwickelte Produktionsprogramm dient seinerseits wieder als Grundlage für die sich anschließende Fertigungsprozessplanung.

3.3.1   Langfristige Fertigungsprogrammplanung

Fertigungs-programm-planung

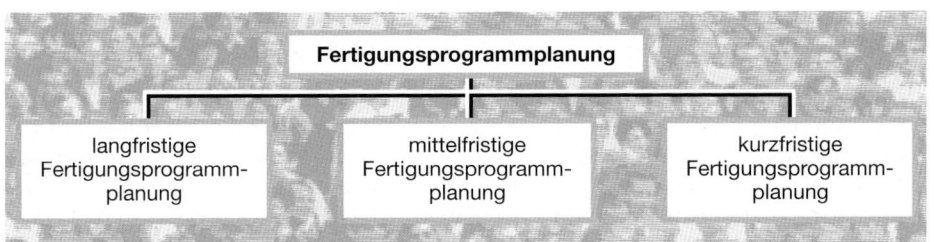

Die langfristige Fertigungsprogrammplanung ist eine strategische Planung, die für eine Unternehmung von grundlegender Bedeutung ist. Denn in ihr werden die Produktfelder und damit die Basis für das Sachziel der Unternehmung festgelegt.

**Produkt-
gruppen**

Ein Produktfeld besteht aus **Produktgruppen**. In einer Produktgruppe werden alle Produkte eines Unternehmens verstanden, die auf einem gemeinsamen Teilmarkt vertrieben werden können. Alle Produkte auf einem Teilmarkt können die gleichen Bedürfnisse befriedigen, sie stehen zum Teil in einem substitutionalen Verhältnis zueinander.

Frau Krüger hat durch die bisherigen Ausführungen des Geschäftsführers mitbekommen, in welchen Produktfeldern die Martin Fugger Regalfabrik tätig ist: Metallregale, Treppen und Werkbänke.

Innerhalb des Produktfeldes Metallregale kann derzeitig bei der Regalfabrik zwischen Fachbodenregalen, Palettenregalen und Kragarmregalen unterschieden werden. Im Rahmen der Produktgruppe Fachbodenregale kann z. B. wiederum zwischen sechs Grundprodukten unterschieden werden:

Fachbodenregal 100 · 200 · 50 cm
Fachbodenregal 100 · 250 · 50 cm
Fachbodenregal 100 · 300 · 50 cm
Fachbodenregal 200 · 200 · 50 cm
Fachbodenregal 200 · 250 · 50 cm
Fachbodenregal 200 · 300 · 50 cm

Herr Fugger hat dabei den Begriff der Geschäftsfelder genannt. Über die Bedeutung dieses Begriffs erhält Frau Krüger erst Klarheit, als sie noch einmal in ihren Schulunterlagen nachliest.

**strategische
Geschäfts-
felder**

◆ Durch die Festlegung der Produktfelder werden sogenannte **strategische Geschäftsfelder**, auch Geschäftseinheiten genannt, gebildet, die sich mit der Planung der herzustellenden Produktgruppen für einen bestimmten Teilmarkt beschäftigen.

Im Rahmen der **Geschäftsfeldplanung** wird festgelegt, in welchen Teilmärkten mit welchen Produktgruppen die Unternehmung tätig sein möchte.

Die strategische Geschäftsfeldplanung findet im Rahmen der generellen Zielplanung eines Unternehmens statt und liegt in der Verantwortung der Geschäftsleitung. Hier werden

– das langfristig angestrebte Produktionsprogramm,
– die Produktionstiefe und
– die langfristig für das angestrebte Produktionsprogramm notwendigen Produktionsfaktoren

festgelegt.

Aus einer Produktgruppe heraus werden **Produktideen** entwickelt, die zu einem neuen Produkt, einer Verbesserung eines bestehenden Produktes oder zu einer Veränderung zur Abhebung von der Konkurrenz führen können.

**Produkt-
innovation**

Ist eine Produktidee neu, spricht man in diesem Zusammenhang auch von einer **Produktinnovation**. Eine Produktidee ist neu, wenn das Produkt bisher noch nicht auf dem Markt ist, weil die Produktion erst durch technischen Fortschritt möglich ist oder bisher kein Bedarf für dieses Produkt bestand. Durch die Entwicklung einer neuen Produktidee und deren Umsetzung in einem neuen Produkt kann sich der Produzent, zumindest für einen gewissen Zeitraum, einen Vorteil vor den Mitbewerbern verschaffen. Betreibt ein Unternehmen keine Produktinnovation, wird sein Produktionsprogramm mit der Zeit veralten.

Auch im Rahmen der **Produktdifferenzierung** werden neue Produkte entwickelt. In diesem Fall ist allerdings die Produktidee nicht neu. Vielmehr handelt es sich um die Veränderung bereits bestehender Produkte. Die genaue Produktausformung in Form eines neuen Modells dagegen ist für das produzierende Unternehmen sehr wohl neu.

Produkt-differenzierung

Bei Umstrukturierungsstrategien wird die Zusammensetzung des Produktionsprogramms variiert. In diesem Zusammenhang ist auch die **Produktdiversifikation** von Bedeutung. Unter Produktdiversifikation wird die Aufnahme einer neuen Produktgruppe in das Produktions- und/oder Absatzprogramm einer Unternehmung verstanden. Wird eine neue Produktgruppe nur ins Absatzprogramm aufgenommen, nicht aber selber produziert, entsteht die Diversifikation durch Kombination fremdbezogener Handelswaren. Liegt dagegen eine Diversifikation im Produktionsprogramm vor, werden für das Unternehmen neue Produkte im Rahmen einer neuen Produktgruppe entwickelt.

Produkt-diversifikation

Man kann dabei zwischen **vertikaler**, **horizontaler** und **lateraler Diversifikation** unterscheiden. Bei der vertikalen Diversifikation wird ein Produkt einer nach- oder vorgelagerten Wirtschaftsstufe ins Programm aufgenommen, das mit einer bisherigen Produktgruppe artverwandt ist. Bei der horizontalen Produktdiversifikation wird eine Produktlinie entwickelt, die mit einer bestehenden Produktlinie auf der gleichen Wirtschaftsstufe artverwandt ist. Bei der lateralen Diversifikation hat die neue Produktlinie keinen Bezug zum alten Produktions- und Absatzprogramm der Unternehmung.

Bei der **Produktvariation** geht es dagegen nicht um die Entwicklung eines neuen Produktes, sondern um die Verbesserung eines bestehenden Produktes. Eine Verbesserung kann in einer technischen Weiterentwicklung oder in einer Anpassung des Produktes an Modeänderungen liegen (Modellauffrischung). Dabei können neben der Qualität das Aussehen inklusive der Verpackung, das Material, die Art der Zusammensetzung, der Markenname oder der verbundene Service variiert werden.

Produkt-variation

Produktinnovation und Produktvariation basieren auf der **Produktforschung**. Unter Produktforschung versteht man wissenschaftliche Anstrengungen zum Erwerb neuer Erkenntnisse.

Für die Martin Fugger Regalfabrik könnte eine Produktinnovation darin bestehen, für halbfertige Erzeugnisse der Automobilindustrie, z. B. Stoßstangen, eine spezielle neuartige Aufhängung zu entwickeln. Diese Art der Aufhängung für die Lagerung der Zwischenerzeugnisse ist bisher noch nicht auf dem Markt vorhanden. Der Bedarf war bisher dafür nicht vorhanden, weil die Stoßstangen ihrerseits in dieser Form eine Innovation der Automobilindustrie sind.

Überlegungen der Martin Fugger Regalfabrik, die Metallregale in einer niedrigeren Höhe von z. B. 100 cm und einer schwarzen Lackierung für Nebenräume im Verwaltungsbereich zu produzieren, führen zu einer Produktdifferenzierung.

Im Rahmen einer Umstrukturierungsstrategie wurde im letzten Jahr das Budget für die Produktgruppe Lagertreppen zugunsten der Werkbänke reduziert.

Außerdem hat die Martin Fugger Regalfabrik in diesem Jahr in ein Galvanisierungsbecken investiert, um die Veredelung des Stahls selber vornehmen zu können. Da die Veredelung eine vorgelagerte Produktionsstufe darstellt, die bisher als Dienstleistung von einem Veredelungsbetrieb fremdbezogen wurde, handelt es sich bei der Investition in dieses Becken um eine vertikale Diversifikation.

*Die Aufnahme von Kragarmregalen, einem Produkt, das auf der gleichen Fertigungs-
stufe wie die Fachboden- und Palettenregale steht, ins Fertigungsprogramm stellte für
die Martin Fugger Regalfabrik eine horizontale Diversifikation dar.*

*Würde die Martin Fugger Regalfabrik neben den bisherigen Produkten auch den Vertrieb
von Bürolampen durchführen, würde eine laterale Diversifikation vorliegen, weil dieses
neue Produkt in keiner Beziehung zu den bisherigen Produkten der Regalfabrik steht.*

*Im letzten Jahr hat die Martin Fugger Regalfabrik die Lochstanzung der Regalständer
verbessert, sodass ein Herausrutschen der Regalböden unmöglich ist. Dazu wurde die
Bohrung nach unten hin verjüngt und nach oben hin verbreitert. Durch diese technische
Verbesserung ist das bestehende Produkt der Regalfabrik variiert worden. Es handelt
sich also um eine Produktvariation.*

*Sollte sich der Entwicklungstrend bezüglich der Lagertreppen fortsetzen, wäre zu über-
legen, diese Produktgruppe aus dem Produktionsprogramm zu eliminieren und bei
Bedarf nur noch fremd zu beziehen. Dabei handelt es sich um eine Produktelimination.*

3.3.2   Mittelfristige Fertigungsprogrammplanung

Auf der Basis der langfristigen Fertigungsprogrammplanung findet eine mittelfristige
Fertigungsprogrammplanung statt. Bei der mittelfristigen Fertigungsprogrammplanung
handelt es sich um eine taktische Planungsebene, bei der im Rahmen der festgelegten
strategischen Geschäftsfelder die konkrete Produktplanung erfolgt.

Daher gehört zur mittelfristigen Fertigungsprogrammplanung der konkrete **Entwurf**
einzelner Produkte, die im Rahmen eines bestimmten Produktfeldes hergestellt werden
sollen. Es sollen zur Abrundung des Produktionsprogrammes bestimmte Produkte entwickelt und konstruiert werden. Unter **Konstruktion** ist dabei die Erarbeitung der
genauen Zusammensetzung eines Produktes zu verstehen. In diesem Zusammenhang
ist auch eine detaillierte Planung möglicher **Abwandlungen** im Bezug auf Produkt-
differenzierungen von Bedeutung.

Konstruktion

Da das Produktionsprogramm vom Absatzprogramm abweichen kann, beinhaltet die
taktische Fertigungsprogrammplanung die Entscheidung zwischen **Eigenfertigung**
und **Fremdbezug** einzelner Produkte. Man spricht in diesem Zusammenhang auch von
Make-or-Buy-Entscheidungen.

**Eigen-
fertigung
Fremdbezug**

◆ Durch die Wahl zwischen eigener Herstellung oder Bezug bei Lieferanten wird die
Fertigungstiefe festgelegt. Die Erhöhung der Fertigungstiefe wird auch als vertikale
Integration bezeichnet und kann in Vorwärts- und in Rückwärtsintegration unter-
schieden werden.

Bei der **Vorwärtsintegration** werden nachfolgende Fertigungsstufen auf dem Weg
zum Konsumenten hinzugenommen. Die **Rückwärtsintegration** dagegen beinhaltet
die Integration vorgelagerter Fertigungsstufen.

Werden vorgelagerte Fertigungsstufen an Lieferanten ausgegliedert, spricht man vom
Prinzip der verlängerten Werkbank. Dadurch verringert sich für das Unternehmen die
Fertigungstiefe. Bei der Entscheidung zwischen Eigenfertigung und Fremdbezug sind
Überlegungen in verschiedenen Bereichen zutreffen. Diese Bereiche sind:

**Prinzip der
verlängerten
Werkbank**

- Kapazität   - Wirtschaftlichkeit
- Raumbedarf   - Finanzierung
- Fertigungstechnik - Sicherheit

Bei einer Make-or-Buy-Entscheidung ist abzuklären, ob für eine Eigenfertigung die benötigten Maschinen überhaupt vorhanden sind. Dabei ist zu überprüfen, ob auf den existierenden Maschinen für das selbst zu fertigende Produkt noch freie Zeiten zur Verfügung stehen. Aber selbst wenn noch freie **Kapazitäten** vorhanden sind, kann eine Fremdvergabe der Produktion sinnvoller sein, weil es durch die Eigenfertigung zu Engpässen kommen kann. Abschließend ist noch zu klären, ob neben den Betriebsmitteln auch das nötige Personal für eine Eigenfertigung zur Verfügung steht.

Neben den Kapazitäten der Betriebsmittel und des Personals ist auch zu prüfen, ob genügend **Raum** für die Eigenfertigung vorhanden ist. Die Frage des Raumbedarfs stellt sich aber neben dem Produktionsbereich auch für den Lagerbereich. Es ist in diesem Zusammenhang zu klären, ob die vorhandene Lagergröße für die halbfertigen Erzeugnisse, deren Lagerbedarf bei einer Fremdfertigung nicht entstehen würde, ausreicht.

Abhängig vom betroffenen Produkt ist zu klären, wie viele Stufen die Herstellung des Produktes umfasst. Je weniger **Fertigungsstufen** die Herstellung des Produktes beinhaltet, desto leichter ist die Umsetzung der Eigenfertigung. Bei komplexen Produkten mit vielen Fertigungsstufen lohnt sich tendenziell eher eine Fremdvergabe.

Unter dem Gesichtspunkt der **Wirtschaftlichkeit** ist zu klären, ob die Eigenfertigung oder der Fremdbezug kostengünstiger ist. Im Hinblick auf die Absetzbarkeit des Produktes ist zu überlegen, ob sich eher durch Eigenfertigung oder durch Fremdbezug die gleiche Qualität wie bei der Konkurrenz erreichen lässt. Außerdem ist zu überprüfen, durch welche Alternative der Kapitaleinsatz besser verzinst wird. Dies hängt von dem jeweiligen Einfluss der Alternativen auf den Gewinn ab.

Generell ist zu klären, ob für evtl. notwendige Investitionen genügend **Kapital** zur Verfügung steht. Je tiefer das Produktionsprogramm ist, desto mehr Finanzkraft ist erforderlich.

Bei der Beurteilung der Alternative des Fremdbezugs ist der **Sicherheitsaspekt** von einer großen Bedeutung. Die Make-or-Buy-Entscheidung hängt nicht unwesentlich von der Beurteilung der infrage kommenden Lieferanten hinsichtlich ihrer Zuverlässigkeit ab. Denn u. U. sichert die Eigenfertigung die Werkstoffversorgung besser ab als der Einkauf bei fremden Lieferanten.

Herr Fugger erklärt, dass er im Rahmen der Überlegungen zur Eigenfertigung der Galvanisierung zu einem negativen Ergebnis kam, weshalb diese Dienstleistung weiterhin fremdbezogen wird.

Die notwendigen Kapazitäten in Form von Tauchbecken und einer entsprechenden Fertigungshalle stehen nicht zur Verfügung und hätten erst angeschafft werden müssen. Das dazu notwendige Kapital hätte zu 100 % aufgenommen werden müssen. Durch die derzeit hohen Fremdkapitalzinsen wäre die Eigenfertigung unwirtschaftlicher gegenüber dem Fremdbezug gewesen. Außerdem ist in der Martin Fugger Regalfabrik das notwendige Know-how bisher noch nicht vorhanden. Zwar bleibt die Regalfabrik durch den Fremdbezug weiterhin in Abhängigkeit vom Zulieferer. Allerdings hat dieser sich bisher als termintreu erwiesen.

3.3.3 Kurzfristige Fertigungsprogrammplanung

Die kurzfristige Fertigungsprogrammplanung, auch operative Fertigungsprogramm-planung genannt, bezieht sich unmittelbar auf die nächste Periode. Im Rahmen der kurzfristigen Fertigungsprogrammplanung wird festgelegt, welche Produkte des in der mittelfristigen Fertigungsprogrammplanung bestimmten Produktprogramms in welchen Mengen hergestellt werden sollen. Dabei sollte das gewinnmaximale Fertigungspro-gramm als optimale Programmzusammenstellung bestimmt werden.

Die Auswahl des **gewinnmaximalen Fertigungsprogramms** kann absatzorientiert oder engpassorientiert erfolgen.

◆ Absatzorientierte Programmplanung

Bei der absatzorientierten Programmplanung geht man davon aus, dass der Absatz der produzierten Güter nur beschränkt möglich ist. Das bedeutet, dass theoretisch mehr Produkte hergestellt als abgesetzt werden können. Welche Produkte in welcher Kom-bination in welchen Mengen in einer bestimmten Periode hergestellt werden, hängt von den jeweiligen Absatzmöglichkeiten ab. Das kurzfristige Produktionsprogramm wird also durch die Absatzmöglichkeiten bestimmt.

Deckungs-beitrag

Als geeignetes **Entscheidungskriterium** für die kurzfristige absatzorientierte Produkt-programmplanung ist der **Deckungsbeitrag** zu nennen. Die lukrativen Absatzmöglich-keiten lassen sich durch den Preis identifizieren, den die potenziellen Kunden bereit sind zu zahlen. Durch Abzug der jeweiligen variablen Kosten erhält das produzierende Unternehmen den Deckungsbeitrag.

> Deckungsbeitrag/Stück = Preis/Stück – variable Stückkosten

Es genügt, den Deckungsbeitrag als Kriterium heranzuziehen, weil die fixen Kosten auf jeden Fall anfallen, in einem gewissen Rahmen unabhängig davon, welche Produkte in welchen Mengen hergestellt werden. Die Unternehmensleitung legt die Höhe eines Deckungsbeitrags fest, den ein Produkt wenigstens erzielen sollte, um ins kurzfristige Produktionsprogramm aufgenommen zu werden.

Frau Krüger nimmt sich die Preisliste der Martin Fugger Regalfabrik vor und kombiniert sie mit den geplanten Produktions- und Absatzzahlen für die 23. Kalenderwoche:

Artikel	Preis/Stück in EUR	Geplante Absatzzahlen	Geplanter Umsatz
1001	150,00	150	22.500
1002	175,00	50	8.750
1003	200,00	25	5.000
2001	130,00	400	52.000
2002	140,00	200	28.000
2003	130,00	250	32.500
2004	140,00	100	14.000

Artikel	Preis/Stück in EUR	Geplante Absatzzahlen	Geplanter Umsatz
2005	150,00	25	3.750
2006	175,00	25	4.375
3001	80,00	10	800
3002	100,00	30	3.000
3003	100,00	15	1.500
4001	925,00	3	2.775
4002	1.100,00	2	2.200
4003	1.350,00	5	6.750
			187.900

Aus dem internen Informationssystem fragt Frau Krüger für die einzelnen Artikel die variablen Herstellkosten ab, um den jeweiligen Deckungsbeitrag pro Stück zu berechnen.

Für den Artikel 1001 zum Beispiel ergibt sich ein Stückdeckungsbeitrag durch die Subtraktion der variablen Stückkosten in Höhe von 46,67 EUR vom Stückerlös, dem Preis in Höhe von 150,00 EUR, nämlich 103,33 EUR. Durch Multiplikation mit der Menge (hier der geplanten Absatzzahl) wird der Deckungsbeitrag für die gesamte Menge dieses Produktes bestimmt.

Artikel	Preis/Stück in EUR	Variable Stückkosten	Deckungs- beitrag je Stück	Geplante Absatz- zahlen	Deckungs- beitrag insgesamt
1001	150,00	46,67	103,33	600	61.998,00
1002	175,00	56,67	118,33	200	23.666,00
1003	200,00	66,67	133,33	100	13.333,00
2001	130,00	40,00	90,00	400	36.000,00
2002	140,00	42,00	98,00	200	19.600,00
2003	130,00	42,50	87,50	250	21.875,00
2004	140,00	44,50	95,50	100	9.550,00
2005	150,00	47,33	102,67	25	2.566,67
2006	175,00	53,33	121,67	25	3.041,67
3001	80,00	53,67	26,33	10	263,33
3002	100,00	55,67	44,33	30	1.330,00
3003	100,00	60,00	40,00	15	600,00
4001	925,00	216,67	708,33	3	2.125,00
4002	1.100,00	270,83	829,17	2	1.658,33
4003	1.350,00	325,00	1.025,00	5	2.125,00
					199.732,00

Frau Krüger fällt auf, dass die Deckungsbeiträge im Bereich der Lagertreppen unter 50,00 EUR liegen. Jetzt versteht sie, warum Herr Fugger überlegt, dieses Produktfeld aus dem Produktionsprogramm zu nehmen.

◆ Engpassorientierte Programmplanung

Es besteht aber auch die Möglichkeit, dass ein Unternehmen nicht in der Lage ist, der Nachfrage entsprechend zu produzieren. Es kann nämlich sein, dass im Produktionsbereich der Unternehmung ein Engpass vorliegt. Es können weniger Produkte hergestellt als abgesetzt werden. In diesem Fall wird die kurzfristige Programmplanung durch den Engpass bestimmt. Die Fertigungszeit im Engpass in Verbindung mit dem jeweiligen absoluten Deckungsbeitrag entscheidet darüber, welche Produkte in welcher Kombination in welchen Mengen hergestellt werden.

Relativer Deckungs-beitrag

Als geeignetes **Entscheidungskriterium** bietet sich der **relative Deckungsbeitrag** an. Beim relativen Deckungsbeitrag wird der normale Deckungsbeitrag durch die Fertigungszeit im Engpassbereich gewichtet.

$$\text{Relativer Deckungsbeitrag/Stück} = \frac{\text{Stückpreis} - \text{var. Stückkosten}}{\text{Zeitbedarf pro Stück in ZE}}$$

ZE = Zeiteinheit

Ist der Zeitbedarf zur Herstellung eines Stücks in Minuten angegeben, bedeutet das:

$$\text{Relativer Deckungsbeitrag/Stück} = \frac{\text{Deckungsbeitrag}}{\text{Fertigungszeit in Min.}}$$

Soll der relative Deckungsbeitrag auf eine Zeitstunde bezogen sein, ist der Zeitbedarf aber nur in Minuten angegeben, muss das Ergebnis noch auf eine Zeitstunde bezogen werden:

$$\text{Relativer Deckungsbeitrag/Stück} = \frac{\text{Deckungsbeitrag} \cdot 60 \text{ Min.}}{\text{Fertigungszeit in Min.}}$$

Um die rechnerische Erfassung zu erleichtern, kann es sinnvoll sein, statt mit Zeitminuten mit Dezimalminuten zu arbeiten. Dabei ergeben 100 Dezimalminuten eine Zeiteinheit. Dementsprechend errechnet sich der Deckungsbeitrag wie folgt:

$$\text{Relativer Deckungsbeitrag/Stück} = \frac{\text{Deckungsbeitrag} \cdot 100 \text{ Dez. Min.}}{\text{Fertigungszeit in Dez. Min.}}$$

Es sind jeweils die Produkte bevorzugt herzustellen, die den höchsten relativen Deckungsbeitrag aufweisen. Gemäß dem relativen Deckungsbeitrag lassen sich die Produkte mit den geplanten Absatzmengen in eine Rangreihe bringen. Das kurzfristige Produktionsprogramm wird gemäß dieser Rangreihe gewählt, bis die Kapazität des Engpasses ausgelastet ist.

Bei dem nächsten Meeting mit Herrn Fugger klärt Frau Krüger ab, welche Produkte bei der Produktion Vorrang haben, wenn die Kapazität in einer Periode, z. B. einer Fertigungswoche, nicht für alle zu fertigenden Produkte ausreicht. Laut Herrn Fuggers Aussage wird dann die Maschinenbelegungsplanung mithilfe des relativen Deckungsbeitrags vorgenommen.

Zurück an ihrem Arbeitsplatz, bestimmt Frau Krüger die jeweiligen relativen Deckungsbeiträge mit Bezug auf eine Zeitstunde:

Artikel-Nr.	Preis	Variable Stück-kosten	Bearbei-tungszeit in Minuten	Relativer Deckungs-beitrag/h	Rang-reihen-folge
1001	150,00	46,67	20	310,00	12
1002	175,00	56,67	20	355,00	10
1003	200,00	66,67	20	400,00	7
2001	130,00	40,00	12	450,00	6
2002	140,00	42,00	12	490,00	4
2003	130,00	42,50	15	350,00	11
2004	140,00	44,50	15	382,00	9
2005	150,00	47,33	16	385,00	8
2006	175,00	53,33	16	456,25	5
3001	80,00	53,67	14	112,86	15
3002	100,00	55,67	14	190,00	14
3003	100,00	60,00	12	200,00	13
4001	925,00	216,67	20	2.125,00	1
4002	1.100,00	270,83	25	1.990,00	3
4003	1.350,00	325,00	30	2.050,00	2

3.4   Fertigungsverfahren

Fertigungs-verfahren

Für die nächste Abteilungsleitersitzung soll Frau Krüger einen Vortrag vorbereiten, welche verschiedenen Fertigungsverfahren existieren, um den anderen Abteilungsleitern produktionswirtschaftliche Erfordernisse besser zu verdeutlichen. Um diesen Vortrag vorzubereiten, beschäftigt sich Frau Krüger eingehend mit den theoretischen Ausführungen zu den verschiedenen Fertigungsverfahren.

Im Rahmen der Produktionswirtschaft kommt der Bestimmung des adäquaten Fertigungsverfahrens eine große Bedeutung zu. Die Gesamtheit aller Fertigungsverfahren lässt sich nach verschiedenen Kriterien einteilen.

● Bei einer Einteilung nach der Art und Weise der Be- und Verarbeitung der Werkstoffe spricht man von **Erzeugungsverfahren** oder technologischen Fertigungsverfahren.

● Bei dem Unterscheidungskriterium, wie oft Fertigungsvorgänge wiederholt werden, erhält man **Produktionstypen**, auch Fertigungstypen genannt.

● Unterteilt man alle Fertigungsverfahren nach der Anordnung der Betriebsmittel bzw. nach Arbeitsplätzen, gelangt man zu den **Organisationstypen der Fertigung**.

● Eine Unterscheidung nach dem Grad der Beteiligung menschlicher Arbeitskraft führt zu den verschiedenen **Produktionstechniken**.

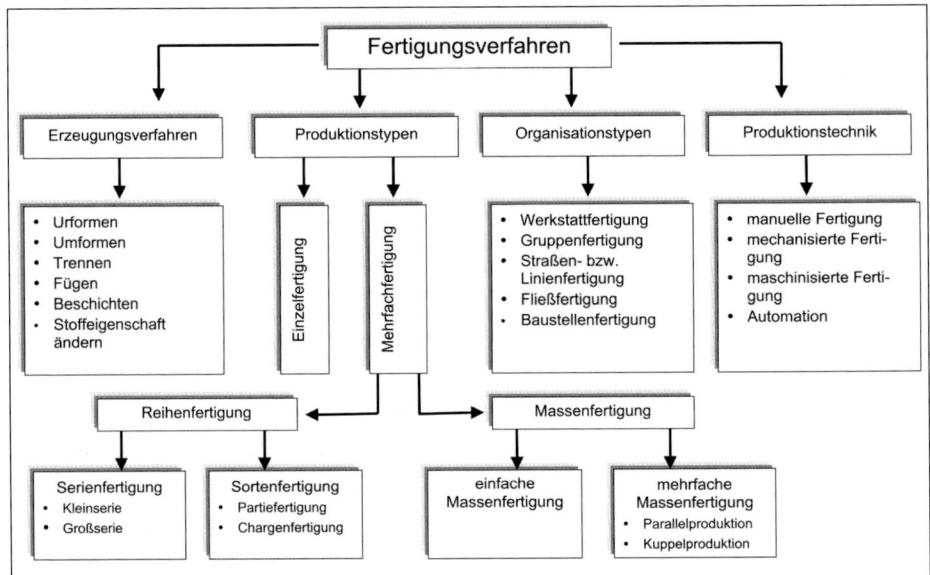

3.3-1 Fertigungsverfahren

Erzeugungs-
verfahren

3.4.1 Erzeugungsverfahren

Definition

◆ **Unter Erzeugungsverfahren versteht man die technische Art und Weise der Be- und Verarbeitung von Materialien zu einem fertigen Erzeugnis.**

Nach DIN 8580 lassen sich sechs Gruppen von Verfahren im Rahmen der Fertigungstechnologie unterscheiden:

– Urformen
– Umformen
– Trennen
– Fügen
– Beschichten
– Stoffeigenschaft ändern

Die Materialien können in der Ausgangssituation verschiedene Zustände haben. Zu diesen Zuständen können neben anderen in Anlehnung an die Aggregatzustände in der Chemie der gasförmige, der dampfförmige, der flüssige und der feste Zustand gehören. In den allermeisten Fällen sind mehr als eines dieser Verfahren notwendig, um aus den Materialien das gewünschte Produkt zu fertigen.

Welche **Elementverfahren** jeweils eingesetzt werden, wird in erster Linie durch das herzustellende Produkt beeinflusst. Die Wahl des Verfahrens ist aber auch von der technischen Ausstattung des Betriebes abhängig. Außerdem spielen die mit der Anwendung der verschiedenen Verfahren entstehenden Kosten eine Rolle.

3.4.2   Produktionstypen

Produktions-
typen

Bei dem Unterscheidungskriterium der Leistungswiederholung erhält man die verschiedenen **Produktionstypen**. Der jeweils vorherrschende Produktionstyp ist wie auch bei den Erzeugungsverfahren in erster Linie abhängig von dem zu produzierenden Produkt. Außerdem spielt die Nachfragesituation eine wesentliche Rolle.

Grundsätzlich kann unterschieden werden in:

– Einzelfertigung
– Mehrfachfertigung

Die Martin Fugger Regalfabrik fertigt überwiegend in Mehrfachfertigung. Die individuelle Ausgestaltung eines Lagerraums weist jedoch Merkmale von Einzelfertigung auf.

◆ Einzelfertigung

Einzelfertigung

Bei der Einzelfertigung wird ein Erzeugnis in einer Auflage von einer Einheit hergestellt.

Definition

Es handelt sich in aller Regel um eine Spezialanfertigung, die auf einen einzelnen Kundenauftrag hin gefertigt wird. Es handelt sich also um eine **Auftragsfertigung**. Es ist allerdings durchaus möglich, dass zu einem späteren Zeitpunkt die Herstellung wiederholt werden kann.

Innerhalb der Einzelfertigung wird unterschieden zwischen der sukzessiven und der simultanen Einzelfertigung. Bei der **sukzessiven Einzelfertigung** werden die Erzeugnisse einzeln hintereinander gefertigt. Die Produktion des nächsten Erzeugnisses wird erst begonnen, wenn die Produktion des letzten beendet ist. Bei der **simultanen Einzelfertigung** dagegen werden mehrere unterschiedliche Erzeugnisse gleichzeitig nebeneinander hergestellt.

Die Einzelfertigung ist insgesamt eine sehr kostenintensive Fertigung, weil durch die Stückzahl von 1 keine Kostendegressionen entstehen. Das Material wird zumeist nämlich erst nach Auftragseingang und damit nur für ein Prooudkt beschafft. Außerdem muss für jedes Produkt erneut eine Fertigungsplanung vorgenommen werden, sodass auch dadurch keine Kostendegression entstehen kann. Es gibt aber trotzdem Möglichkeiten der Kostensenkung durch Rationalisierung (vgl. dazu Kapitel 3.2). Dazu kann versucht werden, genormte Teile zu verwenden.

Da ein Unternehmen trotz Einzelfertigung in der Branche durch seine Betriebsmittel und Arbeitsplätze festgelegt ist, ist es z. B. möglich, in Teilefamilien zu fertigen. Unter einer **Teilefamilie** sind fertigungstechnisch verwandte Teile von ähnlicher Form zu verstehen, die auf gleichen Maschinen und mit gleichen Werkzeugen gefertigt werden können. Es sind lediglich die Steuerungselemente auszuwechseln wie entsprechend bei CNC-programmierten Anlagen die Programmierung für Abmessungen.

Konsequent weitergedacht bietet das **Baukastenprinzip** im Rahmen der Einzelfertigung das größte Rationalisierungspotenzial. Beim Baukastenprinzip werden genormte Einzelteile, sogenannte Typen, zu verschiedenen Produkten zusammengefügt.

Bei der simultanen Einzelfertigung bietet sich als Kalkulationsverfahren in erster Linie die Zuschlagskalkulation an. Bei einer sukzessiven Fertigung eines gleichartigen Produktes in planbarer Zahl ist auch die Divisionskalkulation möglich.

Mehrfach-
fertigung

◆ **Mehrfachfertigung**

Definition

Bei der Herstellung von Gattungsware liegt in der Regel eine Massennachfrage zugrunde. Die Produkte werden in einer Auflage größer als 1 hergestellt. Man spricht daher auch von einer Mehrfachfertigung.

Grundsätzlich kann innerhalb der Mehrfachfertigung zwischen **Reihenfertigung** und **Massenfertigung** unterschieden werden. Diese beiden Arten unterscheiden sich in der Auflagenhöhe. Während bei der Reihenfertigung von einer endlichen Auflage gesprochen wird, ist bei der Massenfertigung bei Beginn ein Ende der Produktion nicht geplant. Es wird von einer unendlich großen Auflage ausgegangen.

Reihen-
fertigung

◆ **Reihenfertigung**

Bei der Reihenfertigung wird wiederum unterschieden zwischen Serienfertigung und Sortenfertigung.

Definition
Serien-
fertigung

◆ **Bei der Serienfertigung werden unterschiedliche Erzeugnisserien mit begrenzter Auflage gefertigt, die sich verhältnismäßig stark unterscheiden.**

Die Erzeugnisserien unterscheiden sich sowohl bezüglich der Konstruktion als auch bezüglich des Produktionsablaufs. Bei einem Serienwechsel muss daher relativ stark umgerüstet werden. Eventuell muss für die Umstellungen sogar die Produktion für eine gewisse Zeit stillgelegt werden. Das verursacht einen großen Zeit- und damit auch Kostenaufwand. Um die Kosten zu minimieren, ist bei der Planung die **optimale Losgröße** zu bestimmen. Als Kalkulationsverfahren ist die Zuschlagskalkulation besonders geeignet.

Abhängig von der zu produzierenden Menge wird zwischen Kleinserien- und Großserienfertigung unterschieden. Während die **Kleinserienfertigung** aufgrund einer sehr geringen Auflagenzahl (meistens < 20, wie z. B. beim Maschinenbau) in Planung und Steuerung eher der Einzelfertigung ähnelt, hat die **Großserienfertigung** eher Affinitäten zur Massenfertigung (wie z. B. bei der Automobilherstellung). Kleinserien können z. B. dadurch entstehen, dass die Herstellung bestimmter gleichartiger Produkte aus mehreren Kundenaufträgen zusammengefasst wird. Bei der Großserienfertigung kann u. U. über bestehende Kundenaufträge hinaus produziert und auf Lager gelegt werden.

Definition
Sorten-
fertigung

◆ **Bei der Sortenfertigung handelt es sich ebenfalls um ein Produktionsverfahren, bei dem Erzeugnisserien hergestellt werden. Diese unterscheiden sich aber kaum im Hinblick auf Produktionskonstruktion und Produktionsablauf.**

Daher lohnt es sich, für die Herstellung Betriebsmittel mit einem hohen Spezialisierungsgrad einzusetzen. Die Serien benötigen nämlich keinen individuellen Herstellungsprozess, weil es sich bei den Serien eher um geplante Varianten des gleichen Grundprogrammes handelt. Sortenwechsel werden dabei durch die Marktnachfrage bestimmt. Daher ist bei Sortenwechseln nur ein leichtes Umrüsten notwendig, was zu geringeren Kosten als bei der Serienfertigung führt. Als geeignetes Kalkulations-verfahren ist die Divisionskalkulation mit Äquivalenzziffern zu nennen.

◆ **Partie- und Chargenfertigung**

Besonderer Planungs- und Steuerungsbedarf ergibt sich bei den beiden Sonderformen Partie- und Chargenfertigung.

◆ **Unter Partiefertigung versteht man ein Produktionsverfahren, bei dem nach-einander unterschiedliche Lieferungen eines bestimmten Rohmaterials verarbei-tet werden.**

Definition
Partie-
fertigung

Dabei handelt es sich um **Rohmaterial**, das sich in seiner Qualität geringfügig von Lieferung zu Lieferung unterscheidet. Dies ist i. d. R. in den natürlichen Unterschieden, z. B. bei verschiedenen Ernten, begründet. Dadurch ist der Produktionsprozess mate-rialbedingt nicht exakt wiederholbar. Man spricht hier auch von einer ungewollten Sortenbildung.

◆ **Von einer Chargenfertigung spricht man bei einem Produktionsvorgang, bei dem Materialien in einer begrenzten Menge in ein Produktionsbehältnis in einem Schub eingesetzt werden. Die Größe des Produktionsbehältnisses bestimmt die Größe einer Charge, also die Menge der Erzeugnisse aus derselben Beschickung und daher mit gleichen Qualitätsmerkmalen.**

Definition
Chargen-
fertigung

Der eine begrenzte Zeit andauernde Produktionsvorgang muss beendet sein, bevor eine neue Beschickung vorgenommen werden kann. Obwohl diese Beschickung jedes Mal gleich ist, kann sich das Ergebnis dennoch geringfügig unterscheiden. Dabei handelt es sich meistens um Produktionsvorgänge, die auf einer chemischen Reaktion beruhen und damit vom Menschen nicht steuerbar sind. Für diese speziellen Ferti-gungsverfahren existieren auch entsprechende Sonderkalkulationsverfahren als Son-derformen der Zuschlags- oder Divisionskalkulation mit Äquivalenzziffern.

◆ **Massenfertigung**

Massen-
fertigung
Definition

Bei der Massenfertigung wird zumeist auf einer Produktionsanlage ein Produkt in einer unbegrenzten Planzahl für eine unbegrenzte Zeitdauer hergestellt, das im Laufe seines Lebenszyklus nur gering differenziert wird.

Es findet eine kontinuierliche Produktion unabhängig von der aktuellen Auftragslage für einen anonymen Markt statt. Bei fehlenden Aufträgen wird auf Lager gefertigt.

Die Massenfertigung ist eine Produktion, bei der aufgrund der hohen Stückzahlen **Kostendegressionen** entstehen. Die hohen fixen Kosten, die durch die Spezial-maschinen und den hohen Kapitalbedarf entstehen, können auf die hohe Fertigungs-stückzahl umgelegt werden. Außerdem können die benötigten Materialien in großen Stückzahlen beschafft werden, weil der Materialeinsatz auf unabsehbare Zeit gleich bleibt. Schließlich ist der Fertigungsprozess bei der Massenfertigung dazu geeignet, die Arbeitskräfte in der Produktion durch mehrfache Wiederholung der gleichen Arbeitsschritte schneller werden zu lassen. So ist es einerseits gut möglich, ungelernte Arbeitskräfte einzustellen und entsprechend anzulernen. Solche Arbeitskräfte ver-ursachen geringere Lohnkosten. Andererseits wird aber auch die Produktivität einer Stunde Arbeit gesteigert, was zu geringeren Lohnkosten pro Stück führt.

Kosten-
degression

Grundsätzlich kann zwischen einfacher und mehrfacher Massenfertigung unterschie-den werden.

- Bei der **einfachen Massenfertigung** wird in einem Unternehmen stets dasselbe Produkt mit denselben Fertigungsanlagen hergestellt. Das Fertigungssortiment des Unternehmens umfasst nur ebendieses Produkt. Diese Reinform ist allerdings nur selten zu finden, z. B. noch im Bereich der Elektrizität- oder Gasherstellung. Denn wenn ein Unternehmen nur ein Produkt herstellt und vertreibt, besteht eine große Marktabhängigkeit.

- Bei der **mehrfachen Massenfertigung** werden in einem Unternehmen mehrere Erzeugnisse gleichzeitig in Massenfertigung hergestellt. Meist ist der Produktionsprozess in Fließfertigung organisiert.

Die Martin Fugger Regalfabrik fertigt überwiegend in Massenfertigung. Das Produkt ist zeitlos und wird in einer unbegrenzten Auflage gefertigt. Decken die Kundenaufträge nicht die Kapazitäten, wird auf Lager produziert.

Organisations-typen

3.4.3   Organisationstypen der Fertigung

Bei den Organisationstypen wird nach der Anordnung der Produktionsmittel unterschieden. Die Wahl des jeweiligen Organisationstyps hängt in erster Linie vom zu fertigenden Produktionsprogramm, aber auch von der Losgröße und dem gewählten Fertigungsverfahren ab.

Grundsätzlich kann man unterscheiden:

- Werkstattfertigung
- Gruppenfertigung
- Straßenfertigung
- Fließfertigung
- Baustellenfertigung

Werkstatt-fertigung

◆ **Werkstattfertigung**

Definition

Man spricht von einer Werkstattfertigung, wenn Betriebsmittel mit gleichartiger Verrichtung (Verrichtungsprinzip) zusammengefasst werden. Dabei werden die Werkstücke nach der jeweiligen Bearbeitung in die nächste Werkstatt transportiert.

Ein sinnvoller Einsatz ist vor allem bei der **Einzel- und Kleinserienfertigung** möglich. Denn bei diesen Produktionstypen werden Universalmaschinen benötigt, weil sich die einzelnen Arbeitsschritte häufig ändern. Als Arbeitskräfte sollten Fachkräfte eingestellt werden, die die Universalmaschinen in ihren vielseitigen Einsatzmöglichkeiten auch bedienen können.

Die Reihenfolge, in der die verschiedenen Werkstätten an der Fertigung beteiligt sind, ist dabei beliebig. Dadurch ist die Werkstattfertigung ausgesprochen flexibel und kann sich auf durch Spezialaufträge oder Modeänderungen bedingte Änderungen im Produktionsfluss schnell einstellen. Allerdings bringt gerade diese Flexibilität die Notwendigkeit einer aufwendigen Planung und Kontrolle mit sich.

Die **Anordnung der verschiedenen Arbeitsplätze** verursacht ein Reihenfolgenproblem sowie ein Transportproblem. Durch die überlegte Wahl der Reihenfolge der notwendigen Arbeitsschritte kann die **Durchlaufzeit** minimiert werden. Neben der Reihenfolge wird die Durchlaufzeit auch in einem hohen Maße durch die Entfernungen der verschiedenen Werkstätten und damit der Länge der Transportwege beeinflusst.

Durch das Reihenfolgen- und das Transportproblem werden jeweils Kosten verursacht. Bei der Planung der Reihenfolge der Arbeitsschritte und der Belegung der einzelnen Werkstätten kann es zu Wartezeiten einzelner halbfertiger Aufträge kommen. Dadurch entstehen Zwischenläger, die Kapitalbindungskosten verursachen. Durch die Länge der Transportwege und die geplante Art des Transportes werden die Transportkosten determiniert.

Außerdem ist bei der Fertigungsplanung besonders auf diejenige Werkstatt zu achten, bei der es zu einem Engpass kommen kann.

Insbesondere in der Fertigungshalle I (Lageplan siehe Kapitel 3.5.4, S. 180) ist der Fertigungsprozess im Werkstattprinzip angeordnet.

◆ **Gruppenfertigung**

Die Gruppenfertigung ist nur eine abgeleitete Organisationsform. Sie kann als Kombination von Werkstattfertigung und Straßenfertigung angesehen werden, weil sie Elemente von beiden miteinander verbindet.

Wie bei der Werkstattfertigung werden Betriebsmittel nach dem Verrichtungsprinzip Werkstätten zugeordnet. Dabei werden die verschiedenartigen Maschinen einer Fertigungsgruppe aus mehreren Mitarbeitern mit Fachausbildung zugeordnet. Eine solche **Fertigungsgruppe** stellt im Team gleiche oder zumindest gleichartige Fertigteile her.

Die Gruppen von Arbeitsplätzen und damit die der Maschinen für die einzelnen Teilabläufe werden dabei untereinander nach dem Fließprinzip, d. h. nach dem Arbeitsfluss angeordnet, um die Transportwege und damit die Transportzeiten zu minimieren. Dadurch wird auch die Durchlaufzeit minimiert, außerdem wird die Existenz von Zwischenlägern überflüssig. Dadurch werden die Kapitalbindungskosten verringert. Damit trägt die Gruppenfertigung auch **Kennzeichen der Reihenfertigung**.

Allerdings ist die Gruppenfertigung flexibler als die Reihenfertigung und für die Mitarbeiter nicht so monoton. Denn die Arbeitskräfte verrichten nicht stets die gleichen Handgriffe, sondern wechseln sich mit den notwendigen Arbeiten im Rahmen ihrer Gruppe ab. Außerdem übernehmen sie durch die teilautonome Bedeutung einer Gruppe mehr Verantwortung. Dadurch wird ihre Arbeit vielseitiger.

Voraussetzung für die Organisation der Produktion in Gruppen ist ein feststehendes Produktionsprogramm. Damit ist die **Anwendung der Gruppenfertigung** bei der Serien- und Sortenfertigung möglich. Werden im Rahmen der Gruppenfertigung die Maschinen in Fertigungsinseln angeordnet, die als losgelöste organisatorische Einheiten autonom voneinander fertigen, spricht man von **Inselfertigung**.

◆ **Reihenfertigung (Straßen- bzw. Linienfertigung)**

Für die **Reihenfertigung** existieren in der Literatur verschiedene Bezeichnungen. Sie wird häufig auch als **Linienfertigung** oder **Straßenfertigung** bezeichnet.

Die Reihenfertigung ist durch das Flussprinzip charakterisiert. Unter dem Flussprinzip ist zu verstehen, dass die Betriebsmittel und Arbeitsplätze in der Reihenfolge der auszuführenden Arbeiten angeordnet sind.

Dabei sind bei der Reihenfertigung die einzelnen Arbeitsplätze nicht zeitlich miteinander verbunden. Dadurch kann es bei einzelnen Arbeitsplätzen zu **Wartezeiten**

**Gruppen-
fertigung**

**Straßen- bzw.
Linienfertigung**

Definition

kommen. Außerdem müssen die halbfertigen Erzeugnisse zwischen den verschiedenen Arbeitsplätzen transportiert werden, was wiederum zu **Transportkosten** führt. Die Transporteinrichtungen müssen ferner für einen nicht kontinuierlichen Materialfluss geeignet sein. Daher kommen nicht alle Transportanlagen infrage. Gut geeignet sind Transportanlagen, bei denen die Transportgeschwindigkeit vor dem nächsten Arbeitsplatz durch Sammelstellen ausgeglichen werden kann. Dadurch entstehen allerdings Vorratspuffer, die wiederum zu Kapitalbindungskosten führen.

Die Reihenfertigung ist für die Fertigungsplanung wesentlich unkomplizierter als die Werkstatt- oder die Gruppenfertigung, da durch den linearen Aufbau des Produktionsablaufs Übersichtlichkeit entsteht. Im Unterschied zur Werkstatt- oder zur Gruppenfertigung entstehen geringere Lohnkosten, weil an den Fertigungsstraßen auch angelernte Fachkräfte eingesetzt werden können. Allerdings handelt es sich in der Regel um eine Fertigungsapparatur, die für ein bestimmtes Produkt eingerichtet ist. Dies erschwert Umstellungen auf andere Produkte und damit Anpassungen an Marktgegebenheiten.

Innerhalb der Profilier-Stanzerei der Martin Fugger Regalfabrik ist eine kleine Fertigungsstraße zu finden, bei der der Werkstücktransport automatisch, allerdings nicht getaktet, erfolgt. Hier liegt eine Straßenfertigung vor.

◆ Fließfertigung

Fließfertigung Bei der **Fließfertigung** ist der Produktionsablauf ebenfalls wie bei der Reihenfertigung nach dem **Flussprinzip** organisiert. Allerdings besteht der wesentliche Unterschied darin, dass bei der Fließfertigung der Arbeitsablauf zeitlich festgelegt ist, sodass die zu bearbeitenden Gegenstände die einzelnen Arbeitsplätze in dauernder Folge durchlaufen.

Dabei sind die einzelnen Arbeitsschritte, die hintereinander an den Arbeitsplätzen ausgeführt werden, **zeitlich aufeinander abgestimmt**. Das bedeutet, dass der Fertigungsprozess so weit wie möglich zerlegt sein muss, um alle Arbeitsschritte auf die kleinsten Handgriffe zu reduzieren. Die einzelnen Handgriffe müssen dann so zu Arbeitsplätzen zusammengefasst werden, dass jeder Arbeitsplatz gleich lange Bearbeitungen am Werkstück vornimmt. Es ist darüber hinaus notwendig, die Werkstücke in einem kontinuierlichen Transport gleichmäßig durch ein Fließband oder ruckartig (zeitlich getaktet) von Arbeitsplatz zu Arbeitsplatz zu bringen. Dadurch entsteht ein planbarer Fertigungsfluss, der innerhalb einer bestimmten Zeitspanne eine exakte Anzahl Fertigprodukte ausbringt.

Die Anzahl der ausgebrachten Fertigprodukte z. B. pro Stunde hängt von der gewählten Taktzeit ab. Unter **Taktzeit** versteht man die Zeitspanne vom Beginn eines Arbeitsschrittes bis zum Beginn des nächsten Arbeitsschritts. Wird die Taktzeit zu kurz gewählt, d. h., müssen die Arbeitsschritte von den Mitarbeitern zu schnell vorgenommen werden, leidet die Qualität der Erzeugnisse. Zur Kalkulation eignen sich die Divisions- und die Zuschlagskalkulation.

Im Vergleich zu anderen Organisationstypen bietet die Fließfertigung durch die Taktung die Möglichkeit, die Durchlaufzeiten zu minimieren. Insbesondere die Wartezeiten können durch den kontinuierlichen Werkstücktransport während des Fertigungsprozesses entfallen.

Vorteile der Fließfertigung	Nachteile der Fließfertigung
● kürzere Durchlaufzeiten	● einseitige Belastung der Mitarbeiter
● gute Planbarkeit des Fertigungsprozesses	● Störanfälligkeit
● größere Fertigungsmengen produzierbar	● hoher Kapitalbedarf
● Lerneffekt bei Mitarbeitern durch sich wiederholende Tätigkeiten	● hoher Fixkostenanteil
● geringere Lagerhaltung möglich	● geringe Flexibilität bei Marktveränderungen

Dadurch entsteht aber auch ein **großer Planungsbedarf**. Denn nur bei entsprechender Fertigungsplanung und -steuerung können Wartezeiten und Produktionsstockungen vermieden werden. Die Organisation der Fließfertigung eignet sich durch ihre leichte Überschaubarkeit aber gerade für die Planung und Kontrolle der täglichen Ausbringungsmenge. Damit lassen sich Liefertermine mit einer hohen Zuverlässigkeit im Voraus festlegen.

Durch den hohen Grad der Arbeitszerlegung und die Minimierung der Durchlaufzeiten ist die Organisation einer Produktion in einer Fließfertigung dazu geeignet, **Fertigerzeugnisse in einer großen Stückzahl** zu fertigen. Dadurch können die stückfixen Kosten dem **Gesetz der Massenfertigung** entsprechend gesenkt werden.

Gesetz der Massenfertigung

Außerdem können die Kosten auch hier dadurch gesenkt werden, dass sich bei den Mitarbeitern Lerneffekte einstellen, denn sie müssen sehr häufig hintereinander dieselben Handgriffe ausführen. Dadurch schleifen sich die Bewegungen ein und der Mitarbeiter wird schneller und sicherer. Auch können so ungelernte und daher billigere Arbeitskräfte, die angelernt werden, eingesetzt werden.

Schließlich können auch Kosten dadurch gesenkt werden, dass bei kontinuierlichem Werkstücktransport keine Zwischenläger entstehen. Auch die Eingangsläger können kleiner gewählt werden, weil durch die bessere Planbarkeit des Fertigungsprozesses weniger Unwägbarkeiten gegeben sind. Die erhöhte Planbarkeit wirkt sich auch auf das Fertiglager aus. Denn durch genauere Vorhersage der Liefertermine gibt es weniger Gründe für Lagerung der Fertigerzeugnisse. Dadurch wird weniger Kapital in Werkstoffen, halbfertigen oder fertigen Erzeugnissen gebunden und es werden weniger Kapitalbindungskosten in Form von kalkulatorischen Zinsen verursacht.

Allerdings verursacht das Arbeiten am Fließband **gesundheitliche Probleme** bei den Mitarbeitern. Diese Probleme können sowohl körperlich durch einseitige Belastung der Gelenke als auch psychisch durch Monotonie bei der Arbeit entstehen. Im Rahmen der Fließfertigung kommt deshalb der Gestaltung des Arbeitsplatzes eine große Bedeutung zu, um die Arbeitsfähigkeit der Mitarbeiter auf Dauer zu erhalten. Dazu gehören auch Maßnahmen zur Humanisierung der Arbeit durch neue Formen der **Arbeitstrukturierung**:

Arbeitsstrukturierung

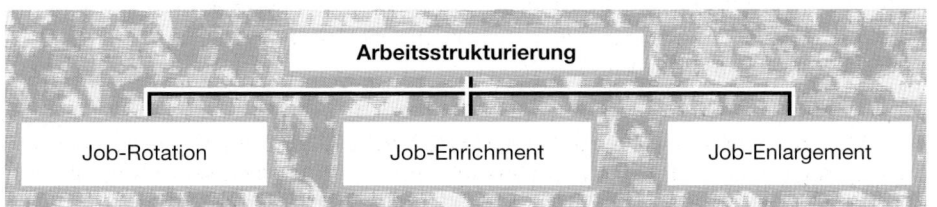

Job-Rotation ● Unter **Job-Rotation** versteht man einen regelmäßigen Arbeitsplatzwechsel. Um der Monotonie des Arbeitsplatzes bei der Fließfertigung entgegenzuwirken, tauschen die Mitarbeiter in einem bestimmten Bereich nach einem System die Arbeitsplätze.

Job-Enrichment ● Beim **Job-Enrichment**, der sogenannten Arbeitsbereicherung, wird der Arbeitsbereich eines Mitarbeiters durch qualitativ hochwertigere Arbeiten angereichert. Solche hochwertigen Arbeiten können z. B. kontrollierende Tätigkeiten sein. Durch die Arbeitsbereicherung sollen die Mitarbeiter stärker motiviert werden und ein höheres Selbstwertgefühl entwickeln können.

Job-Enlargement ● Unter **Job-Enlargement**, der Arbeitserweiterung, versteht man dagegen nur die Anreicherung eines Arbeitsplatzes mit zusätzlichen Arbeiten der gleichen Qualität. Zusätzliche Tätigkeiten meist unterschiedlicher Art schaffen mehr Abwechslung am Arbeitsplatz des Mitarbeiters, der auf diese Weise motiviert werden soll.

Ein weiterer Nachteil der Fließfertigung ist die **Störanfälligkeit**. Durch die zeitliche Verzahnung der Arbeitsplätze führt ein Ausfall an einem Arbeitsplatz direkt zu einem Stillstand der gesamten Produktion mit einer Verzögerung aller Liefertermine. Daher kommt im Rahmen der Fließfertigung der Inspektion der Betriebsmittel und der Eingangskontrolle der Materialien eine besondere Bedeutung zu. Außerdem ist ein sogenannter Springer notwendig, der bei Bedarf an jedem Arbeitsplatz seines Bereiches einspringen kann, wenn ein Mitarbeiter plötzlich z. B. durch Übelkeit oder einen Toilettengang verhindert ist. Dadurch entstehen zusätzliche Lohnkosten, die jedoch Produktionsstillstände verhindern können.

Die Fließfertigung verursacht auch Kosten durch die **Notwendigkeit von aufwendigen Fertigungsapparaturen**. Dadurch entsteht ein großer Kapitalbedarf, der wiederum zu Kapitalbindungskosten führt. Damit ist der Anteil der fixen Kosten in Form von Abschreibungen und kalkulatorischen Zinsen größer als bei anderen Organisationstypen. Ein Absinken der Fertigungsmenge würde deshalb direkt zu ansteigenden fixen Stückkosten führen. Durch die **hohen Investitionen** in eine auf die Produktion eines bestimmten Erzeugnisses ausgerichtete Produktionsanlage ist die Fließfertigung, sogar noch stärker als die Reihenfertigung, unflexibel im Hinblick auf Veränderungen am Markt.

Grundsätzlich kann innerhalb der Fließfertigung zwischen naturbedingter und organisierter Fließfertigung unterschieden werden.

★ Bei der **naturbedingten Fließfertigung** ist eine Organisation des Produktionsprozesses nach dem Flussprinzip durch die Natur des Produktes vorgegeben. Eine Herstellung z. B. in Werkstätten ist nicht möglich, weil die Herstellung technologisch bedingt kontinuierlich abläuft. Daher spricht man auch von Zwangslauffertigung.

★ Bei der **organisierten Fließfertigung** dagegen ist die Herstellung nach dem Flussprinzip nicht zwingend. Die Möglichkeit zur Fließfertigung ist durch die Möglichkeit zur Zerlegung der Arbeit in einzelne Arbeitsschritte gegeben. Die organisierte Fließfertigung wird auch Fließbandfertigung genannt.

Baustellenfertigung ◆ **Baustellenfertigung**

Die Baustellenfertigung ist in ihrer Organisation auf das einzelne Fertigungsobjekt hin orientiert. Die Anordnung der Arbeitsplätze und Betriebsmittel orientiert sich an dem Fertigungsobjekt, weil es z. B. nur schwer oder gar nicht transportabel ist. Dabei kann je nach Produktionsort zwischen **interner** und **externer Baustellenfertigung** unterschieden werden. Bei der internen Baustellenfertigung existiert ein bestimmter Herstellungsort. Das Herstellungsobjekt wird während der Herstellung nicht transportiert. Nach Fertigstellung allerdings findet ein einmaliger Transport zum Verwendungsort statt, z. B. beim Schiffsbau. Bei der externen Baustellenfertigung dagegen findet die Fertigung von vornherein am Verwendungsort statt, z. B. beim Gebäudebau.

Bei der Baustellenfertigung stellt sich wie bei der Werkstattfertigung ein Reihenfolgen- und Transportproblem. Allerdings wird hier nicht das jeweilige Werkstück transportiert, sondern es werden die Betriebsmittel und Arbeitskräfte den Notwendigkeiten entsprechend zu verschiedenen Bereichen des (zumeist großen) Fertigungsobjektes gebracht. Durch diese besondere Problematik ist die Baustellenfertigung eine sehr kostenintensive Organisation der Fertigung, hat aber den Vorteil einer hohen Flexibilität. Als Fertigungsverfahren liegt zumeist eine Einzelfertigung zugrunde.

Bei der Ausgestaltung eines Lagers unter der Regie der Martin Fugger Regalfabrik liegt temporär eine Baustellenfertigung vor.

3.4.4 Fertigungsdurchführung bei unterschiedlicher Produktionstechnik

Die Fertigungstypen lassen sich auch nach dem **Grad der Beteiligung menschlicher Arbeitskraft** unterscheiden. Dabei kann man von den beiden Extremen ausgehen, dass die zu verrichtende Arbeit zu 100 % durch den Menschen erledigt wird oder dass die Arbeit insgesamt durch Maschinen verrichtet wird. Zwischen diesen beiden Polen ist eine Kombination von beidem möglich. Dabei wird von der Annahme ausgegangen, dass sich der Mensch (bis zu einem gewissen Grad) durch Maschinen ersetzen lässt. Allerdings verursacht der Einsatz von Maschinen Bedarf an Kapital. Daher spricht man auch von einer gegenseitigen Substitution der beiden volkswirtschaftlichen Produktionsfaktoren **Arbeit** (in Form des arbeitenden Menschen) und **Kapital** (in Form von Maschinen).

Grad der Beteilgung menschlicher Arbeitskraft

Bei der grundsätzlichen Möglichkeit, Arbeitsgänge so auf verschiedene Art zu organisieren, wird der Unternehmer unter der Voraussetzung gleicher Leistungsfähigkeit **möglichst kostengünstige Kombinationen** der Produktionsfaktoren Arbeit und Kapital anstreben. Man spricht auch von der Minimalkostenkombination. Dabei spielen grundsätzlich zwei Gedanken eine Rolle. Zum einen kann der Einsatz einer Maschine produktiver sein, weil eine Maschine schneller, genauer und fehlerfreier arbeiten kann. Zum anderen kann der Einsatz wirtschaftlicher sein, weil der Einsatz einer Maschine kostengünstiger sein kann.

Man spricht bei den **unterschiedlichen Produktionstechniken** von vier Stufen, zwischen denen fließende Übergänge bestehen:

– manuelle Fertigung
– Mechanisierung
– Maschinisierung
– Automation

Die Wahl des jeweiligen Fertigungsverfahrens hängt zum einen vom zu produzierenden Gut ab: Nicht jedes Produkt eignet sich zur automatisierten Herstellung. Zum anderen spielen wirtschaftliche Erwägungen zwischen Lohn- und Kapitalkosten eine entscheidende Rolle. Damit ist auch die Losgröße für diese Überlegungen nicht unwichtig.

Manuelle Fertigung

◆ **Handarbeit (manuelle Fertigung)**

Von **manueller Fertigung**, auch Handarbeit genannt, spricht man, wenn der Mensch nicht nur die Bearbeitung von Hand vornimmt, sondern zugleich auch die Kraftquelle der Produktion darstellt. Nur mithilfe nicht angetriebener Werkzeuge fertigt der Mensch hier die Produkte. Eine solche Fertigung ist sehr lohnintensiv, weil überwiegend der Produktionsfaktor Arbeit, nur in geringem Maße das Kapital für die Werkzeuge, an der Herstellung beteiligt ist. Sinnvoll ist die Handarbeit nur bei der Einzelfertigung, in Grenzen noch bei der Kleinserienfertigung.

Mechanisierung

◆ **Mechanisierte Produktion (Mechanisierung)**

Auch bei der **Mechanisierung** bearbeitet der Mensch die Werkstücke von Hand, allerdings wird die menschliche Arbeitskraft durch andere Energiequellen wie z. B. Wasser oder Wind ersetzt.

Maschinisierung

◆ **Automatisierte Produktion (Maschinisierung)**

Stehen moderne Energiequellen wie Treibstoffe oder Strom zur Verfügung, um Erzeugnisse statt von Hand mithilfe von Maschinen zu erstellen, spricht man von **Maschinisierung**. Der Mensch nimmt nicht mehr selbst die Bearbeitungen vor, sondern plant und steuert die Bearbeitung durch die Maschinen, transportiert die Werkstücke und überwacht den Produktionsablauf. Das bedeutet, dass der Produktionsfaktor Arbeit bei der Maschinisierung dem Produktionsfaktor Kapital noch in etwa gleichberechtigt gegenübersteht.

Vollautomation

◆ **Vollautomation**

Bei der **Automation** dagegen wird die Arbeit nicht nur von Maschinen durchgeführt, sondern auch geregelt. Die Maschine steuert und überwacht sich selbst, ist u. U. sogar in der Lage, ihre Fehler selber zu korrigieren. Der Mensch überwacht den Fertigungsprozess nur noch vom Steuerpult aus. Sind solche Automaten hintereinandergeschaltet und durch Transportbänder verbunden, spricht man von einer **Fertigungsstraße**. Bilden die Automaten sogar eine geschlossene Einheit, nennt man das auch **Fertigungskette**.

Übernimmt ein Mitarbeiter die Beschickung der Automaten mit Material, den Transport zwischen den Anlagen oder die Endkontrolle selbst, spricht man von Teil- bzw. Halbautomation. Werden aber auch die Materialzufuhr, der Transport und die Kontrolle automatisiert vorgenommen, nennt man das eine vollautomatisierte Produktion.

Die Produktion bei der Martin Fugger Regalfabrik entspricht in Grundzügen einer maschinisierten Produktion, weil die Herstellung mithilfe von Maschinen erfolgt, allerdings nicht vollautomatisiert. Zum Teil wird, z. B. beim Transport oder bei der Zuführung zu den Maschinen, noch manuell gearbeitet.

3.5   Fertigungsplanung

In ihrer Funktion als Betriebsleiterin muss Frau Krüger Aufgaben im Bereich der Fertigungsvollzugsplanung erfüllen. Frau Krüger und Herr Fugger stellen in einer Sitzung Einigkeit darüber her, was unter der Fertigungsvollzugsplanung zu verstehen ist.

Die **Fertigungsplanung**, in der Literatur unter anderem auch **Fertigungsvollzugsplanung** genannt, ist Voraussetzung für den Erfolg eines Industrieunternehmens: Nur ein abgestimmtes Vorgehen in den verschiedenen miteinander verbundenen Entscheidungsbereichen gewährleistet Kostenkontrolle, Qualitätssicherung und damit dauerhafte Erlöse. Mit der Fertigungsplanung wird ein wichtiger Beitrag zur Gewinnmaximierung des Unternehmens geleistet.

Fertigungsplanung

◆ **Objekt der Fertigungsvollzugsplanung ist dabei der eigentliche Produktionsprozess, der vor Produktionsbeginn für das vorgesehene Produktionsprogramm der Unternehmung angemessen gestaltet werden sollte.**

Definition

Die Fertigungsvollzugsplanung umfasst im Wesentlichen zwei Entscheidungsfelder:

● Zum einen ist der durch gegebene Bedingungen geprägte Ablauf der Fertigung in sachlogischer, räumlicher, zeitlicher und dokumentarischer Hinsicht zu untersuchen und zu planen (Fertigungsablaufplanung).

● Auf der Basis des Produktionsablaufs ist der festgestellte Bedarf an Betriebsmitteln, Material und Arbeitskräften zu reflektieren und zu koordinieren (Fertigungsbedarfsplanung).

3.5.1   Fertigungsablaufplanung (Herstellungsplanung)

Fertigungsablaufplanung

Um ein Regal von 100 cm Breite in einer Stückzahl von 20 Stück herzustellen, müssen verschiedene Teilplanungen vorgenommen werden.

Anhand der Konstruktionszeichnungen und des Strukturbaums in Zusammenhang mit den Stücklisten müssen die zu fertigenden Teile, die Reihenfolge ihrer Montage sowie die Reihenfolge der Herstellungsschritte bei Produktion der Einzelteile bestimmt werden. Aus der Sachlogik ergibt sich z. B., dass das Blech für die Ständer erst gefalzt werden muss, bevor die Füße angeschweißt werden können.

Aus dem sachlogischen Ablauf ergibt sich, dass im Rahmen der räumlichen Planung der Schweißautomat hinter der Falzmaschine angeordnet werden könnte.

Für die Herstellung eines Ständers wird am Schweißautomat eine Belegungszeit von zwei Minuten benötigt. Bei einer Produktion von Ständern für 20 Regale (= 80 Ständer) ist der Schweißautomat mit 160 Minuten belegt. Erst nach dieser Zeit können die Ständer verzinkt werden. Durch die Zeitvorgabe der Schweißautomatenbelegung wird der Fertigungsbeginn in der Verzinkerei determiniert.

Unter der Herstellungsplanung, auch Fertigungsablaufplanung oder Arbeitsablaufplanung genannt, versteht man die Planung der verschiedenen Herstellungsschritte in ihrem Zusammenwirken bis zur Fertigstellung des Produktes. Dazu bedient man sich verschiedener Methoden und Instrumente.

Definition Arbeitsablaufplanung

◆ **Aufstellen der Arbeitspläne**

Arbeitspläne   Zu Beginn der Fertigungsplanung sollten **Arbeitspläne** als Basis der gesamten weiteren Arbeitsablaufplanung erstellt werden. Der Arbeitsplan enthält Informationen darüber,

★ welche Arbeitsgänge überhaupt zur Herstellung des Produktes notwendig sind.
   WAS?

★ in welchen Räumlichkeiten (sowohl regional als auch innerhalb des Unternehmensgeländes) das Produkt hergestellt werden soll.
   WO?

★ in welcher Reihenfolge die einzelnen Arbeitsgänge ausgeführt werden müssen, um das Produkt zu erzeugen.
   WIE?

★ aus welchen Materialien und mithilfe welcher Betriebsmittel das Produkt gefertigt wird.
   WOMIT?

★ welche Arbeitskräfte mit welchen Qualifikationen die notwendigen Arbeitsgänge durchführen sollen.
   VON WEM?

★ in welcher Zeit die einzelnen Arbeitsgänge abgeschlossen und in welcher Zeit das Produkt fertiggestellt sein soll.
   IN WELCHER ZEIT?

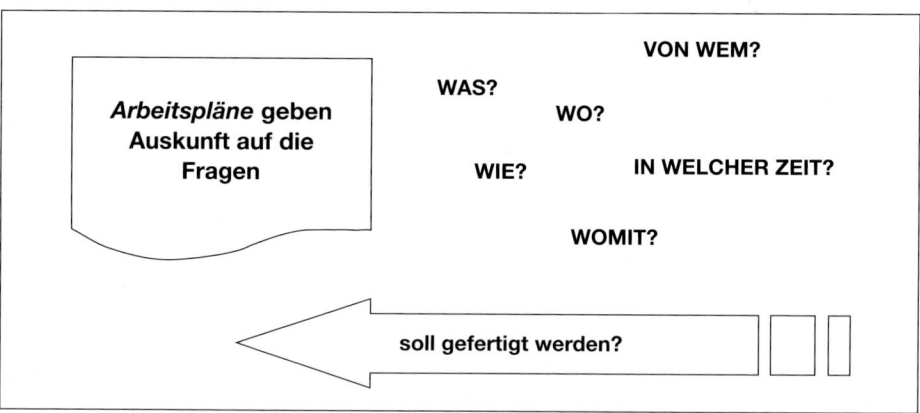

Die notwendigen Daten für die Aufstellung eines Arbeitsplanes können verschiedenen Quellen entstammen. Aus dem Bereich der Forschung und Entwicklung sind die Konstruktionszeichnungen und -stücklisten wichtige Grundlagen. Sie enthalten die Zusammensetzung des Produktes aus den notwendigen selbst hergestellten oder fremd bezogenen Baugruppen und Einzelteilen in ihrem Zusammenhang. Die Fertigungsstückliste gibt darüber hinaus noch Auskunft über die notwendigen Arbeitsschritte. Ergänzend finden sich Informationen z. B. in der Maschinenkartei, der Werkzeugkartei, der Vorrichtungskartei sowie dem Arbeitszeitenkatalog.

Charakteristisch für einen Arbeitsplan im Unterschied zum Fertigungsauftrag ist das **Fehlen von auftragsgebundenen Angaben**. Nur die von einem Auftrag unabhängigen

Fertigungsangaben sind im Arbeitsplan aufgeführt. Durch Ergänzung der Auftragsdaten wird bei der Fertigungssteuerung aus dem Arbeitsplan der Fertigungsauftrag (vergleiche Kapitel 3.7).

Der Arbeitsplan wird aber nicht nur im Bereich der Arbeitsvorbereitung benutzt, sondern dient auch später in der Fertigung als Arbeitsvorlage und ist Basis für die Bestimmung der Kosten und Leistungen innerhalb der Kosten- und Leistungsrechnung.

In den Unterlagen von ihrem Vorgänger findet Frau Krüger eine Aufstellung der für die Herstellung von einem Fachbodenregal von 200 cm Höhe und 200 cm Breite (Artikel-Nr. 100 501) notwendigen Herstellungsschritte.

Herstellungsschritte Artikel-Nr. 100 501

Ständer 200 cm			Fachboden 200 · 60 cm		
Stanzen des 10 cm breiten und 2 mm starken Materials in Doppelreihen	*200 cm*	*0,4 min*	*Stanzen des 70 cm breiten und 1 mm starken Materials*	*8 Löcher und 4 Quadrate von je 5 · 5 cm*	*0,3 min*
Profilieren	*200 cm*	*0,4 min*	*Profilieren*	*210 cm + 210 cm + 70 cm + 70 cm ──── 560 cm*	*1,4 min*
Schneiden nach jeweils 200 cm	*200 cm*	*0,2 min*	*Schneiden nach jeweils 210 cm*	*210 cm*	*0,3 min*
Transport des halbfertigen Erzeugnisses zur Schweißstation	*Durchschnittlich, anteilig*	*0,25 min*			
Anschweißen des Fußes	*1 Fuß*	*1 min*			
Transport des Rohständers zum Tauchbecken	*Durchschnittlich, anteilig*	*0,25 min*	*Transport des Rohfachbodens zum Tauchbecken*	*Durchschnittlich, anteilig*	*0,5 min*
Verzinken des Rohständers im Tauchbad	*2 min*		*Verzinken des Rohfachbodens im Tauchbad*		*2 min*
Transport des fertigen Erzeugnisses zur Versandstation	*Durchschnittlich, anteilig*	*0,5 min*	*Transport des fertigen Erzeugnisses zur Versandstation*	*Durchschnittlich, anteilig*	*0,5 min*

*Aus dieser Übersicht kann Frau Krüger die notwendigen Arbeitsgänge in der ent-
sprechenden Reihenfolge entnehmen:*

– *Stanzen*
– *Profilieren*
– *Schneiden*
– *Transportieren*
– *Schweißen*
– *Transportieren*
– *Verzinken*
– *Transportieren*

*Frau Krüger liegt außerdem ein Lageplan (vgl. Abb. 3.5-4 auf S. 180) vor, dem die An-
ordnung der einzelnen Produktionsanlagen zu entnehmen ist.*

*Die Fertigung der Metallregale findet im Stammwerk in Leverkusen-Manfort statt. In der
Fertigungshalle I Raum 1 steht die Fertigungsstraße, bestehend aus Produktionsanlage I
(Stanzen) und Produktionsanlage II (Profilieren und Schneiden), auf der das Stanzen,
Profilieren und Schneiden mit automatischem Materialtransport erfolgt. Der Schweiß-
automat ist in Raum 2 und das Tauchbecken in Raum 3 untergebracht.*

Für diesen Produktionsprozess werden 3 qualifizierte Fachkräfte benötigt.

Der Arbeitsplan ist meistens tabellarisch aufgebaut und besteht im Wesentlichen aus
drei Teilen:

1. Kopfteil
2. Arbeitsfolgeteil
3. Materialteil

● Der **Kopfteil** enthält alle wesentlichen Angaben über das herzustellende Werkstück.
  Hier ist das Werkstück benannt, mit einer Werkstückkennung wie einer Teilenummer
  versehen und durch Durchlaufzeit und/oder Losgröße spezifiziert.

● Der **Arbeitsfolgeteil** enthält die planbaren Angaben für die Durchführung der Produktion. Dazu zählen die einzelnen Arbeitsschritte, der jeweils vorgesehene Arbeitsplatz, das für jeden Arbeitsschritt vorgesehene Betriebsmittel und die geplante
  Bearbeitungszeit. Für die Auswertung in der Kosten- und Leistungsrechnung
  können Angaben über Lohn- und Maschinenkosten (Maschinenstundensatz und
  Lohngruppe) sowie die jeweils zu belastenden Kostenstellen hilfreich sein.

● Der **Materialteil** enthält die bei jedem Fertigungsschritt notwendigen Werkstoffe mit
  den benötigten Eigenschaften und Mengen.

**Arbeitsfolge-
planung**

◆ **Arbeitsfolgeplanung**

Bei **Produkten mit komplexem Aufbau** sind in der Regel mehrere, zumeist auf-
einanderfolgende Produktionsschritte notwendig. Die Darstellung aller notwendigen
Arbeitsgänge in einem Arbeitsplan wird zumeist unübersichtlich und nur schwer handhabbar. Daher kann es sinnvoll sein, den Inhalt eines Arbeitsplans in mehrere zu-
sammengehörige Arbeitsteilpläne aufzusplitten.

Diese Teilpläne werden zu einem **Arbeitsfolgeplan** zusammengestellt, der die zeitliche
Reihenfolge der Arbeitsgänge darstellt. Der Arbeitsfolgeplan wird dabei häufig in einer
Kartei festgehalten oder in einer EDV-gestützten Datenbank (Arbeitsplandatei) ge-

speichert, um einen schnellen Zugriff zu ermöglichen. Die Anordnung der Teilpläne orientiert sich an der produktionstechnischen Reihenfolge der Arbeitsgänge.

Bei unkomplizierten Produkten übernimmt der Arbeitsplan zugleich auch die Aufgabe einer Arbeitsfolgeplanung.

◆ **Durchlaufzeitenplanung**

Aufgabe der Durchlaufzeitenplanung, auch Durchlaufterminierung genannt, ist die Festlegung der Zeitpunkte für Beginn und Ende von Fertigungsvorgängen.

Durchlauf-
zeitenplanung

Definition

Dabei wird zwischen zwei Arten von Durchlaufzeiten unterschieden:

– Auftragsdurchlaufzeiten
– Durchlaufzeiten von Arbeitsgängen

Unter der Auftragsdurchlaufzeit ist die Zeit zu verstehen, die für die Fertigung eines Auftrags von Beginn des ersten Bearbeitungsschrittes an bis zur versand-bereiten Fertigstellung benötigt wird.

Definition

Unter der Durchlaufzeit eines Arbeitsganges wird die Zeit vom Beginn des ersten Bearbeitungshandgriffes für diesen Arbeitsgang bis zum Beginn des nächsten Arbeitsganges verstanden.

Definition

Aus dem Arbeitsplan kann Frau Krüger die Durchlaufzeit für die Herstellung eines Regals Artikel-Nr. 100 501 grob bestimmen.

Durchlaufzeit für 1 Ständer 200 cm	5 min	Durchlaufzeit für 1 Fachboden 200 cm	5 min
Durchlaufzeit für 4 Ständer und 4 Fachböden und Zusortieren von fremdbezogenen Einzelteilen (2 min), wenn die Herstellung von Regalständern und Fachböden auf den gleichen Anlagen nur sukzessive, aber ohne Berücksichtigung von Rüstzeiten, erfolgen kann.			42 min

Die Durchlaufzeitenplanung verfolgt im Wesentlichen ein **Ziel**, nämlich die **Minimierung der Durchlaufzeit**. Kurze Durchlaufzeiten fördern kurze Lieferzeiten und helfen, Kunden gegenüber einhaltbare Aussagen über Liefertermine zu machen. Außerdem führen planbare Liefertermine zu geringeren Lagerbeständen, wodurch die Kapitalbindung reduziert wird. Das wiederum führt zu geringeren kalkulatorischen Zinsen. Aber auch die Länge des Produktionsprozesses für das einzelne Produkt beeinflusst die Kapitalbindung. Kürzere Durchlaufzeiten führen i. d. R. zu einer schnelleren Umsetzung der in der Produktion gebundenen Mittel in Erlöse.

Minimierung
der
Durchlaufzeit

Voraussetzung für die Planung der Durchlaufzeiten ist ein detailliertes Wissen über die Zusammensetzung des Produktes, über die Ablaufstruktur der Produktion und über die Bestandteile der Durchlaufzeit als solche. Die Zusammensetzung des Produktes ist den Konstruktionszeichnungen und den Stücklisten mit Strukturbaum zu entnehmen. Die Ablaufstruktur der Produktion ist im Arbeitsplan festgehalten, der zeigt, welche Arbeitsschritte für einen Auftrag nötig sind und welche Reihenfolge der Bearbeitungsschritte technologisch bedingt einzuhalten ist.

Die **Planung der Durchlaufzeiten** birgt jedoch **ein wesentliches Problem**: Viele Zeiten, die Durchlaufzeiten beeinflussen, können nur geschätzt werden. Zum Beispiel sind die arbeitsablaufbedingten Wartezeiten von Restriktionen bei der Maschinenbelegungsplanung abhängig. Zum Zeitpunkt der Erstellung der Durchlaufzeitenplanung ist nämlich die Feinterminierung der Maschinenbelegung noch nicht geplant und kann daher nicht exakt als Einflussgröße auf die Durchlaufzeiten bestimmt werden.

Beeinflusst werden die Durchlaufzeiten u. a. durch das angewandte Verfahren der Fertigungssteuerung, das benutzte Transportsystem, das benutzte Kontrollsystem sowie die Dauer der durchschnittlichen Bearbeitungszeit.

Zur Verkürzung der Durchlaufzeiten können verschiedene Maßnahmen ergriffen werden:

– zeitliche Anpassungen
– Intensitätserhöhung
– Splitting
– Überlappung von Arbeitsfolgen

Zeitliche Anpassung

★ **Zeitliche Anpassungen** kann man bei den Maschinenlaufzeiten durch Einführung von Sonderschichten oder bei den Mitarbeitern durch Überstunden vornehmen.

Für das Tauchbecken schlägt Frau Krüger bei einer Besprechung mit Herrn Fugger die Einrichtung einer Sonderschicht vor, um den Engpass zu beseitigen. Herr Fugger hält das für übertrieben und möchte aufgrund der Geringfügigkeit der Überlastung lieber mit Überstunden das Problem lösen.

Intensitätserhöhung

★ Eine **Intensitätserhöhung** wird durch Erhöhung der Taktzeiten bzw. der Ausbringungsmenge pro Zeiteinheit erreicht.

Frau Krüger schlägt Herrn Fugger auch vor, die Durchlaufzeit zu verkürzen, indem bei der Stanz-Profilieranlage die Laufgeschwindigkeit erhöht wird. Herr Fugger hat dabei Bedenken, dass die Abweichungstoleranz der Lochabstände überschritten wird und es bei der Montage der fertigen Regale dadurch zu berechtigten Mängelrügen kommen wird.

Splitting

★ Beim **Splitting von Aufträgen** kann die Bearbeitungszeit durch Aufteilen der Maschinenbelegung auf mehrere Arbeitsplätze oder verschiedene Zeitpunkte, zu denen noch kürzere Maschinenzeiten frei sind, verkürzt werden. Es bleibt jedoch im Rahmen der Maschinenbelegung zu prüfen, inwieweit zusätzliche Rüstvorgänge der Zeiteinsparung entgegenstehen.

Frau Krüger hat außerdem die Idee, das Stanzen und Profilieren der Regalständer auf zwei Maschinen parallel vorzunehmen, um dadurch die Ausführungszeit in diesem Bereich zu halbieren. Herr Fugger möchte, dass Frau Krüger erst einmal die optimale Losgröße bestimmt.

Überlappende Produktion

★ Bei teilbaren Aufträgen können nachfolgende Bearbeitungsschritte bereits mit einem Teil des Auftrages begonnen werden, obwohl der aktuelle noch nicht beendet ist. In einem solchen Fall spricht man von **überlappender Produktion**.

Herr Fugger schlägt vor, das Schweißen der Füße jeweils bereits vorzunehmen, wenn 8 Ständer gestanzt und profiliert sind, statt zu warten, bis bei einer Losgröße von 100 Regalen alle 400 Ständer fertiggestanzt und profiliert sind.

◆ **Kapazitätsplanung**

Martin Fugger beauftragt Frau Krüger, die Kapazität der Stanzanlage zu bestimmen und ihre Auslastung zu beurteilen.

Unter der Kapazität eines Unternehmens ist sein Leistungsvermögen innerhalb einer bestimmten Periode zu verstehen. Innerhalb dieses Kapazitätsbegriffes lassen sich **verschiedene Arten von Kapazitäten** subsumieren:

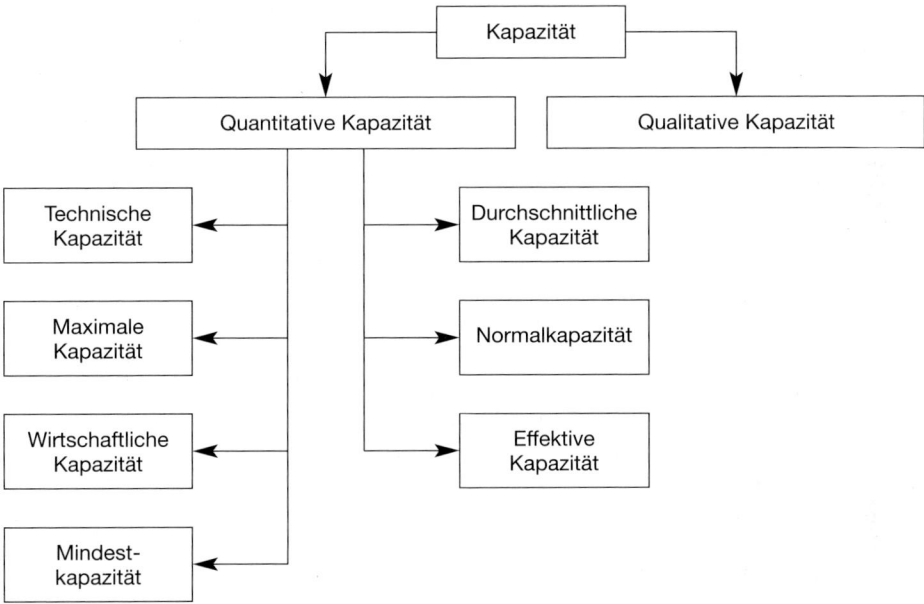

Abb. 3.5-1: Kapazität eines Unternehmens

Unter der **quantitativen Kapazität** wird das mengenmäßige Leistungsvermögen in einer bestimmten Periode verstanden. Das mengenmäßige Leistungsvermögen ist durch die Zahl der möglichen, herstellbaren Einheiten eines Produktes messbar. Die mengenmäßige Kapazität lässt sich ihrerseits nach zwei verschiedenen Gesichtspunkten unterscheiden:

Nach den Kapazitätsgrenzen lassen sich technische, maximale und wirschaftliche Kapazität sowie Minimalkapazität (Mindestkapazität) unterscheiden. Die mengenmäßige Kapazität lässt sich aber auch unter dem Gesichtspunkt der Leistungsmenge charakterisieren. Dabei kann man in die durchschnittliche Kapazität, die Normalkapazität und die effektive Kapazität unterscheiden.

Kapazitäts-planung

Quantitative Kapazität

Technische Kapazität

◆ Die **technische Kapazität** wird bestimmt durch das technische Leistungsvermögen des Betriebsmittels, das nicht überschritten werden kann. Denn die Betriebsmittel sind in ihren Leistungsmerkmalen auf diese Kapazitätsgrenze ausgerichtet.

Frau Krüger entnimmt den Herstellerangaben für die Profilieranlage, dass pro Minute 4 laufende Meter profiliert werden können. Das entspricht:

1 Minute   4 laufende Meter

1 Stunde
= 60 Minuten   240 laufende Meter

1 Woche
= 35 Stunden   8.400 laufende Meter

1 Jahr
= 52 Wochen   436.800 laufende Meter

Die technische Kapazität der Profilieranlage beträgt demnach 436.800 laufende Meter pro Jahr.

Maximale Kapazität

◆ Unter der **maximalen Kapazität** versteht man die größtmögliche Produktionsfähigkeit/leistung o. Ä. einer Maschine unter Berücksichtigung von Rüst- und Wartungszeiten.

Frau Krüger entnimmt dem Wartungsplan, dass die Profiliermaschine jeden Monat planmäßig mit zwei Stunden gewartet wird. Zusätzlich soll einmal im Jahr eine sogenannte große Inspektion durchgeführt werden. Dafür sind drei Stunden einzurechnen. Von der verbleibenden Kapazität entfallen erfahrungsgemäß auf die Rüstzeit 0,6088 %.

Technische Kapazität	*436.800 laufende Meter/Jahr*
12 · pro Jahr 2 Stunden Wartung	
(bei 240 lfd. m pro Stunde)	*– 5.760 laufende Meter/Jahr*
1 · 3 Stunden große Wartung	*– 720 laufende Meter/Jahr*
	430.320 laufende Meter
abzüglich 0,6088 % Rüsten	*– 2.620 laufende Meter*
maximale Kapazität	*427.700 laufende Meter/Jahr*

Frau Krüger hat damit eine maximale Kapazität pro Jahr von 427.700 laufenden Metern ermittelt. Das entspricht einer maximalen Kapazität pro Monat von 8.225 laufenden Metern, bzw. von 235 laufenden Metern pro Stunde.

Optimale Kapazität

◆ Die **wirtschaftliche Kapazität** dagegen bezieht sich nur auf den Teil der technischen Kapazität, der unter Kostengesichtspunkten ausgenutzt werden sollte. Die wirtschaftliche Kapazität wird auch **optimale Kapazität** genannt. Die wirtschaftliche Kapazitätsgrenze liegt bei der Leistungsmenge, bei der die Kosten je Leistungseinheit minimal und damit gewinnoptimal sind. Erfahrungsgemäß liegt die wirtschaftliche Kapazität bei 75–90 % der technischen Kapazität.

Herr Lehmann von der Konstruktionsabteilung erklärt Frau Krüger, dass bei Überschreitung der technisch festgelegten Toleranzgrenze von 0,1° beim Profilierwinkel von 90° höhere Kosten durch Nachbearbeitung oder längere Montagezeiten entstehen. In

den Herstellerangaben findet Frau Krüger Erläuterungen zum Zusammenhang zwischen Laufgeschwindigkeit der Profiliermaschine und der Genauigkeit des Profilierens. Die vorgegebene Toleranz von 0,1° Abweichung wird laut Hersteller bei einer Laufgeschwindigkeit von 3,5 laufenden Metern/Minute eingehalten.

Damit liegt die optimale Kapazität bei einer Laufgeschwindigkeit von 3,5 laufenden Metern pro Minute bei

3,5 m/min · 60 min/Stunde · 35 Stunden/Woche · 52 Wochen/Jahr

= 382.200 laufende Meter/Jahr

Das entspricht 87,5 % der technischen Kapazität.

◆ Bei manchen Anlagen existiert auch eine **Mindestkapazität**. Eine Produktion von einer geringeren Stückmenge auf dieser Anlage ist aus technischen Gründen nicht möglich.

Mindest-kapazität

◆ Die **durchschnittliche Kapazität** wird über einen gewissen Zeitraum hinweg ermittelt, indem man die Kapazität aufeinanderfolgender Perioden mittelt.

◆ Unter der **Normalkapazität** wird das Leistungsvermögen verstanden, das unter normalen Bedingungen erreicht wird.

◆ Die **effektive Kapazität** kann im Unterschied zu allen übrigen Kapazitätsbegriffen erst im Nachhinein ermittelt werden und gibt an, wie hoch das Leistungsvermögen in einer bestimmten Periode tatsächlich war. Verschiebungen zur geplanten Kapazität können sich durch Maschinenausfall oder kurzfristige Kapazitätserweiterungen ergeben.

Da der Mitarbeiter, der die Profilieranlage bedient, zu einem Viertel seiner Zeit mit der Betreuung des Fremdteilelagers beschäftigt ist, läuft die Profilieranlage nicht mit der vollen Kapazität. Unter diesen Umständen beträgt die effektive Kapazität nur 75 % der optimalen Kapazität:

Effektive Kapazität = 382.200 laufende Meter pro Jahr · 75 %

= 286.650 laufende Meter pro Jahr.

Das prozentuale Verhältnis der tatsächlichen Ausbringungsmenge zur möglichen Ausbringungsmenge und damit zur optimalen Kapazität wird als Kapazitätsausnutzungsgrad oder auch als Beschäftigungsgrad bezeichnet. Der Kapazitätsausnutzungsgrad gibt also an, wie stark die Betriebsmittel quantitativ ausgelastet sind.

Definition Beschäftigungsgrad

$$\text{Beschäftigungsgrad} = \frac{\text{Tatsächliche Ausbringungsmenge}}{\text{Mögliche Ausbringungsmenge}} \cdot 100$$

Frau Krüger ermittelt für die 23. Kalenderwoche die tatsächliche Belegung der Profiliermaschine anhand des Absatzplans.

a) Ständer

600 St. · 200 cm = 1.200 m

200 St. · 250 cm = 500 m

100 St. · 300 cm = 300 m

b) *Fachböden*

$$
\begin{array}{c}
210\ cm \\
210\ cm \\
70\ cm \\
\underline{70\ cm} \\
\end{array}
$$

200 St. ·   *560 cm = 1.120 m*

$$
\begin{array}{c}
110\ cm \\
110\ cm \\
70\ cm \\
\underline{70\ cm} \\
\end{array}
$$

400 St. ·   *360 cm = 1.440 m*

c) *Palettenböden*

100 St. 2 Seiten 100 cm =   200 m

250 St. 2 Seiten 120 cm =   600 m

d) *Treppenstufen*

$$
\begin{array}{c}
80\ cm \\
80\ cm \\
30\ cm \\
\underline{30\ cm} \\
\end{array}
$$

10 St. ·   *220 cm =   22 m*

$$
\begin{array}{c}
100\ cm \\
100\ cm \\
30\ cm \\
\underline{30\ cm} \\
\end{array}
$$

30 St. ·   *260 cm = $\underline{78\ m}$*

                5.460 m je Woche

Die optimale Kapazität beträgt 382.200 laufende Meter pro Jahr, also 7.350 laufende Meter pro Woche. Damit liegt der Beschäftigungsgrad für die 23. Kalenderwoche bei 74,29 %.

Qualitative Kapazität

Die **qualitative Kapazität** macht Aussagen darüber, welches Produktionsprogramm mit der bestehenden Ausstattung an Maschinen und Mitarbeitern theoretisch produziert werden könnte. Damit ist die qualitative Kapazität ein Maß für die Anpassungsfähigkeit der Unternehmung an Marktveränderungen.

Mit der bisher untersuchten Profiliermaschine könnten auch andere Profile als der 90°-Winkel hergestellt werden.

Totalkapazität

Während sich alle bisher aufgeführten Kapazitätsbegriffe auf eine bestimmte Periode bezogen (Periodenkapazitäten), kann auch von einer **Totalkapazität** ausgegangen werden. In diesem Fall ist das Leistungsvermögen einer Anlage für ihre gesamte Lebensdauer Gegenstand der Überlegungen.

Bei einer technischen Kapazität von 436.800 laufenden Metern pro Jahr und einer angenommenen betriebsgewöhnlichen Nutzungsdauer der Maschine von 10 Jahren beträgt die Totalkapazität dieser Maschine 4.368.000 laufende Meter.

Die **Rahmenbedingungen für die Kapazitätsplanung** werden schwerpunktmäßig bestimmt durch die zur Verfügung stehenden Betriebsmittel und Mitarbeiter sowie ihre Leistungsmerkmale, die die Kapazitätsgrenzen bestimmen. Außerdem haben die Fertigungsorganisation sowie die Ergebnisse der Durchlaufzeitenplanung Auswirkung auf die Kapazitätsplanung.

Ein grundsätzliches Problem im Rahmen der Kapazitätsplanung ist darin zu sehen, dass die Kapazitätsbelastung gemäß der Durchlaufzeitenplanung i. d. R. die technische Kapazität in bestimmten Phasen überschreitet. Dadurch ergibt sich für die Kapazitätsplanung die Aufgabe, die durch die Durchlaufzeitenplanung determinierte Nachfrage nach Kapazität einzelner Anlagen mit der tatsächlich vorhandenen Kapazität im Zeitverlauf in Einklang zu bringen. Bei gegebenem Auftragseingang soll die optimale Kapazitätsauslastung unter Ausnutzung freier Kapazitäten ermittelt werden. Man spricht in diesem Zusammenhang auch von einem **Kapazitätsabgleich** bzw. einer **Kapazitätsabstimmung**. Zur Kapazitätsabstimmung gibt es eine Vielzahl von möglichen Maßnahmen, die sich entweder mit der Veränderung der Kapazität an sich oder mit der Anpassung der jeweiligen Belastungen der Anlagen beschäftigen.

Kapazitätsabstimmung

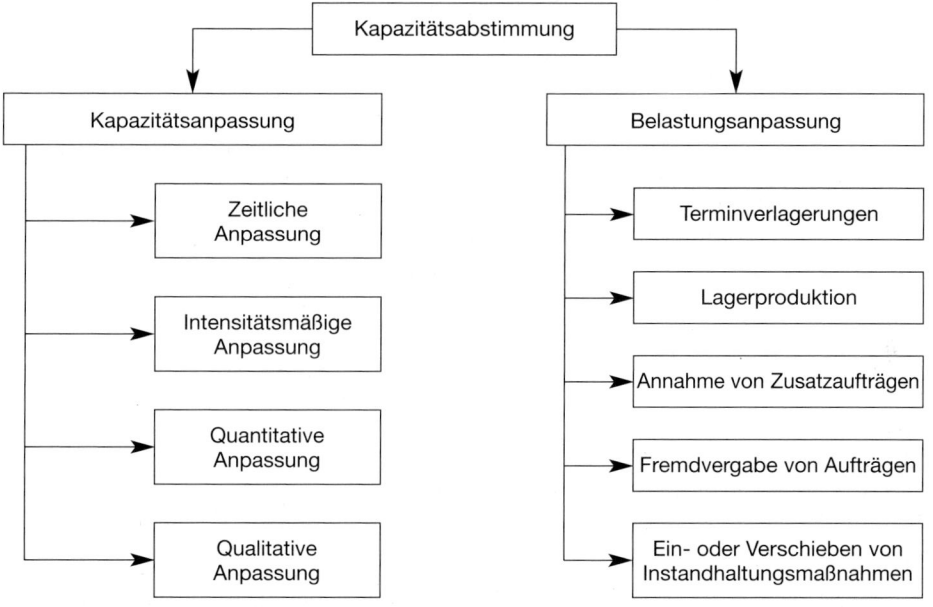

Abb. 3.5-2: Maßnahmen zur Kapazitätsabstimmung

◆ Man kann innerhalb der **Kapazitätsanpassung** zwischen zeitlicher, intensitätsmäßiger, quantitativer sowie qualitativer Anpassung unterscheiden.

Kapazitätsanpassung

* Unter einer **zeitlichen Kapazitätsanpassung** wird die Anpassung der Betriebszeit verstanden. Eine solche Veränderung der Betriebszeit kann entweder individuell geschehen oder auf eine Gruppe von Mitarbeitern bezogen sein. Bei der indi-

– zeitlich

viduellen zeitlichen Kapazitätsanpassung spricht man von Überstunden oder Kurzarbeit. Durch die Einführung von Zusatzschichten oder den Abbau vorhandener
Schichten wird die Kapazität bezogen auf eine Arbeitsgruppe verändert.

– intensitäts-
mäßig

★ Die **intensitätsmäßige Anpassung der Kapazität** zielt auf eine Veränderung der
Bearbeitungsgeschwindigkeit hin. Hierzu zählen als Maßnahmen z. B. Ver-
änderungen der Laufgeschwindigkeiten der Betriebsmittel oder Veränderungen der
Mitarbeiterintensität durch Wegfall von Akkordarbeit.

– quantitativ

★ Bei der **quantitativen Kapazitätsanpassung** werden die vorhandenen Betriebsmittel und Arbeitskräfte in ihrer Menge eingeschränkt bzw. erweitert, ohne ihre
Qualität zu verändern. Dazu zählen z. B. zur Kapazitätserweiterung Investitionen in
Maschinen mit gleichen Qualitätsmerkmalen und Einstellungen von zusätzlichem
Personal mit gleicher Qualifikation. Zur Kapazitätsverminderung wird entsprechend
ein Teil der Betriebsmittel gleicher Leistungsfähigkeit stillgelegt bzw. ein Teil der Mitarbeiter mit gleicher Qualifikation abgebaut.

– qualitativ

★ Unter einer **qualitativen Anpassung** wird die Erweiterung bzw. Einschränkung der
Kapazitäten unter gleichzeitiger Veränderung der Qualität der Betriebsmittel und
Arbeitskräfte verstanden. So spricht man z. B. von einer qualitativen Kapazitäts-
anpassung bei einer Investition in eine Maschine mit einer höheren Genauigkeit als
die alten Maschinen oder einer Neueinstellung eines Mitarbeiters mit einer höheren
Qualifikation.

Belastungs-
anpassung

◆ Im Rahmen der **Belastungsanpassung** wird nicht die Kapazität verändert, sondern
die entstehende Belastung im Rahmen der vorhandenen Kapazität möglichst gleichmäßig verteilt. Zu diesem Zweck kann es sinnvoll sein, Aufträge ohne fixe Liefertermine vor- oder nachzulagern, um Kapazitätsbedarfsspitzen zu vermeiden. In Zeiten geringer
Aufträge können außerdem Zusatzaufträge angenommen werden oder trotz fehlender
Aufträge Erzeugnisse auf Lager produziert werden, um für Auftragsspitzen Kapazitätserweiterungen zu vermeiden. Wenn der Auftragseingang die Kapazität übersteigt, ist
dagegen Fremdvergabe eines Teils der Aufträge möglich, um die Kunden ohne längere
Lieferzeiten zufriedenstellen zu können. Schließlich sind auch Verschiebungen von
geplanten Instandhaltungsmaßnahmen in Phasen mit geringer Auslastung sinnvoll.

Das Ergebnis der Kapazitätsplanung besteht in Vorgaben zu Startterminen und Durchlaufzeiten für einzelne Arbeitsgänge an einzelnen Fertigungsplätzen. Diese Vorgaben
sind bei der Fertigungssteuerung z. B. in Form von Maschinenbelegungsplänen zu
berücksichtigen.

*Im Rahmen der Kapazitätsplanung stellt Frau Krüger fest, dass das Tauchbecken über-
lastet ist. Für die nächste Sitzung mit Herrn Fugger bereitet Frau Krüger eine Reihe von
Lösungsalternativen vor.*

*Im Monat Mai wird eine geringfügige Kapazitätsüberschreitung durch zusätzliche Auf-
träge wegen einer Messe erwartet. Der Mitarbeiter am Tauchbecken leistet im Mai jeden
Tag eine Überstunde. Dadurch wird in diesem Monat die Kapazität um ca. 20 Stunden
erhöht. (Zeitliche Kapazitätsanpassung)*

*Durch eine Veränderung der chemischen Zusammensetzung der Flüssigkeit im Tauch-
becken kann nach Angaben des Herstellers die Tauchdauer um bis zu 10 % verkürzt
werden. Dadurch könnte für den Monat Mai die fehlende Kapazität ausgeglichen
werden. Zu klären bleibt die Kostenfrage. (Intensitätsanpassung der Kapazität)*

Ab dem Monat Juli sollen zusätzlich Metallteile für die Werkbänke verzinkt werden. Dadurch erhöht sich der Kapazitätsbedarf für einige Monate voraussichtlich um 120 Stunden pro Monat. Für diesen Mehrbedarf kann durch eine Personalleasingunternehmung ein zusätzlicher Mitarbeiter befristet eingesetzt werden. Dadurch kann das Tauchbecken in einer zweiten Schicht eingesetzt werden. Der Kapazitätserweiterungseffekt wird ca. 140 Stunden pro Monat betragen. (Zeitliche Kapazitätsanpassung)

Der ab Juli erhöhte Kapazitätsbedarf kann durch den Zukauf oder das Leasen eines zweiten Tauchbeckens langfristig gedeckt werden. Es bleibt zu prüfen, wie lange voraussichtlich der erhöhte Bedarf bestehen wird. (Quantitative Kapazitätsanpassung)

Da das alte Tauchbecken bereits abgeschrieben ist, könnte geprüft werden, ob ein Austausch gegen ein größeres und tieferes Tauchbecken sinnvoll ist. Die Ergebnisse des Verzinkens sollen damit auch qualitativ verbessert werden. (Qualitative Kapazitätsanpassung)

Alternativ zu einer Kapazitätsanpassung schlägt Frau Krüger auch mögliche Belastungsanpassungen vor:

Da im Monat Juni das Tauchbecken nicht ausgelastet ist, sollte überprüft werden, ob ein Teil der Fertigungsaufträge aus dem Monat Mai in den Juni verschoben werden kann. (Terminverlagerung)

Im Monat Juni kann auch bei voller Kapazitätsausnutzung produziert werden. Die Erzeugnisse, deren produzierte Anzahl über der im Monat Juni abzusetzenden liegt, werden für die Folgemonate auf Lager gelegt. (Lagerproduktion)

Für den Monat Juni können noch Zusatzaufträge angenommen werden, um das Tauchbecken auszulasten. (Annahme von Zusatzaufträgen)

Ab Juli könnte ein Teil der zu verzinkenden Teile an eine Verzinkerei fremdvergeben werden. Dadurch könnte der Engpass ab Juli abgewendet werden. Diese Alternative sollte mit der Möglichkeit einer Neuanschaffung eines zweiten Tauchbeckens kostenmäßig verglichen werden. (Fremdvergabe von Aufträgen)

Um dem erhöhten Kapazitätsbedarf im Monat Mai gerecht zu werden, könnten die planmäßigen Instandhaltungen in den Monat Juni verschoben werden. (Ein- oder Verschieben von Instandhaltungsmaßnahmen)

◆ **Transportplanung**

Transportplanung umfasst generell die planmäßige Bereitstellung und Nutzung von Transportmitteln zur Beförderung von Gegenständen (oder Personen) von einem Ausgangsort zum Zielort.

Transport-
planung
Definition

Man kann innerhalb der Transportplanung unterscheiden zwischen:

- Transport von Materialien bei der Beschaffung
- innerbetrieblicher Transport im Fertigungsbereich
- Transport von Fertigerzeugnissen beim Absatz

Bei der Planung der **Transportwege** können grundsätzlich unterschieden werden:

- Transport gelieferter Materialien von der Laderampe zum Lager
- Transport benötigter Materialien vom Lager zu einem Fertigungsort
- Transport von Halberzeugnissen zwischen verschiedenen Fertigungsorten
- Transport von Fertigerzeugnissen von der Fertigung ins Versandlager
- Transport vom Versandlager über die Verladerampe

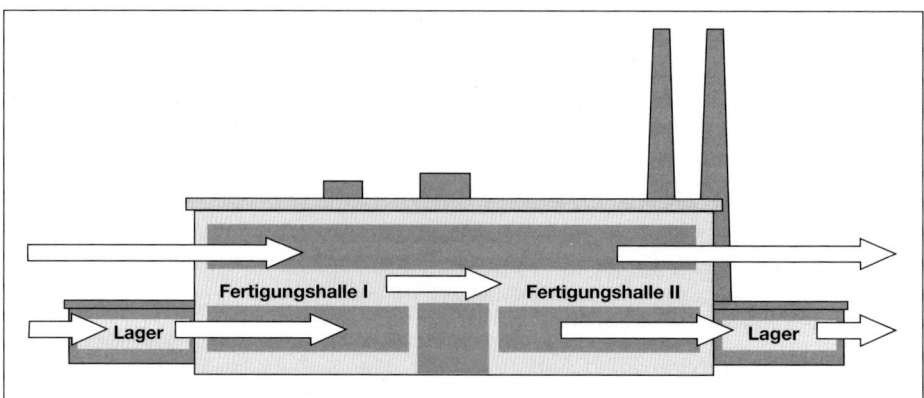

Abb. 3.5-3: Transportwege

Die genaue Wahl der Transportwege hängt von der Arbeitsfolge, der Maschinen-anordnung sowie dem Fertigungsverfahren ab. Zur Optimierung der Transportwege sind Grundrisspläne mit Kennzeichnung der geplanten Standflächen der Betriebsmittel, möglichen Lagerflächen für Pufferlager, vorgesehenen Arbeitsflächen sowie Erholungs-flächen für die Mitarbeiter erforderlich.

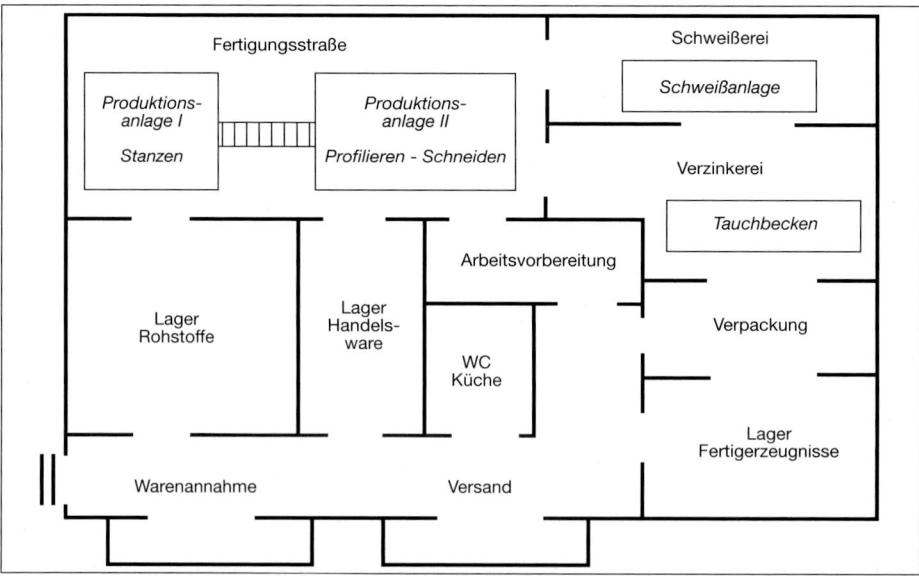

Abb. 3.5-4: Lageplan der Produktionsanlagen in einer Fertigungshalle (am Beispiel der Martin Fugger Regalfabrik)

Ziel der Transportplanung innerhalb der Fertigung ist die Optimierung der Trans-portwege. Denn kurze Transportwege bedeuten als Folge kürzere Transportzeiten und damit eine Kostenreduzierung. Außerdem bedeutet ein Verkürzen der Transportzeiten eine Verringerung der Durchlaufzeit.

Definition Transportzeit

Dabei ist die Transportzeit zu verstehen als die Zeit, die Werkstücke benötigen, um von einem Fertigungsort zum fertigungstechnisch nächsten Fertigungsort befördert zu werden.

◆ **Belegwesenplanung**

Zur Optimierung der Fertigungsablaufplanung ist es notwendig, die für die Auftrags-
durchführung erforderlichen Fertigungsbelege bereitzustellen. Grundlage für diese
Belege sind i. d. R. Stücklisten, Arbeitspläne, Terminvorgaben und später die konkreten
Auftragsdaten.

Solche **Belege** können sein:

- Materialentnahmeschein
- Laufkarte
- Rückmeldeschein
- Terminkarte
- Plan- und Steuerbelege
- Lohnschein
- Kontrollschein
- Lagerzugangsschein

Belege

Durch den zunehmenden Einsatz der IT-Technologie geht die Bedeutung der Belege in
Papierform immer stärker zurück. Die Inhalte der EDV-mäßigen Gestaltung sind jedoch
vergleichbar.

3.5.2 Bedarfsplanung

Nach der Planung des Arbeitsablaufes ergeben sich aus den entsprechenden Ergebnissen Konsequenzen für die benötigten Betriebsmittel, Materialien und Arbeitskräfte.
Diese drei Entscheidungsbereiche ergeben zusammen die **Fertigungsbedarfsplanung**.

◆ **Planung des Betriebsmittelbedarfs**

Als **Betriebsmittel** sind alle mobilen und immobilen Gegenstände definiert, die zur
Durchführung des betrieblichen Leistungsprozesses dienen. Sie werden dem Anlagevermögen zugeordnet. Zu den **immobilen Betriebsmitteln** zählen Grundstücke, Gebäude sowie Energieversorgungsanlagen (z. B. Wasser-, Gas- und Stromzuleitungen)
und Entsorgungsanlagen (z. B. Abwasserleitungen oder Ablufteinrichtungen). **Mobile
Betriebsmittel** sind:

**Planung
des Betriebs-
mittelbedarfs**

- Maschinen
- Werkzeuge
- Förderzeuge
- Fahrzeuge
- Einrichtungsgegenstände

Im Rahmen der **Betriebsmittelplanung** werden Entscheidungen über die planmäßige
Nutzung des Betriebsgeländes, über die Beschaffung der benötigten technischen
Anlagen und ihre Eigenschaften bzw. über Konstruktion und Fertigung solcher Anlagen,
die selbst hergestellt werden sollen, getroffen.

Dabei kann man zwischen **Neuplanungen** und **Veränderungsplanungen** unterscheiden. Neuplanungen sind wesentlich seltener als Veränderungsplanungen. Sie
stehen bei Neugründungen an. Veränderungsplanungen werden notwendig, wenn die
Organisation der Fertigung, die Kapazitäten oder das Produktionsprogramm verändert
werden. Aber kurzfristig sind die Betriebsmittel in ihrer Existenz eine Beschränkung für
alle nachfolgenden Planungen mit langfristiger Wirkung.

Die Betriebsmittelplanung hat das **Ziel**, die Quantität und Qualität der Betriebsmittel in Bezug auf das Leistungsprogramm und auf die Fertigungsorganisation so zu bestimmen, dass danach die vorhandenen Kapazitäten möglichst gleichmäßig ausgelastet werden können. Grundlage für diese Planung ist die Arbeitsplanung.

Herr Fugger macht Frau Krüger darauf aufmerksam, dass er jedes Quartal von ihr eine detaillierte Ausarbeitung ihrer Betriebsmittelplanung in Form einer Veränderungsplanung erwartet. Dabei soll sie die vorhandenen Betriebsmittel, die weiterhin genutzt werden sollen, in ihrer qualitativen und quantitativen Kapazität auflisten. Durch Gegenüberstellung mit den für das geplante Produktionsprogramm benötigten Maschinen, Förderzeugen etc. sollen so die neu zu beschaffenden Anlagen, ebenfalls in Qualität und Quantität näher bestimmt, ermittelt werden.

Material-bedarfs-planung

◆ Materialbedarfsplanung

Neben der Planung des Betriebsmittelbedarfs und des Personalbedarfs (in Form des Stellenbedarfs) ist die Planung des Bedarfs an Materialien wesentlich für die Herstellung der absetzbaren Erzeugnisse. Im Rahmen der Materialbedarfsplanung ist zu konkretisieren, welche Art von Materialien in welcher Menge, in welcher Qualität, in welchen Maßen und zu welchem Zeitpunkt benötigt werden.

Grundlage für die Materialbedarfsplanung sind in erster Linie die Mengenübersichtsstücklisten oder Teilenachweise für alle Erzeugnisse des aktuellen Produktionsprogramms. Außerdem sind sowohl der langfristige Absatzplan als auch die kurzfristig bereits vorliegenden Kundenaufträge bedeutsam. Weiter beeinflusst die Organisation der Fertigung in ihrem Zusammenwirken mit dem Absatz die Ausgestaltung der Materialbedarfsplanung.

Dabei kann man die Materialbedarfsplanung grundsätzlich unter **quantitativen** oder **qualitativen Gesichtspunkten** betrachten. Je mehr Variabilität dem Kunden bei der Bestellung eröffnet wird und je kürzer die Lieferzeiten sein sollen, desto schwieriger und kurzfristiger gestaltet sich die Materialbedarfsplanung. Dadurch wird die quantitative Materialbedarfsplanung beeinflusst. Die geplante Qualität der Endprodukte dagegen beeinflusst ihrerseits die Qualität der benötigten Materialien und damit die qualitative Materialbedarfsplanung.

Nach der Art der Materialien kann man prinzipiell Roh-, Hilfs- und Betriebsstoffe sowie Fertigbauteile (selbsterstellt oder fremdbezogen) und Handelswaren unterscheiden. Unter **Rohstoffen** versteht man Materialien, die bei der Herstellung in das Produkt als Hauptbestandteil eingehen. **Hilfsstoffe** dagegen gehen zwar auch in das Produkt ein, stellen aber nur einen Nebenbestandteil des Produktes dar. **Betriebsstoffe** sind Materialien, die nicht in das Produkt eingehen, aber zur Herstellung notwendig sind. **Fremdbauteile** sind Einzelteile von technischer Komplexität, die als Ganzes in ein Produkt eingesetzt werden. **Handelswaren** werden ohne wesentliche Be- oder Verarbeitung weiterverkauft.

Für die Herstellung der Regale bei der Martin Fugger Regalfabrik ist Stahl der Rohstoff. Hilfsstoffe sind Schrauben, Muttern etc. Betriebsstoffe können z. B. Schmiermittel für die Produktionsanlagen oder die Tauchflüssigkeit für das Verzinken sein. Der fremdbezogene Kreuzverband stellt ein Fremdbauteil dar. Wird ein Lager von der Martin

Fugger Regalfabrik komplett eingerichtet, stellt die EDV-Anlage zur Lagerverwaltung, die fremdbezogen wird, für die Martin Fugger Regalfabrik eine Handelsware dar.

Aufgrund der o. g. Informationen wird in einem ersten Schritt der **Primärbedarf** bestimmt. Der Primärbedarf umfasst die Produkte, die in dieser Periode zum Produktionsprogramm gehören, also mit den vorhandenen Betriebsmitteln und Mitarbeitern hergestellt werden sollen. Aufgrund der Mengenübersichtsstückliste kann aus dem Primärbedarf der **Sekundärbedarf** abgeleitet werden, die für die Herstellung der Erzeugnisse des Produktionsprogramms benötigten Materialien.

Nach Ermittlung des spezifischen Bedarfs und nach Feststellung der Zeitpunkte kann die Umsetzung der Planung entweder durch eigene Fertigung der benötigten Materialien oder durch Fremdbezug erfolgen. Als Ergebnis der Materialbedarfsplanung ergehen also entweder Fertigungsaufträge an die Fertigungsplanung oder Materialanforderungen an den Einkauf.

◆ **Stellen-/Personalbedarfsplanung**

Mit der Planung der benötigten Betriebsmittel steht die Planung des benötigten Personals in direktem Zusammenhang. Denn in vielen Bereichen steht der Einsatz eines Betriebsmittels in einem limitativen Verhältnis zum Personaleinsatz. Der Personalbedarfsplan ermittelt die Menge und die Qualifikationen des benötigten Personals.

Stellen-/
Personal-
planung

3.6 Fertigungssteuerung

Fertigungs-
steuerung

Während die Fertigungsplanung mittelfristig (mindestens für 1 Jahr) erfolgt, nennt man **kurzfristige Planungsvorgänge im Fertigungsbereich** Fertigungssteuerung. Im Unterschied zur Fertigungsplanung wird bei der Fertigungssteuerung von konkret vorliegenden Aufträgen ausgegangen. Dabei kann es sich um Kundenaufträge oder auch um Lageraufträge handeln. Die Fertigungsplanung hingegen basiert lediglich auf erwarteten Umsätzen. Allerdings ist in der Praxis häufig die Grenze zwischen Fertigungsplanung und Fertigungssteuerung fließend.

Im Rahmen der Fertigungssteuerung wird der genaue Produktionsablauf auf der Basis vorliegender Aufträge mengenmäßig und zeitlich festgelegt. Dadurch wird der Fertigungsprozess gelenkt und in seinem Ablauf überwacht.

Zu den Aufgaben der Fertigungssteuerung zählen:

- Festlegung der in einer bestimmten Periode konkret zu fertigenden Erzeugnisse in Art und Menge

- Festlegung und Bereitstellung der für die Fertigung dieser Erzeugnisse benötigten Werkstoffe, Betriebsmittel, Arbeitskräfte sowie Fertigungsunterlagen

- Festlegung der Reihenfolge, mit der die einzelnen Aufträge die verschiedenen Arbeitsplätze durchlaufen

- zeitliche, mengenmäßige sowie kostenmäßige Überwachung der Abwicklung der Fertigungsaufträge

3.6.1   Auftragsbearbeitung (Auftrags- und Terminwesen)

Zu den Mitarbeitern von Frau Krüger gehört Herr Lambeck, dem die Unterabteilung Arbeitsvorbereitung untersteht.

Im Rahmen der Fertigungssteuerung gehört das Auftrags- und Terminwesen zu den wichtigsten Aufgaben der Arbeitsvorbereitung. Die **Arbeitsvorbereitung** ist eine Planungsabteilung, die das **Bindeglied zwischen Verwaltung und Produktion** darstellt. Hier wird in Abstimmung mit Verkaufs-, Einkaufs-, Personalabteilung und Geschäftsleitung die Fertigungsplanung erarbeitet und im Rahmen der Fertigungssteuerung konkretisiert, d. h., die Fertigung wird von hier aus gesteuert und überwacht.

Beim Auftrags- und Terminwesen handelt es sich um einen kurzfristigen Planungsbereich im Rahmen der Vorgaben aus der Fertigungssteuerung. Ein besonderes Augenmerk ist auf die Bereiche Auftragsumwandlung, Beschaffung und Bereitstellung der Produktionsfaktoren, Terminbearbeitung sowie Maschinenbelegung zu richten.

3.6.2   Auftragsumwandlung (Auftragsneustrukturierung)

Grundlage für die Fertigung sind sogenannte **Fertigungsaufträge**. In einem Fertigungsauftrag sind die von einem Auftrag unabhängigen sowie die auftragsbezogenen Fertigungsangaben enthalten. In ihm ist geregelt,

– bis zu welchem Termin
– welche Menge
– welchen Erzeugnisses aus
– welchen Materialien
– an welchen Arbeitsplätzen

zu fertigen ist. Dabei können die Fertigungsaufträge auf **Kunden- oder** auf **Lageraufträgen** basieren. Lageraufträge werden gewählt, wenn die eingehenden Kundenaufträge vorübergehend nicht die optimale Kapazitätsausnutzung der Betriebsmittel erreichen, zu einem späteren Zeitpunkt aber eine Nachfrage oberhalb der wirtschaftlichen Kapazität erwartet wird. Dadurch sollen Produktionsschwankungen vermieden werden, die zu zusätzlichen Kosten führen können.

Ein Fertigungsauftrag unterscheidet sich in der Regel von einem Kundenauftrag dadurch, dass **immer gleichartige Erzeugnisse**, Erzeugnisgruppen oder Einzelteile, manchmal auch von mehreren Kundenaufträgen, in einem Fertigungsauftrag zusammengefasst werden. Dadurch sollen nach Möglichkeit Rüstkosten minimiert werden. Außerdem kann durch Umwandlung von Kundenaufträgen in Fertigungsaufträge die zu produzierende Menge eines Erzeugnisses, einer Erzeugnisgruppe oder eines Einzelteils an der wirtschaftlichsten Fertigungsmenge orientiert werden.

Herr Lambeck wendet sich an Frau Krüger. Bisher wurde bei der Martin Fugger Regalfabrik die Produktionsanlage II, die unter anderem die Regalböden in unterschiedlichen Breiten für die Artikel 100501 und 100502 fertigt, nach Auftragseingang eingesetzt. Laut Aussage von Herrn Lambeck kam es dadurch zu einer hohen Anzahl von Einstellungsänderungen zwischen den Fertigungsabschnitten von 2 Meter und 1 Meter breiten Regalböden. Da jeder Einstellungsänderungsvorgang 10 Minuten dauert, könnte es

seiner Ansicht nach zeitsparender sein, wenn die Regalböden einer Größe aus verschiedenen Aufträgen zusammengefasst würden.

Für die dritte Dekade des Monats Juni sind bisher folgende Kundenaufträge bei der Martin Fugger Regalfabrik eingegangen:

Kundennr.	Kunde	Auftragsnr. Art. 100501	Menge Art. 100502	Menge
012	Brauers GmbH	A 01-06-34	315	120
024	TechnikOrg AG	A 01-06-36		208
006	Reineort Warenhaus GmbH	A 01-06-40	432	
033	Filius e. K. Fachvertrieb	A 01-06-43	218	132
025	Kunststoffwerke Pfeffers & Söhne KG	A 01-06-49	660	236

Dafür sind jeweils verschiedene Regalböden zu fertigen. Herr Lambeck plant aufgrund der vorliegenden Daten für die Regalböden 2 Meter und 1 Meter folgende Fertigungsaufträge:

Fertigungsauftrag	Zwischen-Erzeugnis	Anzahl	zugehörige Auftragsnummern
F0001	Regalboden 2 m breit Art-Nr. 2002	1.625 Stück	A 01-06-34 A 01-06-40 A 01-06-43 A 01-06-49
F0002	Regalboden 1 m breit Art-Nr. 2001	696 Stück	A 01-06-34 A 01-06-36 A 01-06-43 A 01-06-49

Frau Krüger hält die Idee von Herrn Lambeck grundsätzlich für gut. Allerdings macht sie darauf aufmerksam, dass Herr Lambeck die optimale Losgröße z. B. für die Produktionsanlage für die Herstellung der Regalböden in 2 Meter Breite nicht kennt. Sie beauftragt Herrn Lambeck damit, diese optimale Losgröße zu bestimmen.

Eine wichtige Aufgabe im Rahmen der Auftragsumwandlung besteht in der Planung der **Losgröße**. Es soll dabei diejenige Menge festgelegt werden, mit der ein einzelner Produktionsauftrag ohne Unterbrechung gefertigt werden soll. Die Anzahl der gemeinsam gefertigten Erzeugnisse gleicher Art ohne Umstellung und Neueinrichtung der Fertigungsanlagen nennt man die Los-, Serien- oder Auftragsgröße. Eine solche Losgrößenplanung ist vorrangig bei Sorten- und Serienfertigung sowie bei marktorientierter Massenfertigung sinnvoll. Bei Einzel- und Kleinserienfertigung erübrigt sich eine Losgrößenplanung, weil fertigungsbedingt zumeist nach jedem Auftrag umgerüstet werden muss.

Losgröße

Wenn von einer festen Gesamtproduktionsmenge in einer bestimmten Periode wie z. B. einem Jahr ausgegangen wird, ergibt sich aus der festgelegten Losgröße die Häufigkeit der Umstellungsvorgänge, auch Umrüstvorgänge genannt. Dabei wird davon ausgegangen, dass innerhalb dieser Periode die Losgröße konstant ist.

> Anzahl der Umrüstvorgänge = Gesamtproduktionsmenge der Periode/Losgröße

> $$n = Q/x$$

x = Losgröße

Q = Gesamtproduktionsmenge einer Periode

n = Anzahl der Umrüstvorgänge

Optimale Losgröße

Ziel der Losgrößenplanung ist es, die **optimale Losgröße** zu bestimmen. Unter der optimalen Losgröße wird die Anzahl der ohne Umrüstung gefertigten Erzeugnisse verstanden, bei der die durch die Wahl der Losgröße bedingten Stückkosten minimal sind. Die losgrößenbedingten Kosten setzen sich aus losfixen und losproportionalen (= variablen) Kosten zusammen. Losfixe Kosten werden in der Literatur auch als auflagenfix bezeichnet und losproportionale auch als auflagenproportional.

Unter den **losfixen Kosten** werden vereinfachend nur die Rüstkosten verstanden, die bei sorten- oder serienwechselbedingten Umrüstvorgängen entstehen. Verursacht werden solche Kosten durch Personal- und Betriebsmittelkosten für das Einstellen und den Umbau der Anlage, wie z. B. Auswechseln von Werkzeugen und Vornehmen von Justierungen. Dazu zählen aber auch die durch die Stillstandzeit während des Rüstens bedingten Leistungsausfälle.

Rüstkosten

Rüstkosten sind demnach definiert als die Kosten, die bei jedem Umstellungsvorgang beim Vorbereiten der Maschinen auf einen neuen Fertigungsvorgang entstehen.

Die Rüstkosten werden zu Stückkosten umgerechnet, indem man die Kosten für einen Rüstvorgang durch die Anzahl der in einem Los gefertigten Erzeugnisse teilt. Je größer die Lose gewählt werden, auf desto mehr Erzeugnisse werden diese fixen Kosten aufgeteilt und desto niedriger fällt der Stückanteil aus. Man spricht in diesem Zusammenhang auch von Auflagendegression, weil mit dem Anstieg der Auflage (= Los) die Stückkosten abnehmen.

Lagerkosten

Die zur Losgröße proportionalen variablen Kosten setzen sich grob aus **Lagerkosten** und aus **Zinskosten** zusammen. Beide Kostenkategorien steigen mit Zunahme der ohne Unterbrechung gefertigten Erzeugnisse. Je größer ein Los gewählt wird, desto mehr Erzeugnisse müssen bis zum Versand zum Kunden gelagert werden. Außerdem werden die fertigen und unfertigen Erzeugnisse im Durchschnitt länger auf Lager liegen. Dadurch steigt insgesamt der durchschnittliche Lagerbestand. So wird mehr Lagerfläche und höherer Personalaufwand erzeugt. Ein größeres Los bedeutet auch, dass mehr Kapital während der Zeit der Produktion und der sich anschließenden Lagerung gebunden ist. Dieses gebundene Kapital verursacht dadurch Kosten, dass es durch die Bindung in Produktion oder Lager dem Unternehmen für andere Produktionsvorhaben oder für alternative Bank- bzw. Investmentanlagen nicht zur Verfügung steht. Weil sich insbesondere die Kapitalkosten nicht eindeutig zwischen Lager und Produktion trennen lassen und die Kostenentwicklung gleichgerichtet verläuft, werden sie in der Literatur häufig zusammengefasst.

Die **optimale Losgröße** wird in der Praxis häufig durch **Näherungsverfahren** in Tabellenform ermittelt. Dabei werden die Rüstkosten sowie die Zins- und Lagerkosten für ausgewählte mögliche Losgrößen konkret ermittelt und anschließend addiert. Diejenige der ausgewählten Losgrößen mit den geringsten Gesamtkosten wird als optimal erklärt.

Näherungsverfahren

Frau Krüger lässt sich die Ergebnisse der Arbeit von Herrn Lambeck zeigen. Mit den Ergebnissen ist sie zwar einverstanden, allerdings ist sie der Meinung, dass man mit dem Näherungsverfahren schneller zu diesem Ergebnis kommen kann.

Für die Produktionsanlage II zur Herstellung eines Regalbodens ergibt sich für die Martin Fugger Regalfabrik nach dem Näherungsverfahren folgende Bestimmung der optimalen Losgröße:

Anzahl der Lose	Losgröße in St.	durchschn. Lagerbestand in Stück	durchschn. Lagerbestand in EUR	Lagerzinskosten	Rüstkosten	Summe der Kosten
	1)	2)	3)	4)	5)	6)
1	33.600	16.800	405.384,00	16.215,36	16,74	16.232,10
10	3.360	1.680	40.538,40	1.621,54	167,40	1.788,94
20	1.680	840	20.268,20	810,77	334,80	1.145,57
30	1.120	560	13.512,80	540,51	502,20	1.042,71
40	840	420	10.134,60	405,38	669,60	1.074,98
50	672	336	8.107,68	324,31	837,00	1.161,31

1) *jeweilige Losgröße*
   = Produktion pro Periode / Anzahl der Lose
   z. B. 33.600 Stück / 10 = 3.360 Stück

2) *durchschnittlicher Lagerbestand in Stück*
   = (Anfangsbestand + Endbestand) / 2
   Es wird von einer gleichmäßigen Entnahme der fertigen oder halbfertigen Erzeugnisse vom Lager ausgegangen. Daher entspricht der Anfangsbestand der Losgröße und der jeweilige Endbestand Null.
   z. B. (3.360 Stück + 0 Stück) / 2 = 1.680 Stück

3) *durchschnittlicher Lagerbestand in EUR*
   = durchschnittlicher Lagerbestand in Stück · Wert pro Regalboden in Form der Selbstkosten
   z. B. 1.680 Stück · 24,13 EUR = 40.538,40 EUR

4) *Lagerzinskosten*
   = durchschnittlicher Lagerbestand in EUR · Marktzinssatz
   z. B. 40.538,40 EUR · 4 % = 1.621,54 EUR

5) *Rüstkosten*
   = Kosten pro Rüstvorgang · Anzahl der Rüstvorgänge
   (Vor dem Beginn jedes neuen Loses muss gerüstet werden.)
   z. B. 16,74 EUR · 10 Lose = 167,40 EUR

6) *Summe der Kosten = Lager- und Rüstkosten*
   z. B. 1.621,54 EUR + 167,40 EUR = 1.788,94 EUR

Die optimale Losgröße liegt bei der Losgröße, bei der die Summe der Kosten minimal ist. In diesem Fall beträgt die optimale Losgröße 1.120 Stück. Das entspricht einer Anzahl der Lose von 30 pro Periode.

Produktions-
faktoren

3.6.3   Beschaffung und Bereitstellung der Produktionsfaktoren

Auf der Basis der zusammengestellten Fertigungsaufträge kann der Bedarf der benötigten Produktionsfaktoren ermittelt werden. Bevor für einen Fertigungsauftrag ein Erzeugnis gefertigt werde kann, ist es notwendig, die Bereitstellung der geplanten Produktionsfaktoren zu prüfen und fehlende Produktionsfaktoren zu beschaffen. Dies ist u. a. Aufgabe der Abteilung Arbeitsvorbereitung in Zusammenarbeit mit der Beschaffungsabteilung und der Abteilung Investition/Finanzierung.

Die zur Produktion benötigten Produktionsfaktoren werden in der Literatur auf unterschiedliche Weise systematisiert. Weitverbreitet sind Systematiken in Anlehnung an Gutenberg.

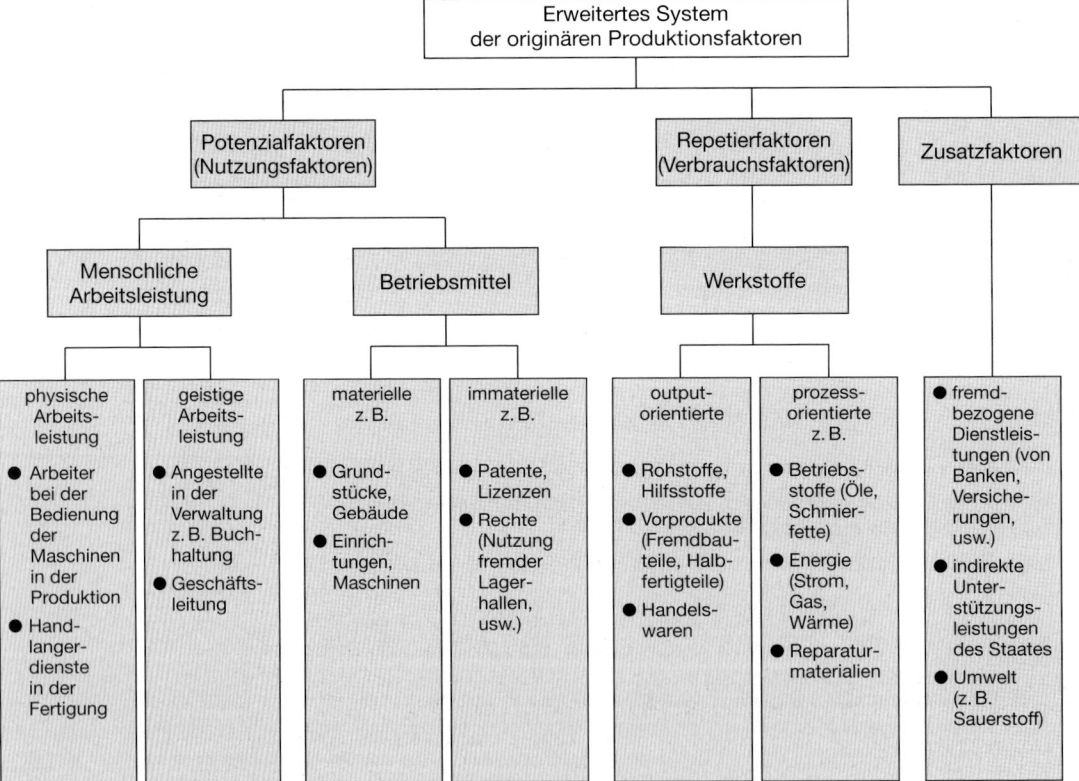

Übersicht: Produktionsfaktoren

Die **Produktionsfaktoren** können in **Potenzialfaktoren** und **Repetierfaktoren** unterschieden werden. Potenzialfaktoren werden mehrfach über eine gewisse Zeitspanne hinweg genutzt, also gebraucht (= Nutzungsfaktoren). Repetierfaktoren dagegen müssen nach einmaliger Nutzung ersetzt werden. Diese Produktionsfaktoren werden verbraucht (= Verbrauchsfaktoren).

Innerhalb der Potenzialfaktoren wird zwischen den beiden wichtigen Produktionsfaktorengruppen menschliche Arbeitsleistung und Betriebsmittel unterschieden. Zu den Repetierfaktoren gehören Werkstoffe inklusive Energien und sonstige Dienstleistungen.

- Die **menschliche Arbeitsleistung**, auch personaler Potenzialfaktor genannt, folgt der traditionellen Unterscheidung in Angestellte und Arbeiter. Während die Arbeiter vorrangig physische Arbeit verrichten, führen Angestellte überwiegend geistige Arbeit aus.

- Unter **Betriebsmitteln** werden alle materiellen und immaterielle Anlagepositionen verstanden. Zu den immateriellen Betriebsmitteln zählen neben dem Unternehmensimage alle mit dem Rechtsschutz der Erzeugnisse verbundenen Rechte. Materielle Betriebsmittel sind bebaute und unbebaute Grundstücke, technische Anlagen und Maschinen, Betriebs- und Geschäftsausstattung und der Fuhrpark.

- Für den Produktionsprozess benötigte **Dienstleistungen** können die Dienste von Banken oder Versicherungen sowie des Staates, z. B. für Müllentsorgung, sein.

3.6.4 Terminbearbeitung (Timing) – Grobterminierung

Termin-
bearbeitung

Im Rahmen der Terminplanung, auch Timing genannt, wird aufbauend auf die Ergebnisse der Auftragsplanung und der daraus abgeleiteten Produktionsfaktorendisposition die Terminplanung konkretisiert. Dabei kann zwischen einer Termingrobplanung und einer Terminfeinplanung unterschieden werden.

Die **Termingrobplanung** hat das vorrangige Ziel, Liefertermine für konkrete Aufträge zu bestimmen oder für feste Liefertermine den zeitlichen Ablauf der Fertigung festzulegen.

Das Festlegen eines Liefertermins, der im Interesse des Kunden möglichst früh liegen sollte, nennt man progressive Terminbestimmung. Das Wort „Progressiv" steht für eine Vorwärtsrechnung. Die Terminplanung mit einem fest vereinbarten Liefertermin bedeutet eine Rückwärtsrechnung vom Liefertermin aus. Daher spricht man hier von einer retrograden Terminbestimmung.

3.6.5 Maschinenbelegung – Feinterminierung

Maschinen-
belegung

Die **Terminfeinplanung** beschäftigt sich mit dem Reihenfolgenproblem der einzelnen Arbeitsschritte bei der Fertigung mit dem **Ziel der Kostenminimierung**. Die verschiedenen zur Herstellung eines Erzeugnisses notwendigen Arbeitsgänge werden den Arbeitsplätzen i. d. R. kurzfristig und damit den Maschinen möglichst stundengenau zugeordnet. Eine Besonderheit bei der Feinterminierung ist, dass Gegenstand der Planung Arbeitsschritte sind, die nur hintereinander erledigt werden können, weil sie am gleichen Werkstück oder an der gleichen Maschine vorgenommen werden müssen. Das Ergebnis der Feinterminierung ist eine detaillierte Ablaufplanung, z. B. in Form einer Maschinenbelegungstafel. **Inhalt einer** solchen detaillierten **Ablaufplanung** sind die Antworten auf die Fragen, wann welcher Arbeitsschritt inklusive Rüstzeiten für welchen Auftrag auf welcher Maschine gefertigt wird. Grundlage für die Feinterminierung sind in erster Linie die Fertigungsaufträge.

Die Planung der Reihenfolge bei der Maschinenplanung ist ein typisches Problem der (meist mehrstufigen) Werkstattfertigung (siehe Kapitel 3.4). Bei der **Maschinenbelegungsplanung** geht man davon aus, dass die Kapazitäten zur Herstellung eigener Erzeugnisse begrenzt sind. Das Ziel der Maschinenbelegungsplanung ist im Prinzip die Kostenminimierung. Die Kosten im Zusammenhang mit der Maschinenbelegung sind im Planungsstadium nicht exakt zu bestimmen. Sie setzen sich zusammen aus

– evtl. zu zahlenden Konventionalstrafen, wenn Liefertermine überschritten werden,
– Stillstandskosten, wenn die Kapazitäten nicht ausgelastet sind,
– unterschiedlichen Rüstkosten,
– Kapitalbindungskosten, wenn fertige Erzeugnisse bis zur Auslieferung gelagert werden müssen, weil andere Teile eines Auftrages noch nicht gefertigt wurden, oder halbfertige Erzeugnisse auf Weiterbearbeitung warten müssen.

Um diese Aspekte des Ziels Kostenminimierung gedanklich fassen zu können, ohne die genauen Kostenstrukturen zu kennen, kann man hilfsweise Unterziele heranziehen. Um Kosten im Rahmen der Werkstattfertigung zu minimieren, sind im Wesentlichen zwei Unterziele zu verfolgen:

● Minimierung der Durchlaufzeiten

● Maximierung der Kapazitätsauslastung, was einer Minimierung der Leerlaufzeiten der Potenzialfaktoren entspricht

Dilemma der Ablaufplanung

Diese beiden wichtigsten Unterziele stehen jedoch in einem Zielkonflikt zueinander. Daher spricht man bei der Werkstattfertigung auch von einem **Dilemma der Ablaufplanung**. Denn ein Verfolgen beider Ziele gleichermaßen ist von vornherein zum Scheitern verurteilt.

Daneben kann zur Erreichung des übergeordneten Ziels der Kostenminimierung auch angestrebt werden, vereinbarte Liefertermine einzuhalten, um Konventionalstrafen oder Imageverlust zu vermeiden. Außerdem können kürzere Zwischenlagerzeiten Kapitalbindungskosten vermeiden. Schließlich kann es erstrebenswert sein, die anstehenden Aufträge auf einer Maschine möglichst zügig zu bearbeiten, um die Leerläufe möglichst spät innerhalb der Periode zu konzentrieren. Dadurch bleibt die Produktion manövrierfähig für kurzfristige Aufträge mit einem hohen Stückvolumen.

Um eine **sinnvolle Maschinenablaufplanung** durchzuführen, müssen bestimmte **Bedingungen** gegeben sein:

● Verschiedene Aufträge brauchen die unterschiedlichen Arbeitsplätze bzw. Maschinen nicht in einer identischen Reihenfolge zu durchlaufen.

● Mehrere Aufträge brauchen Maschinen bzw. Arbeitsplätze nicht in identischer Reihenfolge hintereinander zu durchlaufen. Ein Auftrag kann bei entsprechender Begründung einem anderen an einer bestimmten Maschine vorgezogen werden. Er kann „überholen".

● Ein Bearbeitungsvorgang innerhalb eines Auftrages ist dadurch definiert, dass die notwendigen Bearbeitungsschritte an einem Arbeitsplatz bzw. an einer Maschine hintereinander erledigt werden. Bei einem Arbeitsplatz- oder Maschinenwechsel beginnt ein neuer Vorgang.

● Vereinfachend wird davon ausgegangen, dass alle mit dem Reihenfolgenproblem im Zusammenhang stehenden Kosten bekannt sind.

● Außerdem besteht die Prämisse, dass alle Aufträge für die laufende Periode bereits bekannt und wochenweise oder evtl. schon tageweise grobterminiert sind.

Die Komplexität der Reihenfolgenplanung bei der Maschinenbelegung hängt einerseits von der Anzahl der zu bestückenden Maschinen bzw. Arbeitsplätze ab. Zum anderen nimmt die Anzahl der zu planenden Aufträge Einfluss auf den Komplexitätsgrad. Mathematisch lässt sich der Komplexitätsgrad durch Fakultäten berechnen. Da die mathematisch z. B. durch Operation „Research" berechneten Lösungen allerdings in der Praxis nur schwer handhabbar sind, wollen wir uns hier auf niedrige Komplexitätsgrade beschränken und ein einfaches Beispiel mit einer Lösung durch Probieren vorstellen.

Für die 24. Kalenderwoche sind von Herrn Lambeck folgende Fertigungsaufträge unter Berücksichtigung von Rüstzeiten für die Maschinenbelegung aufgelistet worden. Der Schweißautomat steht im 2-Schicht-Betrieb 16 Stunden, also 960 Minuten zur Verfügung.

Maschinenbelegung nach Fertigungsaufträgen Schweißautomat am 18. Juni						
Fertigungsauftrag	Teile-Nummer	Stückzahl	Bearbeitungszeit pro Stück	Bearbeitungszeit pro Fert.-Auftrag	Bearbeitungszeit kumuliert	Endtermin Kunde
F 0000	R	–	5 min	5 min	5 min	
F 0001	4002	2 Stück	3 min	6 min	11 min	26. KW 035
F 0002	4003	10 Stück	3 min	30 min	41 min	26. KW 016
F 0000	R	–	5 min	5 min	46 min	
F 0003	1001	600 Stück	1 min	600 min	646 min	24. KW 027
F 0000	R	–	5 min	5 min	651 min	
F 0004	1002	200 Stück	1 min	200 min	851 min	25. KW 009
F 0000	R	–	5 min	5 min	856 min	
F 0005	1003	120 Stück	1 min	120 min	976 min	24. KW 041

Bei den Teilenummern 4002 und 4003 handelt es sich um Werkbänke mit Schubladen. Da die Schubladen, deren Fronten im Schweißautomaten auf die Schubladenrohlinge geschweißt werden, für beide Werkbanktypen identisch sind, ist zwischen beiden Fertigungsaufträgen kein Rüsten notwendig. Die Teilenummern 1001 bis 1003 sind verschieden lange Regalständer, für die jeweils eine Einstellungsänderung notwendig ist.

Maschinen-belegungs-tafel 18. Juni	Schicht 1								Schicht 2							
	1	2	3	4	5	6	7	8	1	2	3	4	5	6	7	8
Prod.-Anlage I	▓	▓	▓	▓	▓	▓		▓	▓	▓		▓	▓	▓	▓	▓
Prod.-Anlage II		▓	▓	▓	▓	▓	▓	▓	▓	▓	▓	▓	▓	▓	▓	
Schweiß-automat																
Tauch-becken	▓	▓	▓	▓	▓	▓	▓		▓	▓	▓	▓	▓	▓	▓	▓

Frau Krüger hat in der Maschinenbelegungstafel bereits die Maschinenbelegungen für die Produktionsanlagen I und II sowie für das Tauchbecken eingetragen. Herr Lambeck möchte jetzt gemäß seiner Tabelle noch die Maschinenbelegung für den Schweißautomaten vornehmen. Er stellt allerdings fest, dass nach seiner Planung die Tageskapazität um 16 Minuten überschritten wird. Er ist sich nicht darüber im Klaren, welche Fertigungsaufträge er auf den nächsten Tag verschieben soll.

Prioritäts-regel

Um auch bei **Reihenfolgenproblemen** mit nur wenigen Maschinen und Aufträgen zielgerichtet planen zu können, ist es notwendig, vorher eine **Prioritätsregel** festzulegen. Durch die Prioritätsregel wird ein Prinzip beschrieben, nach dem bei der Maschinenbelegung vorgegangen werden soll. Da das Dilemma der Ablaufplanung besteht, gibt es auch Prioritätsregeln, die sich widersprechen. Rein mathematisch ist es zwar möglich, auch mehrere Prioritätsregeln verzahnt anzuwenden. In der Praxis ist die Ablaufplanung jedoch viel leichter zu handhaben, wenn man sich auf eine wesentliche Prioritätsregel beschränkt und nur bei gleichwertigen Alternativen nachrangig nach einer zweiten Prioritätsregel entscheidet.

Die folgende Tabelle gibt eine Übersicht über mögliche Prioritätsregeln:

Regelname	Prioritätsbeschreibung
FCFS-Regel	**first come – first served** Aufträge, die zuerst eingehen, werden zuerst gefertigt.
FLT-Regel	**frühester Liefertermin** Aufträge, bei denen frühere Liefertermine vereinbart sind, werden vorgezogen.
WT-Regel	**Wert** Aufträge mit dem höchsten Gesamtwert und damit Anteil am Umsatz haben bei der Fertigung Vorrang.
WAA-Regel	**am wenigsten noch auszuführende Arbeitsgänge** Aufträge mit wenigen noch auszuführenden Arbeitsgängen stehen kürzer vor ihrer Umsetzung in liquide Mittel.
MAA-Regel	**am meisten noch auszuführende Arbeitsgänge** Wenn man stets die Aufträge bevorzugt, bei denen vor einer Umsetzung am Markt noch die meiste Arbeit anfällt, wird die Zeit, bis die Fertigprodukte in liquide Mittel umgesetzt werden, im Durchschnitt minimiert.

Welche Prioritätsregel für die Maschinenbelegungsplanung herangezogen wird, hängt von der jeweiligen Situation ab.

Bei einer Maschinenbelegung **nach dem Auftragseingang** können durch nicht optimale Kapazitätsauslastung längere Lieferzeiten entstehen. Außerdem ist eine rasche Reaktion auf Marktveränderungen nicht möglich, weil bei ausschließlicher Berücksichtigung dieser Prioritätsregelung keine Neuaufträge vorgezogen werden.

Diesen Nachteilen wird bei einer Maschinenbelegungsplanung **nach der Dringlichkeit** eines Auftrages entgegengewirkt. Denn diese Prioritätsregelung ermöglicht es, Aufträge, die als dringlicher eingestuft werden und deshalb mit einem früheren Liefertermin bedient werden sollen, vorzuziehen. Allerdings besteht dann die Gefahr der Improvisation, wenn Aufträge nachträglich eingeschoben werden.

Frau Krüger entscheidet, dass das Belegungsproblem beim Schweißautomaten nach der Dringlichkeit der Aufträge gelöst werden soll. Die Aufträge, die einen früheren Liefertermin haben, soll Herr Lambeck vorziehen. Daraufhin erstellt Herr Lambeck eine neue Maschinenbelegungsliste:

Maschinenbelegung nach Fertigungsaufträgen Schweißautomat am 18. Juni						
Ferti- gungs- auftrag	Teile- nummer	Stückzahl	Bearbei- tungszeit pro Stück	Bearbei- tungszeit pro Fert.- Auftrag	Bearbei- tungszeit kumuliert	End- termin Kunde
F 0000	R	–	5 min	5 min	5 min	
F 0003	1001	600 Stück	1 min	600 min	605 min	24. KW 027
F 0000	R	–	5 min	5 min	610 min	
F 0005	1003	120 Stück	1 min	120 min	730 min	24. KW 041
F 0000	R	–	5 min	5 min	735 min	
F 0004	1002	200 Stück	1 min	200 min	851 min	25. KW 009
F 0000	R	–	5 min	5 min	940 min	
F 0001	4002	2 Stück	3 min	6 min	946 min	26. KW 035
F 0002	4003	10 Stück	3 min	30 min	*)	26. KW 016

Herr Lambeck stellt fest, dass nach der Fertigung der 2 Schubladen für die Werkbänke 4002 nur noch 14 Minuten Maschinenbelegung offen sind. Vom Fertigungsauftrag F 0002 können also am 18. Juni nur 4 Schubladen hergestellt werden. Die übrigen 6 Schubladen müssen auf den nächsten Tag verschoben werden. Angepasst an die neue Situation kann Herr Lambeck jetzt die Maschinenbelegungstafel vervollständigen.

3.6.6 Arbeitsverteilung

Die Maschinenbelegungsplanung mit ihrer festgelegten Reihenfolge ist wiederum Grundlage für die Arbeitsverteilung. Arbeitsverteilung wird auch Aufgabenverteilung, Fertigungsveranlassung oder Auftragsverteilung genannt.

Unter **Arbeitsverteilung** sind alle Handlungen zu verstehen, die notwendig sind, um die Verwirklichung des im Rahmen der Fertigungssteuerung vorstrukturierten Produktionsprozesses einzuleiten. Dazu ist es notwendig, dass die für die zu produzierenden Aufträge benötigten einzelnen Tätigkeiten entsprechenden Arbeitsplätzen bzw. Maschinen mit geeignetem Personal zugeordnet werden. Ziel der Arbeitsverteilung ist eine termingerechte Verwirklichung gemäß den festgelegten Anfangs- und Endzeiten aus der Maschinenbelegungsplanung.

Bei der Martin Fugger Regalfabrik wird die Arbeitsverteilung für die Fertigungshalle I von Herrn Lambeck in der Arbeitsvorbereitung (AV) zentral organisiert. Hier holen sich die Mitarbeiter im AV-Büro die für ihren Arbeitsplatz für diesen Tag vorgesehene Laufkarte mit den zugehörigen Rückmeldescheinen, die bei erfolgter Ausführung Herrn Lambeck zurückgegeben werden.

3.7 Fertigungskontrolle

Die Fertigungskontrolle hat die **Aufgabe**, die im Rahmen der Fertigungssteuerung bis hin zur Arbeitsverteilung vorgenommenen Festlegungen in ihrer Umsetzung fertigungsbegleitend **zu überwachen**. Die Fertigungskontrolle wird auch als Arbeitsüberwachung, Aufgabenüberwachung oder Supervision bezeichnet. Die Überwachung kann in verschiedenen Bereichen stattfinden. Wichtig ist eine Überwachung

– der Termine,
– der Kapazitätsauslastung,
– der Qualität und
– der Kosten.

Durch eine **kontinuierliche Überwachung** soll es möglich sein, bei Abweichungen noch während des Fertigungsprozesses regulierend einzugreifen, um Folgekosten zu vermeiden. Es soll eine termingerechte Auftragsfertigstellung in geforderter Menge und Qualität erzielt werden.

Die grundsätzliche Vorgehensweise im Rahmen der Fertigungskontrolle entspricht einem **Soll-Ist-Vergleich**. Die in den Planungen festgelegten Sollwerte werden mit den in der Realität ermittelten Istwerten verglichen. Dabei werden unter Umständen Abweichungen der Ist- von den Sollwerten festgestellt. Diese Abweichungen werden analysiert, um Ursachen zu identifizieren. Die Ergebnisse der Abweichungsanalyse führen einerseits zu einer Berichtigung der Planvorgaben im Rahmen der Fertigungssteuerung für die nächste Periode. Andererseits sind sie Grundlage für die Entwicklung geeigneter Maßnahmen beim Eingreifen in die Fertigungsdurchführung. Damit schließt sich der Kreis, weil in der nächsten Periode die veränderten Planvorgaben mit den durch die Maßnahmen beeinflussten neuen Istergebnissen erneut verglichen werden.

Durch diesen **Regelkreis** wird auch deutlich, dass sich die Fertigungsüberwachung nicht auf die Kontrolle beschränkt, sondern zu einem wesentlichen Teil die Fertigung mitsteuert.

Im Rahmen der Fertigungsüberwachung kommt der **Terminüberwachung** eine große Bedeutung zu. Durch eine Überwachung der Termineinhaltung können Folgekosten vermieden werden. Doch eine sinnvolle Terminüberwachung ist nur durch ein gesichertes Belegwesen möglich. Laufkarten und Terminkarten dienen dazu, die Ist-daten zu erfassen und weiterzuleiten. Zum Soll-Ist-Vergleich dienen die aus der Termin-planung bekannten Instrumente der Balkendiagramme und Netzpläne. Außerdem existieren geeignete Programme, die Terminüberwachung unterstützen und bereits von der Terminplanung an eingesetzt werden können. Das bekannteste ist „MS-Project" von Microsoft.

Termin-überwachung

Herr Lambeck erhält ständig die Rückmeldescheine der verschiedenen Arbeitsplätze und trägt die erledigten Arbeitsschritte für jeden Auftrag in seine Terminkarte ein. Dadurch kann er den Fortgang der Auftragsbearbeitung verfolgen. Am 19. Juni stellt er morgens fest, dass in der zweiten Schicht am Vortag der Fertigungsauftrag F 0002 nicht mehr wie geplant angefangen werden konnte. Daher müssen an diesem Tag alle 10 Schubladen, statt wie geplant nur 6 Schubladen, geschweißt werden. Er ruft den Mitarbeiter am Schweißautomaten an und fragt nach der Ursache. Der Schweißer berichtet, dass sich ein Schweißarm verklemmt hatte. Erst nach Schmieren des betroffenen Gelenkes sei der Automat wieder einsatzbereit gewesen. Dieser Reparatur-vorgang habe fast 15 Minuten gedauert.

Herr Lambeck nimmt sich vor, den Wartungsplan noch einmal dahin gehend durch-zuschauen, ob das Schmieren der Gelenke ausreichend oft erfolgt ist, um solche Verzögerungen für die Zukunft auszuschließen. Außerdem ändert er den Maschinen-belegungsplan für den 19. Juni, um die 4 zusätzlichen Schubladen zeitlich unter-zubringen.

Im Rahmen der **Überwachung der Kapazitätsauslastung** wird die tatsächliche Belegung jeder einzelnen Anlage mit der im Maschinenbelegungsplan vorgesehenen Belegung verglichen. Die Kontrolle der Kapazitätsauslastung kann in zweifacher Hinsicht erfolgen. Zum einen kann ein rein quantitativer Vergleich durchgeführt werden, bei dem die Maschinenstunden rein mengenmäßig in Ist und Soll gegenübergestellt werden. Dazu wird auch der Beschäftigungsgrad ermittelt (siehe Seite 175). Zum anderen ist ein Vergleich der qualitativen Kapazität möglich. Dabei wird auch die Aus-bringung bestimmter Produkte unterschiedlicher Art und Qualität verglichen.

Frau Krüger führt kontinuierlich auf der Basis der ausgewerteten Terminkarten Statistiken darüber, wie stark die einzelnen Anlagen ausgelastet sind. Dabei stellt sie fest, dass das Tauchbecken in Halle A ständig überlastet ist, in Fertigungshalle B allerdings ein Tauchbecken steht, dessen Auslastung nur 37 % beträgt.

Im Rahmen der **Kostenüberwachung** können verschiedene Kostenkontrollinstru-mente angewendet werden. Zu den wichtigsten zählen die Nachkalkulation, die Deckungsbeitragsrechnung, die Gemeinkostenwertanalyse sowie das Zero-Base-Budgeting.

Kosten-überwachung

Die **Nachkalkulation** hat die Aufgabe, alle in einer Rechnungsperiode angefallenen Kosten zu ermitteln und sie mit den in der Vorkalkulation angenommenen Kosten zu vergleichen (Soll-Ist-Vergleich). Dies erfolgt mithilfe der Kostenstellen- und Kosten-trägerzeitrechnung.

Kostenstellen   Innerhalb der **Kostenstellenrechnung** wird der BAB (Betriebsabrechnungsbogen) als methodisches Hilfsmittel benutzt. Der BAB wird in Tabellenform erstellt, bei der die einem Produkt nicht eindeutig zurechenbaren Gemeinkosten in der ersten Spalte aufgelistet werden. Ziel des BAB ist es, diese Gemeinkosten auf die Kostenstellen zu verteilen. Um eine möglichst genaue Zurechnung zu erreichen, werden für die Verteilung der Gemeinkosten jeweils sinnvolle Schlüssel gewählt. Dazu können z. B. bei Personalkosten die Anzahl der in einem Bereich beschäftigten Personen oder die auf diesen Bereich entfallenden Bruttoentgelte sein. Heizkosten können z. B. nach den belegten Quadratmetern oder Kubikmetern der Räume der einzelnen Abteilungen verteilt werden. Für Strom wären die unterschiedlichen Leistungen der Stromverbrauchsgeräte denkbar.

Vereinfachend wird vielfach von vier **Hauptkostenbereichen** ausgegangen, auf die letztendlich die Gemeinkosten aufgeteilt werden:

1. Material
2. Fertigung
3. Verwaltung
4. Vertrieb

Durch Gegenüberstellung der auf diese Kostenbereiche entfallenden Gemeinkosten mit ihrer jeweiligen Zuschlagsgrundlage werden die **Gemeinkostenzuschlagssätze** ermittelt.

● Zuschlagsgrundlage für die Materialgemeinkosten sind die Materialeinzelkosten.

● Zuschlagsgrundlage für die Fertigungsgemeinkosten sind die Fertigungslöhne.

● Zuschlagsgrundlage für die Vertriebsgemeinkosten und die Verwaltungsgemeinkosten sind die Herstellkosten des Umsatzes.

Zuschlags-   Dabei sind die Herstellkosten des Umsatzes wie folgt definiert:
kalkulation

Fertigungsmaterial
+ Materialgemeinkosten

=   Materialkosten

Fertigungslöhne
+ Fertigungsgemeinkosten
+ Sondereinzelkosten der Fertigung

=   Fertigungskosten

                  = Herstellkosten der Erzeugung
                  + Minderbestand der fertigen und unfertigen Erzeugnisse
                  – Mehrbestand der fertigen und unfertigen Erzeugnisse

                  = Herstellkosten des Umsatzes

Der Unterschied zwischen den Herstellkosten der Erzeugung und den Herstellkosten des Umsatzes ergibt sich durch die mögliche Differenz zwischen der produzierten Anzahl an fertigen Erzeugnissen und der letztendlich verkauften Anzahl. Werden exakt die produzierten Erzeugnisse innerhalb einer Periode auch verkauft, sind die Herstellkosten der Erzeugung und die Herstellkosten des Umsatzes identisch.

Unter Sondereinzelkosten der Fertigung sind einzelnen Aufträgen eindeutig zurechenbare Sonderkosten wie Sonderwerkzeuge oder Überstunden zu verstehen.

Durch Ergänzung der Verwaltungsgemeinkosten (z. B. Teile der Personalkosten, Abschreibungen und Zinsen auf Eigenkapital sowie Fremdkapital), der Vertriebsgemeinkosten (z. B. Werbekosten und Personalkosten im Vertriebsbereich) und der Sondereinzelkosten des Vertriebs (z. B. Vertreterprovisionen, die einzelnen Aufträgen direkt zurechenbar sind) können auf diese Weise die **Selbstkosten** für die Produkte bestimmt werden. Die Selbstkosten können als Grundlage für die Kalkulation der Listenverkaufspreise oder auch der Eigenverbräuche verwendet werden.

| | Fertigungsmaterial |
| + | Materialgemeinkosten |

| = | Materialkosten |

	Fertigungslöhne
+	Fertigungsgemeinkosten
+	Sondereinzelkosten der Fertigung

| = | Fertigungskosten |

=	Herstellkosten der Erzeugung
+	Minderbestand der fertigen und unfertigen Erzeugnisse
–	Mehrbestand der fertigen und unfertigen Erzeugnisse

=	Herstellkosten des Umsatzes
+	Verwaltungsgemeinkosten
+	Vertriebsgemeinkosten
+	Sondereinzelkosten des Vertriebes

| = | Selbstkosten |

Durch Vergleich der so in der Nachkalkulation ermittelten Istzuschlagssätze mit den vor der Periode festgelegten Normalzuschlagssätzen können die in den einzelnen Kostenbereichen entstandenen Kostenüber- bzw. -unterdeckungen berechnet werden. Die ermittelten Istzuschlagssätze dienen anschließend als Grundlage für die Festlegung der Normalzuschlagssätze für die nächste Periode.

Die **Qualitätsüberwachung** wird auch als Fertigungskontrolle i. e. S. bezeichnet. Die Qualitätsüberwachung ist notwendig, um Kundenverlust durch Unzufriedenheit, Zahlungsverweigerungen bei mangelhaften Lieferungen und Kosten durch zu erfüllende Garantieleistungen zu vermeiden.

Qualitätsüberwachung

◆ **Qualitätsüberwachung nach der anzuwendenden Methode**

Die Methoden zur Qualitätskontrolle unterscheidet man grundsätzlich nach dem Prüfumfang in:

– Vollkontrolle
– Stichprobenkontrolle

Vollkontrolle

◆ Die **Vollkontrolle** wird auch als Totalprüfung oder 100 %-Prüfung bezeichnet. Bei diesem Kontrollverfahren wird jedes Produkt einzeln einer Prüfung unterzogen. Die Vollkontrolle ist besonders wichtig bei Produkten, bei denen Fehler das Leben der Verwender gefährden. Allerdings verursacht die Totalprüfung hohe Kosten. Außerdem ist diese Prüfmethode nicht bei Prüfverfahren anwendbar, die das Produkt bei der Prüfung zerstören. Weil eine 100 %-Prüfung häufig sehr monoton ist, wird sie zumeist vollautomatisch durchgeführt.

Stichproben-kontrolle

◆ Bei **Stichprobenkontrollen** wird nur ein ausgewählter Anteil der Erzeugnisse geprüft. Die Auswahl findet nach festgelegten Kriterien statt. Eine Übertragung der Ergebnisse dieser Stichprobenkontrollen auf alle Erzeugnisse ist durch die Methoden der Wahrscheinlichkeitsrechnung möglich.

Die Stichprobenkontrolle verursacht wesentlich weniger Kosten als die Vollkontrolle, ist aber weniger sicher. Um die Stichprobenkontrolle anwenden zu können, muss die Gesamtanzahl der zu prüfenden Produkte sowie der ausgewählte Anteil, an dem die Prüfung tatsächlich durchgeführt wird, ausreichend groß sein, damit die Verfahren der Wahrscheinlichkeitsrechnung hinreichende Ergebnisse liefern können. Außerdem muss die Auswahl in ausreichendem Maße der Zufälligkeit entsprechen, um ein repräsentatives Ergebnis zu gewährleisten. Die Entscheidung für eine der beiden Kontrollarten hängt vom Wert des Produktes und der vom Produkt abhängenden Sicherheit ab.

Herr Lambeck hält es für sinnvoll, bei den fertigen Regalen Stichprobenkontrollen durchzuführen. Bei den Schweißautomaten wird jeder Schweißpunkt automatisch kontrolliert. Hierbei handelt es sich um eine Vollkontrolle.

◆ **Qualitätsüberwachung nach der Art der Durchführung**

Es gibt viele verschiedene Arten der Durchführung einer Qualitätskontrolle. Welche als sinnvoll ausgewählt werden sollte, hängt vom jeweiligen Produkt ab. Die häufigsten Verfahren sind die Sichtkontrolle, die Funktionskontrolle, die Zerstörungskontrolle sowie die Durchleuchtungskontrolle. Bei der **Sichtkontrolle** wird mit allen menschlichen Sinnen (also nicht nur mit dem Auge) die Qualität überprüft. Bei der **Funktionskontrolle** muss das Produkt seinem Zweck entsprechend meist über eine längere Zeit hinweg seine Funktionstüchtigkeit beweisen. Bei der **Zerstörungskontrolle** wird das Produkt extremen Situationen wie Aufprall oder Zerreißen ausgesetzt. Die bekanntesten Beispiele sind der Crashtest bei Autos und Reißproben bei Spielzeug. Schließlich kann es bei einigen Produkten hilfreich sein, das Innere zu durchleuchten, z. B. durch Röntgen. Im Rahmen einer solchen **Durchleuchtungskontrolle** sollen Materialfehler entdeckt werden.

Für die Metallregale hält Herr Lambeck bei der Endkontrolle eine Sichtkontrolle für angebracht. Bei den Werkbänken ist insbesondere bei den Schubladen eine Funktionskontrolle angebracht. Hinsichtlich der Belastbarkeit der Regale müssen in regelmäßigen Abständen Zerstörungskontrollen durchgeführt werden, um festzustellen, bis zu welchem Gewicht die Regale der Belastung standhalten.

◆ **Qualitätsüberwachung nach den Messkriterien**

Nach den Messkriterien kann zwischen Variablen- und Attributprüfung unterschieden werden. Sind die Kriterien kardinal, d. h. auf einer Zahlenskala messbar, spricht man von einer **Variablenprüfung**. Eine **Attributprüfung** liegt vor, wenn ordinal nur die Erfüllung eines Kriteriums oder die Nichterfüllung festgestellt werden kann.

Bei der Belastungsprüfung für die Regale können kardinale Kriterien festgelegt werden, um wie viel Zentimeter sich der Regalboden verformt. Bei der Sichtkontrolle der fertigen Regale ist dagegen ordinal nur zu klären, ob Beschädigungen vorliegen oder nicht.

◆ **Qualitätsüberwachung nach dem Zeitpunkt**

Die Qualitätskontrolle kann auch nach dem Zeitpunkt der Prüfung charakterisiert werden. Eine Prüfung kann vor, während oder nach der Fertigung der Erzeugnisse geschehen. Eine Qualitätskontrolle vor der Fertigung bezieht sich auf bezogene Materialien und Teile und wird **Eingangskontrolle** genannt. Während der Fertigung werden Bauteile und Baugruppen geprüft. Man spricht von einer **Zwischenkontrolle**. Die Fertigerzeugnisse werden schließlich in einer **Endkontrolle** nach der Fertigung geprüft.

Für die Martin Fugger Regalfabrik spielt insbesondere die Endkontrolle eine wesentliche Rolle.

◆ **Qualitätsüberwachung nach dem Prüfer**

Schließlich wird im Hinblick auf die Prüfer als Personen zwischen Fremdkontrolle und Eigenkontrolle, auch Selbstkontrolle genannt, unterschieden. Bei der **Eigenkontrolle** wird die Prüfung durch die Personen durchgeführt, die auch die Erzeugnisse fertigen. Bei einer **Fremdkontrolle** prüfen Mitarbeiter des Qualitätswesens, die sonst nicht am eigentlichen Fertigungsprozess beteiligt sind.

Bei der Vollkontrolle in der Schweißerei führt der Mitarbeiter selbst die Kontrolle durch (Eigenkontrolle). Die Endkontrolle der fertigen Regale dagegen führt ein anderer Mitarbeiter (Fremdkontrolle) durch.

Literatur

Blank, Andreas u. a.; Geschäftsprozesse Industrie, Troisdorf 2005.

Breidbach, Gerd/Wimmershoff, Sylvia u. a.; Spezialwissen Technische Betriebswirte und Industriefachwirte, Troisdorf 2003.

Gutenberg, Erich; Grundlagen der Betriebswirtschaftslehre, Wiesbaden 1990.

Heinen, Edmund, Industriebetriebslehre, Wiesbaden 1991.

Nolden, Rolf-Günther u. a.; Industriebetriebslehre, Troisdorf 2008.

Olfert, Klaus/Steinbuch, Pitter A.; Fertigungswirtschaft, Ludwigshafen 1995.

Wöhe, Günter; Einführung in die Allgemeine Betriebswirtschaftslehre, München 2008.

4   Beschaffung

4.1   Gegenstand der Beschaffung

Die Mehring AG in Köln ist ein Unternehmen der Chemieindustrie, das Kunststoffgranulate, Medikamente und Farben produziert. Die Geschäftsführerin der Mehring AG interessiert sich seit geraumer Zeit für die in der betriebswirtschaftlichen Fachpresse geführte Diskussion über neue Managementstrategien im Rahmen der Beschaffung.

Als Assistent/-in der Geschäftsleitung erhalten Sie den Auftrag, sich zu informieren und eine Präsentation auszuarbeiten.

Inhalt der Präsentation soll es sein, einen Überblick über Gegenstand, Ziele und Zielkonflikte der Beschaffung zu geben und das Unternehmen in der Wertschöpfungskette zu positionieren.

Begriff Beschaffung

Anstelle des Begriffes **Beschaffung** werden häufig auch die Begriffe **Materialwirtschaft**, **Beschaffungslogistik** und **Einkauf** synonym verwendet. Eine klare begriffliche und inhaltliche Abgrenzung ist schwierig. In Anlehnung an die Definition des Bundesverbandes für Materialwirtschaft, Einkauf und Logistik e. V. (BME) wird hier unter **Beschaffung** verstanden „das Versorgungssystem der Unternehmung vom Lieferanten bis zum Kunden über alle Wertsteigerungsstufen der Unternehmung. Sie umfasst alle Tätigkeiten der Planung, Disposition, Durchführung und Kontrolle für das Einkaufen, Bevorraten, Verteilen und Entsorgen aller zum Erreichen des Unternehmenszweckes notwendigen Güter, Leistungen und Energien."

4.1.1   Ziele der Beschaffungsaktivitäten

Materialwirtschaftliches Optimum

In Theorie und Praxis wird als Ziel der Beschaffung oft das sogenannte „**materialwirtschaftliche Optimum**" (Arnold, Beschaffungsmanagement, S. 18) genannt. Das bedeutet, das richtige Objekt soll zum richtigen Zeitpunkt, in der richtigen Menge, am richtigen Ort, in richtiger Qualität und zum günstigsten Preis vorhanden sein. Daraus lassen sich folgende Zielkategorien der Beschaffung ableiten:

- **Kosten**
  z. B. niedrige Einkaufspreise, geringe Lagerkosten, Einhaltung des Budgets, optimale Kapitalbindung

- **Sicherheit**
  z. B. Versorgungssicherheit, Bedarfsdeckung, Mengen- und Termintreue, Bezugsquellensicherung

- **Unabhängigkeit/Flexibilität**
  z. B. kurze Lieferfristen, hohe Lieferbereitschaft, hohe Flexibilität

- **Qualität**
  z. B. Leistungsverbesserung, Qualitätssicherung, Gewährleistung von Qualitätsstandards, hohe Umweltverträglichkeit

- **Sonstige**
  z. B. gute Lieferantenbeziehungen

Zielkonflikte gibt es, wenn ein Ziel nur zu Lasten eines anderen Ziels erreicht werden kann. So kann zum Beispiel ein Konflikt zwischen dem Ziel der Versorgungssicherheit und dem Ziel der Kostenminimierung entstehen.

 Beispiel Weitere Zielkonflikte können sein: hohe Lieferbereitschaft – geringe Lagerkosten, niedrige Einstandspreise – hohe Umweltverträglichkeit u. a.

4.1.2 Bedeutung der Beschaffung in der Wertschöpfungskette – Supply Chain Management

Supply Chain Management (SCM, supply chain = Versorgungs-/Wertschöpfungskette) bezeichnet allgemein ein **Managementkonzept zur Abstimmung von Kunden- und Lieferantenbeziehungen.** Im Gegensatz zur Betrachtung einzelner, voneinander losgelöster Funktionsbereiche, z. B. in einem Industriebetrieb die Bereiche Beschaffung, Produktion und Absatz, beschäftigt sich das Supply Chain Management (SCM) mit der gesamten unternehmensübergreifenden Wertschöpfungskette. Im Wesentlichen umfasst dies die integrierte Planung, Steuerung, Administration und Kontrolle aller relevanten Güter- und Informationsflüsse in einem logistischen Netzwerk.

Supply Chain Management (SCM)

Beispiel Eine Supply Chain aus dem Lebensmittelbereich: Rohprodukte aus der Landwirtschaft > Transport der Rohprodukte zum Industriebetrieb > Fertigung im Industriebetrieb > Transport der Fertigprodukte zum Großhandel > Großhandelsvertrieb > Transport der Fertigprodukte zum Einzelhandel > Einzelhandelsvertrieb > Transport der Fertigprodukte zum Konsumenten

Ausgangspunkt für die Entwicklung dieser in jüngerer Zeit stark diskutierten Managementstrategie ist die Überlegung, den Anforderungen der Absatzmärkte, beispielsweise einem schwer vorhersehbaren Bestellverhalten der Abnehmer, durch eine ständige Kommunikation zwischen den Beteiligten an **der logistischen Kette** und der Analyse der Supply Chain zu begegnen.

Ziel ist es dabei, durch die Integration der externen Partner und eine verbesserte Kommunikation aller Beteiligten eine Steigerung der Wertschöpfung bzw. Optimierung der Supply Chain herbeizuführen. Die **optimierte Versorgung** aller Akteure mit Gütern, Dienstleistungen und Informationen steht im Mittelpunkt des Konzepts. Durch unternehmensübergreifende Analysen und damit verbundene Reorganisationen der Supply Chain sollen Rationalisierungspotenziale entlang des Gesamtsystems aufgedeckt und gegebenenfalls ausgeschöpft werden.

Die Idee stellt insbesondere auf die Betrachtung von **Wirkungszusammenhängen** zwischen den verschiedenen Akteuren einer Supply Chain ab. Es ist beispielsweise bei der integrierten Planung zu berücksichtigen, ob Maßnahmen zur Senkung von Beständen im unternehmenseigenen Beschaffungslager zu einer Erhöhung von Beständen im Absatzlager der Lieferanten führen. Sollte dieser Fall zutreffen, werden die betroffenen Lieferanten darauf reagieren, denn die höheren Lagerbestände verursachen Kapitalbindungskosten, die sich wiederum in ihren Verkaufspreisen niederschlagen werden.

Durch das Begreifen dieser Zusammenhänge wird der lange vorherrschende Gedanke aufgegeben, dass der Vorteil des einen zu einem Nachteil des anderen führt und dass die Marktmacht über die Verteilung der Gewinne entscheidet. Dies bedeutet gleichzeitig einen **Gedankenwechsel** aller Akteure, da nicht die Konkurrenz innerhalb einer Supply Chain in den Vordergrund rückt, sondern die jeweiligen Supply Chains, die gleiche oder ähnliche Erzeugnisse produzieren, treten in Konkurrenz zueinander.

Die Verwirklichung der oben genannten Ziele des Supply Chain Managements hat ihren **Ausgangspunkt im Beschaffungsprozess**. Dort wird der Fluss von Gütern und Dienstleistungen in der Wertschöpfungskette geplant, gesteuert und kontrolliert.

Geeignete Maßnahmen sollen durch Wegfall unnötiger Transporte, Prüfungen und Lagerungen z. B. eine Verkürzung der Logistikkette bewirken und gleichzeitig das Versorgungsrisiko minimieren. Ausschlaggebend dafür sind vor allem die Entscheidungen für ein bestimmtes Beschaffungsprinzip und für eine Lieferantenauswahlstrategie. Sie ziehen z. B. Entscheidungen über Bestellzeitpunkte und Bestellmengen sowie über feste Bindungen an Lieferer und Logistikdienstleister nach sich.

4.1.3   Versorgen und Entsorgen

Entsorgung

Die Hauptaufgabe der Versorgung ist eng mit der **Entsorgung** verknüpft. Denn alle nicht in die Erzeugnisse eingegangenen oder bei der Produktion anfallenden Reststoffe, z. B. Öle und Fette, müssen entsorgt werden. Ebenso müssen auch die fertigen Erzeugnisse nach ihrer Verwendung der Entsorgung zugeführt werden. Das bedeutet eine umweltgerechte Verwertung, Verwendung und geordnete Beseitigung von Reststoffen. Dabei spielen Ökologie und Umweltschutz eine immer größere Rolle.

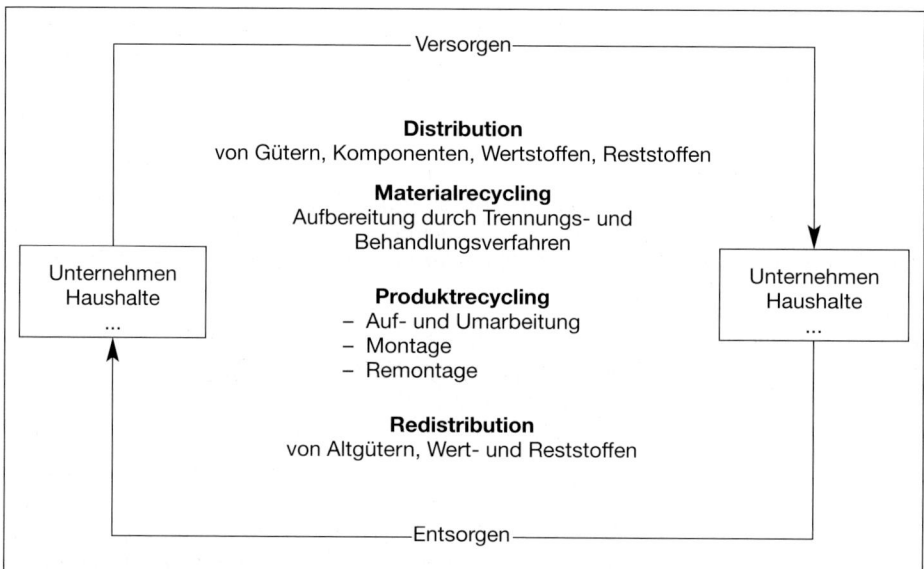

Abb. 4.1-1: Teilprozesse der Entsorgung

Zu entsorgen sind vornehmlich z. B.:
– Produktions- und Prozessrückstände
– Fertigungsausschuss
– Verpackungen und Leergüter
– Altprodukte mit Rücknahmeverpflichtung
– Laden- und Lagerhüter
– Wartungs- und Reparaturaustauschteile

Gesetzliche Vorgaben

Ein Grund für die Notwendigkeit der Entsorgung sind neben dem gestiegenen Umweltbewusstsein die damit einhergehenden besonderen **gesetzlichen Vorgaben**. Dies sind z. B.:

- Bundes-Immissionsschutzgesetz (BImSchG)
- Gefahrstoffverordnung (GefStoffV)
- Kreislaufwirtschafts- und Abfallgesetz (KrW-/AbfG)
- Müllsatzungen
- Verpackungsverordnung (VerpackV)
- Wasserhaushaltsgesetz (WHG)

Für den betrieblichen Umweltschutz wurden Handlungsgrundsätze festgelegt, die in der **EU-Öko-Audit-Verordnung** (EMAS – VO) niedergelegt sind. Sie hat seit dem Jahr 1993 in allen Ländern der Europäischen Union Rechtskraft und wurde 2001 novelliert.

Besondere Bedeutung haben bei der Entsorgung die Teilaufgaben:

- Sammlung
- Trennung
- Lagerung
- Verpackung
- Transport
- Behandlung
- Abfallaufbereitung

Der **Einkaufsabteilung** obliegt es, in Zusammenarbeit mit anderen Stellen im Unternehmen, z. B. dem Betriebsbeauftragten für Abfall, bereits bei der Beschaffung der einzelnen Objekte der gesetzeskonformen und umweltbewussten Entsorgung Rechnung zu tragen.

So müssen bereits vor der eigentlichen Beschaffungsaktivität die geeigneten Entsorger ausgewählt und entsprechende Verträge abgeschlossen werden. Für jedes Beschaffungsobjekt, das das Unternehmen erreicht, muss bereits vor seiner Verarbeitung geprüft und entschieden werden, auf welchem Wege es später entsorgt werden kann.

4.2 Organisation des Beschaffungsprozesses

Die Mehring AG produziert in mehreren Werken. In Köln ist der Hauptsitz, dort werden Kunststoffgranulate gefertigt. In Leverkusen ist das Werk für Medikamente und in Dortmund befindet sich das Werk für Farben. Die für die Produktion benötigten Rohstoffe und Energien beschaffen die Werke an ihren Standorten selbst. Maschinen, Büromaterialien und andere Bedarfe werden derzeit zentral von der Einkaufsabteilung in Köln geordert.

Als Assistent/-in der Geschäftsleitung erhalten Sie den Auftrag, diese Organisation des Beschaffungsprozesses kritisch zu überprüfen und alternative Lösungsmöglichkeiten aufzuzeigen.

4.2.1 Zentrale und dezentrale Organisation der Beschaffung

Die Einkaufsabteilung einer Unternehmung hat die Aufgabe, alle benötigten Güter und Dienstleistungen zu den wirtschaftlichsten Bedingungen zu beschaffen. Dies kann **zentralisiert** oder **dezentralisiert** organisiert sein.

**Zentrale
Organisation**

◆ Bei **zentraler Organisation** des Einkaufs ist nur eine Abteilung befugt, auf den Beschaffungsmärkten aktiv zu werden und Kaufverträge über die benötigten Güter und Dienstleistungen abzuschließen.

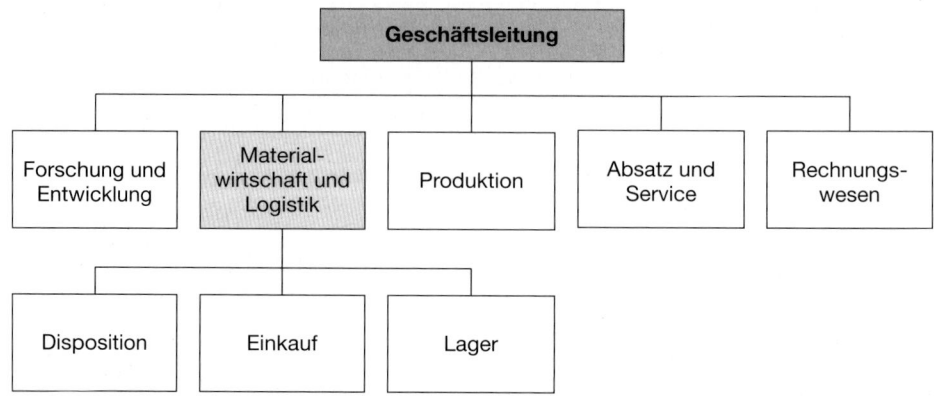

Abb. 4.2-1: Zentrale Organisation des Einkaufs

Vorteile

Diese Organisationsform hat mehrere **Vorteile**:

● Der gesamte gleichartige Betriebsbedarf wird zusammengefasst, was zu erheblichen Preisermäßigungen führen kann.

● Diese Vorteile kann auch ein Zentraleinkauf bei ungleichen Materialien bieten, wenn die unterschiedlichen Artikel bei demselben Lieferanten bezogen werden. So kann verhindert werden, dass einzelne Abteilungen bei demselben Lieferanten für den gleichen Artikel unterschiedliche Preise und Konditionen erhalten.

● Größere Abnahmemengen führen dazu, verstärkten Service und eine zuverlässige logistische Zusammenarbeit durchsetzen zu können.

● Es kommt zu einer Bündelung der Beschaffungsaktivitäten, besonders im Bereich der Beschaffungsmarktforschung, Preisstruktur- und Wertanalyse und der Verhandlungsführung.

Ab einer bestimmten Unternehmensgröße, wenn mehrere weit entfernte Betriebsstätten bestehen, oder bei der Herstellung gänzlich unterschiedlicher Erzeugnisse bringt die Zentralisation auch **Nachteile** mit sich:

Nachteile

● Es besteht erschwerter Informationsaustausch zwischen der zentralen Einkaufsabteilung und den Bedarfsträgern.

● Die den Bedarf meldenden Abteilungen haben bei dieser Organisationsform keinen direkten Kontakt zu den Beschaffungsmärkten und müssen deshalb über alle Marktveränderungen unterrichtet werden.

● Das bedeutet nicht nur Zeitverlust, sondern auch Beeinträchtigung des Kostenbewusstseins und der Kostenverantwortung der Bedarfsträger.

● Gleichzeitig leidet die Zentrale unter einer gewissen Betriebsferne und muss über alle Bedarfsänderungen, technischen Probleme und Anwendungsschwierigkeiten informiert werden.

● Aus diesem Grund kann besonders in Konzernen eine strikte Zentralisierung des Einkaufs zu unnötiger Bürokratisierung führen, wodurch die Bestellkosten steigen, Flexibilität verloren geht und plötzlicher Eilbedarf zu Fehlmengen führt.

◆ Werden die Koordinierungsaufgaben im Rahmen der Beschaffung mehreren Instanzen zugewiesen, die jeweils für einzelne Stellen oder Abteilungen zuständig sind, beschreibt dies die **dezentrale Organisation**.

Dezentrale Organisation

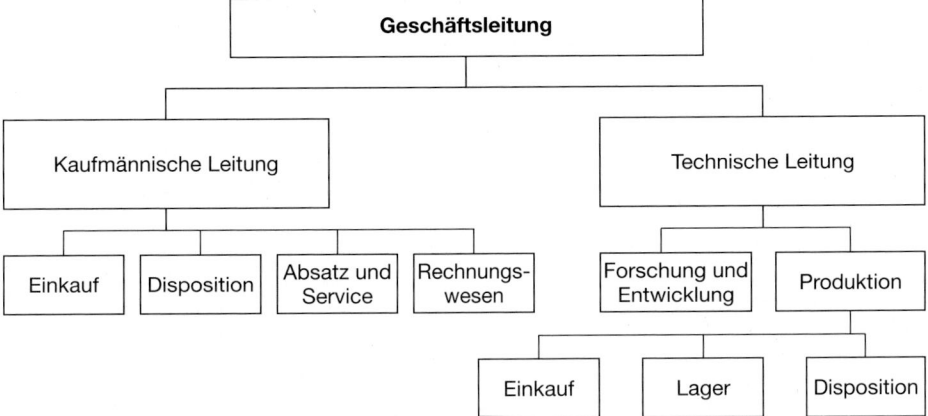

Abb. 4.2-2: Dezentrale Organisation des Einkaufs

Problematisch ist, dass eine eindeutige Aufgliederung der Koordinierungsfunktionen auf die verschiedenen Instanzen erfolgen muss. Außerdem erschwert ein derartiges Leitungssystem eine umfassende Koordination aller Teilprozesse der Beschaffung. Diese Gesamtkoordination ist jedoch für die Ausrichtung des Unternehmens an stellen-, abteilungs- und unternehmensübergreifenden Prozessen von besonderer Bedeutung. Ganz besonders problematisch ist die Abstimmung zwischen dem kaufmännischen und dem technischen Ressort z. B. bei einer Industrieunternehmung.

Um den oben beschriebenen Nachteilen bei ausschließlich zentraler oder dezentraler Organisation aus dem Weg zu gehen, wurden zahlreiche **Mischformen** entwickelt.

Mischformen

In Konzernen mit mehreren Werken oder Tochtergesellschaften gibt es eine zentrale Einkaufsabteilung in der Konzernleitung. Die einzelnen Werke haben außerdem eine dezentrale, nur für ihren Teilbereich zuständige Einkaufsabteilung.

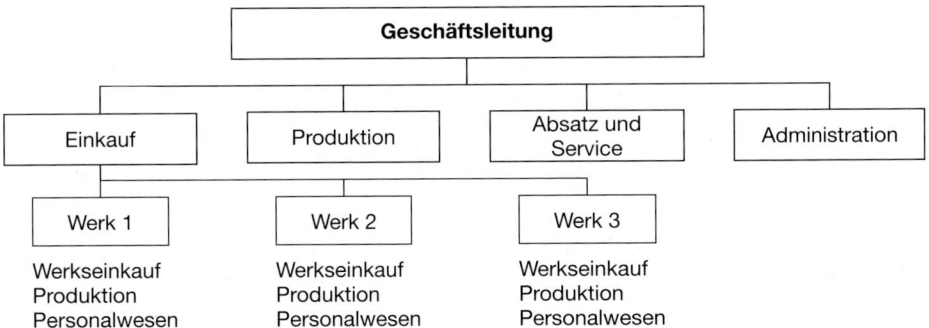

Abb. 4.2-3: Gemischt zentral-dezentrale Organisation des Einkaufs bei einem Konzern mit drei Betriebsstätten

Die **Zentralinstanz** ist u. a. zuständig für:

- Abrufaufträge, d. h. für Materialien, die in allen oder mehreren Werken benötigt werden
- Aktualisierung und Überwachung von Bonus- und Rabattvereinbarungen mit wichtigen Lieferanten

Die **Einkaufsabteilungen der einzelnen Werke** sind u. a. zuständig für:

- Einkauf der Materialien für ihren Bereich
- Einkauf der Investitionsgüter, Ersatzteile und Dienstleistungen für ihren Bereich
- Beratung der Zentralinstanz bei Lieferantenbewertung, Qualitätssicherung und Versorgung

Leider gestaltet sich die Zusammenarbeit der Zentrale mit den Einkaufsabteilungen der einzelnen Werke nicht immer spannungsfrei. Es können sich z. B. Schwierigkeiten daraus ergeben, dass der Werkseinkäufer möglicherweise bessere Konditionen erreichen könnte, diesen Erfolg aber nicht realisieren kann, da ihm die Abschlusskompetenz fehlt und er an Rahmenabkommen gebunden ist. Bei Beschaffung von Investitionsgütern fühlen sich die Werkseinkäufer häufig als Besteller, da sie dem Einfluss der anfordernden Stellen und der Werksleitung ausgesetzt sind.

Eine Möglichkeit, weiterhin Effektivität, Schnelligkeit und Flexibilität zu gewährleisten, ist es, die Abschlusskompetenz für Gemeinschaftsmaterial dem Werk zuzuweisen, das den größten Verbrauch aufweist. Dieses fungiert dann als Repräsentant des Unternehmens, wobei alle anderen Werkseinkäufer lediglich ihren eigenen Bedarf bei diesem Werk abrufen.

4.2.2 Interne Organisation der Beschaffung

Abteilungen entstehen durch die Zusammenfassung von Stellen unter einheitlicher Leitung. Die Stellenbildung selbst, d. h. die Zusammenfassung von Teilaufgaben zu einer Stelle, kann nach dem **Objektprinzip** oder dem **Verrichtungsprinzip** (Funktionsprinzip) erfolgen, auch die Bildung von Abteilungen kann objekt- oder verrichtungsorientiert erfolgen.

Objektorientierte Stellenbildung

◆ Bei **objektorientierter Stellenbildung** betreut ein Mitarbeiter eine bestimmte Produktgruppe und führt für diese z. B. Preisanalyse, Bestellentscheidung und Abwicklung durch. Die Unterscheidung der Produktgruppen kann unter dem Gesichtspunkt der technisch verwandten Artikel, der Artikel für ein bestimmtes Endprodukt oder der Artikel für eine Betriebsstätte erfolgen.

Eine objektorientierte Stellenbildung nach technisch verwandten Artikeln führt bei dem Stelleninhaber zu hohem Wissensstand, da er sich nur mit einer eng umrissenen Materialgruppe beschäftigt. Gleichzeitig resultiert daraus aber auch zu geringer Informationsaustausch, da er Verrichtungen dieser Materialgruppe selbst ausübt und die Ergebnisse kennt. Da der Mitarbeiter qualifizierte Entscheidungen selbst treffen kann, ermöglicht dies die Delegation von Verantwortung.

Verrichtungsorientierte Stellenbildung

◆ Bei **verrichtungsorientierter Stellenbildung** werden bestimmte gleichartige Teilaufgaben von einem Mitarbeiter erledigt. Dabei übernimmt z. B. ein Mitarbeiter die Materialdisposition, ein anderer die Lieferungsüberwachung, ein dritter die Rechnungsprüfung.

Die dezentrale Einkaufsabteilung des Werks der Mehring AG in Köln ist intern folgendermaßen organisiert:

Neben der Abteilungsleitung gibt es vier Gruppen von jeweils fünf Einkäufern. Jede Gruppe ist auf ein bestimmtes Gebiet spezialisiert. Eine Gruppe beschafft Pumpen und Motoren, die zweite Gruppe ist für Energien, z. B. Strom, Gase, Sauerstoff, verantwortlich. Eine dritte Gruppe kauft nach Katalogen Elektrotechnik und Mess- und Regeltechnik ein. Jeder Einkäufer innerhalb dieser Gruppen widmet sich wiederum ganz bestimmten Produkten.

4.3   Beschaffungsprozess

Die Mehring AG ist weltweit Marktführer bei der Herstellung von Insulin. Das Insulin wird aus Bakterien in einem sterilen Produktionsverfahren gefertigt.

Die bestehende Produktionsanlage muss modernisiert werden. Dazu werden Fermenter (Rührkessel) benötigt, die den hochsensiblen Produktionsbedingungen entsprechen und auf dem neuesten Stand der Technik sind.

Als Assistent/-in der Geschäftsleitung werden Sie beauftragt, für das Werk in Leverkusen geeignete Fermenter zu beschaffen.

Bei einem Beschaffungsprozess geht es nicht nur darum, in einer bestimmten Reihenfolge die verschiedenen Phasen sorgfältig abzuarbeiten, z. B. den Bedarf zu analysieren und den Beschaffungsmarkt auszuwählen. Parallel dazu muss sichergestellt sein, dass die benötigten Informationen reibungslos fließen können und dass der Beschaffungsprozess fortlaufend kontrolliert wird. Gleichzeitig ist ständig zu überlegen, welche Instrumente und Methoden in den jeweiligen Phasen auszuwählen sind, um die Beschaffung zu optimieren. Dieser Sachverhalt wird in der folgenden Abbildung dargestellt.

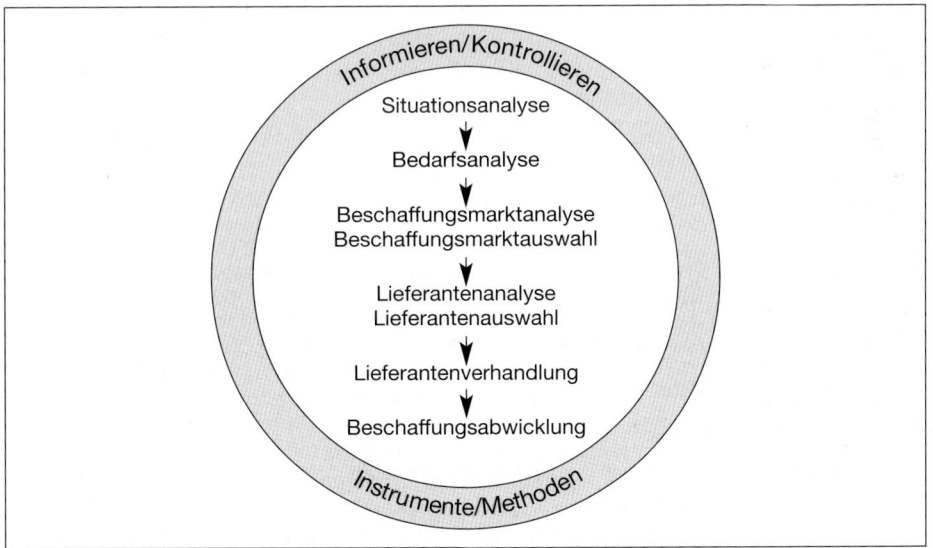

Abb. 4.3-1: Beschaffungsprozess

4.3.1 Beschaffungsmarktforschung

Aufgabe der Beschaffungsmarktforschung ist es, Informationen über den Beschaffungsmarkt zu gewinnen. Ohne Informationen z. B. über die gegenwärtige und die zukünftige Entwicklung der Beschaffungsmärkte lassen sich keine vernünftigen Entscheidungen treffen. Zum Beispiel ist bei manchen Rohstoffen die Sicherung der Bezugsquellen von strategischer Bedeutung für das Unternehmen.

Dabei wird im Rahmen der **Marktforschung** der Markt mithilfe wissenschaftlicher Methoden systematisch untersucht. Die **Markterkundung** hingegen erfolgt unregelmäßig. Die Beschaffungsmarktforschung hat das Ziel, die Beschaffungsmärkte transparenter zu machen.

Die Donna Carla GmbH, ein Unternehmen der Textilindustrie, stellt qualitativ besonders hochwertige Damenoberbekleidung der obersten Preiskategorie her. Regelmäßig werden Stoffe aus Seide, Leinen und Viskose eingekauft, doch auch neue Entwicklungen der Textilindustrie, z. B. Textildrucke und Chemiefasern, sollen beschafft werden.

4.3.1.1 Gründe für die zunehmende Bedeutung der Beschaffungsmarktforschung

Lange Zeit ist der Beschaffungsmarktforschung in Theorie und Praxis wenig Aufmerksamkeit geschenkt worden. Die Praxis verließ sich darauf, dass die Marketingmaßnahmen der Verkäufer für ausreichend Transparenz im Einkauf sorgen würden, dass also die Informationen über die zu beschaffenden Objekte, die der Einkäufer vom Lieferanten erhält, genügen. Doch mittlerweile wird in der betriebswirtschaftlichen Literatur und in den Unternehmen der Beschaffungsmarktforschung größere Bedeutung beigemessen, was durch folgende Entwicklungen bedingt ist:

Ausweitung der Märkte

● **Ausweitung der Beschaffungsmärkte**
Die Beschaffungsmärkte haben sich ständig ausgeweitet, z. B. durch den Abbau von Zollhemmnissen und vor allem durch das Internet. Bezogen auf die geografische Reichweite wird bei der Beschaffungsmarktforschung im Allgemeinen zwischen der Erforschung des nationalen Beschaffungsmarktes und der Marktforschung auf ausländischen Märkten unterschieden. Die Beschaffungsmarktforschung auf Auslandsmärkten ist selbstverständlich schwieriger und benötigt andere Instrumentarien als eine regionale Forschung.

> Beispiel   Eine Kupferhütte in Norddeutschland bezieht zur Herstellung von Kupfer angereicherte Kupfererze aus verschiedenen Ländern und von verschiedenen Kontinenten und steht deswegen im internationalen Wettbewerb. Dasselbe Unternehmen verarbeitet große Mengen Kupferschrott zur Herstellung von Kupfermetall; Kupferschrott wurde bisher in Deutschland in ausreichendem Maße angeboten. Aktuell führt die sehr hohe Nachfrage chinesischer Unternehmen nach Kupferschrott weltweit zu einer erheblichen Verknappung des Angebots, insbesondere auch in Deutschland.

Dynamik der Märkte

● **Dynamik der Märkte**
Der Beschaffungsmarkt wird in seiner Entwicklung beeinflusst durch ihm vorgelagerte Märkte. Bestimmte Entwicklungen auf den Vormärkten lassen Rückschlüsse zu auf Veränderungen des eigenen Beschaffungsmarkts. Ein klassisches Beispiel hierfür ist der Markt für Rohöl. Veränderungen in der angebotenen Menge und dem Weltmarktpreis haben erhebliche Auswirkungen auf die Unternehmen, die von diesem Rohstoff direkt oder auch nur indirekt abhängig sind.

Die Konjunkturzyklen der chemischen Industrie hängen eng mit der Entwicklung des Ölpreises oder etwa dem Dollarkurs zusammen. Die hierdurch fallenden oder steigenden Einkaufspreise beeinflussen die Jahresbilanz der Chemieunternehmen regelmäßig in größerem Umfang.

● **Veränderte Anforderungen an die Einkäufer**

Ein wichtiges Teilgebiet der Beschaffungsmarktforschung ist die Suche nach Substitutionsgütern, denn eine wesentliche Aufgabe des Einkäufers ist es, von sich aus neue wirtschaftliche Möglichkeiten aufzudecken. Dies können neue Produkte oder auch neue Problemlösungen sein. In der Praxis treten gerade hier Schwierigkeiten auf, da das notwendige technische Verständnis und Wissen bei den Einkäufern nicht immer vorhanden ist. Manchmal werden Substitutionsmöglichkeiten eher zufällig entdeckt, da der Einkäufer nicht automatisch mit Substitutionsmärkten in Berührung kommt.

Veränderte Anforderungen an Einkäufer

Beispiel In der Lebensmittelindustrie wurde kürzlich eine Möglichkeit gefunden, aus Molke – die bei der Verarbeitung von Zuckerrüben anfällt – einen hochwertigen Süßstoff mit speziellen, vorteilhaften Eigenschaften herzustellen (Tagatose). Ein großer Teil der Nachfrage für diesen Süßstoff kommt derzeit aus den USA, was die Vermutung nahelegt, dass amerikanische Firmen von den Marktchancen dieses Produkts überzeugt sind.

4.3.1.2 Untersuchungsobjekte der Beschaffungsmarktforschung

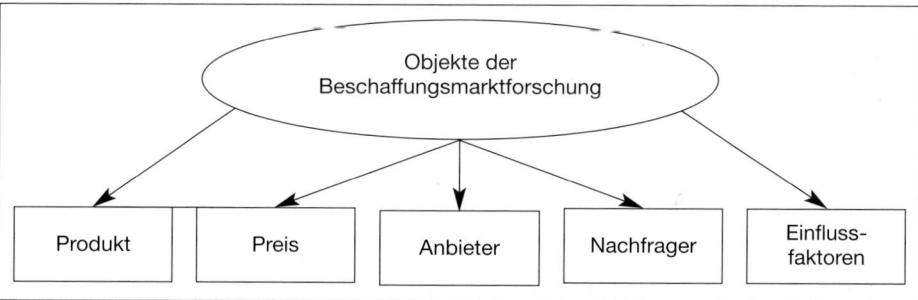

Abb. 4.3-2: Untersuchungsobjekte der Beschaffungsmarktforschung

● **Produkt**

Es müssen Informationen über die Materialqualität des Produkts, dessen Zusammensetzung aus Teilen und Baugruppen sowie die chemischen, physikalischen oder technischen Eigenschaften und Besonderheiten vorliegen. Nur so können geeignete Informationen über potenzielle Märkte und Lieferanten gefunden werden.

Produkt

Außerdem muss das Produktionsverfahren für das entsprechende Produkt bekannt sein und damit einhergehend die Entwicklungstendenzen bezüglich des technischen Fortschritts auf dem Gebiet der Herstellungsverfahren. Idealerweise ist dem Einkauf auch bekannt, wie das einzukaufende Material im eigenen Unternehmen verarbeitet wird und ob dabei z. B. technische Schwierigkeiten auftreten. Eventuell lassen sich dadurch die oben beschriebenen Substitutionsmöglichkeiten aufdecken.

● **Preis**

Der Beschaffungspreis spielt selbstverständlich eine sehr wichtige Rolle bei den meisten Einkaufsentscheidungen. Wichtigste Faktoren der Preisbeeinflussung sind die Marktform, die unterschiedlichen Marktentwicklungen, die Qualität sowie der Lieferant.

Preis

Im Einzelnen bestehen die auf den Preis ausgerichteten Untersuchungen aus den Methoden Preisstrukturanalyse, Preisbeobachtung und Preisvergleich.

Anbieterseite

● **Anbieterseite**

Hier sind Informationen über Qualitäten und Quantitäten zu beschaffen, außerdem kann die Konkurrenzsituation unter den Lieferanten interessant sein. Wichtig ist ebenfalls die geografische Verteilung des Angebots. Um die Eignung eines Lieferanten beurteilen zu können und um bei der Auswahl der Lieferanten vor Enttäuschungen und Fehlentscheidungen bewahrt zu werden, sind weitere differenziertere Informationen über die wirtschaftliche und technische Leistungsfähigkeit aktueller und potenzieller Lieferanten zusammenzutragen.

Dabei sind vor allem vier Bereiche von Interesse:

1. Allgemeine Unternehmensdaten
   z. B. Unternehmensform, Inhaberverhältnisse, Größe und Umsatzentwicklung

2. Spezielle produktbezogene Daten
   z. B. Fertigungskapazitäten, Qualität der Produkte, Zuverlässigkeit

3. Konditionen und Service
   z. B. Zahlungs- und Lieferbedingungen, Rabatte, Skonti

4. Beziehungen der eigenen Unternehmung zum Lieferanten
   z. B. Konkurrenzbelieferung, zeitliche Dauer der Geschäftsbeziehung, räumliche Entfernung

Nachfragerseite

● **Nachfragerseite**

Um das Einkaufsverhalten gegenüber den Lieferanten entsprechend der eigenen Marktposition abstimmen zu können, muss der Einkauf die Konkurrenzsituation der Abnehmer auf dem Beschaffungsmarkt kennen, d. h. welche und wie viele Unternehmen in welchen Mengen beschaffen.

Einflussfaktoren

● **Einflussfaktoren des Beschaffungsmarktes**

Die laufende Beobachtung der Entwicklungstendenzen auf den jeweiligen Beschaffungsmärkten ermöglicht Feststellungen, ob z. B. der Markt jahreszeitlich bedingten Schwankungen ausgesetzt ist oder ob konjunkturell bedingte Einflüsse den Markt bestimmen. Bei konjunkturellem **Aufschwung** kann es zu steigenden Preisen, verlängerten Lieferfristen und Vernachlässigung der Liefertreue kommen. Ein konjunktureller **Abschwung** hingegen ermöglicht oft bessere Konditionen bei den Einkaufsverhandlungen, die Beschaffung der benötigten Mengen ist meist problemlos.

4.3.1.3 Informationsquellen der Beschaffungsmarktforschung

Um ein realistisches Bild von der Situation und den Entwicklungstendenzen auf den Beschaffungsmärkten zu erhalten, müssen Informationsquellen ausfindig gemacht und ausgewertet werden. Zum großen Teil ist dies Puzzlearbeit für den, der es tun muss. Gleichzeitig ist aber auch ein wesentliches Kennzeichen für den guten Marktforscher, dass er die geeigneten Quellen kennt.

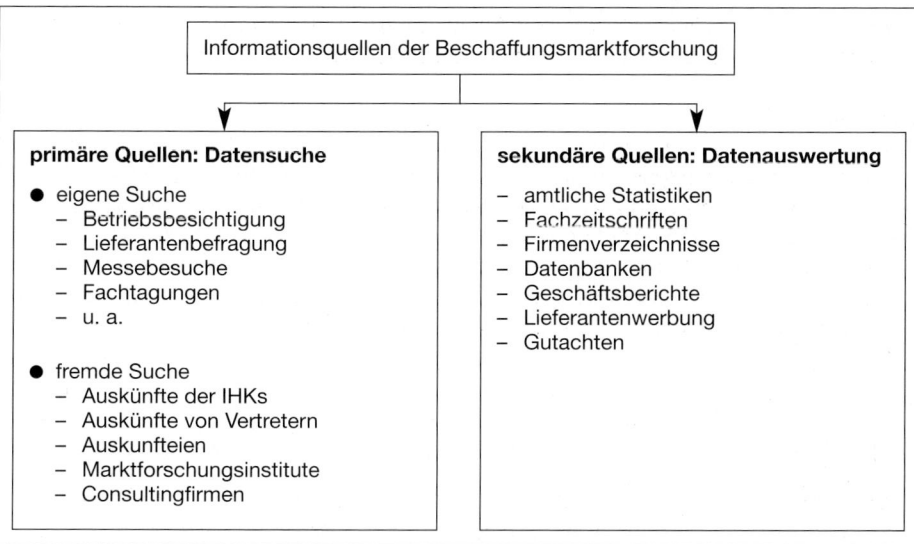

Abb. 4.3-3: Informationsquellen der Beschaffungsmarktforschung

4.3.2   Analyse der Bedeutung der Beschaffungsobjekte

In der Literatur lassen sich ca. 130 verschiedene Merkmale finden, die beschreiben, wodurch sich ein Beschaffungsobjekt auszeichnet. Die nachfolgende Übersicht zeigt, welche Methoden zur Analyse der Beschaffungsobjekte in der Praxis genutzt werden.

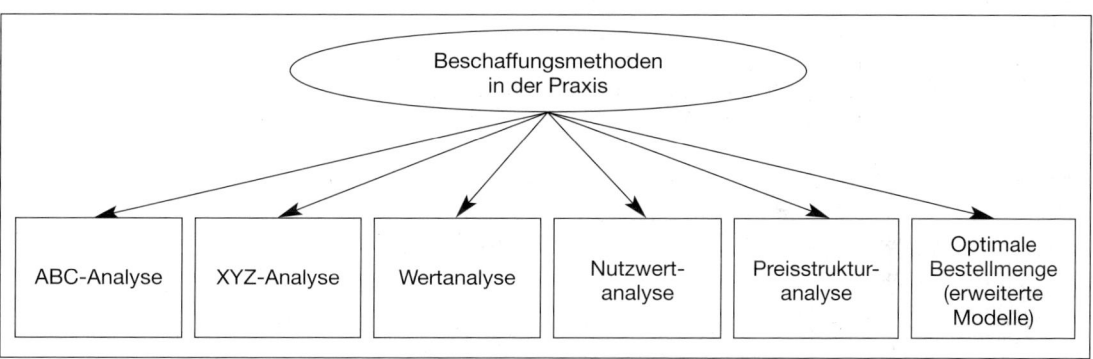

Abb. 4.3-4: Beschaffungsmethoden in der Praxis

4.3.2.1 ABC-Analyse

Um einen gezielten Einsatz der Beschaffungsaktivitäten, z. B. hinsichtlich Verbreiterung der Funktionspalette und Ausweitung der Märkte zu ermöglichen, ist es notwendig, durch eine systematische Analyse wichtige Beschaffungsobjekte von weniger wichtigen Objekten zu unterscheiden. In der Praxis dient die ABC-Analyse mit gutem Erfolg als Analyseinstrument.

Die Beschaffungsobjekte werden zunächst ganz allgemein nach ihrer **relativen Bedeutung** klassifiziert. Dazu müssen geeignete Kriterien ausgewählt werden. In der Praxis ist dies meist der Beschaffungswert, z. B. der Einkaufspreis, da sich dieser rechnerisch leicht ermitteln lässt. Möglicherweise sollten aber bei Bedarf andere Auswahlkriterien vor der endgültigen Klassifizierung mitberücksichtigt werden, wie z. B. ein Fehlmengenrisiko.

Die Donna Carla GmbH benötigt selbstverständlich nicht nur Stoffe, um Damenoberbekleidung herzustellen, sondern z. B. auch Garne, Knöpfe, Reißverschlüsse etc. Insgesamt werden ungefähr 10.000 verschiedene Materialien eingekauft. Teure und preiswerte, häufig und selten benötigte. Ein wichtiges Problem ist die Feststellung, welchen mengenmäßigen Bedarf an jedem einzelnen Material es gibt. Um dieses Problem zu lösen, führt die Einkäuferin eine ABC-Analyse für die Materialien M1 bis M10 durch.

Vorgehen

Arbeitsschritte bei der **Durchführung** der ABC-Analyse:

1) Ermittlung des Jahresverbrauchswerts = Verbrauchsmenge · Wert pro Einheit

2) Rangmäßige Anordnung nach dem Verbrauchswert

3) Bestimmung jedes einzelnen Prozentanteils an der Gesamtverbrauchsmenge

4) Bestimmung jedes Prozentanteils am Gesamtverbrauchswert

5) Prozentanteile kumulieren, d. h. schrittweise addieren

6) Bildung der Gruppen A, B und C:
   Ca. 85 % kumulierter Verbrauchswert kennzeichnet Objekte der Gruppe A
   Ca. 10 % weiterer kumulierter Verbrauchswert kennzeichnet Objekte der Gruppe B
   Ca. 5 % restlicher kumulierter Verbrauchswert kennzeichnet Objekte der Gruppe C

Material- wert	Ver- brauchs- menge (Stück)	Preis pro Stück EUR	Ver- brauchs- wert
			1)
M1	12.000	4,00	48.000
M2	2.000	200,00	400.000
M3	1.000	20,00	20.000
M4	4.000	10,00	40.000
M5	6.000	5,00	30.000
M6	2.000	100,00	200.000
M7	400	5,00	2.000
M8	6.000	50,00	300.000
M9	2.000	2,00	4.000
M10	16.000	1,00	16.000
∑	51.400		1.060.000

Rang	Ver- brauchs- menge in %		Ver- brauchs- wert in %		Gruppe
2)	3)	5)	4)	5)	
M2	3,89		37,73		A
M8	11,67		28,30		
M6	3,89	∑ 19,45	18,87	∑ 84,9	
M1	23,35		4,53		B
M4	7,78		3,77		
M5	11,67	∑ 42,80	2,83	∑ 11,13	
M3	1,95		1,89		C
M10	31,13		1,52		
M9	3,89		0,39		
M7	0,78	∑ 37,75	0,20	∑ 4,00	

Das Ergebnis einer solchen ABC-Analyse lässt sich gut tabellarisch und grafisch darstellen.

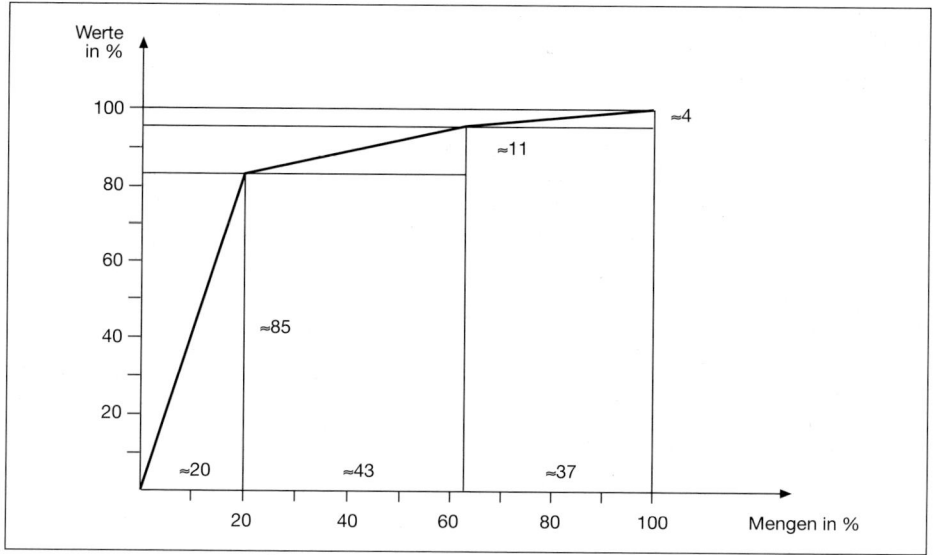

Die Grafik verdeutlicht, dass eine relativ geringe Anzahl von Waren einen großen Anteil am Gesamtwert besitzt, dagegen aber eine relativ große Menge nur einen geringen Anteil am Gesamtwert innehat.

Die Einordnung der Materialpositionen in genau drei Klassen ist nicht zwingend, geschieht aber in der Praxis am häufigsten. Eine Einteilung in mehr als drei Gruppen sollte immer unter Beachtung des damit gewonnenen Informationsnutzens und des zusätzlichen Aufwands geschehen. Die Klassifizierung der Güter in bestimmte Gruppen sollte in regelmäßigen Abständen kontrolliert werden, um auf diese Weise material-spezifische Besonderheiten wie z. B. Auslauftermine oder neue Entwicklungen berück-sichtigen zu können.

Die Kategoriebildung und die sich daraus ergebenden Konzentrationsschwerpunkte können zu dem Ergebnis führen, dass den A-Artikeln bei ihrer Beschaffung erhöhte Aufmerksamkeit zu schenken ist, C-Güter nicht dieselbe Bedeutung einnehmen und B-Güter eine Zwischenstellung innehaben. Diese Ergebnisse können zu folgenden Handlungsweisen führen:

Artikel	Umgang
A-Güter	● Intensive Analyse der Beschaffungsmärkte ● Intensive Analyse der Preise und Konditionen ● Exakte Ermittlung des Bedarfs ● Intensive Bestandsrechnung ● Genaue Bestandsüberwachung ● Kurze Lagerreichweiten (just in time)
C-Güter	● Einfache und kostengünstige Verfahren der Marktanalyse ● Einfache Bestandskontrollen ● Vereinfachte Bestellabwicklung ● Einfache Bestandsüberwachung ● Verbrauchsabhängige Beschaffung in größeren Zeitabständen

Folgende Übersicht beschreibt mögliche Einsatzgebiete der ABC-Analyse.

Teilprozess der Beschaffung	Auswahlkriterien	Behandlung der A-Teile	Behandlung der C-Teile
Disposition	• Wert des Beschaffungs- objekts • Fehlmengenrisiko	• Niedrige Sicherheits- bestände • Kurzfristiger Anlieferungs- rhythmus	• Hohe Sicherheits- bestände • Langfristiger Anlieferungs- rhythmus
Beschaffungs- marktforschung	• Wert des Beschaffungs- objekts • Substitutions- möglichkeiten	• Nutzung vieler Informations- quellen • Beobachtung aller Beschaffungs- objekte	• Nutzung ausgewählter Informations- quellen • Eingeschränkte Beobachtung
Wertanalyse	• Wert des Beschaffungs- objekts • Substitutions- möglichkeiten	• Durchführung einer Wertanalyse	• Keine Durchführung

4.3.2.2 XYZ-Analyse

Die XYZ-Analyse ist ein Verfahren zur Klassifikation von Materialien nach ihrem **Verbrauchsverlauf**. Dabei erfolgt die Einstufung in drei Gruppen nach der **Vorhersagegenauigkeit** des Verbrauchs und somit der Dispositionsfähigkeit. In der Regel werden den Klassen X, Y und Z Materialien mit den folgenden Eigenschaften zugeordnet:

X	Y	Z
konstanter Verbrauch	Verbrauch unterliegt stärkeren Schwankungen	Verbrauch unregelmäßig
Bedarf gleichbleibend, nur gelegentliche Schwankungen um ein konstantes Niveau	trendförmig steigend oder fallend oder unterliegt saisonalen Schwankungen	stark schwankend oder lediglich sporadisch auftretend
hohe Vorhersagegenauigkeit des Verbrauchs	mittlere Vorhersagegenauigkeit	niedrige Vorhersagegenauigkeit

Die Strukturierung in X-, Y- und Z-Materialien lässt Rückschlüsse auf die Verlässlichkeit der Prognosen und auf die bestehenden Risikopotenziale zu. Zudem können auf der Grundlage der Klassifizierung Empfehlungen für die Wahl der Bereitstellungsmaßnahmen gegeben werden.

X	Y	Z
50–60 % aller Artikel	10–20 % aller Artikel	20–30 % aller Artikel
einsatzsynchrone Beschaffung	Vorratshaltung	Konsignationslagerung (vgl. Kap. 4.4.2.3) oder Beschaffung im Bedarfsfall

Eine **Kombination** der ABC- und der XYZ-Analyse ermöglicht zusätzliche Erkenntnisse.

	A	B	C
X	hoher Verbrauchswert hohe Vorhersagegenauigkeit	mittlerer Verbrauchswert mittlere Vorhersagegenauigkeit	niedriger Verbrauchswert niedrige Vorhersagegenauigkeit
Y	hoher Verbrauchswert mittlere Vorhersagegenauigkeit	mittlerer Verbrauchswert mittlere Vorhersagegenauigkeit	niedriger Verbrauchswert mittlere Vorhersagegenauigkeit
Z	hoher Verbrauchswert niedrige Vorhersagegenauigkeit	mittlerer Verbrauchswert niedrige Vorhersagegenauigkeit	niedriger Verbrauchswert niedrige Vorhersagegenauigkeit

Die Güter werden dann in insgesamt neun Faktorklassen eingeteilt, denen unterschiedliche Dispositions-, Einkaufs- und Kontrollmaßnahmen zugeordnet werden können. Beispielsweise lässt sich auf diese Weise die Gleichbehandlung aller A-Güter verhindern und die Konzentration auf Güter der A- und Z-Klasse lenken. So empfiehlt sich bei AX-Gütern im Rahmen der Disposition eine exakte Bestimmung von Anlieferzeitpunkt- und Anliefermenge, CZ-Güter erlauben einfache Verfahren bei der Bestellabwicklung, z. B. Abrufverträge oder Sammelbestellungen.

Das Textilunternehmen Donna Carla GmbH fertigt ganzjährig Damenanzüge und -kostüme aus hochfeiner Schurwolle (Cool Wool). Die Schnitte ändern sich zwar halbjährlich, jedoch wird regelmäßig der gleiche Stoff verwendet, der bei einer irischen Tuchfabrik bezogen wird. Accessoires bei Saisonwaren werden je nach Bedarf bestellt.

	A	B	C
X	Bedarfssynchrone Beschaffung	Bedarfssynchrone Beschaffung	Vorratsbeschaffung
Y	Bedarfssynchrone Beschaffung	Vorratsbeschaffung	Bedarfsgerechte Beschaffung
Z	Vorratsbeschaffung	Bedarfsgerechte Beschaffung	Bedarfsgerechte Beschaffung

4.3.2.3 Wertanalyse

Als Begründer der Wertanalyse gilt Lawrence D. Miles, Einkaufsleiter bei der General Electric Company, USA. Der durch den Zweiten Weltkrieg hervorgerufene Materialmangel hatte die Beschaffung von Ersatzstoffen zur Folge, die jedoch nicht zu schlechterer Qualität der Endprodukte führten. Oft waren die Austauschmaterialien den bisher verwendeten kostenmäßig und in qualitativer Hinsicht überlegen. Miles gelang es damals, eine Methode zu entwickeln, mit der neue Möglichkeiten der Kostensenkung und Qualitätsverbesserung systematisch gesucht und erkannt werden können. Er nannte dies **Value Analysis** (Wertanalyse).

Value Analysis

Die Wertanalyse ist eine **Rationalisierungsmethode** besonderer Art. Sie versucht, ausgehend von einer systematischen Analyse der Funktionen und der Kosten eines Erzeugnisses, für die erforderlichen Funktionen des Untersuchungsobjektes kostengünstigere Lösungen zu finden, unnötige Funktionen eines Produktes zu eliminieren oder die Funktionspalette eines Erzeugnisses zu erweitern, falls hierdurch eine Steigerung des Unternehmensgewinns zu erreichen ist. Wertanalytische Untersuchungen lassen sich sowohl auf Erzeugnisse als auch auf Dienstleistungen anwenden.

Alle Büros des Chemieunternehmens Mehring AG, Werk Leverkusen, sollen mit neuen PC-Druckern ausgestattet werden, die gleichzeitig als Kopierer, Scanner und Fax dienen können. Aus den Katalogen hat die Einkaufsabteilung verschiedene Modelle ausgewählt, die sich durch unterschiedliche Druckgeschwindigkeit, Auflösung, Drucktechnik (Tintenstrahl oder Laser) und vor allem unterschiedliche Preise auszeichnen.

Merkmale

Die Wertanalyse weist folgende charakteristische **Merkmale** auf:

– Funktionsorientierte Denk- und Betrachtungsweise
– Systematisches Vorgehen nach einem Arbeitsplan
– Organisierte Teamarbeit und Koordination unterschiedlicher Abteilungsinteressen
– Anwendung von Techniken der Ideenfindung
– Anwendungsneutralität (sowohl für Produkte als auch für Verfahren anwendbar)

In Deutschland hat sich die Unterscheidung in **Value Analysis** und **Value Engineering** durchgesetzt. **Value Analysis** untersucht dabei die Erzeugnisse, die sich schon in der laufenden Fertigung befinden. Bei **Value Engineering** (Wert-Technik, Anwendung der Wertanalyse in der Entwicklungsphase) wird ein neu zu gestaltendes Produkt bereits in der Konzeptions- und Planungsphase wertanalytisch behandelt.

Eine wertanalytische Untersuchung folgt einem sechsschrittigen Arbeitsplan (Empfehlung nach DIN 69910), wobei wiederum jeder einzelne Grundschritt in einzelne Teilschritte unterteilt ist:

Projektphasen	Teilschritte
Vorbereitung des Projekts	● Benennung eines Moderators ● Definition der Aufgabenstellung ● Festlegung des Ziels ● Ablaufplanung ● Bestimmung der Mitglieder der einzelnen Teams
Ermittlung des Istzustands	● Beschaffung von Informationen ● Bestimmung der Istfunktionen ● Festlegung der Sollfunktionen ● Zuordnung der Kosten zu den Sollfunktionen
Überprüfung des Istzustands	● Bewertung der Funktionen ● Bestimmung der Nutzwerte ● Prüfung der Kosten ● Auswertung der gewonnenen Informationen
Entwicklung von Lösungsalternativen	● Ideenentwicklung durch systematische Suchmethoden ● Erstellung von Lösungsalternativen
Entscheidung	● Festlegung der Kriterien zur Bewertung der alternativen Lösungen ● Bewertung der Lösungsideen ● Erstellen des Gesamtlösungskonzepts
Lösungsverwirklichung	● Realisation ● Controlling ● Zeitplanung ● Abschlussbericht

Die Wertanalyse verlangt vom Einkäufer **funktionsorientiert** und nicht objektorientiert zu denken. Er beschafft folglich nicht mehr nur Produkte, sondern Träger von Funktionen oder Problemlösungen. Das bedeutet, dass der Einkäufer nicht einfach das verlangte Teil in der bestimmten Abmessung und Qualität beschafft. Er möchte zusätzlich in Erfahrung bringen, ob nur dieses Teil für den bestimmten Zweck geeignet ist oder ob auch andere Produkte für diese Funktionserfüllung infrage kommen. Damit die Alternativen, die der Markt anbietet, entsprechend berücksichtigt werden können, muss die Technik dem Einkauf eine genaue Funktionsbeschreibung zur Verfügung stellen, damit diese mit der Bitte um Angebote an potenzielle Lieferanten weitergeleitet werden kann. Es ergibt sich so ein größerer Spielraum bei der Auswahl alternativer Produkte, gleichzeitig wird die gesamte Beschaffungstätigkeit in stärkerem Maße auf den Unternehmenszweck ausgerichtet.

**Funktions-
orientierte
Denkweise**

Wertanalytische Untersuchungen und Überlegungen führen außerdem dazu, dass der Einkauf mit seinem Wissen besser in die betrieblichen Abläufe eingegliedert und auf diese Weise Kostenbewusstsein auch in andere Bereiche des Unternehmens getragen wird.

Wertanalytische Untersuchungen sind zunächst eine **unternehmensinterne** Angelegenheit. Wegen der anhaltenden Tendenz zur Spezialisierung und des wachsenden und sich differenzierenden Beschaffungsvolumens gehen jedoch immer mehr Unternehmen dazu über, den Lieferanten bei der Suche nach günstigeren Alternativen einzuschalten. Das technische Spezialwissen der Lieferanten ist in der eigenen Unternehmung oft nicht vorhanden. Die Lieferanten aber kennen die Faktoren, die die Kosten und die Qualität ihrer Erzeugnisse bestimmen sowie die Einsatzgebiete ihrer Produkte. Somit wird die **Intensivierung des Gedankenaustauschs** im Rahmen der Wertanalyse zwischen Lieferant und Abnehmer immer wichtiger.

Beispiel – Ein japanischer Automobilhersteller hat in einem Jahr allein 4.000 Vorschläge wertanalytischer Art von seinen Lieferanten erhalten, 70 % davon konnten verwirklicht werden.

– In amerikanischen Unternehmen waren laut einer Umfrage der Zeitschrift „Purchasing" die durch Wertanalyse erzielten Einsparungen zu durchschnittlich 14 % auf Vorschläge der Lieferanten zurückzuführen.

Die Einkaufsabteilungen industrieller Unternehmen wenden verschiedene **Methoden** an, um die Lieferanten zu wertanalytischen Überlegungen anzuregen und sie für eine Mitarbeit zu gewinnen. Zum Beispiel werden Anfrageformulare mit Zusatzfragen ausgestattet: „Wir sind Ihnen für alle Vorschläge dankbar, die dazu führen, dass sich die Qualität unseres Erzeugnisses verbessert und seine Kosten gesenkt werden können."

Dies soll zur Konsequenz haben, dass der Lieferant nicht genau die angefragte Spezifikation anbietet, wenn er günstigere Möglichkeiten zur Erfüllung der verlangten Funktion sieht. Ebenso können dem Lieferanten im Rahmen einer Checkliste konkrete Fragen zur Wertanalyse gestellt werden. Beispielsweise wird nachgefragt, welche der eigenen Anforderungen beim Lieferanten besondere Schwierigkeiten bzw. Kosten verursachen und ob der Lieferant Vorschläge hat, wie man diese Schwierigkeiten abstellen bzw. Kosten senken kann. Zielgruppe derartiger Fragebogenaktionen sind etablierte Lieferanten, die eine lange Erfahrung bei der Herstellung des betreffenden Produktes haben.

Beiträge der Lieferanten zu wertanalytischen Problemstellungen müssen selbstverständlich **honoriert** werden. Besondere Verdienste werden in der Praxis anerkannt durch z. B.:

- Zusätzliche Auftragsvergabe an den Lieferanten

- Ausstellung eines Zertifikats, das der Lieferant evtl. zu eigenen Werbezwecken nutzen kann

- Vorzugsbehandlung des Lieferanten, Auftrag wird der Konkurrenz vorenthalten

- Ersatz der Entwicklungsaufwendungen

- Prämien, wie z. B. bei betrieblichem Vorschlagwesen

- Incentives (Anreize), wie z. B. eine Reise

Bei einer sehr intensiven wertanalytischen Zusammenarbeit kann es zur Entwicklung schutzwürdiger Ideen kommen. Deswegen sollten rechtzeitig **Vereinbarungen über die Verwertungsrechte** getroffen und Ergebnisprotokolle angefertigt werden.

4.3.2.4 Nutzwertanalyse

Es liegt auf der Hand, dass allein schon der zeitliche Aufwand der oben dargestellten Wertanalyse manchmal in keinem Verhältnis zum Wert des Beschaffungsobjektes stehen kann. Deshalb werden häufig auch sehr vereinfachte Verfahren zur Analyse in der Praxis angewandt, z. B. die **Nutzwertanalyse**.

Ausgangsbasis sind verschiedene Kriterien, die zur Beurteilung des Beschaffungsobjekts herangezogen werden. Ein Teil dieser Merkmale ist quantifizierbar, z. B. Stückpreis, ein anderer nicht, z. B. die Zuverlässigkeit des Lieferanten. Will man jedoch alle Kriterien berücksichtigen, so müssen sie miteinander vergleichbar gemacht werden, um im Anschluss ein Gesamturteil fällen zu können.

Die Einkäuferin der Donna Carla GmbH hat verschiedene Angebote von Lieferanten für Accessoires erhalten. An die Beschaffungsobjekte werden bestimmte Anforderungen gestellt: Es soll sich um hochmodische Ware handeln, die äußerst schnell bei Bedarf nachgeordert werden kann und aus Imagegründen in Europa hergestellt werden soll. Die Lieferanten erfüllen die an sie gestellten Anforderungen mal mehr, mal weniger gut. Für die Einkäuferin sind gleichzeitig manche Anforderungen besonders wichtig, andere weniger.

Vorgehensweise

1. Zunächst werden geeignete **Kriterien** festgelegt, anhand derer der Vergleich durchgeführt werden soll. Diese Kriterien werden in die erste Spalte der Tabelle eingetragen.

2. Die ausgewählten Kriterien werden nach ihrer Wichtigkeit mit **Gewichtungspunkten** von 1 bis 10 in der zweiten Spalte der Tabelle versehen. Dabei müssen nicht alle Gewichtungspunkte von 1 bis 10 vergeben werden, es können auch mehrere Kriterien dieselbe Punktzahl aufweisen.

3. Die Ausprägung der einzelnen Kriterien **(Zielerfüllung)** wird mit Punkten von 0 bis 3 bewertet. Dabei ist folgende Bewertungstabelle zu benutzen:

    - Sehr gute Ausprägung (sehr hoher Nutzen)   = 3 Bewertungspunkte
    - Gute Ausprägung (hoher Nutzen)   = 2 Bewertungspunkte
    - Mäßige Ausprägung (geringer Nutzen)   = 1 Bewertungspunkt
    - Schwache oder keine Ausprägung (kein Nutzen) = 0 Bewertungspunkte (ggf. weniger sinnvoll)

4. Die Gewichtungspunkte werden mit den Bewertungspunkten multipliziert (= **gewichteter Nutzen**) und die Summe ermittelt.

5. Durch Vergleich der ermittelten Summen wird die Alternative mit dem höchsten Grad der Zielerfüllung = **Nutzwert** ausgewählt.

Die Einkäuferin der Donna Carla GmbH hat aus den vorliegenden Angeboten die von zwei Lieferanten ausgewählt, die sie nun mithilfe der Nutzwertanalyse untersucht. Das Ergebnis der Nutzwertanalyse ist hier dargestellt:

Kriterium	*Gewichtung*	*Lieferant 1*		*Lieferant 2*	
		Grad der Zielerfüllung	*gewichteter Nutzen*	*Grad der Zielerfüllung*	*gewichteter Nutzen*
Hoch-modische Ware	10	3	30	2	20
Schnelligkeit der Nach-lieferung	9	1	9	3	27
Herstellung in Europa	8	3	24	3	24
Einkaufs-preis	7	2	14	0	0
Zuverlässig-keit des Lieferanten	10	2	20	3	30
Qualität	6	1	6	3	18
Ergebnis/ Nutzwert			103		119

Es ist zu beachten, dass die Zielkriterien von Unternehmen zu Unternehmen unterschiedlich sein können, vor allem aber auch die Einschätzung und Bewertung der vorher festgelegten Kriterien.

4.3.2.5 Preisstrukturanalyse

Im Rahmen der Preisstrukturanalyse interessieren den Einkäufer folgende Fragen:

● Wie hoch sind die Stückkosten des zu beschaffenden Artikels?

● Welchen Anteil an den Stückkosten haben die einzelnen Kostenarten?

● Wie hoch ist bei einem gegebenen Preis des Artikels der Gewinnanteil des Lieferanten?

Da der Lieferant in der Regel seine Kalkulationsdaten nicht preisgeben will, versucht die Beschaffung von sich aus, die Kalkulation des Lieferanten nachzuvollziehen, indem sie im Rahmen der Preisstrukturanalyse den vom Lieferanten geforderten Preis in

Kostenbestandteil und **Gewinnanteil** aufgliedert. Grundlage dafür sind unternehmenseigene Daten oder Schätzungen. Zunächst werden die für das Produkt relevanten Kostenarten festgelegt und bewertet, um anschließend durch Addition der einzelnen Beträge die gesamten Stückkosten für das Produkt zu errechnen. Die Differenz aus Verkaufspreis und Stückkosten ergibt den dem Lieferanten verbleibenden Gewinn.

Ein Einkäufer der Mehring AG kauft für das Werk in Köln Mess- und Regeltechnik ein. Der Einstandspreis für ein Steuerungselement beträgt laut Liste 5.800,00 EUR. Wenn der Zulieferer mit der Begründung eine Preiserhöhung ankündigt, die Preise seien gestiegen, dann kann die Berechtigung der Preiserhöhung vom Einkäufer nur dann überprüft werden, wenn die Kostenstruktur des Lieferanten bekannt ist. Preiserhöhungen auf den Rohstoffmärkten bzw. Lohnerhöhungen nach neuen Tarifabschlüssen stehen im Wirtschaftsteil der Tageszeitung.

Gründe

In erster Linie ist die Aufgabe der Preisstrukturanalyse, die Angemessenheit des vom Lieferanten geforderten Preises zu überprüfen. Für diese Überprüfung kann es mehrere **Gründe** geben:

- Möglicherweise nennt der Lieferant aus taktischen Gründen einen zu niedrigen Preis. Er verzichtet zunächst auf Gewinn, um mit dem Abnehmer ins Geschäft zu kommen. Nachdem dann regelmäßige Geschäftsbeziehungen hergestellt sind und der Abnehmer sich auf diesen Lieferanten eingestellt hat, wird es zu Preiserhöhungen kommen, da kein Unternehmen langfristig auf Gewinn verzichten kann.

- Bei Vergabeverhandlungen kann der ermittelte Richtpreis dem Einkäufer als Orientierungspunkt dienen. Zum einen hat er das nötige Verständnis für die Kostensituation des Lieferanten und seine Forderungen. Gleichzeitig erkennt aber auch der Lieferant, dass der Einkäufer sachlich gut informiert und an einer Geschäftsverbindung ernsthaft interessiert ist.

- Die Position des Einkäufers in Vergabeverhandlungen ist gestärkt. Er kann von einer sicheren Basis aus argumentieren und auf falsche Kalkulationsdaten und Gewinnerwartungen hinweisen. Die Stärkung der Einkäuferposition ist wichtig, um Druck auf den Einkaufspreis ausüben zu können.

- Bei zu erwartenden Tariferhöhungen oder Materialpreisänderungen können voraussichtliche Preisentwicklungen abgeleitet werden. Dies gilt jedoch nur bei Produkten, deren Preise an die Kostenentwicklung angelehnt sind. Produkte, deren Preis sich z. B. nach dem Börsenpreis richtet, sind von der Preisstrukturanalyse ausgenommen.

Voraussetzungen

Drei **Voraussetzungen** müssen erfüllt sein, um eine Preisstrukturanalyse durchzuführen:

1. Das Beschaffungsobjekt ist ein bedeutender Artikel, für den beträchtliche Ausgaben getätigt werden.

2. Der Einkäufer ist in der Lage, den Beschaffungspreis zu beeinflussen.

3. Die erhobenen Daten führen zu einem verwertbaren Ergebnis.

Praktische **Schwierigkeiten** ergeben sich aus drei Gründen:

1. Spezielles Informationsmaterial zur Ermittlung der Stückkosten eines Produktes kann nicht beschafft werden.

2. Aufgrund der Art des Produktes oder des Fertigungsprozesses wird die Durchführung der Analyse zu kompliziert.

3. Die Qualifikation der Mitarbeiter, eine Preisstrukturanalyse durchzuführen, reicht nicht aus.

Aufgrund dieser Schwierigkeiten greift die Praxis oft auf Vergleichsmöglichkeiten mit ähnlichen Produkten zurück, um die Angemessenheit des Preises zu überprüfen. Beliebt sind diesbezüglich „Multiplikatorpreise". Sie entstehen dadurch, dass der Einkaufspreis eines Produktes auf eine quantifizierbare Größe bezogen wird, die diesen Preis charakterisiert, z. B. Preis je Liter, je Kilowattstunde oder je Meter.

4.3.2.6 Optimale Bestellmenge

Das in der Literatur so oft beschriebene **Modell der Optimalen Bestellmenge** ist zurückzuführen auf die 1915 von Harris vorgestellte Losgrößenformel. Ein **Los** ist eine bestimmte Menge einer Produktart, die ohne die Unterbrechung durch die Produktion anderer Produktarten hintereinander in einer Produktionsstufe erzeugt wird.   **Begriff Los**

Gesucht wird bei der Optimalen Bestellmenge die zu minimalen Kosten führende Bestellpolitik, bei der jedes Los dieselbe Größe aufweist und bei der das Lager in konstanten Zeitabständen aufgefüllt wird. Dem **statischen Modell**, das die Lagerbestandsentwicklung nicht abbildet, liegen die folgenden Prämissen zugrunde:

- Die Nachfragemenge ist bekannt und bleibt im Zeitablauf gleich groß.   **Prämissen**

- Fehlmengen sind nicht vorhanden.

- Betrachtet wird nur ein Lager mit unbegrenzten Kapazitäten.

- Jede Güterart wird isoliert betrachtet, zwischen den Güterarten bestehen keine Interdependenzen.

- Änderungen in der Qualität der Güter sind ausgeschlossen.

- Der Einstandspreis der Güter ist konstant.

- Jeder Bestellvorgang verursacht lediglich bestellfixe Kosten.

- Der Lagerkostensatz bleibt konstant und ist der Höhe nach bekannt.

- Die Auffüllzeit für das Lager ist null, die Auffüllgeschwindigkeit unendlich hoch.

Bei einem Vergleich mit der Realität zeigt sich, dass die oben genannten Prämissen in der Praxis nicht zutreffen. Beispielsweise sind die Kapazitäten des Lagers begrenzt, ebenso ändert sich der Einstandspreis der Güter je nach Einkaufsmenge. Für die Bedürfnisse der Praxis greift daher dieses statische Modell zu kurz. Um dennoch zu brauchbaren Ergebnissen zu kommen, wurden in der Wissenschaft zahlreiche weiterentwickelte Bestellmengen-Modelle entwickelt. Bei diesen Modellen werden z. B. Mindest- oder Höchstbestellmengen, Mengenrabatte oder Bedarfsschwankungen berücksichtigt.

4.3.3   Beschaffungskonzepte

In den letzten zehn Jahren hat sich die Beziehung zwischen Abnehmern und Lieferanten grundlegend gewandelt. In der Regel wird heute der Lieferant als Partner angesehen, der durch seine Leistungen die internationale Wettbewerbsfähigkeit des Abnehmers entscheidend beeinflussen kann und der die Existenz der Supply Chain von Lieferant zu Abnehmer langfristig zu sichern hilft. **Ziel** der Lieferantenpolitik ist es also, die Unternehmung mit einer genügenden Anzahl von leistungsfähigen Zulieferern auszustatten, die dauerhaft existenzfähig und lieferwillig sind, um dem Unternehmen strategische Wettbewerbsvorteile zu eröffnen und zu sichern.

Beispiel Den Produzenten der Lebensmittelindustrie ist u. a. an bestimmten Qualitätseigenschaften ihrer Produkte gelegen. Hierzu schließen sie mit Landwirten Verträge ab, die den Anbau der Agrarprodukte spezifizieren. Die Landwirte erhalten Qualitätsvorgaben, genaue Richtlinien bis hin zu patentiertem Saatgut und Pflanzenschutzmitteln. Sie verkaufen ihre gesamten Erzeugnisse im Voraus an diesen einen Abnehmer zu festgelegten Konditionen. Auf diese Weise kann der Lebensmittelproduzent mittel- bis langfristig einen strategischen Wettbewerbsvorteil, z. B. Kostenführerschaft, durch vorteilhafte Beschaffung in Verbindung mit qualitativ hochwertigen Erzeugnissen erzielen. Gleichzeitig hat die Landwirtschaft einen festen Abnehmer, gerade auch in Jahren mit überdurchschnittlichen Erträgen, und kann an bestimmten Forschungserkenntnissen partizipieren.

Es stellt sich die Frage, welche Bezugsquellen besonders geeignet sind und wie die Struktur des Lieferantenkreises gestaltet werden soll. In der Praxis sind bei diesen Überlegungen eine Vielzahl von Möglichkeiten und Einflussfaktoren zu berücksichtigen.

Neben den grundlegenden Beschaffungsprinzipien, siehe Kapitel 4.3.3.1, werden derzeit besonders Beschaffungskonzepte bezogen auf den Funktionsumfang des Beschaffungsobjektes (z. B. Modular Sourcing), den Standort der Lieferanten (z. B. Global Sourcing) und die Anzahl der Lieferanten für ein bestimmtes Objekt (z. B. Single Sourcing) diskutiert, angewendet und weiterentwickelt.

4.3.3.1 Einzelbeschaffung, Vorratshaltung, fertigungssynchrone Beschaffung

Einzel-
beschaffung

◆ **Einzelbeschaffung**
Die benötigten Beschaffungsobjekte werden fallweise für einen ganz bestimmten Auftrag eingekauft. Die Beschaffungsmenge und der Beschaffungszeitpunkt werden unmittelbar durch die Produktion bestimmt. Das Versorgungsrisiko ist dabei relativ hoch. Da nicht gelagert wird, fallen auch keine Lagerkosten an. Die Einkaufspreise jedoch sind hoch, da keine Rabatte o. Ä. ausgenutzt werden können.

Die SBP Werftbetriebe GmbH in Krefeld baut Jachten, ausschließlich im Kundenauftrag (Auftragsfertigung) und nach den Wünschen der Kunden. Jedes Schiff ist ein Unikat. Viele der verwendeten Materialien und Teile werden nur für ein ganz bestimmtes Schiff benötigt.

Vorrats-
beschaffung

◆ **Vorratsbeschaffung**
Der Vorrat sichert zum einen die Kontinuität der Fertigung und vergrößert gleichzeitig den Handlungsspielraum auf den Beschaffungsmärkten. Beschaffungsmenge und

Beschaffungszeitpunkt werden wiederkehrend in kurzen Zeitabständen geplant, denn auftretender Bedarf und die vorhandenen Lagerbestände müssen abgeglichen werden. Das Versorgungsrisiko wird durch die Vorratshaltung minimiert. Idealerweise werden die Einkäufe so geplant, dass Beschaffungs- und Lagerkosten minimiert werden.

Das Chemieunternehmen Mehring AG kauft die benötigten Rohstoffe in großen Mengen, lagert diese ein und versucht Beschaffungs- und Lagerkosten zu minimieren.

◆ **Fertigungssynchrone Beschaffung**

Fertigungs-synchrone Beschaffung

Dies ist typisch für die Massen- oder Serienfertigung mit großen Stückzahlen. Beschaffungsmenge und -zeitpunkt werden unmittelbar durch die Fertigungsplanung bestimmt. Die Lagerkosten sind sehr niedrig, da nur geringe Sicherheitsbestände gelagert werden. Ein hohes Risiko liegt jedoch in Lieferungsverzögerungen und Lieferungsausfällen. In der Regel werden Rahmenverträge vereinbart, die den Lieferanten z. B. große Absatzmengen und den Abnehmern hohe Preisnachlässe sichern.

Ein Kölner Automobilhersteller hat für den Zeitraum eines Jahres das Fertigungsprogramm geplant. Die Abläufe in der Fertigung sind genau festgelegt. Die benötigten Materialien und Teile werden von vertraglich langfristig gebundenen Lieferanten genau zum Einsatztermin geliefert.

4.3.3.2 Modular Sourcing

Modular Sourcing bedeutet, dass nicht einzelne Teile beschafft werden, sondern die Lieferanten ganze Baugruppen, also Module bereitstellen. In diesem Zusammenhang spricht man auch von **Systemlieferanten**. Besonders die Industriezweige Automobilindustrie und elektrotechnische Industrie beziehen anstelle von Einzelteilen oder kleineren Komponenten einbaufertige komplexe Baugruppen mit relativ großem Funktionsumfang. Für diese Entwicklung sind zwei Bestimmungsfaktoren verantwortlich:

System-lieferant

1. Die Endprodukte sind im Laufe der Zeit komplexer und technisch anspruchsvoller geworden. Die zur Herstellung benötigte Anzahl der Teile an Komponenten und Baugruppen ist erheblich gestiegen. Für die Hersteller würde dieser Sachverhalt eine enorme Ausweitung der Produktionsvorgänge bedeuten, wenn diese Fertigungstiefe beibehalten werden sollte.

2. Gleichzeitig ist die Nachfrage der Kunden nach individuellen Endprodukten gestiegen. Dies hat zu einer Erhöhung der Variantenvielfalt geführt und zu einer Typenexplosion beigetragen.

Modular Sourcing hat zum **Ziel**, die Montage lohnkostenintensiver Baugruppen auf den Systemlieferanten zu übertragen. Dadurch entfallen beim Hersteller bestimmte Fertigungen und Montagen, die Fertigungstiefe reduziert sich und der Hersteller kann sich auf seine Kernkompetenzen konzentrieren.

Ein Kölner Automobilhersteller bezieht die Bremssysteme, das sind neben den Bremsen auch die gesamte Elektronik, ABS und Bremskraftverstärker, je nach Fahrzeugtyp bei nur einem Lieferanten.

Für den Hersteller bedeutet dies, dass sich die Anzahl der Beschaffungsobjekte z. T. erheblich reduziert. Dies kann auch Auswirkungen auf die ABC-Analyse haben. Ebenso reduziert sich durch Modular Sourcing die Anzahl der direkt eingeschalteten Lieferanten, wodurch eine **Hinwendung zum Single Sourcing** (vgl. Kap. 4.3.3.4) (Einlieferantenprinzip/„Hoflieferanten") einsetzen kann.

Die Einkaufstätigkeit wird dadurch in technischer und kaufmännischer Hinsicht anspruchsvoller, chancen- und risikoreicher. Das Beschaffungsvolumen vergrößert sich z. B. in finanzieller Hinsicht, die Bedeutung des einzelnen Einkäufers wächst sowohl innerbetrieblich als auch auf dem Beschaffungsmarkt. Es kann gleichzeitig zu einer Verkleinerung der Einkaufsabteilung kommen, da trotz der Zunahme der Variantenvielfalt der gesamte Arbeitsumfang innerhalb der Einkaufsabteilung kleiner wird.

Der Lieferant der Module (Systemlieferant) arbeitet in enger Kooperation mit dem Abnehmer auf dem technischen, betriebswirtschaftlichen und logistischen Gebiet. Ihm wird Eigenverantwortung bei Entwicklung von Produkten und neuen Problemlösungen übertragen. Vielfach ist der Systemlieferant eingebunden in die Forschung und Entwicklung. Diese Art der Kooperation ist auch bekannt unter dem Begriff **Simultaneous-Engineering**.

Die Abhängigkeit zwischen Abnehmer und Lieferant nimmt zu. Die Möglichkeit, kurzfristig bestimmte Module von einem anderen Lieferanten zu beziehen, ist häufig nicht gegeben. Dadurch wird die hohe Konkurrenz der Lieferanten, wie sie auf Teilemärkten noch immer anzufinden ist, reduziert. Der Abnehmer gibt in den Preisverhandlungen einen Zielpreis vor, von dem ausgehend ermittelt wird, wie das Modul zu diesem Preis hergestellt werden kann. Kostenstruktur und Produktionsmethoden beider Partner werden dadurch transparent.

4.3.3.3 Global Sourcing (International Sourcing)

Die Beschaffungsmärkte weltweit sind Tätigkeitsfelder des **Global Sourcing**. In dem Begriff spiegelt sich das Phänomen der Globalisierung wider. Die Nutzung weltweit vorhandener Lieferquellen und Ressourcen ist im Allgemeinen für einen multinationalen Konzern leichter durchzuführen als für kleinere oder mittlere Unternehmen. In Literatur und Praxis werden die Begriffe International und Global Sourcing heute als sinnverwandt betrachtet.

Erleichterung von Global Sourcing

◆ **Gründe** für die zunehmende **Erleichterung** von Global Sourcing sind:
   – Abbau internationaler Handelsbarrieren und Liberalisierung von Märkten im Rahmen von GATT (General Agreement on Tariffs and Trade)/WTO (World Trade Organization)/GATS (General Agreement on Trade in Services)
   – Erleichterung des Austauschs von Waren und Dienstleistungen durch Vollendung des europäischen Binnenmarktes
   – Entstehung neuer Wirtschaftsräume (z. B. NAFTA)
   – Öffnung Osteuropas
   – Neue Kommunikationstechniken, wie z. B. Digitalisierung in der Informations- und Kommunikationstechnik, Internet
   – Innovationen in der internationalen Logistik

Motive

◆ **Motive** für Global Sourcing sind:
Niedrigere Lohnkosten und Lohnnebenkosten, aber auch niedrigere Steuern, Energie- und Rohstoffkosten führen häufig bei einem Einkauf auf ausländischen Märkten zu günstigeren Einstandspreisen. Deswegen wurden in der Vergangenheit z. B. die Nied-

riglohnländer Südostasiens und andere neu industrialisierte Länder bei industrieller Beschaffung bevorzugt. Seit einigen Jahren gelten auch die osteuropäischen Länder als preiswerte Beschaffungsquellen.

Nicht nur Kostenvorteile geben häufig den Ausschlag für internationale Beschaffung, sondern auch der technologische Aspekt spielt eine immer größere Rolle. Mithilfe von **Global Sourcing** streben die Unternehmen danach, über die technologischen Trends in anderen Ländern informiert zu sein, am Innovationspotenzial anderer Regionen der Erde zu partizipieren und weltweit die modernste Technik einzukaufen. Außerdem lassen sich durch internationale Beschaffung gleichzeitig auch neue Absatzmärkte schaffen, z. B. durch Kompensations- und Gegengeschäfte. Abgesehen davon, dass die deutsche Industrie bei vielen Rohstoffen auf Importe angewiesen ist, kann Global Sourcing das Image einer Unternehmung positiv beeinflussen und den Bekanntheitsgrad im Ausland steigern.

Ein weltweit führender Konzern der Technologiebranche lässt die Software für das gesamte Unternehmen in Indien entwickeln. Ein Marktführer bei der Herstellung von Fotokopierern hat einen weltweit geltenden Vertrag. Der Konzern mietet die Fotokopierer und kauft auch damit verbundene Serviceleistungen ein, die vor Ort von den Händlern angeboten werden müssen. Der Einkauf von Büromöbeln und Büromaterial ist innerhalb des Konzerns räumlich abgegrenzt. Der Konzern wird europaweit von einem deutschen Händler beliefert.

◆ **Risiken** des Global Sourcing sind:　　　　　　　　　　　　　　　**Risiken**
  – Politische Gefahren
  – Unterschiedliche Kulturen
  – Rechtsunsicherheit
  – Logistische Risiken
  – Qualitätsrisiken
  – Erschwerter Kommunikations- und Informationsfluss
  – Währungsrisiko
  – Gefahr des Know-how-Verlusts

Selbstverständlich werden nicht alle Beschaffungsobjekte auf internationalen Märkten eingekauft. Bei **Local Sourcing** befinden sich die Lieferanten in unmittelbarer Nähe zum Standort des Abnehmers, z. B. in derselben Stadt oder Region. **National Sourcing** liegt vor, wenn der Standort des Abnehmers und des Lieferanten in demselben Staat liegen.

◆ **Vorteile des Local Sourcing**　　　　　　　　　　　　　　　　　　**Vorteile**
Vorteile des Local Sourcing sind vor allem logistischer Natur. Es lassen sich lange Transportwege und dadurch bedingte Fracht- und Versicherungskosten vermeiden. Ebenso sinken Bestellabwicklungskosten und das Risiko von Lieferfristüberschreitungen bei der Anlieferung. Local Sourcing vereinfacht bspw. die Just-in-Time-Beschaffung. Das Local Sourcing kann für den Abnehmer auch ein marketing- und unternehmenspolitisches Instrument sein. Die Schaffung von Arbeitsplätzen bei den Lieferanten trägt zu einem positiven Image bei und kann sich evtl. bei Verhandlungen mit der Kommune positiv auswirken.

Es eignen sich für Local Sourcing insbesondere folgende **Beschaffungsobjekte**:
– Großraum- und Schwerlastgüter
– Agrarprodukte

- Variantenreiche Baugruppen, wegen des Abstimmungsbedarfs und Informations-austauschs
- C-Güter
- Dienstleistungen
- Just in Time zu beschaffende Güter

4.3.3.4 Single Sourcing/Dual Sourcing/Multiple Sourcing

Folgende **Faktoren** bestimmen, ob der Betriebsbedarf für ein bestimmtes Material durch nur einen Lieferanten **(Single Sourcing)**, durch zwei Lieferanten **(Dual Sourcing)** oder durch mehrere Quellen **(Multiple Sourcing)** gedeckt werden soll:

- Die Größe des Bedarfs und seine Schwankungen
- Die Marktstruktur und die Anzahl der Lieferanten
- Die Größe des Lieferanten (Dual oder Multiple Sourcing, wenn der Betriebsbedarf nicht durch einen einzigen Anbieter gedeckt werden kann)
- Die Zuverlässigkeit der Bezugsquellen sowie die Konjunkturlage der Branche
- Die technische Komplexität der Beschaffungsobjekte
- Sonstige Faktoren

Die Mehring AG bezieht den Bedarf an Strom von nur einem Anbieter. Die Laufzeit des Vertrages beträgt ein Jahr. Danach werden erneut Verhandlungen geführt, mit dem bestehenden Anbieter und mit seiner Konkurrenz.

Gründe für Single Sourcing

◆ **Gründe** für Single Sourcing oder Dual Sourcing sind z. B.:
- Der Einkauf größerer Mengen bei nur einem Lieferanten bedeutet Preis- und Konditionsvorteile.
- Eine gleichmäßige Qualität der Beschaffungsobjekte ist gewährleistet.
- Die Verantwortung des Lieferanten gegenüber seinem Abnehmer wächst.
- Die Auftragsabwicklung bei kleinem Lieferantenkreis ist vereinfacht und der Informationsaustausch effizienter.

Nachteile von Single Sourcing

◆ Dagegen ergeben sich folgende **Nachteile**:
- Produktionsstörungen oder -unterbrechungen beim Lieferanten wirken sich direkt auf den Abnehmer aus.
- Der Abnehmer gerät in Abhängigkeit seines Lieferanten.
- Der Wettbewerb zwischen den Anbietern wird nicht angeregt, die Marktstruktur kann sich zu Ungunsten der Abnehmer verschlechtern.
- Die Marktübersicht geht verloren.

Wenn die Aufträge für dasselbe Beschaffungsobjekt an mehrere Lieferanten vergeben werden, ist es sinnvoll, den Wettbewerb zwischen den Lieferanten zu fördern. So wird dann vom leistungsfähigsten Lieferanten der größte Teil am Gesamtbedarf bezogen und bei den weniger guten Anbietern die kleineren Mengen eingekauft. So wird der Hauptlieferant dafür sorgen, dass er seinen Vorsprung wahrt, und die kleineren Lieferanten versuchen, durch Leistungssteigerungen eine Verteilung zu ihren Gunsten zu erreichen.

4.3.4   Lieferantenbewertung und -auswahl

Die Bedeutung der Lieferantenbewertung und Lieferantenauswahl lässt sich einfach an folgendem Beispiel aus der Praxis erkennen:

Ein Süßwarenhersteller hatte mehr als 600 Lieferanten. Die Hälfte aller Bestellungen wurde bei lediglich 3 % der Lieferanten geordert, die restliche Hälfte entfiel auf 97 % der Lieferanten. Bei diesen war das Verhältnis von Bestellwert und Bestellaufwand höchst unwirtschaftlich.

Dies hatte zur Folge, dass im Einkauf viel Zeit verschwendet wurde, die Rechnungsprüfung sehr viel Arbeit machte und der Beschaffungsprozess insgesamt zu hohe Kosten verursachte.

Eine Untersuchung belegte, dass die geringwertigen Artikel bei zu vielen Lieferanten bezogen wurden und die Disposition schlecht organisiert war. Meistens waren die Artikel noch nicht einmal zu Warengruppen zusammengefasst worden. Im Rahmen einer Umstrukturierung wurde ein neues Konzept entwickelt.

Mittlerweile sind nur noch zehn Lieferanten tätig, jeder ist zuständig für eine Warengruppe. Bestandsführung und Bestellung führen die Lieferanten selbst durch. Die Kosten für die Beschaffung sind dadurch enorm gesenkt worden. Beispielsweise ist nur noch ein Mitarbeiter für die Überprüfung von Lieferungen und Rechnungen nötig.

4.3.4.1 Lieferantenbewertung

Die Bewertung bestehender oder potenzieller Lieferanten dient der Vorbereitung der Lieferantenauswahl, der Festlegung lieferantenpolitischer Maßnahmen und zur Identifizierung spezieller Probleme der Beschaffung. Schwerpunkte der Lieferantenbewertung sind Lieferantenkontrolle und Lieferantenanalyse.

◆ **Lieferantenkontrolle**

Im Rahmen der Lieferantenkontrolle werden die erbrachten Leistungen und die Leistungsfähigkeit **aktueller** Lieferanten beurteilt. In der Regel werden die folgenden **Kriterien** permanent überprüft:

Lieferanten-kontrolle

● **Preis**
z. B. durch Preisstrukturanalyse, Preisbeobachtung oder Preisvergleich,

● **Qualität**
laufende, i. d. R. stichprobenartige Überprüfung z. B. zur Ermittlung der Mängelquote,

● **Termin- und Mengentreue**
z. B. durch Besuche oder Lieferantenaudit (Überprüfung).

Die **logistikorientierte** Lieferantenkontrolle überprüft

● **die Lieferflexibilität:**
die Fähigkeit des Lieferanten, auf veränderte Mengen und Termine reagieren zu können

● **die logistische Zusammenarbeit:**
Verpackung, Lagerhaltung, Transport, Datenaustausch etc.

Weitere Beurteilungsbereiche sind

● Stand der Forschung und Entwicklung bei dem Lieferanten,

● Zusammenarbeit mit anderen Unternehmensbereichen, z. B. Buchhaltung wegen Abrechnung,

● Zuverlässigkeit bei der Einhaltung sonstiger Zusagen, z. B. Recycling, Garantien.

Am einfachsten ist es nach Festlegung geeigneter Kriterien als Ergebnis der Lieferantenkontrolle eine **Checkliste** anzufertigen, in der die Kriterien durch gezielte Fragen konkretisiert werden, um dann eine Bewertung vorzunehmen.

Lieferanten-analyse

◆ **Lieferantenanalyse**

Bei der Lieferantenanalyse können sowohl die bestehenden als auch die potenziellen Lieferanten verglichen werden. Dabei sind zwei Situationen denkbar:

● Das Beschaffungsobjekt wird bereits beschafft und die Anforderungen an das Objekt sind unverändert: Problematisch bei der Analyse ist nun, dass über die bestehenden Lieferanten bereits eine gewisse Datenmenge vorliegt, die Informationen über die potenziellen Lieferanten jedoch geringer und in der Regel unsicherer sind.

● Das Beschaffungsobjekt wurde noch nicht beschafft oder die Anforderungen an das Objekt sind stark verändert: Die Situation bezüglich der potenziellen Lieferanten ist unverändert, siehe oben. Hinzu kommt nun das Problem, die bestehenden Lieferanten bewerten zu müssen, da die vorhandenen Informationen und Daten nicht ohne Weiteres auf die veränderten Anforderungen übertragbar sind.

Fehlende Daten können erhoben werden durch:

– Recherchen, z. B. Fragebögen, Checklisten
– Befragung von Kunden der Lieferanten

Weitere wichtige Informationen über den Lieferanten sind:

– seine wirtschaftliche Situation, z. B. anhand des Jahresabschlusses
– das Verhältnis von Anbieter- und Nachfragermacht

Bei der Lieferantenanalyse empfiehlt es sich, Verfahren einzusetzen, die sowohl quantitative als auch qualitative Faktoren sowie verschiedene Zielsetzungen berücksichtigen, z. B.:

– Nutzwertanalysen (vgl. Kap. 4.3.2.4)
– Checklisten (siehe oben)
– Profiltechniken (auch „Wertskala"-Verfahren, z. B. auf einer Skala von – 5 bis + 5)
– Portfolioanalysen

Die Art der Lieferantenbewertung ist nicht nur abhängig davon, ob sie z. B. der Lieferantenkontrolle oder -auswahl dient, sondern auch bestimmt durch die Beschaffungssituation. Der jährliche Beschaffungswert (ABC-Analyse) – vgl. Kap. 4.3.2.1 – spielt ebenso eine Rolle wie die Bestellhäufigkeit (XYZ-Analyse) – vgl. 4.3.2.2 – oder die Objektanforderungen (Standardteil oder Spezialanfertigung) u. a. m.

4.3.4.2 Lieferanteneingrenzung

Nachdem die bestehenden Lieferanten kontrolliert und die bestehenden und potenziell neuen Lieferanten analysiert worden sind, ist das nächste Ziel, weitere detaillierte Informationen zu erhalten.

Da die Kontaktaufnahme und Informationssammlung nur dann vergleichbare und aussagekräftige Ergebnisse liefern, wenn sie auf Basis eines standardisierten Prozesses erfolgen, empfiehlt es sich hier, einen standardisierten Fragebogen zur Liefererselbstauskunft einzusetzen. Unabhängig von der inhaltlichen Bewertung des zurückgesandten Fragebogens lassen sich bereits aus der Antwortschnelligkeit, Präzision und Vollständigkeit Rückschlüsse auf das Interesse des Lieferanten ziehen.

Als weitere Methode der Kontaktaufnahme bietet sich der Lieferantenbesuch durch Mitarbeiter aus dem Beschaffungsbereich an. Der Abnehmer bekundet dadurch sein Interesse am Lieferanten und kann gleichzeitig einen genaueren Einblick in betriebsinterne Prozesse erhalten. Dabei werden außerdem persönliche Kontakte aufgebaut, die bei der späteren Verhandlung und Pflege der Beziehungen eine wichtige Rolle spielen. Die Besuche sollten, ebenso wie der Fragebogen zur Selbstauskunft, gut vorbereitet sein und anhand vergleichbarer Kriterien erfolgen.

4.3.4.3 Lieferantenauswahl

Der Beschaffungsbedarf ist festgelegt und spezifiziert, die Suche nach neuen Lieferanten sowie die Lieferantenbewertung sind vollzogen. Nun muss sich das Unternehmen auf der Basis der aufbereiteten Informationen für das Angebot eines (Single Sourcing) – vgl. Kap. 4.3.3.4 – oder mehrerer Lieferanten (Multiple Sourcing) – vgl. Kap. 4.3.3.4 – entscheiden, um dann Vergabeverhandlungen führen zu können.

Die Zahl der vor der Lieferantenauswahl zu durchlaufenden Phasen und der Aufwand bei der Lieferantenauswahl selbst sind geprägt durch die **Beschaffungssituation**: Bestellhäufigkeit und -regelmäßigkeit, technische Komplexität, jährlicher Beschaffungswert und die Kaufsituation selbst (Neukauf, Wiederholungskauf) bestimmen die Intensität der Auswahl. Bei unbedeutenden Teilen (C-Teile) kann die Lieferantenauswahl kostengünstig auf der Basis weniger Informationen (z. B. Katalog des Anbieters) vollzogen werden. Technisch aufwendige Teile (A-Teile) jedoch bedürfen einer sorgfältigeren Auswahl der Lieferanten. Auch hier können Checklisten oder eine Nutzwertanalyse Hilfestellung bieten.

4.3.4.4 Lieferantenverhandlung

Nach der Auswahlphase wird nun mit den besten Zulieferern verhandelt, um bei einzelnen Vergleichskriterien Verbesserungen zu erzielen. Unbedingt erforderlich ist es, dass die beteiligten Mitarbeiter sowohl sachlich als auch organisatorisch, taktisch und persönlich intensiv vorbereitet sind.

Während der sachlichen **Vorbereitung** werden zunächst die Verhandlungsziele definiert und gewichtet, z. B. Bedarfsspezifikation, Bedarfsmenge, Preisobergrenze. Anschließend wird für jedes Ziel eine fundierte Argumentationskette aufgebaut, die zur Durchsetzung der Ziele im Gespräch dient. Zusätzlich sollten die Verhandlungsziele und die Kostensituation der Lieferanten selbst genauestens prognostiziert werden, um Gegenargumente in der Verhandlung finden zu können. **Vorbereitung**

Auf die Vorbereitung folgt die **Durchführung** der Verhandlung. Zunächst wird dem Lieferanten ein Vertragsangebot übermittelt. Dieses Angebot wird dann von ihm sorgfältig geprüft und mit seinen Verkaufsbedingungen abgestimmt. Dabei ergeben sich in der Regel unterschiedliche Positionen zwischen Lieferant und Abnehmer, die in der Verhandlung geklärt werden müssen. Der Lieferant kann dazu dem Abnehmer einen Problemkatalog zur Vorbereitung des ersten Meetings schicken. Die Beschaffung kann dann auf Basis seines Problemkatalogs Lösungsstrategien und Argumente entwickeln. In der gemeinsamen Verhandlung wird dann versucht, die gegensätzlichen Vorstellungen aufeinander abzustimmen und möglichst nahe an die Preisuntergrenze des Lieferanten heranzukommen. Sollte es dann wiederum zu keiner Einigung gekommen sein, wird eine weitere Verhandlungsrunde angesetzt, die ebenso sorgfältig vorbereitet werden muss wie die vorherigen. **Durchführung**

**Nach-
bereitung**

Im Zuge der **Nachbereitung** der Verhandlung werden alle Ergebnisse dokumentiert und die Vertragsunterzeichnung vorbereitet. Zusätzlich sollten die in der Verhandlung aufgetretenen Probleme analysiert und bewertet werden, um aus Fehlern zu lernen.

4.3.4.5 Vertragsabschluss

Die letzte Phase ist nun der Vertragsabschluss. Meistens werden hier Rahmenvereinbarungen getroffen, die über einen längeren Zeitraum Gültigkeit haben und die durch Einzelverträge oder Einzelabrufe konkretisiert werden.

4.3.5   Internetgestützte Beschaffungsaktivitäten: E-Procurement

Um den gesamten Beschaffungsprozess vom Lieferanten bis zum Kunden zu unterstützen, setzen Unternehmen verstärkt Informations- und Kommunikationstechnologien auf Internetbasis ein.

4.3.5.1 Elektronische Beschaffungsmarktforschung

Durch die elektronische Beschaffungsmarktforschung kann der Marktforschungsbereich international erweitert werden. Die Informationsrecherche im Internet ist in der Beschaffungspraxis von zunehmender Bedeutung. Die Recherche erfolgt durch den Zugriff auf das **World Wide Web** (www). Unterstützt wird die Suche durch Suchmaschinen oder Verzeichnissuchdienste. Auch können spezialisierte Informationsdienstleister in Anspruch genommen werden, die Fachinformationen zu Beschaffung anbieten. So stellen z. B. Organisationen wie Statistisches Bundesamt, Industrie- und Handelskammern, Außenhandelskammern der entsprechenden Region sowie andere Anbieter von Fach- und Brancheninformationen strukturierte Daten zu dem zu betrachtenden Beschaffungsmarkt bereit.

Das Auswärtige Amt stellt kostenlos Informationen über nahezu alle Länder der Welt bereit. Neben allgemeinen Informationen finden sich auch Daten und Fakten zu politischen und wirtschaftlichen Beziehungen. Diese können genutzt werden, um erste Aussagen über ein Land als potenzieller Beschaffungsmarkt zu treffen.

Die Identifikation neuer Lieferanten kann durch das Internet unterstützt werden. Internetbasierte Firmendatenbanken und Lieferantensuchdienste ermöglichen die Suche.

 Die Online-Datenbank von „Wer liefert was", wlw-online: www.wlw.de informiert über das deutsche Angebot. Eine weitere Möglichkeit bietet deren amerikanisches Pendant „Thomas Register": www.thomasregister.com oder „Europages": www.europages.de für Europa. Für Asien findet man Asian Sources unter www.globalsources.com Länderinformationen werden unter www.ixpos.de vom Außenwirtschaftsportal oder vom CIA World Factbook - https://www.cia.gov/library/publications angeboten. Rohstoffpreise werden veröffentlicht unter der Adresse www.metalprices.com und von der London Metal Exchange unter www.lme.com.

4.3.5.2 Beschaffungs-Homepage

In zunehmendem Maße nutzen Industrieunternehmen das Internet durch das Einrichten einer sogenannten Beschaffungs-Homepage. Das beschaffende Unternehmen sucht nicht aktiv nach möglichen Lieferanten, sondern bietet **passiv** auf der Homepage Informationen und Aufträge an. Die Kontaktaufnahme erfolgt durch die Lieferanten. In der Regel werden Beschaffungs-Homepages von großen Unternehmen eingerichtet und dienen dem Kontakt mit Lieferanten bei Gütern mit hoher strategischer Bedeutung.

Die Homepage wird insbesondere dazu genutzt, den möglichen Lieferanten beschaffungsbezogene Informationen bereitzustellen bzw. diese auszutauschen.

In der Regel hat eine Beschaffungs-Homepage folgende **Inhalte**:

- Übersicht über den organisatorischen Ablauf von der ersten Kontaktaufnahme über das Internet bis zur ersten Lieferung

- Beschreibung der Lieferantenauswahlstrategie des beschaffenden Unternehmens, der Anforderungen an die Lieferanten und möglicher Entwicklungspotenziale

- Bedarfsübersichten für die einzelnen Unternehmensbereiche

- Beschreibung der gesuchten Beschaffungsobjekte und Dokumentation der Produkte

- Beantwortung häufig gestellter Fragen

- Formulare für Standardanfragen, Lieferantenbeschreibungen und Angebotsabgaben

Inhalte einer Beschaffungs-Homepage

Die **Vorteile** der Beschaffungs-Homepage ergeben sich vor allem dadurch, dass Kosten und Zeit bei der Lieferantenauswahl eingespart werden können:

- Die Lieferanten können die Bewerbungsformulare direkt von der Homepage beziehen.

- Die Lieferanten übermitteln Informationen über Qualität und weitere Referenzen direkt online, dadurch können nicht qualifizierte Lieferanten direkt identifiziert werden, ohne dass ein Mitarbeiter der Beschaffung bis zu diesem Zeitpunkt tätig werden musste.

Vorteile einer Beschaffungs-Homepage

4.3.5.3 Elektronische Marktplätze

Elektronische Marktplätze im Internet haben eine erhebliche Bedeutung in der Unternehmenspraxis erlangt. In jüngster Zeit ist eine Vielzahl von elektronischen Marktplätzen im Internet in fast allen Industriebranchen entstanden. Der elektronische Marktplatz wird von einem Drittanbieter eingerichtet und unterhalten. Seine Aufgabe ist es, eine Vielzahl von Verkäufern und Käufern zusammenzubringen. Durch die **neutrale Position** des Marktplatzes soll Vertrauen geschaffen und opportunistisches Verhalten verhindert werden.

Es lassen sich vier verschiedene **Arten** von elektronischen Marktplätzen unterscheiden:

Arten

◆ **Bulletin Board/Schwarzes Brett**

Schwarzes Brett

- Nach Produktkategorien geordnete Kauf- und Verkaufsangebote wie in Zeitungs anzeigen

- Preisfindungsprozess ohne aktive Beteiligung des elektronischen Marktplatzes in Form einer Ausschreibung

- Der elektronische Marktplatz erleichtert das Zusammentreffen zwischen Verkäufer und Käufer, steuert aber die Transaktion nicht.

  Beispiel Der Bauverlag Construction Equipment Exchange (www.bcee.de) stellt seit Mai 1999 Europas führenden Marktplatz für gebrauchte Baumaschinen dar. In der bcee werden gebrauchte Baumaschinen sowohl inseriert als auch versteigert. Interessierte Käufer können Kontakt mit den inserierenden Händlern aufnehmen oder die gesuchte Maschine direkt ersteigern. Die Inserate sind nach Produktkategorien geordnet, zum Beispiel Arbeitsbühnen, Container, Gerüste. Für das beschaffende Unternehmen ist die Benutzung des Bulletin Board kostenfrei. Der Verkäufer zahlt eine Einstellgebühr.

Seit März 2008 lautet die Adresse nach einer Kooperation www.truckmarket.de.

Internet-katalog

◆ **Internetkatalog**

● Beschaffungsobjekte werden unter Angabe des Preises und zusätzlicher Informationen wie Qualität, Verfügbarkeit und Lieferzeit von verschiedenen Verkäufern abgebildet

● Vorwiegend Festpreise

● Laufende Aktualisierung von Produktdaten

 Bei einem Kfz-Hersteller wird der katalogbasierte papierlose Einkauf über das Katalogsystem „eshop" abgewickelt. Mit der Einführung dieses Systems, über das rund 15.000 Nutzer Nicht-Produktionsmaterialien online bestellen können, verbindet das Unternehmen die Erwartung, die Prozesskosten um 50 % senken zu können. Bis Ende 2002 sind über eshop 1.500 Lieferanten angebunden und jährlich rund 500.000 Transaktionen abgewickelt worden.

Internet-auktion

◆ **Internetauktion**

● Versteigerung eines Gutes oder einer Dienstleistung

● Dynamischer Preisfindungsprozess, da das Gut oder die Dienstleistung versteigert wird

● Zeitliche Begrenzung

● Keine Möglichkeit, Angebote zurückzunehmen

 Bei der Vorbereitung einer Onlineauktion für Spezialdichtungen bei einem Anlagenbauer ergab die Lieferantensuche aufgrund der besonderen Produkteigenschaften, dass weltweit lediglich fünf Lieferanten infrage kommen. In dem Marktsegment herrschte ein extrem hoher Wettbewerb mit aggressiven Verdrängungstendenzen. Die Onlineauktion wurde mit drei Lieferanten geführt und ergab für das Unternehmen erfreuliche Ergebnisse, die ohne diesen elektronischen Marktplatz sicher so schnell und kostengünstig nicht hätten erarbeitet werden können.

General Motors (GM) hatte auf einem virtuellen Marktplatz Gummidichtungen für Autofenster im Rahmen einer umgekehrten Auktion ausgeschrieben. 18 Lieferanten bemühten sich um den Auftrag. Auf ihren Bildschirmen beobachteten sie, wie jeder Mitbewerber sein Gebot platzierte. Ein nicht gerade nervenschonendes Procedere, da sich jedem immer wieder die Frage stellte, ob er aussteigen, mithalten oder das letzte Gebot unterbieten sollte. Zu guter Letzt kaufte GM das Material für 147 Millionen Dollar, etwa 30 % billiger als bisher.

Mit dem Beschaffungsportal Covisint (www.covisint.com) arbeiten große Kfz-Hersteller wie z. B. Ford, Nissan, General Motors und DaimlerChrysler. Im Jahr 2001 wurden bei DaimlerChrysler insgesamt 510 elektronische Auktionen über Covisint mit einem Einkaufsvolumen von rund 10 Mrd. EUR abgewickelt. Dies entspricht ca. 30 % des Beschaffungsvolumens, das im Jahr 2001 in neu geschlossenen Aufträgen vergeben wurde. Dabei hatte die größte Einzelauktion ein Volumen von 3,5 Mio. EUR.

Internet-börse

◆ **Internetbörse**

● Elektronischer Marktplatz steuert Angebot und Nachfrage

● Marktplatzbetreiber nimmt sowohl Kauf- als auch Verkaufsangebote entgegen und gleicht sie automatisch und anhand der durch die Teilnehmer definierten Kriterien ab

- Dynamischer Preisfindungsprozess in Echtzeit

- Keine zeitliche Begrenzung

- Keine Möglichkeit, Angebote zurückzunehmen

 Band-X (www.band-x.com) wurde im Juli 1997 in London gegründet und ist eine Plattform für den internationalen Handel von Telekommunikationsbandbreiten und -minuten. Band-X war der erste unabhängige Marktplatz in diesem Segment, der die meisten aller Telekommunikationsfirmen als Teilnehmer hat.

Derzeit sind das Schwarze Brett und der Katalog am weitesten verbreitet. Es kann aber davon ausgegangen werden, dass auch Auktionen und Börsen in Zukunft häufiger zu finden sein werden. **Elektronische**, also **virtuelle Marktplätze** lassen sich außerdem unterscheiden nach der Art der Beschaffungsobjekte:

◆ **Horizontale Marktplätze** bieten Beschaffungsobjekte an, die branchenübergreifend nachgefragt werden. Zum Beispiel sind dies C-Artikel bzw. **MRO-Güter** (Maintenance-Repair-Operations, Güter und Anwendungen für Instandhaltung und Reparatur).

Horizontale Marktplätze

 Deutsche Post E-Business und Lufthansa Air-Plus gründeten im August 2001 als Joint Venture trimondo. Über trimondo können Unternehmen branchenübergreifend MRO-Waren und Dienstleistungen online beschaffen.
Trimodo wurde an den schwedischen Wettbewerber IBX verkauft. In 2008 betrug das Transaktionsvolumen bei fast 1,9 Millionen Bestellvorgängen mehr als 8,2 Mrd. EUR.

Vertikale Marktplätze

◆ **Vertikale Marktplätze** sind ausgerichtet auf eine spezielle Branche, wie z. B. Stahl- oder Chemiebranche. Hier werden dann branchenspezifische A-, B- und C-Artikel gehandelt.

 Der technische Einkauf der Chemiebranche kann über das Internetportal CC-HUBWOO www.cc-hubwoo-portal.com abgewickelt werden. Im Frühjahr 2001 haben europäische Energieversorger den Marktplatz Eutilia (www.eutilia.net) ins Leben gerufen. Große Unternehmen wie Endesa, Enel und Vattenfall gehören zu den Gründungsmitgliedern.

Die oben vorgenommene Kategorisierung kann jedoch nicht vollkommen trennscharf erfolgen, da viele elektronische Marktplätze in Abhängigkeit von der Art der zu beschaffenden Güter mehrere Transaktionsformen anbieten oder ihr Geschäftsmodell auf weitere Transaktionsformen ausweiten.

4.4 Lagerhaltung

Die Dust Devil AG, ein Staubsaugerhersteller, plant ein neues Staubsaugermodell in das Produktprogramm aufzunehmen. Die Kapazitäten des bestehenden Lagers sind erschöpft. Aus diesem Grund soll ein neues Material- und Fertigteilelager errichtet werden.

Als Assistent/-in der Geschäftsleitung erhalten Sie den Auftrag, ein Konzept für das Lager zu erstellen und Alternativen aufzuzeigen.

Die Versorgungskette von der Beschaffung über die Produktion bis zum Verbrauch wird mehrmals durch Lagervorgänge unterbrochen. Die Lagerhaltung ist somit ein wichtiges Bindeglied zwischen Beschaffung und Absatz.

4.4.1   Lagereingang

Beim Prozess des Lagereingangs werden folgende Phasen durchlaufen:

- Phase 1: Überprüfung des Lagergutes beim Lagereingang
- Phase 2: Überprüfung der Rechnungen und Erstellung der Papiere

4.4.1.1 Überprüfung des Lagergutes beim Lagereingang

Das Lagergut wird zunächst bei der Annahme hinsichtlich der nachfolgend genannten Kriterien überprüft. In der Praxis erfolgt eine eingehendere Untersuchung der angelieferten Güter anschließend, um z. B. den anliefernden Frachtführer nicht zu unnötigen Standzeiten zu nötigen.

Belege   ◆ **Belege**

Das Lagergut wird von Packlisten, Transportpapieren, Lieferscheinen etc. begleitet, auf denen für die Abwicklung relevante Daten enthalten sind. Diese **Daten**, z. B. Auftragsnummer der Bestellung, Menge des Gutes, Sachnummer etc., werden mit den unternehmenseigenen Bestellkopien verglichen, um evtl. Fehler und Abweichungen zu erkennen.

Anstatt Kopien an die einzelnen beteiligten Abteilungen weiterzureichen, kann diese Überprüfung auch durch die unternehmenseigene EDV im **Intranet** erfolgen.

Mittels der Belege wird das eingehende Gut **identifiziert**. Bei Abweichungen ist mit der Einkaufsabteilung und anderen betroffenen Abteilungen, z. B. der Fertigungsabteilung, Rücksprache zu halten.

Das Lagergut wird auf **äußerlich erkennbare Schäden** untersucht. Sind solche feststellbar, wird die Annahme verweigert oder das Lagergut zurückgesandt. Bei zeitlich knapp terminiertem Lagergut kann es sinnvoll sein, das Gut unter Vorbehalt anzunehmen, um evtl. mangelfreie Teile der Fertigung zuführen zu können.

Mengen   ◆ **Mengen**

Während die Belege geprüft werden, erfolgt auch ein Abgleich zwischen

- gelieferter Menge und den Mengen der Begleitpapiere,
- gelieferter Menge und den Mengen der Bestellung.

Wenn es nötig ist, wird auch überprüft, ob die gelieferte Menge und evtl. bereits vorhandene Lagerbestände der für die Produktion benötigten Menge entsprechen.

Bei einem solchen Abgleich können folgende Abweichungen erkennbar sein:

- **Mehrlieferungen**
  Mehrlieferungen können durch **mehrere Bestellvorgänge** ausgelöst werden. Der Grund dafür kann z. B. sein, dass nachträglich ein höherer Bedarf als vorher angenommen festgestellt worden ist. Gehen demzufolge bei dem Lieferanten mehrere Bestellungen vom Unternehmen ein, fasst er diese zu einer Lieferung zusammen, wobei in den Lieferpapieren oft nur die erste Bestellnummer vermerkt ist. Bei telefonischen Bestellungen fehlen zunächst die schriftlichen Bestellunterlagen und die gelieferten Mengen werden nicht als offene Bestellung ausgewiesen. Dann muss nachträglich, z. B. aufgrund einer Gesprächsnotiz des Einkäufers, die Richtigkeit der Bestellung überprüft werden. Aus diesem Grund empfiehlt es sich, Bestellungen grundsätzlich per Fax oder Internet o. Ä. zu übermitteln.

● **Minderlieferungen**

Diese sind häufig auf Fehler beim Lieferanten zurückzuführen und im gegenseitigen Einvernehmen aus der Welt zu schaffen (vgl. neues Schuldrecht: Schlechtleistung bzw. Nicht-Rechtzeitig-Lieferung, Gewährleistungsansprüche). Kommt es zu einer Minderlieferung aufgrund von **Transportschäden**, bedürfen diese allerdings besonderer Aufmerksamkeit. Der eingetretene Schaden muss sofort auf den Transportpapieren vermerkt (Vorbehalt anbringen) und vom Frachtführer gegengezeichnet werden, um evtl. Schadenersatzansprüche geltend machen zu können.

◆ **Termin**

Termin

Zunächst wird der Liefertermin mit dem Termin verglichen, der bei der Bestellung festgelegt wurde, denn die Überprüfung der **Liefertermine** ist eine unabdingbare Voraussetzung für eine geeignete Planung und Steuerung der Güterflüsse im Unternehmen.

Außerdem muss unbedingt auf die sofortige Erfassung der Bestände geachtet werden, denn die Zahlen der Lagerbuchhaltung werden unmittelbar für die **Disposition** der Fertigung herangezogen. Eine verzögerte Erfassung des Lagereingangs kann dazu führen, dass Fertigungsaufträge zurückgestellt werden, obwohl das benötigte Gut für die Fertigung bereits im Lager vorhanden ist.

Um die eigenen **Lagerkosten** zu senken, nehmen Lieferanten häufig Teillieferungen vor. Die Lieferung von Gütern vor ihrem Fälligkeitstermin hat bei dem bestellenden Unternehmen überhöhte Lagerbestände zur Folge und verlangt zusätzlichen Lagerplatz. In diesem Fall ist bei Eingang zu prüfen, ob aus Gründen der Kostenminimierung das Lagergut zurückzusenden ist, wenn es wesentlich zu früh geliefert wurde.

◆ **Qualität**

Qualität

Die Qualität beschreibt die Güte eines Produkts. **Qualitätsanforderungen** werden z. B. bestimmt durch Gesetze und Verordnungen, ISO- und DIN-Normen und Beschaffungsvorschriften des eigenen Unternehmens.

Sinn der **Qualitätsprüfung** ist es, nur solches Lagergut einzulagern, das die geforderten Qualitäten hinreichend erfüllt. Die Qualitätsprüfung dient somit auch der **Qualitätssicherung**, denn die Qualität der eingehenden Güter bestimmt selbstverständlich auch die Qualität des Endergebnisses.

Sollten Materialien z. B. ungeprüft in die Produktion eingehen und ein qualitativer Mangel erst im Produktionsprozess festgestellt werden, kann es zu Schwierigkeiten und Verzögerungen bei der Produktion und zu höheren Kosten kommen. Neben den Kosten für das minderwertige Material sind dann auch Kosten für Löhne, Energien und andere mitverarbeitete Stoffe bei der Produktion des Ausschusses zu kalkulieren.

Der **Umfang der Qualitätsprüfung** bestimmt, wie viele Teile einer Lieferung und welche Eigenschaften des Gutes zu prüfen sind. Dies kann im Rahmen einer Hundertprozentprüfung oder Stichprobenprüfung durchgeführt werden. Wichtig ist, genau aufzuzeichnen, welche Prüfungsergebnisse bei den Lieferanten festgestellt wurden. So können die Beanstandungen nach bestimmten Kriterien sortiert werden und ein späterer Vergleich der Beanstandungen bei verschiedenen Lieferanten wird erleichtert.

Ein bedeutender Kaffee- und Teeimporteur aus Bremen verarbeitet den größten Teil der eingeführten Produkte im eigenen Betrieb weiter. Kaffee wird geröstet, bestimmte Teesorten werden gemischt usw. Vor allem Lebensmittelgroßhändler und große SB-Märkte in Norddeutschland zählen zu den wichtigsten Kunden. Der Importeur unterhält für Kaffee ein Lager im Bremer Hafen. Dort gehen an einem bestimmten Tag 2.500 Sack Rohkaffee ein. Nach der Einlagerung soll eine Qualitätskontrolle durchgeführt werden. Da eine Prüfung der insgesamt eingelagerten Menge zu aufwendig wäre, werden nur aus 200 zufällig ausgewählten Sack Proben entnommen. Dazu sticht der Lagermeister mit dem Entnahmegerät in den Sack und zieht eine geringe Menge an Kaffeebohnen heraus; von Entnahmevorgängen dieser Art ist der Begriff Stichprobe abgeleitet. Die Proben werden geprüft. Dabei zeigt es sich, dass drei Proben nicht die geforderte Qualität aufweisen, also 1,5 %. Von diesem Prüfungsergebnis wird rückgeschlossen, dass deswegen wahrscheinlich auch 1,5 % der Gesamtmenge, rund 38 Sack, die gleichen Qualitätsmängel aufweisen. Mängel in diesem Umfang werden toleriert, die Ware geht nicht zurück.

4.4.1.2 Überprüfung der Rechnungen und Erstellung der Papiere

Bei der Rechnungsprüfung wird die Lieferantenrechnung mit der Bestellung, der Auftragsbestätigung und den Begleitpapieren **sachlich**, **rechnerisch** und **preislich** verglichen.

Anhand der Bestellunterlagen wird kurzfristig nach dem Eingang des Lagerguts die **sachliche Richtigkeit** der Rechnung kontrolliert. Abweichungen zwischen der bestellten Menge und der gelieferten Menge sind zu reklamieren, wenn sie über das vereinbarte oder handelsübliche Maß hinausgehen.

Probleme ergeben sich dabei, wenn

– zu einer Rechnung keine entsprechende Lieferung vorliegt,
– eine Mehr- oder Minderlieferung erfolgt ist,
– der Lieferant eine Teillieferung vorgenommen hat, die Rechnung jedoch über den Betrag einer Komplettlieferung ausgestellt ist.

In der Praxis übernimmt die sachliche Rechnungsprüfung meistens die Beschaffungsabteilung. Die rechnerische Überprüfung erfolgt durch die Buchhaltung.

Sachliche Rechnungsprüfung

Die **sachliche Rechnungsprüfung** kann auch als Kontrolle der Lieferanten dienen. Dabei kann u. a. überprüft und nachgehalten werden, ob der Lieferant selbstständig Änderungen vorgenommen hat, ob die Beschaffungsrichtlinien eingehalten und ob die vereinbarten Lieferbedingungen und Termine eingehalten wurden.

Preisliche Rechnungsprüfung

Neben der sachlichen Überprüfung können bei einer **preislichen Überprüfung** durch die Einkaufsabteilung folgende Fragestellungen bearbeitet werden:

● Wurden mindestens drei Preisangebote von Lieferanten eingeholt?
  Diese Überprüfung dient dazu sicherzustellen, dass Preisvergleiche durchgeführt wurden.

● Weicht der vorliegende Preis erheblich vom Marktpreis ab?
  Falls dies der Fall ist, muss selbstverständlich untersucht werden, warum bei diesem Lieferanten dieses Gut eingekauft wurde.

- Warum wurde dieser Lieferant bei der Bestellung bevorzugt?
  Eventuell kann es besondere Gründe geben, einen bestimmten Lieferanten zu bevorzugen. Diese Gründe sollten allerdings transparent sein.

- Wird ein bestimmter Lieferant vom Einkäufer bevorzugt? Liegt dessen Preis über dem Marktpreis?
  Dass genau dieser Lieferant bevorzugt wurde, sollte nicht an persönlichen Beziehungen zwischen Einkäufern und Verkäufern liegen.

Die **rechnerische Prüfung** durch die Buchhaltung soll feststellen, ob dem Lieferanten ein Rechenfehler unterlaufen oder eine mehrfache Rechnungserstellung erfolgt ist. Ebenso wird nachgeprüft, ob vereinbarte Konditionen Eingang in die Rechnung gefunden haben, da die Eingangsrechnungen die Basis bilden für Finanzübersichten und Zahlungsanweisungen. Außerdem werden die effektiven Einstandspreise der gelieferten Güter ermittelt. **Rechnerische Prüfung**

Für das Lagergut werden beim Wareneingang **Lagerpapiere** erstellt, in der Regel geschieht dies mithilfe der EDV. Aus den Lagerpapieren ist ersichtlich, um welches Gut es sich handelt, wann es eingelagert wurde und wo es gelagert wird.

4.4.2   Lagerung

Das Hauptziel der Lagerhaltung ist es, Unregelmäßigkeiten bei Beschaffung, Produktion und Absatz auszugleichen. Dabei übernimmt die Lagerung verschiedene Aufgaben und Funktionen.

4.4.2.1   Aufgaben und Funktionen der Lagerhaltung

Im Rahmen der Lagerhaltung fallen unterschiedlichste **Aufgaben** an:

- das Ein-, Um- und Auslagern von Gütern und Materialien

- die Sicherstellung, dass alle Güter/Materialien rechtzeitig zur Verfügung stehen

- die Ausgabe von Material an nachgelagerte Stellen

- die Pflege des Lagerguts

- die Optimierung der Lagerbestände unter betriebswirtschaftlichen Gesichtspunkten

- allgemeine Verwaltungsaufgaben einschließlich der Lagerbuchführung

Dabei erfüllt die Lagerhaltung verschiedene **Funktionen**:

◆ **Zeitüberbrückungsfunktion:** Beschaffung, Produktion und Absatz lassen sich weder zeitlich noch mengenmäßig vollständig synchronisieren. Aus diesem Grund dienen Materiallager als Puffer. Unabhängig davon, wann die entsprechenden Materialien beschafft wurden, muss sich die Produktion darauf verlassen können, dass die von ihr benötigten Mengen jederzeit zur Verfügung stehen. Aus diesem Grund werden sogenannte Zwischenlager eingerichtet, um kurzfristige Produktionsschwankungen aufzufangen und Arbeitsplätze mit unterschiedlichen Kapazitäten miteinander zu verbinden. Im Absatzbereich gewährleisten Lager eine ständige Lieferbereitschaft und fangen die kontinuierliche Produktion der Güter auf. **Zeitüberbrückungsfunktion**

◆ **Sicherungsfunktion:** Störungen im Transportablauf, Überschreitungen der Lieferfrist, Streiks und auch ungeplanter Mehrverbrauch u. a. lösen unvorhergesehene **Sicherungsfunktion**

Bedarfsschwankungen aus. Um diese Schwankungen auszugleichen, werden Sicherheitsbestände eingeplant.

Spekulationsfunktion

◆ **Spekulationsfunktion:** Die Einkaufspreise für die benötigten Güter können schwanken. Im Falle steigender Preise bietet es sich an, die benötigten Güter in größeren Mengen einzukaufen, gleichzeitig lassen sich durch größere Mengen auch Mengenrabatte ausnutzen. Kalkulatorisch sind allerdings die dadurch erhöhten Lagerkosten mit den Einsparungen im Einkauf zu verrechnen.

Veredelungsfunktion

◆ **Veredelungsfunktion:** Die Lebensmittel Käse und Wein sind die klassischen Beispiele dafür, dass durch die Lagerung und den damit verbundenen Reifungsprozess eine Wertsteigerung eintritt. Ebenso kann es sein, dass halbfertige Erzeugnisse lagern müssen, um z. B. auszukühlen oder auszuhärten, bevor sie weiterverarbeitet werden können.

Sortierungsfunktion

◆ **Sortierungsfunktion:** Die Lagerhaltung kann auch dazu dienen, in einem Schauraum das Warensortiment, bestehend aus Handelswaren und eigenen Erzeugnissen, zu präsentieren.

4.4.2.2 Kriterien zur Bestimmung des Lagertyps

Die Wahl des geeigneten Lagertyps ist von einer Vielzahl von Faktoren abhängig. Zum einen ist es die zu lagernde Ware selbst, z. B. Stückgut, Schüttgut u. a.

Schüttgut

◆ **Schüttgut** ist trockenes Massengut, z. B. Staub, Körner oder kleinere Stücke. Es hat keine feste Körpergestalt. Um es im Betrieb zu befördern, bedarf es bestimmter Hilfsmittel, z. B. Sauger, Greifer oder Schaufeln. Schüttgut wird oft in Silos gelagert. Aber auch Bodenlagerung ist nicht unüblich. Bei der Wahl der Lagerart sind u. a. die Kriterien Volumen, Gewicht, Fließverhalten, chemische und physikalische Eigenschaften sowie Gefährdungspotenzial und Empfindlichkeit zu untersuchen.

Stückgut

◆ **Stückgut** sind einzeln handhabbare Güter, die in der Regel formbeständig bleiben und zur Beförderung einzeln aufgenommen und abgesetzt werden. Bei der Lagerung kann dem einzelnen Stückgut ein eindeutiger Lagerort zugeordnet werden. Auch bei gleichartigen Stückgütern ist eine Unterscheidung zwischen den einzelnen Gütern möglich. Daneben gibt es auch massenhaftes Stückgut, z. B. in großen Mengen für die Produktion benötigte Kleinteile.

Erscheinungsformen

Stückgüter können in unterschiedlichsten **Erscheinungsformen** auftreten. Sie können unterschieden werden nach z. B.

● **Verpackung**
   – Kartons
   – Verschweißte Paletten
   – Offene Paletten
   – Holzverschläge
   – Unverpackte Waren etc.

● **Abmessungen**
   – Größe
   – Volumen, Durchmesser

● **Anzahl und Gewicht**
   – Einzelstücke
   – Loses Mengengut
   – Gebündeltes Mengengut

● **Form**
  – Langgut, z. B. Rohre
  – Flachgut, z. B. Bleche
  – Rollen etc.

Für die Wahl des Lagertyps ist die **Verbrauchsfolge** ebenso bedeutsam. Dabei geht es um die Frage, wann das eingelagerte Material wieder entnommen werden soll. Der gewählte Lagertyp muss abgestimmt sein auf die übliche Verbrauchsfolge, sonst entstehen zeit- und kostenintensive Umlagerungsvorgänge.

Verbrauchs-folge

Die typischen Verbrauchsfolgen sind

● **Fifo – first in, first out**
  Das zuerst eingelagerte Gut wird zuerst wieder ausgelagert. Dies Prinzip wird z. B. bei Gütern mit Verfallsdatum angewandt.

● **Lifo – last in, first out**
  Das zuletzt eingelagerte Gut wird als Erstes wieder ausgelagert, das ist z. B. bei Schüttgütern wie Kies oder Kohle der Fall.

Die nachfolgend aufgeführten Verbrauchsfolgen sind eher von buchhalterischem Interesse. Es geht dabei um die Bewertung des Lagergutes.

● **Hifo – highest in, first out**
  Das teuerste eingelagerte Gut wird als Erstes wieder ausgelagert.

● **Lofo – lowest in, first out**
  Das billigste eingelagerte Gut wird zuerst wieder ausgelagert.

● **Filo – first in, last out**
  Das zuerst eingelagerte Gut wird zuletzt wieder ausgelagert.

Neben der Verbrauchsfolge spielt die **Verbrauchs-** und **Entnahmehäufigkeit** eine ebenso entscheidende Rolle bei der Wahl des geeigneten Lagertyps. Die Verbrauchs- und Entnahmehäufigkeit ist gleichzusetzen mit der Anzahl der Zugriffe, sogenannten **Picks**, auf die eingelagerte Ware. Ein Pick kann ein Einlagerungs- oder Auslagerungsvorgang sein. Die Zahl der Picks bestimmt in Verbindung mit der **Zugriffsdauer** die Leistungsfähigkeit des Lagers. Die Zugriffsdauer selbst wird bestimmt von der Art des Fördermittels, ob manuell oder automatisch ein- oder ausgelagert wird, und der Wegelänge, die zurückgelegt werden muss. Die Leistungsfähigkeit eines Lagers kann dann in Picks pro Stunde/Schicht/Arbeitstag ausgedrückt werden. Ein hoher Zeitbedarf pro Zugriff führt z. B. wegen der Lohnkosten zu einer hohen Kostenbelastung des Lagers. Bei der Investitionsentscheidung für einen bestimmten Lagertyp sind derartige Kosten in die Entscheidung mit einzubeziehen.

4.4.2.3 Lagerarten

Lager lassen sich nach verschiedenen Gesichtspunkten unterscheiden. Nachfolgend werden exemplarisch einige erläutert, weitere Unterscheidungsmerkmale sind möglich.

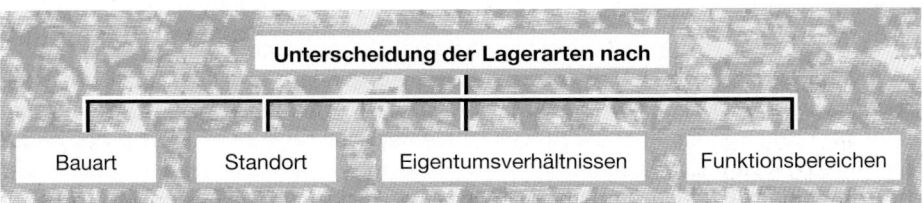

Unterscheidung der Lagerarten nach

| Bauart | Standort | Eigentumsverhältnissen | Funktionsbereichen |

Bauart

Offene Lager

Geschlossene Lager

Speziallager

Hochregal- lager

◆ **Bauart**

In einem **offenen Lager** (= Freilager), dies sind meist eingezäunte Plätze, werden Güter gelagert, die witterungsunempfindlich sind, z. B. Sand, Kies.

Halb offene Lager werden meist zum Lagern von Fertigerzeugnissen gewählt. Wegen ihrer Verpackung ist eine Qualitätsminderung der Güter nicht zu befürchten, wie z. B. bei Pkw, verpackten Maschinen, Rohren und Stahl.

Bei **geschlossenen Lagern** werden eingeschossige von mehrgeschossigen unterschieden:

● **Eingeschossige Lager** bieten sich an, wenn wegen des ausreichenden Raumangebots in der Fläche keine Notwendigkeit besteht, das Lager über mehrere Geschosse zu verteilen. Oftmals sind dies Hallen, die zum Umschlagen oder Kommissionieren dienen und dementsprechend ausgestattet sind.

● **Mehrgeschossige Lager** bewahren die Güter auf mehreren Geschossebenen auf. Der Hochbau hat gegenüber den Eingeschossbauten geringere Aufwendungen für Unterhalts- und Betriebskosten. Dem stehen allerdings höhere Kosten für Fundament, Deckenlast, Treppenhäuser sowie Transporteinrichtungen gegenüber. Mehrgeschossbau ist üblich, wenn z. B. die Grundstücksverhältnisse so beengt sind, dass der Lagerraum ebenerdig nicht ausreicht. Typisch für den Geschossbau ist das sich langsam umschlagende Lager. Die Lagerkapazität auf den einzelnen Geschossebenen muss so groß sein, dass sowohl die eingehenden als auch die ausgehenden Güter reibungslos gelagert und transportiert werden können. In der Praxis findet man diese Lager meist in der Elektronik und Elektrotechnik.

Speziallager werden den besonderen technologischen Beschaffenheiten der Lagergüter gerecht, z. B. bei flüssigen, gasförmigen, leicht entzündlichen oder giftigen Stoffen. **Flüssige Materialien**, z. B. Treibstoffe, Schmierstoffe oder Laugen, werden in Tanks gelagert. **Gasförmige Materialien** müssen meist in drucksicheren Behältern und Rohrleitungen gelagert werden, dies vor allem wegen der Explosionsgefahr. **Giftige Materialien**, z. B. chemische Gifte und Säuren, bedürfen einer besonders sorgfältigen Lagerung, die sich auch in der besonderen Bauweise dieser Lager widerspiegelt. Es sind ggf. die Bestimmungen für Gefahrgut zu beachten.

Idealerweise werden die Materialien so gelagert, dass sie leicht wiedergefunden werden und dem Fertigungsbereich in kürzester Zeit zur Verfügung stehen können. In der Praxis gibt es jedoch Probleme, da z. B. die Belegung der Lager nicht nach Zugangs- und Abgangshäufigkeit erfolgt. Werden Zugänge fehlerhaft verbucht, können diese Güter oft nicht sofort wiedergefunden werden. Wenn das gleiche Lagergut in mehreren Fächern aufbewahrt wird, gestaltet sich das Wiederauffinden schwierig, wenn in der Lagerkartei nur das erste belegte Lagerfach vermerkt ist.

Die **Abmessungen** in einem Hochregallager richten sich nach den verwendeten Paletten oder den sonstigen Lagereinheiten. Die einzelnen Regale sind durch Gänge voneinander getrennt, wobei die Gangbreite auf das **Palettenmaß** (z. B. Euro-Palette 80 · 120 cm) abgestimmt ist. In einem automatisierten Hochregallager kommt eine große Zahl spezialisierte, EDV-gesteuerte Hebe- und Förderzeuge zum Einsatz. Über Steigfördersysteme werden die Materialien zu den Lagerplätzen im Hochregallager befördert. Die Einordnung in die Regalfläche entspricht dabei dem **Prinzip der chaotischen Lagerung**. Das bedeutet, dass jede neu ankommende Lagereinheit auf einem vom DV-System ausgewählten freien Platz abgelegt wird. Diese Form der willkürlichen

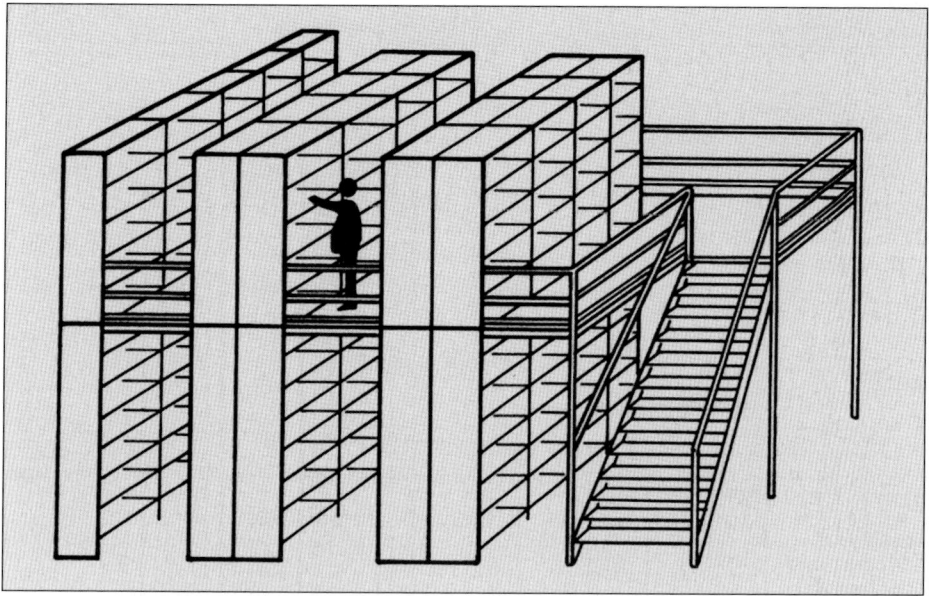

Abb. 4.4-1: Fachbodenregal

Zuordnung von Lagerplätzen ermöglicht gegenüber der herkömmlichen Form der festen Platzvergabe eine erhebliche Platzersparnis. Bei der festen Platzvergabe für ein bestimmtes Lagergut muss jeweils der maximale Kapazitätsbedarf vorgesehen werden, während bei willkürlicher Zuordnung von einem durchschnittlichen Lagerbestand zuzüglich Sicherheitsbestand ausgegangen werden kann.

Die Vergabe der Lagerplätze erfolgt nach der Umschlaghäufigkeit, wobei die Materialien, die häufiger benötigt werden, in den Bereichen der Regale zu lagern sind, die von den Förderzeugen am schnellsten erreicht werden. Sicherzustellen ist die vorrangige Auslagerung von Materialien bei zeitkritischen Aufträgen.

Der Arbeitsbereich normaler Förderzeuge, z. B. Gabelstapler, ist der Höhe nach begrenzt. Bei der Lagerautomatisierung in einem Hochregallager erfolgen die Bewegungen durch Kletterkräne, die Stapelhöhen ermöglichen, die weit darüber hinausgehen. Dadurch können Raumausnutzung und Nutzung der Arbeitskräfte wesentlich verbessert werden.

Die einzelnen Hochregalwände werden als Matrizen im EDV-System erfasst. So sind z. B. die einzelnen Wände von 1 bis 10 durchnummeriert, pro Regalwand können in der Höhe 12 Einheiten, z. B. Euro-Paletten, aufbewahrt werden und in der (Gang-)Tiefe 10 Einheiten, insgesamt also 120 Einheiten.

Jeder Regalplatz kann so über eine dreistufige Adresse angesteuert werden: Regalwand, Regalhöhe, Gangtiefe.

Ein hoher **Automatisierungsgrad** ist erreicht, wenn sowohl Materiallagerung als auch Bestandsführung gleichzeitig durchgeführt werden können. Dazu bedarf es einer zentralen EDV-Anlage, die die Bestandsführung übernimmt und alle Informationen über das eingelagerte Gut festhält. Zwar werden alle Zu- und Abgänge erfasst, es fehlen jedoch Hinweise auf den Lagerstandort. Der Hochregallagerrechner erhält alle Informationen über Lagerzu- und -abgänge von der zentralen EDV-Anlage. Auf der Grundlage des

Automatisierungsgrad

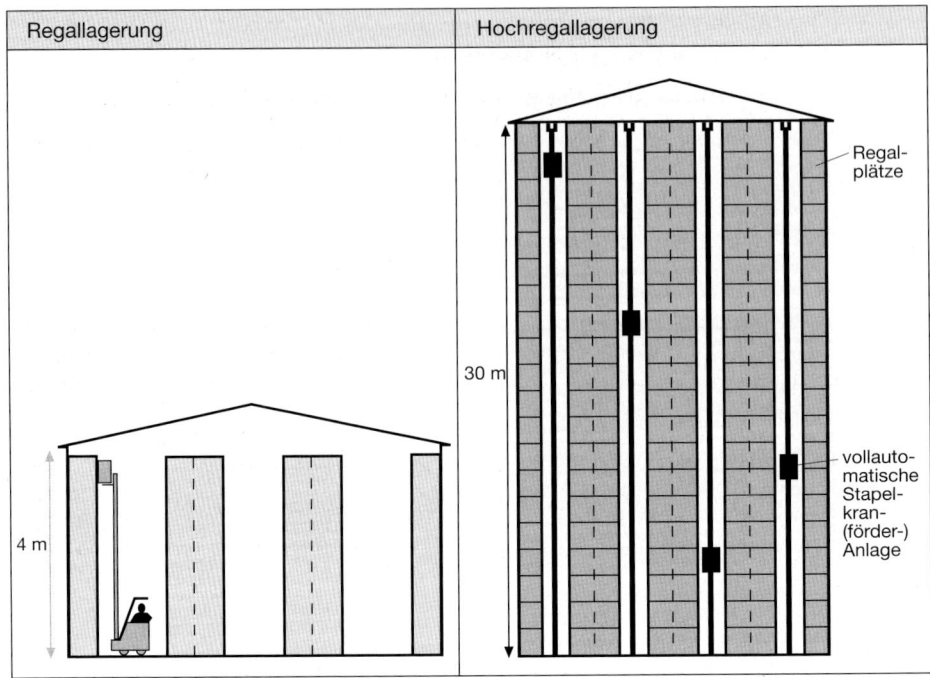

Regallagerung	Hochregallagerung

Abb. 4.4-2: Regallagerung/Hochregallagerung

gespeicherten Lagerabbilds und der vorher bestimmten Materialflusssteuerung wird das Lagergut nun eingelagert, wobei vorher bestimmte Prioritäten festgelegt werden. Ein gefundener Lagerplatz wird im intern gespeicherten Lagerabbild belegt und steht nun nicht mehr für die Lagerung einer anderen Einheit zur Verfügung.

Wird ein bestimmtes Lagergut gesucht, kann dies nur über den Lagerplatz geschehen. Deswegen müssen evtl. sämtliche Regale durchsucht werden, um das gewünschte Material zu finden. Aus diesem Grund werden in vielen EDV-Systemen Tabellen aufgebaut, die so angelegt sind, dass über die Materialnummer auch auf die Regalnummer zurückgegriffen werden kann.

Standort

◆ **Standort**

Die Fertigungsstätten eines Unternehmens sollen unter Minimierung der Transportwege mit den benötigten Materialien versorgt werden. Die zu befördernde Menge an Gütern ist bekannt, nun gilt es, die Lager und Fertigungseinrichtungen entsprechend anzuordnen.

Zentrale Lager

Die Einrichtung **zentraler Lager** findet sich vor allem bei Klein- und Mittelbetrieben. Zentrale Lagerung bietet sich an, wenn mehrere Lagerstellen verschiedener Unternehmensteile zentral zusammengefasst und wegen der Konzentrierung der Lageraufgaben größere Lagereinheiten gebildet werden können.

Vorteile von zentraler Lagerhaltung:

- Es sind geringere Materialvorräte nötig als bei dezentraler Lagerung.

- Der Mindestbestand der gelagerten Materialien ist geringer als die Summe aller Mindestbestände bei dezentraler Lagerung.

- Niedrigere Lagerbestände bedeuten gleichzeitig niedrigere Kapitalbindung.

- Raumkapazitäten werden besser ausgenutzt und die Lagerbelegung ist kompakter.

- Der Materialumschlag ist höher.

- Der Personaleinsatz ist wirtschaftlicher.

- Die Nutzung der Lagereinrichtungen ist effektiver.

Dezentrale Lagerhaltung bietet sich an, wenn verschiedenartige Rohstoffe und schwere, sperrige Güter aufbewahrt werden. Oft ist die räumliche Entfernung zwischen dem Lagerstandort und dem jeweiligen Fertigungsbereich bestimmend für die Einrichtung von dezentralen Lagern.

Dezentrale Lager

Müssen Stoffe gelagert werden, die wegen Hitze, Staub oder Erschütterung eine sachgemäße Lagerung verlangen, so erfolgt dies in separaten Lagerräumen. Bei räumlich getrennten Werken einer Unternehmung ist eine Dezentralisation unumgänglich. Dezentrale Lager eignen sich vor allem bei hoher Entnahmehäufigkeit und hohen Entnahmemengen.

◆ **Eigentumsverhältnisse**

Eigentumsverhältnisse

Eine wichtige logistische Entscheidung mit strategischem Charakter betrifft die Frage, ob das Unternehmen selbst lagert oder die Lagerhaltung an Dritte abgibt. Die Entscheidung wird stark von dem Kriterium Kosten bestimmt, aber auch eine Reihe qualitativer Kriterien ist bei der Entscheidung zu berücksichtigen.

- **Investitionskosten:** Jede Investition verursacht Anschaffungs- bzw. Herstellungskosten und laufende Kosten. Aus diesem Grund sollte bei jeder Investitionsentscheidung eine Wirtschaftlichkeitsuntersuchung mithilfe der Investitionsrechnung und/oder einer Nutzwertanalyse durchgeführt werden.

- **Laufende Lagerkosten:** Je nach Einrichtung und Automatisierungsgrad können die Lagerkosten sehr hoch sein. Bei schlechter Lagerauslastung entstehen Leerkosten als Kosten der nicht genutzten Kapazität.

- **Know-how:** Ein Lager mit moderner Einrichtungstechnik erfordert eine gute Organisation und hoch qualifiziertes Personal. Nicht jedes Unternehmen verfügt über das entsprechende Know-how. Der Aufbau einer effizienten Lagerorganisation und der Einsatz gut geschulter Mitarbeiter ist zum einen mit erheblichen Kosten verbunden, zum anderen ist entsprechend geschultes Personal nicht ohne Weiteres auf dem Arbeitsmarkt erhältlich. Logistikunternehmen bzw. Dienstleister stellen in diesem Falle oft einen auch im Vergleich kostengünstigeren Ausweg dar. Somit lassen sich auch Synergieeffekte erzielen.

- **Abhängigkeit:** Die Entscheidung für ein Fremdlager bedeutet gleichzeitig, dass sich das Unternehmen in Abhängigkeit begibt und sich auf die Zuverlässigkeit des Dienstleisters verlassen können muss. Störungen beim Spediteur als Lagerhalter können zu verheerenden Störungen im eigenen Unternehmen mit den dementsprechenden Konsequenzen in den Kundenbeziehungen führen.

- **Prestige:** Dies ist zwar meist kein Hauptkriterium bei unternehmerischen Entscheidungen, es sollte dennoch Beachtung finden. Für manche Unternehmen stellt das eigene Lager durchaus einen Prestigefaktor dar. Es aufzugeben, könnte zu Ansehensverlusten führen.

● **Informationsfluss:** Der Kommunikationsprozess zwischen Hersteller und Kunden kann empfindlich gestört werden, wenn Dritte dazwischengeschaltet sind. Dies betrifft sowohl den Auftragseingang als auch die Auftragsabwicklung. Schwerwiegende Folgen ergeben sich, wenn sich das herstellende Unternehmen nicht nur als Lieferant, sondern auch als Dienstleister sieht, so wie es in den heutigen modernen Logistikkonzepten der Fall ist. Deswegen ist bei der Nutzung von Fremdlagern unbedingt dafür Sorge zu tragen, dass informationstechnische Maßnahmen getroffen werden, die einen ungestörten Informationsfluss zwischen allen beteiligten Parteien gewährleisten.

Stellt man die Kostenüberlegungen in den Vordergrund, werden die Kosten des Eigenlagers getrennt nach fixen und proportionalen Anteilen, da ein Teil der Kosten beschäftigungsabhängig ist. Dies wird dann mit den Angeboten des externen Dienstleisters verglichen. Als **Lagerkosten** fallen folgende Kostenblöcke an: Personalkosten, Energiekosten, Instandhaltungs- und Reparaturkosten, Versicherungskosten, Abschreibungen, Zinsen, Wagniskosten, anteilige Verwaltungskosten, anteilige Leitungskosten, Steuern etc.

Ein einfaches Diagramm kann dann bei der Entscheidungsfindung Hilfestellung bieten:

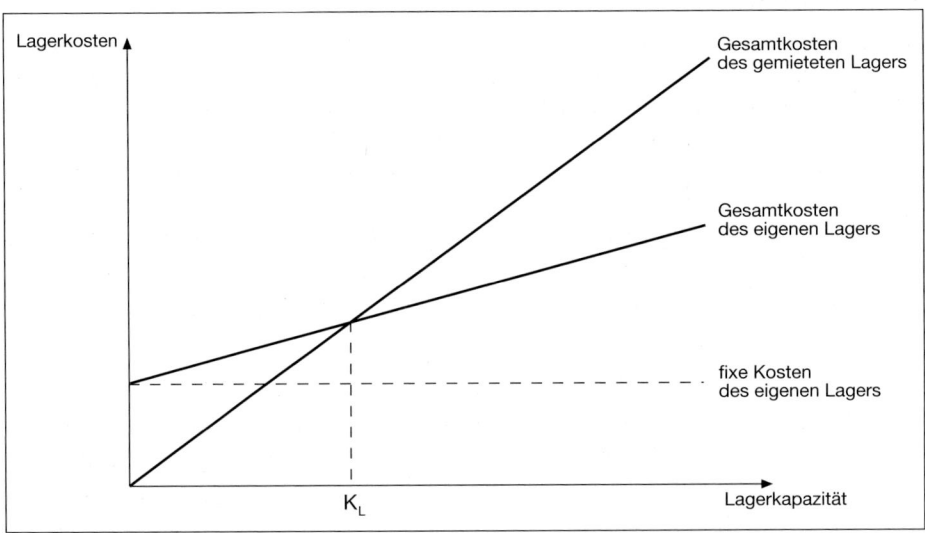

Abb. 4.4-3: Lagerkosten/Lagerkapazität

Nach dieser Darstellung lohnt sich ein eigenes Lager erst, wenn die Lagerkapazität den Schnittpunkt K_L nachhaltig überschreitet.

Betrifft die Entscheidung zugleich mehrere Lager, können die experimentellen Verfahren des Operations-Research (OR = Unternehmensforschung, unterstützt mit mathematischen Modellen die Vorbereitung innerbetrieblicher Prozesse) Unterstützung leisten.

**Funktions-
bereiche**

◆ **Funktionsbereiche**

Lager finden sich in den verschiedensten Funktionsbereichen des Unternehmens.

Im Rahmen der Beschaffung nehmen **Eingangslager** die gelieferten Waren auf. **Werkstoff-/Vorproduktlager** dienen der Einlagerung von Roh-, Hilfs- und Betriebsstoffen sowie Vorprodukten. **Handelswarenlager** werden eingerichtet, um Waren, die unbearbeitet weiterveräußert werden, aufzubewahren. **Ersatzteillager** bestehen für Instandhaltungswerkzeuge und -material und **Büromateriallager** für alle Materialien, die in der Verwaltung benötigt werden.

Im Fertigungsbereich dienen **Handlager** dazu, Materialien aufzunehmen, die an den einzelnen Arbeitsplätzen benötigt werden. Im **Zwischenlager** werden halbfertige Erzeugnisse aufbewahrt, die am nächsten Arbeitsplatz weiterverarbeitet werden, und **Werkzeuglager** enthalten Werkzeuge, die am jeweiligen Arbeitsplatz gebraucht werden.

Im Absatzbereich dienen **Fertigwarenlager** dazu, die fertigen, verkaufsfähigen Produkte zu lagern, und im **Versandlager** werden die fertigen Produkte einschließlich der benötigten Versandpapiere und Verpackungen gelagert.

Ein **Konsignationslager** ist eine spezielle Form des Absatzlagers, das nicht selten auf dem Gelände des Abnehmers, oft aber auch bei einem Spediteur/Logistikdienstleister in Absatzmarktnähe eingerichtet ist. Die dort gelagerte Ware verbleibt so lange im Eigentum des Lieferanten, bis der Abnehmer oder der Spediteur sie im Kundenauftrag zwecks Kommissionierung und Versand entnimmt. Erst nach der Warenentnahme wird die Ware fakturiert.

Das Konsignationslager setzt gute Geschäftsverbindungen zwischen dem Lieferanten und dem Abnehmer bzw. Logistikdienstleister voraus, da der Betrieb mit einem gewissen Vertrauensvorschuss seitens des Lieferanten erfolgt. Gleichwohl bietet sich für diesen der Vorteil, die eigene Lieferbereitschaft im Bedarfsfall zu hundert Prozent sicherzustellen. Umgekehrt kann sich der Abnehmer auf eine hohe Sicherheit der Versorgung mit dem Material verlassen. Zugleich kann für beide Seiten, insbesondere bei geeigneter Einbindung in die jeweilige Datenverarbeitung, eine erhebliche Reduzierung des Verwaltungsaufwands erzielt werden.

4.4.2.4 Lagereinrichtung und Lagertechnik

In Abhängigkeit von den jeweiligen Anforderungen des Gutes wird die Lagereinrichtung ausgewählt. Gerade für Stückgut gibt es in der Praxis eine Reihe von Lagermöglichkeiten, von denen die wichtigsten hier vorgestellt werden sollen.

Grundsätzlich wird unterschieden zwischen **statischer** und **dynamischer** Lagerhaltung.

- **Statische Lager** sind die einfachere Variante, da sie meistens mit technisch anspruchslosen Konstruktionen auskommen. Ihr Merkmal ist die Bewegungslosigkeit, d. h., die Lagereinheit ist ortsfest und ohne bewegliche Teile ausgestattet. **Statische Lager**

- **Dynamische Lager** sind dagegen in mindestens einem Bereich beweglich. Als bewegliche Teile besitzen sie entweder die Lagereinheiten oder die Regale; oder das eingesetzte Fördermittel kann im Regal bewegt werden. Dynamische Lager sind teurer in der Anschaffung, da sie in der Konstruktion und im Betrieb aufwendiger sind. Die laufenden Kosten sind höher. Ein Vorteil liegt jedoch in der schnellen Bedienung der Lagerplätze und in der besseren Raumausnutzung. **Dynamische Lager**

Bodenlager   ◆ **Bodenlager ohne Lagerhilfsmittel**

Die einfachste Form der Lagerung ermöglicht das reine Bodenlager, auch Flachlager genannt. Das Lagergut wird verpackt oder unverpackt flach auf dem Boden aufbewahrt. Diese Lagerungsform ermöglicht einen problemlosen Zugriff auf die Lagergüter, vorausgesetzt, dass entsprechende Lagerwege geschaffen wurden. Bodenlagerung bietet sich besonders für sperrige Güter an. Für die Lagerung vieler Güter kann der Raum in seiner gesamten Fläche und Höhe genutzt werden.

Blocklager   ◆ **Blocklager**

Die Blocklagerung ist technisch unkompliziert, das Lagergut wird in großen Blocks auf dem Boden gelagert. Werden die Güter aufeinandergestapelt, muss auf eine geeignete druck- und reißunempfindliche Verpackung geachtet werden. Theoretisch kann die Blocklagerung ebenfalls die Raumhöhe und Raumfläche vollständig nutzen, jedoch sind der Blocklagerung durch Güterart und Verpackung Grenzen gesetzt.

Besonders vorteilhaft sind Blocklager, wenn die Artikelvielfalt begrenzt ist und größere Mengen bestimmter Güter gelagert werden. Häufig findet man das Blocklager bei

– Baustoffindustrie und Baustoffhandel,
– Getränkeindustrie,
– Lebensmittelindustrie oder
– Papierindustrie.

In der Regel ist das Lagergut palettiert oder in Containern positioniert, um das Handling zu vereinfachen und das Gut vor Beschädigung zu schützen.

Vorteile der Blocklagerung:

– Niedrige Investitionskosten
– Geringe Lagerkosten
– Flexibilität
– Geringe Störanfälligkeit
– Geringer Personalbedarf
– Niedrige Anforderungen an das Lagergebäude

Nachteile ergeben sich dadurch, dass

– bei einer größeren Anzahl von Artikeln keine Transparenz besteht,
– die Bestandsführung und Bestandskontrolle erschwert ist,
– beim Handling Beschädigungsgefahr besteht und/oder
– geringe Automatisierungsmöglichkeiten gegeben sind.

Regallager   ◆ **Regallager**

Die Lagerung erfolgt in mehreren Ebenen in einem Regalsystem. Der direkte Zugriff auf das Lagergut ist jederzeit möglich, die Raumausnutzung ist günstig.

Regale gibt es in den unterschiedlichsten Ausführungen und aus verschiedenen Materialien. Die Lagerung im Regal kann statisch oder dynamisch erfolgen. Bei statischer Lagerung wird das Lagergut von Einlagerung bis zur Auslagerung nicht mehr bewegt, z. B. beim Palettenlager. Bei dynamischer Lagerung finden vor der Auslagerung Bewegungen statt, z. B. bei Durchlaufregalen.

Fachboden-Regallager

Fachboden-Regale bestehen aus Ständern und Fachböden. Zubehör können Schubladen, ausziehbare Fachböden, Trennbleche, Muldeneinsätze, Haken u. Ä. sein, was die Regale geeignet macht für die Aufbewahrung unterschiedlicher Lagergüter. Die Regalhöhen sind unterschiedlich. Die Standardhöhe beträgt 2 m, was manuelle Bedienung ermöglicht. Bei Regalhöhen bis zu 8 m werden Leitern oder Stapler benötigt.

Eine Geschossanlage entsteht, wenn mehrere Regale mit Normalhöhe aufeinandergesetzt werden. Diese Anlage wird durch Aufzüge oder eingebaute Treppen bedient.

Vorteile der Fachboden-Regallagerung:

– Gute Raumausnutzung
– Die direkte Zugriffsmöglichkeit auf die gelagerten Güter
– Flexibilität
– Möglichkeit einer hohen Umschlagleistung
– Einfache Lagerorganisation
– Gute Kontrollmöglichkeit der Bestände
– Geringe Störanfälligkeit
– Relativ geringe Investitionskosten
– Relativ niedrige laufende Kosten

Als **Nachteile** sind zu nennen:

– Geringe Automatisierungs-Möglichkeit
– Ungünstige Greifposition im unteren und oberen Bereich des Regals
– Großer körperlicher Kraftaufwand

Paletten-Regallager

Das Paletten-Regal ist mit Auflageträgern ausgestattet. Bei einem **Einplatz-Regallager** wird das Lagergut auf zwei Konsolen je Ebene gelagert. Die Konsolen sind höhenverstellbar, deswegen können Paletten mit unterschiedlichen Höhen aufbewahrt werden. Längstraversen ermöglichen bei einem **Mehrplatz-Regallager** die Lagerung mehrerer Paletten nebeneinander. **Paletten-Flachregallager** eignen sich für große Sortimente bei großen Mengen der einzelnen Sortimentseinheiten. Die Ladevorgänge werden mit Gabelstaplern, Hochregalstaplern, Stapelkranen oder Regalförderzeugen vorgenommen.

Vorteile der Paletten-Regallagerung sind

– die hohe Anpassungsfähigkeit an unterschiedliche Lagergüter,
– Erweiterungsmöglichkeiten,
– Transparenz sowie
– gute Zugriffsmöglichkeit zu jedem Artikel.

Nachteile entstehen durch

– hohen Platzbedarf,
– lange Wegstrecken und
– hohen Personaleinsatz.

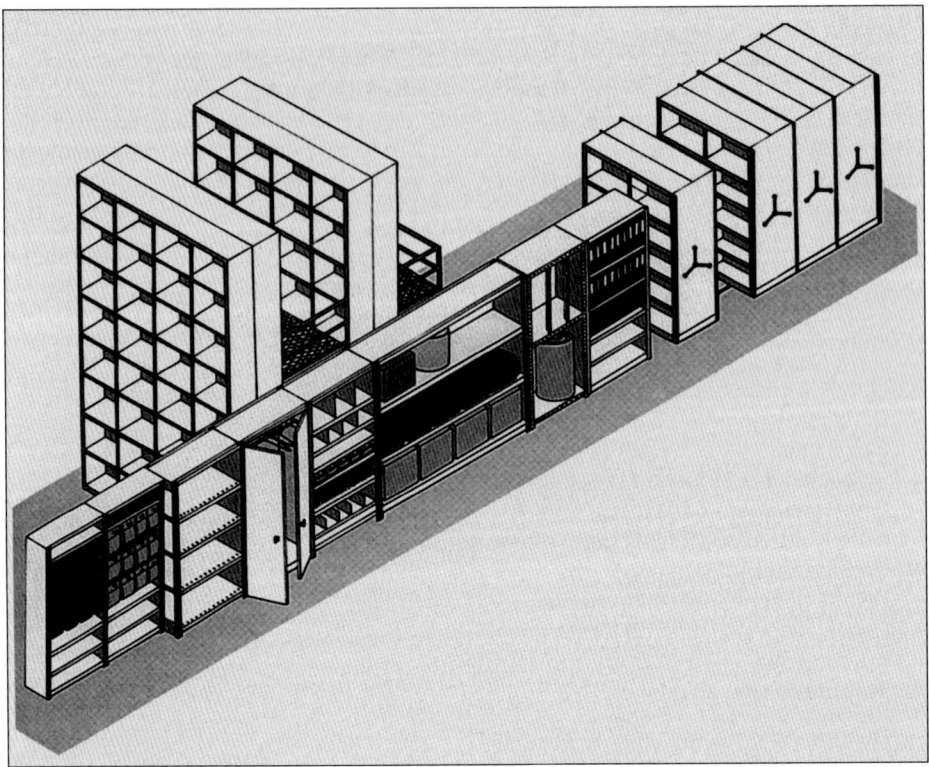

Abb. 4.4-4: Fachbodenregal

Paletten-Hochregal

Paletten-Hochregallager können bis zu 40 oder 45 m hoch sein. Paletten-Hochregallager mit geringen Höhen von 8,5 bis 10,5 m werden mit Schubmaststaplern, Höhen bis 14 m mit Schmalgangstaplern und Lager bis 45 m mit schienengeführten Regalförderzeugen bedient. Bei herkömmlichen Hochregalen erfolgt die Ein- und Auslagerung an der Stirnseite des Regals, integrierte Hochregallagerung ermöglicht Ein- und Auslagerung längs der Regalwand auf unterschiedlichem Höhenniveau.

Vorteile des Paletten-Hochregallagers:

- Hohe Anpassungsfähigkeit an unterschiedliche Lagergüter
- Gute Zugriffsmöglichkeit
- Transparenz
- Gute Organisationsmöglichkeit
- Gute Bestandsüberwachung
- Hoher Automatisierungsgrad
- Niedriger Personalbedarf
- Hohe Umschlagleistung

Nachteile entstehen durch:

- Großen Investitionsbedarf
- Geringe Ausbaumöglichkeit
- Großen Fördermittelbedarf
- Störanfälligkeit bei Ausfall wichtiger Elemente

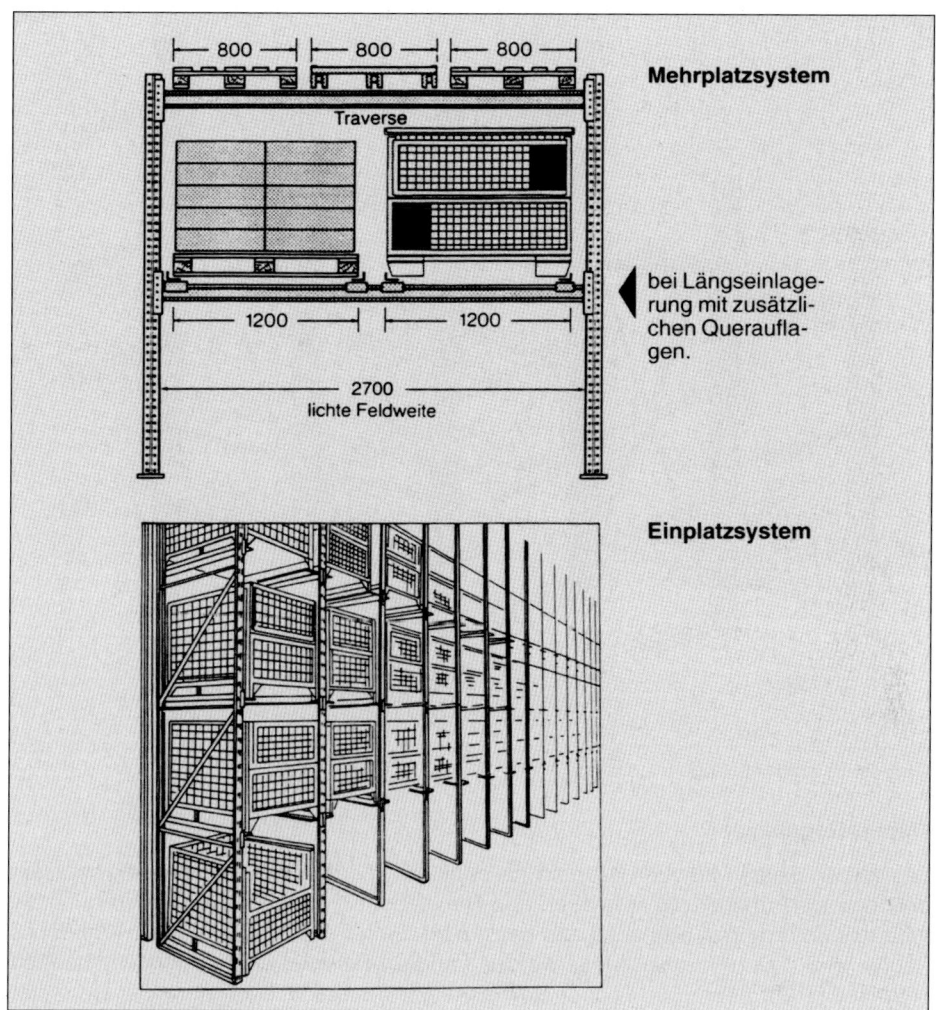

Abb. 4.4-5: Palettenregale

Kragarm-Regallager

Die Regale bestehen aus Ständern mit ein- und zweiseitig auskragbaren Armen, auf denen Langgut gelagert wird, z. B. Rohre, Balken, Bretter und Stangen. Die Güter werden entweder einzeln gelagert oder in Bündeln oder Stapeln. Die Bedienung erfolgt mit geeigneten Staplern.

Vorteile der Kragarm-Regallagerung sind

- der Einzelzugriff,
- die Transparenz,
- niedrige Investitionskosten sowie
- die Möglichkeit kompakter Lagerung.

Ein **Nachteil** ist der große Raumbedarf für die Bedienvorgänge.

Kragarm-Regal

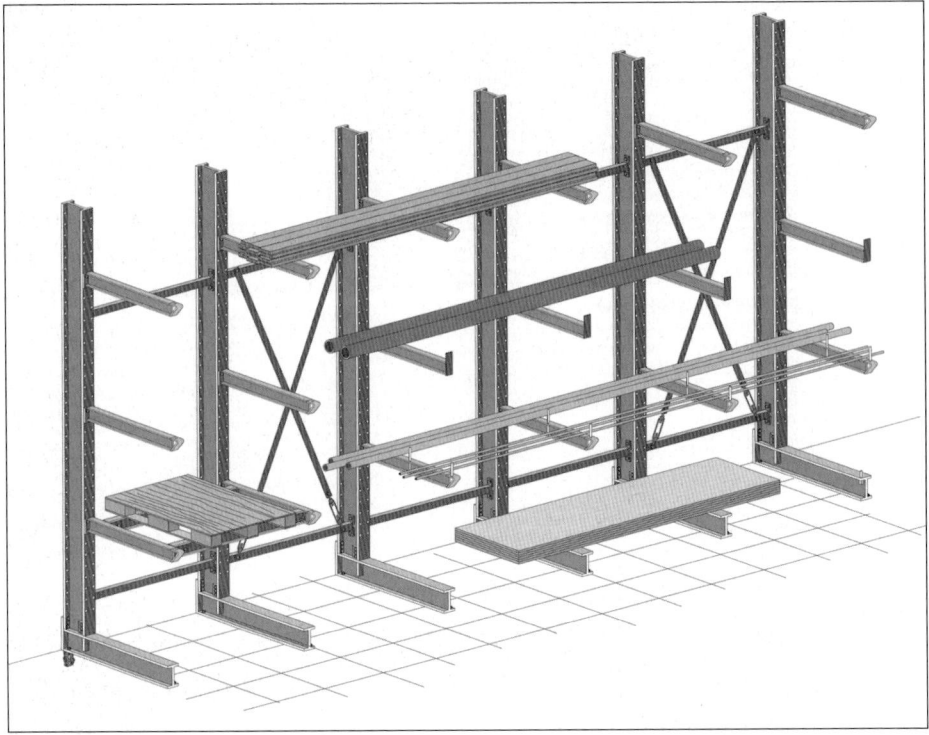

Abb. 4.4-6: Kragarm-Regal

Waben-Regal

Waben-Regallager

Das Waben-Regal wird auch Köcherregal oder Langgutregal genannt. Die Regalebenen befinden sich übereinander, wobei jede Regalebene ihrerseits wiederum horizontal unterteilt ist. Von der Stirnseite aus betrachtet, bietet sich das Bild einer Wabe. Die Regale sind bis zu 6 m tief. Meist werden Langgut-Paletten oder Langgut-Kassetten aufbewahrt. Oft haben die Fächer Rollbahnen, um unhandliche oder schwere Güter leichter ein- und auslagern zu können.

Vorteile der Wabenregallagerung sind

– die gute Zugriffsleistung,
– die Lagerkapazität für viele unterschiedliche Artikel und
– die gute Raumvolumennutzung.

Nachteile entstehen aus

– dem niedrigen Automatisierungsgrad und
– den relativ hohen Investitionsaufwendungen.

**Durchlauf-
Regal**

Durchlauf-Regallager

Bei diesem dynamischen Lagersystem sind in einer Regalkonstruktion Regalkanäle nebeneinander und übereinander angeordnet. Die Ein- und Auslagerung erfolgt von den sich gegenüber befindlichen Kanalöffnungen. Das Lagergut liegt hintereinander und wird mit Schwerkraft oder Antriebsaggregaten von der Einlagerungs- zur Auslagerungsstelle bewegt. Die zu lagernden Güter müssen sachgerecht verpackt sein

Abb. 4.4-7: Waben-Regal

oder über entsprechende Ladehilfsmittel verfügen. Je nach Form, Größe und Gewicht kommen in den Kanälen verschiedene Fördersysteme zum Einsatz, z. B. Tragrollen für schwere palettierte Ware oder für Behälter mit glattem Boden oder Röllchenbahnen für leichte bis mittelschwere Lasten in Behältern mit glattem Boden. Bei Einsatz der Schwerkraft zur Fortbewegung des Guts muss für einen geeigneten Neigungswinkel gesorgt und eine Bremsvorrichtung eingebaut werden.

Vorteile von Durchlaufregallagern sind

– die hohe Zugriffs- und Entnahmeleistung,
– eine gute Automatisierungsmöglichkeit und die
– leichte Bestandsüberwachung.

Nachteile ergeben sich daraus, dass

– z. B. Lagergut im Kanal liegen bleiben kann,
– hohe Wartungskosten entstehen,
– nicht jedes Lademittel uneingeschränkt einsetzbar ist und/oder
– je nach technischer Ausstattung hohe Investitionskosten entstehen können.

Abb. 4.4-8: Durchlaufregal

Verschiebe-Regal

Verschiebe-Regallager

Dieses ebenfalls dynamische Lagersystem eignet sich besonders gut, wenn auf allerengstem Raum eine Vielzahl unterschiedlicher Teile in Einzelzugriff gelagert werden. Paletten- oder Fachregale werden auf seitlich verfahrbare Fahrgestelle gesetzt. Diese Schlitten fahren auf Lauf- und Führungsschienen mitsamt den Regalaufbauten. Der Antrieb erfolgt manuell oder maschinell. Da jedoch immer nur ein Gang frei ist und für den nächsten Gang die Regale verschoben werden müssen, ist die Zugriffsgeschwindigkeit stark eingeschränkt. Verschiebe-Regallager werden oft in Archiven eingesetzt.

Vorteile von Verschiebe-Regallagern sind:

- Gute Flächen- und Raumnutzung
- Übersichtlichkeit
- Eignung für die chaotische Lagerung
- Einzelzugriff zu jedem Lagerplatz
- Möglichkeit der geschützten Lagerung durch geschlossene Regalzeilen

Nachteile ergeben sich vor allem aus

- der geringen Zugriffsleistung,
- der kaum vorhandenen Automatisierbarkeit und
- der schlechten Erweiterungsmöglichkeit.

Umlaufregal

Paternoster-Regallager/Umlaufregale

Bei Paternoster-Regalen sind Fachböden zwischen zwei parallel laufenden Ketten eingehängt. Die Ketten werden in der Regel von einem Elektromotor angetrieben, sie können das Regal vorwärts- oder rückwärtsfahren lassen.

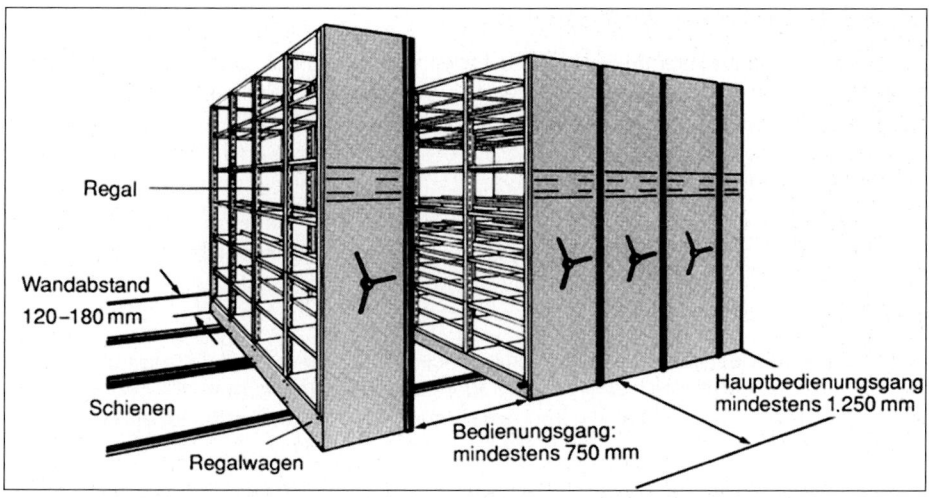

Abb. 4.4-9: Verfahrbare Regale

Paternoster-Regale findet man z. B. als:

● Schrankpaternoster für Akten, Kleinteile, Ersatzteile

● Etagenpaternoster für Langgut, Ballen

● Schwerpaternoster für Lasten bis zu 50 t, die durch Stapler und Krananlagen bedient werden

Vorteile eines Paternoster-Regals:

– Gute Flächen- und Raumnutzung
– Saubere Lagerungsmöglichkeit
– Zugriffsmöglichkeit nur für berechtigte Personen kann eingerichtet werden
– Gute Automatisierbarkeit
– Lagergut ist gut zu kommissionieren

Nachteile ergeben sich aus

– relativ hohen Investitionsaufwendungen,
– schlechter Ausbaumöglichkeit,
– der Gefahr, dass Störungen eine Entnahme unmöglich machen können sowie
– mangelnder Flexibilität.

Abb. 4.4-10: Vertikalpaternoster

4.4.2.5 Lade-, Hebe- und Fördermittel

Zur wirtschaftlichen Durchführung der Lagerhaltung ist der Einsatz von modernen Lade-, Hebe- und Fördermitteln unumgänglich. Die gebräuchlichsten werden nachfolgend vorgestellt.

Gabelstapler   ◆ **Gabelstapler**

Der Gabelstapler ist das wichtigste Hilfsmittel, um Güter unterschiedlichster Art und Verpackung umzuschlagen. Durch die Ausstattung des Gabelstaplers mit Gabelzinken, Tragdornen, Klammern und weiteren Anbaugeräten können die Güter transportiert, gehoben und gestapelt werden.

Fahrersitz-Stapler werden in Sitzposition gelenkt und bedient. Sie können mit einem Frontsitz (Blickrichtung zur Gabel) oder Quersitz (Blickrichtung quer zur Fahrtrichtung) ausgerüstet sein. Es gibt sie als Drei- oder Vierradstapler mit Tragfähigkeiten von 0,8 t bis 15,0 t.

Schubmast-Stapler sind Geräte, die für die Regalbedienung genutzt werden. Sie haben Tragfähigkeiten von 1 bis 2,5 t.

Hubwagen   ◆ **Hubwagen**

Für die Bewegung von Paletten, Behältern etc. auf dem Lager sowie für das Be- und Entladen von Lkw werden neben den Staplern zusätzlich **Hubwagen** eingesetzt. Sie werden entweder von Hand gezogen oder durch Batterien elektrisch angetrieben. Im Gegensatz zu den Staplern, mit denen Lasten befördert und gestapelt werden können, heben die Hubwagen die zu befördernden Lasten nur so weit vom Boden an, wie es für den Transport nötig ist. Aufgrund ihrer einfacheren Bauweise sind Hubwagen in der Anschaffung weitaus günstiger als Gabelstapler. Ihre Tragfähigkeit beträgt 1,0 bis 3,0 t.

Abb. 4.4-11: Fahrersitz-Stapler

Abb. 4.4-12: Schubmast-Stapler

◆ Krananlagen

Laufkräne bewegen sich auf Schienen an der Hallendecke und heben und bewegen auf der gesamten Hallenfläche z. B. Eisen und Stahl. Im Allgemeinen haben Laufkräne eine Tragfähigkeit von 5 t.

Portalkräne sind vor dem Lagerhaus installiert und dienen dem Umschlag vom Transportmittel in die Lagerhalle und umgekehrt. Sie werden als Portalkräne bezeichnet, da sie in einer türartigen, fest stehenden oder fahrbaren Tragekonstruktion (Portal) stehen.

Abb. 4.4-13: Hubwagen

Abb. 4.4-14: Krananlage

Lastenaufzüge werden in Stockwerklagern benötigt, um Güter von Stockwerk zu Stockwerk transportieren zu können. Ihre Tragfähigkeit beträgt 1,5 bis 10 t. Der gebräuchlichste und zweckmäßigste Aufzug ist ein 4 t Lastenaufzug mit den Maßen 3 · 4 m, in dem 4 Euro-Paletten oder 1 Gabelstapler einschließlich Palette befördert werden können.

Stetigförderer sind z. B. Förderbänder oder sogenannte Röllchenbahnen. Das sind mit vielen kleinen Röllchen ausgestattete Bahnen, auf denen Kisten und Kartons leicht zu bewegen sind.

Abb. 4.4-15: Stetigförderer

4.4.3   Lagerorganisation

Um ein Lager zweckmäßig zu organisieren, muss man sich folgende Fragen stellen:

Nach welchen Prinzipien wird das Lager organisiert? Soll entlang dem Arbeitsfluss gelagert werden oder in sogenannten Lagerzonen? Wie erfolgt die Lagerplatzzuordnung? Wie wird eine effektive Lagernummernverwaltung aufgebaut?

Lagerzonen können nach unterschiedlichen Kriterien gebildet werden:

- **Art des Lagergutes**
  Waren einer Warengruppe lagern zusammen.

- **Wert des Lagergutes**
  Hochpreisige Waren lagern an gut einsehbaren, übersichtlichen Stellen.

- **Zugriffshäufigkeit des Lagergutes**
  Artikel, die am häufigsten verlangt werden, lagern in Griffnähe; Artikel, die wenig verlangt werden, lagern entfernt.

- **Transporteigenschaften des Lagergutes**
  Schwere Ware wird unten gelagert, leichtere Waren oben.

- **Reihenfolge der Materialausgabe**
  Neue Ware wird hinter der alten eingelagert oder die zuletzt eingelagerte Ware wird zuerst wieder ausgelagert.

Die Einlagerung des Lagerguts erfolgt nach einem **Lagerplan**, in dem die Lagerplatzzuordnung bestimmt wird. Der Lagerplan ist eine Übersicht über die Anordnung der Lagerstellen und der Lagerwege. Die Zuordnung kann nach zwei verschiedenen Prinzipien erfolgen.

Bei einem **Festplatzsystem** wird in einer festen Zuordnung jedes Teil nach einem vorgegebenen System immer an demselben Platz gelagert. Für jeden Lagerplatz wird eine feste Adresse vergeben. Dieses System gewährleistet, dass die Lagergüter schnell aufgefunden werden können. Von Nachteil ist allerdings, dass für jede Materialart immer die maximal einzulagernde Menge an Platz reserviert werden muss.

Bei der **chaotischen Lagerhaltung** kann wegen der freien Zuordnung des Lagergutes die gesamte Lagerfläche von jedem Lagergut genutzt werden. Es wird gerade der Platz belegt, der im Moment frei ist. Dies gewährleistet eine optimale Ausnutzung des Lagerplatzes insgesamt. Das Auffinden der Lagergüter ist jedoch nur möglich, wenn die aktuelle Lagerplatzbelegung jederzeit per EDV überprüft werden kann.

Da jedes Lagergut seinen eigenen Lagerplatz hat, muss sichergestellt werden, dass dieser zu jeder Zeit eindeutig identifizierbar ist. Dazu dient die **Lagerplatznummer**. Das können Ziffernfolgen, Kombinationen von Ziffernfolgen, Buchstaben, Kombinationen von Buchstaben mit Ziffern u. a. sein. Die Nummerierung dient der Verschlüsselung bestimmter Informationen über das eingelagerte Gut.

Es können sprechende von nicht sprechenden Schlüsseln unterschieden werden. **Sprechende Schlüssel** haben den großen Vorteil, dass sie leicht zu lesen und zu erlernen sind. Die angewandte Symbolik ist ohne Hilfsmittel zu entziffern, sie spricht für sich selbst.

Beispiel   Die Lagerplatznummer 01 02 03 15 gibt an, dass ein bestimmtes Lagergut im 1. Lager, dort im 2. Regal auf der 3. Lagerebene im 15. Lagerfach zu finden ist.

Dieses Beispiel verdeutlicht zweierlei:

Die Lagerplatznummer hat eine **hierarchische Systematik**, vergleichbar in etwa mit einem Postleitzahlensystem. Die erste Ziffer gibt den Lagerort an, die nachfolgenden Ziffern beschreiben nachfolgende Unterbegriffe des Hauptbegriffs: Das erste Lager hat mehrere Regale, diese wiederum haben mehrere Ebenen, und die Ebenen haben mehrere Fächer.

Außerdem ist die Anzahl der Stellen einer Lagerplatznummer abhängig vom Ordnungsbedarf. Die zweistellige Anfangsziffer besagt, dass es offensichtlich mehr als 10 Lager gibt, die zweite Ziffer weist darauf hin, dass es mehr als 10 Regale in diesem Lager gibt.

Da sie sehr einfach sind, reichen sprechende Schlüssel für detailliertere Verschlüsselungen umfangreicher Informationen nicht aus. Deshalb werden in der Regel **nicht sprechende Schlüssel**, also Mischformen, angewandt. Die in ihnen enthaltenen Informationen werden durch EDV-Systeme entschlüsselt.

Die Verschlüsselung erfolgt durch ein **Klassifikationssystem**. Die Materialien werden systematisch nach den Ausprägungen bestimmter Merkmale erfasst. Die Merkmalsausprägungen werden durch verständliche Abkürzungen, durch sprechende und nicht sprechende Symbole verschlüsselt. Zum Teil werden auch der Name des Lagerguts und seine weiteren Kennzeichen in verständliche Abkürzungen umgesetzt und möglicherweise durch eine weiter gehende sprechende und eine nicht sprechende Symbolik ergänzt.

Die Zusammensetzung dieser einzelnen Kennzeichen ergibt die **Materialnummer**.

Durch die Nummerierung soll das Lagergut eindeutig identifiziert werden können. Die Nummer muss deshalb das Gut eindeutig bezeichnen, um eine Verwechslung auszuschließen. In diesem Sinne hat die Nummerierung eine **Identifikationsfunktion**.

Bei sehr umfangreichen Nummern, wie sie in vielen Betrieben anzutreffen sind, dient eine Zählnummer der Identifikation. Jedes einzelne Lagergut erhält eine Nummer, die es eindeutig von den anderen Lagergütern unterscheidet. Die sogenannte **Identifikationsnummer** (kurz: Identnummer) enthält keine weiteren Informationen. Die Identnummer steht als Zählnummer immer am Anfang der Gesamtnummer.

Ebenso soll die Nummer aber auch Auskunft über das Lagergut geben können, hat also auch eine **Informationsfunktion**. Zu diesem Zweck werden bestimmte Informationen über das Material verschlüsselt, z. B. durch Ziffern, Abkürzungen, Buchstaben etc. Auf diese Weise können folgende Informationen enthalten sein: Art des Materials (Roh-, Hilfs- oder Betriebsstoff), Qualität, Format, Abmessungen, Beschaffungsmengen, Lieferanten, Lagerort etc.

Schließlich kann mithilfe der Nummerierung das Lagergut nach bestimmten Merkmalen **klassifiziert** werden. Die einzelnen Klassen enthalten jeweils die merkmalstypischen Informationen über das Lagergut.

Damit bei der Eingabe von Materialnummern Fehler vermieden werden, wird in der Regel der Nummer an letzter Stelle eine **Prüfziffer** hinzugegeben. Durch einen im EDV-System verankerten Lösungsalgorithmus erkennt das System, ob die Nummer richtig eingelesen wurde.

Literatur

Arnold, Ulli, Beschaffungsmanagement, Stuttgart 1995.

Arnolds, Hans/Heege, Franz/Tussing, Werner, Materialwirtschaft und Einkauf, Wiesbaden 2001.

Bichler, Klaus/Krohn, Ralf, Beschaffungs- und Lagerwirtschaft, Wiesbaden 2001.

Boutellier, Roman/Wagner, Stephan M./Wehrli, Hans Peter, Handbuch Beschaffung, München 2003.

Ehrmann, Harald, Logistik, Kompendium der praktischen Betriebswirtschaft, hrsg. von Klaus Olfert, Ludwigshafen 2005.

Koppelmann, Udo, Beschaffungsmarketing, Heidelberg 2004.

Large, Rudolf, Strategisches Beschaffungsmanagement, Wiesbaden 2006.

Laseter, Timothy M., Balanced sourcing: cooperation and competition in supplier relationships, San Francisco 1998.

Oeldorf, Gerhard/Olfert, Klaus, Materialwirtschaft, Kompendium der praktischen Betriebswirtschaft, hrsg. von Klaus Olfert, Ludwigshafen 2004.

Schick, Uwe, Grundlagen der Logistik, Frankfurt 2003.

Schönsleben, Paul, Integrales Logistikmanagement, Heidelberg 2007.

Vahlens Großes Logistik-Lexikon.

Vry, Wolfgang, Beschaffung und Lagerhaltung, Ludwigshafen 2004.

Fachbuch Lagertechnik und Betriebseinrichtung, hrsg. vom Verband für Lagertechnik und Betriebseinrichtungen, 3. Auflage, Hagen 2000.

5   Personalwirtschaft

Die Kölner Unternehmung IBE GmbH Internationales Büro für Hardware- und Software-Entwicklung ist auf mehreren Geschäftsfeldern tätig, und zwar:

1) Flugsicherung

2) Krankenhaustechnik

3) Navigationssysteme für die Autoindustrie

4) Lagerhaltungssysteme

5) Steuerung für automatische Fertigungsstraßen

Die ersten beiden Bereiche sind die Standardbereiche der Unternehmung.

Die firmeneigenen Controller haben jedoch festgestellt, dass sich die einzelnen Geschäftsbereiche in den letzten Jahren unterschiedlich entwickelt haben und sich nach ihren Recherchen in Zukunft auch weiterhin unterschiedlich entwickeln werden.

1) Der Bereich „Flugsicherung" hat Zukunft und soll daher weiter ausgebaut und verstärkt werden.

2) Die Untersuchungen haben aber Schwierigkeiten im Geschäftsfeld „Krankenhaustechnik" aufgezeigt. Anstehende Reformen im Gesundheitswesen und leere Kassen lassen Krankenhausverwaltungen vor teuren Investitionen zurückschrecken. So hat dieses Geschäftsfeld in den letzten zwei Jahren keinen Gewinn erwirtschaften können.

3) Der Bereich „Navigationssysteme für die Autoindustrie" ist relativ neu im Programm der Unternehmung. Momentan stagniert die Marktentwicklung, aber da man in diesem Bereich sehr viel in die Forschung investiert hat, möchte die Unternehmensleitung diesen Teilbereich noch halten. Die weitere Entwicklung ist abzuwarten.

4) Im Bereich „Lagerhaltungssysteme" hat die Unternehmung jedoch in den letzten Jahren schnell Fuß fassen und enorme Zuwächse verzeichnen können. Durch ein neues System, das den Firmen neue Möglichkeiten der Lagerhaltungslogistik eröffnet und leicht zu bedienen ist, könnte die Unternehmung ihre Marktposition erheblich ausbauen und festigen. Dieser Zweig ist dadurch zu einem neuen Standbein geworden.

5) Der Bereich „Steuerung für automatische Fertigungsstraßen" hat sich als Flop erwiesen. Zum einen ist die Marktsituation gesättigt, zum anderen haben die beiden Marktführer eine dermaßen starke Marktposition, dass diese ausländische Konkurrenz nicht zu toppen ist. Noch sind hier keine Verluste zu verzeichnen, aber die Stagnation am Markt lässt dies für das laufende Geschäftsjahr befürchten.

Die Geschäftsleitung sieht sich nun vor der Aufgabe, die Unternehmung von der Struktur her umzugestalten (strategische Planungsgestaltung = Erkennen und Bewerten von Trends).

Die Erkenntnisse laufen darauf hinaus, dass man Folgendes vorhat:

1. Sichere Identifizierung der Geschäftsbereiche, die für die Unternehmung keine Zukunft haben (Krankenhaustechnik, Steuerung für automatische Fertigungsstraßen)

2. Fokussierung der langfristig Erfolg versprechenden Geschäftsfelder (Flugsicherung, Lagerhaltungssysteme)

3. Spezielle Untersuchungen zu einem Geschäftsfeld, in dem die Zukunftsaussichten noch nicht eindeutig sind (Navigationssysteme für die Autoindustrie)

Die für die Personalplanung wichtigen operationalen Schritte sind darin zu sehen, dass Personal aus den aufzugebenden Geschäftsfeldern entweder freizusetzen, outzusourcen oder im Rahmen der Personalentwicklung für die in Zukunft zu fokussierenden Geschäftsfelder „umzuschulen" ist.

5.1 Grundlagen und Rahmenbedingungen

Die vornehmliche Aufgabe der Personalwirtschaft einer Unternehmung lässt sich verhältnismäßig einfach formulieren: Die Personalwirtschaft hat dafür zu sorgen, dass eine ausreichende **Anzahl** von Mitarbeitern zum bedarfsgerechten **Zeitpunkt** mit bedarfsgerechten **Qualifikationen** zu bezahlbaren Bedingungen für einen angemessenen **Zeitraum** an einem bestimmten **Ort** zur Verfügung steht.

Sachziel der Personalwirtschaft

Wenn sich die gesamtwirtschaftlichen Verhältnisse ändern, ändern sich auch die Verhältnisse in den Unternehmungen. Verändern sich die Verhältnisse in den Unternehmungen, verändern sich die personalwirtschaftlichen Aufgaben.

5.1.1 Funktionen und Zielsetzung einer modernen Personalwirtschaft

◆ **Die Aufgaben, die eine moderne Personalwirtschaft zu leisten hat, sind vielfältig**

Funktionen der Personalwirtschaft

⋆ Personalbestandsanalyse

⋆ Personalbedarfsermittlung

⋆ Personalbeschaffung

⋆ Personalauswahl und Personaleinstellung

* Personaleinsatz

* Gestaltung von Arbeitsplatz und Arbeitsumgebung

* Gestaltung der Mitarbeitervergütung

* Personalbeurteilung

* Personalausbildung

* Personalentwicklung

* Personalabbau

* Personalführung

◆ **Zielsetzungen der Personalwirtschaft**

Sachziele/ Formalziele

In jeder Unternehmung werden zwei Arten von Zielen angestrebt, nämlich Sachziele (z. B. Güter herstellen und verkaufen) und Formalziele (z. B. Gewinnmaximierung und Kostendeckung).

Die Formalziele der Personalwirtschaft werden in wirtschaftliche und soziale Formalziele unterteilt.

Wirtschaftliche Formalziele der Personalwirtschaft

Ziele, die für die Unternehmung aufgestellt sind, gelten selbstverständlich für alle Teilaufgaben der Unternehmung und so auch für die Teilaufgabe Personalwirtschaft. Die zukunftsorientierte Sicherung der Unternehmung ist durch Erhaltung und Verbesserung der Wirtschaftlichkeit, der Produktivität und der Rentabilität zu erzielen.

Wirtschaftliche Formalziele

* Mit **Produktivität** meint man das Verhältnis vom Ertrag zum Aufwand. Die Produktivität der menschlichen Arbeitsleistung beispielsweise wird durch das Verhältnis der Produktionsleistung zum Einsatz menschlicher Arbeit berechnet.

* Die **Wirtschaftlichkeit** ist zu berechnen, indem man den zur Produktion eines bestimmten Ertrages tatsächlich notwendig gewordenen Istaufwand ins Verhältnis zum geplanten Sollaufwand setzt.

* **Rentabilität** gibt das Verhältnis von Gewinn zum eingesetzten Kapital wieder.

* Der Leistungsbeitrag der Mitarbeiter soll durch personalwirtschaftliche Aktivitäten erhöht werden. Das ist grundsätzlich auf zwei Wegen möglich, nämlich erstens durch erhöhte **Bereitschaft der Mitarbeiter zur verbesserten Leistungsabgabe** und zweitens durch **Vermeidung von Minderleistungen**.

Ansatzpunkte für eine verbesserte Leistungsabgabe sind beispielsweise sparsamer Verbrauch von Werks-, Hilfsstoffen und Energie, Schonung und Pflege betrieblicher Einrichtungen, Termineinhaltung, Kooperationsbereitschaft zwischen Mitarbeitern und Arbeitsgruppen, pünktliche und hilfsbereite Weitergabe von Informationen, Weiterbildung sowie Verbesserungsvorschläge.

Minderleistungen werden vermieden, wenn folgende Erscheinungen wegfallen: Unberechtigte Fehlzeiten, Leerlauf und Unpünktlichkeit, Gefährdung von Personen und Sachen, Materialverschwendung, Diebstahl, mangelhafte Arbeitsdisziplin, unangebrachte Konflikte sowie Mobbing.

Soziale Formalziele der Personalwirtschaft

Nach allgemeiner Lebenserfahrung trägt der fachlich gut ausgebildete, mit seiner Arbeit zufriedene und mit der Unternehmung verbundene Mitarbeiter am meisten zum Erreichen des Gesamtzieles der Unternehmung bei.

★ Ein motivierter Mitarbeiter bringt sich selbst in den Lernprozess ein. Ein soziales Ziel der Personalwirtschaft kann demnach heißen, **Mitarbeiter zu durchgängiger Lernbereitschaft zu motivieren.**

> **Soziale Formalziele**

★ **Zufriedenheit mit den Bedingungen des Arbeitsplatzes** umfasst eine Fülle von Einzelaspekten.

 Beispiel – Die Anforderungen am Arbeitsplatz sollten den Mitarbeiter ausfüllen und nicht mit Überforderungen und Unterforderungen verbunden sein.
– Die Entlohnung muss als gerecht empfunden werden.
– Der Arbeitsplatz muss vor Gefährdung der Gesundheit geschützt und gesichert sein.

★ Arbeitszufriedenheit **und Identifikation mit der Unternehmung** hängen naturgemäß eng zusammen. Der Mitarbeiter wird sich mit der Unternehmung besonders leicht identifizieren können,

– wenn er sich als Mensch ernst genommen fühlt,
– wenn er als Mitarbeiter eine Rolle spielen kann, die seinen Fähigkeiten entspricht,
– wenn er seine persönliche Existenz durch die Unternehmung gesichert sieht,
– wenn er von dem Unternehmenszweck überzeugt ist.

5.1.2 Die Aufgabenverteilung der Personalwirtschaft

Unter Organisation ist die personalunabhängig entworfene bzw. zu entwerfende Arbeitsstruktur zu verstehen. Diese Arbeitsstruktur betrifft

● den **Aufbau der organisatorischen Einheiten**, also der Abteilungen, Gruppen und Stellen,

> **Inhalt der Organisation**

● die **Verteilung der Zuständigkeiten** auf personelle Aufgabenträger,

● die **arbeitsorganisatorischen Regelungen**, die die Zusammenarbeit der Aufgabenträger in zeitlicher und räumlicher Hinsicht beinhalten.

◆ Funktionale Organisation

Eine funktionale, d. h. **aufgabenbezogene** Organisation liegt dann vor, wenn die Teilaufgaben der Unternehmung jeweils in einer fest umrissenen organisatorischen Einheit bearbeitet werden, d. h. praktisch in einer Abteilung. Die Personalabteilung hat also alle Einzelaufgaben von der Personalbestandsanalyse bis zum Personalabbau für das gesamte Unternehmen zu erledigen. Eine solche Organisation schließt selbstverständlich ein, dass zwischen den Abteilungen eine Fülle von Beziehungen besteht, wobei diese Beziehungen auch arbeitsorganisatorisch festgelegt sind. Für die Personalwirtschaft liegen die Beziehungen auf der Hand, denn Einstellungen, Beförderungen, Zulagen, Entlassungen und vieles andere mehr können gar nicht ohne Mitwirkung der Fachabteilungen optimal geregelt werden.

> **Personalwirtschaftliche Aufgaben in einer eigenen Abteilung**

Der Vorteil einer funktionalen Organisation besteht darin, dass die Einzelaufgaben auf die Personalsachbearbeiter verteilt werden können, sodass rationelles Arbeiten möglich ist. Nachteilig sind allerdings für die Belegschaft die je nach Anliegen unterschiedlichen Ansprechpartner in der Personalabteilung. Ein weiterer Nachteil ist darin zu sehen, dass jede Spezialisierung auch wieder Koordinationsaufgaben erfordert.

◆ Divisionale Organisation

**Personal-
wirtschaft-
liche Aufga-
ben
divisional
organisiert**

Wird für personalwirtschaftliche Aufgaben die divisionale Organisation eingeführt, unterteilt man die Aufgaben in dezentral zu lösende und zentral zu lösende Aufgaben. Den Werken, Werksteilen oder Sparten werden die vor Ort wichtigsten Personalarbeiten übertragen, sehr häufig Entlohnung und Einstellung. Sparten sind Teile der Unternehmung, die aus ihrer Eigenart heraus (Produktion, Warenart) eine relativ große Selbstständigkeit verlangen. Für die dort geleisteten personalwirtschaftlichen Aufgaben ist der Werks- oder Spartenleiter verantwortlich, wiewohl natürlich in Abstimmung mit der zentralen Personalabteilung gehandelt wird.

Das Personalreferentensystem kann als eine spezielle Form der divisionalen Organisation aufgefasst werden. Dem Personalreferenten wird eine bestimmte Zielgruppe zur Betreuung übertragen. Für die Mitglieder der Zielgruppe wird der Personalreferent somit der Hauptansprechpartner.

◆ Matrix-Organisation

**Aufgaben-
koordination
auf zwei
Ebenen**

Die Matrix-Organisation soll Koordinationsaufgaben auf zwei Ebenen leisten. Beispielsweise sieht die funktionale Organisation aller fünf Werke eines großen Unternehmens die Aufteilung in Forschung/Produktentwicklung, Produktion, Vertrieb, Einkauf/Logistik, Finanzwirtschaft/Rechnungswesen und Personalwesen vor. Jetzt ergibt sich die betriebswirtschaftliche Notwendigkeit, z. B. Forschung/Produktentwicklung, Vertrieb und Personalwesen für alle fünf Werke zu koordinieren. Im Rahmen der Matrix-Organisation haben dann beispielsweise die Leiter der Personalabteilungen in allen fünf Werken nicht nur ihrem Betriebsleiter gegenüber Berichtspflicht, sondern auch dem zentralen Fachvorgesetzten, der für die Personalwirtschaft der gesamten Unternehmung verantwortlich ist.

5.1.3   Die Eingliederung der Personalwirtschaft in die Unternehmenshierarchie

◆ Begriff Unternehmenshierarchie

**Personal-
wirtschaft
im Weisungs-
system der
Unter-
nehmung**

Gleichzeitig mit der Aufbauorganisation, also mit der Festlegung der organisatorischen Einheiten, erfolgen Festlegungen darüber, welche Stelleninhaber wem gegenüber weisungsgebunden bzw. weisungsberechtigt sind. Das so entstehende Weisungssystem wird als Unternehmenshierarchie bezeichnet.

Die aufbauorganisatorische Eingliederung der mit personalwirtschaftlichen Aufgaben betrauten Abteilungen bzw. Unterabteilungen (Gruppen) sind ein Spiegelbild der Stellung, die die Personalwirtschaft in der Unternehmenshierarchie einnimmt. Wenn beispielsweise ein Vorstandsmitglied speziell für die Personalwirtschaft zuständig ist und diese Abteilung auch leitet, ist die Personalwirtschaft den anderen von Vorstandsmitgliedern geleiteten Ressorts gleichrangig.

Ist dagegen für die personalwirtschaftlichen Aufgaben z. B. nur eine Unterabteilung innerhalb einer kaufmännischen Abteilung, etwa Rechnungswesen, zuständig, dann ist damit gleichzeitig auch die Ranghöhe des zuständigen Gruppenleiters im hierarchischen Aufbau der Unternehmung festgelegt.

◆ **Änderung traditioneller Organisationsstrukturen**

Die in industriellen Unternehmungen fast ein Jahrhundert lang praktizierte Arbeitszerlegung und Arbeitszusammenführung wurde von einer Organisationsstruktur begleitet, die durch zwei wesentliche Merkmale gekennzeichnet ist:

Traditionelle Organisationsstrukturen

1. Das eingeführte Führungs- und Weisungssystem hatte eine klare **Struktur von oben nach unten** (Linie).

2. Es bestand eine **Vielzahl von abgegrenzten Führungs- bzw. Hierarchiestufen**.

◆ Spätestens seit dem neuen Jahrtausend stehen die Unternehmen weltweit vor großen **organisatorischen Herausforderungen**. Die Gründe dafür sind in drei miteinander vernetzten Aspekten zu sehen, nämlich in

Organisatorische Herausforderungen

– der Veränderung der Wettbewerbssituation: Globalisierung der Märkte, verkürzte Produktionszyklen, Entwicklung zum Käufermarkt, Ressourcenverknappung, Globalisierung der Ressourcenbeschaffung, demografische Entwicklung;
– den Innovationspotenzialen der IT-Technologie;
– dem Wertewandel in Arbeitswelt und Gesellschaft: veränderte Einstellung zur Umwelt, verändertes Käuferverhalten, veränderte Ansprüche an den Arbeitsplatz, selbstständige und selbstbewusste Mitarbeiter.

Die verstärkte Einführung von Projekt- und Teamstrukturen mit gleichzeitigem Abbau uneffizient gewordener Hierarchiestufen ist die organisatorische Antwort auf die oben dargestellten Entwicklungen.

Virtuelle Organisation – eine innovative Antwort auf neue Herausforderungen

Die klassische Definition der Organisation, die Grenzen und damit ein „Innen" und ein „Außen" kannte, gilt heute vielfach nicht mehr – jedenfalls nicht mehr uneingeschränkt. Organisationen beginnen sich zu virtualisieren – in mehrfacher Hinsicht: **strukturell, räumlich und zeitlich**. Was ist ein Unternehmen? Wer gehört zum Unternehmen – wer ist Externer? Diese und andere Fragen sind heute oft nur schwer zu beantworten.

Virtuelle personalwirtschaftliche Aufgabenorganisation

Virtualisierungen entstehen **strukturell**

● entlang der Wertschöpfungskette, indem durch Kombination von Kernkompetenzen Leistungsverbünde entstehen,

● durch Auflösung der Unternehmung in „Selbstständige", die sich aufgabenorientiert ständig rekombinieren und

● durch Projekt-/Teamorganisation als eine Rekombination innerhalb des Unternehmens.

Räumliche und **zeitliche** Virtualisierungen können den strukturellen Ansatz jeweils ergänzen.

5.2 Personalbestandsanalyse

Wie viele Mitarbeiter welcher Qualifikation stehen zurzeit zur Verfügung bzw. werden in absehbarer Zeit zur Verfügung stehen?

Leitfrage

Die IBE GmbH – Internationales Büro für Hardware- und Software-Entwicklung – steht vor einer umfangreichen Umstrukturierung der Geschäftsfelder und damit des Personal-

einsatzes. In absehbarer Zeit ist u. a. noch zu entscheiden, welche Mitarbeiter die Aufgaben nach der neuen Aufgabenverteilung erfüllen können.

5.2.1   Funktion der Personalbestandsanalyse

Damit ein Unternehmen kontinuierlich mit geeigneten Mitarbeitern versorgt werden kann, müssen relevante Informationen zum gegenwärtigen und künftigen Personalbestand erhoben und ausgewertet werden. Dazu gehören z. B.:

Information über die personelle Situation

- Welche Aufgaben sind im Rahmen der betrieblichen Funktionen zurzeit zu erfüllen?

- Wie sind die Aufgaben auf die vorhandenen Mitarbeiter verteilt?

- Inwieweit entspricht die Arbeitsverteilung den aktuellen sachlichen Erfordernissen?

- Über welche Mitarbeiterpotenziale verfügt das Unternehmen im Einzelnen und wie sind sie bisher genutzt?

- Inwieweit sind kurz- bzw. mittelfristig personelle Engpässe zu erwarten?

Die Beantwortung dieser Fragen führt unter kurzfristiger Betrachtung zum erforderlichen Handlungsbedarf und zeigt außerdem unter mittel- bis langfristiger Perspektive den möglichen Gestaltungsspielraum auf.

5.2.2   Stellenplan und Stellenbeschreibung als Basis der Personalbestandsanalyse

Stellenplan/ Stelle

Der **Stellenplan** beinhaltet alle Stellen der gesamten Organisationseinheit, wobei unter Stelle die Zusammenfassung verschiedener Teilaufgaben zu einem von einer Person zu erledigenden Arbeitsbereich verstanden wird. Enthält der Plan über die Kenntlichmachung aller Stellen nach Anzahl und Bezeichnung auch noch Angaben darüber, ob und von welchen Personen die Stellen besetzt sind, spricht man vom Stellenbesetzungsplan.

Ein genaueres Bild von den klar voneinander abgegrenzten Aufgabenbereichen erhält man aber erst durch Analyse der einzelnen Stellenbeschreibungen, die Kernaufgaben, Kompetenzen und Verantwortlichkeiten der jeweiligen Stelle umschreiben. Informationen zur speziellen Potenzialeinschätzung der Stelleninhaber sowie zu alternativen Einsatzmöglichkeiten werden in der Regel nicht im Stellenbesetzungsplan, sondern im Personalentwicklungsplan festgehalten.

Stellenbeschreibung

Für genauere Informationen über eine einzelne Stelle benötigt man die **Stellenbeschreibung**. Als wesentliche Elemente sollte eine Stellenbeschreibung Informationen zum Instanzenbild, zum Aufgabenbild und zum Leistungsbild enthalten. Die nachfolgende Abbildung fasst den Aufbau einer Stellenbeschreibung zusammen (s. S. 267).

Stellenbeschreibungen liefern vielseitige Informationen, die im Rahmen der unterschiedlichen personalwirtschaftlichen Funktionen genutzt werden können.

Damit wird deutlich, dass die Stellenbeschreibung zu den zentralen personalwirtschaftlichen Instrumenten gehört. Auch Mitarbeiter profitieren davon, insbesondere wenn es um klare Aufgaben- und Kompetenzabgrenzungen geht. Als nachteilig erweist sich eine gewisse Starrheit durch die Festschreibung. Dies kann z. B. eine flexible Reaktion auf notwendige Änderungen in der Arbeitsorganisation verhindern.

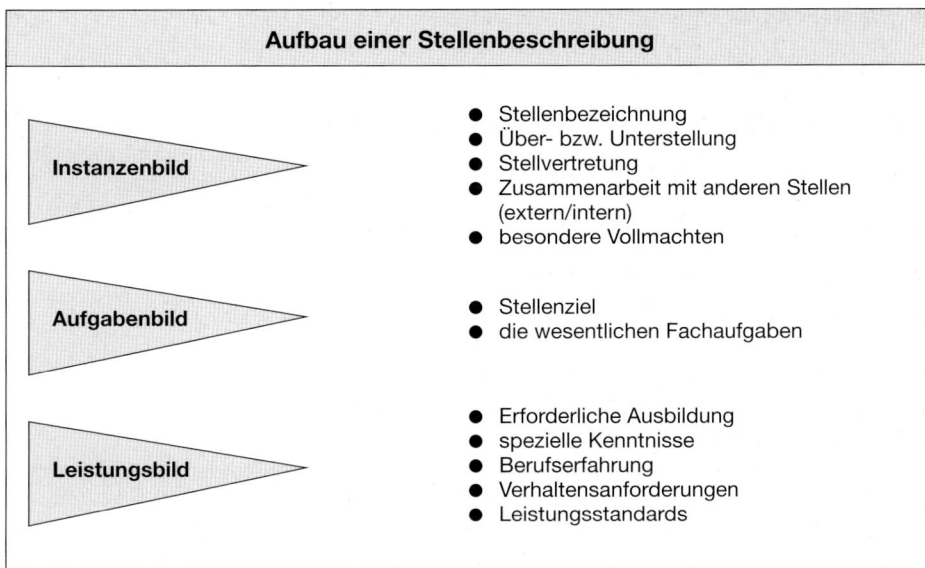

Aufbau einer Stellenbeschreibung

Instanzenbild

- Stellenbezeichnung
- Über- bzw. Unterstellung
- Stellvertretung
- Zusammenarbeit mit anderen Stellen (extern/intern)
- besondere Vollmachten

Aufgabenbild

- Stellenziel
- die wesentlichen Fachaufgaben

Leistungsbild

- Erforderliche Ausbildung
- spezielle Kenntnisse
- Berufserfahrung
- Verhaltensanforderungen
- Leistungsstandards

Abb. 5.2-1: Aufbau einer Stellenbeschreibung

**Stellenbeschreibung als Informationsbasis
für verschiedene personalwirtschaftliche Aufgaben**

- **Personalbedarfsermittlung**, z. B. Hilfsmittel für Aufgabenanalyse
- **Personalbeschaffung**, z. B. Hilfsmittel für Einstellungsgespräche
- **Personaleinsatz**, z. B. Hilfsmittel für Einarbeitungen
- **Personalführung**, z. B. Hilfsmittel für Beurteilungen
- **Personalentlohnung**, z. B. Hilfsmittel für Arbeitsbewertungen
- **Personalentwicklung**, z. B. Hilfsmittel zur Ermittlung von Bildungsbedarf
- **Personalabbau**, z. B. Hilfsmittel zur Aufdeckung von Aufgabenüberschneidungen

5.2.3   Quantitative und qualitative Darstellung der Personalsituation

Quantitative Aspekte der Personalsituation können mithilfe unterschiedlicher Statistiken verdeutlicht werden. Darüber hinaus geht es bei der qualitativen Darstellung um die Erfassung von Qualifikationen und Potenzialen. Dies geschieht vor allem mithilfe von Laufbahnplänen, Profilabgleichen sowie Mitarbeiter-Portfolios.

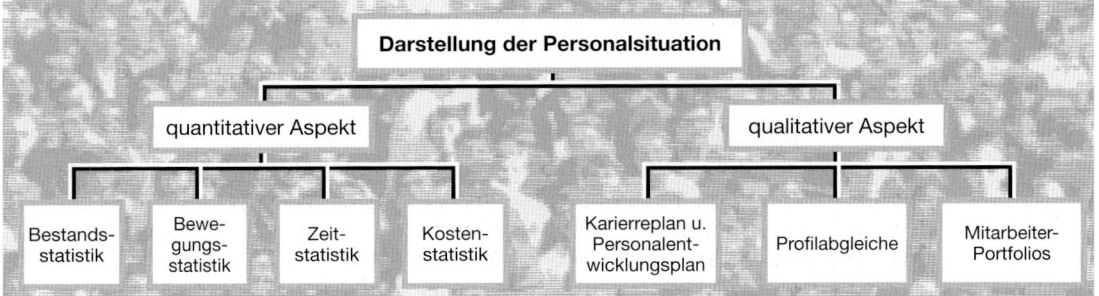

◆ **Darstellung des quantitativen Aspektes**

Personalbestandsstatistik

Bestand

Mit der Personalbestandsstatistik erhält man einen Überblick über den gesamten Personalbestand einschließlich seiner Veränderung im Zeitablauf. Die Stammbelegschaft wird dabei nach technischem und kaufmännischem Personal unterschieden.

Gleichermaßen interessiert natürlich auch, wie sich der Personalbestand nach weiteren Merkmalen zusammensetzt, wie z. B. nach Art der Vertragsverhältnisse, der Altersstruktur oder der Nationalitätenquote.

Personalbewegungsstatistik

Bewegung/ Fluktuation/ Versetzung

Die Personalbewegungsstatistik soll die außerbetrieblichen sowie innerbetrieblichen Personalbewegungen aufzeigen.

Die **außerbetrieblichen Personalbewegungen** werden mithilfe der Fluktuationsrate dargestellt.

$$\text{Fluktuation} = \frac{\text{Zahl der Abgänge} \cdot 100}{\text{Durchschnittlicher Personalbestand}}$$

Analog zu dieser Formel können die **innerbetrieblichen Personalbewegungen** mithilfe der Versetzungsrate erfasst werden.

$$\text{Versetzungsrate der Abteilung A} = \frac{\text{Zahl der Abgänge} \cdot 100}{\text{Durchschnittlicher Personalbestand der Abteilung A}}$$

Personalzeitstatistik

Istarbeitszeit

Sollarbeitszeit

Von folgender Grundformel ist zur Ermittlung der Istarbeitszeit auszugehen:

Sollarbeitszeit + Mehrarbeitszeiten – Ausfallzeiten = Istarbeitszeit

Von besonderem Interesse sind die **Fehlzeitenquoten**, insbesondere die nach verschiedenen Ursachen differenzierten Teilquoten. Beispielsweise könnten die **Krankheitsausfallquoten** verschiedener Abteilungen verglichen werden.

Die Datenerfassung zur Entwicklung der Fehlzeitenstatistik geschieht in der Regel durch **Zeiterfassungssysteme** oder **Personaltagesmeldungen**.

Personalkostenstatistik

Kosten/Lohn und Gehalt

Ausgangspunkt der Personalkostenrechnung ist das Entgelt für geleistete Arbeit, was zu unterscheiden ist von den in den Lohn- und Gehaltsabrechnungen ausgewiesenen Bruttolöhnen bzw. -gehältern. Dieses **Entgelt für geleistete Arbeit** enthält nämlich nicht die Lohn- und Gehaltsbestandteile für Ausfallzeiten, wie zum Beispiel Urlaub und Krankheit, und auch nicht die Sonderzahlungen, wie z. B. Weihnachtsgeld, sondern es bezieht sich ausschließlich auf das Entgelt für die tatsächlich erbrachte Arbeit. Hinzugerechnet werden **Personalzusatzkosten**, die sich zusammensetzen aus gesetzlich oder tarifvertraglich verankerten Kosten sowie aus betrieblich zugesicherten Kosten.

Personal-zusatzkosten

Eine besondere Rolle kommt der Personalkostenstatistik im Zusammenhang mit der Budgetierung zu. Mit **Budgetierung** ist eine Jahreskostenplanung gemeint, die sich auf die voraussichtlichen Personalkosten aufgrund der im Planjahr zu erwartenden betrieblichen Aufgaben bezieht.

Budgetierung

◆ **Darstellung des qualitativen Aspektes**

Bei der Analyse der qualitativen Personalsituation geht es darum, festzustellen, ob das vorhandene Mitarbeiterpotenzial richtig erkannt wird und die Mitarbeiter entsprechend ihren Fähigkeiten richtig eingesetzt sind.

Als Grundlage dienen dazu die regelmäßig von den jeweiligen Fachvorgesetzten durchzuführenden **Mitarbeiterbeurteilungen**. Diese beziehen sich zunächst einmal auf die in der Vergangenheit erbrachten Leistungen des Mitarbeiters gemäß den vereinbarten Zielen. Darüber hinaus lassen weiterentwickelte Beurteilungssysteme auch Aussagen über Persönlichkeitsmerkmale sowie Potenziale zu. Letztere beziehen sich auf bisher ungenutzte Fähigkeiten und lassen daher Rückschlüsse zu, welche Positionen der jeweilige Mitarbeiter zukünftig ausfüllen könnte.

Merkmale von Qualitäten

Die so gewonnenen Informationen werden üblicherweise in den Personalakten festgehalten bzw. in **Personalinformationssystemen (PIS)** gespeichert. Im Zuge der gestiegenen Bedeutung strategisch orientierter Personalarbeit ist allerdings das Bedürfnis nach **transparenten Übersichtsdarstellungen** hinsichtlich der Nutzung vorhandener Mitarbeiterpotenziale gestiegen.

Darstellungs-instrumente

Als Darstellungsinstrumente kommen **Karrierepläne und Personalentwicklungspläne** zur Dokumentation der Aufstiegsplanung sowie **Profilabgleiche** als Vergleichsübersichten zwischen Arbeitsplatzanforderungen und Mitarbeiterfähigkeiten in Betracht. Daneben wird auch das im strategischen Marketing entwickelte **Portfolio** als Darstellungsinstrument eingesetzt. Ein solches Mitarbeiter-Portfolio zeigt in einer übersichtlichen Matrix eine Klassifizierung der Mitarbeiter nach ihren gegenwärtigen Leistungen sowie nach ihrem Entwicklungspotenzial in vier verschiedene Gruppen auf. Das Schema zeigt die Instrumente zur Darstellung der qualitativen Personalbestandssituation im Überblick.

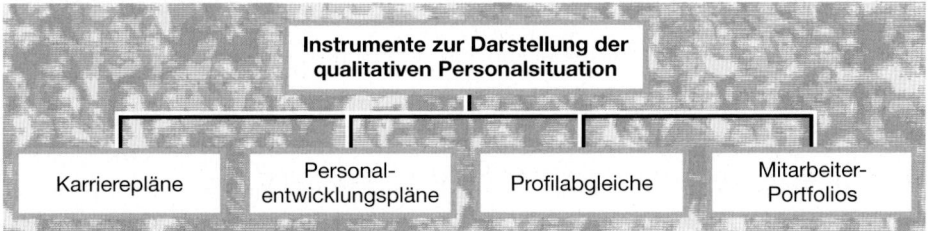

Instrumente zur Darstellung der qualitativen Personalsituation

| Karrierepläne | Personal-entwicklungspläne | Profilabgleiche | Mitarbeiter-Portfolios |

Karrierepläne und Personalentwicklungspläne

Karrierepläne geben an, welche Funktion wie lange ausgeübt sein muss, bevor man eine andere Hierarchiestufe (Führungskraft oder Spezialist) erreichen kann und welche qualifizierenden Maßnahmen dazu jeweils erforderlich sind. Im Karriereplan werden also die Anforderungen festgelegt, die das Unternehmen an den Inhaber einer bestimmten Stelle/Position hat. Er ist also an **Tätigkeitsmerkmalen** orientiert.

Karrierepläne

**Personalent-
wicklungs-
pläne**

In **Personalentwicklungsplänen** wird angegeben, welche Stellen und Positionen ein Mitarbeiter künftig besetzen kann einschließlich der dazu noch erforderlichen Qualifizierungsmaßnahmen. Der Personalentwicklungsplan hat also die Aufgaben, die bereits genutzten Potenziale besonders fähiger Mitarbeiter zu ermitteln, die Potenziale mit den Erfordernissen der zu besetzenden Stelle/Position zu vergleichen und die Mitarbeiter dorthin zu führen **(personenorientiert)**.

Profilabgleiche

**Vergleich
zwischen
Anforderungs-
profil und
Fähigkeits-
profil**

**Genfer
Schema**

Von großem Interesse ist neben der Zukunftsplanung die Frage, ob die Mitarbeiter mit ihren jetzigen Fähigkeiten zurzeit adäquat eingesetzt, d. h. weder über- noch unterfordert sind. Zur Beantwortung dieser Frage ist es erforderlich, einen Vergleich zwischen den Anforderungen der Stellen **(= Anforderungsprofil)** und den gezeigten Fähigkeiten **(= Fähigkeitsprofil)** zu ziehen. Dazu sind zunächst Kriterien aufzustellen, anhand derer eine aussagefähige Analyse vorgenommen werden kann. Als Grundlage für die Kriterienaufstellung gilt allgemein das zur Arbeitsbewertung entwickelte Genfer Schema mit den Merkmalen „Können", „Verantwortung", „Belastung" sowie „Arbeitsbedingungen", das später verfeinert wurde.

Der detaillierte Anforderungskatalog gibt zunächst nur eine allgemeine Auflistung von Anforderungen, die für einen bestimmten Arbeitsplatz eine Rolle spielen. Entscheidend ist nun die Festlegung des gewünschten **Ausprägungsgrades** der jeweiligen Anforderungsart. Danach werden die Fähigkeiten des Stelleninhabers eingeschätzt und bewertet, wodurch sich allerdings Interpretationsspielräume ergeben.

Die Gegenüberstellung von Anforderungsprofil und Fähigkeitsprofil als Profilabgleich soll dann zu der Erkenntnis führen, ob ein Ausgleich vorliegt bzw. eine Überdeckung oder Unterdeckung.

Mitarbeiter-Portfolios

**Mitarbeiter-
portfolio als
strategisches
Instrument**

Bei diesem Instrument geht es darum, die Mitarbeiter eines bestimmten Bereiches, z. B. einer Abteilung, nach Leistung und Potenzial in einer Matrix zu positionieren. Da bei der Skalierung nur zwischen hoch und niedrig unterschieden wird, ergeben sich durch Kombination vier Matrix-Felder. Mit der Positionierung in eines der vier Felder werden die Mitarbeiter sowohl hinsichtlich ihres gegenwärtigen Profitbeitrages für das Unternehmen sowie hinsichtlich ihres Entwicklungspotenziales klassifiziert. Daraus können dann vom Management entsprechende Personalentwicklungsstrategien abgeleitet werden. Bekannt ist Matrix-Denken aus dem Marketingbereich.

5.3   Personalbedarfsplanung

Leitfrage

Wie viele Mitarbeiter welcher Qualifikation sind unter Beachtung von Ersatz-, Reserve- und Neubedarf zu welchem Zeitpunkt und an welchen Orten aufgrund des geplanten Leistungsprogramms erforderlich?

5.3.1   Bestimmungsfaktoren des Personalbedarfs

Der Personalbedarf wird durch eine Vielzahl unternehmens**externer** und -**interner** Faktoren beeinflusst, die sich wiederum kurz- und/oder langfristig auf quantitative und/oder qualitative Aspekte beziehen und sich dabei noch gegenseitig beeinflussen; kurz gesagt, es handelt sich um ein äußerst komplexes Feld mit Einflüssen, die nur teilweise erfassbar sind. Im Wesentlichen handelt es sich dabei um die in der nachfolgenden Abbildung dargestellten Faktoren.

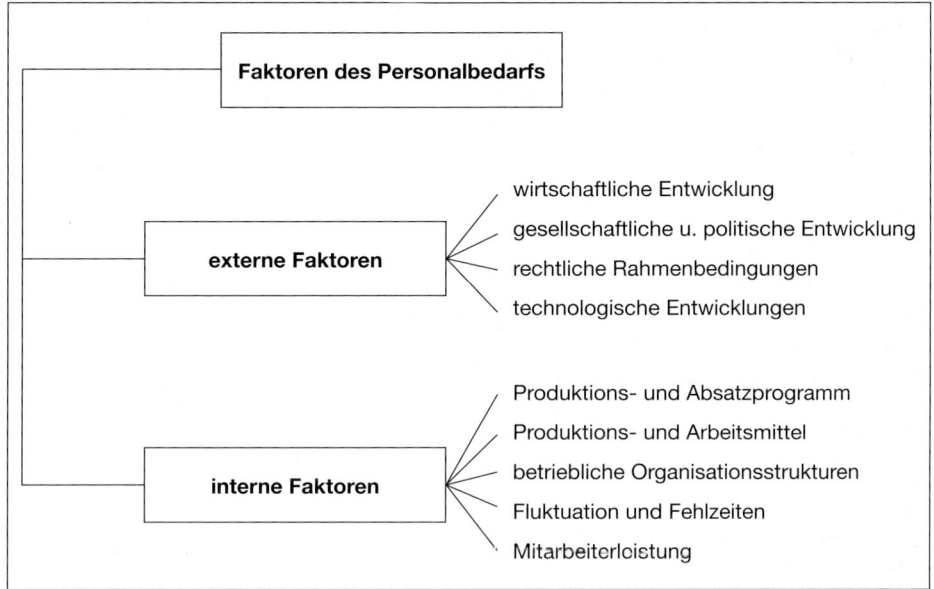

Abb. 5.3-1: Faktoren des Personalbedarfs

◆ **Unternehmensexterne Faktoren**

Bei den externen Faktoren des Personalbedarfs handelt es sich in der Regel um Einflüsse, die vom Unternehmen nicht beeinflussbar und daher als Planungsvorgaben zu beachten sind.

Externe Planungsvorgaben

Wirtschaftliche Entwicklung

Hier geht es hauptsächlich um die sich in **konjunkturellen Schwankungen** vollziehende gesamtwirtschaftliche Entwicklung, die zumindest mittelfristig den Personalbedarf über steigende oder fallende Nachfrage beeinflusst. Allerdings sind in diesem Zusammenhang immer auch **branchenspezifische Entwicklungen** (z. B. Veränderungen der Wettbewerbssituation durch das Auftreten neuer Konkurrenten am Markt) sowie auch **saisonale Besonderheiten** zu beachten.

Konjunktur Branchenentwicklung Saison

Gesellschaftliche und politische Einflüsse

Hier ist vor allem die **Bevölkerungsentwicklung** zu nennen, da sich hier Anhaltspunkte für künftige Kaufkraftentwicklungen ergeben, die sich über künftige Absatzmöglichkeiten wiederum auf den Personalbedarf auswirken. Weiterhin sind in diesem Zusammenhang auch Tendenzen des **gesellschaftlichen Wertewandels** zu beachten, die sich auf das Konsumverhalten (z. B. verstärkte Nachfrage nach Dienstleistungen) sowie Freizeit- und Arbeitsverhalten (z. B. verstärkte Teilzeitarbeitswünsche) auswirken können. Nicht zu vergessen sind auch die **Globalisierungstendenzen** (z. B. Weiterentwicklung der Europäischen Union).

Bevölkerung Wertewandel Globalisierung

Rechtliche Rahmenbedingungen

Recht

Änderungen im **Arbeits- und Sozialrecht** wirken sich unmittelbar auf den Personalbedarf aus. Wenn nach EU-Recht beispielsweise auch Bereitschaften als Arbeitszeit anzurechnen sind, erhöht sich in Krankenhäusern der Personalbedarf schlagartig.

Technologische Entwicklungen

Technologie

Umwälzungen in der Technologie haben unter Umständen kaum abschätzbare Auswirkungen im langfristigen Personalbedarf. So hat beispielsweise die Entwicklung des Internets völlig neue Märkte mit entsprechenden Absatzmöglichkeiten geschaffen. Andererseits hat gerade der IT-Bereich (Informationstechnologie) zu gewaltigen Rationalisierungen geführt.

◆ Unternehmensinterne Faktoren des Personalbedarfs

Interne Planungsvorgaben

Im Gegensatz zu den externen Einflussfaktoren sind die unternehmensinternen Faktoren des Personalbedarfs weitgehend beeinflussbar.

● Produktions- und Absatzprogramm

Produktionsprogramm Absatzprogramm

Mit der Festlegung des Absatzprogramms ergibt sich zwangsläufig auch der entsprechende quantitative und qualitative Personalbedarf. Die strategische Unternehmenspolitik, die sich in erster Linie an der **Zukunftsträchtigkeit bestimmter Geschäftsfelder** orientiert, kann durch entsprechende Weichenstellungen in der Produktpolitik erhebliche Verschiebungen im Personalbedarf auslösen.

● Produktions- und Arbeitsmittel

Produktionsmittel Arbeitsmittel

Zur Steigerung der Leistungsfähigkeit werden Produktions- und Arbeitsmittel ständig verbessert und unterliegen damit einem ständigen Wandel. Das Ziel besteht darin, mit geringeren Kosten eine gleiche Menge an Produkten bzw. mit gleichen Kosten eine größere Produktmenge zu erstellen. Dies hat in der Vergangenheit zu einer ständigen **Technisierung** der Arbeit geführt. Dadurch hat sich der Personalbedarf umgeschichtet.

● Betriebliche Organisationsstrukturen

Organisationsstrukturen

Die Einführung eines neuen Organisationstyps führt zu Veränderungen im Personalbedarf.

Ferner übt der **Grad der Arbeitsteilung** einen bedeutsamen Einfluss auf den Personalbedarf aus. Beim starren Festhalten an einer ganz bestimmten Aufgabenverteilung gibt es kaum Spielräume, Mitarbeiterressourcen je nach Kapazitätsauslastung mit unterschiedlichen Aufgabenstellungen voll auszunutzen. Aus diesem Grund wird zurzeit versucht, mit einer **Flexibilisierung der Organisation** die Einsatzmöglichkeiten vorhandener Mitarbeiter zu erhöhen.

5.3.2 Schritte zur Ermittlung des Personalbedarfs

Vorgehensweise

Ausgangspunkt ist zunächst die Festlegung des künftigen Personalbedarfs für den zu planenden Zeitraum (z. B. Personalbedarf für das kommende Quartal) als **Bruttopersonalbedarf**, der sich aus Einsatz- und Reservebedarf zusammensetzt.

Danach ist die **Personalbestandsentwicklung** durch Fortschreibung der Mitarbeiter-zu- und -abgänge zu ermitteln.

Durch Feststellung der Differenz zwischen Bruttopersonalbedarf und Personalbe-standsentwicklung ergibt sich der **Nettopersonalbedarf**. Dieser führt entweder zu einem Beschaffungsbedarf wegen der zu erwartenden Deckungslücke oder zu einem Abbaubedarf wegen des voraussehbaren Personalüberhangs.

Bezugs-größen

◆ **Der Bruttopersonalbedarf**

Der Bruttopersonalbedarf setzt sich aus Einsatzbedarf und Reservebedarf zusammen.

Der **Einsatzbedarf** umfasst die Anzahl der Mitarbeiter, die nach technischen, organi-satorischen, gesetzlichen und tariflichen Gesichtspunkten ständig verfügbar sein müs-sen, um die anfallende Arbeitsmenge zu bewältigen.

Weiterhin ist für die Größe Personaleinsatzbedarf zu beachten, dass neben den un-mittelbar in der Produktion tätigen Mitarbeitern **(direkter Personalbedarf)** auch die-jenigen Mitarbeiter zu berücksichtigen sind, die Leistungen erbringen, ohne direkt an der eigentlichen Produktion beteiligt zu sein. Man spricht in diesem Zusammenhang vom **indirekten Personalbedarf**. Im Zuge der Umstrukturierung ganzer Unterneh-mensbereiche zu Profitcentern spielt diese Unterscheidung eine entscheidende Rolle, da mit der Einbeziehung der indirekten Bereiche gleichzeitig auch eine kostenmäßige Zurechenbarkeit verbunden ist.

Über den Personaleinsatzbedarf hinaus ist der Reservepersonalbedarf bei der Perso-nalbedarfsermittlung zu berücksichtigen. Der Reservepersonalbedarf ergibt sich da-durch, dass die Mitarbeiter nicht an allen Arbeitstagen zur Verfügung stehen. **Fehl-zeiten** (Fehltage) ergeben sich insbesondere durch die Abwesenheitsgründe Urlaub, Arbeitsunfähigkeit, Bildungsmaßnahmen sowie Mutterschutz.

5.4   Personalbeschaffung

Auf welche Weise ist die benötigte Anzahl von Mitarbeitern mit der jeweils benötigten Qualifikation rechtzeitig und für den richtigen Ort und damit bedarfsgerecht zu ge-winnen?

Leitfrage

Insbesondere für den Aufbau der Geschäftsfelder Flugsicherheit und Lagerhal-tungssysteme benötigt die IBE GmbH neue Fachkräfte. Dabei spielt der Sprung in der technologischen Entwicklung eine besondere Rolle. Anstöße kommen aus Technolo-giezentren insbesondere fernöstlicher Länder, hierbei speziell Indien. Auch einige Uni-versitäten in der „Alten Welt" bilden Nachwuchs für den neuen Zweig der Technologie aus.

Das Ziel der Personalbeschaffung besteht allgemein darin, rechtzeitig die erforder-lichen Mitarbeiter zur Abdeckung festgestellter personeller Unterdeckungen zu ge-winnen. Obwohl der Begriff „Personalbeschaffung" wegen der damit assoziierten Gleichsetzung von Mensch und Betriebsmittel als nicht mehr zeitgemäß anzusehen ist, wird er trotzdem beibehalten, da er sich in der Literatur durchgesetzt hat.

Ziel der Personal-beschaffung

Im weiteren Sinne beschäftigt sich der Funktionsbereich Personalbeschaffung nicht nur mit der Anwerbung geeigneter Mitarbeiter, sondern es werden auch die Teilfunktionen

Mitarbeiterauswahl, -einstellung und -einführung einbezogen. Im Folgenden soll aber ausschließlich das engere Begriffsverständnis der Personalbeschaffung genutzt werden, um dann in den nachfolgenden Kapiteln die weiteren Teilfunktionen der Personalbeschaffung gesondert aufzugreifen.

5.4.1   Einzelschritte und Alternativen der Personalbeschaffung

In diesem Abschnitt geht es neben der Übersicht über die Einzelschritte der Personalbeschaffung um die Darstellung von **Beschaffungsalternativen**.

◆ **Das Ablaufverfahren der Personalbeschaffung**

Die Einleitung von Personalbeschaffungsaktivitäten setzt voraus, dass der entsprechende Personalbedarf in quantitativer, qualitativer, zeitlicher und örtlicher Hinsicht als **Nettopersonalbedarf** vorgegeben ist. Danach läuft ein Verfahren ab, das in seinen Schritten der folgenden Abbildung zu entnehmen ist.

Abb. 5.4-1: Ablaufverfahren der Personalbeschaffung

◆ **Beschaffungsalternativen**

Ent-scheidungs-komponenten zur Personal-beschaffung

Beim Beschaffungsverfahren wird nach folgenden Alternativen unterschieden:

✶ **Beschaffungsmärkte**

Es ist festzulegen, ob die zu beschaffenden Mitarbeiter im eigenen Unternehmen gesucht werden sollen **(interner Beschaffungsmarkt)** oder ob dieses auch außerhalb des Unternehmens geschehen soll **(externer Beschaffungsmarkt)**.

✶ **Beschaffungsinstrumente**

Bei der Auswahl passender Beschaffungsinstrumente geht es um die Frage, welche Medien und Maßnahmen im Rahmen der **Personalwerbung** genutzt werden sollen, um an potenzielle Kandidaten herantreten zu können.

✶ **Beschaffungsort**

Bei dem Aspekt Beschaffungsort ist über die **räumliche Ausdehnung** der Personalsuche zu entscheiden. Diese kann grundsätzlich begrenzt sein auf betriebsinterne Möglichkeiten bzw. auf Angebote, die der lokale Arbeitsmarkt bietet. Es sind allerdings auch beliebige Ausweitungen denkbar bis hin zur Nutzung internationaler interner und externer Arbeitsmärkte.

* **Beschaffungszeit**

Unter zeitlichen Gesichtspunkten ist einerseits zu klären, für welchen **Zeitpunkt** jeweils Mitarbeiter benötigt werden; denkbar ist neben der exakt auf den Bedarfszeitpunkt abgestimmten Beschaffung auch die vor- und nachträgliche Personalrekrutierung, um beispielsweise Arbeitsmarktengpässe oder auch längerfristige Einarbeitungen mit zu berücksichtigen. Andererseits ist auch über die Dauer der Personalbedarfsdeckung zu entscheiden.

5.4.2 Innerbetriebliche und außerbetriebliche Möglichkeiten der Personalbeschaffung

In den beiden folgenden Teilabschnitten konzentrieren sich die Darstellungen auf zwei der bereits oben erläuterten Komponenten von Beschaffungsalternativen. Dabei geht es zunächst um die Komponente **Beschaffungsmärkte**; im nächsten Abschnitt werden dann Einzelheiten zur Komponente **Beschaffungsinstrumente** aufgegriffen.

◆ **Die innerbetrieblichen Möglichkeiten der Personalbeschaffung**

Unter der Voraussetzung, dass die benötigten Mitarbeiter innerbetrieblich beschafft werden sollen, ergeben sich zahlreiche Möglichkeiten der Ausgestaltung, die allgemein danach unterschieden werden, ob sie unter rechtlichen Gesichtspunkten **mit Änderungen** der jeweiligen Arbeitsverhältnisse oder **ohne Änderung** der jeweiligen **Arbeitsverhältnisse** verbunden sind.

Interne Personalbeschaffung ohne und mit Vertragsänderungen

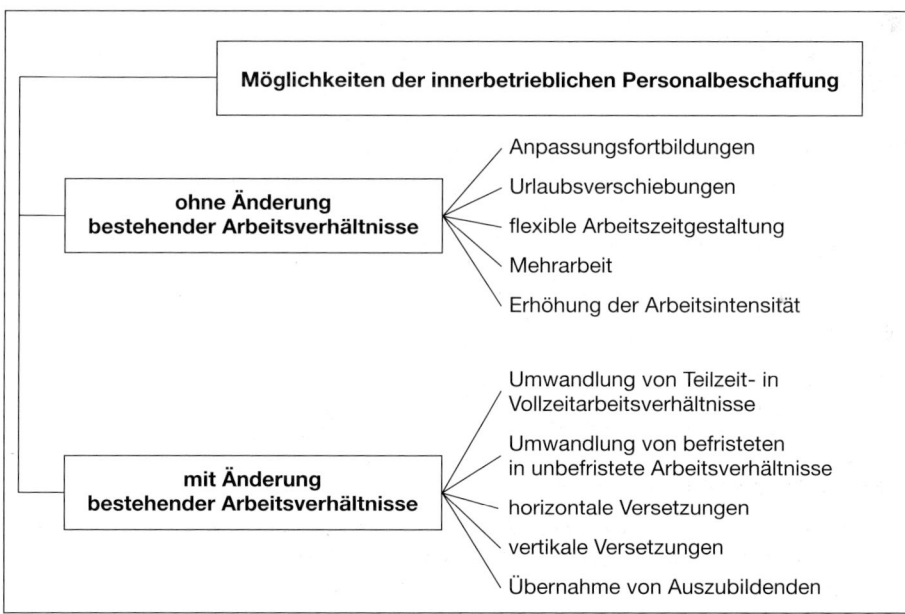

Abb. 5.4-2: Möglichkeiten der innerbetrieblichen Personalbeschaffung

◆ **Die außerbetrieblichen Möglichkeiten der Personalbeschaffung**

Im Rahmen der außerbetrieblichen Personalbeschaffung kommen als grundsätzliche Möglichkeiten die Neueinstellung von Mitarbeitern durch Arbeitsverträge sowie die Personalgewinnung im Rahmen von Leiharbeitsverhältnissen als Personalleasing in

Externe Personalbeschaffung

Betracht. Daneben gibt es auch noch die Möglichkeit, erforderlichen Personalbedarf durch den Abschluss von Werkverträgen zu decken.

Neueinstellungen

Neue Arbeitsverträge mit vertraglichen Differenzierungen

Bei der Neueinstellung von Mitarbeitern durch Arbeitsverträge sind die Modalitäten zu berücksichtigen. Im Zusammenhang mit Teilzeitarbeitsverträgen entsteht häufig das Problem, dass der Personalbedarf nur auf einen Vollarbeitsplatz ausgelegt ist. Hier ist beispielsweise zu prüfen, ob nicht durch Arbeitsplatzteilung **(Job Sharing)** die Anreizwirkung für potenzielle Kandidaten erhöht werden kann. Zu berücksichtigen ist ferner, ob es Förderungsmöglichkeiten durch gesetzliche Regelungen gibt. Auch eine **mögliche Befristung des Arbeitsverhältnisses** sollte bei einer Neueinstellung überdacht werden, um beispielsweise einen Mitarbeiter zunächst erproben zu können.

Personalleasing

Personalleasing zur Überbrückung von Engpässen

Die Möglichkeit des **Personalleasings**, auch **Leiharbeit, Arbeitnehmerüberlassung** oder **Zeitarbeit** genannt, kann ähnlich wie Aushilfsarbeitsverhältnisse zur Überbrückung vorübergehender personeller Engpässe genutzt werden. Dies könnte beispielsweise bei saisonalen Beschäftigungsspitzen oder im Zusammenhang mit Krankheits- bzw. Urlaubsvertretungen der Fall sein. Neben der seltener vorkommenden echten Leiharbeit, bei der Mitarbeiter vorübergehend und mit deren Zustimmung einem geschäftlich verbundenen Unternehmen überlassen werden, spielt in der Praxis die im Arbeitnehmerüberlassungsgesetz (AÜG) geregelte gewerbsmäßige Arbeitnehmerüberlassung die entscheidende Rolle.

Werkverträge

Vergabe an Fremdfirmen

Der Bedarf an Personal kann auch dadurch gedeckt werden, dass die zu leistende Arbeit in Form von Werkverträgen an **Fremdfirmen** vergeben wird. Dieses kommt zum Beispiel vor, wenn Aufträge an Subunternehmen weitergegeben werden. Die im Rahmen dieser Vertragsbeziehung tätigen Mitarbeiter sind Arbeitnehmer des jeweiligen Werkunternehmers und handeln dementsprechend ausschließlich nach dessen Weisungen.

◆ Die innerbetriebliche und außerbetriebliche Personalbeschaffung im Vergleich

Eine generelle Aussage zugunsten der innerbetrieblichen bzw. außerbetrieblichen Personalbeschaffung lässt sich wegen der vielfältigen Differenzierungen nicht machen.

Vorteile der innerbetrieblichen Personalbeschaffung sind u. a.:

Vorteile der innerbetrieblichen Personalbeschaffung

- Eröffnung von Aufstiegschancen (erhöhte Bindung an den Betrieb, verbessertes Betriebsklima)
- Geringe Beschaffungskosten
- Betriebskenntnis
- Kennen des Mitarbeiters, Kenntnis seines Könnens
- Einhaltung des betrieblichen Entgeltniveaus (bei externer Einstellung ggf. überhöhtes Marktentgelt)
- Schnellere Stellenbesetzungsmöglichkeit
- Anfangsstellungen für Nachwuchs werden frei
- Transparente Personalpolitik

Vorteile der außerbetrieblichen Personalbeschaffung sind u. a.:

- Breite Auswahlmöglichkeit
- Neue Impulse für den Betrieb
- Externe bringen Kenntnisse anderer Betriebe mit
- Externe werden leichter anerkannt

Vorteile der außerbetrieblichen Personalbeschaffung

5.4.3   Instrumente der Personalbeschaffung

Eine Übersicht über Beschaffungsinstrumente unterscheidet allgemein nach Instrumenten, die auf den **internen Arbeitsmarkt** gerichtet sind, sowie nach solchen, die auf Mitarbeiter des **externen Arbeitsmarktes** zielen.

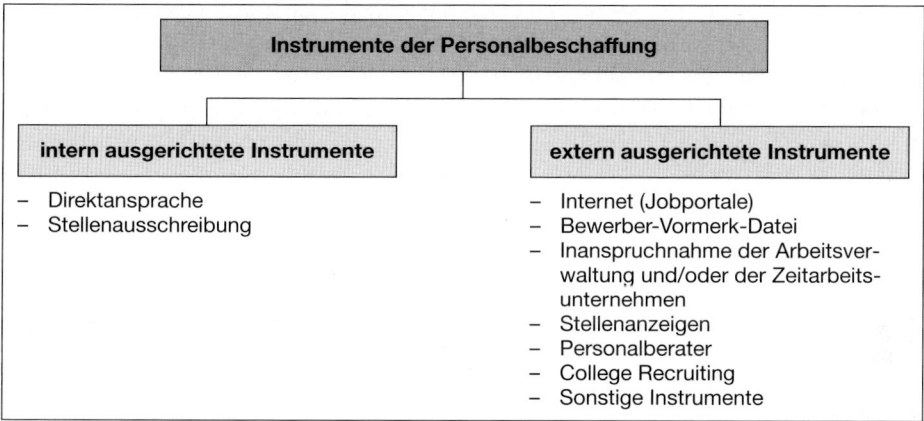

Abb. 5.4-3: Instrumente der Personalbeschaffung

◆ **Intern ausgerichtete Beschaffungsinstrumente**

★ **Direktansprache**

Als einfachstes, aber unter Umständen wirkungsvolles Instrument der internen Personalanwerbung kommt die Direktansprache infrage. Dieses setzt allerdings voraus, dass potenzielle Kandidaten für bestimmte Stellenvakanzen bekannt sind, soweit sie nicht von Vorgesetzten vorgeschlagen werden. Grundlage für eine zielgerichtete Identifizierung bestimmter Mitarbeiterpotenziale können systematisch gewonnene Daten aus einem bestehenden **Personalinformationssystem (PIS)** sein.

Interne Beschaffungsinstrumente

★ **Stellenausschreibung**

Größere Transparenz des innerbetrieblichen Arbeitsmarktes wird dann hergestellt, wenn vakante Stellen ausgeschrieben und in geeigneter Weise bekannt gemacht werden. Als geeignete Medien kommen dafür das Intranet, das Rundschreiben, Informationen über Aushänge am Schwarzen Brett und Werkszeitungen bzw. Hausinformationsblätter in Betracht.

◆ **Extern ausgerichtete Beschaffungsinstrumente**

Bewerber-Vormerk-Datei

Gerade in größeren Unternehmen kommt es häufig vor, dass **unaufgeforderte Bewerbungen** eingehen. Dieses steht unter anderem im Zusammenhang mit einer aktiven

Externe Beschaffungsinstrumente

Öffentlichkeitsarbeit **(Public Relations)**, mit der sich ein Unternehmen als attraktiver Anbieter von Arbeitsplätzen in das Bewusstsein potenzieller Bewerber einprägt. Um solchen Bewerbern wegen fehlender Stellen nicht endgültig absagen zu müssen, empfiehlt es sich, Bewerber-Vormerk-Dateien anzulegen.

Inanspruchnahme der Arbeitsverwaltung

Bundes-agentur für Arbeit

Die Bundesagentur für Arbeit (BA) sowie die ihr untergeordneten Arbeitsagenturen stellen im Rahmen der Personalbeschaffung ein vielfältiges und kostenloses Dienstleistungsprogramm zur Verfügung. Dies betrifft insbesondere **Auswahl und Vermittlung geeigneter Bewerber** unter Ausnutzung modernster Datentechnik, mit deren Hilfe die Arbeitsvermittler bundesweit auf riesige Mengen an gespeicherten Arbeitsangeboten zurückgreifen können. Entscheidend für eine effiziente Nutzung dieses Systems ist allerdings die präzise Angabe der Anforderungen und Bedingungen der Arbeitsstelle, zweckmäßigerweise in Form ausführlicher Stellenbeschreibungen. Für besondere Aufgabenstellungen hat die Bundesagentur für Arbeit spezielle Institutionen geschaffen (vgl. das Service-Portal der Bundesagentur für Arbeit im Internet: www.arbeitsagentur.de).

Eine neue Einrichtung stellen die Personal-Service-Agenturen dar.

Die Vermittlungserfolge werden in der Praxis unterschiedlich beurteilt. Zu beachten ist insbesondere, dass über die Arbeitsverwaltung nur die zur Veränderung Entschlossenen bzw. Gezwungenen (Arbeitssuchende) vermittelt werden, die dann jedoch verfügbar sind. Interessanter sind aber häufig diejenigen, die sich als zufriedene Leistungsträger in festen, sicheren Positionen befinden und einen Wechsel noch gar nicht in Erwägung gezogen haben. Somit muss deren Veränderungswunsch erst noch geweckt werden. Dabei spielen zum Beispiel Personalberater als private Dienstleister zunehmend eine größere Rolle.

Stellenanzeigen

Bedeutung/ Kosten

Die Stellenanzeige gilt nach wie vor als das am meisten genutzte Beschaffungsinstrument, obwohl ihre Nutzung im Vergleich zu den anderen Instrumenten relativ hohe Kosten verursacht. Diese sind je nach **Anzeigengröße, Gestaltungsmerkmalen,** Wahl des **Mediums** sowie des **Veröffentlichungszeitpunktes** sehr unterschiedlich. Als Medium kommen dabei je nach anzusprechender Zielgruppe lokale, regionale oder überregionale Tages- bzw. Wochenzeitungen, Anzeigenblätter, Verbandszeitschriften sowie Fachzeitschriften infrage (ausführliche Informationen siehe Anger/Christ/Kiel/Müller, Personalwirtschaft, Troisdorf 2009, S. 124).

Personalberater

Professionelle Personalberatung

Angesichts der hohen Fehlbesetzungsrisiken im Zusammenhang mit externen Personalbeschaffungen wird zunehmend auf die Dienste von professionellen Personalberatern zurückgegriffen.

College Recruiting

Werbung bei Ausbildungsinstituten

Um sich rechtzeitig den notwendigen Führungsnachwuchs zu sichern, gehen vor allem größere Unternehmen zunehmend dazu über, geeignete Kandidaten direkt bei den jeweiligen Ausbildungsinstituten anzuwerben. Dazu dient ein vielfältiges Bündel an Maßnahmen, z. B. Stellenangebote an den Schwarzen Brettern der Fakultäten und

Institute, Bereitstellung von Praktikantenplätzen, Unterstützung von Diplomarbeiten und Dissertationen etc.

Sonstige Instrumente der Personalbeschaffung

Von den zahlreichen weiteren Beschaffungsinstrumenten seien noch folgende hervorgehoben:

Sonstige Instrumente

– Homepage
– Anschlagtafeln
– Handzettel
– Direktansprache durch Betriebsangehörige
– Informationen auf Messen, speziell für Berufseinsteiger

Jobportale im Internet

Neben dem Hinweis auf der Homepage des Unternehmens kann auch bei Jobanbietern im Internet eine Anzeige geschaltet werden, die dann über einen festen Zeitraum veröffentlicht wird.

Internet

 Beispiel www.jobscout24.de
www.jobpilot.de
www.jobline.de
www.stepstone.de

5.5 Personalauswahl und Personaleinstellung

Wie kann der richtige Mitarbeiter für die jeweilig zu besetzende Stelle gefunden werden und welche Gesichtspunkte sind bei der Einstellung zu beachten?

Leitfragen

Die IBE GmbH sucht für den Geschäftsbereich Lagerhaltungssysteme neue Mitarbeiter. Es ist zu überlegen, ob evtl. Mitarbeiter aus den anderen Geschäftsbereichen „umsatteln" könnten.

Im Mittelpunkt des Verfahrens zur Personalauswahl steht das Bestreben, aus einer bestimmten Anzahl von Bewerbern diejenigen zu identifizieren und zu gewinnen, die, bezogen auf ihren jeweiligen Arbeitsplatz, möglichst viel zum Unternehmenserfolg beitragen können.

Zielsetzung

5.5.1 Die Durchführung des Auswahlverfahrens

Ein Auswahlverfahren verläuft mindestens in zwei Stufen, bei wichtigen Positionsentscheidungen in drei Stufen ab. Dabei bezieht sich die erste Stufe auf das Vorauswahlverfahren, als zweite Stufe schließt sich dann in der Regel ein Vorstellungsgespräch an, das entweder mit einer Entscheidung endet oder in einer dritten Stufe durch zusätzliche Entscheidungshilfen ergänzt wird, um schließlich eine endgültige Auswahl treffen zu können. Liegt für eine höherrangige Stelle eine größere Anzahl von Bewerbungen vor, wird als zweite Stufe häufig ein Assessment-Center durchgeführt. Nach der Auswertung erfolgt dann das Vorstellungsgespräch als letzte Stufe.

Zwei oder drei Stufen

Im Zusammenhang mit Personalauswahlverfahren sind unterschiedliche Beteiligungsrechte des Betriebsrates zu beachten. Diese beziehen sich auf Beurteilungsgrundsätze,

Personalfragebogen, Auswahlrichtlinien sowie auf Einstellungen als jeweils personelle Einzelmaßnahme.

◆ Das Vorauswahlverfahren

Die Notwendigkeit, ein Vorauswahlverfahren durchzuführen, ergibt sich bereits aus ökonomischen Gründen, da allein aus Kostengründen bei einer Vielzahl von Bewerbern nicht jeder persönlich eingeladen werden kann. Nur etwa 20 bis 30 Bewerber kommen daher maximal in die engere Wahl für das weitere Verfahren. Darüber hinaus lässt sich eine mangelnde Eignung häufig auch schon aufgrund der vorgelegten Bewerbungsunterlagen, des Personalfragebogens sowie bestimmter Testverfahren leicht feststellen. Es bleibt allerdings bei großen Bewerberzahlen ein Rest an Bewerbungen, für die eine sorgfältige Entscheidungsanalyse durchgeführt werden muss, um nicht die falschen Kandidaten für die nächste Auswahlstufe einzuladen. Demnach empfiehlt sich die Durchführung der **Vorauswahl in verschiedenen Schritten**, wie aus der nachfolgenden Abbildung zu entnehmen ist.

Vorauswahlverfahren in vier Schritten

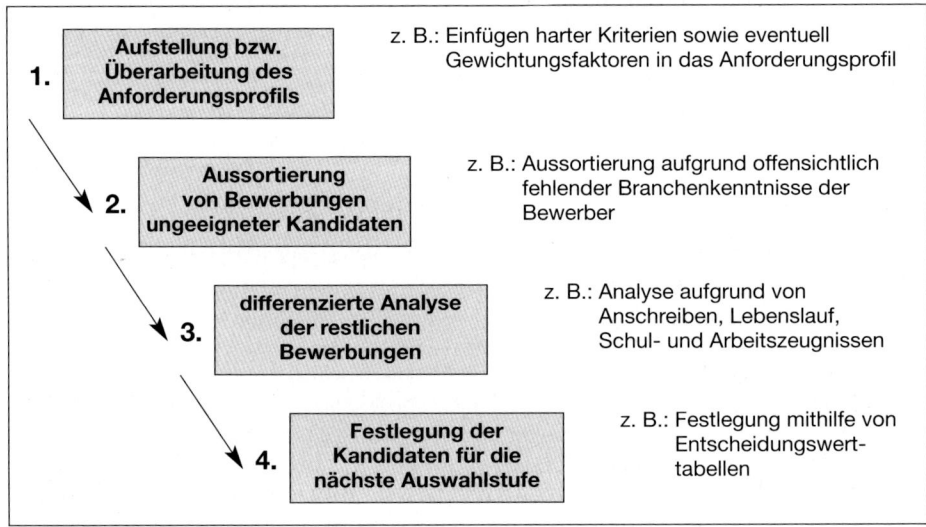

Abb. 5.5-1: Schritte der Vorauswahl von Bewerbern

◆ Die Auswahlentscheidung

Kriterien der Auswahlentscheidungen

Die Entscheidung für einen bestimmten Bewerber folgt mangels anderer Entscheidungsinstrumente häufig der **Intuition**, ohne durch rationale Elemente abgesichert zu sein. Dies passt aber kaum zu dem sonst recht aufwendigen Auswahlverfahren.

Ein durchdachter Auswahlprozess berücksichtigt, gesichert durch mehrere Beobachter, das Anforderungsprofil, gewährt Zeit für Beobachtungsaustausch, sieht differenzierte Bewertungen vor und entscheidet nach festgelegten Regeln.

Bei dem Entscheidungsprozess ist durchgängig zu berücksichtigen, dass die Wahrnehmungen der Beobachter bzw. Entscheider in allen Phasen geprägt werden durch die jeweils **beobachteten Personen**, das zugrunde liegende **Anforderungsprofil** sowie durch die jeweils **eigene Person** mit den spezifischen Selbstbildern und persönlichen Einstellungen.

5.5.2   Die Personaleinstellung

Die endgültige Bindung des ausgewählten Kandidaten an das Unternehmen erfolgt mithilfe des Arbeitsvertrages. Neben den verschiedenen Rechtsquellen des Arbeitsrechts ist vor allem die inhaltliche Arbeitsvertragsgestaltung zu beachten.

Die inhaltliche Ausgestaltung von Arbeitsverträgen sollte sich auf folgende vier Gruppen von Arbeitsbedingungen beziehen (vgl. Drumm, H. J., Personalwirtschaftslehre, S. 297):

Inhalt der Arbeitsverträge

Gruppe	Eintrittsdatum, Probezeit, Arbeitszeit, Kündigungsfristen, Urlaubszeit, Freistellungen
Gruppe	Art der Tätigkeit, Einstufungen in Position und Tarifgruppe, Vollmachten, Mehrarbeitsverpflichtungen, Versetzungsvorbehalte
Gruppe	Grundlohn, Zulage, Sozialleistungen, Erfolgs- und/oder Vermögensbeteiligung, Betriebliche Altersversorgung, Reise- und Umzugskostenerstattung, Vergütung
Gruppe	Nebentätigkeiten, Wettbewerbsverbote, Schweigepflichten

Da die meisten Arbeitsbedingungen bereits detailliert in Tarifverträgen und Betriebsvereinbarungen festgelegt sind, werden die Einzelarbeitsverträge häufig nur in Kurzform mit entsprechendem kollektivvertraglichem Bezug ausgefertigt.

5.6   Personaleinarbeitung und Personaleinsatz

Wie sollen neue Mitarbeiter entsprechend ihren Qualifikationen und entsprechend den betrieblichen Anforderungen am effektivsten eingearbeitet und eingesetzt werden?

Leifrage

5.6.1   Bedingungsfaktoren des Personaleinsatzes

Der Personaleinsatz umfasst die Zuordnung der in der Unternehmung verfügbaren Personen zu den in der Unternehmung zu leistenden Aufgaben.

Ziel eines optimalen Personaleinsatzes ist die Sicherung der Betriebstätigkeit. Bei der Gestaltung sind die zahlreichen einschlägigen gesetzlichen Bestimmungen zu berücksichtigen. Zugleich soll erreicht werden, dass die Mitarbeiter mit ihrem Einsatz zufrieden sind.

Ziel

Als Bedingungsfaktoren sind vor allem die Stelle, die Eignungs- und Erwartungshaltung der einzusetzenden Personen sowie die rechtlichen und betrieblichen Regelungen zur Arbeitszeit anzusehen.

Bedingungsfaktoren

Die Stelle als Bedingungsfaktor

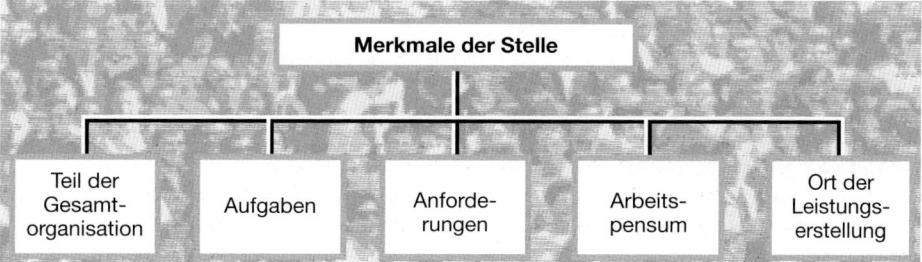

Merkmale einer Stelle

- Die Stelle ist **Teil der Gesamtorganisation** und die kleinste organisatorische Einheit in der Aufbauorganisation. Ihr sind bestimmte **Aufgaben** zugeschrieben, die als Teile der Gesamtaufgabe zu leisten sind. Die Aufgaben einer Stelle können auch aus Führungsaufgaben bestehen.

- Zur Aufgabenbewältigung sind **Anforderungen** an den Stelleninhaber aufgelistet. Vom Stelleninhaber werden z. B. bestimmte Fähigkeiten, Fertigkeiten und Kenntnisse, aber auch ein bestimmtes Führungsverhalten erwartet.

- Für die Stelle wird ein **bestimmtes Arbeitspensum** (Zeitrahmen) festgelegt.

- Die Stelle ist als **Ort der Leistungserstellung** gekennzeichnet.

Personen-bezogene Zuordnungs-kriterien

Eignung und Erwartungshaltung der einzusetzenden Personen als Bedingungsfaktor

Für die Zuordnung der Personen zu den Stellen bzw. Aufgaben spielen unterschiedliche Gesichtspunkte eine Rolle:

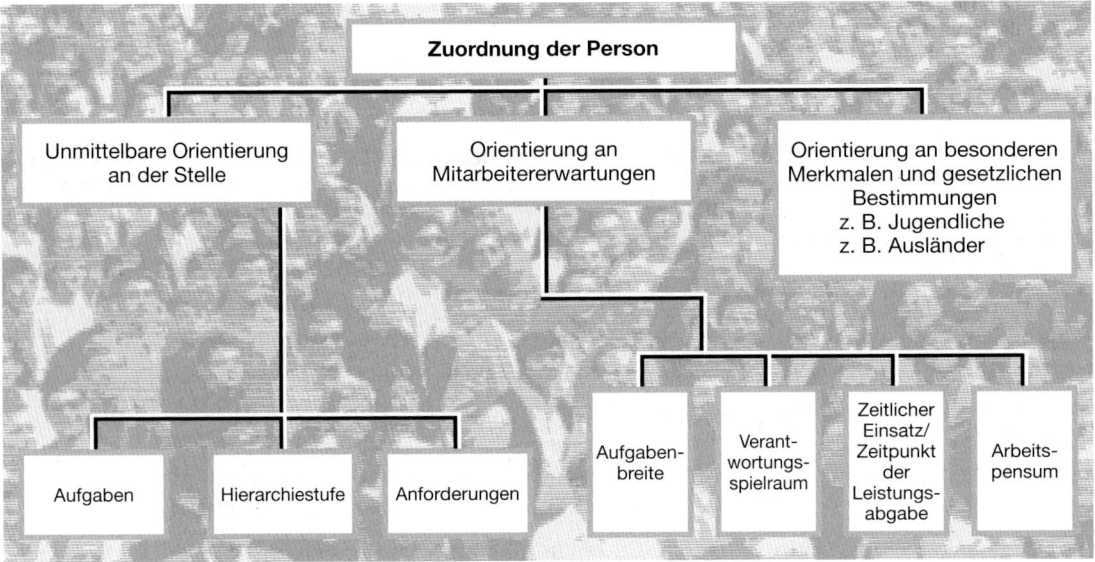

Die Arbeitszeit

Arbeitszeit-regelungen als Vorgabe

Für die Arbeitszeit- und Pausenregelungen gelten gesetzliche Rahmenbedingungen. Innerhalb dieses gesetzlichen Rahmens sind unterschiedliche betriebliche Regelungen entstanden. Dazu zählen u. a.:

- Teilzeitarbeit
- Gleitzeitregelung mit Kernarbeitszeit
- Bandbreitenmodell mit Arbeitszeitkonto
- Modell der verkürzten Arbeitswoche
- Gleitende Arbeitswoche
- Kapazitätsorientierter Personaleinsatz
- Job Sharing

5.6.2   Personaleinsatzplanung in der Praxis

Wenn ein Personaleinsatzplan gestaltet werden soll, müssen vorher die Plandaten bekannt sein.

◆ **Plandaten**

Sie gehören grundsätzlich zwei verschiedenen Blickrichtungen an, nämlich **den betrieblichen Erfordernissen** und den **Mitarbeiterinteressen**.

Betriebsbedingte Plandaten

Das Betriebsgeschehen gibt bestimmte Realitäten vor. Als Erstes muss die **Betriebsbereitschaft** gesichert sein, d. h., die Besetzung der Stellen muss so erfolgen, dass der prozessuale Ablauf gesichert ist. Bei Industriebetrieben ist es der Produktionsprozess, bei Handelsbetrieben oder kundenorientierten Dienstleistungsbetrieben sind es die Öffnungszeiten, hinzuzurechnen ein gewisser Vorlauf und Nachlauf. Die Stellenbesetzung kann von einer vollen Besetzung bis hin zur Notbesetzung organisiert werden. | **Betriebliche Erfordernisse**

Gesehen wird auch die **Sicherheit des Betriebsablaufs**. In Produktionsbetrieben ist die Sicherheit z. B. dann gefährdet, wenn aus Personalmangel nicht alle notwendigen Kontroll- und Wartungsaufgaben erfüllt werden.

In der Person des Mitarbeiters begründete Plandaten

Neben dem vertraglich vereinbarten **Arbeitspensum** als Plandatum und den evtl. vereinbarten **Zeiten der Leistungsabgabe** gibt es noch viele **weitere Daten**, die bei Erstellung des Personaleinsatzplanes berücksichtigt werden müssen. Hinzu kommen Freistellungen, z. B. für ältere Mitarbeiter oder wegen vorher geleisteter Mehrarbeit bzw. Feiertagsarbeit. | **Personengebundene Vorgaben**

◆ **Der Personaleinsatzplan**

Ein Personaleinsatzplan soll sichern, dass die **Stellen** im vorgesehenen Zeitrahmen hinreichend **besetzt** sind und dass gleichzeitig die **Mitarbeiter entsprechend ihrer zeitlichen Verpflichtungen** eingesetzt werden. | **Anforderungen**

> **Beispiel** Die Arbeitszeit der einzelnen Mitarbeiter einer Abteilung wird auf die Wochentage verteilt. Da die Zeit der Betriebsbereitschaft pro Woche größer ist als die wöchentliche Arbeitszeit eines Beschäftigten mit Vollzeitvertrag, sind Anpassungen vorzunehmen. Das geschieht zunächst durch einen freien Arbeitstag. Diese Regelung reicht aber nicht aus. Deshalb arbeitet hier die Unternehmung mit A- und B-Wochen. In der A-Woche beginnt der Mitarbeiter mit Geschäftsbeginn und beendet seine Arbeitszeit z. B. um 17:30 Uhr, in der B-Woche fängt für ihn der Arbeitstag um 10:30 Uhr an und endet mit Geschäftsschluss. Für den Mitarbeiter wechseln A- und B-Wochen wöchentlich.

5.6.3   Die Gestaltung der Arbeitsaufgabe

Die Zuordnung von Arbeitsaufgaben auf eine Stelle ist von verschiedenen Gesichtspunkten abhängig:

● **Arbeitszerlegung und Spezialisierung**
  Diese bekannten Prinzipien werden berücksichtigt, weil dadurch Rationalisierungseffekte erzielt werden. | **Formen der Arbeitsteilung**

Mitarbeiter-erwartungen

● **Erwartungen der Mitarbeiter**
Die Leistungsfähigkeit des Mitarbeiters hängt neben vielen anderen Faktoren von seiner Zufriedenheit ab.

Hier geht es – vom Menschenbild einer durch Gestaltungswillen und Autonomiestreben geprägten Persönlichkeit ausgehend – um Arbeitszufriedenheit durch eine **Arbeits-gestaltung**, die ganzheitliches und autonomes Handeln ermöglicht, um die Eröffnung **persönlicher Entwicklungschancen** im fachlichen Bereich sowie im Bereich sozialer Interaktionen und um Arbeitsaufgaben, die durch **Anforderungsvielfalt** gekennzeichnet sind.

Gestaltungs-modelle der Aufgaben-verteilung

Deshalb gestaltet man Arbeitsaufgaben nach folgenden Modellen:

* **Job Enlargement** (Aufgabenerweiterung)
Das Arbeitsfeld des Mitarbeiters wird dadurch vergrößert, dass dem Arbeitsfeld qualitativ gleichwertige Aufgaben hinzugefügt werden.

* **Job Rotation** (Arbeitsplatzwechsel)
Mit Job Rotation ist der systematische Arbeitsplatztausch innerhalb eines Aufgabenfeldes gemeint, z. B. innerhalb einer von mehreren Mitarbeitern zu leistenden Montage.

* **Job Enrichment** (Aufgabenbereicherung)
Einem Arbeitsbereich werden Arbeitselemente unterschiedlichen Schwierigkeitsgrades hinzugefügt, insbesondere solche, die die Planung, Entscheidung und Kontrolle betreffen. Der Mitarbeiter erhält somit mehr Selbstständigkeit, aber auch mehr Verantwortung.

* **Teilautonome Gruppen**
Wenn die an einem Arbeitsprozess beteiligte Arbeitnehmergruppe relativ selbstständig über Vorbereitung, Planung, Durchführung und Kontrolle der Aufgaben bestimmen kann, hat sie Teilautonomie erlangt.

* **Projektarbeit**
Projekte sind zeitlich begrenzte Aufgaben, die stellen- bzw. abteilungsübergreifend gelöst werden. Diejenigen Mitarbeiter, die in ein solches Projekt eingebunden sind, erfahren eine über ihren Arbeitsbereich hinausgehende Erweiterung ihres Tätigkeits-, evtl. auch ihres Entscheidungsspielraumes.

* **Teamarbeit**
Mit Teamarbeit wird die Arbeit in Arbeitsgruppen bezeichnet. Dem Team wird eine konkrete Aufgabe übertragen, beispielsweise die Produktion eines Gutes im Rahmen des gesamten Produktionsprozesses.

5.7 Die Gestaltung von Arbeitsplatz und Arbeitsumgebung

Leitfrage

Wie sollen Arbeitsplatz und Arbeitsumgebung unter wirtschaftlichen und sozialen Gesichtspunkten gestaltet sein, um die Betriebsziele optimal zu erreichen?

5.7.1 Zielsetzungen der Arbeitsplatzgestaltung

Bei der Arbeitsplatzgestaltung steht die Verminderung der Belastung der arbeitenden Menschen im Vordergrund.

★ Durch leistungsfähige, bedienungsfreundliche Maschinen und Geräte lässt sich die objektive Belastung an einem Arbeitsplatz verringern. Mit diesem Vorgehen wird der Forderung nach erhöhter Arbeitsproduktivität entsprochen. Der gleiche Effekt lässt sich durch verbesserte Arbeitsverfahren erzielen. Beide Verbesserungen können als zusätzlicher Effekt auch zur Verbesserung der **Produktqualität** beitragen.

Wirtschaftliche und soziale Ziele der Arbeitsplatzgestaltung

★ Eine ständige Zielrichtung, um erhöhte Arbeitsproduktivität und Wirtschaftlichkeit zu erzielen, bilden **Anstrengungen zum Abbau störender Umwelteinflüsse**. Jede Verringerung des Lärmpegels, Senkung der Hitzegrade oder Verhinderung von Erschütterungen wirkt sich mittelbar als verbesserte Umweltbedingung auf die Leistungsfähigkeit der Mitarbeiter aus.

★ Soweit sich die Anstrengungen auf den **individuellen Arbeitsschutz** beziehen, bilden sie zu den wirtschaftlichen Zielen keinen Gegensatz, weil individueller Arbeitsschutz als eine elementare Voraussetzung des Arbeitsvertrages und als gesellschaftliche und rechtliche Selbstverständlichkeit zu gelten hat.

★ Bei den sozialen Zielen, die als **soziale Angemessenheit des Arbeitsinhaltes**, der **Arbeitsaufgabe** und der **Arbeitsumgebung** umschrieben werden können, ist die Berücksichtigung bei der Gestaltung ebenfalls selbstverständlich.

★ Ein erheblicher Gegensatz zwischen wirtschaftlichen und sozialen Zielen kann bei der **Entlohnung** entstehen, weil der Interessengegensatz zwischen Lohn als Kostenfaktor und Lohn als Einkommensquelle systembedingt ist.

★ **Arbeitszufriedenheit** am Arbeitsplatz als weiteres soziales Ziel setzt sich aus vielen Faktoren zusammen. Zu nennen sind beispielsweise das Verhalten der Kollegen (keine Mobbingsituationen), Führungsstil der unmittelbaren Vorgesetzten, Verantwortung, Sicherheit des Arbeitsplatzes sowie Möglichkeiten der Persönlichkeitsentwicklung durch entsprechende Handlungsräume.

5.7.2 Arbeitswissenschaftliche Anforderungen an die Arbeitsplatzgestaltung

Im Folgenden werden die vielfältigen Anforderungen nach ihren Zielsetzungen aufgeführt.

Arbeitswissenschaftliche Anforderungen an die Arbeitsplatzgestaltung

| anthropometrische Arbeitsplatzgestaltung | physiologische Anforderungen | psychologische Anforderungen | sicherheitstechnische Anforderungen | informationstechnische Arbeitsplatzgestaltung | organisatorische Anforderungen | ökologische Arbeitsplatzgestaltung |

Anforderungen an die Arbeitsplatzgestaltung

Ziel der anthropometrische Arbeitsplatzgestaltung ist die Anpassung des Arbeitsplatzes an die Maße des menschlichen Körpers und seine Bedingungen.

Das Ziel der physiologischen Arbeitsplatzgestaltung besteht darin, die Arbeitsverfahren und die Arbeitsbedingungen den körperlichen Merkmalen und Fähigkeiten des Menschen anzupassen.

Das Ziel der psychologisch orientierten Arbeitsplatzgestaltung besteht darin, die mental-informatorische Beanspruchung des arbeitenden Menschen richtig zu würdigen und zu berücksichtigen.

Eine sicherheitstechnisch orientierte Arbeitsplatzgestaltung hat das Ziel, den arbeitenden Menschen vor Gefahren zu schützen.

Ziel der informationstechnischen Arbeitsplatzgestaltung ist es, die Aufnahme und Verarbeitung von Informationen am Arbeitsplatz zu sichern und zu beschleunigen. Diese Zielsetzung ist Teil eines Rationalisierungsprozesses, der das ganze Betriebsgeschehen umfasst. Teilaspekte bestehen darin, die Arbeitsabläufe durch Verkürzung der Informationswege zu beschleunigen, die Transparenz des Betriebsgeschehens zu erhöhen, die Kosten der Informationsbeschaffung und -verarbeitung zu senken, die Dienstleistungsqualität zu erhöhen sowie die Verwaltungs- und Personalkosten zu senken.

Durch die Berücksichtigung von arbeitsorganisatorischen Anforderungen will man sowohl die örtliche Lage des Arbeitsplatzes im Arbeitsprozess einschließlich Ausstattung als auch die zeitliche Einordnung der Tätigkeit am Arbeitsplatz optimal gestalten.

Das Ziel einer ökologisch orientierten Arbeitsplatzgestaltung besteht darin, ökologische Gesichtspunkte bei den Entscheidungen zu berücksichtigen.

5.8 Die Gestaltung der Mitarbeitervergütung

Leitfrage

Auf welche Weise kann die Mitarbeitervergütung nach dem Grundsatz der relativen Entgeltgerechtigkeit gestaltet und zugleich das Prinzip der Wirtschaftlichkeit erfüllt werden?

Begriffsumfang

Vergütung in dem hier verstandenen Sinn umfasst weit mehr als die im betrieblichen Rechnungswesen erfassten direkten Lohn- und Gehaltsaufwendungen. Vielmehr gehören auch die betrieblichen Sozialleistungen sowie Erfolgs- und Kapitalbeteiligungen in den Begriffsumfang.

Bei der Festlegung der Vergütung spielt neben der Höhe insbesondere die Gerechtigkeit eine entscheidende Rolle. Absolute Gerechtigkeit ist allerdings wegen der unterschiedlichen Interessen und Wertvorstellungen nicht herstellbar. Es kommt vielmehr darauf an, dass der Mitarbeiter das Gefühl hat, dass die Vergütung für seine Tätigkeit in einem angemessenen Verhältnis zu den Vergütungen seiner Arbeitskollegen und im Vergleich zu ähnlichen Tätigkeiten bei anderen Betrieben steht. Dieses wird auch als **relative Lohngerechtigkeit** bezeichnet.

5.8.1 Anforderungsbezogene Vergütungsgestaltung

Das Kriterium der Anforderungsbezogenheit soll insbesondere dadurch erfüllt werden, dass die Schwierigkeitsgrade der verschiedenen Tätigkeiten mit Verfahren der Arbeitsbewertung erfasst und in entsprechende Entgeltbestandteile umgewandelt werden. Zu diesem Zweck hat die Arbeitsbewertung die Aufgabe, die Anforderungen zu ermitteln, die eine Arbeit bei **normaler Leistung** an einen Mitarbeiter stellt. Als Ergebnis der Arbeitsbewertung erhält man eine Zahl, die die Höhe des Schwierigkeitsgrades der bewerteten Arbeit ausdrückt **(Arbeitswert)**.

Anforderung als Maßstab der Vergütung

Auf der Internationalen Tagung über Arbeitsbewertung, die 1950 in Genf stattfand, wurde im Genfer Schema festgelegt, dass die Zuordnung der Arbeitsschwierigkeiten im Wesentlichen durch vier Merkmale erfolgen soll.

Erweitert wurde das Genfer Schema durch die REFA-Methodenlehre:

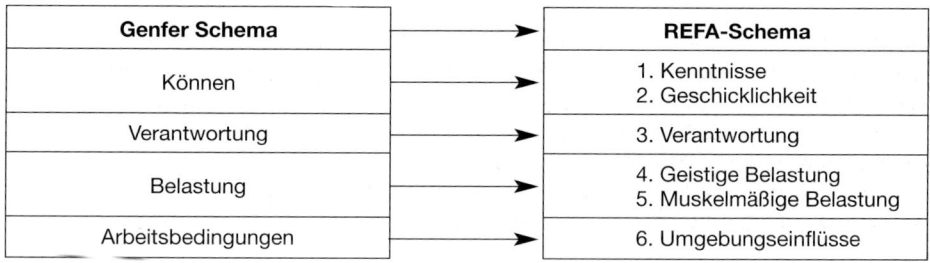

Genfer Schema/ REFA-Schema

Abb. 5.8-1: Merkmale für die Zuordnung der Arbeitsschwierigkeiten

Diese Schemata sind als Vorstufen der heute üblichen Methoden der Arbeitsbewertung zu betrachten.

Grundsätzlich haben **sich zwei Methoden oder Grundformen der Arbeitsbewertung** herausgebildet, nämlich die summarische und die analytische Methode. Bei der summarischen Arbeitsbewertung wird auf eine detaillierte Unterscheidung einzelner Anforderungsarten verzichtet. Man beurteilt die Tätigkeit auf einem Arbeitsplatz als Ganzes. Die analytische Arbeitsbewertung hebt auf die einzelnen, z. B. sehr detailliert benannten Anforderungen einer Tätigkeit ab.

Grundformen der Arbeitsplatzgestaltung

	summarische Bewertung	analytische Bewertung
Reihung = Sortieren nach dem Schwierigkeitsgrad	*Rangfolgeverfahren*	*Rangreihenverfahren*
Stufung = Einsortieren in festgelegte Gruppen	*Lohngruppenverfahren*	*Stufenwertzahlverfahren*

Abb. 5.8-2: Prinzipien im Rahmen der Arbeitsbewertungsmethoden

◆ **Die summarischen Verfahren**

Bei den summarischen Verfahren werden die Arbeitsschwierigkeiten global bewertet. Der **Schwierigkeitsgrad** der Arbeit an einem Arbeitsplatz wird als Summe der einzelnen Anforderungsmerkmale gesehen. Man unterscheidet das Rangfolgeverfahren und das Lohngruppenverfahren.

Kennzeichnung

Rangfolgeverfahren

Rangfolge nach Schwierigkeit

Alle in die Arbeitsbewertung einzubeziehenden Arbeitsplätze werden aufgelistet. Diese werden dann mithilfe von Arbeitsbeschreibungen miteinander verglichen und unter dem Aspekt der Schwierigkeit der Arbeit in eine Rangfolge gebracht.

Die Methode des Rangfolgeverfahrens findet sich eher in kleineren Unternehmungen, da nur dort umfassende Kenntnisse über alle einzubeziehenden Arbeitsplätze vorhanden sein können. **Vorteile** dieses Verfahrens finden sich in der **einfachen Handhabbarkeit** sowie in der **leichten Verständlichkeit**.

Lohngruppenverfahren

Gruppenbildung

Beim Lohngruppenverfahren, auch Katalogverfahren genannt, werden Lohn- und Gehaltsgruppen gebildet, die unterschiedliche Schwierigkeitsgrade zum Ausdruck bringen. Die einzelnen Stufen werden durch **inhaltliche Beschreibungen** und **Richtbeispiele** präzisiert. Alle zu bewertenden Tätigkeiten innerhalb der Unternehmung werden entsprechend ihren Anforderungen den jeweiligen Lohngruppen zugeordnet. So finden sich beispielsweise in Lohngruppe L1 eines Tarifvertrages die einfachsten Arbeiten ohne Ausbildung bzw. Anlernzeit und in L7 besonders qualifizierte Arbeiten.

Auch das Lohngruppenverfahren hat seinen Vorteil in der **einfachen Handhabbarkeit** und der **leichten Verständlichkeit**.

◆ Die analytischen Verfahren

Kennzeichnung

Bei den analytischen Verfahren steht eine getrennte Betrachtung und Beurteilung der einzelnen Anforderungsmerkmale eines Arbeitsplatzes im Vordergrund.

Dazu müssen die in einer Unternehmung anfallenden Arbeiten in einzelne Anforderungsmerkmale zerlegt werden. Die Festlegung der Anforderungsmerkmale basiert auf dem Genfer Schema.

Aus der Beurteilung dieser Anforderungen ergibt sich der **Arbeitswert**. Dieser spiegelt den Anforderungsgrad eines Arbeitsplatzes wider. Dem Arbeitswert wird ein Entgeltbetrag zugeordnet, d. h., ein zumeist tariflich festgelegter Geldfaktor als Entgelt pro Arbeitswertpunkt wird mit den ermittelten Arbeitswertpunkten multipliziert.

Die Art und Weise der Gewichtung der Anforderungen bestimmt, ob das Rangreihenverfahren oder das Stufenwertzahlverfahren gewählt wird.

Rangreihenverfahren

Wird das analytische Verfahren mit dem Prinzip der Reihung verbunden, ergibt sich als Bewertungsmethode das Rangreihenverfahren. Der Bewertungsvorgang verläuft in vier Schritten, wie nachfolgender Abbildung (s. S. 289) zu entnehmen ist.

Stufenwertzahlverfahren

Wird das analytische Verfahren mit dem Prinzip der Stufung verbunden, ergibt sich als Bewertungsmethode das Stufenwertzahlverfahren. Dieses wird vergleichbar differenziert wie das Rangreihenverfahren durchgeführt. Die Bewertung vollzieht sich dabei in zwei getrennten Bewertungsvorgängen.

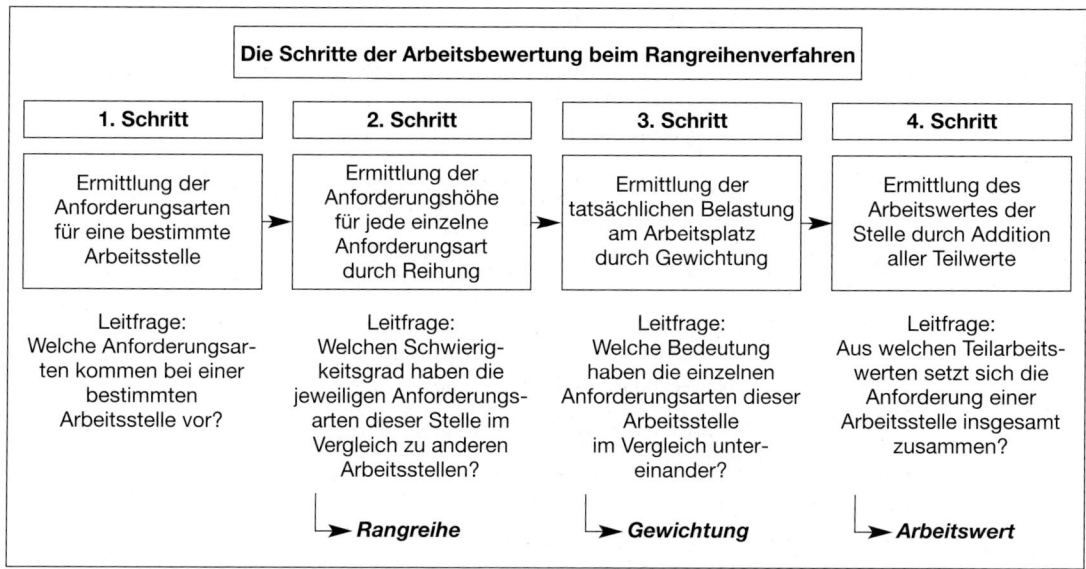

Die Schritte der Arbeitsbewertung beim Rangreihenverfahren

1. Schritt	2. Schritt	3. Schritt	4. Schritt
Ermittlung der Anforderungsarten für eine bestimmte Arbeitsstelle	Ermittlung der Anforderungshöhe für jede einzelne Anforderungsart durch Reihung	Ermittlung der tatsächlichen Belastung am Arbeitsplatz durch Gewichtung	Ermittlung des Arbeitswertes der Stelle durch Addition aller Teilwerte
Leitfrage: Welche Anforderungsarten kommen bei einer bestimmten Arbeitsstelle vor?	Leitfrage: Welchen Schwierigkeitsgrad haben die jeweiligen Anforderungsarten dieser Stelle im Vergleich zu anderen Arbeitsstellen?	Leitfrage: Welche Bedeutung haben die einzelnen Anforderungsarten dieser Arbeitsstelle im Vergleich untereinander?	Leitfrage: Aus welchen Teilarbeitswerten setzt sich die Anforderung einer Arbeitsstelle insgesamt zusammen?
	➔ *Rangreihe*	➔ *Gewichtung*	➔ *Arbeitswert*

5.8-3: Schritte der Arbeitsbewertung (Rangreihenverfahren)

(Randnotiz: Arbeitsbewertung beim Rangreihenverfahren)

Im **ersten Bewertungsschritt** wird für jede Anforderungsart eines bestimmten Arbeitsplatzes die Belastungshöhe festgelegt. Dazu können Tabellen mit verschiedenen **Abstufungen** der Belastungen genutzt werden. Jede Belastungsstufe entspricht einer bestimmten Punkt- bzw. Wertzahl.

(Randnotiz: Bewertungsschritte beim Stufenwertzahlverfahren)

Im **zweiten Bewertungsschritt** können beeinflussende Belastungsfaktoren, wie zum Beispiel die Dauer der Belastung oder der Umfang des durch mangelnde Sorgfalt entstehenden Schadens, als Gewichtungsfaktoren berücksichtigt werden.

5.8.2   Leistungsbezogene Vergütungsgestaltung

Die anforderungsbezogene Vergütungsgestaltung bezieht sich auf die personenunabhängigen Anforderungen der Arbeitsstellen und unterstellt dabei jeweils eine **Normalleistung**. Somit bleiben die Leistungsunterschiede der Stelleninhaber unberücksichtigt. Die leistungsbezogene Vergütungsgestaltung setzt an diesem Punkt an. Dies kann zum einen durch die Wahl einer **leistungsreagiblen Lohnform** geschehen, zum anderen können individuelle Leistungsunterschiede durch **Leistungsbeurteilung** ermittelt und in entsprechende Entgeltunterschiede umgesetzt werden.

(Randnotiz: Leistung als Maßstab der Vergütung)

◆ Die Wahl einer leistungsreagiblen Lohnform

Lohn wird allgemein definiert als **gezahltes Entgelt für geleistete Arbeit**. Für die Berücksichtigung des Leistungsanteils können unterschiedliche Lohnformen, wie Zeit-, Akkord- sowie Prämienlohn, gewählt werden. Diese verschiedenen Lohnformen berücksichtigen die Leistung des Mitarbeiters auf unterschiedliche Weise.

(Randnotiz: Definition Lohn)

Zeitlohn

Beim Zeitlohn stellt sich natürlich die Frage, inwiefern es sich dabei wirklich um eine leistungsorientierte Vergütung handelt. **Leistungsdifferenzen** zwischen verschiedenen Mitarbeitern oder auch **Leistungsschwankungen** des einzelnen Mitarbeiters werden

(Randnotiz: Zeitlohn)

bewusst nicht berücksichtigt, denn es handelt sich um eine konstante Vergütung **für eine Arbeitszeit**. Das kann, je nach Vereinbarung, die Arbeitsstunde, der Tag, die Woche, der Monat oder die Schicht sein.

Akkordlohn

Akkordlohn

Beim Akkordlohn ist die Grundlage der Entlohnung die vom Mitarbeiter geleistete Arbeitsmenge. Die generelle Bewertung der Anforderungen am Arbeitsplatz findet ihren Niederschlag im Akkordrichtsatz. Unabhängig davon steht die Lohnhöhe in direktem Zusammenhang mit dem Arbeitsergebnis und gilt daher als extrem leistungsbezogen.

Geldakkord

◆ Beim **Geldakkord** erhält der Arbeitnehmer pro Mengeneinheit (Stück) einen festen Geldwert. Die Berechnung enthält zwei Hauptkomponenten, nämlich den Akkordrichtsatz und die Normalleistung in der Stunde.

1) Dem Tariflohn (auch als garantierter Mindestlohn bezeichnet) wird ein Akkordzuschlag zugerechnet.

Tariflohn (garantierter Mindestlohn)	10,00 EUR
+ Akkordzuschlag (20 %)	2,00 EUR
= Akkordrichtsatz	12,00 EUR

Der Akkordrichtsatz ist der Grundlohn, der dem Akkordarbeiter bei Normalleistung zusteht. Er ist um den Akkordzuschlag höher als der Tariflohn.

2) Für jedes Produkt, das im Akkord gefertigt wird, ist die Normalleistung je Stunde zu ermitteln und das Stückgeld zu berechnen.

Akkordrichtsatz	/	Normalleistung/h	=	Stückgeld
12,00 EUR	/	6	=	2,00 EUR
Istleistung/h	·	Stückgeld	=	Lohn/EUR
6 Stück	·	2,00 EUR	=	12,00 EUR
7 Stück	·	2,00 EUR	=	14,00 EUR

Zeitakkord

◆ Beim **Zeitakkord** erhält der Arbeitnehmer genau wie beim Geldakkord sein Entgelt nach seiner Stückleistung. Lediglich die Berechnung erfolgt anders, nämlich statt einer Stückvorgabe jetzt über eine Zeitvorgabe (in Minuten). Die zwei Hauptkomponenten der Berechnung sind hier Minutenfaktor und Zeitvorgabe je Stück.

1) Der ermittelte Akkordrichtsatz von 12,00 EUR wird durch 60 Minuten geteilt. Das Ergebnis wird Minutenfaktor genannt.

12,00 EUR / 60 Minuten = Minutenfaktor 0,2

2) Für jedes Produkt, das im Akkord gefertigt wird, ist ein Zeitbedarf in Minuten zu ermitteln, der als Vorgabezeit bezeichnet wird.

Das Ermittlungsverfahren für den Zeitbedarf unterscheidet sich nicht von dem Ermittlungsverfahren, das zu einer Stückvorgabe führt. Die Zeitvorgabe in Minuten entspricht deshalb genau der Stückvorgabe.

Istleistung/h	·	Vorgabezeit	·	Minutenfaktor	=	Lohn/EUR
6 Stück	·	10 Minuten	·	0,2	=	12,00 EUR
7 Stück	·	10 Minuten	·	0,2	=	14,00 EUR

Prämienlohn

Die Lohnhöhe setzt sich zusammen aus Grundlohn (anforderungsunabhängig) und Zuschlag/Prämie (leistungsbezogen). Während der Grundlohn i. d. R. ein Zeitlohn ist und meist tarifvertraglich festgelegt wird, handelt es sich bei der Prämie zumeist um eine leistungsbezogene Zusatzvergütung.   **Prämienlohn**

Unterschieden werden   **Arten der Prämien**

● **Mengenleistungsprämie**

Sie wird bei einer Steigerung der **Leistungsmenge** gewährt.

● **Qualitätsprämie**

Wenn als Arbeitsziel die Einhaltung bestimmter Gütevorgaben oder die Verringerung von Ausschuss im Vordergrund steht, wird eine Qualitätsprämie gezahlt. Sie soll einen Anreiz schaffen, die **Leistungsqualität** zu steigern.

● **Nutzungsprämie**

Um die Mitarbeiter dazu anzuhalten, die Maschinen kostengünstig zu **nutzen**, d. h., die Maschinenlaufzeiten optimal aufeinander abzustimmen, um Leerzeiten zu vermeiden, kommt eine Nutzungsprämie zum Tragen.

● **Ersparnisprämie**

Sie soll einen Anreiz geben, mit einzusetzenden Werkstoffen und Energie **wirtschaftlich** umzugehen.

◆ **Entgeltdifferenzierung durch Leistungsbeurteilung**

Die Leistungsbeurteilung ist ein von der Entgeltform unabhängiges Verfahren, mit dessen Hilfe eine **Entgeltdifferenzierung** vorgenommen werden kann. Sie ist Teil der Personalbeurteilung. Es wird dabei Bezug genommen auf die erbrachte Leistung des Mitarbeiters. Da die Leistung an sich nicht messbar ist, greift man auf Indikatoren der Leistung zurück, die in einem funktionalen Verhältnis zur Leistung stehen. Je nach Wahl der Indikatoren ergeben sich unterschiedliche Arten von Beurteilungsmerkmalen, nämlich **ergebnisbezogene**, **verhaltensbezogene** sowie **fähigkeitsbezogene**.   **Leistungsbeurteilung als Entgeltmaßstab**

5.9 Personalbeurteilung

Auf welche Weise kann das Leistungspotenzial der Mitarbeiter als Basis für personalwirtschaftliche Entscheidungen zur optimalen Zielerfüllung für alle am Unternehmen Beteiligten erfasst und angemessen eingeschätzt werden?   **Leitfrage**

5.9.1 Anlässe und Ansatzpunkte der Personalbeurteilung

Die Zielsetzung der Personalbeurteilung besteht grundsätzlich darin, Aussagen darüber zu machen, ob und inwieweit die Mitarbeiter jeweils hinsichtlich Leistung und   **Ziel**

Eignung den vom Unternehmen gestellten Anforderungen entsprechen und welche Konsequenzen daraus zu ziehen sind.

◆ **Anlässe der Personalbeurteilung**

Verschiedene Zwecke der Personal- beurteilung

Personalbeurteilung erfolgt für

- **Personalauswahlentscheidungen** bei Einstellungen, Versetzungen und Entlassungen,
- die **Personaleinsatzplanung** unter Berücksichtigung der Potenziale eines Mitarbeiters und zur Vermeidung von Unter- und Überforderungen,
- die **Personalentgeltfindung** unter Berücksichtigung anforderungs- und sozialbezogener Kriterien,
- die **Personalförderung**, vor allem zur ‚Standortbestimmung' sowie als motivierende Basis für die Weiterarbeit,
- die **Personalentwicklungsplanung**, vor allem zum Abbau von gezielten Qualifikationslücken,
- das **Controlling** als Grundlage einer systemischen Steuerung.

◆ **Ansatzpunkte für die Mitarbeiterbeurteilung** sind:

Bestimmungs- faktoren der Mitarbeiter- beurteilung

⋆ die **Leistungsfähigkeit** aufgrund festzulegender Fähigkeitsmerkmale:

Die Leistungsfähigkeit gibt Auskunft über die Voraussetzungen für die Leistungserbringung. Dabei greift der Mitarbeiter auf seine grundlegenden körperlichen, geistigen und persönlichen Anlagen bzw. Eigenschaften sowie seine erworbenen fachlichen und sozialen Kompetenzen, kurz seine Fähigkeitsmerkmale zurück. Allerdings spiegelt die individuelle Leistung häufig nur einen Teil der Leistungsfähigkeit wider, weil der Mitarbeiter möglicherweise Fähigkeiten besitzt, die an seiner Stelle nicht bzw. zurzeit nicht abverlangt werden. Dieser sofort abrufbare Teil gehört zum latenten Leistungspotenzial, das zusätzlich noch das Entwicklungspotenzial umfasst, nämlich denjenigen Teil des individuellen Leistungspotenzials, der erst nach entsprechenden Personalentwicklungsmaßnahmen verfügbar gemacht werden kann.

⋆ die **Leistungsbereitschaft**:

als grundlegende Wertvorstellung

⋆ die **Anforderungen** selber:

Maßgeblich für die individuelle Leistung des Mitarbeiters sind auch die Anforderungen an die Stelle. Liegen diese beispielsweise unter den Fähigkeiten des Mitarbeiters, muss die individuelle Leistung auch zwangsläufig unterhalb der möglichen Fähigkeiten liegen. Im umgekehrten Fall (Überforderung) können erhebliche Probleme entstehen, da die Stellenanforderungen nicht erfüllt werden.

⋆ die Berücksichtigung der **Leistungsbedingungen** wie Organisation und Arbeitsbedingungen:

Letztlich sind auch die Bedingungen, unter denen die Leistung abverlangt wird, für deren Höhe maßgebend. So ist beispielsweise leicht einsehbar, dass organisatorische Mängel (z. B. mangelnde Information) oder ergonomisch ungünstig gestaltete Arbeitsplätze die tatsächliche Leistung negativ beeinflussen.

5.9.2 Verfahren der Personalbeurteilung

Jede Beurteilung sollte in einem **Beurteilungsgespräch** vermittelt werden, außerdem müssen die notwendigen Konsequenzen aus dem Ergebnis der Beurteilung gezogen werden. Schließlich sind auch noch die betriebsverfassungsrechtlichen Beteiligungsrechte zu beachten.

Personalbeurteilung als komplexes Verfahren

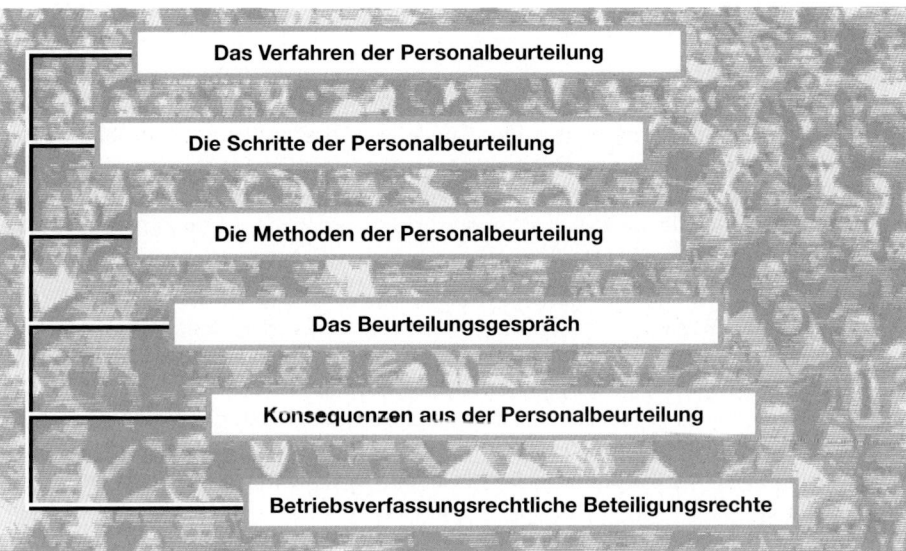

Abb. 5.9-1: Das Verfahren der Personalbeurteilung

◆ Als **Schritte der Personalbeurteilung** sind zu berücksichtigen: die Festlegung der personellen Zuständigkeit, die Festlegung der Beurteilungsmerkmale, das Sammeln von Beobachtungen, die Beschreibung der Beobachtungen sowie die Bewertung der Beobachtungen.

Festlegungen/ Vorarbeiten

◆ Als **Methoden der Personalbeurteilung** sind zu nennen:

✶ **die freie Beurteilungsform**

Bei der freien Beurteilungsform muss der Beurteiler seine Einschätzungen mit eigenen Worten formulieren.

freie und gebundene Beurteilungen/ Methoden

✶ **die traditionelle Grundform der gebundenen Beurteilung**

Das allgemeine Kennzeichen **gebundener** Beurteilungsverfahren besteht darin, dass der Beurteiler durch feste Vorgaben so gelenkt wird, dass er weitgehend nur noch anzukreuzen braucht (standardisierte Verfahren).

Im Einzelnen unterscheidet man:

Methoden/ Verfahren der gebundenen Beurteilung

– Kennzeichnungsverfahren: Die Vorgesetzten erhalten lediglich eine Liste mit gemischten Aussagen **(check-lists)** zur Kennzeichnung ihrer Mitarbeiter.
– Rangordnungsverfahren: Der Beurteiler muss die zu beurteilenden Mitarbeiter in eine Rangordnung bringen.
– Einstufungsverfahren: Bei diesem Verfahren werden zu jedem Beurteilungsmerkmal Stufen der Leistungsausprägung festgelegt, die in geordneter Folge eine Skala er-

geben, die von minimalen bis maximalen Leistungen reicht. Der eigentliche Bewertungsvorgang erfolgt durch die Einstufung der beobachteten Leistung auf dieser Skala durch den Beurteiler.

Neuere Methoden

◆ Als neuere **methodische Entwicklungen** der Personalbeurteilung sind vor allem zu nennen:

★ Das Assessment-Center-Verfahren

★ Die Nutzung von biografischen Fragebögen

Balanced Scorecard

★ Die Anwendung der Balanced Scorecard als eine detaillierte Form der Zielvereinbarung: Hier wird eine Verbindung zwischen den Zielen des Unternehmens und den Aktivitäten des Mitarbeiters hergestellt. Die Arbeitsaufgaben des Mitarbeiters werden aus verschiedenen Perspektiven betrachtet. Die jeweiligen Ziele werden durch Kennzahlen quantifiziert. Wichtig ist, dass exakte Messkriterien gemeinsam mit dem zu beurteilenden Mitarbeiter erarbeitet werden, damit die Ziele auch realistisch sind.

Policy Deployment

★ Policy Deployment: Im Rahmen der Unternehmensplanung werden die Ziele für das nächste Jahr festgelegt und an die Bereiche kommuniziert. Innerhalb eines festgelegten Zeitrahmens haben die Bereiche wiederum Abteilungsziele und die Abteilungen dann die daraus abzuleitenden Zielvorgaben für die einzelnen Teams oder Mitarbeiter zu ermitteln. Praktisch erhält zum Schluss jeder Mitarbeiter eine Übersicht, in der neben seinem persönlichen Beitrag auch die jeweils übergeordneten Ziele der Abteilung sowie die des Bereichs bis hin zu den Unternehmenszielen stehen.

◆ **Das Beurteilungsgespräch als Mittel der Personalbeurteilung und Personalführung**

Beurteilungsgespräch

Verhaltenssteuernde Wirkungen der Personalbeurteilung sind grundsätzlich nur dann zu erwarten, wenn die Soll-Ist-Abweichungen einschließlich etwaiger Ursachen zwischen Mitarbeiter und Vorgesetztem diskutiert werden. Diese Funktion übernimmt das Beurteilungsgespräch, das somit als notwendige Ergänzung der Personalbeurteilung betrachtet werden muss.

Als wesentliche Inhalte und Funktionen des Beurteilungsgesprächs sind zu nennen:

Abb. 5.9-2: Inhalte und Funktionen des Beurteilungsgesprächs

Inzwischen stehen in vielen Unternehmungen sogenannte Gesprächsleitfäden zur Verfügung.

5.10 Personalausbildung

Wie und unter welchen rechtlichen Rahmenbedingungen werden zukünftige Mitarbeiter verantwortlich, d. h. unter Berücksichtigung individueller, betrieblicher sowie gesellschaftlicher Erfordernisse ausgebildet?

Leitfrage

Berufsbildung umfasst nach dem Berufsbildungsgesetz die Berufsausbildung, die berufliche Fortbildung und die berufliche Umschulung. Das Kapitel „Personalausbildung" ist grundsätzlich auf die **Berufsausbildung** konzentriert.

5.10.1 Eckdaten der Planung

Zu den Planungsdaten zählen vorrangig die Eignungsvoraussetzungen und die Berufsordnungsmittel.

◆ **Eignungsvoraussetzungen des Betriebes, des Ausbildenden und des Ausbilders**

  ✱ Der Betrieb muss in der Lage sein, die wesentlichen Inhalte der Ausbildung zu vermitteln. Die Anzahl der Ausbildungsbeauftragten muss in einem angemessenen Verhältnis zur Zahl der Auszubildenden stehen.

  Eignungsvoraussetzungen

  ✱ Der Ausbildende muss persönlich geeignet sein sowie die entsprechende fachliche Vorbildung besitzen. An die Feststellung, ob die fachliche Eignung vorliegt, koppelt der Gesetzgeber die Vollendung des 24. Lebensjahres.

  ✱ Für den Ausbilder, also für die Person, die mit der Durchführung der Ausbildung vom Ausbildenden beauftragt wird, gibt es gemäß Ausbildereignungsverordnung spezielle Vorschriften. Danach sind neben der persönlichen und fachlichen Eignung berufs- und arbeitspädagogische Kenntnisse vorgeschrieben.

  ✱ Auszubildende, sofern sie Jugendliche sind, müssen vor Antritt des Ausbildungsvertrages durch eine ärztliche Untersuchung nachweisen, dass sie für den betreffenden Beruf körperlich geeignet sind.

◆ **Die Ordnungsmittel als Eckdaten der Ausbildung**

Im Berufsbildungsgesetz (BBiG) bzw. in vergleichbaren Gesetzen – beispielsweise für die Krankenpflege im Krankenpflegegesetz (KrPflG) – werden **Berufsordnungsmittel als Rechtsnormen** vorgeschrieben.

Eckdaten

Die **Ausbildungsordnung** ist die rechtsverbindliche Grundlage der betrieblichen Berufsausbildung. Sie enthält mindestens

Ausbildungsordnung

1. die Bezeichnung des Ausbildungsberufes,

2. die Ausbildungsdauer,

3. das Ausbildungsberufsbild mit den Fertigkeiten und Kenntnissen, die Gegenstand der Berufsausbildung sind,

4. den Ausbildungsrahmenplan als Anleitung zur sachlichen und zeitlichen Gliederung der Fertigkeiten und Kenntnisse sowie

5. die Prüfungsanforderungen.

Im **Ausbildungsrahmenplan** sind alle Kenntnisse und Fertigkeiten aufgeführt, die in der betreffenden Berufsausbildung erforderlich sind und vermittelt werden müssen.

Ausbildungsrahmenplan

Betrieblicher Ausbildungs-plan

Dem der zuständigen Stelle zur Eintragung in das gültige Verzeichnis eingereichten Ausbildungsvertrag ist ein **betrieblicher Ausbildungsplan** beizufügen. Dieser Plan enthält eine zeitliche und sachliche Gliederung darüber, wie die Ausbildung entsprechend den betrieblichen Besonderheiten im Regelfall vollzogen werden soll.

Über die Berufsschulen sind die für jeden Ausbildungsberuf durch die zuständigen Landesminister herausgegebenen schulischen Richtlinien zu bekommen.

Nicht zuletzt geben auch die Prüfungsanforderungen des jeweiligen Ausbildungs-berufes wesentliche Hinweise zur „Endqualifikation" der Ausbildung. Damit werden wichtige Informationen für die Ausbildungsplanung vermittelt.

5.10.2 Die Gestaltung der Ausbildung

Die Ausbildung im Betrieb direkt am Arbeitsplatz ist von besonderer Bedeutung, weil hier die Berufsrealität hautnah erlebt wird.

Zur Gestaltung der Ausbildung gehört:

Ausbildungs-platz

* die Auswahl der Ausbildungsplätze: Bei der Auswahl des Ausbildungsplatzes muss immer ein Abgleich zwischen den erforderlichen Ausbildungsinhalten und den Bedürfnissen des Betriebes gefunden werden. Durch die Ausbildungsinhalte ergeben sich wichtige Hinweise, in welchen Abteilungen diese Inhalte am ehesten vermittelt werden können.

Ausbildender

* die Festlegung der Person des Ausbildenden: Der Ausbilder organisiert die Umsetzung des Ausbildungsplans im Betrieb und ist der Ansprechpartner für die Geschäftsführung ebenso wie für die Mitarbeiter und die Auszubildenden in allen Fragen der Ausbildung. Durch die Qualifizierung zum Ausbilder und eine entsprechende Prüfung soll der Ausbilder selbst in die Lage versetzt werden, Lernprozesse handlungsorientiert zu gestalten, d. h. Lernarrangements vorzubereiten, durch die die Auszubildenden die Fähigkeit zum selbstständigen Planen, Durchführen und Kontrollieren von Ausbildungstätigkeiten erwerben können.

Ausbildungs-beauftragte

* die Einbindung der Ausbildungsbeauftragten: Es werden Mitarbeiter aus allen in Betracht kommenden Abteilungen dafür gewonnen, die zukünftig mit der Ausbildung zu tun haben können. Das Betriebsklima bzw. die Unternehmenskultur sollte dazu geeignet sein, dass die notwendigen Voraussetzungen für eine erfolgreiche Durchführung geschaffen werden können. Als Ausbildungsbeauftragte werden die Mitarbeiter wesentliche Mitgestalter des Ausbildungsprozesses.

Didaktik

* die didaktische Aufbereitung der Ausbildungsinhalte: Die sachliche und zeitliche Gliederung der Ausbildung ist für jeden Auszubildenden festzulegen. Dieser betriebliche Ausbildungsplan ist Bestandteil des Ausbildungsvertrages.

Methodik

* die Vorbereitung der methodischen Gestaltung der Lernprozesse.

5.11 Personalentwicklung

Leitfragen

Wie können die Qualifikationen der Mitarbeiter im Hinblick auf gegenwärtige und zukünftige Entwicklungen angepasst beziehungsweise erweitert werden? Ebenfalls ist zu fragen, wie bisher ungenutzte Potenziale erfasst und zukünftig für die betriebliche Zielerfüllung genutzt werden können.

Von den voraussichtlich freizusetzenden Mitarbeitern verfügen zwei über fundierte Grundlagenkenntnisse der Physik sowie über vertiefte Kenntnisse der englischen Fachsprache. Durch Teilnahme an zwei außereuropäischen Aufbaukursen von jeweils einem Monat sowie anschließender Einarbeitung durch eigene Mitarbeiter ist der erforderliche Bildungsstand erreichbar. Die zwei infrage stehenden Mitarbeiter werden außerdem als besonders pflichtbewusst und leistungsfähig beurteilt.

5.11.1 Gegenstand und Zielsetzung der Personalentwicklung

Unter Personalentwicklung wird die Gesamtheit aller Maßnahmen zur Verbesserung der Mitarbeiterqualifikation verstanden.   Definition

Der immense Aufschwung der Personalentwicklung leitet sich u. a. aus dem raschen Fortschritt der Technik, der dynamischen Veränderung der Märkte sowie der zunehmenden Vernetzung der betrieblichen Tätigkeiten ab.

Die Ziele der Personalentwicklung sind vielfältig. Einen Überblick geben die folgenden Aufstellungen:

Ziele aus der Sicht der Unternehmung	
● Sicherung des notwendigen Bestands an Führungskräften und Spezialisten,	● Erhaltung und Verbesserung der Wettbewerbsfähigkeit,
● Entwicklung von Nachwuchsführungskräften und jüngeren Fachexperten,	● Erhöhung der fachlichen Qualifikation,
● Erzielung einer größeren Unabhängigkeit von den externen Arbeitsmärkten,	● Anpassung an die Erfordernisse der Technologie und der Marktverhältnisse,
● Entdeckung von Fehlbesetzungen innerhalb des Unternehmens,	● Verminderung der Kosten durch Schulung des Kostenbewusstseins und -verständnisses,
● Verbesserung des Leistungsverhaltens bei den Beschäftigten,	● Verbesserung der innerbetrieblichen Kooperation,
● Steigerung der bei den Mitarbeitern vorhandenen Sozialfähigkeiten,	● Erhöhung der Arbeitszufriedenheit und ggf. auch die
● Erhöhung der innerbetrieblichen Kooperation und Kommunikation.	● Senkung der Fluktuation.

Ziele aus Sicht der Unternehmung

Quelle: Staehle, Management, S. 825.

Ziele aus der Sicht des Mitarbeiters	
● Aktivierung bisher nicht genutzter persönlicher Kenntnisse und Fähigkeiten,	● Verbesserte Verwendungs- und Laufbahnmöglichkeiten,
● Verbesserung der Selbstverwirklichungschancen durch Übernahme qualifizierterer Aufgaben,	● Übertragung neuer, erweiterter Aufgaben,
● Schaffung karrierebezogener Voraussetzungen für den beruflichen Aufstieg,	● Aufrechterhaltung und Verbesserung der fachlichen Qualifikation,
● Minderung wirtschaftlicher Risiken/ Erhöhung des Einkommens,	● Einkommensverbesserung,
● Steigerung der individuellen Mobilität auf den Arbeitsmärkten.	● Erhöhung des persönlichen Prestiges.

Ziele aus Mitarbeitersicht

Quelle: Staehle, Management, S. 825.

**Grund-
sätzliche
Zielbestim-
mungen**

Alle Maßnahmen lassen sich durch die grundsätzlichen Zielbestimmungen rechtfertigen:

– Personalentwicklung zum Ausgleich bestehender Fähigkeitslücken
– Personalentwicklung zum Ausgleich des voraussehbaren qualitativen Personal-
  bedarfs
– Personalentwicklung als systematische Verstetigung des individuellen Lernens
– Personalentwicklung als integraler Bestandteil einer systematischen Entwicklung

5.11.2 Das Instrumentarium der Personalentwicklung

Das vielfältige Instrumentarium der Personalentwicklung wird nachfolgend nach dem
Kriterium der Nähe zum Arbeitsplatz gegliedert.

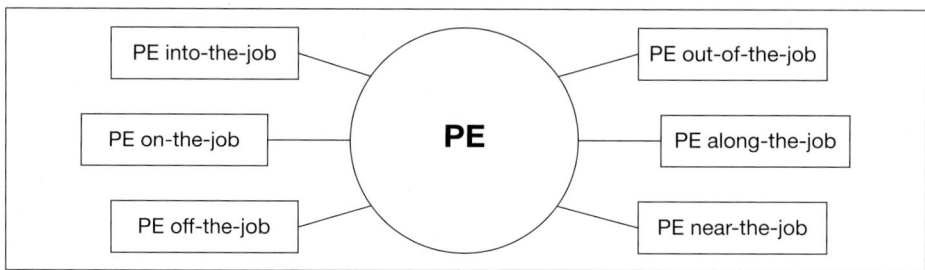

Abb. 5.11-1: Das Instrumentarium der Personalentwicklung

◆ Personalentwicklung into-the-job

**Eingliederung
und
Ausbildung
into-the-job**

Mit Personalentwicklung into-the-job verbinden sich Maßnahmen zur **Eingliederung** in
das Unternehmen sowie **Ausbildungsprogramme**. In der Praxis vermischen sich allerdings diese beiden Aspekte.

★ **Eingliederungsprogramme**

   Mitarbeiter, die in das Unternehmen neu eintreten, müssen fachlich und persönlich
   über einen längeren Zeitraum eingegliedert werden.

★ **Ausbildungsprogramme**

   Zur langfristigen Sicherung leistungsfähiger Nachwuchskräfte sind viele Unternehmen
   mittlerweile dazu übergegangen, die **Personalausbildung** in die Personalentwicklung
   zu integrieren. Hier sind insbesondere die Traineeprogramme zu nennen.

◆ Personalentwicklung on-the-job

Personalentwicklung on-the-job ist gekennzeichnet durch Instrumente, die ein Lernen
am eigenen Arbeitsplatz ermöglichen.

★ **Systematische Arbeitsunterweisung**

**Formen der
Personal-
entwicklung
on-the-job**

Die Arbeitsunterweisung spielt insofern eine entscheidende Rolle, als im Grunde
jede Weitergabe von Fertigkeiten und Kenntnissen einen Unterweisungsvorgang
darstellt. Aus verschiedenen Gründen kommt dabei der traditionellen **Vier-Stufen-
Methode** immer noch die größte Bedeutung zu. Die 4 Stufen sind:

1. Vorbereiten des Auszubildenden (= Ziel, Sinn und Zweck der Unterweisung vermitteln),
2. Vormachen und Erklären,
3. Nachmachen lassen,
4. Selbstständig ausführen lassen.

* **Qualifikationsfördernde Arbeitsstrukturierung**
Die inhaltliche Gestaltung der Arbeitsaufgabe kann wesentliche Impulse für eine Weiterentwicklung des Mitarbeiters geben. Solche qualifikationsfördernden Anreize verbinden sich vor allem mit den **neuen Gestaltungsformen des Arbeitsinhalts**. Als Instrumente stehen dabei Aufgaben-, Verantwortungs- und Kooperationserweiterungen zur Verfügung.

* **Systematische Arbeitsplatzwechsel**
Der auch als **Job Rotation** bezeichnete systematische Arbeitsplatzwechsel hat zwei Funktionen: Im Rahmen der Arbeitsstrukturierung soll damit eine Unterbrechung der Monotonie sowie eine Vermeidung einseitiger physischer und psychischer Belastungen bewirkt werden.

◆ **Personalentwicklung near-the-job**

Die Personalentwicklung near-the-job ermöglicht zwar tätigkeitsbezogenes Lernen, allerdings geschieht dies nicht unmittelbar am eigenen Arbeitsplatz.

* **Lernstatt**
Das PE-Instrument der Lernstatt geht von der Idee aus, Lernen und praktische Arbeit zu verbinden. Dies wird schon durch die Benutzung des Kunstwortes Lernstatt angedeutet, das sich aus den Begriffen **Werkstatt** und **Lernen** zusammensetzt.

Formen der Personalentwicklung near-the-job

* **Qualitätszirkel**
Unter Qualitätszirkeln bzw. Quality Circles (QC) sind sporadisch auf freiwilliger Basis zusammenkommende Mitarbeitergruppen zu verstehen, die das **Ziel ständiger Qualitätsverbesserung** im weitesten Sinne verfolgen.

* **Sonderaufgaben**
Die Übertragung von Sonderaufgaben soll dem Mitarbeiter Gelegenheit geben, sich in neuen, über die Routinearbeit hinausgehenden Aufgabenstellungen zu bewähren. Dies kann beispielsweise durch **Projektaufgaben** geschehen. Dafür wird manchmal auch die Bezeichnung **task force** (wörtlich: Sondereinheit mit Spezialaufgaben) benutzt.

◆ **Personalentwicklung off-the-job**

Die Personalentwicklung off-the-job hat vor allem die Funktion, die Nachteile der PE on-the-job auszugleichen (fehlende Systematisierung, mangelnder Theoriebezug, fehlende kritische Distanz zum Alltagsleben). Dies kann eher durch interne oder externe **Studiengänge, Seminare oder Kurse** geleistet werden, die jeweils nach didaktisch-methodischen Prinzipien aufgebaut sind bzw. sein sollten.

Personalentwicklung off-the-job

◆ **Personalentwicklung along-the-job**

Die Personalentwicklung along-the-job umfasst diejenigen Maßnahmen, mit denen der berufliche Lebenszyklus eines Mitarbeiters begleitet und der Mitarbeiter dabei in seiner Entwicklung individuell gefördert werden kann.

Formen der PE along-the-job

Karriereplanung

Unter Karriereplanung soll „die gedankliche Vorwegnahme einer Stellenfolge sowohl aus der Sicht der Unternehmung als auch aus der des Mitarbeiters" (Staehle, Management, S. 839) verstanden werden.

Karriereplanung

Die Karriereentwicklung kann sowohl vertikal, horizontal als auch zentripetal verlaufen, wobei Kombinationsmöglichkeiten denkbar sind.

 Ein Gruppenleiter, bisher zuständig für die Kostenrechnung innerhalb der Rechnungswesenabteilung eines Zweigbetriebes, übernimmt die Abteilungsleitung Personalverwaltung in der Zentrale (zentrale Entwicklung).

Die horizontalen und zentripetalen Karriereentwicklungen führen für sich genommen zwar (noch) nicht zu einem hierarchischen Aufstieg, sind aber in der Regel mit materiellen Anreizen verbunden, weil die Mitarbeiter sich bei dieser Art der Karriere entweder als Spezialisten oder auch als Generalisten weiterentwickeln und dadurch an Wert für das Unternehmen gewinnen. Angesichts der allgemeinen Abflachung von Hierarchien spielt dies in Zukunft eine zunehmende Rolle. Man spricht in diesem Zusammenhang auch von paralleler Laufbahnentwicklung.

Qualifizierte Beratung

qualifizierte Beratung

Angesichts tief greifender Strukturveränderungen in den Unternehmen mit der Folge ständig steigender Anforderungen an die Mitarbeiter gewinnen die Konzepte qualifizierter beruflicher Beratung immer mehr an Bedeutung. Solche Beratungen sind insbesondere dann erforderlich, wenn bestehende Verhaltensrepertoires nicht mehr reichen, um gegenwärtige und künftige berufliche Handlungssituationen zu meistern.

Je nach Zielsetzung unterscheidet man bei den Instrumenten zur qualifizierten Beratung zwischen Coaching (psychologisch-mentale Betreuung) und Supervision (spezielle Beratung zur Verbesserung der beruflichen Handlungskompetenz).

◆ Personalentwicklung out-of-the-job

Formen der PE out-of-the-job

Die Personalentwicklung out-of-the-job soll den Mitarbeiter bei Problemen unterstützen, die im Zusammenhang mit dem Verlassen des Unternehmens entstehen können.

Ruhestandsvorbereitung

Ruhestandsvorbereitung

Das Näherrücken des Ruhestandes wird von vielen Mitarbeitern als bedrohlich empfunden. Sie entwickeln **Ängste** vor dem Verlust sozialer Kontakte, der gewohnten Ordnung, der Möglichkeit zur Selbstverwirklichung in der Arbeit und vor finanziellen Einbußen. Nicht zuletzt prägen häufig Gefühle der Nutzlosigkeit diese schwierige Vorruhestandsphase bei den Mitarbeitern.

Outplacement-Beratung

Outplacement-Beratung

Unter Outplacement wird ein Beratungsverfahren zur einvernehmlichen Trennung eines Unternehmens mit einem Mitarbeiter verstanden, wobei sich der Beratungsprozess zugleich auf die Vorbereitung auf eine neu zu übernehmende Aufgabe außerhalb des Unternehmens bezieht.

5.12 Personalabbau

Leitfrage

Wie kann in Situationen der Unterbeschäftigung unter Berücksichtigung sozialer Gesichtspunkte oder bei personenbedingter Minderleistung Personal abgebaut werden?

5.12.1 Ursachen des Personalabbaus

Die Ursachen für Personalabbau, verstanden als die Verminderung des Arbeitszeitvolumens, sind vielfältig. In Betracht kommen gesamtwirtschaftliche Entwicklungen, unternehmensspezifische Umstellungen und mitarbeiterspezifische Ursachen.

Gesamtwirtschaftliche Entwicklungen

Ein **saisonaler**, also jahreszeitlich bedingter Beschäftigungsrückgang stellt für die betroffenen Unternehmungen und Mitarbeiter eine meist vorhersehbare Störung wirtschaftlicher Aktivitäten dar. Betroffen sind beispielsweise die Landwirtschaft, Teile der Bauwirtschaft, Teile des Verkehrswesens, die Tourismusbranche und einige andere Wirtschaftsbereiche.

Saison

Das als **Konjunktur** bezeichnete Auf und Ab wirtschaftlicher Aktivitäten ist im Hinblick auf Personalabbau und Personaleinstellungen neu zu bewerten. Dem Personalabbau im Abschwung folgt ggf. auch ein Bestandsaufbau im Aufschwung, allerdings nicht in gleicher Stärke. Der als Sockel bezeichnete Bestand an Arbeitslosen vermehrt sich nach jedem Konjunkturzyklus.

Konjunktur

Tief greifende **strukturelle** Wandlungen müssen inzwischen als Hauptursache für Personalabbau angesehen werden. Die Unternehmen rationalisieren, wo immer es möglich ist, d. h., sie ersetzen Arbeitskräfte durch Kapital.

Strukturwandel

Ein Strukturwandel vollzieht sich nicht allein in Form der Substitution von Arbeit durch Kapital. Er betrifft auch Beschäftigungsverschiebungen zwischen den Wirtschaftszweigen. Es ist hinzuzufügen, dass sich die nicht mehr benötigten Arbeitskräfte ganz besonders auf Arbeitsplätze mit niedrigen Qualifikationsanforderungen beziehen.

Unternehmensspezifische Umstellungen

Unternehmensspezifische Umstellungen bilden die **einzelwirtschaftlichen Antworten und Entscheidungen aufgrund der gesamtwirtschaftlichen Daten.**

Umstellungen im Betrieb/in der Unternehmung

Wenn beispielsweise die Löhne von Textilarbeitern in ostasiatischen Ländern erheblich unter dem heimischen Lohnniveau liegen, wird das preislich ungleich günstigere ostasiatische Warenangebot die Angebote der heimischen Industrie vom Markt verdrängen.

Auf diese Weise werden Kündigungen, im Extremfall Betriebsstilllegungen erzwungen.

Mitarbeiterspezifische Ursachen

Mit den meisten Investitionen verändern sich die Anforderungen an den Mitarbeiter. Während es früher stärker auf Geschicklichkeit und körperliche Ausdauer ankam, muss der Mitarbeiter nunmehr Skalen lesen, Feineinstellungen beherrschen und auch leichte Instandsetzungen verrichten können. Seine subjektiven Voraussetzungen reichen unter Umständen nicht aus, sich den geänderten Arbeitsplatzanforderungen anzupassen.

Diskrepanz zwischen Anforderungen und Qualifikationen

Die Veränderung der Arbeitsplatzanforderungen und die nicht darauf abstimmbaren Mitarbeiterqualifikationen sind häufig die Ursache für Personalabbau. Sofern aus diesen Zusammenhängen heraus Neueinstellungen erfolgen, ist von vornherein mit einem Rationalisierungseffekt zu rechnen, d. h., die Personalkosten sind niedriger.

5.12.2 Maßnahmen des Personalabbaus

Um den Personalbestand an veränderte Wirtschaftsdaten anzupassen, die zu einem Personalabbau zwingen, sind die unterschiedlichsten Maßnahmen denkbar.

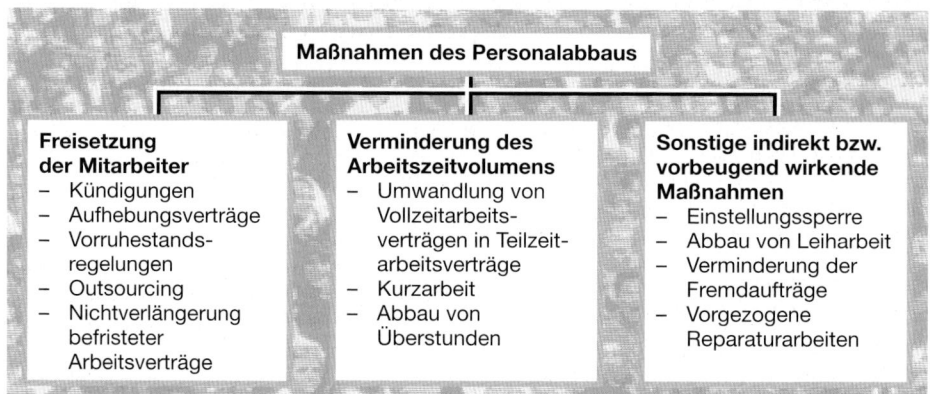

Maßnahmen des Personalabbaus

Freisetzung der Mitarbeiter	Verminderung des Arbeitszeitvolumens	Sonstige indirekt bzw. vorbeugend wirkende Maßnahmen
– Kündigungen – Aufhebungsverträge – Vorruhestandsregelungen – Outsourcing – Nichtverlängerung befristeter Arbeitsverträge	– Umwandlung von Vollzeitarbeitsverträgen in Teilzeitarbeitsverträge – Kurzarbeit – Abbau von Überstunden	– Einstellungssperre – Abbau von Leiharbeit – Verminderung der Fremdaufträge – Vorgezogene Reparaturarbeiten

Freisetzung der Mitarbeiter

Kündigungen, Aufhebungsverträge oder **Vorruhestandsvereinbarungen** zählen zu den direkten Maßnahmen. Eine direkte Maßnahme beendet die Zugehörigkeit des Arbeitnehmers zur Unternehmung (Freisetzung).

Ein Ausscheiden des Mitarbeiters aus der Unternehmung, jedenfalls die Beendigung des Status „Arbeitnehmer", liegt auch beim sog. **Outsourcing** vor. Hier übernimmt der Mitarbeiter eine bis dahin als betriebliche Funktion besetzte Aufgabe, jetzt aber als Selbstständiger.

Wenn befristete Arbeitsverträge nicht verlängert werden, trifft dieser Tatbestand den Arbeitnehmer wie eine Kündigung.

Verminderung des Arbeitsvolumens

Bei Umwandlung von Vollzeitarbeitsverträgen in **Teilzeitverträge**, bei **Kurzarbeit** und beim **Abbau von Überstunden** verringert sich der Umfang des Arbeitszeitvolumens für den betroffenen Arbeitnehmer und für die ganze Unternehmung. Hier erfolgt der Personalabbau also durch veränderte Arbeitsverträge bzw. durch generelle Entscheidungen.

Sonstige Maßnahmen

Wenn die **Einstellungssperre** als Maßnahme gewählt wird, erfolgt der Personalabbau indirekt. Der durch Alter, Tod, Vertragsablauf und/oder Fluktuation ausscheidende Mitarbeiter wird nicht ersetzt; die Planstelle bleibt leer.

Über die bisher genannten Maßnahmen hinaus ist auf einige Maßnahmen hinzuweisen, die Personalabbau verhindern oder verzögern können. Dazu zählen u. a. der **Abbau von Leiharbeit, die Rücknahme von Fremdaufträgen, Streckung der Rationalisierungs-Investitionen, vorgezogene Reparaturarbeiten** und **besondere Urlaubsregelungen** (unbezahlten Urlaub vermehrt anbieten, Urlaub vorziehen).

5.12.3 Die Kündigung in ihrer wirtschaftlichen, sozialen und rechtlichen Bedeutung

Wenn der Kündigung eine baldige Neueinstellung folgt, lag für den Arbeitnehmer eine vorübergehende Arbeitslosigkeit vor. Ein solcher Vorgang ist persönlich selbstverständlich mit Umstellungen verbunden, aber eine weiter gehende gesellschaftliche und wirtschaftliche Bedeutung hat vorübergehende Arbeitslosigkeit nicht. Ganz anders ist zu urteilen, wenn die Kündigung zu längerer Arbeitslosigkeit führt.

* **Subjektive Folgen** der Arbeitslosigkeit sind Verlust des sozialen Status, Verletzung des Selbstwertgefühls und Verminderung der Sozialkontakte.

* Als **gesellschaftliche Folge** der Arbeitslosigkeit ist mit einem Anwachsen der sozialen Unzufriedenheit zu rechnen. Gesellschaftliche Folgen (Spätfolgen) der heute stark verbreiteten Jugendarbeitslosigkeit sind gar nicht abzusehen.

* **Wirtschaftliche Folgen** der Arbeitslosigkeit liegen vor allem in der Verminderung des Arbeitseinkommens, d. h. in einer geringeren Entlohnung des Produktionsfaktors Arbeit. Bei Substitution von Arbeit durch Kapital bedeutet Arbeitslosigkeit dagegen nicht gleichzeitig eine Verminderung der Gesamtproduktion.

5.12.4 Outplacement und Outsourcing

◆ Wenn Eignungsprofil und Anforderungsprofil nicht übereinstimmen oder aus Gründen des allgemeinen Personalabbaus die **Trennung von einem Mitarbeiter** bevorsteht, kann ihm Hilfe in Form des Outplacement bzw. Newplacement angeboten werden.

Die Hilfe kann z. B. umfassen: Klärung der Wünsche, Analyse der Fähigkeiten und Erfahrungen, Training von Führungseigenschaften, Vorbereitung und Durchführung der externen Suche und Hilfe bei der externen Suche.

Erreicht wird damit u. a. die Verkürzung des Trennungsprozesses, eine Imageaufwertung des Unternehmens, die Vermeidung arbeitsrechtlicher Auseinandersetzungen sowie die Verhinderung psychischer Schäden.

Der mit dem Outplacement verbundene **Beratungsaufwand** wird als **Outplacement-Councelling** bezeichnet.

◆ **Outsourcing**

Outsourcing kann für einen Teil der von Arbeitslosigkeit bedrohten Mitarbeiter zu einer realen Chance werden, wenn die Bedingungen stimmen. Dazu gehört vor allem die Verpflichtung seitens der Unternehmung, dem neuen Selbstständigen durch Verträge die Abnahme der Leistungen über einen angemessenen Zeitraum hinweg zuzusichern. Ohne diese Zusicherung würde sich diese Ausprägung von Outsourcing vermutlich eher als Entlassung in eine Scheinselbstständigkeit darstellen. Unabhängig davon muss gesichert sein, dass nach einer Übergangszeit eine vom ehemaligen Unternehmen weitgehend unabhängige Tätigkeit ausgeübt werden kann.

5.13 Personalführung

Wie soll das Verhältnis zwischen Vorgesetzten und Mitarbeitern sowie der Mitarbeiter untereinander vor allem unter dem Gesichtspunkt der Integration von Unternehmens- und Individualzielen gestaltet werden?

5.13.1 Führungskonzepte

Ein Führungskonzept zeichnet sich dadurch aus, dass es mehrere Faktoren erfolgreicher Führung zu einer Einheit verschmilzt. Hier soll die Mitarbeiterführung nach dem Harzburger Modell sowie das Managerial Grid vorgestellt werden.

◆ **Mitarbeiterführung nach dem Harzburger Modell**

Harzburger Modell/ Delegation

Das Harzburger Modell ist das einfachste Konzept. Es beinhaltet im Prinzip die Führung in der Hierarchie mit stringenter Durchführung des Delegationsprinzips.

Das Führungsmodell beruht grundsätzlich auf einer patriarchalischen Führungsidee: Die Führungsautorität liegt beim Vorgesetzten bzw. dessen Auftraggeber. Dafür hat der Vorgesetzte die uneingeschränkte Fürsorgepflicht.

Die Idee wird zwingend durch die Delegation von Aufgaben und Entscheidungen ergänzt, und zwar zunehmend mit zunehmender Komplexität der Arbeitsabläufe. Als notwendiges Gegenstück zur Delegation ist die Kontrolle von Ausführungen und Entscheidungen der Mitarbeiter zu verstehen.

Das hauptsächliche organisatorische Mittel zur Durchsetzung des Modells ist in der Stellenbeschreibung zu sehen. Auch die Wahrnehmung der Kontrollfunktion wird organisatorisch festgeschrieben, und zwar durch Richtlinien, Dienstanweisungen und Ausführungsbestimmungen. Die starke Betonung von aufbau- und ablauforganisatorischen Elementen lässt den Schluss zu, dass es sich insgesamt eher um ein Organisationsmodell als um ein Führungsmodell handelt.

◆ **Das Managerial Grid nach Blake und Mouton als Beispiel neuzeitlicher Modelle**

Managerial Grid Grundorientierung

Das Managerial Grid (Verhaltensgitter) setzt sich mit dem Verhältnis und den Auswirkungen von aufgabenorientiertem und beziehungsorientiertem Führungsstil auseinander.

Der Ansatz von Robert R. Blake und lane S. Mouton sieht erstens die leistungs- bzw. aufgabenorientierte und zweitens die beziehungs- bzw. mitarbeiterorientierte Dimension des Führungsverhaltens als gegeben an.

Für beide Dimensionen nehmen die Verfasser neun Stufen an. Der Führende realisiert also ein **Führungsverhalten** in der Mitarbeiterführung von ganz niedrig (1) bis ganz hoch (9), ebenso in der Leistungsorientierung von ganz niedrig (1) bis ganz hoch (9).

Die neun Stufen der jeweiligen Ausprägung werden jetzt in ein Gitter (grid) übertragen. Die Senkrechte stellt die Mitarbeiterorientierung dar, die Waagerechte die Leistungsorientierung.

Da die Führenden immer Mitarbeiterorientierung und Leistungsorientierung kombinieren müssen, entstehen 9 · 9 = 81 Kombinationsmöglichkeiten.

Ausprägungsgrade von Mitarbeiterorientierung und Leistungsorientierung

 1/1 „Ausharren": Eine minimale Arbeitsleistung reicht aus, um die Zugehörigkeit zur Organisation zu sichern.
1/9 „Nach Zuneigung und Zustimmung suchen": Sorgfältige Beachtung der Bedürfnisse der Menschen nach befriedigenden Beziehungen führt zu einem bequemen und freundlichen Organisationsklima und entsprechendem Arbeitstempo.
5/5 „Beliebt sein und dazugehören": Eine angemessene Organisationsleistung wird durch das Gleichgewicht zwischen zufriedenstellender Arbeitsleistung und befriedigendem Betriebsklima ermöglicht.
9/1 „Herrschen und kontrollieren": Man erreicht Arbeitsleistungen durch die Schaffung von Bedingungen, die menschlichen Einfluss so weit wie möglich ausschalten.
9/9 „Bedeutsame Beiträge liefern": Die Arbeitsleistung wird von engagierten Menschen erbracht. Das gemeinsame Engagement für ein Organisationsziel führt zu Beziehungen, die sich durch Vertrauen und Respekt auszeichnen.

Durch das Verhaltensgitter hat man sich nun ein Instrument geschaffen, um Führungs-verhalten zu veranschaulichen. Wenn man mit diesem Instrument einen Vorgesetzten bei 1/1 oder in der Nähe positioniert, weiß man, dass hier erhebliche Entwicklungs-arbeit in beiden Richtungen zu leisten ist. Wird ein Vorgesetzter bei 1/9 oder in der Nähe positioniert, muss eine verstärkte Leistungsorientierung angestrebt werden. Ein Vorgesetzter, der Position 9/9 besetzt, gilt als in jeder Hinsicht vorbildlich.

5.13.2 Führungsstile

In der Literatur wird das Führungsverhalten, also die vorherrschende Verhaltensweise des Führenden zur Durchsetzung seiner Ziele gegenüber dem Geführten, in Grund-muster eingeteilt. Diese werden als Führungsstil bezeichnet.

Zwei Stile werden vor allem als Grundmuster ausgewiesen, nämlich der **autoritative Führungsstil** und der **kooperative Führungsstil**. Der autoritative (autoritäre) Stil ist durch **Abstand** und **Höherstellung** des Vorgesetzten gegenüber dem weisungsgebundenen Mitarbeiter gekennzeichnet, der kooperative durch **Nähe** und **Gleichstellung**. *Grundmuster des Führungs-verhaltens*

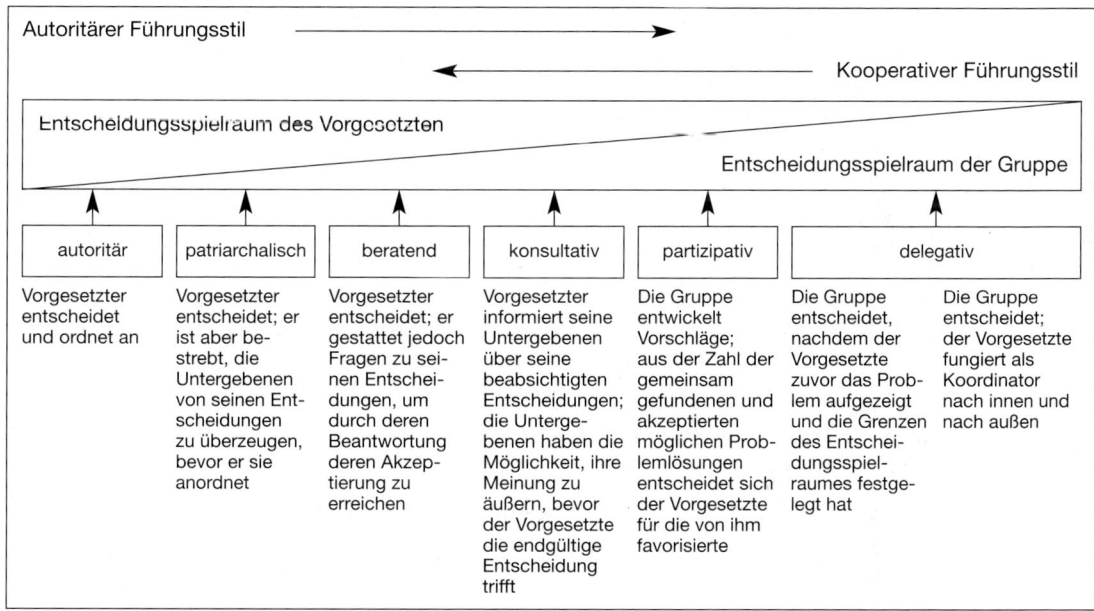

Abb. 5.13-1: Autoritärer und kooperativer Führungsstil nach Tannenbaum/Schmidt, nach Staehle (Quelle: Staehle, Management, S. 317)

Der autoritativ Führende betont seine **Autorität** auch durch **Repräsentation**, der ko-operativ Führende zieht **Schlichtheit** vor und **verzichtet auf Förmlichkeiten**. *Merkmale des autori-tativen und kooperativen Führungsstils im Vergleich*

Während der autoritativ Eingestellte den fügsamen, willigen und **disziplinierten Mitar-beiter** schätzt, der sich durch Pflichtbewusstsein auszeichnet, zieht der kooperativ Ein-gestellte die **geprägte, geistig selbstständige Persönlichkeit** vor, deren Handeln durch Einsicht und Verantwortungsgefühl gekennzeichnet ist.

Das soziale Klima ist in autoritativ geführten Unternehmungen leicht **gespannt** und nicht frei von Cliquenbildung, während im kooperativ geführten Haus eher **Vertrauen und Offenheit** herrschen.

◆ Nach dem Entscheidungsspielraum von Vorgesetzten und der Gruppe (Mitarbeiter) lässt sich ein Modell aufbauen, das den **kontinuierlichen Übergang** von „nur der Vorgesetzte entscheidet" bis „nur die Gruppe entscheidet" verdeutlicht und deshalb von seinen Erfindern R. **Tannenbaum** und W. H. **Schmidt** (1958) **Kontinuum-Theorie** genannt wird.

5.13.3 Die Motivation der Mitarbeiter

Alle Motivationstheorien gehen von der Annahme aus, dass der motivierte, d. h. von psychisch angelegten Beweggründen bestimmte Mitarbeiter seine Kenntnisse, Fähigkeiten und Potenziale intensiv zur Zielerreichung einsetzt.

Die Bedürfniskategorien nach Maslow

◆ In seiner Theorie über die menschliche Motivation geht der Amerikaner **Abraham Maslow** (zuerst 1943) von **fünf Bedürfniskategorien** aus:

1. Die Befriedigung physiologischer Bedürfnisse wie Hunger, Schlafbedürfnis und Sexualität sichert die physische Existenz.

2. Sicherheitsbedürfnisse (safety needs) beziehen sich auf Gefahren, die dem Menschen aus seiner Umwelt erwachsen. Ordnung und Risikobegrenzung tragen zur Befriedigung der Sicherheitsbedürfnisse bei.

3. Mit sozialen Zugehörigkeitsbedürfnissen (belongingness and love needs) sind die Wünsche nach sozialen Kontakten und dem Zusammenleben in Gruppen umschrieben.

4. Der Wunsch nach Anerkennung durch Dritte, aber auch nach Selbstachtung gehört zu den Anerkennungsbedürfnissen (esteem needs).

5. Das Bedürfnis nach Selbstverwirklichung oder Entfaltung (self-actualization) steht an oberster Stelle der Skala und wird – im Gegensatz zu den vier unteren Defizitbedürfnissen – als Wachstumsbedürfnis bezeichnet.

Wirkungszusammenhänge

Natürlich sind die Bedürfnisse nicht exakt in die vorgegebenen Kategorien einzuteilen, aber vom Prinzip her lässt sich durch die Einteilung und durch die Hierarchisierung ein Modell aufbauen:

– Je mehr Bedürfnisse einer niedrigen Kategorie erfüllt sind, desto stärker werden die höheren.
– Erfüllte Bedürfnisse werden verhaltensunwirksam.

Kritik

Kritisch ist zu vermerken, dass sich speziell die Bedürfnisse höherer Ordnung, das sind die Bedürfnisse oberhalb der Sicherheitsbedürfnisse, nicht in einer Rangfolge vorstellen lassen. Außerdem lässt sich auch keine gültige Verhaltensvorhersage des Individuums erreichen, was für die Anwendung eines bestimmten Führungskonzeptes ja außerordentlich wichtig wäre.

Motivation nach F. Herzberg Grundfaktoren

◆ **Frederik Herzberg**, ebenfalls Amerikaner, richtete seine Untersuchungen (1968) primär auf die Frage nach der **Zufriedenheit am Arbeitsplatz**.

Unzufrieden wird der Mitarbeiter, wenn sich die **Grundfaktoren** wie Bezahlung, Qualität der Personalführung, Arbeitsbeziehungen zwischen Vorgesetzten, Kollegen und Untergebenen, Arbeitsbedingungen und Arbeitssicherheit verschlechtern.

Hygienefaktoren

Verbesserungen wirken sich relativ neutral auf die Zufriedenheit aus. Die Grundfaktoren nennt Herzberg **Hygienefaktoren**. Dieser für den deutschen Sprachgebrauch seltsam klingende Ausdruck ist als Analogie zu verstehen. Hygienische Verhältnisse, wie sie im Krankenhaus herrschen müssen, tragen zwar nicht zur Heilung (im übertragenen Sinne: zur Zufriedenheit) bei, aber ohne Hygiene verschlechtern sich die Heilungschancen. Die Hygienefaktoren sind also als Rahmenbedingungen für die Leistungserstellung zu verstehen.

Zufriedenheit lässt sich durch sogenannte **Motivatoren** oder Satisfaktoren erreichen. Diese Faktoren entsprechen den Bedürfnissen, die aus der Arbeit selbst entstehen. Genannt werden:

Motivatoren

- Leistung
- Anerkennung der Leistung durch andere
- Übertragung von Verantwortung
- Aufstiegschancen
- Entfaltungsmöglichkeiten

Die Nutzanwendung der Zweifaktorentheorie für die Personalführung kann mit zwei Feststellungen verdeutlicht werden:

- Motivationspotenziale können durch mehrere Faktoren aktiviert werden.

- Dem Einkommen, den Beziehungen zwischen Vorgesetzten und Geführten sowie den anderen Hygienefaktoren kommt nicht der hohe motivationale Rang zu, wie lange Zeit angenommen.

◆ Die **Weg-Ziel-Theorie** stellt die Frage, ob sich der Mitarbeiter auch dann zum Handeln im Sinne der Organisationsziele entschließt, wenn er für sich kein bestimmtes Ergebnis im Auge hat. Anders gefragt: Bietet der Weg an sich schon Anreiz zum Handeln? Das ist dann der Fall, wenn

Der Weg-Ziel-Ansatz

- bereits die Wahl eines Weges belohnt wird,
- wenn der Aufbruch bereits Beachtung und Lob findet und wenn
- alternative Wege bereitgestellt werden und damit schon eine Entscheidung hervorgerufen wird.

Schließlich können auch alternative Ziele in Aussicht gestellt werden. Denkbar ist natürlich auch, dass Freude und Gefallen am Weg zum Auslöser des Handelns werden.

Die Aufgabe des Vorgesetzten besteht darin, Wege zur Leistungserstellung aufzuzeigen, Mittel bereitzustellen und Hindernisse auf dem Weg zum Ziel zu beseitigen, die Erwartungen durch Informationen zu beeinflussen, die Ziele zu formulieren und bei Zielerreichung die Anstrengungen zu belohnen.

5.13.4 Personalführung als Teil der Unternehmenskultur

Unternehmenskultur ist die Bezeichnung für die **gewachsene informelle Struktur eines Unternehmens**. Eingeschlossen in die Individualität der Unternehmung sind die nach innen und außen wirkenden Denkweisen, Handlungsmaximen und Verhaltensregeln. Eingeschlossen ist ferner das Wert- und Normengefüge, das als Grundlage für den Umgang mit der sozialen Außen- und Innenwelt, aber auch mit den staatlichen Institutionen und mit der realen Umwelt schlechthin gelten kann. Schließlich gehört zur Unternehmenskultur auch ein integriertes Konzept der Unternehmenskommunikation, die das „Wie" ihrer Signale nach außen und innen prägt und gewöhnlich als **Corporate Identity** verstanden wird.

Unternehmenskultur/Begriff und Aspekte

Corporate Identity

Führung durch Corporate Identity

◆ **Mitarbeiterführung durch Corporate Identity**

Unternehmenskultur drückt sich in verschiedenen Elementen aus und wird von verschiedenen Elementen geprägt.

● Ein solches prägendes Element kann die **Sprache** sein. Gemeint sind hier bestimmte Legenden, z. B. über die Gründung, oder bestimmte Mythen, Episoden, Slogans oder Devisen.

● Daneben gibt es **Handlungen**, die wegen ihrer Wiederholung Traditionscharakter bekommen haben und insoweit das Leben in der Unternehmung mitprägen. Das sind z. B. bestimmte Begrüßungsrituale, Feste oder Zeremonien.

● Eine dritte Kategorie ist in **Gegenständen** oder Objekten zu sehen, die durch ihr reales Vorhandensein wirken.

> `Beispiel` – Arbeitskleidung
> – Das Logo auf Betriebskleidung, Briefpapier, Freistempler, Firmenwagen usw.
> – Gestaltung der Arbeitsräume

Corporate Design

Corporate Communications

Diese überwiegend visuellen Elemente werden als **Corporate Design** bezeichnet. Sofern gleiche Elemente auch in der Werbung und im Personalmarketing verwendet werden, ist auch der Ausdruck **Corporate Communications** angebracht.

Corporate Behaviour

Auf einer deutlich höheren Ebene sind solche Elemente anzusiedeln, die in das Verhalten der Führenden und der Mitarbeiter eingehen. Dazu zählen beispielsweise eine Annäherung in der Sprechweise, die Anwendung eines vergleichbaren Führungsstils oder das gleiche Auftreten in der Öffentlichkeit, bei Messen und Präsentationen. In diesen Fällen spricht man von **Corporate Behaviour**.

Alle genannten Elemente wirken prägend auf die Mitglieder der Organisation ein. Sie schaffen Wir-Gefühle und Identitätsempfinden und sind demgemäß wichtige Bausteine dessen, was man als Corporate Identity bezeichnet.

◆ **Unternehmensgrundsätze, Führungsgrundsätze und Führungsrichtlinien als Ausprägungen der Unternehmenskultur**

Konkrete Verhaltensvorschriften sind aus einer informellen Struktur nicht abzuleiten. Hierzu ist es nötig, aus den Unternehmensgrundsätzen **personalpolitische Leitbilder** bzw. Führungsgrundsätze abzuleiten und daraus wiederum konkrete Führungsrichtlinien zu formulieren.

Unternehmensgrundsätze Führungsgrundsätze

Die **Unternehmensgrundsätze** sind relativ offen formuliert.

Führungsgrundsätze, auch als personalpolitische Leitbilder oder Führungsleitsätze bezeichnet, beziehen sich auf das Verhältnis der Unternehmensleitung zu den Mitarbeitern schlechthin.

Führungsrichtlinien

Auf der Basis der Führungsgrundsätze lassen sich dann in einem dritten Schritt **Führungsrichtlinien** entwickeln.

Literatur

Albach, Horst (Hrsg.), Personalmanagement 2001, Wiesbaden 2001.

Anger/Christ/Kiel/Müller, Personalwirtschaft, 3. Auflage, Troisdorf 2009.

Becker, F., Personalentwicklung, Bildung, Förderung und Organisationsentwicklung in Theorie und Praxis, Stuttgart 2005.

Becker, M., Personalentwicklung, Die personalwirtschaftliche Herausforderung der Zukunft, Bad Homburg vor der Höhe 1993.

Bokranz, R./Landau, K., Einführung in die Arbeitswissenschaft, Stuttgart 1991.

Bosch, G., (Hrsg.), Handbuch Personalplanung, Köln 1995.

Brökermann, R., Personalführung, Arbeitsbuch für Studium und Praxis, Stuttgart 2007.

Crisand E./Schöne, M./Kramer, S., Personalbeurteilungssysteme, Heidelberg 2003.

Domsch, M./Gerpott, T., Personalbeurteilung, in: Handwörterbuch des Personalwesens, Gaugler, E. (Hrsg.)/Weber, W., Stuttgart 2003.

Drumm, H.J., Personalwirtschaftslehre, Berlin, Heidelberg 2005.

Hentze, J., Personalwirtschaftslehre, Bd. 1 und 2, Bern, Stuttgart 2001.

Hentze, J./Borse, P., Personalführungslehre, Bern, Stuttgart 1990.

Hopfenbeck, W., Allgemeine Betriebswirtschaftslehre und Managementlehre, Landsberg, Lech 2002.

Jeserich, W., Mitarbeiter auswählen und fördern, Assessment-Center-Verfahren, München, Wien 1996.

Jung, H., Personalwirtschaft, München, Wien 2006.

Kempe, H.-J., zitiert aus: RKW-Handbuch Personalplanung, Neuwied 1996.

Mentzel, W., Unternehmenssicherung durch Personalwirtschaft, Freiburg 1997.

RKW-Rationalisierungs-Kuratorium der Deutschen Wirtschaft, RKW-Handbuch, Personalplanung, Neuwied 2000.

Sattelberger, T., Innovative Personalentwicklung, Wiesbaden 2002.

Schanz, G., Personalwirtschaftslehre, München 2000.

Staehle, W. H., Management, München 1999.

Stopp, U., Betriebliche Personalwirtschaft, Stuttgart 2000.

Ulich, E., Arbeitspsychologie, Stuttgart 2001.

Ulich, E., Arbeitsstrukturierungsmodelle, in: Handwörterbuch des Personalwesens, Sp. 374–387, Stuttgart 1992.

Wunderer, R./Dick, P., Personalmanagement – Quo Vadis, Neuwied 2006.

Wunderer, R./Kuhn, T., Unternehmerisches Personalmanagement, Konzepte, Prognosen und Strategien für das Jahr 2000, Frankfurt 2006.

Zander, E./Popp, G.J., Taschenbuch Personalpolitik, Heidelberg 2001.

6   Investition und Finanzierung

6.1   Der Zusammenhang zwischen Investition und Finanzierung

Die ENO AG, ein führender deutscher Energiekonzern, möchte seine Marktposition durch Expansionen im osteuropäischen Ausland weiter ausbauen. Es sollen im kommenden Jahr vor allem Firmenanteile in Polen, Ungarn und der Slowakei zugekauft werden. Wie hoch die Investitionen in Übernahmen und Beteiligungen ausfallen sollen, ist noch nicht entschieden. Dabei setzt der Konzern in diesen Ländern auf die in Kürze anstehende Privatisierung von Staatsbetrieben. Interessiert ist das Unternehmen überwiegend an der Übernahme von Stadtwerken, da mit deren Betrieb dank ähnlicher Strukturen in Deutschland viele Erfahrungen bestehen.

„Wir erhoffen uns durch den EU-Beitritt der Länder eine wachsende Stromnachfrage in diesen Regionen", äußert sich der Firmensprecher Helmut Fuchs. Künftiges Wirtschaftswachstum werde zu steigendem Energiebedarf führen. Niedrige Wachstumsraten erwarte er hingegen in den kommenden Jahren für den deutschen Markt, auch wegen neuer energiesparender Technologien.

Zielgerichtete Investitionen sind eine der Voraussetzungen für eine dauerhaft erfolgreiche unternehmerische Tätigkeit.

Unternehmerische Tätigkeit

Im Mittelpunkt unternehmerischer Tätigkeit steht die Erstellung von Gütern und Dienstleistungen für den Markt. Das vollzieht sich durch zielgerichtete Kombination betrieblicher Produktionsfaktoren. Die Beschaffung von Faktoreinsatzgütern, die Produktion und der Absatz der betrieblichen Leistungen sind Tätigkeiten, die dem **Leistungsbereich** der Unternehmung zugerechnet werden. Durch unternehmerische Tätigkeit im Leistungsbereich fallen Einzahlungen und Auszahlungen an. Dem güterwirtschaftlichen Leistungsbereich eines Unternehmens steht demnach ein **finanzwirtschaftlicher Bereich** gegenüber.

6.1.1   Leistungsbereich und Finanzbereich

Unternehmenskreislauf

Leistungs- und Finanzbereich stehen in wechselseitiger Beziehung zueinander, die Leistungsströme fließen den Geldströmen entgegen und umgekehrt. Es entsteht ein wiederkehrender **Kreislauf von Geld- und Güterströmen**. Beide Ströme müssen allerdings nicht deckungsgleich sein, da es Zahlungsströme gibt, die nicht leistungswirtschaftlich begründet sind, beispielsweise Gewinne, Steuern oder erhaltene Subventionen.

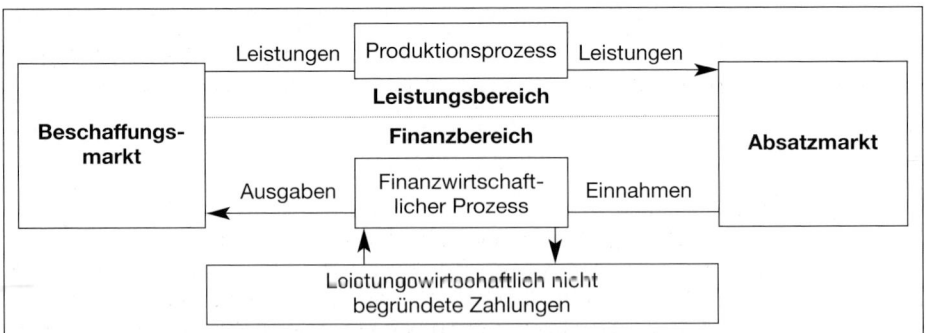

Abb. 6.1-1: Unternehmenskreislauf

Die **Finanzwirtschaft** hat zur Aufgabe, die Einzahlungen und Auszahlungen eines Unternehmens zu planen, zu steuern und zu kontrollieren. Das vollzieht sich in drei Funktionen:

Finanzwirt-
schaftliche
Funktionen

● Die **Finanzierung** oder Mittelbeschaffung hat das Unternehmen mit dem notwendigen Kapital zu versorgen.

● Die **Investition** oder Mittelverwendung hat das beschaffte Kapital im Unternehmen einzusetzen.

● Der **Zahlungsverkehr** oder die Kapitalverwaltung ermöglicht die Abwicklung der Auszahlungen und Einzahlungen des Unternehmens. Dieser Aspekt wird in den folgenden Ausführungen nicht näher betrachtet werden.

Der Zusammenhang zwischen Investition und Finanzierung lässt sich auch in einer schematisierten Bilanz darstellen:

Zusammen-
hang von
Investition
und Finan-
zierung

	Aktiva	**Bilanz**	**Passiva**	
Vermögen,	Anlagevermögen	Eigenkapital		Kapital,
Mittelverwendung,				Mittelbeschaffung,
Investition	Umlaufvermögen	Fremdkapital		**Finanzierung**

Abb. 6.1-2: Investition und Finanzierung

Auf der Passivseite zeigt sich die Herkunft der im Unternehmen eingesetzten Finanzierungsmittel. Auf ihr lassen sich die Quellen des Kapitals und die **Finanzierungsarten** ablesen.

Auf der Aktivseite zeigt sich die Verwendung der aufgebrachten Finanzierungsmittel im Unternehmen. Sie bildet die **Investitionsarten** in den Vermögenspositionen ab. Je nachdem, wie der Finanzierungsbegriff definiert wird, können sich Finanzierungsvorgänge auch auf die Aktivseite der Bilanz auswirken, wenn es sich um Vermögensumschichtungen handelt.

6.1.2   Ziele der Finanzwirtschaft

Die finanzwirtschaftlichen Ziele werden aus den Unternehmenszielen abgeleitet. Die Rentabilität finanzwirtschaftlicher Entscheidungen, die Erhaltung der Liquidität, Sicherheit und Unabhängigkeit können als traditionelle Ziele der Finanzwirtschaft verstanden werden und stehen in einem stetigen **Zielkonflikt** zueinander.

Finanzwirt-
schaftliche
Ziele

◆ Rentabilität

Die Rentabilität ist ein Ausdruck für die **Verzinsung des eingesetzten Kapitals** und bietet dem Kapitalgeber einen Maßstab für den Erfolg seiner Kapitalbereitstellung. Durch Vergleich mit dem am Kapitalmarkt üblichen Zins lässt sich ermitteln, ob der Kapitalgeber auch ohne vergleichbares unternehmerisches Risiko eine solche Verzinsung erwirtschaftet hätte.

Es gibt unterschiedliche **Berechnungsansätze** für die Rentabilität, die immer Ertrags-
und Einsatzgrößen ins Verhältnis zueinandersetzen. Als **Ertragsgrößen** können z. B.
der Jahresüberschuss oder der Cashflow dienen. Als **Einsatzgrößen** können z. B.
Eigen- oder Gesamtkapital gewählt werden. Je nach Relation lassen sich unterschiedliche Rentabilitäten mit verschiedenen Aussagen ermitteln.

◆ Liquidität

Finanzielles Gleich-gewicht

Das Liquiditätsziel wird erreicht, wenn zur Wahrung des finanziellen Gleichgewichts
und zur Sicherung des Unternehmensfortbestands alle auf die Unternehmung zukom-
menden Zahlungsverpflichtungen jederzeit erfüllt werden können. Denn **Zahlungsunfähigkeit** gilt nach der Insolvenzordnung als Grund für die Eröffnung des Insolvenzverfahrens (vergleiche §§ 17, 19 InsO; § 92 Abs. 2 AktG). Bei Kapitalgesellschaften ist die
Überschuldung ein weiterer Grund, ein Insolvenzverfahren zu beantragen.

Zielkonflikt: Liquidität und Rentabilität

Die Schwierigkeit bei der Planung des optimalen Zahlungsmittelbestands liegt in den
Unsicherheiten bezüglich zukünftiger Ein- und Auszahlungen. Hohe Zahlungsbe-
stände – man spricht auch von **Überliquidität**, wenn mehr liquide Mittel als benötigt
vorhanden sind – haben den Vorteil guter Konkursvorsorge; sie haben allerdings auch
den Nachteil fehlender Verzinsung. Sie kollidieren also mit dem Rentabilitätsziel. Eine
Unterliquidität kann hingegen ein Sicherheitsrisiko für das Unternehmen darstellen.
Die **optimale Liquidität**, die Sicherheits- und Rentabilitätsaspekten Rechnung trägt,
liegt in der Mitte und ist abhängig von der Risikoneigung des Unternehmers und den
Kapitalkosten (= entgangene Zinsen bei Kassenhaltung).

◆ Sicherheit

Verlustrisiko

Jede Investitions- und Finanzierungsentscheidung ist mit einer Chance auf zukünftige
Gewinne verbunden, birgt aber auch aufgrund **unsicherer Zukunftsentwicklungen**
Verlustrisiken. Somit ist die Sicherheit ein komplementäres Entscheidungskriterium zur
Rentabilität einer finanzwirtschaftlichen Maßnahme. Sicherheitsdenken bei Investi-
tions- und Finanzierungsentscheidungen soll den Risikofaktor minimieren. Der Grad
der Minimierung ist von der individuellen Risikoeinstellung abhängig. Investitionen sollten den Bestand des Unternehmens nicht in Gefahr bringen. Bei Finanzierungsentscheidungen sollte ein Unternehmen Alternativen anstreben, die im Verlustfall die Auf-
zehrungen des Eigenkapitals möglichst gering gehalten.

◆ Unabhängigkeit

Bei der Aufnahme zusätzlichen Kapitals sollte die **unternehmerische Dispositions-
freiheit** und **Flexibilität** erhalten bleiben, denn durch zusätzliches Kapital werden neue
Mitspracherechte geschaffen. Mit der Aufnahme zusätzlichen Eigenkapitals ergeben
sich meist größere Mitspracherechte als bei der Aufnahme von Krediten. Je nach
Marktmacht und Umfang der Kreditierung kann die Unabhängigkeit aber auch durch
die Einflussnahme von Gläubigern stark eingeschränkt werden. Zudem können die bei
der Kreditaufnahme zu hinterlegenden Sicherheiten die unternehmerische Verfügungs-
gewalt einengen und die Möglichkeiten weiterer Kreditaufnahmen begrenzen. Aus dem
Unabhängigkeitsziel kann sich deshalb ein Verhalten ableiten, das einen Verzicht auf
weitere Kapitalaufnahmen und damit einen Verzicht auf Unternehmenswachstum beinhaltet. Ein solches Verhalten würde jedoch mit dem Rentabilitätsziel kollidieren.

6.2 Investitionsplanung und Investitionsentscheidungen

6.2.1 Schwierigkeiten der Investitionsentscheidungen

Die FIT-FOOD AG plante, sich auf dem Markt für Diätkost neu zu engagieren. Zu diesem Zweck wurde ein neuartiges Produktionssortiment entwickelt, eine umfangreiche Produktionsanlage aufgebaut und der Markteintritt durch eine Werbekampagne vorbereitet. Insgesamt wurden 2 Mio. EUR investiert. Heute, zwei Jahre nach Inbetriebnahme der Produktionsanlage, ist diese nur zu 20 % ausgelastet. Das neue Sortiment kommt beim Verbraucher nicht an. Die Produktions- und Verpackungsmaschinen sind jedoch speziell auf das neue Produktkonzept zugeschnitten worden, da in der Planungsphase nicht mit einem solchen Misserfolg gerechnet wurde. Eine Anpassung der Anlagen an ein anderes, erfolgreicheres Produktkonzept würde hohe Umrüstungskosten verursachen und das ohnehin angeschlagene Unternehmen finanziell extrem belasten.

Fehlgerichtete, aber auch fehlerhafte, verspätete oder unterlassene Investitionen beeinträchtigen die Wettbewerbsfähigkeit und stören das finanzielle Gleichgewicht einer Unternehmung empfindlich. Sie können ein Unternehmen direkt in eine **Finanzkrise** führen. Aus dem Beispiel kann die Forderung abgeleitet werden, Investitionsobjekte nicht so stark zu spezialisieren, dass sie sich kaum auf veränderte Marktanforderungen umstellen lassen, und mit Finanzierungspotenzialen zu planen, die immer noch Reserven für Folgekosten oder Anpassungen offen lassen. Schon an diesem Beispiel allein zeigt sich, wie hoch die Anforderungen an die Investitionsplanung sind. **[margin: Anforderungen an die Investitionsplanung]**

Die Planung von Investitionen wird auch dadurch erschwert, dass sie mit **Risiken** behaftet ist. Denn im Zeitpunkt der Entscheidung lassen sich der Erfolg, die Marktentwicklung, der technische Fortschritt und die gesamte Nutzungsdauer der Investition nur sehr schwer oder gar nicht prognostizieren.

6.2.2 Der Investitionsbegriff und Investitionsarten

◆ Was ist eine „Investition"?

Die zielgerichtete Kapitalverwendung wird ganz allgemein als Investition bezeichnet. Welche Tatbestände im Unternehmen jedoch genau zu den Investitionen gezählt werden, wird in der Betriebswirtschaftslehre recht unterschiedlich bewertet.

Vermögensbestimmter Investitionsbegriff

Ausgangspunkt dieser Begrifflichkeit ist die Bilanz. Eine Investition wird folglich als **Umwandlung von Kapital in Vermögen** definiert. **[margin: Investitionsbegriffe]**

Dabei wird der Vermögensbegriff unterschiedlich weit gefasst. Die **enge Fassung** des Investitionsbegriffs meint die Umwandlung von Kapital zum Erwerb von Anlagevermögen, das für den Fertigungsprozess erforderlich ist. Die **weiteste Fassung** bezieht sich auf den Erwerb aller Vermögenswerte einer Bilanz.

Zahlungsbestimmter Investitionsbegriff

Diese Begrifflichkeit orientiert sich an den Zahlungen, die durch Investitionen hervorgerufen werden. Die Investition wird als **langfristiger Prozess** gesehen, der beginnend mit einer Auszahlung in der Folgezeit laufende Einzahlungen und weitere Auszahlungen nach sich zieht. Die Einzahlungen sollten dabei die geleisteten Auszahlungen möglichst übersteigen. Die Anfangsauszahlung einer Investition soll aus den Überschüssen der Einzahlungen eine angemessene Verzinsung des eingesetzten Kapitals erwirtschaften.

Desinvestition Die in Sach- und Finanzwerten investierten Geldbeträge werden über den Leistungserstellungsprozess wieder in Form von liquiden Mitteln freigesetzt. Früher investierte Mittel werden also wiedergewonnen und können erneut für Investitionen zur Verfügung gestellt werden. Diesen Prozess nennt man **Desinvestition**. Sie ist der Gegenbegriff zur Investition.

◆ **Welche Investitionsarten werden unterschieden?**

Auch die Investitionsarten können nach verschiedenen Gesichtspunkten unterschieden werden. Über die Unterscheidung der Investitionsarten ist es möglich, den sehr weit gefassten **Investitionsbegriff** über Investitionsobjekte oder Investitionswirkungsweisen zu **konkretisieren**:

Bei **objektbezogenen Investitionen** wird unterschieden nach dem Vermögensgegenstand, in den investiert wird.

● **Sachinvestitionen** sind am Leistungsprozess direkt beteiligt – z. B. Maschinen – oder ermöglichen ihn – z. B. Grundstücke.

● **Finanzinvestitionen** beziehen sich auf das finanzielle Vermögen der Unternehmung – z. B. Beteiligungen.

● **Immaterielle Investitionen** sollen die Wettbewerbsfähigkeit des Unternehmens erhalten bzw. dessen Wettbewerbsposition stärken – z. B. durch die Entwicklung neuer Fertigungsverfahren.

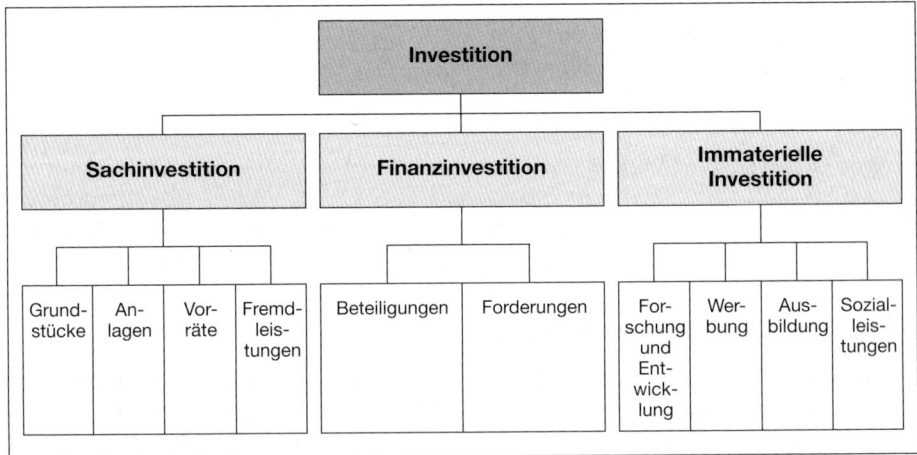

Abb. 6.2-1: Investitionsarten
Quelle: Waldhelm, Gewinn und Liquidität als Unternehmensziele, S. 72

Bei wirkungsbezogenen Investitionen wird nach dem der Investition zugrunde liegendem Motiv unterschieden.

● **Nettoinvestitionen** sind die Investitionen, die in einer Unternehmung erstmals vorgenommen werden.

- **Reinvestitionen** oder **Ersatzinvestitionen** i. w. S. sorgen ganz allgemein für ein Wiederauffüllen des durch Gebrauch oder Verbrauch verminderten Bestands an Produktionsfaktoren. Dem hingegen sollen **Ersatzinvestitionen** i. e. S. die Leistungsfähigkeit eines Unternehmens erhalten, indem nicht mehr nutzbare Produktionsfaktoren durch neue ersetzt werden.

- **Bruttoinvestitionen** setzen sich aus Netto- und Reinvestitionen zusammen und stellen die Gesamtheit der Investitionen einer Periode dar.

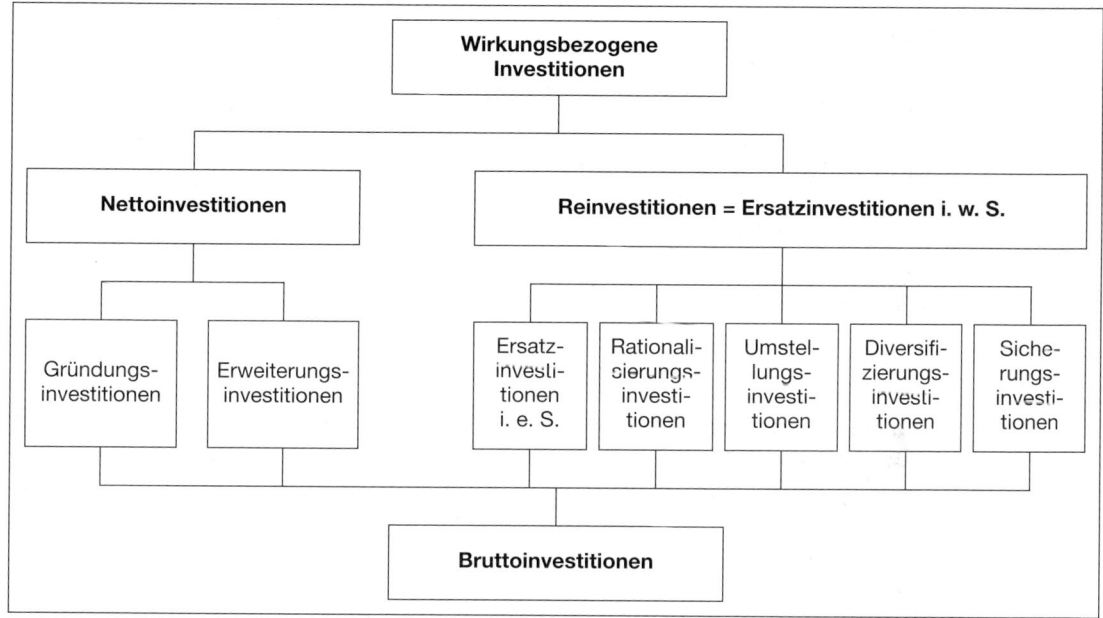

Abb. 6.2-2: Wirkungsbezogene Investitionen

Quelle: Olfert, Investition, S. 29

Die Investitionsvorhaben in der Praxis lassen sich aber nicht immer einzelnen Vermögensgegenständen oder Motiven zuordnen. Es wirken oft mehrere Vermögensgegenstände und Motive zusammen. Investitionsplanung und Investitionsentscheidung beziehen sich deshalb selten auf einzelne Gegenstände, sondern eher auf komplexe Projekte.

6.2.3 Phasen der Investitionsplanung

Investitionen binden knappe Finanzmittel in der Regel über einen längeren Zeitraum und entziehen sie damit anderen Verwendungen. Zudem bergen Investitionen hohe Erfolgsrisiken; nachträgliche Korrekturen getroffener Entscheidungen sind oft nicht möglich.

Die Investitionsplanung ist deshalb ein **wichtiges Element der langfristigen Unternehmensplanung**. Sie steht immer im Zusammenhang mit der Finanzplanung und der Absatzplanung, die ihrerseits von den Fertigungsmöglichkeiten des Betriebs abhängt. Eine **optimale Investitionsplanung** steht immer in enger Wechselbeziehung zu allen anderen Bereichen des Unternehmens und integriert sich in den unternehmerischen Gesamtplan.

Strategische Unternehmensplanung

Sie dient der zielgerichteten Gestaltung des Investitionsbereichs und hat primär zum Ziel, die **Liquidität** und damit den Bestand des Unternehmens zu sichern; sie sollte aber auch die weiteren finanzwirtschaftlichen Ziele **Sicherheit** und **Rentabilität** unterstützen.

Gegenstand der Investitionsplanung

Gegenstand der Investitionsplanung ist die **Optimierung** der Investitionsentscheidung, die **Realisierung** und die **Kontrolle** des Investitionsprogramms. Der **Planungsablauf eines Investitionsprogramms** kann in folgende Phasen eingeteilt werden:

1. Phase: Ermittlung des Investitionsbedarfs

Phasen der Investitionsplanung

Alle in einer Rechnungsperiode gewünschten Investitionen werden als Investitionsbedarf bezeichnet und lassen sich in notwendige und erwünschte Investitionen unterteilen. Ob ein Unternehmen erfolgreich investiert, ist abhängig davon, ob die **notwendigen Investitionen** rechtzeitig erkannt und realisiert werden.

Die Realisierung **erwünschter Investitionen** ist nicht zwingend erforderlich, um die Unternehmensleistungsfähigkeit zu sichern, und ist oft von den Finanzierungsmöglichkeiten abhängig.

2. Phase: Beurteilung

Die sich aus dem Investitionsbedarf ergebenden Investitionen müssen einzeln beurteilt und auf ihre **Vorteilhaftigkeit** geprüft werden. Bei Investitionsalternativen muss geprüft werden, welche am vorteilhaftesten ist. Bevor Investitionen und Investitionsalternativen bewertet werden, müssen die **Bewertungskriterien** festgelegt werden, die **quantitativ** und **qualitativ** formuliert werden können.

3. Phase: Ermittlung des Kapitalbedarfs

Vor der Entscheidung für eine Investition oder ein Investitionsprogramm ist es notwendig zu prüfen, welchen Kapitalbedarf die angestrebten Investitionen haben und ob ihre **Finanzierung** möglich ist. Der Kapitalbedarf entsteht dadurch, dass die Unternehmung durch die Investitionen Ausgaben tätigen muss, denen keine unmittelbar gleich hohen Einnahmen gegenüberstehen.

4. Phase: Ermittlung der Kapitaldeckung

Es wird ein **Finanzplan** aufgestellt, der angibt, mit welchem Kapital die gewünschten Investitionen zu finanzieren sind. Zudem werden im Finanzplan Fristigkeiten, Kapitalkosten, Kündigungsfristen und Sicherheiten abgebildet.

5. Phase: Entscheidung

Nach gründlicher Analyse der vorhergehenden Phasen erfolgt die Entscheidung für eine Investition oder ein Investitionsprogramm.

6. Phase: Realisierung

Die beschlossene Investition oder das verabschiedete Investitionsprogramm werden unter Einhaltung der technischen Standards und des geplanten Finanz- und Zeitrahmens durchgeführt.

7. Phase: Ergebniskontrolle

Nach der Realisierungsphase sollte durch einen Soll-Ist-Vergleich analysiert werden, ob die geplanten Erfolgsbeiträge mit den tatsächlich eingetretenen Erfolgsbeiträgen übereinstimmen. Ein solcher Vergleich ist bei negativen Istabweichungen einerseits hilfreich, um in einem laufenden Investitionsprogramm diesen Entwicklungen entgegensteuern zu können. Andererseits kann er dabei helfen, zukünftig bessere Investitionsbeurteilungen zu entwickeln.

6.2.4 Beurteilung von Investitionen

Die VELO GmbH steht vor der Entscheidung, Fahrradhandbremsen entweder als Bauteil fremdzubeziehen oder sie selber herzustellen. Für die Eigenfertigung bieten sich zwei Alternativen an. Nach welchen Kriterien sollte sich die VELO GmbH für eine der drei Alternativen entscheiden?

Die Investitionsrechnung ist eine Möglichkeit, zu überprüfen, ob ein Investitionsprojekt den finanzwirtschaftlichen Zielen entspricht. Zudem ermöglicht sie, zwischen Investitionsalternativen eine rationale Entscheidung zu treffen. Ihre Ergebnisse können bei der Beantwortung der folgenden Fragen helfen (vgl. Ter Horst, Investition, S. 34):

* **Einzelproblem:** Ist ein Investitionsvorschlag vorteilhaft in der Durchführung oder sollte die Investition unterlassen werden?

* **Vorteilsproblem:** Welcher alternative Investitionsvorschlag ist der beste?

* **Ersatzproblem:** Wann ist der günstigste Zeitpunkt für eine Ersatzinvestition?

* **Nutzungsdauerproblem:** Wie lange ist die optimale Investitionsnutzungsdauer?

* **Bewertungsproblem:** Was kann für ein Investitionsobjekt maximal bezahlt werden?

* **Programmproblem:** Welche Investitionen sollen in das Investitionsprogramm aufgenommen werden?

Fragestellungen der Investitionsrechnung

Je nach Quantifizierbarkeit der zugrunde gelegten Beurteilungskriterien lassen sich monetäre und nicht monetäre Investitionsrechnungen unterscheiden. In den **monetären Investitionsrechnungen**, die sich in statische und dynamische Verfahren einteilen lassen, werden finanziell-quantitative Investitionswirkungen erfasst. Beurteilungsmaßstäbe dieser Rechnungen sind z. B. die Kosten und die Rentabilität. Die **nicht monetäre Investitionsrechnung** berücksichtigt qualitative Investitionswirkungen, wie z. B. technische oder soziale Kriterien. Eine wichtige Methode dieser Investitionsrechnung ist die Nutzwertanalyse.

Monetäre und nicht monetäre Investitionsrechnung

6.2.5 Statische Verfahren der Investitionsrechnung

Statische Verfahren der Investitionsrechnung werden auch als Hilfs- und Annäherungsverfahren bezeichnet und sind **Einperiodenmodelle**, da sie nur ein typisches Jahr des Investitionszeitraums betrachten. Sie finden wegen ihrer unkomplizierten Methoden, die mit geringen Kosten durchführbar sind, noch immer im großen Umfang Anwendung. Die Verfahren werden als statisch bezeichnet, weil sie zeitliche Unterschiede im Auftreten von Einzahlungen und Auszahlungen einer Investition nicht oder nur unvollkommen berücksichtigen.

Merkmale

Es wird aus den Jahren, in denen die Investition genutzt werden soll, ein typisches Jahr gewählt, dem durchschnittliche Kosten und Leistungen oder auch Aufwendungen und Erträge zugerechnet werden. Durch eine solche **Durchschnittsbetrachtung** wird vernachlässigt, dass sich Größen im Zeitablauf verändern können.

6.2.5.1 Kostenvergleichsrechnung

**Voraus-
setzungen**

Bei einem Kostenvergleich werden die erwarteten Kosten von zwei oder mehreren Alternativinvestitionen mit dem Ziel gegenübergestellt, die Investition mit den geringsten **Kosten pro Periode** oder **pro Leistungseinheit** zu ermitteln. Erträge, die durch die Investitionen erwirtschaftet werden, bleiben bei dieser Rechnung unberücksichtigt. Um eine Vergleichbarkeit von Investitionsprojekten zu erreichen, muss also unterstellt werden, dass sie gleich hohe Erträge erwirtschaften. Das ist eine Voraussetzung, die in der Praxis häufig unrealistisch sein wird.

Da es sich um ein Einperiodenmodell handelt, stellt man sich für ein Investitionsprojekt ein **typisches Nutzungsjahr** vor und nimmt dann an, dass die für dieses Jahr geschätzten Kosten in allen weiteren Nutzungsjahren gleich sind. Oder aber man berechnet aus den jährlich schwankenden Kosten einen **Durchschnittsbetrag**. Die Tatsache, dass Kosten sich im zeitlichen Verlauf verändern können, wird vernachlässigt.

In den Kostenvergleich sind alle Kosten einzubeziehen, die für die Investitionsentscheidung bedeutend sind. Kosten werden **definiert** als „die bewerteten Verbrauchsmengen der zur Leistungserstellung eingesetzten Produktionsverfahren" (vergleiche Adam, Produktions-Management, S. 116).

**Kostenarten
der Kosten-
vergleichs-
rechnung**

◆ **Kostenarten**

In den Kostenvergleich müssen die hier wesentlichen **Kostenarten** einbezogen werden. Das sind die **Kapitalkosten**, die sich aus kalkulatorischen Abschreibungen und kalkulatorischen Zinsen zusammensetzen, und die **Betriebskosten**:

∗ Durch **kalkulatorische Abschreibungen** werden die Kosten für die Wertminderung materieller und immaterieller Gegenstände des Anlagevermögens in einer Rechnungsperiode erfasst. In der Investitionsrechnung geht man meist von linearen Abschreibungen aus und belastet jede Nutzungsperiode des Investitionsprojekts gleichmäßig mit der kalkulatorischen Abschreibung.

$$b = \frac{A - RW}{n}$$

b   = Abschreibungen (EUR/Periode)
A   = Anschaffungswert (EUR)
RW = Restwert (EUR)
n   = Nutzungsdauer (Jahre)

∗ Die **kalkulatorischen Zinsen** werden als Kosten angesetzt, um das ins Unternehmen investierte, betriebsnotwendige Kapital zu verzinsen. Sie werden auf der Grundlage eines Durchschnittswerts ermittelt und mit dem Kalkulationszinssatz abgezinst. Der **Kalkulationszinssatz** ist die vom Investor geforderte Mindestverzinsung seines in der Investition gebundenen Kapitals, denn durch eine Investition wird eine alternative Geldanlagemöglichkeit verdrängt. Das eingesetzte Kapital muss also mindestens die Rendite der entgangenen Alternative abwerfen.

$$Z = \frac{A + RW}{2} \cdot i$$

Z   = Zinsen (EUR/Periode)
A   = Anschaffungswert (EUR)
RW = Restwert (EUR)
i   = Kalkulationszinssatz (%)

* **Betriebskosten** bestehen vor allem aus Personal-, Material-, Instandhaltungs-, Raum-, Energie- und Werkzeugkosten.

Die Kapital- und Betriebskosten zusammen sind bei der Kostenvergleichsrechnung der Maßstab zur Beurteilung der Vorteilhaftigkeit von Investitionsprojekten. Die Kostenvergleichsrechnung kann sich auf zwei Problemkomplexe beziehen: auf das **Vorteils-** und auf das **Ersatzproblem**. Einzelinvestitionen können mit der Kostenvergleichsrechnung hinsichtlich ihrer Vorteilhaftigkeit nicht beurteilt werden.

◆ **Vorteilsproblem auf Basis eines Kostenvergleichs pro Periode**

Die Kostenvergleichsrechnung kommt u. a. bei der Suche nach dem kostengünstigsten Produktionsverfahren und bei der Wahl zwischen Fremdbezug und Eigenfertigung zum Einsatz. Beim eingangs beschriebenen Entscheidungsproblem der VELO GmbH zwischen Fremdbezug oder Eigenfertigung, für die zwei verschiedene Alternativen zur Verfügung stehen, werden beide Anwendungsbereiche verknüpft. (Das gewählte Beispiel ist in enger Anlehnung an die Tabelle 23 in Ter Horst, Investition, S. 107 formuliert.)

Vorteils-problem Kostenvergleich pro Periode

Folgende Alternativen für die Eigenfertigung stehen zur Diskussion: Anlage A kostet in der Anschaffung 40.000,00 EUR, bei ihr werden Fixkosten in Höhe von 19.900,00 EUR pro Jahr veranschlagt; Anlage B kostet 60.000,00 EUR und die jährlichen Fixkosten betragen 32.100,00 EUR. Die variablen Stückkosten liegen für Anlage A bei 4,40 EUR und für Anlage B bei 3,10 EUR.

Beide Anlagen haben unterschiedliche Leistungen: Anlage A hat eine Kapazität von 15.000 Stück/Jahr und Anlage B von 18.000 Stück/Jahr. Die geplante Nutzungsdauer ist bei A 4 Jahre und bei B 5 Jahre. Die Liquidationsrestwerte betragen für die Anlage A 4.000,00 EUR und für die Anlage B 5.000,00 EUR.

Aufgrund von Marktforschungsergebnissen wird die jährliche Verbrauchsmenge an Fahrradbremsen auf 14.000 Stück pro Jahr geschätzt.

Der Einstandspreis bei einem Fremdbezug der Bremsen beträgt 7,80 EUR pro Stück. Der Kalkulationszinssatz wird auf 8 % festgelegt.

Die **Vorteilsregel** der Kostenvergleichsrechnung lautet: **Wähle den Investitionsvorschlag mit den geringsten Kosten aus.**

Vorteilsregel

Der Kostenvergleich für die Entscheidungsalternativen kann durch zwei Methoden erfolgen:

Kostenvergleich durch eine Tabelle

◆ Ein **tabellarischer Kostenvergleich** zeichnet sich durch Übersichtlichkeit aus:

		Fremdbezug	Anlage A	Anlage B	Rechenschritte
1	Anschaffungswert (EUR)	–	40.000,00	60.000,00	
2	Restwert (EUR)	–	4.000,00	5.000,00	
3	Nutzungsdauer (Jahre)	–	4	5	
4	Kapazität (Stück/Jahr)		15.000	18.000	
5	Bedarfsmenge (Stück/Jahr)	14.000	14.000	14.000	
6	Zinssatz (%)	–	8	8	
7	Fixe Kosten ohne Abschreibungen und Zinsen (EUR/Jahr)	–	19.900,00	32.100,00	
8	Kalkulatorische Abschreibungen (EUR/Jahr)	–	9.000,00	11.000,00	[(1) – (2)] / (3)
9	Kalkulatorische Zinsen (EUR/Jahr)	–	1.760,00	2.600,00	{[(1) + (2)] / 2} · 0,08
10	Variable Kosten (EUR/Stück)	7,80	4,40	3,10	
11	Variable Kosten (EUR/Jahr)	109.200,00	61.600,00	43.400,00	(5) · (10)
12	Gesamtkosten (EUR/Jahr)	**109.200,00**	**92.260,00**	**89.100,00**	(7) + (8) + (9) + (11)
13	Gesamtkosten (EUR/Stück)	**7,80**	**6,59**	**6,36**	(12) / (5)

Abb. 6.2-3: Tabellarischer Kostenvergleich *VELO GmbH*

Mathematisch steht hinter der Tabelle eine Formel, die als **Ingenieurformel** bekannt ist und zu den laufenden Betriebskosten die kalkulatorischen Abschreibungen und die kalkulatorischen Zinsen addiert. Die Kapitalbindung der nicht abzuschreibenden Gegenstände, z. B. des Umlaufvermögens, wird in dieser Interpretation der Ingenieurformel und in den folgenden Ausführungen nicht berücksichtigt. Andere Darstellungen in der Literatur beziehen auch diese Kapitalbindung ein.

Kostenvergleich mit der Ingenieurformel

◆ Dem **mathematischen Kostenvergleich** liegt die Ingenieurformel zugrunde. Sie hat folgendes Aussehen:

$$K = B + \frac{A - RW}{n} + \frac{A + RW}{2} \cdot i$$

K = Gesamtkosten (EUR/Jahr)
B = Betriebskosten (laufende variable und fixe Kosten pro Jahr/EUR)
A = Anschaffungswert (EUR)
RW = Restwert (EUR)
i = Kalkulationszinssatz (%)
n = Nutzungsdauer (Jahre)

Für den in der Tabelle (Abb. 6.2-3) dargestellten Fall ergeben sich als Kosten für die Investitionsalternativen A und B und für den Fremdbezug F:

$$K(A) = 4{,}40 \cdot 14.000 + 19.900 + \frac{40.000 - 4.000}{4} + \frac{40.000 + 4.000}{2} \cdot 0{,}08$$

$$\underline{\underline{K(A) = \ 92.260{,}00 \ \text{EUR}}}$$

$$K(B) = 3{,}10 \cdot 14.000 + 32.100 + \frac{60.000 - 5.000}{4} + \frac{60.000 + 5.000}{2} \cdot 0{,}08$$

$$\underline{\underline{K(B) = \ 89.100{,}00 \ \text{EUR}}}$$

$$K(F) = 7{,}80 \cdot 14.000$$

$$\underline{\underline{K(F) = 109.200{,}00 \ \text{EUR}}}$$

Laut Kostenvergleich verursacht die Anlage B die niedrigsten Kosten und ist deshalb zu wählen.

Ergebnis

♦ **Vorteilsproblem auf Basis eines Kostenvergleichs pro Leistungseinheit**

In der Tabelle (Abb. 6.2-3) wurden in Zeile 13 auch die Gesamtkosten pro Leistungseinheit berechnet. Da im Beispiel mit 14.000 Stück die gewählten Mengenleistungen gleich sind, kommt der Kostenvergleich auf Basis der Jahreskosten zur gleichen Rangfolge wie auf Stückkosten-Basis, obwohl die Investitionsalternativen eigentlich unterschiedliche Kapazitäten haben. Abweichungen können sich nur ergeben, wenn die **tatsächlich eingesetzten Kapazitäten der Investitionsalternativen unterschiedlich hoch** sind.

Vorteilsproblem Kostenvergleich pro Leistungseinheit

Die **Eignung eines Kostenvergleich pro Leistungseinheit** ist umstritten, da eigentlich die Erträge in eine solche Vergleichsrechnung mit einbezogen werden müssen. Sie scheint jedoch gegeben, wenn

– die mithilfe der alternativen Investitionsobjekte zu fertigenden Erzeugnisse ähnlich oder gleich sind und
– die Preise der zu fertigenden Erzeugnisse in ihrer Höhe nicht von der Absatzmenge abhängen.

♦ **Ermittlung der kritischen Auslastung**

Für die Beurteilung von Investitionsalternativen reicht es oft nicht aus, nur festzustellen, welche der Alternativen kostengünstiger arbeitet, sondern es interessiert auch, ab welcher Produktionsmenge dies eintritt. Die jeweilige **Auslastung** spielt also für die Entscheidung eine ausschlaggebende Rolle.

Ermittlung der kritischen Menge

In vielen Fällen ist es jedoch schwer abzuschätzen, wie hoch die Auslastung in der Zukunft sein wird. Deshalb ergibt sich die Notwendigkeit der Orientierung an der **kritischen Menge**. Sie bezeichnet die Menge, bei der die Kosten je Zeiteinheit oder Leistungseinheit für zwei Anlagen die gleiche Höhe aufweisen.

Im Folgenden werden die Kostenfunktionen der Investitionsalternativen der *VELO GmbH* in Abhängigkeit von den jährlichen Verbrauchsmengen (m) dargestellt. Dabei wird angenommen, dass

– die variablen Stückkosten konstant sind,

– sich die jährlichen Fixkosten der Eigenfertigung nicht mit der Produktionsmenge ändern und
– beim Fremdbezug nur variable Kosten anfallen.

Aus der Kostensituation der Tabelle (Abb. 6.2-3) lassen sich die folgenden Kostenfunktionen ableiten:

$$K(A) = 4{,}40 \cdot m + 19.900 + 10.760$$

$$K(A) = 4{,}40 \cdot m + 30.660$$

$$K(B) = 3{,}10 \cdot m + 32.100 + 13.600$$

$$K(B) = 3{,}10 \cdot m + 45.700$$

$$K(F) = 7{,}80 \cdot m$$

**Kosten-
funktionen
gleichsetzen**

Um die kritische Menge (m) errechnen zu können, sind die Kostenfunktionen paarweise gleichzusetzen. Es ergeben sich folgende Schnittpunkte:

● $K(F) = K(A) / 7{,}80 \cdot m_0 = 4{,}40 \cdot m_0 + 30.660$: Bei Auflösung der Gleichung nach m_0 errechnet sich eine kritische Menge von 9.017,65 Stück. Das bedeutet, dass bis zu einer Menge von 8.782 Stück/Jahr der Fremdbezug günstiger ist als beide Eigenfertigungsalternativen. Ab einer Produktionsmenge von 9.018 Stück ist die Eigenfertigung durch Anlage A günstiger.

Ergebnis

● $K(B) = K(A) / 3{,}10 \cdot m_1 + 45.700 = 4{,}40 \cdot m_1 + 30.660$: Bei Auflösung der Gleichung nach m_1 errechnet sich eine kritische Menge von 11.569,23 Stück. Das bedeutet, dass zwischen einer Produktionsmenge von 9.018 und 11.569 Stück/Jahr die Eigenfertigung mit Anlage A am günstigsten ist.

● Ab einer Produktionsmenge von 11.570 Stück/Jahr bis zur Kapazitätsgrenze von 18.000 Stück/Jahr ist die Eigenfertigung mit Anlage B günstiger.

Dieses Ergebnis lässt sich grafisch wie folgt darstellen:

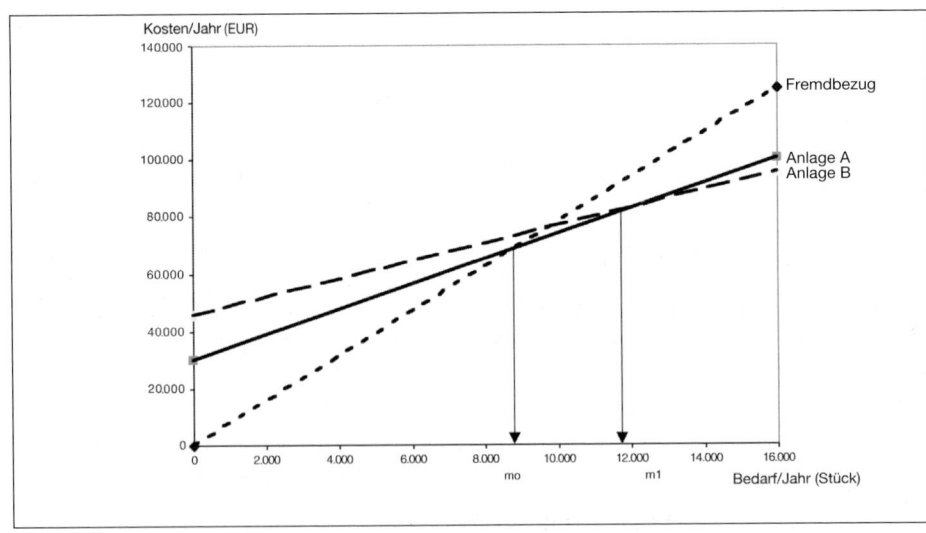

Abb. 6.2-4: Grafische Darstellung der kritischen Mengen beim Kostenvergleich

◆ **Ersatzproblem**

Die Kostenvergleichsrechnung kann auch Hilfestellung bei der Frage danach leisten, ob es wirtschaftlich ist, ein im Betrieb befindliches und noch nutzbares Investitionsprojekt durch ein neues Investitionsprojekt zu ersetzen und welcher Zeitpunkt für den Ersatz geeignet ist.

Ersatz durch ein neues Investitionsprojekt

Zur rechnerischen Bearbeitung des Ersatzproblems finden sich verschiedene Vorgehensweisen. Es hat sich beim Kostenvergleich durchgesetzt, lediglich die Betriebskosten des alten Investitionsobjekts mit den Kapital- und Betriebskosten des neuen Objekts zu vergleichen. Das wird damit begründet, dass dem Kostenvergleich nur der **Werteverzehr**, der **nach dem Zeitpunkt der Investitionsentscheidung** anfällt, zugrunde gelegt werden soll. Auf die Kapitalkosten des alten Investitionsobjekts kann verzichtet werden, da sein Restbuchwert aus früheren Schätzungen resultiert.

Wird jedoch für das alte Investitionsobjekt ein **Resterlös** erwartet, ein Liquidationserlös zum Ersatzzeitpunkt, so muss dieser berücksichtigt werden, da er kostenmäßig für den Vergleichszeitraum von Bedeutung ist. Entsprechend müssen dann für das alte Investitionsobjekt die folgenden Kapitalkostenanteile berücksichtigt werden:

Erfassung des Resterlöses

Der Liquidationserlös nimmt über die Nutzungsdauer des Investitionsobjekts ständig ab. Um die **durchschnittliche Verringerung des Liquidationserlöses** zu ermitteln, wird der Resterlös zum Beginn und zum Ende der Vergleichsperiode ermittelt und die Differenz aus beiden Werten durch die Zahl der noch zu nutzenden Jahre dividiert.

$$l = \frac{L_{AV} - L_{EV}}{v}$$

l   = Durchschnittliche Verringerung des Liquiditätserlöses (EUR)
L_{AV} = Liquidationserlös am Anfang der Vergleichsperiode (EUR)
L_{EV} = Liquidationserlös am Ende der Vergleichsperiode (EUR)
v   = Umfang der Vergleichsperiode (Jahre)

Beispiel Ein Objekt, das für 10 Jahre genutzt werden könnte, soll nach 5 Jahren auf die Vorteilhaftigkeit des Einsatzes geprüft werden. Der Resterlös zum Ende des fünften Jahres würde 24.000,00 EUR betragen. Als Resterlöswert nach der geschätzten Nutzungsdauer von 10 Jahren werden 7.000,00 EUR erwartet. Daraus ergibt sich eine durchschnittliche Verringerung des Liquidationserlöses des alten Investitionsobjekts von jährlich

$$l = \frac{24.000 - 7.000}{5} = 3.400,00 \text{ EUR}$$

Die **kalkulatorischen Zinsen** auf das noch gebundene Kapital werden auf der Grundlage des Liquidationserlöses zum Anfang der Vergleichsperiode ermittelt, da sie bei einer Weiternutzung des Investitionsobjekts angesetzt werden müssen. Auch ein Liquidationserlös zum Ende der Vergleichsperiode muss berücksichtigt werden.

$$Z = \frac{L_{AV} + L_{EV}}{2} \cdot i$$

Z = Zinsen der Vergleichsperiode (EUR)
i = Kalkulationszinssatz (%)

Beispiel Die Werte des vorangegangenen Beispiels sind weiterhin gültig. Zudem wird ein kalkulatorischer Zinssatz von 7 % angesetzt. Daraus ergeben sich als jährlich durchschnittlich anfallende kalkulatorische Zinsen:

$$Z = \frac{24.000 + 7.000}{2} \cdot 0,07 = 1.085,00 \text{ EUR}$$

Sind diese Kostenanteile ermittelt, lässt sich darauf aufbauend, ebenso wie beim Auswahlproblem, die Kostenrechnung mithilfe eines **Kostenvergleichs pro Periode oder pro Leistungseinheit** durchführen.

Der geeignete Ersatzzeitpunkt

Wird aufgrund eines Kostenvergleichs für ein bestimmtes Jahr eine Ersatzinvestition als nicht vorteilhaft angesehen, kann der Kostenvergleich für das nächste Jahr oder ggf. für die nächsten Jahre erneut vorgenommen werden, um den geeigneten Ersatzzeitpunkt zu finden.

◆ Eignung der Kostenvergleichsrechnung

Vorteile und Grenzen

Der **Vorteil** der vorgestellten Verfahren liegt in der **relativ leichten Anwendbarkeit**, falls von gegebenen Daten, d. h. Kostengrößen, ausgegangen werden kann. Die **Grenzen** des Verfahrens liegen in den engen Prämissen. Der Kostenvergleich ist **kurzfristig** und lässt Entwicklungen und Datenänderungen im Zeitablauf offen. Die **Erträge** der Investitionsprojekte werden als jährlich gleich hoch angenommen und die **Rentabilität des eingesetzten Kapitals** wird nicht berücksichtigt. Zudem wird die Summe aus Abschreibungs- und Zinskosten (= der **Kapitaldienst**) lediglich aus einer vereinfachten Annäherung über den Verlauf der Kapitalbindung abgeleitet. Über den zeitlichen Verlauf der Kapitalbindung und -freisetzung wird keine Aussage getroffen.

Diese restriktiven Prämissen können zu Fehlinterpretationen führen und lassen die Schlussfolgerung zu, die Kostenvergleichsrechnung nur auf **kleinere Investitionsvorhaben**, bei denen es nur auf einen überschlägigen Vergleich der Kostenunterschiede ankommt, zu beschränken.

6.2.5.2 Gewinnvergleichsrechnung

Erweiterung der Kostenvergleichsrechnung

Bei der Gewinnvergleichsrechnung werden Investitionen aufgrund der **jährlich erwarteten Gewinne** (= Erträge minus Kosten) beurteilt. Sie stellt somit eine Erweiterung der Kostenrechnung um die Erträge dar. Das ist insofern notwendig, als auch die absolute Gewinnwirkung einer Investition und nicht nur der Kostenunterschied zwischen konkurrierenden Investitionen interessant ist. Die Gewinnvergleichsrechnung wird bei Einzel-, Vorteils- und Ersatzproblemen eingesetzt.

Die Möglichkeit, dass Kosten und Erträge während der Nutzungsdauer einer Investition schwanken können, wird vernachlässigt. Entweder wird ein für die Investition **typisches Nutzungsjahr** angesetzt und angenommen, dass die für dieses Jahr geschätzten Gewinne in allen weiteren Jahren gleich sind, oder es wird aus jährlich schwankenden Gewinnen ein **Durchschnittsgewinn** berechnet.

Vorteilsregeln

- Die **Vorteilsregel bei Einzelproblemen** lautet: Eine Investition ist vorteilhaft, wenn sie einen Gewinn pro Periode oder Leistungseinheit erwirtschaftet.

- Bei **Investitionsalternativen** lautet die **Vorteilsregel**: Wähle das Investitionsvorhaben mit dem höchsten Gewinn pro Periode oder Leistungseinheit.

◆ Vergleich alternativer Investitionsprojekte

Im Folgenden soll exemplarisch die Anwendung der Gewinnvergleichsrechnung auf ein Vorteilsproblem gezeigt werden. (Das folgende Beispiel ist unter leichten Veränderungen Ter Horst, Investition, S. 113 ff. entnommen.)

Die Backland GmbH möchte ihre „Tiefkühltorten" kostengünstiger als bisher produzieren und in verbesserter Qualität auf den Markt bringen. Dazu müssen die vorhandenen Produktionseinrichtungen teilweise ersetzt werden. Der Backland GmbH stehen zwei Investitionsalternativen zur Wahl:

		Fremdbezug	Anlage A	Rechenschritte	
1	Anschaffungswert (EUR)	– 100.000,00	– 116.000,00		tabellarische Lösung
2	Restwert (EUR)	3.000,00	4.000,00		
3	Nutzungsdauer (Jahre)	4	4		
4	Kapazität (Stück/Jahr)	20.000	20.000		
5	Verkaufsmenge (Stück/Jahr)	16.000	16.000		
6	Zinssatz (%)	7	7		
7	Fixe Kosten ohne Abschreibungen und Zinsen (EUR/Jahr)	– 6.600,00	– 18.400,00		
8	Kalkulatorische Abschreibungen (EUR/Jahr)	– 24.250,00	– 28.000,00	[(1) – (2)] / (3)	
9	Kalkulatorische Zinsen (EUR/Jahr)	– 3.605,00	– 4.200,00	{[(1) + (2)] / 2} · 0,07	
10	Variable Kosten (EUR/Stück)	– 2,90	– 2,10		
11	Geplanter Verkaufspreis (EUR/Stück)	6,00	6,50		
12	Stückdeckungsbeitrag (EUR/Stück)	3,10	4,40	(10) + (11)	
13	Deckungsbeitragsvolumen (EUR/Jahr)	49.600,00	70.400,00	(11) · (5)	
14	Gewinn (EUR/Jahr)	**15.145,00**	**19.800,00**	(7) + (8) + (9) + (13)	

Abb. 6.2-5: Tabellarischer Gewinnvergleich der *Backland GmbH*

Die Gewinnvergleichsrechnung führt zu der Entscheidung für die Alternative B, da sie einen höheren Gewinn erwirtschaftet.

Ergebnis

Mathematisch lässt sich der Gewinn mithilfe der folgenden Formel ermitteln:

mathematische Lösung

$$G = E - B - \left(\frac{A - RW}{n} + \frac{A - RW}{2} \cdot i \right)$$

G = Gewinn (EUR/Periode)
E = Ertrag (EUR/Periode)

B = Betriebskosten (laufende variable und fixe Kosten EUR/Periode)
A = Anschaffungswert (EUR)
RW = Restwert (EUR)
i = Kalkulationszinssatz (%)
n = Nutzungsdauer (Jahre)

Auf das Beispiel bezogen lässt sich die Formel wie folgt umformen:

$$G = (p - k_v) \cdot x - K_f$$

G = Gewinn (EUR/Jahr)
p = Verkaufspreis (EUR/Stück)
k_v = variable Stückkosten (EUR/Stück)
x = erwartete Verkaufsmenge (Stück/Jahr)
K_f = fixe Kosten einschließlich Abschreibungen und Zinsen (EUR/Jahr)

$$G(A) = 3{,}10 \cdot 16.000 - 6.600 - \left(\frac{100.000 - 3.000}{4} + \frac{100.000 + 3.000}{2} \cdot 0{,}07\right)$$

$$\underline{G(A) = \ 15.145{,}00 \ EUR}$$

$$G(B) = 4{,}40 \cdot 16.000 - 18.400 - \left(\frac{116.000 - 4.000}{4} + \frac{116.000 + 4.000}{2} \cdot 0{,}07\right)$$

$$\underline{G(B) = \ 19.800{,}00 \ EUR}$$

◆ **Eignung der Gewinnvergleichsrechnung**

Vorteile und Grenzen

Die Gewinnvergleichsrechnung ist **leicht anzuwenden** und im Vergleich zur Kosten-vergleichsrechnung breiter einsetzbar, da die Ertragswirkungen der Investitionsvor-schläge einbezogen werden. Auch hier sind die **Grenzen** der Rechnung in den Prämis-sen zu sehen. Zum einen müssen die **Erträge** den Investitionen **genau zurechenbar** sein, zum anderen werden für jedes Jahr der Investitionsdauer **gleich hohe Gewinne** angenommen. Zudem wird auch bei dieser Methode über den zeitlichen **Verlauf der Kapitalbindung und -freisetzung** keine Aussage getroffen.

6.2.5.3 Rentabilitätsvergleichsrechnung

Kosten- und Gewinnvergleichsrechnungen treffen keine Aussage über die **Rentabilität** des investierten Kapitals. Für einen Kapitalgeber ist aber gerade sie ein entscheiden-des Kriterium. Denn die Rentabilität einer Investition ist immer im Vergleich zur alterna-tiven Verzinsung auf dem Kapitalmarkt zu sehen, die der Kapitalgeber ohne vergleich-bares unternehmerisches Risiko erreicht hätte.

Vorteilsregeln

Die **Vorteilsregel bei Einzelproblemen** lautet: Eine Investition ist vorteilhaft, wenn ihre Rentabilität einer festgelegten Mindestrentabilität entspricht oder über ihr liegt. Die Mindestrentabilität entspricht der sicheren Alternativverzinsung am Kapitalmarkt.

Bei **Investitionsalternativen** lautet die **Vorteilsregel**: Wähle das Investitionsvorhaben aus, das die höchste Rentabilität aufweist.

In der Literatur und in der betrieblichen Praxis gibt es eine Vielzahl von Vorschlägen, wie die Rentabilität der Investitionen ermittelt werden kann. Der Unterschied liegt in den in die **Rentabilitätsformel** eingehenden Größen des Gewinns und des Kapitaleinsatzes. Mit der Zielsetzung, die durchschnittliche jährliche Verzinsung des eingesetzten Kapitals von Investitionsprojekten zu ermitteln, gilt:

$$R = \frac{G}{D} \cdot 100 = \frac{E - K}{D} \cdot 100$$

R = Rentabilität (%)
G = Gewinn (EUR/Jahr)
E = Erträge (EUR/Jahr)
K = Kosten (EUR/Jahr)
D = Durchschnittlicher Kapitaleinsatz (EUR)

Zur Ermittlung des **durchschnittlichen Kapitaleinsatzes** werden **nicht abnutzbare Anlagegüter**, wie beispielsweise Grundstücke, und **Güter des Umlaufvermögens**, wie z. B. investitionsbedingte zusätzliche Fertigungsstoffe, mit den Anschaffungskosten angesetzt.

Abnutzbare Anlagegüter, wie z. B. Maschinen, werden folgendermaßen angesetzt:

$$D = \frac{\text{Anschaffungswert} + \text{Restwert}}{2} = \frac{A + RW}{2}$$

◆ **Anwendung**

Auf das Vorteilsproblem der Backland GmbH angewendet bedeutet das für die Entscheidung zwischen den Investitionsalternativen A und B:

$$R(A) = \frac{15.145}{\left(\dfrac{100.000 + 3.000}{2}\right)} \cdot 100 = 29,40\ \%$$

$$R(B) = \frac{19.800}{\left(\dfrac{116.000 + 4.000}{2}\right)} \cdot 100 = 33,00\ \%$$

Auch die Rentabilitätsrechnung führt hier im Beispiel zur Entscheidung für die Alternative B, da sie die höhere Rentabilität erwirtschaftet.   **Ergebnis**

◆ **Eignung der Rentabilitätsvergleichsrechnung**

Die Rentabilitätsrechnung wird in der Praxis häufig eingesetzt. Da durch das Einbeziehen des Kapitaleinsatzes die **absolute Vorteilhaftigkeit** von Investitionen ermittelt wird, werden durch die Rentabilitätsrechnung aussagekräftigere Informationen gewonnen als durch einen Kosten- oder einen Gewinnvergleich.   **Vorteile und Grenzen**

Da sie aber andererseits auf die Kosten- und die Gewinnvergleichsrechnung aufbaut, gelten auch teilweise die bereits bekannten **Kritikpunkte**: Der Rentabilitätsvergleich ist kurzfristig und vernachlässigt Veränderungen im Zeitablauf. Die Erträge lassen sich nicht immer einem einzelnen Investitionsprojekt zurechnen.

6.2.5.4 Statische Amortisationsrechnung

Amortisations-dauer

Die Amortisationsrechnung geht von den Ergebnissen der Kosten- und der Gewinn-vergleichsrechnung aus und wird auch als **Kapitalrückfluss-, Pay-off-** oder **Pay-back-Methode** bezeichnet. Die Amortisationsdauer ist die **Zeitspanne**, in der das für die Investition eingesetzte Kapital durch jährliche Rückflüsse der Investition wiederge-wonnen wird.

Vorteilsregeln

Die **Vorteilhaftigkeit** einer Investition wird bei dieser Rechnung an der Wiederbeschaf-fungszeit gemessen. Ein **einzelnes Investitionsobjekt** ist vorteilhaft, wenn die im Unternehmen festgelegte maximal vertretbare Amortisationszeit nicht überschritten wird. Bei **alternativen Investitionsobjekten** ist die Alternative mit der geringsten Amortisationszeit die vorteilhafteste.

Voraus-setzungen

Die statische Amortisationsrechnung legt konstante jährliche Rückflüsse (Gewinn zuzüglich Abschreibungen) zugrunde. Wenn zudem davon ausgegangen werden kann, dass nur im Zeitpunkt t = 0 Investitionsauszahlungen getätigt werden, also keine wei-teren Auszahlungen als die Anfangsauszahlung anfallen, ergibt sich die folgende For-mel für die **Amortisationsdauer bzw. Wiederbeschaffungszeit t_w**:

$$t_w = \frac{\text{Kapitaleinsatz}}{\text{Gewinn} + \text{Abschreibungen}} = \frac{A}{G + b}$$

b = Abschreibungen (EUR/Jahr)
A = Anschaffungswert (EUR)
G = Gewinn (EUR)
t_w = Amortisationsdauer (Jahre)

◆ **Anwendung**

Auf das Vorteilsproblem der Backland GmbH angewendet bedeutet das für die Ent-scheidung zwischen den Investitionsalternativen A und B:

$$t_w(A) = \frac{100.000}{15.145 + 24.250} = 2{,}54 \text{ Jahre}$$

$$t_w(B) = \frac{116.000}{19.800 + 28.000} = 2{,}43 \text{ Jahre}$$

Ergebnis

Auch die Amortisationsrechnung führt im Beispiel zur Entscheidung für die Alternative B. Denn bei ihr werden nach 2,43 Jahren die Anschaffungsauszahlungen durch die Summe aus Gewinn und Abschreibungen wiedergewonnen. Das gilt unter der Voraus-setzung, dass die Gewinnerwartungen bis zum Amortisationszeitpunkt erfüllt werden.

◆ **Eignung der statischen Amortisationsrechnung**

Die Amortisationsdauer ist ein grober **Maßstab,** um das **finanzielle Investitionsrisiko** einzuschätzen. Sie ist deshalb in der Praxis das beliebteste Entscheidungskriterium. Allein wird die Amortisationsdauer aber nur selten betrachtet, da eine einseitige Konzentration auf diese Rechnung zu **Fehlentscheidungen** führen kann.

Vorteile und Grenzen

Da der Zeitraum nach der Amortisation nicht betrachtet wird, werden bei mehrperiodigen Investitionsprojekten **Rückflüsse nach der Wiedergewinnungszeit** nicht betrachtet. Die Amortisationsdauer sollte deshalb durch andere Verfahren ergänzt werden. Als Ergänzung bietet sich insbesondere die Rentabilitätsrechnung an. Bei einer isolierten Betrachtung der Amortisationsdauer wird nämlich der Kapitaleinsatz nicht berücksichtigt. Das könnte bedeuten, dass dann Investitionen als relativ vorteilhaft ermittelt werden, die keine ausreichende Rentabilität aufweisen.

Die Bevorzugung des Amortisationskriteriums sollte auch nicht dazu führen, dass **strategisch notwendige Investitionen unterdrückt** werden, weil sie eine zu lange Wiedergewinnungszeit aufweisen. Eine solche Vorgehensweise würde die Wettbewerbsfähigkeit eines Unternehmens dauerhaft gefährden.

Auch für die Amortisationsrechnung gelten die bekannten **Kritikpunkte** der anderen statischen Verfahren: Sie ist kurzfristig und vernachlässigt Veränderungen im Zeitablauf. Die Erträge lassen sich nicht immer einem einzelnen Investitionsprojekt zurechnen.

6.2.6 Dynamische Verfahren der Investitionsrechnung

Die dynamischen Verfahren der Investitionsrechnung versuchen als **Mehrperiodenmodelle** möglichst viele der beschränkenden Annahmen der statischen Verfahren abzubauen und damit eine größere Realitätsnähe herzustellen. Das geschieht zum einen dadurch, dass alle Ein- und Auszahlungen während der gesamten Nutzungsdauer exakt erfasst werden. Zum anderen wird der unterschiedliche zeitliche Anfall der Zahlungen durch das Berechnen von Zinseszinsen berücksichtigt.

Merkmale

In den folgenden Ausführungen werden drei dynamische Verfahren für den Fall der Einzelinvestition bei sicheren Erwartungen vorgestellt.

6.2.6.1 Kapitalwertmethode

Die Kapitalwertmethode, die auch als **Barkapitalwertmethode** bezeichnet wird, ist das in der Praxis am meisten verbreitete Verfahren der dynamischen Investitionsrechnung. Bei ihr wird der Vermögenszuwachs einer Investition auf den Beginn der Investitionsdauer (auf t = 0) bezogen. Dieser Wert wird als **Kapitalwert** oder **Barwert der Investition** bezeichnet und dient als Maßstab zur Beurteilung der Vorteilhaftigkeit einer Investition.

Kapitalwert/ Barwert/ Gegenwartswert

Alle Einnahmen und Ausgaben, die im Rahmen einer Investition geleistet werden, werden wertmäßig auf den Beginn der Investitionsdauer **abgezinst**. Abzinsen bedeutet, dass der **Gegenwartswert** bzw. der **Barwert** im Zeitpunkt t = 0 für jede zukünftige Einnahme oder Ausgabe ermittelt wird.

Der **Kapitalwert einer Investition** ergibt sich aus der Differenz zwischen dem Barwert der investitionsbedingten Einnahmen und dem Barwert der investitionsbedingten Ausgaben.

◆ **Anwendung**

Die Schulte KG möchte eine kleine Maschine erwerben, die im Zeitpunkt t = 0 eine Auszahlung von 201,81 EUR erfordert. Es wird von einer Nutzungsdauer von 3 Jahren ausgegangen. Der Zinssatz für die Geldanlage und die Kreditaufnahme soll aus Vereinfachungsgründen einheitlich 10 % betragen. Am Ende der einzelnen Jahre sollen folgende Beträge zurückfließen (das Zahlenbeispiel ist Perridon/Steiner, Finanzwirtschaft der Unternehmung, S. 61 ff. entnommen):

Jahre	1	2	3
Rückflüsse (Einnahmen – Ausgaben)	50	100	120

Abzinsung auf den Beginn der Investitionsdauer

Folgt man nun der Kapitalwertmethode, werden alle Zahlungsreihen auf den Zeitpunkt t = 0 abgezinst und es **gilt allgemein**:

$$C_0 = \sum_{t=0}^{n} (E_t - A_t) \cdot \frac{1}{(1 + i)^t}$$

t = einzelne Perioden von 0 bis n
n = Ende der Nutzungsdauer
E_t = Einzahlung der Periode t (EUR)
A_t = Auszahlung der Periode t (EUR)
i = Kalkulationszinssatz (%)
R_t = $E_t - A_t$ (Rückflüsse der Periode t) (EUR)
C_0 = Kapitalwert (EUR)

oder bei Ersatz von E – A durch R:

$$C_0 = \sum_{t=0}^{n} \frac{R_t}{(1 + i)^t}$$

Auch bei der Kapitalwertmethode wird die Zahlungsreihe einer Investition an einer Alternativinvestition gemessen, die sich zum Kalkulationszins verzinst.

◆ **Im obigen Beispiel** führt die Kapitalwertmethode zum folgenden **Ergebnis**:

Ergebnis

$$C_0 = -201,81 + \frac{50}{1,1} + \frac{100}{1,1^2} + \frac{120}{1,1^3} \approx 16,44$$

Die Abzinsungsfaktoren lassen sich aus gängigen Tabellen ablesen. Die Multiplikation der einzelnen Zahlungsströme mit den Abzinsungsfaktoren führt zum folgenden Ergebnis:

Jahr	5 %	6 %	8 %	10 %	12 %
1	0,9524	0,9434	0,9259	0,9091	0,8929
2	0,9070	0,8900	0,8573	0,8264	0,7972
3	0,8638	0,8396	0,7938	0,7513	0,7118
4	0,8227	0,7921	0,7350	0,6830	0,6355
5	0,7835	0,7473	0,6806	0,6209	0,5674

Abzinsungstabelle

Abb. 6.2-6: Abzinsungstabelle; Kalkulatorischer Zinsfuß

Quelle: Perridon/Steiner, Finanzwirtschaft der Unternehmung, S. 62.

Jahre	R_t	AF_f	BW
1	50	0,9091	45,455
2	100	0,8264	82,640
3	120	0,7513	90,156
Σ			218,251
			– 201,810
			= 16,441

AF_f = Abzinsungsfaktor
BW = Barwert

Die im Beispiel zu beurteilende Investition ist bei einem Kapitalwert von 16,44 EUR lohnend, da folgende Interpretationsregeln bei der Kapitalwertmethode gelten:

Ist der **Kapitalwert**

- **positiv**, dann erwirtschaftet das Investitionsobjekt über die investitionsbedingten Ausgaben und die erwartete Verzinsung hinaus einen Gewinn in Höhe des positiven Kapitalwerts;

Vorteilsregeln

- **null**, dann decken die Einnahmen der Investition die investitionsbedingten Ausgaben und die erwartete Verzinsung;

- **negativ**, dann decken die Einnahmen die investitionsbedingten Ausgaben und die erwartete Verzinsung nicht.

Die **Vorteilsregel bei Einzelproblemen** lautet: Eine Investition ist vorteilhaft, wenn der Kapitalwert größer/gleich null ist.

Bei **Investitionsalternativen** lautet die **Vorteilsregel**: Wähle das Investitionsvorhaben mit dem höchsten (nicht negativen) Kapitalwert aus. Diese Vorteilsregel klingt recht einfach, ist aber problematisch, wenn der Kalkulationszinssatz bei den einzelnen zu beurteilenden Investitionen variiert oder die Investitionsalternativen unterschiedliche Laufzeiten haben.

◆ **Eignung der Kapitalwertmethode**

Im Vergleich zur statischen Investitionsrechnung bietet die Kapitalwertmethode den **Vorteil**, die Zahlungsreihen zeitlich und betragsmäßig differenziert voneinander zu erfassen. **Problematisch** ist die **Zurechenbarkeit der Zahlungsreihen**, wenn ein Investitionsobjekt nicht isoliert genutzt wird und die **Ungewissheit der Zahlungsreihen**, die der Höhe und des zeitlichen Anfalls prognostiziert werden.

Vorteile und Grenzen

6.2.6.2 Annuitätenmethode

Während die **Kapitalwertmethode den Totalerfolg** einer Investition erfasst, werden bei der **Annuitätenmethode** die durchschnittlichen jährlichen Einnahmen den durchschnittlichen jährlichen Ausgaben gegenübergestellt und so ein **Periodenerfolg** ermittelt.

Annuität

Der Kapitalwert der Investition wird mit dem **Kapitalwiedergewinnungsfaktor** multipliziert, wodurch die **Annuität** errechnet wird. Die Annuität einer Investition ist der auf Basis des Kalkulationszinssatzes in gleich große Jahreswerte („Renten") umgerechnete Kapitalwert. Im Grunde ist die Annuitätenmethode also eine Umkehrung der Kapitalwertmethode:

$$d = C_0 \cdot \frac{i\,(1+i)^n}{(1+i)^n - 1}$$

$\dfrac{i\,(1+i)^n}{(1+i)^n - 1}$ = Kapitalwiedergewinnungsfaktor

d = Annuität (EUR/Jahr)
C_0 = Kapitalwert (EUR)
i = Kalkulationszinssatz (%)

◆ **Anwendung**

Auf das Beispiel der Schulte KG übertragen beträgt die jährliche Annuität:

$$d = 16,44 \cdot \frac{0,1 \cdot 1,1^3}{1,1^3 - 1} = 16,44 \cdot 0,40211 = 6,61$$

Tabelle der Kapitalwiedergewinnungsfaktoren

Auch der Kapitalwiedergewinnungsfaktor lässt sich aus einer Tabelle ablesen.

Jahr	5 %	6 %	8 %	10 %	12 %
1	1,05000	1,06000	1,08000	1,10000	1,12000
2	0,53780	0,54544	0,56077	0,57619	0,59170
3	0,36721	0,37411	0,38803	0,40211	0,41635
4	0,28201	0,28859	0,30192	0,31547	0,32923
5	0,23097	0,23740	0,25046	0,26380	0,27741

Abb. 6.2-7: Wiedergewinnungsfaktoren, kalkulatorischer Zinsfuß

Quelle: Perridon/Steiner, Finanzwirtschaft der Unternehmung, S. 63.

Analog zur Kapitalwertmethode ist diese Investition mit einer Annuität von 6,61 EUR als vorteilhaft zu bewerten, wenn die folgenden Regeln gelten:

Vorteilsregeln

Die **Vorteilsregel bei Einzelproblemen** lautet: Eine Investition ist vorteilhaft, wenn die Annuität größer/gleich null ist.

Bei **Investitionsalternativen** lautet die **Vorteilsregel**: Wähle das Investitionsvorhaben mit der höchsten (nicht negativen) Annuität aus. Falls die Kalkulationszinssätze oder Laufzeiten der Investitionsalternativen unterschiedlich sind, gilt hier das gleiche Problem wie bei der Kapitalwertmethode.

◆ Eignung der Annuitätenmethode

Die Annuitätenmethode findet in der betrieblichen Praxis weniger Verwendung. Sie bietet im Vergleich zur statischen Investitionsrechnung den **Vorteil**, Zahlungsreihen zeitlich und betragsmäßig differenziert voneinander zu erfassen. Zudem periodisiert sie den Erfolg einer Investition, was für den Praktiker möglicherweise eine höhere Aussagekraft haben könnte als die Kapitalwertmethode. **Problematisch** ist auch hier die Zurechenbarkeit der Zahlungsreihen und die Ungewissheit der Zahlungsreihen.

Vorteile und Grenzen

6.2.6.3 Interne Zinssatzmethode

Durch die interne Zinssatzmethode wird, ähnlich der Rentabilitätsrechnung, die Verzinsung des durch die Investition gebundenen Kapitals ermittelt. Eine Investition wird nach dieser Methode als erfolgreich erachtet, wenn der **interne Zinssatz mindestens gleich dem Kalkulationszinssatz** ist. Denn in diesem Fall ist die Verzinsung des durch die Investition gebundenen Kapitals gleich der Verzinsung des Kapitals bei einer alternativen Anlage.

Interner Zinssatz

Folgt man der Forderung nach der Gleichheit beider Zinssätze, so ist **der interne Zinssatz derjenige Kalkulationszinssatz, bei dem sich ein Kapitalwert von Null ergibt**. Die Gleichung des Kapitalwerts wird deshalb gleich null gesetzt und nach dem internen Zinssatz r aufgelöst:

$$C_0(r) = \sum_{t=0}^{n}(E_t - A_t) \cdot \frac{1}{(1 + r)^t} = 0$$

t   = einzelne Perioden von 0 bis n
E_t = Einzahlung der Periode t (EUR)
A_t = Auszahlung der Periode t (EUR)
r   = Interner Zinssatz (%)
R_t = $E_t - A_t$ (Rückflüsse der Periode t) (EUR)
C_0 = Kapitalwert (EUR)

Die Auflösung der Gleichung nach r bereitet Schwierigkeiten, da eine Gleichung n-ten Grades vorliegt. Man kommt nicht umhin, die **Lösung durch Probieren** herauszufinden, und bestimmt zwei unterschiedliche Zinssätze als Versuchszinssätze, für welche die Kapitalwerte ermittelt werden.

Mathematisch bedeutet das, dass die Lösung durch Diskontierung mit zwei Versuchszinssätzen und anschließender Interpolation ermittelt wird. Die Formel für den internen Zinssatz folgt aus dem zweiten Strahlensatz. Die Genauigkeit dieser Vorgehensweise wird allgemein als ausreichend angesehen, obwohl es sich bei der Funktion der Kapitalwerte um eine nicht lineare Funktion handelt. Der **interne Zinssatz** wird danach mit der folgenden Gleichung errechnet:

$$r = i_1 - C_{01} \cdot \frac{i_2 - i_1}{C_{02} - C_{01}}$$

r = Interner Zinssatz (%)
i = (Versuchs-)Zinssatz 1 bzw. 2 (%)
C_0 = Kapitalwert bei i_1 bzw. i_2 (EUR)

◆ **Anwendung**

Für das Beispiel der Schulte KG bedeutet das:

C_{01} *(10 %) =   16,44   bei i_1 = 10 %*

C_{02} *(20 %) = –21,26   bei i_2 = 20 %*

$$r = 0,1 - 16,44 \cdot \frac{0,1}{-37,7} \approx 0,1436$$

Ergebnis

Mit einem internen Zinssatz von r = 14,36 % ist die Investition lohnend, da der interne Zinssatz die im Beispiel geforderte Mindestverzinsung von i = 10 % übersteigt.

Vorteilsregeln

Die **Vorteilsregel bei Einzelproblemen** lautet: Eine Investition ist vorteilhaft, wenn ihr interner Zinssatz nicht kleiner als der Kalkulationszinssatz ist.

Bei **Investitionsalternativen** lautet die **Vorteilsregel**: Wähle das Investitionsvorhaben mit dem höchsten (über dem Kalkulationszinssatz liegenden) internen Zinssatz. Auch diese Regel ist problematisch, da sie zu anderen Ergebnissen als die Kapitalwert- und Annuitätenmethode führen kann, wenn der Kapitaleinsatz, die Investitionsdauer und die Kalkulationszinssätze der Investitionsalternativen unterschiedlich sind.

◆ **Eignung der internen Zinssatzmethode**

Vorteile und Grenzen

Die interne Zinssatzmethode findet in der betrieblichen Praxis häufig Anwendung. Gegenüber der Kapitalwert- und der Annuitätenmethode besitzt sie einen zusätzlichen Informationsnutzen, da sie zeigt, welchen Betrag der Kalkulationszins höchstens annehmen darf, bevor die Investition unvorteilhaft wird. Auch sie bietet im Vergleich zur statischen Investitionsrechnung den **Vorteil**, Zahlungsreihen zeitlich und betragsmäßig differenziert voneinander zu erfassen. **Problematisch** ist auch hier die Zurechenbarkeit und die Ungewissheit der Zahlungsreihen.

6.2.7   Qualitative Kriterien der Investitionsentscheidung

Im Kapitel 6.2.4 wurde das Entscheidungsproblem der VELO GmbH aufgeworfen, die sich zwischen dem Fremdbezug von Fahrradbremsen und der Eigenfertigung der Bremsen bei zwei Alternativen entscheiden muss. Unter Kostengesichtspunkten fiel die

Entscheidung eindeutig auf die Eigenfertigungsalternative B. An eine mögliche Investitionsalternative werden aber weitere Anforderungen, wie z. B. ein genauer Liefertermin, die Unfallsicherheit und die Umweltfreundlichkeit, geknüpft. Wie können diese Anforderungen in die Investitionsrechnung eingehen?

Durch eine **nicht finanzielle Investitionsrechnung** wird die Berücksichtigung **qualitativer Investitionswirkungen** ermöglicht. Mithilfe von **Nutzwertanalysen** können nicht quantifizierbare Bewertungskriterien zahlenmäßig erfasst und vergleichbar gemacht werden. Für jedes Investitionsvorhaben werden **Nutzwerte** ermittelt, die der zahlenmäßige Ausdruck für den subjektiven Wert einer Investition hinsichtlich des Zielerreichungsgrads sind. Die Nutzwerte ermöglichen es, alternative Investitionen in eine **Rangfolge** zu bringen. Ein Investitionsobjekt ist umso positiver zu beurteilen, je höher sein Nutzwert liegt.

Berücksichtigung nicht monetärer Kriterien

Zu den **Bewertungskriterien**, die in eine Nutzwertanalyse eingehen können, gehören:

Bewertungskriterien einer Nutzwertanalyse

- **Wirtschaftliche Kriterien** wie Marktanteil, Werbewirksamkeit, Kundendienst, Garantie, Lieferzeit, Entwicklungsfähigkeit, Sicherheit etc.

- **Technische Kriterien** wie Automatisierungsgrad, Kapazität, Energieverbrauch, Störanfälligkeit, Unfallsicherheit, Lärmentwicklung, Abfallentsorgung etc.

- **Soziale Kriterien** wie Arbeitszufriedenheit, Arbeitsmonotonie, Arbeitsplatzerhaltung, Umweltfreundlichkeit, Ästhetik etc.

- **Rechtliche Kriterien** wie Unfallverhütungsvorschriften, Umweltschutzvorschriften, Patente, Bauvorschriften, Gesetze etc.

Für die **Auswahl der Bewertungskriterien** in der Nutzwertanalyse gelten vier Grundsätze:

Grundsätze der Nutzwertanalyse

- **Operationalität:** Die einzelnen Bewertungskriterien müssen genau beschrieben werden und mit einer Maßskala versehen werden.

- **Hierarchiebezogenheit:** Die Bewertungskriterien sollen nicht undifferenziert nebeneinanderstehen, sondern hierarchisch geordnet werden. Das geschieht, indem sie durch ein gemeinsames Oberkriterium zusammengefasst werden.

- **Unterschiedlichkeit:** Es ist darauf zu achten, dass sich nicht mehrere Bewertungskriterien nebeneinander auf die gleiche Objekteigenschaft beziehen.

- **Nutzenunabhängigkeit:** Die Realisierung eines Bewertungskriteriums darf nicht das Erreichen eines anderen Bewertungskriteriums voraussetzen.

Um den **Nutzen eines Bewertungskriteriums beurteilen** zu können, ist es erforderlich, entsprechende **Maßstäbe** festzulegen. Es sind die folgenden Maßstäbe zu unterscheiden:

Möglichkeiten der - Skalierung

* Die **nominale Skalierung** ist die einfachste Form der Nutzenmessung. Sie beschreibt nur eine Nutzengleichheit oder -verschiedenheit der einzelnen Bewertungskriterien, ohne dass die Richtung und Stärke der Nutzenunterschiede erkennbar wird. Bewertungskriterien sind beispielsweise +/- oder ja/nein.

Beispiel Bezogen auf das Eingangsbeispiel der VELO GmbH ergibt sich:

Bewertungskriterium	Alternative A	Alternative B	Alternative C
Liefertermin	nein	ja	ja
Unfallsicherheit	ja	ja	ja
Umweltfreundlichkeit	ja	nein	nein
	2	**2**	**2**

Bei der Nominalskalierung ergibt sich der Nutzwert der alternativen Investitionsobjekte aus der Addition der positiv beurteilten Bewertungskriterien.

Wie sich in dem Beispiel zeigt, ist diese Art der Nutzenbestimmung nicht sehr aussagekräftig, da sich auf diese Weise oft keine Rangfolge zwischen den Alternativen ermitteln lässt. Sie kann aber durchaus Anwendung erfahren, wenn es darum geht, eine **Vorauswahl** unter einer Vielzahl alternativer Investitionsobjekte zu treffen.

⋆ Die **ordinale Skalierung** ist etwas anspruchsvoller. Sie lässt die Richtung von Nutzenunterschieden erkennen. Die Bewertungskriterien ergeben eine Rangordnung der alternativen Investitionsobjekte. Dabei entspricht die Zahl der Rangklassen grundsätzlich der Zahl der alternativen Investitionsobjekte. Im Beispiel bedeutet „3": das Kriterium wird am besten erfüllt, „2": das Kriterium wird am zweitbesten erfüllt, und „1": das Kriterium wird am drittbesten erfüllt.

Beispiel Bezogen auf das Eingangsbeispiel der VELO GmbH ergibt sich:

Bewertungskriterium	Alternative A	Alternative B	Alternative C
Liefertermin	1	3	2
Unfallsicherheit	2	3	1
Umweltfreundlichkeit	3	2	1
	6	**8**	**4**

Die Alternative B ist im Beispiel die vorteilhafteste Alternative, da sie den höchsten Nutzwert hat.

Scoring-Modelle

⋆ Die **kardinale Skalierung** ermöglicht es einen relativ differenzierten Überblick über die Vorteilhaftigkeit von Investitionsalternativen zu vermitteln. Eine mögliche Art der Skalierung sind **Scoring-Modelle**, bei denen Punkte im Sinne von Zensuren verteilt werden. Es ist allerdings notwendig, eine verbale Beschreibung des Zielerreichungsgrads vorzunehmen. Im Beispiel gilt: sehr hoch = 5 Punkte, stark = 4 Punkte, mittel = 3 Punkte, gering = 2 Punkte, sehr gering = 1 Punkt.

Beispiel Bezogen auf das Eingangsbeispiel der VELO GmbH ergibt sich:

Bewertungskriterium	Alternative A	Alternative B	Alternative C
Liefertermin	3	5	4
Unfallsicherheit	4	5	3
Umweltfreundlichkeit	5	3	2
	12	**13**	**9**

Die Alternative B ist im Beispiel die vorteilhafteste, da sie den höchsten Nutzwert hat.

Zur Feststellung des Nutzens lassen sich bei allen drei Skalierungsarten die **Bewertungskriterien gewichten**. Da es üblich ist, Ober- und Unterziele zu formulieren, die den Haupt- und Nebenkriterien entsprechen, ist eine solche Vorgehensweise sehr verbreitet.

Am Beispiel der Kardinalskalierung wird die folgende Gewichtung der Beurteilungskriterien vorgenommen: Liefertermin mit dem Gewichtungsfaktor 0,5 – Unfallsicherheit mit dem Gewichtungsfaktor 0,3 – Umweltfreundlichkeit mit dem Gewichtungsfaktor 0,2.

Beispiel Bezogen auf das Eingangsbeispiel der VELO GmbH ergibt sich:

Bewertungskriterium	Gewicht	Alternative A	Alternative B	Alternative C
Liefertermin	0,5	3 · 0,5 = 1,5	5 · 0,5 = 2,5	4 · 0,5 = 2,0
Unfallsicherheit	0,3	4 · 0,3 = 1,2	5 · 0,3 = 1,5	3 · 0,3 = 0,9
Umweltfreundlichkeit	0,2	5 · 0,2 = 1,0	3 · 0,2 = 0,6	2 · 0,2 = 0,4
	1,0	**3,7**	**4,6**	**3,3**

Auch mit dieser Gewichtung ist die Alternative B die vorteilhafteste, da sie den höchsten Nutzwert hat. Als **Fazit** ist festzuhalten: Sowohl Kosten- als auch Nutzenvergleichsrechnung führen im Beispiel zur Entscheidung für die Alternative B. Sollten sich in der Investitionsrechnung und in der Nutzenanalyse unterschiedliche Alternativen durchsetzen, müssten beide Rechnungen in ihrer Bedeutung gegeneinandergewichtet werden.

Schlussfolgerung

6.2.8 Berücksichtigung der Unsicherheit bei Investitionsentscheidungen

Die Faktum GmbH hat in eine neue kostspielige Fertigungsanlage für Dosenfleisch investiert, die sich nach 2,5 Jahren amortisiert haben soll. Aufgrund eines Lebensmittelskandals geht die Nachfrage nach Fleisch extrem zurück. Die erwarteten Einnahmen bleiben aus, die Gewinnerwartungen werden nicht erfüllt.

Die bisher dargestellten Verfahren der Investitionsrechnung waren deterministische Modellrechnungen, bei denen die Inputgrößen, also die **finanziellen Konsequenzen der Investitionsentscheidung,** als **bekannt** und **sicher** galten. Der jeweilige Ergebniswert, beispielsweise der Kapitalwert, der entweder positiv oder negativ war, erlaubte eine eindeutige Aussage über die Vorteilhaftigkeit der Investition.

In der **Wirklichkeit** sieht das aber anders aus; hier sind Investitionsentscheidungen fast ausschließlich bei unvollkommenen Informationen zu treffen. Die finanziellen Inputgrößen der Investitionsrechnung werden durch eine Vielzahl verschiedener Umweltzustände, wie z. B. die Wettbewerbsverhältnisse oder die konjunkturelle Lage, beeinflusst und ständig verändert. Aus der Unsicherheit über die zukünftig eintretenden Umweltzustände ergibt sich eine große Problematik bei den Investitionsentscheidungen. Denn ist das Geld einmal ausgegeben und sind Leistungspotenziale an bestimmte Zwecke gebunden, kann eine Entscheidung kaum noch korrigiert werden.

Investitionsentscheidungen bei unvollkommenen Informationen

Aufgabe der Investitionsrechnung ist es deshalb, auch unter Berücksichtigung von unsicheren Größen ein Ergebnis zu liefern, das eine gute Grundlage für rationale Investitionsentscheidungen bildet.

Unsicherheit/ Ungewissheit/ Risiko

Obwohl **Unsicherheit** und **Risiko** umgangssprachlich Synonyme sind, müssen diese Begriffe in der Investitionstheorie voneinander abgegrenzt werden: **Unsicherheit** bedeutet die Möglichkeit des Abweichens vom erwarteten Wert. Sie unterteilt sich in Ungewissheit und Risiko. Unter **Ungewissheit** ist zu verstehen, dass der Entscheidungsträger sich keine Vorstellungen über die zukünftige Entwicklung machen kann. Eine rationale Entscheidung ist hier nicht möglich. Die Entscheidung unter **Risiko** beinhaltet hingegen, dass der Entscheidungsträger auf Basis bekannter Größen die Wahrscheinlichkeit des Eintritts möglicher Umweltzustände einschätzen kann.

Stochastische Modelle berücksichtigen die Unsicherheit

Die Unsicherheit über das Eintreten künftiger Umweltzustände führt zu der Beschäftigung mit **stochastischen Investitionsmodellen**, die hier nur kurz genannt werden sollen.

◆ **Korrekturverfahren**

Bei diesem Verfahren werden die finanziellen Inputgrößen geschätzt und mit einem **Risikozuschlag oder -abschlag** für die Unsicherheit in der Investitionsrechnung angesetzt. Unter Berücksichtigung der Sicherheitskorrektur werden in der Rechnung der Kalkulationszins und die möglichen Ausgaben erhöht und die voraussichtliche Nutzungsdauer sowie der mögliche Gewinn niedriger angesetzt. Alle diese Korrekturen vermindern den Kapitalwert und haben das Ziel, dass der errechnete Kapitalwert auch unter ungünstigsten Umweltbedingungen mindestens erwirtschaftet wird.

◆ **Sensitivitätsanalyse**

Die Sensitivitätsanalyse ist eine Ergänzung zu den bekannten Verfahren der Investitionsrechnung und bildet die Stärke des Einflusses der Unsicherheit auf anstehende Investitionsentscheidungen ab. Sie beruht auf der Annahme, dass die **Werte der Inputgrößen** um einen geschätzten Wert **schwanken** können.

Durch die Sensitivitätsanalyse wird zum einen untersucht, welche Inputgrößen die Ergebnishöhe besonders stark beeinflussen, und zum anderen, innerhalb welcher Grenzen die Inputwerte schwanken können, ohne dass eine getroffene Vorteilhaftigkeitsentscheidung geändert werden muss.

◆ **Risikoanalyse**

Während die Sensitivitätsanalyse die Inputgrößen untersucht, richtet die Risikoanalyse ihr Augenmerk auf die **Ergebnisgrößen** und ordnet möglichen Umweltzuständen eine Eintrittswahrscheinlichkeit zu, mit der dann eine bestimmte Ergebnisgröße erreicht wird. Auf diese Weise wird eine **Wahrscheinlichkeitsverteilung** der Ergebnisgrößen ermittelt.

◆ **Entscheidungsbaumverfahren**

Mithilfe eines Entscheidungsbaums lassen sich **komplexe Investitionsprobleme** in ihren **Verknüpfungen grafisch darstellen** und unter Einsatz verschiedener Methoden **optimieren** und **lösen**.

◆ **Portfolioansätze**

Die bisher beschriebenen Verfahren dienen der isolierten Beurteilung einzelner Investitionsobjekte. Der Einfluss einzelner Investitionsobjekte auf die Risikostruktur des Gesamtunternehmens wird durch die Portfolioansätze beschrieben, in deren Zentrum die Verringerung des Risikos des Gesamtunternehmens durch **gezielte Diversifikation** steht.

6.3 Finanzierung und Finanzierungsmöglichkeiten

6.3.1 Überprüfung der Finanzierungsmöglichkeiten

Im vorangegangenen Kapitel wurden Investitionsentscheidungen untersucht. Den Investitionsentscheidungen liegen aber nicht nur Wirtschaftlichkeitsüberlegungen zugrunde, auch die **Überprüfung der Finanzierungsmöglichkeiten** ist wichtig. Die Beschaffung finanzieller Mittel ist andererseits für ein Unternehmen ohne praktischen Wert, wenn für diese Mittel keine Ertrag bringende Verwendung besteht. Mittelverwendung setzt Mittelbeschaffung voraus; Mittelbeschaffung muss Mittelverwendung zur Folge haben. **Investition** und **Finanzierung** stehen somit in einem direkten Verhältnis zueinander und beeinflussen sich unmittelbar.

Zusammenhang von Finanzierung und Investition

Nicht jede Mittelbeschaffung hat jedoch eine Investition zur Folge, ebenso wie nicht jede Verwendung finanzieller Mittel eine Investition ist.

Die Faktum GmbH gerät in Liquiditätsschwierigkeiten, weil fällige Forderungen nicht eingehen. Sie nimmt deshalb einen kurzfristigen Kredit zur Zahlung fälliger Lieferantenverbindlichkeiten aus der Beschaffung von Vorräten auf. Diese Kapitalbeschaffung vergrößert zwar die finanziellen Mittel, jedoch wird das Investitionsvolumen nicht beeinflusst, da eine bereits erfolgte Investition, die Beschaffung von Vorräten, lediglich auf eine andere Weise finanziert wird als geplant (= Umfinanzierung).

6.3.1.1 Der Finanzierungsbegriff

Wie beim Investitionsbegriff existieren auch für den Finanzierungsbegriff verschiedene Auslegungen: Nach **enger Begriffsauffassung** wird die Finanzierung auf die Vorgänge der **Kapitalbeschaffung** beschränkt. Nach **weiter Begriffsauffassung** werden zur Finanzierung die **Kapitalbeschaffung** und die **Kapitaldispositionen** gezählt, die zur Durchführung des Betriebsprozesses notwendig sind. Auch der **Kapitalbeschaffungsbegriff** kann **weit interpretiert** werden und alle lang- und kurzfristigen Maßnahmen der Kapitalbeschaffung enthalten oder **eng aufgefasst** werden und Einschränkungen hinsichtlich Fristigkeit, Verwendung und Art des zu beschaffenden Kapitals enthalten.

Auslegungen des Finanzierungsbegriffs

Im Folgenden wird Finanzierung als **Kapitalbeschaffung i. w. S.** verstanden und ist deshalb als **Bereitstellung finanzieller Mittel jeder Art** zu interpretieren. Sie dient einerseits zur Durchführung der betrieblichen Leistungserstellung und -verwertung und andererseits zur Vornahme außerordentlicher finanztechnischer Vorgänge wie z. B. die Gründung oder die Liquidation eines Betriebs. Der Begriff beinhaltet auch, dass das Finanzierungsvolumen Kapital in jeder Form, also als Geld, Güter oder Wertpapiere, umfassen kann.

Definition

Der hier verwendete Finanzierungsbegriff schließt auch Beträge ein, die durch **Desinvestition** erwirtschaftet werden und erneut investiert werden. Auf diese Weise werden auch Vorgänge als Finanzierung bezeichnet, die keine Vergrößerung des auf der Passivseite ausgewiesenen Kapitals herbeiführen. Finanzierungsvorgänge können ihren Niederschlag demnach nicht nur auf der Passivseite der Bilanz, sondern durch **Vermögensumschichtungen** auch auf der Aktivseite finden.

Kapital-abfluss

Ebenso wie die Desinvestition der Gegenbegriff zur Investition ist, hat auch die Finanzierung einen **Gegenbegriff**, den **Kapitalabfluss**. Dazu zählen z. B. die Rückzahlung von Eigenkapitaleinlagen und Krediten, die Gewinnentnahme, die Verluste oder die Auflösung von Rücklagen.

Auf der Grundlage eines weiten Finanzierungsbegriffs kann der gesamte Betriebsprozess als Prozess laufender Investitionen und Desinvestitionen, d. h. als laufende Bindung und Wiederfreisetzung finanzieller Mittel bezeichnet werden.

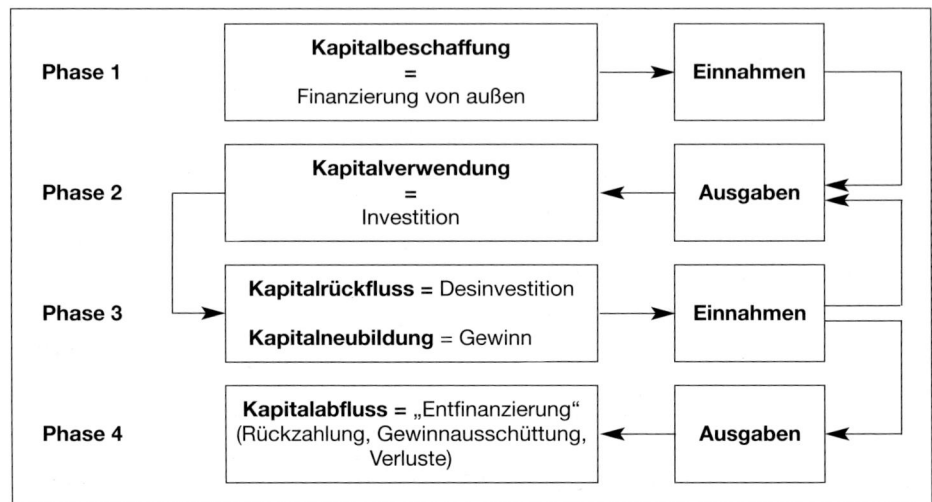

Abb. 6.3-1: Betriebsprozess als Kreislauf finanzieller Mittel

Quelle: Wöhe/Bilstein, Grundzüge der Unternehmensfinanzierung, S. 5.

Kreislauf finanzieller Mittel

Dieser Kreislauf lässt sich so weit interpretieren, dass der Unterschied zwischen Finanzierung und Investition lediglich im Vorzeichen der ersten Zahlung deutlich wird: Während ein Finanzierungsvorgang dadurch gekennzeichnet ist, dass er mit einer Einnahme beginnt, löst eine Investition einen Zahlungsstrom in Form einer Ausgabe aus.

6.3.1.2 Die Finanzierungsarten

Da als Finanzierung alle Maßnahmen zur Deckung des Kapitalbedarfs bezeichnet werden können, schließt der Finanzierungsbegriff **alle Möglichkeiten der Kapitalbeschaffung** ein. Betriebliche Finanzierungsmaßnahmen lassen sich nach den folgenden Kriterien unterscheiden und systematisieren (s. Abb. 6.3-2 auf S. 341).

◆ Mittelherkunft

Außen-/ Innen-finanzierung

Bei der **Außenfinanzierung** werden dem Unternehmen zusätzliche Finanzmittel von außen zugeführt. Dabei ist es unerheblich, ob die Mittel von bisherigen Eigentümern, neuen Anteilseignern oder Fremdkapitalgebern kommen. Um **Innenfinanzierung** handelt es sich entsprechend, wenn die Mittel intern erwirtschaftet werden. Einnahmequelle wäre hier z. B. die Zurückbehaltung von Gewinnen (= Selbstfinanzierung) oder die Bildung langfristiger Rückstellungen.

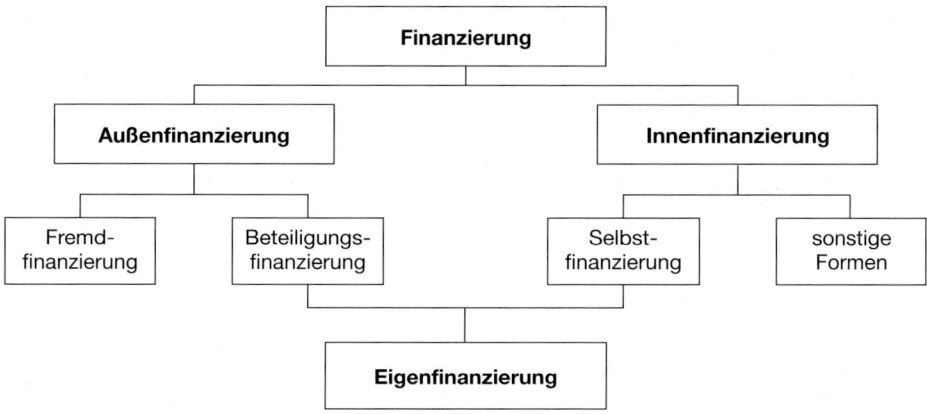

Abb. 6.3-2: Systematik der Finanzierungsarten

Quelle: Sprink, Finanzierung, S. 7

◆ **Rechtsstellung der Kapitalgeber**

Bei der **Fremdfinanzierung** wird Fremdkapital zugeführt. Dadurch erhalten Dritte, z. B. Banken oder Lieferanten, Ansprüche gegenüber dem Unternehmen. Als **Eigenfinanzierung** wird die Zufuhr von Eigenkapital bezeichnet.

Fremd-/ Eigenfinanzierung

◆ **Dauer der Finanzmittelbereitstellung**

Je nach Laufzeiten lassen sich **unbefristete** und **befristete** Finanzierungsarten unterscheiden. Letztere können wiederum in **kurz-**, **mittel-** und **langfristige** Finanzierungen unterteilt werden. Gebräuchlich ist eine Einteilung, nach der man Laufzeiten von bis zu einem Jahr als kurzfristig und Laufzeiten von über fünf Jahren als langfristig bezeichnet.

Finanzierungslaufzeiten

6.3.1.3 Liquidität und finanzielles Gleichgewicht

Bisher wurde der Finanzierungsbegriff vom Standpunkt des Umfangs der Kapitalbeschaffung und der dafür einzusetzenden Finanzierungsalternativen betrachtet. Die dritte wichtige Dimension der Finanzierung ist die Liquidität.

Liquidität wurde eingangs bereits als die Fähigkeit eines Unternehmens definiert, seinen fälligen Verbindlichkeiten termingerecht nachkommen zu können, sie ist damit Voraussetzung für den reibungslosen Ablauf des Betriebsprozesses. Der Begriff wird in der Literatur in zweifacher Bedeutung verwendet:

- Die **absolute Liquidität** beschreibt die Eigenschaft von Wirtschaftsgütern, als Zahlungsmittel verwendet zu werden oder in diese umgewandelt werden zu können. Sie lässt sich als **zeitlicher Abstand des betreffenden Gutes vom Geldzustand** definieren.

Liquiditätsbegriff

- Für betriebliche Entscheidungen wird die **relative Liquidität** herangezogen, die das **Verhältnis** zwischen dem **Bedarf an liquiden Mitteln** und den zu seiner Deckung **verfügbaren liquiden Mitteln** aufzeigt. Durch die Gegenüberstellung der verfügbaren Geldmittel und der fälligen Verbindlichkeiten lässt sich der Grad der liquiden Über- oder Unterdeckung feststellen und mithilfe von Kennzahlen ausdrücken.

Das **finanzielle Gleichgewicht** eines Unternehmens wird nur unter Beachtung des **Rentabilitätsziels** der Finanzwirtschaft erreicht. Es ist dann erreicht, wenn das Unternehmen das **Liquiditätsziel** erfüllt und seine finanziellen Dispositionen so trifft, dass das **Gewinnmaximum** erreicht wird.

6.3.2   Aussagekraft einer Finanzanalyse

Interne und externe Finanzanalyse

Die Wahrung des finanziellen Gleichgewichts im Unternehmen ist nur durch eine dauerhafte Analyse der finanziellen Situation möglich. Die **interne Finanzanalyse** liefert der Unternehmensleitung Planungs- und Kontrollinformationen zur Vorbereitung von Finanzentscheidungen. Aber auch für **Unternehmensexterne**, also etwa für potenzielle Kreditgeber, Lieferanten und Kunden, ist die Entwicklung der finanziellen Lage eines Unternehmens von Interesse.

Die Finanzanalyse stützt sich auf **Kennzahlen**, deren Daten dem **Jahresabschluss** entnommen werden und die Informationen über die **Kapitalverwendung** und -**aufbringung** liefern. Bei der externen Finanzanalyse ist der Jahresabschluss nahezu die einzige Informationsquelle.

6.3.2.1 Bestandsorientierte Finanzanalyse

Die Walzwerke AG, ein Unternehmen der Metall verarbeitenden Industrie, möchte von einem neuen Lieferanten, der Schutte GmbH, großzügige Zahlungsziele eingeräumt bekommen. Zur Beurteilung der Anfrage analysiert der zuständige Sachbearbeiter der Schutte GmbH einzelne Positionen der Bilanz der Walzwerke AG zum 31.12. des Jahres:

Aufbereitete Bilanz Walzwerke AG zum 31.12. d. J. (Beträge in Tausend EUR)

Aktiva		*Passiva*	
Anlagevermögen		*Eigenkapital*	
1. Sachanlagen	23.031	*(einschließlich Rücklagen*	**19.815**
		abzüglich Bilanzverlust)	
2. Finanzanlagen	*2.646*		
	25.677	*Langfristiges Fremdkapital*	
Umlaufvermögen		*1. Verbindlichkeiten mit Laufzeit*	14.500
1. Vorräte	32.760	*> 4 Jahre*	
2. Forderungen a. L. u. L.	18.375	*2. Pensionsrückstellungen*	*9.577*
3. Liquide Mittel	*1.236*		**24.077**
	52.371	*Kurzfristiges Fremdkapital*	
		1. Verbindlichkeiten bei	23.189
		Kreditinstituten	
		2. Verbindlichkeiten a. L. u. L.	5.853
		3. sonstige Verbindlichkeiten	*5.114*
			34.156
Gesamtvermögen	**78.048**	*Gesamtkapital*	**78.048**

(Die Bilanz ist in veränderter Form Waltermann/Speth/Beck/Schmitz, Rechnungswesen Industriekaufmann/Industriekauffrau, S. 488 entnommen.)

◆ **Kennzahlen zur Vermögensstruktur**

Die Kennzahlen zur Vermögensstruktur ermöglichen Aussagen über die **Art** und **Zusammensetzung des Vermögens** und über die **Dauer der Vermögensbindung.** Sie sollen auch Auskunft darüber geben, wie schnell **Vermögensteile** durch den Umsatzprozess **wieder zu Geld werden.** Es handelt sich um **vertikale Strukturkennzahlen,** die in Relation zur Bilanzsumme ausgedrückt werden. Übliche Kennzahlen der Vermögensstruktur sind:

Vertikale Vermögensstrukturzahlen

● Anlagenintensität $= \dfrac{\text{Anlagevermögen} \cdot 100}{\text{Gesamtvermögen}}$

● Sachanlagenintensität $= \dfrac{\text{Sachanlagen} \cdot 100}{\text{Gesamtvermögen}}$

● Umlaufintensität $= \dfrac{\text{Umlaufvermögen} \cdot 100}{\text{Gesamtvermögen}}$

● Forderungsintensität $= \dfrac{\text{Forderungen} \cdot 100}{\text{Gesamtvermögen}}$

Nach Analyse der Bilanz würden sich eine Anlagenintensität von etwa 33 % und eine Umlaufintensität von 67 % sowie eine Sachanlagenintensität von 29,5 % ergeben. Die Forderungsintensität beträgt 23,5 %.

Ein **niedriges Anlagevermögen** ist allgemein ein Kennzeichen für betriebliche Flexibilität. Denn Unternehmen mit einem kleinen Anlagevermögen können sich leichter Beschäftigungsschwankungen anpassen, da sie zum einen weniger Kapital langfristig gebunden haben und zum anderen auch geringere fixe Kosten aufweisen. Dieser positiven Bewertung eines geringen Anlagevermögens können bei Industriebetrieben auch negative Bewertungen gegenüberstehen. Ein geringes Anlagevermögen kann auch darauf hinweisen, dass der Betrieb mit alten, bereits abgeschriebenen Anlagen arbeitet und die Gefahr besteht, dass der Anschluss an den technischen Fortschritt verloren geht.

Aussagekraft der Vermögenszahlen

Eine ausgeprägt **hohe Umlaufintensität** kann bei materialintensiven Branchen auf einen zu hohen Lagerbestand und/oder einen zu hohen Forderungsbestand hinweisen. Beides ist nicht wirtschaftlich und unerwünscht. Sind die Forderungen aus Lieferungen und Leistungen erheblich höher als die Verbindlichkeiten aus Lieferungen und Leistungen, kann das auf eine Marktschwäche des Unternehmens hinweisen.

Während bei Handels- und Dienstleistungsbetrieben allgemein ein niedriges Anlagevermögen und ein hohes Umlaufvermögen positiv beurteilt werden, müssen bei Industriebetrieben **Kenntnisse der branchenspezifischen Gegebenheiten,** teilweise sogar der betriebsspezifischen Strukturen in die Beurteilung einbezogen werden. Während beispielsweise im Jahr 1998 in der Papierindustrie Deutschlands der Branchendurchschnitt für die Sachanlagenintensität bei 38,8 % lag, wies die Elektroindustrie einen Anteil von durchschnittlich 13,6 % aus. (Siehe für eine Darstellung der Branchendurchschnittswerte Perridon/Steiner, Finanzwirtschaft der Unternehmung, S. 545.)

Es bedarf demnach genauer Detailkenntnisse, um mit den Vermögenskennzahlen treffende Aussagen über die finanzielle Situation eines Unternehmens machen zu können.

◆ Kennzahlen zur Finanzierungsstruktur

Vertikale Kapitalstrukturenkennzahlen

Die Kapitalstruktur eines Unternehmens zeigt die Finanzierungsquellen auf und macht deutlich, wie sie sich nach Art, Sicherheit und Fristigkeit zusammensetzen. Sie ermöglicht zudem Aussagen über die Unabhängigkeit des Unternehmens. Kreditinstitute leiten aus der Finanzierungsstruktur u. a. Aussagen über die Bonität bzw. die Kreditwürdigkeit ab. Zu den **Kennzahlen der Kapitalstruktur** gehören:

- Eigenkapitalquote $= \dfrac{\text{Eigenkapital}}{\text{Gesamtkapital}} \cdot 100$

- Verschuldungsgrad $= \dfrac{\text{Fremdkapital}}{\text{Eigenkapital}} \cdot 100$

- Fremdkapitalquote $= \dfrac{\text{Fremdkapital}}{\text{Gesamtkapital}} \cdot 100$

Nach Analyse der Bilanz der Walzwerke AG wird eine Eigenkapital- und Fremdkapitalquote von rund 25 % bzw. 75 % und ein Verschuldungsgrad von ca. 294 % ermittelt.

Für Analysezwecke ist es ausreichend, eine der drei Zahlen heranzuziehen. Generell lässt sich sagen, dass ein Unternehmen umso solider finanziert ist, je höher der Eigenkapitalanteil ist.

Finanzierungsregeln als Qualitätsnormen

Zur Bewertung des Verhältnisses zwischen Fremd- und Eigenkapital existieren **vertikale Finanzierungsregeln**, die insbesondere bei der Kreditwürdigkeitsprüfung durch Banken als Qualitätsnormen gelten:

1:1-Regel	$\dfrac{\text{Fremdkapital}}{\text{Eigenkapital}} \leq 1$	Gilt als „erstrebenswerte" Relation.
2:1-Regel	$\dfrac{\text{Fremdkapital}}{\text{Eigenkapital}} \leq 2$	Gilt als „gesunde" Relation.
3:1-Regel	$\dfrac{\text{Fremdkapital}}{\text{Eigenkapital}} \leq 3$	Gilt als „noch zulässige" Relation.

Aussagekraft der Kapitalstrukturkennzahlen

Die Formulierung der drei verschiedenen Regeln macht deutlich, dass die Finanzierungsnormen unterschiedlich streng interpretiert werden. Die **1:1-Regel** wird gewöhnlich damit begründet, dass die Eigentümer eines Unternehmens mindestens genauso viel zur Finanzierung beitragen müssen wie die Gläubiger. Das Risiko der Gläubiger wird umso geringer eingeschätzt, je geringer der Anteil des Fremdkapitals am Gesamtkapital ist. Um Fremdkapitalgeber zu halten oder neue zu gewinnen, ist demnach ein möglichst hoher Eigenkapitalanteil zweckmäßig und notwendig.

Aus Sicht der Anteilseigner lässt sich aber auch gegen die 1:1-Regel argumentieren. Ein Unternehmen erreicht die Zielsetzung der langfristigen Gewinnmaximierung durch eine **Maximierung der Eigenkapitalrentabilität**. Das in ein Unternehmen investierte Fremdkapital muss unabhängig von der Auftragslage verzinst werden. Wenn nun die erzielte Verzinsung des Gesamtkapitals (Eigenkapital + Fremdkapital) höher ist als der fest vereinbarte Fremdkapitalzins, so fällt der gesamte vom Fremdkapital über den festen Fremdkapitalzins hinaus erwirtschaftete Ertrag dem Eigenkapital und somit den Anteilseignern zu.

Die Eigenkapitalrentabilität wird demnach umso größer, je kleiner der prozentuale Anteil des Eigenkapitals am Gesamtkapital ist, also je höher der Verschuldungsgrad ist. Diese Abhängigkeit der Eigenkapitalrentabilität vom Verschuldungsgrad wird als „**Leverage Effekt**" bezeichnet und soll am folgenden Beispiel verdeutlicht werden.

Leverage Effekt

Die Schutte GmbH erwirtschaftet mit einer Investition von 100.000,00 EUR einen Ertrag von 10.000,00 EUR. Die Gesamtkapitalrentabilität beträgt 10 %. Für den Fall, dass Teile der Investition mit Fremdkapital, auf das 7 % Zinsen zu entrichten sind, finanziert werden können, erhält man folgende Eigenkapitalrentabilitäten:

	Fall 1	*Fall 2*	*Fall 3*	*Fall 4*
Gesamtkapital	*100.000,00 EUR*	*100.000,00 EUR*	*100.000,00 EUR*	*100.000,00 EUR*
Fremdkapital	*–*	*25.000,00 EUR*	*50.000,00 EUR*	*75.000,00 EUR*
Eigenkapital	*100.000,00 EUR*	*75.000,00 EUR*	*50.000,00 EUR*	*25.000,00 EUR*
Verschuldungs-grad	*0*	*0,33*	*1,0*	*3,0*
Gewinn vor Fremdkapital-zinsen	*10.000,00 EUR*	*10.000,00 EUR*	*10.000,00 EUR*	*10.000,00 EUR*
– 7 % Fremd-kapitalzinsen		*1.750,00 EUR*	*3.500,00 EUR*	*5.250,00 EUR*
Gewinn	*10.000,00 EUR*	*8.250,00 EUR*	*6.500,00 EUR*	*4.750,00 EUR*
Eigenkapital-rentabilität	*10 %*	*11 %*	*13%*	*19 %*

(Das Beispiel basiert auf einem Zahlenbeispiel aus Wöhe/Bilstein, Grundzüge der Unternehmensfinanzierung, S. 410.)

Wenn die Gesamtkapitalrentabilität über dem Fremdkapitalzins liegt, kommt es zu einer Erhöhung der Eigenkapitalrentabilität bei zunehmender Verschuldung. Würde jedoch die Gesamtkapitalrentabilität unter den Fremdkapitalzins sinken, wäre der **Effekt negativ**, denn dann würde die Eigenkapitalrentabilität umso stärker zurückgehen, je höher der prozentuale Anteil des Fremdkapitals am Gesamtkapital ist. Der **Leverage Effekt** bezeichnet also die Hebelwirkung eines steigenden Verschuldungsgrades auf die Eigenkapitalrentabilität:

Liegt die Gesamtkapitalrentabilität über (unter) dem Fremdkapitalzinssatz, steigt (sinkt) die Eigenkapitalrentabilität proportional mit steigendem Verschuldungsgrad.

Wirkung des Verschuldungsgrads auf die Eigenkapitalrentabilität

Der funktionale Zusammenhang lässt sich wie folgt ableiten:

$$r_e = \frac{r \cdot (FK + EK) - r_f \cdot FK}{EK} = r + (r - r_f) \cdot \frac{FK}{EK}$$

r_e = Eigenkapitalrentabilität
r_f = Fremdkapitalzinssatz   EK = Eigenkapital
r = Gesamtkapitalrentabilität   FK = Fremdkapital

Die Aussicht auf beliebig hohe Eigenkapitalrentabilitäten könnte nahelegen, auf Eigenkapital vollständig zu verzichten. Diese Schlussfolgerung ist jedoch praxisfern.

Die Verfügbarkeit von Fremdkapital ist nicht nur eine Preisfrage. Wenn die Fremdkapitalgeber Wert darauf legen, dass bestimmte Kapitalstrukturen eingehalten werden, kann es zu einer mengenmäßigen Begrenzung der Kreditmittel kommen. Zudem verursacht die Zufuhr von Fremdkapital feste Zinskosten, die im Falle einer schlechten Ertragslage nicht reduziert werden können. Dadurch verstärkt sich das Risiko sinkender Gewinne für die Eigenkapitalgeber. Würde sich schließlich die Ertragslage des Unternehmens so verschlechtern, dass sich das im Unternehmen arbeitende Gesamtkapital geringer verzinst als das extern beschaffte Fremdkapital, so trägt die Kapitalstruktur zum Verlust der Anteilseigner bei.

Optimaler Verschuldungsgrad

Einem Unternehmen stellt sich in der Praxis immer das Problem, seine Kapitalstruktur individuell in Abhängigkeit von seinen Investitionsvorhaben und seinen Finanzierungsmöglichkeiten zu optimieren. Ein **optimaler Verschuldungsgrad** lässt sich für die Praxis nicht ableiten und wird auch in der Finanzierungstheorie kontrovers mit sich teilweise widersprechenden Auffassungen diskutiert.

◆ Kennzahlen der horizontalen Bilanzstruktur

Beziehungen zwischen Vermögen und Kapital

Vermögens- und Kapitalstruktur einer Unternehmung sollten nicht völlig unabhängig voneinander beurteilt werden. Mit horizontalen Bilanzstrukturkennzahlen können Beziehungen zwischen Vermögen und Kapital bzw. zwischen Investition und Finanzierung aufgezeigt werden. Je nach Fristigkeit lassen sich die sogenannten **langfristigen Anlagedeckungsgrade** und die **kurzfristigen Liquiditätsgrade** unterscheiden:

Langfristige Anlagedeckungsgrade

Langfristige Liquiditätsanalyse

In der langfristigen Liquiditätsanalyse werden verschiedene Deckungsgrade ermittelt, die langfristig gebundene Vermögensanteile mit langfristig zur Verfügung stehenden Kapitalien vergleichen:

● Anlagedeckung I $= \dfrac{\text{Eigenkapital}}{\text{Anlagevermögen}} \cdot 100$

● Anlagedeckung II $= \dfrac{\text{Eigenkapital + langfristiges Fremdkapital}}{\text{Anlagevermögen}} \cdot 100$

● Anlagedeckung III $= \dfrac{\text{Eigenkapital + langfristiges Fremdkapital}}{\text{Anlagevermögen + langfristiges Umlaufvermögen}} \cdot 100$

Aus der Bilanz der Walzwerke AG ergeben sich für die Anlagedeckung I und II rund 77 % und 171 %. Auf die Ermittlung der Anlagedeckung III wurde verzichtet, da es bei externer Analyse schwierig bzw. meist unmöglich ist, die langfristigen Teile des Umlaufvermögens zu bestimmen.

Dem Aufbau der Kennzahlen ist der **Grundsatz der Fristenkongruenz** zugrunde gelegt, nach dem die durch eine Investition bedingte Kapitalbindungsdauer gleich der durch die Finanzierung ermöglichten Kapitalüberlassungsdauer sein sollte. Das bedeutet, dass kurzfristiges (langfristiges) Vermögen mit kurzfristigem (langfristigem) Kapital finanziert werden muss. Dieser Grundsatz wird auch als **goldene Finanzierungsregel** bezeichnet.

Zur Bewertung der Deckungsgrade gibt es verschiedene normative Regeln, die **horizontalen Finanzierungsregeln**. Sie sollten als optimaler Zustand von einem Unternehmen angestrebt werden und bezwecken die Aufrechterhaltung der Liquidität zur Sicherung der Unternehmensexistenz:

Horizontale Finanzierungsregeln

- Die **goldene Bilanzregel** verlangt in ihrer **engsten Fassung**, dass das Anlagevermögen mit Eigenkapital finanziert werden müsse. Diese Regel beschreibt die Anlagendeckung I.

- In einer **weiteren Fassung** verlangt die **goldene Bilanzregel**, dass das Anlagevermögen langfristig, also mit Eigenkapital und langfristigem Fremdkapital finanziert werden müsse. Diese Regel entspricht der Anlagendeckung II und gilt heute als allgemein akzeptierte Faustregel für die Finanzierung.

- Eine **andere weite Fassung** der **goldenen Bilanzregel** bezieht auch die langfristigen Teile des Umlaufvermögens ein und fordert, dass auch diese durch langfristiges Kapital gedeckt sein müssen. Diese Fassung entspricht der Anlagendeckung III.

Die **Aussagefähigkeit dieser Kennzahlen** lässt sich durchaus relativieren. Denn die Liquiditätssituation eines Unternehmens leitet sich nicht allein aus Bestandsgrößen einer Bilanz, sondern auch aus der Abstimmung zwischen Zahlungseingängen und -ausgängen sowie aus der Möglichkeit der Kreditprolongation ab. Andererseits ist die goldene Bilanzregel in der Praxis von Bedeutung, weil das Risiko einer fehlenden Anschlussfinanzierung immer dann gegeben ist, wenn Teile des Anlagevermögens nur kurzfristig finanziert sind. Aus diesem Grunde legen Banken bei Kreditvergabeentscheidungen Wert auf die Einhaltung der angesprochenen Relationen. Für Unternehmen, die kreditwürdig sein wollen, ist die Ausprägung dieser Kennzahlen demnach relevant.

Aussagekraft der Kennzahlen

Kurzfristige Liquiditätsgrade

Die kurzfristige Liquiditätsanalyse bezieht Aktivpositionen mit unterschiedlicher Liquiditätsnähe auf kurzfristige Verbindlichkeiten und ermittelt so Liquiditätsgrade in drei Abstufungen:

Kurzfristige Liquiditätsanalyse

- Liquidität 1. Grades $= \dfrac{\text{Zahlungsmittel}}{\text{kurzfristige Verbindlichkeiten}} \cdot 100$

- Liquidität 2. Grades $= \dfrac{\text{Zahlungsmittel + kurzfristige Forderungen}}{\text{kurzfristige Verbindlichkeiten}} \cdot 100$

- Liquidität 3. Grades $= \dfrac{\text{Zahlungsmittel + kurzfristige Forderungen + Vorräte}}{\text{kurzfristige Verbindlichkeiten}} \cdot 100$

In Analogie zu den langfristigen Anlagendeckungsgraden ist es auch hier für Unternehmensexterne schwierig, die Fristen der Forderungen zu erkennen. Für die Berechnung der folgenden Werte wurden alle Forderungen a. L. u. L. (aus Lieferungen und Leistungen) angesetzt. Die Analyse der Bilanz der Walzwerke AG ergibt dann für die Liquiditäten 1., 2. und 3. Grades 3,6 %, 57,4 % und 153,3 %.

Es lässt sich verallgemeinern, dass je höher die ermittelte Prozentzahl ist, die Liquidität des Unternehmens umso günstiger zu beurteilen ist. Allerdings sollte beachtet werden, dass eine unnötig hohe Liquidität in der Regel zu Lasten der Rentabilität geht.

Aussagekraft der Kennzahlen

Die Liquidität 1. Grades, auch **Barliquidität** genannt, drückt das Verhältnis der Barmittel zu den kurzfristigen Verbindlichkeiten aus. Obwohl diese Kennzahl häufig in der Literatur genannt und auch in der Praxis angewandt wird, ist ihre Aussage sehr begrenzt, weil es nur **ungenaue Normvorstellungen** für diese Kennzahl gibt. Durchschnittlich wird die Barliquidität in der Praxis gering sein, da bei kurzfristigen Liquiditätsengpässen mit Bankkrediten gerechnet werden kann. Für die **Liquiditäten 2.** und **3. Grades** werden in der Praxis Werte von 100 % und 200 % gefordert.

Allgemein lassen Liquiditätsgrade nur einen groben Einblick in die **Liquiditätsverhältnisse am Bilanzstichtag** zu. Vor und nach dem Stichtag kann es um die Liquidität völlig anders bestellt sein. Ein sinnvoller Einsatz dieser Kennzahlen ist also nur im Zeitvergleich möglich. Wenn dann erkannt wird, dass sich Bilanzrelationen in einem Unternehmen im Zeitverlauf ändern, wäre das ein Anlass, nach den Gründen dafür zu recherchieren.

6.3.2.2 Cashflow-Analyse

Cashflow

Mithilfe dynamischer Betrachtungen in der Finanzanalyse lässt sich die Liquidität auch zeitraumbezogen abbilden und so das Problem der Stichtagsliquidität umgehen. Es handelt sich hierbei um eine Analyse von Bestandsveränderungen zwischen zwei Zeitpunkten (Bilanzstichtagen). Im Zusammenhang mit der Liquiditätsanalyse ist der **Cashflow** von zentraler Bedeutung. Er drückt den Einzahlungsüberschuss aus betrieblicher Tätigkeit aus. Der Cashflow wird auch als **Finanzkraft-Indikator** eines Unternehmens bezeichnet und misst die Fähigkeit, aus eigener Kraft Innenfinanzierung zu betreiben, Schulden zu tilgen und Dividenden zu zahlen.

Der Cashflow ist in der Literatur und in der Praxis in sehr unterschiedlichen Fassungen anzutreffen. Bei der direkten Form der Ermittlung wird die wörtliche Bedeutung des Cashflows als Einzahlungsüberschuss sehr offensichtlich. Die **direkte Ermittlung** wird vor allem bei **unternehmensinternen Analysen** verwendet. Eine externe Ermittlung in direkter Form ist meist nicht möglich.

◆ **Direkte Ermittlung des Cashflow:**

Zahlungswirksame Erträge
– Zahlungsunwirksame Erträge
= Cashflow

Bei der unternehmensexternen Analyse wird der Cashflow auf indirektem Wege ermittelt und über die erfolgswirtschaftliche Kennzahl des Jahresüberschusses abgebildet.

◆ **Indirekte Ermittlung des Cashflow:**

Bilanzgewinn (bzw. Bilanzverlust)
± Verlustvortrag/Gewinnvortrag aus der Vorperiode
= Jahresüberschuss
± Abschreibungen/Zuschreibungen
± Erhöhung/Verminderung der langfristigen Verbindlichkeiten
= Cashflow

6.3.3   Finanzplanung

6.3.3.1 Erfordernis einer Finanzplanung

Durch den güterwirtschaftlichen Leistungsprozess werden Zahlungsströme ausgelöst, deren Höhe und deren Zeitpunkt den **Kapitalbedarf** eines Unternehmens bestimmen. Der Kapitalbedarf steht nicht von vornherein für die gesamte Lebensdauer eines Unternehmens fest, sondern wird durch eine Vielzahl von **Bestimmungsfaktoren**, wie Betriebsgröße, Beschäftigungsgrad, Kosten- und Absatzentwicklung usw., beeinflusst. Diese Bestimmungsfaktoren sind wiederum das Ergebnis des gesamten Planungssystems eines Unternehmens. Die Finanzplanung ist somit stark von den übrigen Teilplänen, wie bspw. der Absatz-, Produktions-, Personal-, Beschaffungs- und Investitionsplanung abhängig. Die Ermittlung des Kapitalbedarfs und die Planung seiner Deckungsmöglichkeiten ist deshalb in die unternehmerische Gesamtplanung einzubeziehen.

Bestimmungsfaktoren des Kapitalbedarfs

Die **Finanzplanung hat zur Aufgabe**, die Veränderungen im Liquiditätsbestand zu prognostizieren, um die Zahlungsfähigkeit einer Unternehmung zu sichern. Sie muss zu diesem Zweck die finanziellen Vorgänge in einem Unternehmen ordnen und systematisieren. Zudem muss sie die innerhalb eines Zeitraums erwarteten Einzahlungen und Auszahlungen sowie sämtliche Maßnahmen, die für einen Liquiditätsausgleich notwendig sind, herbeiführen, systematisieren und gegenüberstellen.

Aufgabe

Das **Ziel der Finanzplanung** besteht in der Steuerung der finanziellen Entwicklung eines Unternehmens und in der Realisierung des finanzwirtschaftlichen Gleichgewichts unter Beachtung von Liquiditäts- und Rentabilitätsaspekten. Das bedeutet, dass sowohl Illiquidität als auch unrentable Überliquidität vermieden werden soll.

Die Finanzplanung findet ihren Niederschlag im **Finanzplan**, der den Mittelbedarf und die zu seiner Deckung vorhandenen und künftig erwarteten Mittel gegenüberstellt. Das bedeutet, dass die innerhalb eines Zeitraums veranschlagten Auszahlungen und Einzahlungen gegenübergestellt werden.

6.3.3.2 Aufbau von Finanzplänen und Ermittlung des Kapitalbedarfs

Die Grundstruktur eines Finanzplans ist recht einfach. Nach dem in der Abbildung (siehe S. 350) dargestellten Schema werden Ein- und Auszahlungen in wenig untergliederter Form ausgewiesen. Diese Darstellung kann für überschlägige Rechnungen ausreichen. Im konkreten Fall hängt die Gliederungstiefe von der Fragestellung ab, die dem Finanzplan zugrunde liegt.

Aufbau eines Finanzplans

Die Finanzplanung lässt sich **kurz-**, **mittel-** und **langfristig** durchführen. Die zeitlichen Abstände können Tage, Wochen, Monate oder Jahre betragen. Je nach Abstand zwischen den Zeitpunkten wird zwischen **Fein-** und **Grobplänen** unterschieden. Für kurzfristige Finanzpläne, die höchstens ein Jahr umfassen und der Liquiditätsplanung dienen, kommt in der Regel eine Feinplanung, für langfristige, sich über mehrere Jahre erstreckende Pläne lediglich eine Grobplanung in Betracht. In **langfristigen Plänen** geht es um die Ermittlung des Kapitalbedarfs, der aus der Durchführung verschiedener Vorhaben wie Gründungen, Kapazitätserweiterungen und Umstrukturierung erwächst, und um seine fristgerechte Deckung.

	Planungsintervall (z. B. Jahr)			
Ein- bzw. Auszahlungen	1	2	3	4
1 Anfangsbestand an Zahlungsmitteln (Überschuss/Fehlbetrag)				
Einzahlungen aus				
2 Summe der Einzahlungen				
Auszahlungen aus				
3 Summe der Auszahlungen				
Endbestand an Zahlungsmitteln (1 + 2 + 3) 4 (Überschuss/Fehlbetrag)				
5 Nicht genutzte Kredite (Kontokorrentkredite, sonstige Kreditrichtlinien)				

Abb. 6.3-3: Grundstruktur eines Finanzplans

Quelle: Bea/Dichtl/Schweitzer, Allgemeine Betriebswirtschaftslehre Bd. 3, S. 378.

Die Ermittlung des Kapitalbedarfs für das **Anlagevermögen** ist im langfristigen Finanzplan wenig problematisch, da sich aus der Investitionsplanung die Anschaffungskosten für die Anlagegüter feststellen lassen. Die Ermittlung des Kapitalbedarfs für das **Umlaufvermögen** ist schwieriger, da z. B. aufgrund von Lagerzeiten oder der Inanspruchnahme von Zahlungszielen Kapital mehrere Tage oder Wochen gebunden bleiben kann, bevor es wieder in liquider Form zurückfließt. Der Kapitalbedarf eines Tages entspricht also nicht immer dem Produktionsaufwand des Tages. Diese Problematik soll am folgenden Beispiel erläutert werden.

Die Koch KG verwendet für ihren Produktionsprozess täglich Rohstoffe im Wert von 5.000,00 EUR, die täglich neu angeliefert und bar bezahlt werden. Die Produktion dauert jeweils zwei Tage. Am zweiten Tag kann bereits mit dem neuen Produktionsprozess begonnen werden. Die Fertigerzeugnisse werden durchschnittlich einen Tag gelagert. Die Abnehmer bezahlen ihre Rechnung am zweiten Tag nach der Lieferung. Bei Abgabe der Produkte zum Selbstkostenpreis würde sich der folgende Kapitalbedarf ergeben (siehe Tabelle auf nächster Seite).

Aus der tabellarischen Darstellung wird deutlich, dass am 5. Tag die ersten im Produktionsprozess eingesetzten 10.000,00 EUR wieder in liquider Form in das Unternehmen zurückfließen. Ab dem 5. Tag entsprechen sich Einzahlungen und Auszahlungen, sodass der durchschnittliche Kapitalbedarf 35.000,00 EUR beträgt.

Tag	1	2	3	4	5	6
Produktion 1	5.000,00 EUR	5.000,00 EUR				
Produktion 2		5.000,00 EUR	5.000,00 EUR			
Produktion 3			5.000,00 EUR	5.000,00 EUR		
Produktion 4				5.000,00 EUR	5.000,00 EUR	
Produktion 5					5.000,00 EUR	5.000,00 EUR
Produktion 6						5.000,00 EUR
Summe der Auszahlungen	5.000,00 EUR	10.000,00 EUR	10.000,00 EUR	10.000,00 EUR	10.000,00 EUR	10.000,00 EUR
Einzahlung aus Produktion 1					10.000,00 EUR	
Einzahlung aus Produktion 2						10.000,00 EUR
Summe der Einzahlungen					10.000,00 EUR	10.000,00 EUR
Kapitalbedarf je Tag	5.000,00 EUR	10.000,00 EUR	10.000,00 EUR	10.000,00 EUR	–	–
Kapitalbedarf kumuliert	5.000,00 EUR	15.000,00 EUR	25.000,00 EUR	35.000,00 EUR	35.000,00 EUR	35.000,00 EUR

(Das Beispiel ist Wöhe/Bilstein, Grundzüge der Unternehmensfinanzierung, S. 402 ff. entnommen.)

In der Praxis besteht die langfristige Kapitalbedarfsrechnung aus vielen Einzelrechnungen, die aber wegen der Länge der Planungsperiode nur Durchschnittswerte liefern können. Verallgemeinert kann festgehalten werden, dass selbst bei sorgfältiger Ermittlung der Höhe und des zeitlichen Anfalls der Auszahlungen nur bei Unternehmen mit konstanter Beschäftigung und gleichmäßigen Einzahlungen brauchbare Ergebnisse ermittelt werden können. Die Gefahr, einen zu geringen Kapitalbedarf zu ermitteln, ist vor allem bei Gründungs- und Erweiterungsinvestitionen groß, wenn unvorhersehbare Schwierigkeiten auftreten. **Probleme der Kapitalbedarfsrechnung**

Wie bei jeder anderen Planung muss auch bei der Finanzplanung bereits während des Ablaufs oder am Ende bestimmter Zeitabschnitte eine **Kontrolle** der **Soll- und Istwerte** durchgeführt werden, aus der Korrekturansätze für laufende Pläne oder für spätere Pläne gewonnen werden können.

6.3.4 Formen der Außenfinanzierung

6.3.4.1 Einlagen- bzw. Beteiligungsfinanzierung

Alle Formen der Beschaffung von Eigenkapital durch Kapital- oder Sacheinlagen bisher bereits vorhandener oder neu hinzutretender Eigentümer/Gesellschafter wird als Einlagen- und Beteiligungsfinanzierung bezeichnet. Es ist dabei entscheidend, dass die Mittel von außen zugeführt werden. Die Zuführung erfolgt stets bei der Unternehmensgründung, aber auch bei späteren Kapitalerhöhungen. **Beschaffung von Eigenkapital**

Nicht jede Eigenkapitalzuführung von außen lässt sich als **Beteiligungsfinanzierung** bezeichnen, da in einem Unternehmen nicht zwangsläufig Beteiligungsverhältnisse vorliegen müssen, wie z. B. in einem Einzelunternehmen. Deshalb wird bei dieser Finanzierungsart auch von einer **Einlagenfinanzierung** gesprochen.

Ein wichtiger Bestimmungsfaktor für diese Finanzierungsart ist die **Rechtsform** der Unternehmung. Denn zum einen sind die sich aus einer Einlage/Beteiligung ergebenden Rechtsfolgen je nach gewählter Unternehmensform gesetzlich unterschiedlich geregelt, zum anderen unterscheiden sich auch die steuerlichen Konsequenzen je nach Unternehmensform.

◆ **Beteiligungsfinanzierung von Unternehmen ohne direkten Börsenzugang**

Beschaffung von Eigenkapital ohne organisierten Kapitalmarkt

Einzelunternehmen, Personengesellschaften, GmbHs, aber auch kleineren Aktiengesellschaften wird die Beschaffung von Eigenkapital dadurch erschwert, dass ihnen kein hoch organisierter Kapitalmarkt wie die Wertpapierbörse zur Verfügung steht.

Der Einzelunternehmer Werner Stamm e. K. benötigt für den Erweiterungsbau seiner Gärtnerei Eigenkapital in Höhe von 20.000,00 EUR.

Einer **Einzelunternehmung** bereitet die Beschaffung von Eigenkapital die größten Schwierigkeiten, da ihr nur das Vermögen des Unternehmers zur Verfügung steht. Der Einzelunternehmer kann das Eigenkapital durch Zuführung aus seinem Privatvermögen erhöhen (bzw. durch Entnahmen vermindern). Zur Verstärkung der Eigenkapitalbasis kommt bei dieser Gesellschaftsform vor allem die Innenfinanzierung in Betracht, indem der jährliche Gewinn ganz oder teilweise nicht entnommen wird. Soll die Rechtsform der Einzelunternehmung beibehalten werden, bietet sich als Möglichkeit der Beteiligungsfinanzierung die Aufnahme eines stillen Gesellschafters an.

Die **stille Gesellschaft** ist eine reine Innengesellschaft, die nach außen nicht in Erscheinung zu treten braucht. Die Einlage des stillen Gesellschafters geht in das Vermögen des Einzelunternehmers über. Für Außenstehende ist die stille Beteiligung aus der Bilanz nicht ersichtlich, da in ihr ein einziges Eigenkapitalkonto ausgewiesen wird. Der stille Gesellschafter ist mit einem „angemessenen Anteil" am Gewinn zu beteiligen. Einen möglichen Verlust trägt er nur in der Höhe seiner Einlage mit. Die Verlustbeteiligung kann jedoch auch ausgeschlossen werden. Je nach Art des Vermögensanspruchs, den der stille Gesellschafter beim Ausscheiden aus dem Unternehmen hat, unterscheidet man in eine **typische** und eine **atypische stille Gesellschaft**. Der typische stille Gesellschafter wird mit seiner nominellen Einlage abgefunden und der atypische stille Gesellschafter wird bei seiner Abfindung am Wertzuwachs des Unternehmens beteiligt.

Ein Einzelunternehmer hat auch die Möglichkeit, zur Erweiterung seiner Eigenkapitalbasis eine **Umgründung in eine Personengesellschaft** vorzunehmen.

Der Einzelunternehmer Werner Stamm – Gartenpflanzen – e. K. firmiert durch Aufnahme seines Freundes Peter Groß in die Stamm OHG um. Peter Groß zahlt 20.000,00 EUR als Eigenkapital in die gegründete OHG ein und erhält, da der Vertrag nichts anderes vorsieht, Geschäftsführungsbefugnis für die gesamte OHG. Außerdem nimmt er mit dem eingebrachten Betrag auch am Gewinn und Verlust der OHG teil. Beide Gesellschafter, Stamm und Groß, haften mit ihrem Privatvermögen in unbegrenzter Höhe für die Verbindlichkeiten der OHG.

Bei der **Offenen Handelsgesellschaft (OHG)** erfolgt die Beteiligungsfinanzierung durch das Einbringen neuen Kapitals der bisherigen Gesellschafter oder durch die Aufnahme neuer Gesellschafter. Die Aufnahme neuer Gesellschafter bringt jedoch mit sich, dass diese mit Leitungsfunktionen ausgestattet werden. Die Zahl der Gesellschafter einer OHG wird demnach nicht nur vom Kapitalbedarf, sondern auch von der sinnvollen und reibungslosen Aufteilung der Unternehmerfunktionen bestimmt. Ein gutes, persönliches Verhältnis der Gesellschafter untereinander ist für die Funktionsfähigkeit einer OHG unbedingt erforderlich. Eine OHG hat deshalb in der Praxis meist nicht mehr als vier Gesellschafter.

Bei der **Kommanditgesellschaft** (KG) ist die Anzahl der vollhaftenden **Komplementäre** aus den gleichen Gründen wie bei der OHG beschränkt. Jedoch besitzt die KG durch die Möglichkeit der Aufnahme von teilhaftenden **Kommanditisten** deutlich bessere Voraussetzungen zur Erweiterung der Eigenkapitalbasis. Denn Kommanditisten sind von der Geschäftsführung ausgeschlossen und haften nur in der Höhe ihrer Kapitaleinlage. Allerdings sind Kommanditisten nur so lange zu gewinnen, wie das Risiko einer Kapitalbeteiligung nicht als zu hoch erachtet wird. Als reine Kapitalanlage weist die Kommanditeinlage aufgrund ihrer schwierigen Realisierbarkeit Nachteile gegenüber anderen Kapitalanlageformen auf. Die Sicherheit und die Fungibilität (Austauschbarkeit bzw. Einsetzbarkeit) der Kommanditbeteiligung begrenzen daher die Ausweitung der Kapitalbasis der KG.

In der **Gesellschaft mit beschränkter Haftung** (GmbH) ist die Höhe des gezeichneten Kapitals festgelegt. Es wird durch die Ausgabe von Anteilen an die Gesellschafter aufgebracht. Die Gesellschafterhaftung ist auf die Einlage des Gesellschafters beschränkt, falls im Gesellschaftsvertrag keine Nachschusspflicht festgeschrieben ist. Für ihre Verbindlichkeiten haftet die GmbH nur mit ihrem Gesellschaftsvermögen. Die Haftungsbeschränkung erleichtert der GmbH die Aufnahme von Eigenkapital. Gegenüber börsenfähigen Aktien haben GmbH-Anteile allerdings den Nachteil, dass sie weniger fungibel sind, denn für sie existiert kein organisierter Markt. Zudem bedarf ihre Übertragung der notariellen Beurkundung.

In der **mangelnden Fungibilität** sowie in der Schwierigkeit der **Beurteilung des Risikos der Anlage** bestehen für einen reinen Kapitalanleger die Nachteile einer Beteiligung an einem Unternehmen ohne Börsenzugang. Zum einen fehlt ein Markt, an dem die Beteiligungen leicht wieder liquidierbar sind, zum anderen werden die Beteiligungen in der Regel nicht durch Sicherheiten geschützt, wie sie etwa bei der Vergabe von Krediten üblich sind. Aus Sicht der bisherigen Eigentümer bringt eine Ausweitung der Kapitalbasis zudem meist **unerwünschte Mitspracherechte**, den Zwang **zur Erzielung eines höheren Gewinns** und die Schwierigkeit der **Aufteilung stiller Reserven** mit sich.

Schwierigkeiten der Kapitalbeschaffung

◆ **Beteiligungsfinanzierung von Unternehmen mit Börsenzugang**

Die aufgeführten Probleme werden weitgehend ausgeschaltet, wenn ein gut funktionierender Wertpapiermarkt existiert, auf dem Unternehmensanteile jederzeit und ohne größere Transaktionskosten gehandelt werden können.

Beschaffung von Eigenkapital mit organisiertem Kapitalmarkt

Die **Aktiengesellschaft** (AG) und die **Kommanditgesellschaft auf Aktien** (KGaA) können durch Aktienemission Eigenkapital an der Börse aufnehmen. Für den Börsenzugang ist die Zulassung zu einem Börsensegment entscheidend.

Für den persönlich haftenden Gesellschafter der **Kommanditgesellschaft auf Aktien** gelten die gleichen Beschränkungen bezüglich der Erweiterung der Eigenkapitalbasis wie für die Komplementäre bei der KG. Die Ausdehnung der Kapitalbasis durch ihn wird vor allem durch seine Vermögensverhältnisse beschränkt. Die Kommanditaktionäre haften jedoch nur mit ihrer Einlage und haben gegenüber den Kommanditisten der KG den Vorteil, dass ihre Anteile, insbesondere wenn sie im Börsenhandel zugelassen sind, deutlich leichter zu realisieren sind. Im Vergleich zur Aktiengesellschaft besteht jedoch der Nachteil, dass sie einen geringeren Einfluss auf die Geschäftsführung des Komplementärs haben, als es dem Aktionär einer AG möglich ist. Der Aktionär einer AG kann nämlich über den von ihm bestimmten Aufsichtsrat den Vorstand kontrollieren und beeinflussen. In der Praxis ist die KGaA deshalb nicht weit verbreitet und auf wenige Familiengesellschaften beschränkt.

Vorzüge der Aktiengesellschaft

Die **Aktiengesellschaft** ist durch ihre rechtliche Ausgestaltung am besten für die Aufbringung großer Eigenkapitalbeträge geeignet. Das ist vor allem auf die folgenden Gründe zurückzuführen:

- Das **Kapital lässt sich in kleinste Teilbeträge aufteilen**, wodurch eine Beteiligung bereits mit wenig Kapital möglich ist.

- Für die Aktien bestehen **organisierte Märkte**, die eine hohe Verkehrsfähigkeit garantieren.

- Durch die **Organisationsform** ist eine große Anzahl von Aktieneigentümern möglich, bei denen vorausgesetzt werden kann, dass sie zumeist kein Interesse an der Geschäftsführung haben, sondern an der Rentabilität ihres eingesetzten Kapitals.

- Das **Aktiengesetz** gibt eine sichere Rahmenbedingung für die Ausgestaltung des Gesellschaftsvertrages vor. Es regelt die Rechte der Eigentümer und schafft Sicherheit für die Kapitalanlage.

Eigenkapital durch Aktienemissionen

Trotz dieser Vorteile ist die Aufbringung von Eigenkapital durch Aktienemissionen in der Bundesrepublik Deutschland im internationalen Vergleich noch gering entwickelt. Hinzu kommt, dass das Vertrauen der Anleger durch die Kursentwicklung auf den Aktienmärkten seit dem Jahr 2000 empfindlich gestört ist. Solche Entwicklungen erschweren die Kapitalbeschaffungsmöglichkeiten der Unternehmen durch Aktienemissionen erheblich.

Aktienarten

Folgende **Aktienarten** lassen sich unterscheiden:

- nach der **Art der verbrieften Rechte**: Stammaktien, Vorzugsaktien
- nach der **Übertragbarkeit der Rechte**: Inhaberaktien, Namensaktien, vinkulierte Aktien
- nach der **Zerlegbarkeit des Kapitals**: Nennwertaktien, nennwertlose Stückaktien

Inhaber von **Stammaktien** besitzen alle Rechte, die das Aktiengesetz für den Normalfall vorsieht. Dazu gehört das Recht auf die Teilnahme und Auskunftserteilung in der Hauptversammlung, das Stimmrecht, das Recht auf Dividende, das Recht auf einen Anteil am Liquidationserlös, das Bezugsrecht bei Neuemissionen und das Recht auf Anfechtung von Hauptversammlungsbeschlüssen.

Im Gegensatz dazu gewähren **Vorzugsaktien** dem Aktionär Vorzüge hinsichtlich Dividende, Stimmrecht, Bezugsrecht oder Liquidationserlös gegenüber den Stammaktionären. Allerdings handelt es sich hierbei meist nicht um absolute Vorzüge, sondern um einen Vorteil der Vorzugsaktie, der von einem Nachteil begleitet wird. Oft verbriefen Vorzugsaktien einen Dividendenvorteil gegenüber den Stammaktien, gewähren zugleich aber kein Stimmrecht. Solche Titel werden als **Dividendenvorzugsaktien** bezeichnet. Hauptmotiv für die Ausgabe solcher Aktien ist die Erweiterung der Eigenkapitalbasis bei gleichzeitigem Erhalt der bestehenden Machtverhältnisse im Unternehmen.

Die Übertragung von **Inhaberaktien** erfolgt durch Einigung und Übergabe an der Börse. Sie sind aufgrund ihrer einfachen Handhabung sehr gebräuchlich. Im Gegensatz dazu ist die Übertragung von **Namensaktien** erst durch Indossament erfolgt, also dann, wenn der neue Aktionär in das Aktienbuch der Gesellschaft eingetragen wurde. Aus Sicht der Aktiengesellschaft hat diese aufwendigere Form den Vorzug, dass ein Überblick über die Eigentümerstruktur gewahrt wird. Eine seltene Unterart der Namensaktie ist die **vinkulierte Namensaktie**, bei der die Gesellschaft bei jeder Aktienübertragung ihre Einwilligung geben muss und so unerwünschte Beteiligungsverhältnisse verhindern kann.

In Deutschland gilt für **Nennwertaktien** ein Mindestwert von einem Euro. Höhere Nennwerte müssen in vollen Euro-Beträgen lauten. Aus der Summe der Aktiennennwerte ergibt sich das Grundkapital einer Gesellschaft. Seit dem Eintritt in die Europäische Währungsunion im Jahr 1999 dürfen in Deutschland auch **nennwertlose Stückaktien** ausgegeben werden. Die Einführung von Stückaktien setzt voraus, dass in der Satzung der Gesellschaft die Anzahl der insgesamt umlaufenden Aktien angegeben wird. Bei diesen Aktien muss entsprechend mindestens 1,00 EUR des gezeichneten Grundkapitals auf eine Aktie entfallen. Unbegrenzte Aktiensplits sind also nicht möglich; zudem ist die Emission von Stückaktien für einen geringeren Betrag als den fiktiven Nennwert von einem Euro nicht zulässig.

Aktienemissionen müssen in Erstemissionen bisher nicht börsennotierter Unternehmen und Kapitalerhöhungen börsennotierter Unternehmen unterschieden werden:

Aktien-emissionen

Als **Erstemission** wird der erstmalige Verkauf von Aktien an externe Kapitalgeber an organisierten Finanzmärkten bezeichnet. Sie stellen öffentliche Angebote zur Zeichnung der Aktien dar und sind, um die Handelbarkeit der Aktien zu gewährleisten, in der Regel mit einer Börseneinführung verbunden. Die Emissionserlöse fließen dem Unternehmen zu und dienen der Verbesserung der Eigenkapitalausstattung. Mit der Zuführung externen Eigenkapitals werden meist folgende **Ziele** verfolgt: Innovations- und Expansionsfinanzierung, Erschließung neuer Kapitalquellen, Gewährleistung unternehmerischer Flexibilität sowie Publizitäts- und Imageverbesserung.

Ziele

Auch **Kapitalerhöhungen bereits börsennotierter Unternehmen** dienen der Erweiterung der Eigenkapitalbasis. Das deutsche Aktiengesetz unterscheidet verschiedene Formen der Kapitalerhöhung:

Formen der Kapital-erhöhung

- Die gebräuchlichste Art der Beteiligungsfinanzierung ist eine Erweiterung der Eigenkapitalbasis durch eine **ordentliche Kapitalerhöhung**, d. h. eine Kapitalerhöhung gegen Einlagen.

- Die **Kapitalerhöhung aus Gesellschaftsmitteln** ist ein rein verrechnungstechnischer Vorgang und kein Finanzierungsvorgang, da lediglich Umschichtungen des Eigenkapitals vorgenommen werden und kein Mittelzufluss erfolgt. Bei dieser Art der Kapitalerhöhung werden Rücklagen in Grundkapital umgewandelt. Bilanziell wirkt sie sich als Passivtausch aus. Das gezeichnete Kapital nimmt zu und die Gewinnrücklagen nehmen ab. An die Aktionäre müssen Berichtigungsaktien, sogenannte **Gratisaktien**, ausgegeben werden. Durch die Ausgabe von Gratisaktien verringert sich der Börsenkurs der Aktien. Die einzelne Aktie wird „leichter" und größere Aktionärskreise werden angesprochen.

Kapitalerhöhungen bedürfen der Zustimmung der Aktionäre mit Dreiviertelmehrheit des auf der Hauptversammlung vertretenen Grundkapitals. Das Eigenkapital einer Aktiengesellschaft setzt sich aus dem **Grundkapital**, das nach unten auf 50.000,00 EUR begrenzt ist, und den **Rücklagen** zusammen. Bei Bareinlagen muss das Grundkapital mindestens zu 25 % eingezahlt werden und auch bei einer Kapitalerhöhung müssen mindestens 25 % des Erhöhungskapitals eingezahlt werden. Sacheinlagen müssen zu 100 % geleistet werden.

Wert des Bezugsrechts

Bei **ordentlicher Kapitalerhöhung** werden neue („junge") Aktien gegen Bezahlung oder sehr selten auch gegen Sacheinlagen ausgegeben. Den bisherigen Aktionären muss ein **Bezugsrecht** für den Zukauf der jungen Aktien entsprechend ihrer Beteiligung gewährt werden. Dieses Bezugsrecht kann nur durch Beschluss der Hauptversammlung mit Dreiviertelmehrheit des vertretenen Aktienkapitals ausgeschlossen werden und dient dem Schutz der Vermögensinteressen der Altaktionäre. Denn ohne Bezugsrecht würden die bisherigen Aktionäre einen Vermögensverlust durch das Absinken des Aktienkurses nach erfolgter Kapitalerhöhung erleiden, weil sich das Eigenkapital nach der Kapitalerhöhung auf mehr Anteilseigner verteilt. Man spricht auch von einer Kapitalverwässerung. Zum Vermögensverlust käme für die Altaktionäre auch noch eine Veränderung der alten Stimmenverhältnisse in der Hauptversammlung hinzu.

Der **rechnerische Wert des Bezugsrechts** ergibt sich aus der folgenden Formel:

Bezugsrechtsformel

$$\text{Wert eines Bezugsrechts} = \frac{\text{Kurs der alten Aktien} - \text{Bezugskurs der jungen Aktien}}{\dfrac{\text{Anzahl alter Aktien}}{\text{Anzahl junger Aktien}} + 1}$$

Die Bezugsrechtsformel kann um einen eventuellen Dividendennachteil erweitert werden, wenn verrechnet werden soll, dass die jungen Aktien im Ausgabejahr nur einen anteiligen Dividendenanspruch haben. Das ist z. B. der Fall, wenn junge Aktien zur Jahresmitte ausgegeben werden und deshalb nur einen Dividendenanspruch für ein halbes Jahr haben sollen.

Bezugsrechtshandel

Bezugsrechte können gekauft und verkauft werden, denn es kann sein, dass Altaktionäre nicht in der Lage sind oder kein Interesse haben, ihre Bezugsrechte wahrzunehmen. Bezugsrechte werden deshalb an der Börse gehandelt und selbstständig notiert. Der **tatsächliche Wert des Bezugsrechts** richtet sich nach Angebot und Nachfrage und kann somit vom rechnerischen Wert abweichen. Der tatsächliche Wert wird von den Erwartungen über zukünftige Kursentwicklungen, vom Dividendenzeitpunkt und von der Dividendenerwartung beeinflusst.

6.3.4.2 Fremdfinanzierung

Zufuhr von Fremdkapital

Im Rahmen der Außenfinanzierung liegt eine Fremdfinanzierung vor, wenn einem Unternehmen **Kapital durch Gläubiger zugeführt** wird, die dadurch kein Eigentum am Unternehmen erwerben, sondern mit dem Unternehmen für eine bestimmte Zeit schuldrechtlich verbunden bleiben.

Die Stamm OHG benötigt zur Erschließung eines Grundstücks, auf dem eine Baumschule entstehen soll, zusätzliche Finanzmittel in Höhe von 10.000,00 EUR. Um die

Liquidität der Gesellschaft nicht zu gefährden, nimmt Werner Stamm bei seiner Hausbank einen Kredit auf, der die Stamm OHG zu monatlichen Zinszahlungen und Tilgungsraten verpflichtet.

Da keine Beteiligung entsteht, hat der Fremdkapitalgeber **kein Recht auf Mitsprache bzw. Mitwirkung in der Unternehmensführung.** Hier muss jedoch einschränkend angemerkt werden, dass im Falle einer starken Abhängigkeit von einem Großkreditgeber dieser auf Vertragsbedingungen bestehen kann, die ihm durchaus eigentümerähnliche Mitsprache- und Kontrollrechte einräumen.

Chancen und Risiken der Fremdfinanzierung

Fremdkapitalgeber sind auch **nicht erfolgsbeteiligt.** Ihr Entgelt für die Kapitalüberlassung besteht aus einer festen Verzinsung des Kredits. Diese Zinsen belasten die Liquidität des Unternehmens konstant, denn sie sind auch zu zahlen, wenn das Unternehmen Verluste erleidet. Das **Verlustrisiko** wird zunächst vom Eigenkapital getragen. Der Gläubiger erleidet erst dann Verluste, wenn die im Unternehmen vorhandenen Vermögenswerte und Sicherheiten zur Befriedigung seiner Ansprüche nicht mehr ausreichen.

◆ Kreditwürdigkeit und Kreditsicherungsmöglichkeiten

Potenzielle Fremdkapitalgeber werden vor der Kreditvergabe versuchen das Risiko abzuschätzen, das sie eingehen, wenn sie den Kredit gewähren. Bei der Prüfung der **Kreditwürdigkeit** ist aus Kreditgebersicht grundsätzlich Folgendes zu klären:

Kreditwürdigkeitsprüfung

- Ist der Kreditnehmer **kreditfähig**? Diese Prüfung betrifft die Fragestellung, ob der potenzielle Vertragspartner die rechtliche Fähigkeit besitzt, als Kreditnehmer aufzutreten. Falls diese Prüfung negativ ausfällt, ist eine Kreditvergabe grundsätzlich unmöglich.

- Ist der Kreditnehmer **persönlich kreditwürdig**? Bei dieser Prüfung versucht sich der Kreditgeber anhand aller zur Verfügung stehenden Daten ein Bild über die Persönlichkeit, die Vertrauenswürdigkeit und den Ruf des Schuldners zu machen.

- Ist der Kreditnehmer **wirtschaftlich kreditwürdig**? Bei dieser Prüfung werden die Vermögenssituation, die Ertragskraft, die Liquiditätslage und die Qualität der Sicherheiten des Kreditnehmers beurteilt.

Ist Fremdkapitalgebern das Risiko zu hoch, einen Blankokredit zu gewähren, so werden sie Sicherheiten verlangen, aus denen sie, wenn der Schuldner seinen Zahlungsverpflichtungen nicht mehr nachkommt, ihre Ansprüche geltend machen können. Nach Art der Sicherheit lassen sich die folgenden **Personal- und Realsicherheiten** unterscheiden:

Sicherheiten

Personalsicherheiten	Realsicherheiten
– Bürgschaft – Garantie	– Eigentumsvorbehalt – Sicherheitsübereignung – Pfandrecht – Sicherungsabtretung – Hypothek – Grundschuld

Während bei einer Personalsicherheit neben dem Schuldner eine oder mehrere Personen haften, besteht eine Realsicherheit darin, dass der Kreditgeber neben einer persönlichen Haftung des Schuldners auch Rechte an Vermögensgegenständen des

Schuldners hat. Die Qualität der Personalsicherheit hängt von der Bonität der zusätzlich haftenden Person ab; die Qualität der Sachsicherheit hängt von der Verwertbarkeit des Vermögensgegenstands ab.

* Durch eine **Bürgschaft** verpflichtet sich der Bürge gegenüber dem Kreditgeber des Schuldners, für die Erfüllung der Ansprüche gegen den Schuldner einzustehen. Der Kreditgeber kann somit die Zahlung vom Bürgen einfordern, wenn der Kreditnehmer nicht mehr zahlen kann. Der Bürge kann, falls es vertraglich oder gesetzlich nicht ausgeschlossen ist, die **Einrede der Vorausklage** geltend machen und die Leistung verweigern, solange der Kreditgeber nicht eine Zwangsvollstreckung gegen den Kreditnehmer erfolglos versucht hat. Kreditinstitute verlangen in der Regel **selbstschuldnerische Bürgschaften**, bei denen der Bürge auf die Einrede der Vorausklage verzichtet. Der Kreditgeber kann in diesem Fall sofort auf den Bürgen zurückgreifen.

* Im Gegensatz zur Bürgschaft ist die Übernahme einer **Garantie** gesetzlich nicht geregelt. Wie bei der Bürgschaft verpflichtet sich der Garant, für einen in der Zukunft liegenden Erfolg einzustehen. Der Unterschied zur Bürgschaft liegt darin, dass die Garantie **nicht akzessorisch** ist, d. h., sie ist von der dem Vertragsabschluss zugrunde liegenden Forderung unabhängig. Die Sicherheit erlischt also nicht mit Erlöschen der zugrunde liegenden Forderung und wird als **fiduziarisch** bezeichnet. Der Garant ist daher stärker verpflichtet als der Bürge.

* Der **Eigentumsvorbehalt** ist das wichtigste Sicherungsmittel für Lieferantenkredite. Er besteht darin, dass sich der Verkäufer einer beweglichen Sache das Eigentum an der Sache bis zur vollständigen Zahlung des Kaufpreises durch den Käufer vorbehält. Wird unter dieser Voraussetzung über das Vermögen des Käufers die Insolvenz eröffnet, kann der Lieferant wegen des fehlenden Eigentums die Aussonderung seiner gelieferten Ware aus der Insolvenzmasse verlangen. Solange sich die Ware unverändert beim Käufer befindet, ist der Eigentumsvorbehalt ein starkes Recht, das allerdings deutliche Schwächen hat, wenn der Käufer die Sache weiterverarbeitet oder weiterveräußert. Gegen solche Risiken schützen erweiterte rechtliche Konstruktionen des Eigentumsvorbehalts.

* Ein **Pfandrecht** setzt die Einigung und Übergabe einer Sache an den Kreditgeber voraus. Es erlischt, wenn das Pfand an den Eigentümer zurückgegeben wird. Diese Sicherheit hat den Nachteil, dass als Sicherheiten geeignete Vermögensgegenstände nicht genutzt werden können, weil sie im Produktionsprozess gebraucht werden oder weil der Kreditgeber keine entsprechenden Lagerkapazitäten hat.

* Bei einer **Sicherheitsübereignung** überträgt der Kreditnehmer dem Kreditgeber das Eigentum an einer beweglichen Sache. Der unmittelbare Besitzer der Sache bleibt der Kreditnehmer, der die Sache auch weiterhin nutzen darf. Die Sicherheitsübereignung ermöglicht somit auch, laufend benötigte betriebliche Gegenstände wie Maschinen und Fahrzeuge als Sicherheiten anzubieten.

* Neben beweglichen Sachen kann zur Kreditsicherung auch die **Sicherungsabtretung** von Rechten oder Forderungen erfolgen. Von großer praktischer Bedeutung ist die Abtretung von Forderungen aus Lieferungen und Leistungen. Bei einer **Forderungszession** tritt der Kreditnehmer dem Kreditgeber eine Forderung gegenüber einer anderen Person ab. Wird der Schuldner der Forderung von der Abtretung unterrichtet, spricht man von einer **offenen Zession**. Erfolgt keine Benachrichtigung, liegt eine **stille Zession** vor. Bei der offenen Zession ist der Kreditgeber bes-

ser geschützt, da hierbei der Schuldner der Forderung Zahlungen mit befreiender Wirkung nur an ihn leisten kann. Da durch die Publizitätswirkung der offenen Zession das Ansehen des Kreditnehmers in der Öffentlichkeit beeinträchtigt werden kann, sind in der Praxis stille Forderungsabtretungen üblich.

* Verfügt ein Kreditnehmer über Grundstücke und Gebäude oder möchte er einen langfristigen Kredit zur Errichtung eines Gebäudes verwenden, kann er dem Kreditgeber Sicherheiten in Form von **Grundpfandrechten** anbieten. Sie entstehen durch Eintragung ins Grundbuch beim zuständigen Amtsgericht. Grundpfandrechte als Kreditsicherungsmittel können in Form einer Hypothek oder Grundschuld eingeräumt werden. Wird eine **Hypothek** zur Besicherung eines Grundstücks bestellt, ist der Kreditgeber berechtigt, zur Befriedigung seiner Ansprüche die Verwertung des Grundstücks zu betreiben. Gebäude gehören als feste Bestandteile immer mit zum Grundstück. Eine Hypothek ist streng akzessorisch, d. h., sie ermäßigt sich bzw. erlischt entsprechend der zugehörigen Geldforderung.

Die **Grundschuld** hingegen ist fiduziarisch. Sie setzt keine persönliche Forderung des Gläubigers voraus und liegt unabhängig davon auf dem Grundstück mit der Wirkung, dass aus diesem an den Eigentümer der Grundschuld eine Geldsumme zu zahlen ist. Sie ist daher ein abstraktes Sicherungsmittel, das in besonderer Weise geeignet ist, Kredite zu sichern, und bleibt als Sicherheit erhalten, wenn der Kredit vorübergehend, teilweise oder ganz zurückbezahlt wird.

◆ **Formen der Fremdfinanzierung**

Kurzfristige Fremdfinanzierung	Langfristige Fremdfinanzierung
– Lieferantenkredit – Kundenkredit – Kontokorrentkredit – Diskontkredit – Akzeptkredit – Avalkredit – Lombardkredit	– Langfristige Darlehen von Kreditinstituten oder Kapitalsammelstellen – Anleihen von Unternehmen am Kapitalmarkt

Der großen Zahl kleiner und mittlerer Unternehmen wird die Emission von Anleihen oder die Aufnahme von Schuldscheindarlehen nicht möglich sein, deshalb werden sie sich über langfristige Bankkredite finanzieren oder **kurzfristige Kreditformen** nutzen: **Kurzfristige Kredite**

* **Lieferantenkredite** entstehen als vom Lieferanten freiwillig gewährte Kredite, die durch vorher vereinbarte Zahlungsbedingungen gekennzeichnet werden und immer mit der Lieferung von Waren und Dienstleistungen verbunden sind. Nicht die Kreditgewährung ist der eigentliche Geschäftsanlass, sondern das Umsatzziel. Der Lieferantenkredit ist somit ein besonderes Mittel der Absatzpolitik.

* Der **Kundenkredit** dreht die Konstellation des Lieferantenkredits um. Auf der Basis einer vertraglichen Vereinbarung kreditiert der Kunde den Lieferanten mit einer Anzahlung auf die zukünftig zu erstellende Leistung.

* Der **Kontokorrentkredit** ist die am meisten verbreitete Form des kurzfristigen Bankkredits. Der Kreditnehmer bekommt von einem Kreditinstitut eine Kreditlinie auf sein Kontokorrent eingeräumt, die einen Maximalbetrag des flexibel zu beanspruchenden Kredits darstellt.

* Der **Diskontkredit** ist ein Wechselkredit. Der Abnehmer einer Ware erhält vom Lieferanten einen Wechsel in Höhe des Rechnungsbetrags. Wenn der Abnehmer den Wechsel akzeptiert hat, gibt er ihn an den Lieferanten zurück. Der Lieferant wiederum kann nun den Wechsel an ein Kreditinstitut verkaufen, das ihm vor dem Zeitpunkt der Fälligkeit die abgezinste Wechselsumme zur Verfügung stellt. Dieses Kreditmittel war, solange die Banken die Möglichkeit hatten, die angekauften Wechsel bei der Bundesbank zum Rediskontsatz zu refinanzieren, sehr beliebt und kostengünstig. Nachdem die Refinanzierungsmöglichkeit mit dem Eintritt in die Europäische Währungsunion entfallen ist, verliert der Wechsel im Inland zunehmend an Bedeutung. Er wird heute vor allem im Auslandsgeschäft verwendet.

* Ein **Akzeptkredit** entsteht, wenn ein Kreditinstitut einen Wechsel, den einer ihrer Kunden auf die Bank gezogen hat, akzeptiert. Der Kunde besitzt nur durch das Bankakzept ein Wertpapier, das eine einwandfreie Bonität aufweist und zu Finanzierungszwecken verwendet werden kann.

* Der **Avalkredit** begründet die Übernahme einer Bürgschaft oder einer Garantie des Kreditinstituts für die Verbindlichkeiten eines Bankkunden.

* Bei einem **Lombardkredit** gewährt das Kreditinstitut einen Kredit gegen Verpfändung beweglicher Sachen und Rechte. Es kann sich hierbei um Waren, Wertpapiere, Wechsel, Forderungen oder Edelmetall handeln.

Langfristige Kredite
Der Bereich der **langfristigen Fremdfinanzierung** stellt eine wichtige Finanzierungsquelle für kleinere und mittelständische Unternehmen dar. Langfristige Bankkredite, die eine Laufzeit von 15 bis 30 Jahren haben, werden als Investitionskredite verwendet. Je nach Tilgungsmodalitäten lassen sich drei Hauptgruppen von **Darlehensarten** unterscheiden:

* Bei **Annuitätendarlehen** bezahlt der Kreditnehmer jährlich gleichbleibende Beträge (= feste Annuitäten), von denen ein jährlich zunehmender Teil zur Tilgung und ein abnehmender Teil zur Verzinsung der Restschuld dient.

* Das **Abzahlungsdarlehen** wird durch eine jährlich gleichbleibende Tilgungsrate gekennzeichnet, die dazu führt, dass der Zinsaufwand durch die fortschreitende Rückzahlung des Darlehens sinkt und damit die gesamte Jahresleistung des Schuldners laufend abnimmt (= fallende Annuitäten).

* Beim **Zinsdarlehen** werden während der Laufzeit lediglich Zinsen gezahlt. Die Tilgung des Darlehens erfolgt erst am Ende der Laufzeit durch eine einmalige Rückzahlung.

Anleihen
Zur langfristigen Finanzierung von Investitionen stehen **emissionsfähigen Unternehmungen** auch **Anleihen** zur Verfügung. Die Emissionsfähigkeit ist hier nicht auf bestimmte Rechtsformen beschränkt. Sie wird aber durch die Bonitätsanforderungen an den Anleiheemittenten und den Mindestbetrag von 100 Mio. Euro, der für die Zulassung einer Anleihe an der Börse vorgeschrieben ist, bestimmt. In der Praxis können also nur Großunternehmen, also meist Aktiengesellschaften, diese Form der Fremdfinanzierung wählen. Bei einer Anleihe handelt es sich um langfristige Darlehen, die Unternehmen an der Börse aufnehmen können. Im Unterschied zum klassischen Darlehen wird jedoch nicht ein einzelner Kapitalgeber, sondern der gesamte Kapitalmarkt als Kapitalgeber angesprochen.

Schuldverschreibungen
Anleihen werden in Teilschuldverschreibungen zerlegt, die jeweils einen bestimmten Teilbetrag der Anleihe verbriefen. Die **Schuldverschreibungen** stellen handelbare Wertpapiere dar, lauten auf einen bestimmten Nennbetrag und verpflichten den Aussteller

zur Rückzahlung des aufgenommenen Geldbetrags sowie zu regelmäßigen Zinszahlungen. Schuldverschreibungen werden von großen Unternehmen, vom Staat, den öffentlichen Körperschaften und von Banken ausgestellt. Schuldverschreibungen privater Unternehmen werden als **Industrieobligationen** bezeichnet. Dieser Name hat sich für alle privaten Schuldverschreibungen eingebürgert, auch Anleihen des Handels werden so bezeichnet.

Beim **Schuldscheindarlehen** werden die Kapitalgeber am nicht organisierten Kapitalmarkt gefunden. Es handelt sich um langfristige Großdarlehen, ab ca. 1 Mio. EUR, die von sogenannten Kapitalsammelstellen, wie z. B. Versicherungen, zur Verfügung gestellt werden. Schuldscheindarlehen werden direkt beim Kreditgeber aufgenommen oder durch eine Bank vermittelt. Der Schuldschein selber, nach dem dieses Darlehen benannt ist, ist das Dokument, das die Kreditbeziehung belegt. Ein Schuldschein muss aber nicht ausgestellt werden; heute ist es üblicher, mit einem Darlehensvertrag zu arbeiten.

Schuldscheindarlehen

Für kleine und mittelständische Unternehmen, die keinen Börsenzugang besitzen, können sich hinsichtlich der hohen Anforderungen an die langfristigen Finanzierungsinstrumente Finanzierungslücken eröffnen. Solche Unternehmen haben in den letzten Jahren verstärkt versucht diese Finanzierungslücken durch die Nutzung von **Sonderformen der Finanzierung**, wie z. B. das Leasing und das Factoring, zu schließen.

Sonderformen der Finanzierung

- Als **Leasing** wird die entgeltliche, pacht- oder mietähnliche Überlassung von Wirtschaftsgütern zur Nutzung oder zum Gebrauch auf Zeit bezeichnet.

- Beim **Factoring** kauft ein Factorinstitut Forderungen aus Lieferung und Leistung eines Unternehmens an und stellt dem verkaufenden Unternehmen Liquidität durch Bevorschussung der Forderungen zur Verfügung. Zusätzlich können noch Vereinbarungen über die Übernahme des Ausfallrisikos getroffen werden.

6.3.5 Formen der Innenfinanzierung

Bei dieser Finanzierungsart finanziert sich ein Unternehmen **aus eigener Kraft** heraus. Das bisher im Unternehmen gebundene Kapital wird durch Desinvestition in liquide Mittel umgewandelt. Die Desinvestition kann zum einen über die normalen **Umsatzerlöse** erfolgen und zum anderen durch **sonstige Kapitalfreisetzungen**, z. B. Rationalisierung, erfolgen.

Finanzierung aus eigener Kraft

Der Innenfinanzierungsbegriff wird in der Literatur unterschiedlich weit ausgelegt. Teilweise werden auch reine Bewertungsvorgänge zur Innenfinanzierung gerechnet, auch wenn dadurch keine finanziellen Mittel zugeführt oder freigesetzt werden. Finanzwirtschaftlich sind solche Vorgänge allerdings irrelevant, da sich zusätzliche Investitionen nicht aus Bewertungsreserven finanzieren lassen.

In der deutschen Literatur hat sich die Unterscheidung der Innenfinanzierung in die folgenden Finanzierungsarten eingebürgert.

6.3.5.1 Selbstfinanzierung

Die Finanzierung aus **nicht entnommenen Gewinnen**, aus **Gewinnthesaurierung**, wird als Selbstfinanzierung bezeichnet. Sie stellt für manche Unternehmen, die keine Möglichkeit der Zuführung von finanziellen Mitteln von außen haben, weil sie entweder keine Sicherheiten für Kredite erbringen können oder am Kapitalmarkt nicht ausreichend leistungsfähig sind, eine wichtige Finanzierungsform dar. Das Selbstfinanzierungspotenzial steigt in dem Maße, in dem die Gesellschafter auf eine Gewinnausschüttung verzich-

Finanzierung aus einbehaltenen Gewinnen

Formen der Selbstfinanzierung

ten. Maßgeblich für die Bildung von Selbstfinanzierungspotenzialen ist, dass dem Unternehmen liquide Mittel aus Umsatztätigkeit oder aus der Auflösung stiller Reserven zufließen und dass diesem Zufluss liquider Mittel keine auszahlungswirksamen Aufwendungen in der gleichen Höhe gegenüberstehen. Es lassen sich zwei Formen der Selbstfinanzierung unterscheiden:

* Die **offene Selbstfinanzierung** erfolgt aus dem in der Bilanz und der GuV (Gewinn- und Verlustrechnung) ausgewiesenen Gewinn bzw. Jahresüberschuss. Der einbehaltene Gewinn unterliegt der Einkommens- bzw. der Körperschaftssteuer und der Gewerbeertragssteuer. Für die Finanzierung steht nur der Betrag nach Steuern zur Verfügung. Es ist zu beachten, dass sich die offene Selbstfinanzierung in den einzelnen Rechtsformen unterschiedlich vollzieht.

* Die **stille Selbstfinanzierung** ist nicht aus der Bilanz ersichtlich. Auslöser für **stille Reserven** sind **Bilanzierungsmaßnahmen** oder **Bewertungsmaßnahmen**, die liquide Mittel im Unternehmen binden, ohne sie vorher als Gewinn erscheinen zu lassen. Die Bildung stiller Reserven kann einerseits durch die Unterbewertung von Aktivpositionen erfolgen, z. B. durch überhöhte Abschreibungen, andererseits kann sie auch durch die Überbewertung von Passivpositionen vorgenommen werden, z. B. durch überhöhte Rückstellungen. Sie verhindert den Ausweis von Gewinnen und damit deren Ausschüttung bzw. Entnahme. Da stille Reserven erst bei ihrer Auflösung zu versteuern sind, erfolgt die stille Selbstfinanzierung aus dem noch unversteuerten Gewinn. Der stillen Selbstfinanzierung sind durch handels- und steuerrechtliche Bewertungsvorschriften Grenzen gesetzt.

Steuerstundungseffekt

Gegenüber der offenen Selbstfinanzierung hat die stille Form den Vorteil der **Steuerstundung**. Denn bei der offenen Selbstfinanzierung unterliegen die ausgewiesenen und einbehaltenen Gewinne der Einkommensteuer bzw. bei Kapitalgesellschaften der Körperschaftssteuer und der Gewerbeertragssteuer. Die Steuerstundung führt zu einem **Liquiditäts- und Zinsgewinn** für das Unternehmen. Der **Liquiditätseffekt** tritt dadurch auf, dass zunächst keine Steuerzahlungen zu leisten sind. Später bei der Realisierung der stillen Reserven kann es allerdings durch die Nachversteuerung zu einer Liquiditätsbelastung kommen. Den **Zinsgewinn** erwirtschaftet das Unternehmen im Vergleich zur Kreditfinanzierung dadurch, dass das Finanzamt die Steuerstundung zinslos gewährt.

Ein weiterer Vorteil der stillen Selbstfinanzierung ist, dass bei Publikumsaktiengesellschaften die Bildung von stillen Reserven der Mitsprache von Unternehmenseignern, speziell der Kleinaktionäre, weitgehend entzogen ist. Vorstand und Aufsichtsrat der AG können bei Bilanzfeststellung stille Reserven bilden, ohne dass die Aktionäre das verhindern können. Die so einbehaltenen Gewinne sind auch zum Dividendenausgleich in ertragsschwachen Jahren geeignet.

6.3.5.2 Finanzierung aus Abschreibungsgegenwerten

Bei der Finanzierung durch Abschreibungswerte werden **gebundene Mittel in Liquidität umgewandelt**. Abschreibungen kommen in der Kostenrechnung als kalkulatorische Abschreibungen und im Jahresabschluss als bilanzielle Abschreibungen vor. In beiden Rechenwerken haben sie die Aufgabe, die Anschaffungs- oder Herstellkosten abnutzbarer Anlagegüter auf die Jahre der Nutzung der Anlagegüter zu verteilen. Dieser Vorgang drückt sich in der wertmäßigen Abnahme des Anlagevermögens bei gleichzeitiger Erhöhung des Zahlungsmittelbestands aus. Da hier nur **Vermögenswerte umgeschichtet** werden und keine zusätzlichen Finanzierungsmittel durch Wertzuwachs entstehen, handelt es sich um einen Innenfinanzierungsvorgang, nicht aber um Selbstfinanzierung.

Umschichtung von Vermögenswerten

Die Stamm OHG kauft einen Pkw für 20.000,00 EUR. Die Nutzungsdauer beträgt fünf Jahre. Das Fahrzeug wird linear abgeschrieben. In der folgenden Tabelle werden die Beträge berechnet, die durch die Abschreibung freigesetzt werden (Desinvestition).

Jahr	Abschreibung im laufenden Jahr	Freigesetzte Mittel insgesamt	Restbuchwert der Investition
1	4.000,00 EUR	4.000,00 EUR	16.000,00 EUR
2	4.000,00 EUR	8.000,00 EUR	12.000,00 EUR
3	4.000,00 EUR	12.000,00 EUR	8.000,00 EUR
4	4.000,00 EUR	16.000,00 EUR	4.000,00 EUR
5	4.000,00 EUR	20.000,00 EUR	0,00 EUR

*Es zeigt sich, dass die vorgenommene Abschreibung einen **Kapitalfreisetzungseffekt** von jährlich 4.000,00 EUR hat. Die Abschreibungsgegenwerte können sofort zur Finanzierung neuer Investitionen eingesetzt werden. Nach fünf Abschreibungsjahren wäre das Unternehmen theoretisch in der Lage, einen neuen Pkw zu beschaffen.*

Eine **dauerhafte Kapitalfreisetzung durch Abschreibungen** ermöglicht einem Unternehmen, die hierdurch zufließende Liquidität zur Erweiterung der Kapazität einzusetzen. Dieser **Kapazitätserweiterungseffekt** durch Abschreibungsgegenwerte wird als **Lohmann-Ruchti-Effekt** bezeichnet. Dieser Effekt hat zwar wenig praktische Relevanz, jedoch lassen sich an ihm die Finanzierungseffekte gut darstellen.

Lohmann-Ruchti-Effekt

Die LiMa GmbH kauft zehn Maschinen mit einem Anschaffungswert von jeweils 1.000,00 EUR. Die Nutzungsdauer jeder Maschine beträgt fünf Jahre, die Anlagen werden linear abgeschrieben. (Das Zahlenbeispiel ist Sprink, Finanzierung, S. 114 entnommen.)

Jahr	Maschinenbestand			Abschrei-bungen	Freigesetzte Mittel am Jahresende		
	Zugang	Abgang	Bestand		gesamt	nächstes Jahr investieren	nächstes Jahr frei
1	10		10	2.000,00 EUR	2.000,00 EUR	2.000,00 EUR	0
2	2		12	2.400,00 EUR	2.400,00 EUR	2.000,00 EUR	400,00 EUR
3	2		14	2.800,00 EUR	3.200,00 EUR	3.000,00 EUR	200,00 EUR
4	3		17	3.400,00 EUR	3.600,00 EUR	3.000,00 EUR	600,00 EUR
5	3		20	4.000,00 EUR	4.600,00 EUR	4.000,00 EUR	600,00 EUR
6	4	10	14	2.800,00 EUR	3.400,00 EUR	3.000,00 EUR	400,00 EUR
7	3	2	15	3.000,00 EUR	3.400,00 EUR	3.000,00 EUR	400,00 EUR
8	3	2	16	3.200,00 EUR	3.600,00 EUR	3.000,00 EUR	600,00 EUR
9	3	3	16	3.200,00 EUR	3.800,00 EUR	3.000,00 EUR	800,00 EUR
10	3	3	16	3.200,00 EUR	4.000,00 EUR	4.000,00 EUR	0,00 EUR
11	4	4	16	3.200,00 EUR	3.200,00 EUR	3.000,00 EUR	200,00 EUR
...	...	...	...	...	...		

Die sofortige Reinvestition der Abschreibungsgegenwerte bewirkt eine Erweiterung der Kapazitäten auf etwa das Eineinhalbfache. In der Praxis wird die Nutzung des Kapazitätserweiterungseffekts oft nicht möglich sein, da

Probleme in der Praxis

- die Wiederbeschaffungskosten im Allgemeinen über viele Jahre nicht mit den Anschaffungs- und Herstellkosten identisch sind,

- die erwirtschafteten Abschreibungen anderweitig investiert werden,

- die wirtschaftliche und die technische Nutzungsdauer einer Anlage oft nicht identisch sind,

- eine Kapazitätserweiterung auch ein höheres Umlaufvermögen erfordert, das ebenfalls Kapital bindet,

- eine Kapazitätserweiterung nur sinnvoll ist, wenn der daraus resultierende Produktionszuwachs auch zu marktgerechten Preisen absetzbar ist.

6.3.5.3 Finanzierung aus Rückstellungsbildung

Finanzierung durch Fremdkapital

Rückstellungen sind **Fremdkapital**, das dem Grund, der Höhe und der Fälligkeit nach eher ungewiss ist und dessen wirtschaftliche Ursache in der abgelaufenen Rechnungsperiode liegt. Rückstellungen sind zwar Verbindlichkeiten, jedoch können in ihnen Eigenkapitalanteile enthalten sein. Das ist immer dann der Fall, wenn sich bei der Auflösung der Rückstellung zeigt, dass die tatsächlich eingetretene Verbindlichkeit kleiner ausgefallen ist als die ursprünglich gebildete Rückstellung. In diesem Fall ergibt sich buchhalterisch ein Ertrag.

Gründe für die Bildung von Rückstellungen sind:

- ungewisse Verbindlichkeiten und drohende Verluste aus schwebenden Geschäften,
- unterlassene Aufwendungen für Instandhaltung,
- unterlassene Abraumbeseitigung,
- Gewährleistungen, die ohne rechtliche Verpflichtung erbracht werden,
- Pensionen und Anwartschaften auf Pensionen.

Finanzierungseffekt

Für den **Finanzierungseffekt der Rückstellung** ist deren **Fristigkeit** entscheidend. Die finanziellen Mittel stehen der Unternehmung nur für den Zeitraum zwischen Bildung und Auflösung bzw. Inanspruchnahme der Rückstellung zur Verfügung. Die meisten Rückstellungen sind kurzfristiger Natur und werden in dem auf den Jahresabschluss folgenden Geschäftsjahr zeitnah aufgelöst. Der Finanzierungseffekt dieser Rückstellungen ist daher begrenzt. Am bedeutendsten hinsichtlich des Finanzierungseffekts sind die **Pensionsrückstellungen**, da sie einem Unternehmen für einen langfristig geplanten Zeitraum zur Verfügung stehen. Bei manchen Kapitalgesellschaften können Pensionsrückstellungen einen Umfang erreichen, der die Höhe des Grundkapitals übersteigt.

Verpflichtet sich ein Unternehmen vertraglich mit der Beschäftigung eines Arbeitnehmers, diesem eine Alters-, Invaliden- und Hinterbliebenenversorgung zu gewähren, so kann das Unternehmen dieser Versorgungsverpflichtung nachkommen, indem es für die jeweiligen Anwartschaften Rückstellungen in der Bilanz bildet. Pensionsrückstellungen sind wirtschaftlich betrachtet **zusätzlicher Lohn- und Gehaltsaufwand**, der während der Beschäftigungszeit des Arbeitnehmers für den Eintritt des Versorgungsfalls gesammelt wird. Sie sind für den Betrieb Aufwand der Perioden, in denen der Arbeitnehmer aktiv im Unternehmen ist. Die Auszahlungen erfolgen erst nach dem Ausscheiden aus dem Unternehmen.

Soweit die Pensionsrückstellungen nach steuerlichen Vorschriften berechnet worden sind, stellen sie abzugsfähigen Aufwand dar, der den steuerpflichtigen Gewinn reduziert und einen **Steuerstundungseffekt** bewirkt. Die Voraussetzung für eine Finanzierungswirkung ist jedoch, dass die Rückstellungsgegenwerte über den Umsatzprozess dem Unternehmen wieder in liquider Form zugegangen sind.

Steuerstundungseffekt

Wenn Pensionszusagen neu eingeführt werden, ist der **Finanzierungseffekt** hoch, da zunächst nur Rückstellungen gebildet werden und noch keine Pensionen zu zahlen sind. Halten sich später die Zuführungen und Abgänge zu den Pensionsrückstellungen die Waage, so tritt kein zusätzlicher Finanzierungseffekt mehr auf. Der Bodensatz des Pensionsfonds steht dem Unternehmen aber als dauerhaftes Kapital zur Verfügung. Falls die jährlichen Pensionszahlungen allerdings die Zuführungen zu den Rückstellungen übersteigen, so werden dem Unternehmen finanzielle Mittel entzogen.

Die Bildung von Pensionsrückstellungen hat eine größere Finanzierungswirkung als das Einbehalten von Gewinnen gleicher Höhe, da der vollständige Rückstellungsbetrag an das Unternehmen gebunden wird. Bei der Thesaurierung des gleichen Betrags steht nur der nach Abzug von Körperschafts- und Gewerbeertragssteuer verbleibende Teil des nicht ausgeschütteten Gewinns zur Verfügung. Die Ertragssteuern werden allerdings nur bis zur Auflösung der Rückstellung gestundet, da es sich lediglich um eine Vorverlagerung von Betriebsausgaben handelt.

Innenfinanzierungseffekte im Vergleich

6.4 Wirkung falscher Investitions- und Finanzierungsentscheidungen

Technische, wirtschaftliche und gesellschaftliche Veränderungen schaffen laufend neue Situationen und Bedingungen, an die sich ein Unternehmen anpassen muss, wenn es seine Existenz sichern und seine Ziele erreichen möchte. Neben den Entscheidungen über das Leistungsprogramm, die Leistungsstrukturen, die Beschaffungsquellen, die Absatzwege, die Organisation und die Personalentwicklung kommt den Finanzentscheidungen eine wichtige Bedeutung in diesem Anpassungsprozess zu. Die starke gegenseitige Abhängigkeit von Produktions-, Absatz-, Investitions- und Finanzierungsentscheidungen erfordert eine gleichzeitige Optimierung aller Entscheidungen, also eine simultane Planung.

Wie bereits beschrieben, bestimmt die **Investitionsplanung**, mit welchen Produkten und zu welchen Preisen das Unternehmen am Markt auftreten kann. Eine fehlerhafte Investitionsplanung beeinträchtigt die Wettbewerbsfähigkeit, induziert Verluste und stört das finanzielle Gleichgewicht. Es kann sich ein **krisenhafter Prozess** entwickeln, in dem erst die Wettbewerbspotenziale verschwinden, dann die Gewinne sinken und schließlich Verluste das Eigenkapital aufzehren und die Liquidität gefährden. Manchmal reißt eine Fehlinvestition ein Unternehmen auch direkt in eine Krise, entweder weil unterschätzte Investitionsausgaben nicht bezahlt werden können oder weil die erhofften Rückflüsse ausbleiben oder sich verspäten.

Investitionsplanung und Wettbewerbsfähigkeit

Die mit der Investitionsplanung eng verbundene **Finanzplanung** hat zur Aufgabe, die Veränderungen im Liquiditätsbestand zu prognostizieren, um die Zahlungsfähigkeit einer Unternehmung zu sichern. Zudem muss sie die innerhalb eines Zeitraums erwarteten Einzahlungen und Auszahlungen sowie sämtliche Maßnahmen, die notwendig

Liquiditäts-
sicherung
sind, um einen Liquiditätsausgleich herbeizuführen, systematisieren. Fehler bei der Finanzplanung führen zu finanziellen Fehlentwicklungen, die die Liquidität und die Rentabilität des Unternehmens empfindlich stören können.

Die LiMa GmbH hat zu viel riskiert. Die Investitionen in neue Betriebsstätten im Ausland waren mit hohen Investitionskosten verbunden. Die zurückfließenden Einnahmen aus diesen Investitionen sind aber gering. Hinzu kommt, dass auch im bisherigen Geschäftsbereich ein Umsatzrückgang zu verzeichnen ist. Es ist offensichtlich: Wesentliche Finanzentscheidungen waren falsch.

Der im Beispiel beschriebene Umsatzrückgang führt zwangsläufig zu reduzierten Gewinnen und im nächsten Schritt zu Verlusten. Um die Zahlungsfähigkeit und das weitere Funktionieren der Betriebsabläufe sicherzustellen, ist eine weitere Verschuldung unumgänglich. Sollte sich dieser Trend weiter fortsetzen, dann geraten auch laufende Auszahlungen ins Stocken und schließlich tritt die Zahlungsunfähigkeit ein.

Ursachen
von
Finanzkrisen
Die **Ursachen** für eine solche Misere können sehr vielfältig sein. Möglicherweise sind die Stückkosten durch veraltete Produktionsanlagen zu hoch oder die Produkte lassen sich am Markt nicht mehr absetzen. Auch außerhalb der Unternehmung können Ursachen zu finden sein, wie z. B. die Veränderung der Märkte oder konjunkturelle Schwankungen, die ein Unternehmen trotz eigener Wirtschaftlichkeit in die Verlustzone führen können.

In der im Beispiel beschriebenen Situation wären der Verkauf des Unternehmens – vorausgesetzt es findet sich ein Käufer, der einen angemessenen Preis bezahlen möchte – bzw. die rechtzeitige Sanierung des Unternehmens oder maroder Unternehmensteile oder der Antrag auf Eröffnung eines Insolvenzverfahrens geeignete Maßnahmen.

Literatur

Adam, Dietrich, Produktions-Management, Wiesbaden 1998.

Bea, Franz Xaver/Dichtl, Erwin/Schweitzer, Marcell, Allgemeine Betriebswirtschaftslehre Bd. 3: Leistungsprozesse, Stuttgart 2006.

Franke, Günter/Hax, Heribert, Finanzwirtschaft des Unternehmens und Kapitalmarkt, 5. Aufl., Berlin/Heidelberg 2004.

Olfert, Klaus, Investition, 10. Aufl., Ludwigshafen (Rhein) 2006.

Olfert, Klaus/Reichel, Christopher, Kompakt-Training Finanzierung, 4. Aufl., Ludwigshafen (Rhein) 2006.

Perridon, Louis/Steiner, Manfred, Finanzwirtschaft der Unternehmung, 14. Aufl., München 2007.

Schneider, Dieter, Investition, Finanzierung und Besteuerung, 7. Aufl., Wiesbaden 2000.

Sprink, Joachim, Finanzierung, Stuttgart/Berlin/Köln 2000.

Ter Horst, Klaus W., Investition, Stuttgart/Berlin/Köln 2001.

Waldhelm, Hans-Jürgen, Gewinn und Liquidität als Unternehmensziele, Berlin 1990.

Waltermann/Speth/Hahn, Industrielle Steuerung und Kontrolle – Ausgabe NRW, Rinteln 2008; 5. Aufl.

Wöhe, Günter/Döning, Ulrich, Einführung in die allgem. Betriebswirtschaftslehre, 23. Aufl., München 2008.

Wöhe, Günter/Bilstein, Jürgen, Grundzüge der Unternehmensfinanzierung, 9. Aufl., München 2002.

Zangemeister, Christof, Nutzwertanalyse in der Systemtechnik, 4. Aufl., München 1976.

7 Strategische Planung und operative Managementprozesse

7.1 Planung der Strategieentwicklung

Dr. Dr. Arnold Unrath hat es weit gebracht in seinem Berufsleben. Nach einer Ausbildung sowohl als Betriebswirt wie als Jurist ist er kürzlich nach beinahe 30 Jahren letztlich im Vorstandsrang mit einer ansehnlichen Abfindung aufs Altenteil gewechselt. Die plötzliche Ruhe aber behagt dem agilen Exmanager nach einiger Zeit überhaupt nicht mehr und er sucht nach einem neuen Betätigungsfeld. Da trifft es sich gut, dass seine Kollegen im exklusiven Essener Bernstein-Club schon lange die ihrer Ansicht nach skandalösen Zustände in der Ausbildung an den staatlichen Hochschulen diskutieren und dringend Abhilfe fordern. Das bringt ihn auf die Idee, eine private Universität zu gründen.

An jenem ersten Mittwochabend im Monat sitzt er um 20:00 Uhr mit den Mitgliedern Rudi Hast, General a. D. Adolf Weit, Konsul Wieland Selbst, Ex-MdB Gerhard Breit und Prof. Ambrosius Eng zusammen und schlägt ihnen vor, gemeinsam die UHW-SBE, Universität Hochschule für Wissenschaft, Studium und Business Essen, zu gründen. Die Gründungsinvestition soll sowohl durch die Beteiligten selbst als auch durch Fundraising dargestellt werden. Er selbst ist bereit, seine Abfindung, genauer das, was die Steuer ihm davon übrig gelassen hat, einzubringen. Die laufende Finanzierung soll durch hohe Studiengebühren und Sponsoring gedeckt werden.

Es entspinnt sich eine eifrige Debatte. Schnell kursieren Namen von potenten, möglichen Spendengebern und schließlich kann das Ruhrgebiet dringend eine wirklich gute Hochschule brauchen, meinen sie. Kurz vor Mitternacht ist sich die Runde einig, Dr. Dr. Unrath erhält als Urheber der Idee das Mandat, einen strategischen Plan für das Unternehmen auszuarbeiten. Man will am nächsten ersten Monatsmittwoch die Ergebnisse beraten.

Alle Herren gehen beschwingten Schrittes zu den eilfertig herbeigerufenen Taxis und sind überzeugt, dass die Arbeit leicht zu schaffen ist, bei ihrer Erfahrung. Dr. Dr. Unrath wacht denn auch am nächsten Morgen voller Tatendrang auf. Endlich hat er wieder eine interessante Aufgabe, die sein hochkarätiges Engagement lohnt. Schnell ist er sich im Klaren, eine private Management-Hochschule soll es sein, die ein postgraduales Studium mit einem international anerkannten Abschluss, er denkt da an den M. B. A.-Grad, vergibt. Als Dozenten sollen neben Professoren vor allem anerkannte Manager fungieren, die einen direkten Praxistransfer erlauben, und so weiter.

Aber irgendwie will sich das weiße Blatt Papier nicht mit wirklich strategischen Inhalten füllen. Jetzt macht sich bemerkbar, dass ihm seine Referenten fehlen, auf die er sich verlassen konnte. Aber etwas Unterstützung wäre jetzt wirklich nicht schlecht. Da fällt ihm noch ein, dass er sich selbst unbedingt als Gründungsrektor der privaten UHW-SBE vorschlagen sollte. Doch dann versagt sein Ideenstrom unerwartet. Helfen Sie Dr. Dr. Unrath.

Strategie   **Strategie stellt allgemein die Entscheidung zur Vorgehensweise über die Transformation eines angetroffenen Istzustands in einen prospektiv gewünschten Sollzustand dar**. Strategien schlagen damit die Brücke zwischen dem Istzustand und den definierten Zielen des Unternehmens. Planung gibt an, auf welche Art man diesen Weg zurückzulegen wünscht.

Die **Entwicklung einer Strategie** zur Sicherung des langfristigen Unternehmenserfolgs unterliegt **drei Phasen**. Zunächst bedarf sie der Analyse der **Istsituation**, einerseits, um diese überhaupt zu bestimmen, andererseits, um daraus deren Relation zum Sollzustand erkennen zu können.

Phasen der Strategieentwicklung

Da die Strategie den Weg vom Ist zum Soll vorgibt, erfordert sie außerdem die Definition der Ziele, damit der gewünschte **Sollzustand** operationalisiert werden kann. Die Relation zwischen Soll und Ist kann durch den Vektor der einzuschlagenden Richtung, sofern nicht Umweglösungen angestrebt werden, und den perspektivischen Abstand zwischen ihnen als strategisches **Konzept** gekennzeichnet werden.

Jede Strategie kennt also eine Reihe von Elementen zu ihrer Umsetzung in konkretes unternehmerisches Handeln. Jedes dieser Elemente kennt wiederum unterschiedliche Stellgrößen, die für eigene Zwecke aktiviert werden können.

Als Merksatz kann gelten, dass Strategie zwar nicht alles ist, aber ohne Strategie alles nichts ist. Insofern stellt die Qualität der Strategie einen entscheidenden unternehmerischen Erfolgsfaktor dar. Die Voraussetzungen für diese Qualität sind umso besser, je sorgfältiger, sachverständiger und tief gehender die Arbeiten zur strategischen Unternehmensplanung vorgenommen werden. Auch wenn dies oftmals eher als „Fleißarbeit" anmuten mag, liegt darin der Schlüssel für den späteren Erfolg oder Misserfolg. Die strategische Ebene bedeutet dabei, die richtigen Dinge zu tun (= Effektivität), die operative Ebene hingegen bedeutet, die Dinge richtig zu tun (= Effizienz).

7.1.1 Zielgrößen

Jede Strategie braucht zu ihrer Formulierung eine Fixierung als Ausgangspunkt. Dieser Fixpunkt ist das Ziel. Es leitet sich im Wesentlichen aus der unternehmerischen Vision, der geschäftlichen Mission und den Kernkompetenzen ab. Formulieren Sie bitte für Dr. Dr. Unrath von der UHW-SBE ein solches mögliches Zielsystem seiner Universität. Denken Sie dabei besonders an die Vision, die Mission und die Kernkompetenzen.

Ziele sind, ganz allgemein definiert, gewünschte Zustände der Zukunft.

Definition

7.1.1.1 Zielsystem – Vision – Mission – Kultur

◆ **Zielsystem**

Unternehmerisches Handeln ist, zumindest theoretisch, immer planvoll. Ergebnisorientiertes Handeln aber setzt das Vorhandensein eines Ziels voraus, das durch ebendieses planvolle Handeln erreicht werden soll. Jedes Unternehmen handelt, ökonomischrationales Verhalten vorausgesetzt, nach dem erwerbswirtschaftlichen Prinzip. Dieses drückt sich in vielfältigen Dimensionen aus.

Beispiel für Unternehmensziele sind u. a.:
- Marktstellungsziele: Umsatz, Marktanteil, Marktgeltung, Eroberung neuer Märkte
- Rentabilitätsziele: Gewinn (absolut), Umsatzrentabilität (ROS, Return on Sales), Rentabilität des Gesamtkapitals, Rentabilität des Eigenkapitals
- Finanzwirtschaftsziele: Kreditwürdigkeit, Liquidität, Selbstfinanzierung, gesunde Kapitalstruktur
- Macht- und Prestigeziele: Unabhängigkeit, Image und Ansehen, politischer Einfluss, gesellschaftlicher Einfluss

    – Sozialziele (Mitarbeiter): Einkommen und soziale Sicherheit, Arbeitszufriedenheit, soziale Integration, persönliche Entwicklung
    – Gesellschaftsziele: Umweltschutz und Vermeidung sozialer Kosten der unternehmerischen Tätigkeit, nichtkommerzielle Leistungen für externe Anspruchsgruppen, Beiträge an die volkswirtschaftliche Infrastruktur, Wohltätigkeit

Zielpyramide

Abb. 7.1-1: Aufbau der Zielpyramide

Zieldimensionen

Ziele müssen hinsichtlich verschiedener Dimensionen definiert werden:

- **Zielobjekt**, d. h. die Erfolgsgröße, die Gegenstand der weiteren Zieldimensionen ist (Sachziele, z. B. Umsatz, Marktanteil, oder Formalziele, z. B. Qualität, Arbeitszufriedenheit),

- **Zieleinheit**, d. h. die Organisationsstelle/Person, für die das weiter definierte Ziel gelten soll,

- **Zielinhalt**, d. h. Art eines Ziels (ökonomisch, z. B. Umsatz, Marktanteil, oder psychografisch/vorökonomisch, z. B. Bekanntheit, Image),

- **Zielausmaß**, d. h. Anspruch eines Ziels (minimierend, maximierend, optimierend, befriedigend),

- **Zielrichtung**, d. h. Verfolgung eines Ziels (expansiv, erhaltend, etablierend, reduktiv),

- **Zeitbezug**, d. h. Laufzeit eines Ziels (langfristig, mittelfristig, kurzfristig),

- **Zielraumerstreckung**, d. h. Geltungsbereich eines Ziels (lokal, regional, national, international),

- **Zielgewichtung**, d. h. Priorität eines Ziels (als Hauptziel der Stelle oder Nebenziel der Stelle),

- **horizontale Zieleinordnung**, d. h. Beziehung eines Ziels zu anderen Zielen (ein Ziel ist identisch, harmonisch, neutral, konfliktär oder widersprüchlich mit/zu anderen Zielen),

- **vertikale Zieleinordnung**, d. h. hierarchische Einordnung des Ziels (z. B. Geschäftsleitung, Abteilungsleitung).

Nur wenn Ziele mindestens hinsichtlich dieser Dimensionen definiert sind, kann strategische Unternehmensplanung rational erfolgen. Sofern diese Ziele hinreichend mit Budgetmitteln unterfüttert werden, sind sie auch tatsächlich erreichbar.

◆ Vision

An der Spitze der Zielpyramide steht die unternehmerische Vision, sie ist die übergeordnete und wirtschaftlich noch nicht weiter konkretisierte Vorstellung vom Organisationszweck, welche der/die Unternehmer/-in hat. Die Vision ist immer ideell, d. h., es geht nicht primär um das Geldverdienen, sondern um die Erreichung allgemeinerer Zwecke. Allerdings geht diese Vision häufig bei Ausscheiden der Gründer aus dem Unternehmen verloren und wird durch rein materielle Orientierungen nachfolgender Managergenerationen ersetzt. Dadurch fehlt häufig die sinnstiftende Orientierung für die Mitarbeiter.

Vision als übergeordnete Vorstellung vom Organisationszweck

Welche außerordentliche Stärke von einer nachhaltigen Vision ausgehen kann, zeigen einige Beispiele.

 – Henry Ford hatte die Vision, dass seine Arbeiter in der Ford-Fabrik ihre eigenen Autos fahren sollten, statt nur die „oberen Zehntausend", wie bis dahin.
– Ferdinand Porsche hatte die Vision, die Finanzierung einer Autoanschaffung für jedermann erreichbar zu machen, statt nur für die reiche Oberschicht.
– Heinz Nixdorf hatte die Vision, jeden Arbeitsplatz mit zugehöriger Computerintelligenz auszustatten, als es noch ausschließlich gigantische Zentralcomputer in den Unternehmen gab.
– Steve Jobs hatte die Vision, Menschen mithilfe seiner Apple-Computer produktiver zu machen, als Computer noch diffizile Black Boxes waren.

An den letzten beiden Beispielen sieht man übrigens die enge Verbindung zwischen Gründer und Vision. Die prosperierenden Nixdorf-Werke wurden in dem Moment von IBM mit deren PC-Idee (XT) überholt, als Heinz Nixdorf überraschend verstorben war und sich keiner fand, seine Vision kraftvoll voranzutreiben. Die Nixdorf-Werke wurden bald von Siemens übernommen (Siemens-Nixdorf), zu Sinix verschmolzen und gingen schließlich in Siemens auf, welches die Werke in ein Joint Venture mit Fujitsu einbrachte. Heute sind PCs nicht nur in der Wirtschaft selbstverständlich und Mainframes weithin ausgestorben.

Als es Apple vorübergehend wirtschaftlich schlechter ging, wurde der Gründer Steve Jobs entlassen und durch einen Pepsi-Top-Manager ersetzt. Die Folgen waren katastrophal, dem Unternehmen fehlte jede Orientierung am Gründer und seiner visionären Idee. Als die Insolvenz nahte, holte man verzweifelt Steve Jobs für das symbolische Gehalt von einem Dollar zurück. Er schaffte auf Anhieb den Turnaround und führte das Unternehmen in eine zweite Prosperitätsphase. Allerdings war da schon so viel Boden verloren, dass der Verdrängungswettbewerb enormen Druck ausüben konnte.

◆ Mission

Die **Business Mission** unterscheidet sich von der Vision dadurch, dass sie die konkrete betriebswirtschaftliche Aufgabe beschreibt, die aus der Umsetzung der Vision in die Realität abfolgt. Eine Vision allein aber reicht nicht aus, es muss zu ihrer Implementierung kommen. Von der Definition einer gemeinsamen Mission (Mission Statement) geht eine ungeheure Sogwirkung für den Unternehmenserfolg aus. Sie führt zu einer Bündelung der Kräfte und setzt Energien frei, die in der Lage sind, selbst wirtschaftlich an sich überlegene Wettbewerber zu übertreffen.

Umsetzung der Vision in die Realität

Mission in der Praxis

Die Mission sieht in der Praxis vielgestaltig aus.

Beispiel So richtete Henry Ford die gesamte Produktion so aus, dass sie auf äußerste Kostengünstigkeit getrimmt war. Dies bedeutete u. a. die Konstruktion eines einfachen Fahrzeugs (T-Modell), die Produktion durch die in den Chicagoer Schlachthöfen abgeschaute Fließbandfertigung und die Reduktion der Ausstattungs- und Modellvarianten (z. B. lieferbar nur in der Farbe schwarz). Durch Weitergabe der Kostenersparnisse im Preis konnte zum ersten Mal der Massenmarkt für ein Automobil geöffnet werden. Die daraus resultierenden Erlöse spülten dann den materiellen Erfolg in das Unternehmen und legten die Basis für eines der größten Automobilunternehmen.

Beispiel Ferdinand Porsche überlegte, wie er potenzielle Käufer bei der Finanzierung ihres Autos unterstützen könnte. Er erfand ein Teilzahlungssystem für den Volkswagen, wodurch breite Schichten der Arbeiterbevölkerung sich ein Auto anschaffen konnten, das sie in Raten „abstotterten". Der Volkswagen Käfer erhielt auf diese Weise den Anschub zum weltweit meistgebauten Pkw.

Beispiel Heinz Nixdorf fragte sich zu Zeiten, als Mainframes von der Größe von Eisenbahnwaggons noch in klimatisierten Räumen zentralisiert in Unternehmen installiert waren, wie es möglich gemacht werden könnte, dass jeder Mitarbeiter dezentral gerade auf die Menge an Computerintelligenz Zugriff erhielt, die er zur effizienteren Erledigung seiner Arbeiten brauchte. Er hatte die Vision vom Desktop-PC. Dies schien damals undenkbar. Er jedoch machte sich daran, vernetzte PCs zu entwickeln, die für ihre jeweiligen Arbeitsplatzaufgaben ausreichend ausgestattet waren und bei übergreifenden Aufgaben auf den zentralen Mainframe oder die Intelligenz anderer Workstations zugreifen konnten.

Beispiel Steve Jobs nutzte eine nicht weiterverfolgte Rank Xerox-Erfindung zur Entwicklung eines Computersystems, das leistungsfähig, leicht zu bedienen und unkompliziert zu konfigurieren war. Dazu erfand er eine intuitive Nutzerführung über Icons, eine grafische Benutzeroberfläche am Bildschirm, eine analoge Maussteuerung zur Befehlseingabe, standardisierte Schnittstellen, steckerkompatible Peripheriegeräte etc. Das Ergebnis war der erste Computer, der nicht von Ingenieuren für Ingenieure gebaut war, sondern von Problemlösern für problemlösungssuchende Normalanwender. Praktisch alle Features wurden im Zeitablauf vom IBM/MS-System übernommen.

◆ **Kultur**

Unternehmenskultur ist die gelebte Geschichte einer Organisation, die, auf dem Humus von Vision und Mission gewachsen, als „unsichtbare Hand" verlässliche Orientierungsmuster für alle Personen, die mit ihr zu tun haben, schafft. Sie drückt gemeinsame Wert-, Norm- und Symbolvorstellungen sowie geteilte Denk- und Überzeugungsmuster aus. Dadurch können Erfolgsunterschiede zwischen Anbietern erklärt werden, die allein durch objektive Tatbestände (Hard Factors) anderweitig unerklärlich bleiben. Jedes Unternehmen hat eine eigenständige, als typisch ausweisbare Kultur. Die Mitarbeiter übernehmen im Laufe ihrer Tätigkeit diese Wahrnehmungs- und Handlungsmuster oder sie scheitern wegen Identifikationsproblemen. **Kultur ist also erlernbar** und wird sozialisiert. Regelungen sind dabei häufig impliziter Natur, werden aber zunehmend auch in Unternehmensleitlinien/Führungsgrundsätzen explizit verankert.

Werte, Normen und Symbole

Unternehmenskultur wird getragen durch Werte, d. h. verhaltensbestimmende Präferenzen und Orientierungsmaßstäbe, Normen, d. h. Regeln für zielführende Aktivitäten und Interaktionen, sowie Symbole. Nur Letztere sind direkt beobachtbar, die Basisannahmen hingegen bleiben weitgehend verborgen. Symbole werden daher als Indikatoren für die nicht direkt beobachtbaren Basisannahmen herangezogen. Bei solchen Indikatoren handelt es sich etwa um

● interpersonellen Umgang, Aufnahme Außenstehender, Architektur, Design,

● Sprachduktus, Gesten, Kleidungsstil, Statusbedeutung,

- Helden, d. h. Personen, tot oder lebendig, die für die Kultur vorbildliche Eigenschaften besitzen (um sie ranken sich Geschichten, Legenden, Witze etc.) oder

- Rituale, d. h. kollektive Tätigkeiten, die nur um ihrer selbst willen, also ohne sachlichen Grund, vorgenommen werden (z. B. Begrüßung, Zeremonien, Traditionen).

Eine starke Unternehmenskultur kann zu einem unschätzbaren Wettbewerbsvorteil werden, kann aber auch die flexible Anpassung an sich rapide verändernde Umfeldbedingungen blockieren. Dann ist ein bewusster **Kulturwandel** herbeizuführen. Dieser erfolgt im **Change Management** in den Phasen

Anpassung an Umweltbedingungen

- Unfreezing, d. h. Auftauen verfestigter, nicht mehr als zeitgemäß erachteter Strukturen,

- Moving, d. h. Veränderung in Richtung eines neuen sozialen Gleichgewichts,

- Refreezing, d. h. Festzurren der implementierten neuen Struktur.

Dazu bedarf es jedoch zumeist eines gewissen (hohen) Leidensdrucks, der Ablegung von Scheuklappen und der Überwindung von Blockadewiderständen. Daher werden häufig externe **Change Agents** damit beauftragt. Erst die Kultur schafft eine Bündelung der Kräfte, die einem Brennglaseffekt gleichkommt. Die gewandelte Kultur wird mit Leitbildern verankert.

Leitbilder

Aus solchen Leitbildern entstehen **Führungsgrundsätze** zur Regelung der zielgerichteten Zusammenarbeit zwischen Vorgesetzten und Mitarbeitern in Kernsätzen. Die Ausarbeitung erfolgt möglichst als ein in sich geschlossenes System mit widerspruchsfreien Aussagen. Die Formulierung soll wirklichkeitsnah und praktikabel sein, sie dokumentiert das Sprechen einer gemeinsamen Sprache. Wesentliche **Vorteile** sind folgende:

◆ Führungsgrundsätze informieren und unterrichten Vorgesetzte wie Mitarbeiter über die Grundprinzipien der Führung. Sie schaffen klare, einheitliche Grundlagen für das Führungsverhalten auf allen betrieblichen Ebenen. Sie helfen, einen zeitgemäßen Führungsstil zu praktizieren und das Führungsverhalten zu verbessern. Der Führungsprozess wird durch die Führungsgrundsätze für Vorgesetzte und Mitarbeiter durchschaubar und ist nicht mehr willkürlich gestaltbar.

Die Führungsgrundsätze müssen von den Führungskräften selbst erarbeitet werden. Sie sollen eine leitbildhafte Grundlage haben. Sie müssen praxisnah, allgemein verständlich und widerspruchsfrei sein, um ihre Wirkung entfalten zu können. Die Unternehmensleitung muss voll hinter diesen Führungsgrundsätzen stehen und diese tagtäglich vorleben. Sie müssen verbindlich sein, sowohl für das oberste Management wie auch für die Mitarbeiter auf allen anderen Ebenen. Und sie müssen für alle Betroffenen überzeugend eingeführt werden, sodass alle sie verstehen und umsetzen können.

7.1.1.2 Kernkompetenz

Für realistische Zielsetzungen ist es zentral, von dem auszugehen, was ein Unternehmen komparativ zu anderen besonders gut kann. Dies wird Kernkompetenz (Core Competence) genannt. Kernkompetenzen sind geschäftsübergreifend nutzbare Fähigkeiten, die den Zugang zu einem weiten Spektrum unterschiedlicher Märkte eröffnen. Diese Fähigkeiten beziehen sich auf von Kunden als sehr bedeutsam wahrgenommene Produkt- und Leistungsmerkmale. Kernkompetenzen stellen somit die systematische Bündelung verschiedener Fähigkeiten und Technologien zu einem für den Kunden eindeutig erkennbaren Nutzen dar.

Definition

Kernkompetenzen resultieren aus der von Abnehmern wahrgenommenen **Fähigkeit eines Anbieters, ein bestimmtes Problem besser zu lösen** als alle anderen vom Abnehmer in Betracht gezogenen Lieferanten **(Qualität)**, genauer aus der Fähigkeit eines Anbieters, eine dem Wettbewerb gleichwertige Leistung zu niedrigerem Preis zu erbringen als andere **(Kosten)** und/oder seiner Fähigkeit, eine dem Wettbewerb gleichwertige Lösung schneller zu erbringen als andere **(Zeit)**.

Kriterien der Kern- kompetenz

Die Kernkompetenz ist durch vier Kriterien beschreibbar:

● **Relevanz** (Value), d. h. Fähigkeiten, die für Kunden einen einzigartigen Wert schaffen, zu einem späteren Zeitpunkt für die Bedienung der Märkte wichtig sein werden und bereits heute auf für das Unternehmen neuen Märkten genutzt werden können. Diese Fähigkeiten lassen sich grundsätzlich geschäftsfeldübergreifend nutzen und verfügen über das Potenzial zur Weiterentwicklung.

● **Alleinstellung** (Rareness), d. h. Fähigkeiten, die originär sind, also nicht zukaufbar und auch tunlichst nicht zu veräußern. Alle Fähigkeiten, die man sich auch durch Zukauf aneignen könnte oder die auf bilanziellen Aktiva beruhen, stellen keine Kernkompetenzen dar.

● **Nachhaltigkeit** (Imperfect Imitability), d. h. Fähigkeiten, die nicht kopierbar sind. Dies trifft zu, sofern diese Fähigkeiten nicht durch Produktanalyse und Befragung externer oder interner Wissensträger entschlüsselt werden können. Sofern kompetenz-relevantes Wissen kurzfristig die Entwicklung von Fähigkeiten bei Anderen zulässt, bzw. Konkurrenten mit ähnlich gelagerten Fähigkeiten für Kunden einen vergleichbaren Wert schaffen können, handelt es sich nicht um Kernkompetenzen.

● **Hebelwirkung** (Organizational Specificy), d. h. Fähigkeiten, die nur für den Eigner nutzbar sind. Sofern Konkurrenten aus der Übernahme der Fähigkeiten den gleichen Nutzen ziehen können oder das Wissen im Unternehmen mehr oder minder frei zugänglich ist, kann nicht von einer Kernkompetenz ausgegangen werden.

Schwache/kurzzeitige Wettbewerbsvorteile sind selbst bei hohem Beitrag zum Kundennutzen nur als **Schlüsselfähigkeiten** zu betrachten. Starke/langfristige Wettbewerbsvorteile bei nur geringem Beitrag zum Kundennutzen bieten hingegen allenfalls **Potenziale**. Und schwache/kurzzeitige Wettbewerbsvorteile bei geringem Beitrag zum Kundennutzen wirken als **Basiskenntnisse** (Industriestandard) keinesfalls positionierend.

Kernkompetenzen beziehen sich immer auf **Problemlösungen**, also Funktionen, keinesfalls auf Produkte.

Beispiel – Der Mitte der 1980er-Jahre außerordentlich erfolgreiche Hersteller Brother hatte Schreibmaschinen als seine Kernkompetenz definiert. In dem Maße jedoch, wie diese durch leistungsfähige Textverarbeitungscomputer ersetzt wurden, war auch die Kernkompetenz von Brother nicht mehr gefragt. Heute spielt das Unternehmen nur noch eine Nebenrolle am Markt für Computerdrucker.

– Xerox war lange Jahre auf Fotokopierer nach dem patentgeschützten Trockenkopierverfahren (Xerographie) als Kernkompetenz festgelegt. Nach Auslauf des Patentschutzes geriet Xerox jedoch unter gewaltigen wirtschaftlichen Druck. Nur die entschlossene, funktionsorientierte Neudefinition der Kernkompetenz als Dokumentenmanagement mit entsprechender Programmumgestaltung rettete dem Unternehmen das Überleben.

7.1.1.3 Strategisches Geschäftsfeld – Strategische Gruppe – Strategische Geschäftseinheit

◆ **Strategisches Geschäftsfeld**

Für jedwede geschäftliche Tätigkeit ist es zunächst von essenzieller Bedeutung zu definieren, **auf welchem relevanten Markt** man diese angesiedelt sieht. Denn Aktivitäten sind, zumindest bei marktorientierter Unternehmensführung, nicht autonom, sondern marktdeterminiert. Dementsprechend variieren diese auch mit der Abgrenzung des strategischen Geschäftsfelds (relevanter Markt als Außenabgrenzung, Ggs.: SGE: Innenabgrenzung, s. u.). Man spricht hier auch von der Bestimmung der „Arena" für betriebswirtschaftliche Aktivitäten.

Aktivitäten sind marktdeterminiert

Beispiel Th. Levitt nennt als Beispiel einer unzweckmäßigen Marktabgrenzung die Sichtweise der amerikanischen Eisenbahngesellschaften Anfang des letzten Jahrhunderts, die ihren relevanten Markt mit Transport auf Schienen umschrieben und dementsprechend alle ihre Maßnahmen darauf ausrichteten. Dabei übersahen sie völlig die aufkommende Konkurrenz der Fluggesellschaften, die, vor allem bei niedrigem Gewicht, für nur geringfügig höhere Kosten einen großen Zeitvorteil bieten. Folglich hat die Bedeutung des Lufttransports im inneramerikanischen Verkehrswesen stetig zu- und die des Bahntransports stetig abgenommen. Eine zutreffende Marktabgrenzung hätte sich nicht auf den Transportweg Schiene beschränken dürfen, sondern hätte umfassenden Transport als logistische Serviceleistung definieren müssen. Dann wäre sowohl die Konkurrenz der Fluggesellschaften rechtzeitig erkannt als auch der Lufttransport für eigene Zwecke entsprechend genutzt worden.

Die zweckmäßige Abgrenzung des relevanten Markts ist angesichts immer stärker zusammenwachsender Märkte eine der schwierigsten Aufgaben überhaupt und verlangt letztlich viel Fingerspitzengefühl. Sie hat immer aus Kundensicht, nicht aus Anbietersicht zu erfolgen.

◆ **Strategische Gruppe**

Innerhalb des strategischen Geschäftsfelds teilt sich die Gesamtheit der Marktanbieter in Gruppen ein, die aus mehreren Unternehmen bestehen, die gleiche oder sehr ähnliche Ausgangssituationen in Bezug auf wettbewerbsrelevante Programmfaktoren aufweisen. Eine strategische Gruppe ist dabei eine Mehrzahl von Unternehmen, die untereinander homogener sind als die Unternehmen von Gruppe zu Gruppe.

Gruppen innerhalb des strategischen Geschäftsfeldes

Im Kfz-Markt handelt es sich z. B. um die

- deutschen Standardhersteller (Opel, Ford, Volkswagen),

- deutschen gehobenen Hersteller (Audi, BMW, Mercedes-Benz),

- europäischen Importeure (Fiat, Peugeot, Renault),

- japanischen Importeure (Nissan, Toyota, Mazda, Mitsubishi, Honda),

- „Exoten" (Alfa, Lancia, Saab, Volvo, Skoda, Seat),

- Luxuskarossen-Hersteller (Lexus, Jaguar, Porsche),

- Superluxuskarossen-Hersteller (Maybach, Bentley, Lamborghini),

- Einstiegsklasse-Anbieter (Suzuki, Hyundai, Kia, Dacia).

Ähnlich wie es Marktbarrieren zwischen einzelnen Branchen gibt, die einen beliebigen Ein- und Ausstieg aus Märkten behindern, gibt es auch Mobilitätsbarrieren innerhalb

Mobilitäts-barrieren

einer Branche, die einen Wechsel von Gruppe zu Gruppe behindern, wenngleich nicht ganz verunmöglichen. Die Wettbewerbsintensität in einer Branche ist umso größer, je höher die Anzahl der Gruppen einer Branche und je geringer die Größenunterschiede der Anbieter innerhalb einer Gruppe sind. Gruppen sind in steter Entwicklung begriffen, ruhen also keineswegs statisch in sich, sondern bewegen sich aufeinander zu oder voneinander weg. Die Rentabilität eines Anbieters ist hoch bei starker Position inner-halb seiner Gruppe und hohen Mobilitätsbarrieren zwischen den Gruppen.

Für beteiligte Unternehmen ergeben sich daraus die Optionen des **Aufbaus einer neuen strategischen Gruppe**, des Abbaus von Mobilitätsbarrieren zum **Wechsel in eine günstigere strategische Gruppe** oder des Aufbaus von Mobilitätsbarrieren zur Verhinderung des Zustoßens neuer Mitglieder zu einer günstigen strategischen Gruppe und **Dominanz** in dieser.

◆ Strategische Geschäftseinheit

Definition

Die weitere Stufe bedingt die Zergliederung des Unternehmens in strategisch relevante Planungseinheiten, in sogenannte strategische Geschäftseinheiten (SGE). Dieser abstrakte Begriff wird gewählt, um deutlich zu machen, dass es sich dabei um durchaus verschiedenartige Größen handeln kann, etwa um Produkte, Kunden, Teilmärkte, Gebiete oder Betriebsteile (Divisions). Praktisch handelt es sich meist um Produktgruppen. Unter SGEs sind demnach Produkt-Markt-Kombinationen zu verstehen, die folgenden Kriterien gehorchen:

◆ Die SGE muss eine eigenständige, strategische Marktaufgabe haben, die unabhängig von der Marktaufgabe anderer SGEs ist. Es handelt sich um einen **externen Markt**, d. h., es geht um verkaufsbestimmte und nicht um innerbetriebliche Vorleistungen. Die SGE muss eine eindeutig identifizierbare Konstellation von Konkurrenten haben, d. h., auf die-sem Markt sind **antinomische Zielsetzungen** gegeben, die den eigenen Markterfolg beeinträchtigen. Die SGE muss ein **effizienter Wettbewerber im betreffenden Teilmarkt** sein oder werden können. Weiterhin besteht ein **klar abgrenzbares, strategisches Er-folgspotenzial** durch eigene Chancen, das sich nicht mit dem anderer SGEs über-schnei-det. Diese Abgrenzung ist während einer mehrperiodischen Analyse stabil und lässt die Unabhängigkeit der Entscheidung gegenüber anderen SGEs und der Unternehmensleitung zu. Es gibt **klar abgegrenzte, buchhalterisch direkt zurechenbare Kosten- und Leis-tungseinheiten** (Profit-Center-Charakter). Es bestehen heterogene Tätigkeitsfelder, d. h., es sollte nur eine SGE je Produkt-Markt-Kombination tätig werden.

SGEs werden ohne Rücksicht auf die Organisationsstruktur festgelegt und stimmen daher nur zufällig mit einer Organisationseinheit überein. Durch die Gliederung in SGEs wird die ursprüngliche Organisationsstruktur jedoch nicht aufgehoben.

Häufig liegt der **Fehler für unzweckmäßige strategische Planung** in den Bereichen der unpräzisen Zielsetzung, in der Unklarheit über die Kernkompetenz und in der unzu-reichenden Abgrenzung des relevanten Markts. Eine unpräzise Zielsetzung führt aber nicht zu einer Bündelung der unternehmerischen Energien, gleich einem Brennglas-effekt, sondern im Gegenteil zu einer Streuung der Aktivitäten, die jede für sich viel zu wenig Durchschlagskraft entfalten können. Die Unklarheit über die Kernkompetenz wiederum führt dazu, dass Unternehmen im Markt mit stumpfen Waffen kämpfen, statt sich den Angriffspunkt mit dem größten relativen Wettbewerbsvorsprung zu suchen. Und eine unzureichende Abgrenzung des relevanten Markts bedeutet, dass der Ver-drängung im Markt kaum wirkungsvoll begegnet werden kann.

7.1.2 Istanalysen

Jede Strategie braucht als Fixpunkt nicht nur ein Ziel, sondern auch die Istkonstellation. Denn nur, wenn man weiß, wo man sich befindet, kann man bestimmen, wo man hin will. Dr. Dr. Unrath von der UHW-SBE erkennt schnell, dass seine Institution i. G. (in Gründung) nicht der einzige private Hochschulanbieter ist und erst recht nicht bleiben wird, zumal auch seine anderen Ideen zu Curriculum, Abschluss, Referenten etc. nicht gerade alleinstellend sind. Da der Markt zugleich eng ist, wird die Situation früher oder später wohl auf Verdrängungswettbewerb hinauslaufen.

Also überlegt er, wie sein Angebotsumfeld sich darstellt, durch welche Kräfte seine Branche gekennzeichnet ist und über welche Stärken und Schwächen bzw. Chancen und Risiken sein Angebot verfügt, damit er auf den heraufziehenden Sturm bestmöglich vorbereitet ist. Charakterisieren Sie bitte die Istkonstellation der UHW-SBE unter diesen Gesichtspunkten.

In der strategischen Unternehmensplanung hat die Istanalyse mit verschiedenen Analysetechniken die Absicht, die strategische Ausgangssituation zutreffend zu charakterisieren. Denn neben der Zielsetzung ist die strategische Konzeption entscheidend von der Istsituation abhängig. Dazu stehen verschiedene Techniken zur Verfügung.

7.1.2.1 Umfeldanalyse

Bei der Umfeldanalyse handelt es sich um eine noch eher undifferenzierte Untersuchung des Vermarktungsumfelds eines Angebots. Dafür sind je nach Produktart verschiedene Faktoren relevant, insofern kann keine Verallgemeinerung vorgenommen werden. Jedoch hat es sich bewährt, dafür das Instrument der STEPP-Analyse einzusetzen. **STEPP** ist ein Akronym aus den Begriffen:

STEPP-Analyse

- **Socio-cultural:** umfasst alle Aspekte der gesellschaftlichen und kulturellen Rahmenbedingungen, z. B. Nachfragerverhalten, religiöse Aspekte, soziale Milieus, Wertvorstellungen, Modernität

- **Technological:** umfasst alle Aspekte der naturwissenschaftlichen und technischen Rahmenbedingungen, z. B. Technikorientierung, Know-how, Technikbewusstsein, Automatisierungsgrad, Informations- und Kommunikations-Technologie

- **Economical:** umfasst alle Aspekte der infrastrukturellen und einzelwirtschaftlichen Rahmenbedingungen, z. B. Währungssystem, Kaufkraft, Marktstrukturen, Wettbewerbsstrukturen, Entsorgungsverhalten

- **Political-legal:** umfasst alle Aspekte der administrativen, ordnungspolitischen und juristischen Rahmenbedingungen, z. B. Gesellschaftsrecht, Arbeits-/Mitarbeiterrecht, Produkthaftung, Gewährleistungsansprüche

- **Physicals:** umfasst alle Aspekte des natürlichen Umfelds, also die topografischen, klimatischen, anbau- und abbaubezogenen Aspekte der Wirtschaftstätigkeit

Zu jedem dieser Begriffe werden sodann die relevanten Aspekte katalogisiert. Sie können außerdem nach der Stärke ihres Handlungseinflusses priorisiert werden. Diese Aufstellung gibt einen ersten groben Überblick über die Gegebenheiten auf einem anvisierten Markt.

Im Folgenden Beispiele für eine STEPP-Analyse in der Autoreifen-Branche:

Beispiel Socio-cultural: Weiter steigendes Umweltbewusstsein in der deutschen Bevölkerung, weniger Altreifenanfall durch verstärkte Nutzung öffentlicher Verkehrsmittel und Gütertransport per Bahn/Schiff

Beispiel Technological: Neue Techniken zum kompletten Recycling von Altreifen werden entwickelt, Laufleistung von Reifen erhöht sich

Beispiel Economical: Verteuerung von fossilen Brennstoffen führt zum verstärkten Einsatz anderer Brennstoffe, Verknappung der Primärrohstoffe führt zu steigender Nachfrage für in Altreifen enthaltene Rohstoffe

Beispiel Political-legal: EU-weite Vorschriften und Erweiterung der EU erschweren Müllexport innerhalb Europas, Kreislaufwirtschaftsgesetz fordert Verwertungsbescheinigung von Werkstätten und Reifenhandel, Kreise und Kommunen lassen zunehmend wilde Altreifendeponien räumen

Beispiel Physicals: Verstärkte Beanspruchung der Reifen durch schlechte Straßendecken, stärkere Motorisierung, aggressive Fahrweise, höhere Achsgewichte etc.

7.1.2.2 Branchenanalyse

Bestimmungsfaktoren des Wettbewerbs

Weitverbreitet unterscheidet man folgende Bestimmungsfaktoren des Wettbewerbs als Einflussgrößen auf die Geschäftspolitik im Rahmen der Branchenanalyse, wobei jeweils deren Verhandlungsmacht besonders betrachtet wird (M. E. Porter): Lieferanten, potenzielle Konkurrenten, Abnehmer, Substitutionsgutanbieter und aktuelle Konkurrenten.

◆ Die Verhandlungsmacht der **Lieferanten**, die diese dazu veranlassen kann, ihren Positionsvorteil auszuspielen, ist hoch, wenn

● der Konzentrationsgrad im Lieferantenmarkt groß ist, die Bezugsbranche sich also nur aus wenigen Unternehmen zusammensetzt, von denen eine Leistung bezogen werden kann,

● die Substitutionsgefahr gering ist, also keine oder nur schlechte Chancen bestehen, im Konfliktfall auf ein Ersatzprodukt auszuweichen,

● die Produktbedeutung groß ist, die bezogene Leistung also mit hohem qualitativen oder quantitativen Anteil in das eigene Angebot eingeht, vielleicht sogar für dieses bestimmend ist,

● die Umstellungskosten hoch sind (Differenzierungsgrad), der Umstieg auf ein Ersatzprodukt also zwar objektiv möglich sein mag, subjektiv aber mit erheblichen Anpassungskosten verbunden ist,

● die Gefahr einer Vorwärtsintegration, mit der Lieferanten glaubhaft drohen können, also des Eindringens in die Abnehmerbranche, groß ist,

● die Wertschöpfung in der belieferten Branche gering ist, also zugelieferte Waren einen hohen Anteil des Verkaufswerts am Endprodukt ausmachen,

● die Auftragsvolumenbedeutung, die der einzelne Abnehmer innerhalb des Lieferantengeschäftsumfangs einnimmt, gering ist.

◆ Der Einfluss der **Abnehmer** durch Nutzung oder Verfügung ihrer Nachfragemacht ist umso größer, je konzentrierter sich die Marktanteilsverteilung darstellt und je weniger Ausweichmöglichkeiten sich einem Anbieter deshalb eröffnen. Die daraus resultierende Verhandlungsmacht ist abhängig von:

- dem Geschäftsumfang (Konzentrationsgrad), der mit einzelnen Kunden getätigt wird;

- der Abweichung der eigenen Produkte von denen der Konkurrenz (Standardisierung). Dabei geht es nicht nur um objektive, sondern vor allem um subjektiv empfundene Unterschiede;

- den Kosten eines Lieferantenwechsels. Diese bestehen aus den Kosten der Organisationsumstellung auf einen anderen Lieferanten oder aus Gewinnentgang (Opportunitätskosten) durch Nichtbelieferung;

- der Ertragslage des Abnehmers. Diese ist als schlecht einzuschätzen, wenn seine Möglichkeiten zur Ausspielung evtl. vorhandener Marktmacht begrenzt sind;

- der Transparenz am Markt über Kosten und Preise. Ist eine hohe Übersichtlichkeit vorhanden, fällt es leichter, alternative Lieferquellen ausfindig zu machen;

- der Möglichkeit zur Eigenfertigung. Lohnt sich diese oberhalb eines bestimmten Preislevels und ist sie auch objektiv und subjektiv möglich, entsteht daraus eine hohe Nachfragemacht;

- dem Durchhaltevermögen des Abnehmers gegenüber den Lieferanten. Dieses ist wiederum abhängig von dessen Kapitalausstattung, Lagerbestand, Know-how etc.;

- dem Ausmaß der Bedeutung der zugelieferten Produkte für die Qualität des weiterverarbeiteten Produkts. Je höher diese ist, desto günstiger wird die eigene Verhandlungsposition relativ zu der des Abnehmers;

- der Preisempfindlichkeit der Abnehmer, die wiederum abhängig ist von Faktoren wie Produktunterschieden, Markenbindung, Preis-Leistungs-Relation, Bezugsanreizen aus Menge, Wert, Zielbeitrag etc.

Verhandlungsmacht der Abnehmer

◆ **Potenzielle Konkurrenten** sind nach Anzahl, Größe und Einfluss sowie dem Grad der Wahrscheinlichkeit ihres Markteintritts bedeutsam. So kann die Abschöpfung der Preisbereitschaft auf einem Markt (Creaming) andere Unternehmen zur Annahme verleiten, dass dort noch relativ hohe Gewinnmargen zu erzielen sind, und diese damit zum Markteintritt motivieren. Deshalb kann es sinnvoll sein, auf eine Ausnutzung vorhandener Preisspielräume zu verzichten. Die Bedrohung durch mögliche neue Wettbewerber ist abhängig von mehreren Faktoren, vor allem von der Intensität der zu erwartenden Reaktion und der Höhe der Eintrittsbarrieren. Die Intensität der erwarteten Reaktion der bisherigen Marktanbieter (im Sinne von Vergeltung) dürfte umso stärker sein, je

Reaktion der Marktanbieter

- geringer das Marktwachstum ist, d. h., je zwangsläufiger die vorhandenen Marktanteile verteidigt werden müssen, da es wenig Chancen gibt, anderweitig am Markt zu prosperieren,

- höher die Austrittsbarrieren aus dem Markt sind, d. h., je größer die Notwendigkeit ist, im bestehenden Markt zu reüssieren, da ein Ausstieg hohe Vermögensverluste bedingt,

- größer die Kapitalkraft der bisherigen Anbieter ist, d. h., je umfangreicher deren Möglichkeiten scheinen, sich gegen unerwünschte Eindringlinge zur Wehr zu setzen,

- höher die Profitabilität der Branche in Gegenwart und Zukunft einzuschätzen ist, denn damit werden im Gegenzug selbst hohe Risiken akzeptabel.

**Markteintritts-
barrieren**

Die **Eintrittsbarrieren** in den Markt sind als hoch zu bezeichnen und als schützend anzusehen, wenn

★ Größendegressionsvorteilen eine hohe Bedeutung zukommt, denn dies erfordert große Betriebsanlagen durch internes oder externes Wachstum,

★ hohe Umstellungskosten für Kunden bei Lieferantenwechsel gegeben sind, denn dies schafft eine unwillkürliche Bindung der Kunden an bestehende Geschäftsbeziehungen und verschließt dadurch die Absatzquelle für neue Anbieter,

★ der Distributionszugang erschwert ist, denn gelingt es nicht, vorhandene Absatzwege zu erschließen, wie dies bei enger Bindung der Absatzmittler an ihre Lieferanten gegeben ist, oder neue aufzutun, fehlt der Zugang zur Abnehmerschaft.

**Faktoren der
Konkurrenz**

Die **Bedrohung durch potenzielle Konkurrenten** infolge zusätzlicher Faktoren ist hoch, wenn

★ der Grad der Produktdifferenzierung im Markt durch Markennamen, Image, Qualität etc. wenig ausgeprägt ist, denn das reflektiert eine geringe Loyalität der Abnehmer und potenziell hohe Kundenfluktuation,

★ die derzeitigen Wettbewerber keine bzw. nur geringe größenunabhängige Kostenvorteile aus gewerblichen Schutzrechten, Standortvorteilen, Spezialisten-Knowhow etc. haben,

★ sich die derzeitige Struktur der Branche in erster Linie aus klein- und mittelständischen Betrieben zusammensetzt, deren Sanktionspotenzial gegenüber okkupierenden Großunternehmen eher als begrenzt anzusehen ist,

★ der Eintritt in die Branche nur einen vergleichsweise geringen Kapitaleinsatz verlangt, denn dann kann der versuchte Markteinstieg Externer infolge geringer Verlustgefahr bereits zu erheblicher Unruhe führen,

★ die qualifiziert vermutete Gewinnhöhe in der Branche insgesamt hoch ist in Relation zu den für deren Erlangung einzugehenden kumulierten Risiken.

**Bedrohung
durch
Substitutions-
gutanbieter**

◆ Der Einfluss von **Substitutionsgutanbietern** als Bedrohung der eigenen Marktstellung bildet eine weitere Größe. Dabei kann es sich um aktuelle oder potenzielle Ersatzangebote handeln, die auf die Marktposition einwirken. Die Substitutionsgefahr ist generell hoch einzuschätzen, wenn

● die Produkte der Branche teuer in Relation zum Einkommen der Abnehmer bzw. deren Budget sind,

● die Einkommen/Budgets der Abnehmer stagnieren, was heute häufig der Fall ist,

● die Abnehmer nur einen geringen Grad an Produktloyalität/Markentreue aufweisen, sodass ihnen der Wechsel zu anderen Angeboten subjektiv leicht fällt,

● das Lebenszyklusstadium schon weit fortgeschritten ist, denn desto wahrscheinlicher wird eine Ablösung durch ein Produkt mit substitutivem Charakter,

● die Umstellungskosten in den Produktionsprozessen bei Wechsel vom einen auf das andere Produkt vergleichsweise gering ausfallen. Dies ist umso eher der Fall, je standardisierter Produkte sind, was infolge des Trends zu Gleichteilekonzepten in der Industrie zunehmend der Fall ist.

Theoretisch lassen sich Substitutionsangebote durch den Triffin'schen Koeffizienten messen (= Kreuzpreiselastizität der Nachfrage, d. h. relative Veränderung der Nachfrage nach einem Produkt infolge der relativen Veränderung des Preises eines anderen Produkts).

◆ Für Anzahl, Größe und Einfluss **aktueller Konkurrenten** in Bezug auf die Wettbewerbsintensität eines Markts ist der Grad der Reaktionsverbundenheit von Bedeutung. Handelt es sich um wenige, etwa gleich große Anbieter, kommt es oft zur ausdrücklichen oder auch nur stillschweigenden Verhaltensabstimmung. Handelt es sich hingegen um zahlreiche Anbieter am Markt, darunter auch Importeure, ist diese Kollusion (unerlaubte Verabredung) schon schwieriger. Die Rivalität unter den etablierten Wettbewerbern ist groß, wenn

Reaktionsverbundenheit der Anbieter

● nach Ansicht der Marktpartner nur geringe Unterschiede hinsichtlich Qualität, Image, Preis etc. zwischen den angebotenen Produkten gegeben sind (Differenzierung) und die Markenbindung niedrig ausfällt,

● der durchschnittliche Kapazitätsauslastungsgrad in der Branche gering ist und eine hohe Belastung durch Leerkosten besteht,

● zahlreiche, annähernd gleich ausgestattete Mitbewerber in der Branche konkurrieren, sodass das Leistungsgefälle zwischen ihnen gering bleibt,

● in der Branche hohe Austrittsbarrieren etwa durch After-Sales-Aktivitäten, Sozialpläne oder spezialisierte Aktiva mit niedrigen Liquidationserlösen bestehen,

● eine hohe Transparenz oder Intransparenz die Wettbewerbssituation der Branche kennzeichnet. In beiden Fällen besteht die Gefahr direkt die Regeln der Konkurrenz verletzender Aktivitäten,

● das Wachstum der Branche gering ist, denn Stagnation erfordert Konkurrenzverdrängung zur Erfüllung individueller Expansionsziele,

● die Umstellungskosten bei Umstieg zwischen den verschiedenen Angeboten eng begrenzt bleiben. Dann ist eine Marktanteilsverschiebung rasch möglich, weil es für Abnehmer leichtfällt, vom einen zum anderen Lieferanten zu wechseln.

Branchenstrukturanalyse

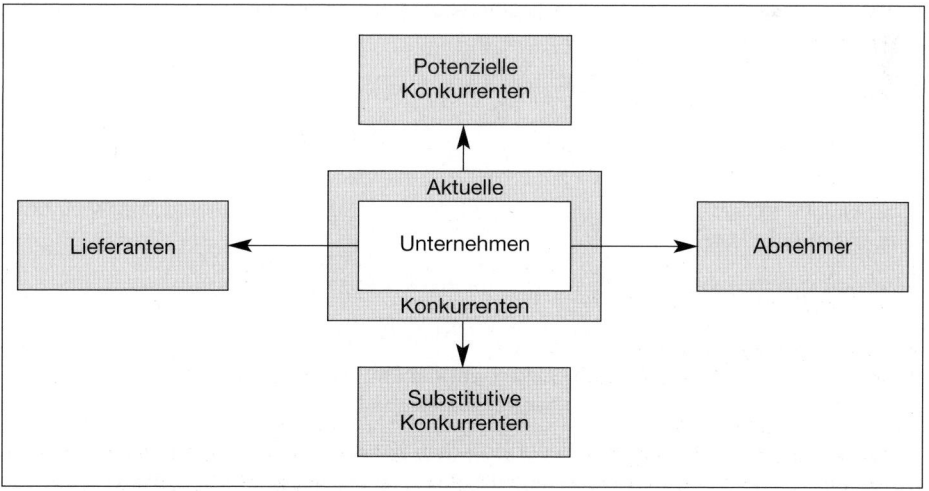

Abb. 7.1-2: Elemente der Branchenstrukturanalyse

7.1.2.3 Stärken-Schwächen-Analyse, Chancen-Risiken-Analyse, SWOT-Analyse

◆ **Stärken-Schwächen-Analyse**

Definition
Bei der Stärken-Schwächen-Analyse handelt es sich allgemein um die Gegenüberstellung der Istposition des Analyseobjekts im Vergleich zu Konkurrenzobjekten anhand eines Kriterienkatalogs.

Aus diesem Konkurrenzvergleich ergeben sich bei entsprechender Anlage zwei (oder mehr) Polaritätenprofile, aus denen wiederum ersichtlich ist, wo eigene komparative Konkurrenzvor- und -nachteile liegen, die Notwendigkeit oder Anlass zu Aktivitäten anzeigen. Als Stärke wird dabei ein von der Konkurrenz nur schwer einholbarer Vorsprung bezeichnet, als Schwäche ein nur schwer einholbarer Vorsprung der Konkurrenz. Die konkrete Ausformung geschieht wie folgt:

* Es werden die für die Beurteilung der relativen Situation des eigenen Unternehmens relevanten Kriterien ausgewählt.

* Dann wird ein Bewertungssystem für die Skalierung festgelegt, z. B. Schulnotenskala. Für jedes Kriterium werden die für die Beurteilung relevanten Teilaspekte für das eigene Analyseobjekt ermittelt und bewertet.

* Die Beurteilung für jedes Kriterium wird auf der Skalierung als Wert für das eigene Unternehmen abgetragen. Für jedes Kriterium werden die gleichen Teilaspekte für den/die ausgewählten Mitbewerber ermittelt und bewertet.

* Die Beurteilung für jedes Kriterium des/der ausgewählten Mitbewerber(s) wird ebenfalls als Wert auf der Skalierung abgetragen. Für eine grafische Darstellung werden die Beurteilungen untereinander gestellt und über alle Kriterien durch eine Linie verbunden.

* Es ergeben sich Kriterien, bei denen das eigene Unternehmen besser beurteilt wird als der/die Mitbewerber. Dies ist eine Stärke. Und es ergeben sich Kriterien, bei denen der/die Mitbewerber besser beurteilt wird/werden als das eigene Unternehmen. Dies ist eine Schwäche. Der Abstand der Linien für das eigene Analyseobjekt und den/die Mitbewerber zeigt das Ausmaß der Stärken und Schwächen des Unternehmens an.

Beurteilungskriterien
Kriterien, die der Bewertung zugrunde liegen, können etwa sein:

● Management (Führungskräftequalität, Entscheidungsfindung, Planungseffizienz, Mitarbeitermotivation, Organisationsrahmen etc.),

● Entwicklung (Technologiestandard, Leistungsfähigkeit etc.), Beschaffung (Methodik, Lieferantenauswahl etc.),

● Produktion (Kapazitätsauslastung, maschinelle Ausstattung etc.),

● Finanzen (Mittelfristigkeit, Liquiditätsstand, Cashflow, Kapitalquellen etc.),

● Absatz (Vertriebsmannschaft, Distributionsnetz, Marktforschungsdaten, Serviceumfang, Werbeaufwand, Preisniveau, Marktanteil, Imageprofil etc.).

Probleme liegen in der Auswahl dieser Kriterien, die je nach Branche unterschiedlich zu erfolgen hat. Weiterhin ist die mögliche Gewichtung dieser Kriterien problematisch. Von Schwierigkeit ist die Feststellung der Werte (Scorings), sofern diese nicht allgemein zugänglich sind, was in den seltensten Fällen gegeben ist. Sofern objektive Daten nicht verfügbar sind, birgt die Bewertung durch Experten große Unwägbarkeiten.

Dennoch lassen sich daraus bereits zwei „Normstrategien" ableiten:

● **bei komparativen Schwächen:** Prüfung auf Einhaltung eines als unverzichtbar angesehenen Mindestniveaus, ist dieses gegeben, sollen Schwächen im Übrigen akzeptiert werden, ist dieses nicht gegeben, sind die Schwächen durch vermehrte Anstrengungen unbedingt auszugleichen.

● **bei komparativen Stärken:** Ausbau, um einen entscheidenden Vorsprung zu manifestieren und die größere Hebelwirkung der Stärken im Wettbewerbsprozess zu nutzen.

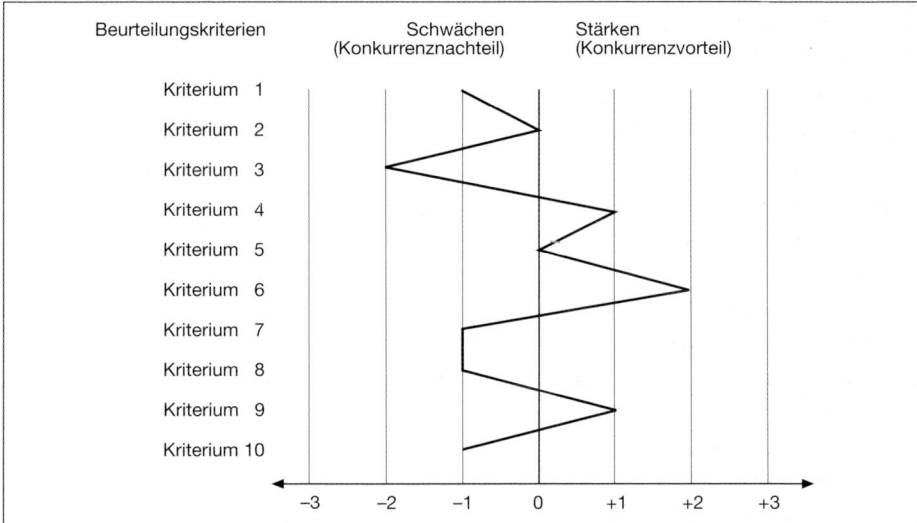

Stärken-Schwächen-Analyse

Abb. 7.1-3: Stärken-Schwächen-Analyse

◆ **Chancen-Risiken-Analyse**

Bei der Chancen-Risiken-Analyse handelt es sich um **die Beschreibung der Umfeldfaktoren der Unternehmensaktivitäten für die Zukunft**. Im Unterschied zur Stärken-Schwächen-Analyse wird also nicht die Situation des eigenen Unternehmens relativ zur Konkurrenz untersucht, sondern dessen Situation relativ zur mutmaßlichen Marktentwicklung. Dabei wird die Gegenwart häufig durch Szenarios in die Zukunft fortgeschrieben. Dabei wird zumeist, ausgehend von der gegenwärtigen Situation, diese auf Basis verfügbaren Wissens und plausibler Annahmen einerseits so projiziert, dass alle positiven Effekte eintreffen (Best Case), andererseits so, dass alle negativen Effekte eintreffen (Worst Case). Der Mittelwert zwischen beiden Cases kann dann als realistisches Szenario betrachtet werden.

Definition

Als Chance wird eine dabei entstehende Umweltsituation definiert, die ein Unternehmen für sich nutzen kann, als Risiko eine solche, die ein Unternehmen schädigen kann. Als Analysegröße gelten u. a. natürliche, demografische, gesamtwirtschaftliche, kulturelle, politische oder technologische Gegebenheiten. Die Vorgehensweise ist wie folgt:

- Auswahl der Kriterien, die für das eigene Unternehmen in Bezug auf die Marktentwicklung relevant sind,

- Bestimmung der Art der Auswirkungen der Marktentwicklung auf das eigene Unternehmen,

- positive Auswirkungen aufgrund des Marktumfelds werden als Chancen qualifiziert,

- negative Auswirkungen aufgrund des Marktumfelds werden als Risiken qualifiziert,

- für jedes Kriterium wird festgestellt, ob die Chancen oder die Risiken überwiegen,

- jedes Kriterium wird in einem Tableau mit Chancen (rechts) und Risiken (links) abgetragen,

- die Kriterien, bei denen die Chancen überwiegen, sind zu forcieren,

- die Kriterien, bei denen die Risiken überwiegen, sind zu bremsen,

- die Kriterien können mit Eintrittswahrscheinlichkeiten und Gewichtungen versehen werden.

Die Unwägbarkeiten der Zukunft schlagen allerdings notwendigerweise voll auf die Aussagefähigkeit dieser Analyseform durch.

Chancen-Risiken-Analyse

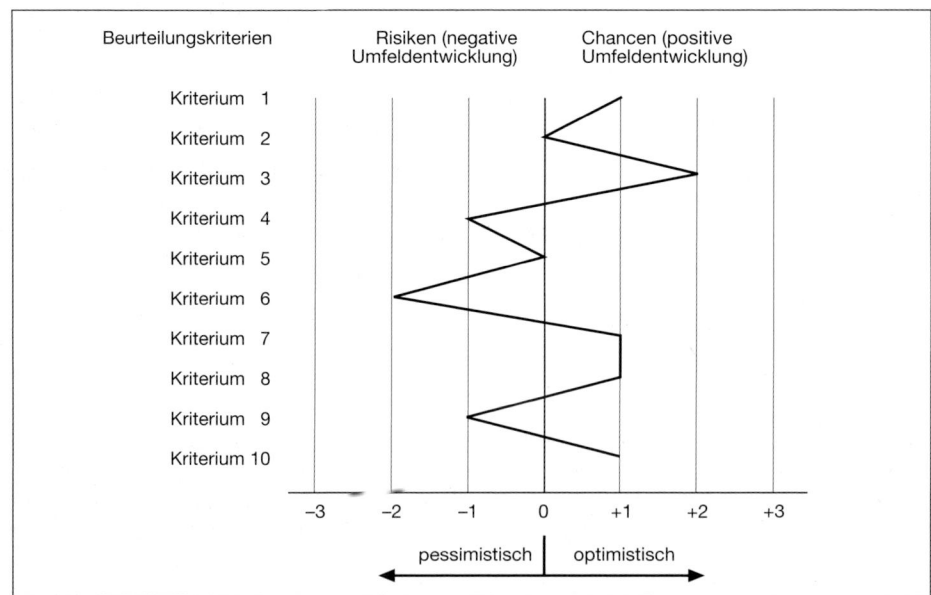

Abb. 7.1-4: Chancen-Risiken-Analyse

◆ **SWOT-Analyse**

Begriff

Der Begriff SWOT steht als Akronym für die englische Übersetzung von Stärken (**S**trengths), Schwächen (**W**eaknesses), Chancen (**O**pportunities) und Risiken (**T**hreats), sie wird auch als SOFT-, WOTS up- oder TOWS-Analyse bezeichnet. Die Analyse stellt also eine **Kombination aus einer Stärken-Schwächen-Analyse und einer Chancen-Risiken-Analyse** dar.

Für diese SWOT-Matrix werden die aus dem Konkurrenzvergleich herausgearbeiteten **SWOT-Matrix**
Stärken und Schwächen katalogisiert, ebenso die aus der Prognose herausgearbeiteten Chancen und Risiken.

Nun werden beide Merkmalskataloge in Beziehung zueinander gesetzt. Mit jedem dieser Felder sind Normverhaltensweisen verbunden, die bereits konkrete Hinweise auf die zu entwickelnde Strategie enthalten. Die Zuordnungen lauten:

Stärken:	Schwächen:
–	– .....
–	– .....
–	– .....
–	– .....
Chancen:	**Risiken:**
–	– .....
–	– .....
–	– .....
–	– .....

- bei Angebotsstärken und Umfeldchancen, d. h. Marktchancen, die durch parallele Anbietervorteile am besten zu nutzen sind: **Strategieschwerpunkt zur Nutzung aller Chancen**
- bei Angebotsstärken und Umfeldrisiken, d. h. Marktrisiken, die durch partielle Anbietervorteile kompensiert werden können: **Absicherung der Position zur Vorbeugung gegen Rückschläge**
- bei Angebotsschwächen und Umfeldchancen, d. h. Marktchancen, deren volle Nutzung durch Anbieternachteile behindert wird: **Aufholen von Rückständen, damit Chancen nicht entgehen**
- bei Angebotsschwächen und Umfeldrisiken, d. h. Marktrisiken, die durch Anbieternachteile dramatisiert werden: **Meidung des Markts zur Abwehr von Gefahren**

Die SWOT-Analyse bildet strukturell den unmittelbaren Vorläufer zu den Portfolio-Analysen.

	Schwächen:	Stärken:
	–	– .....
	–	– .....
	–	– .....
	–	– .....
Chancen:	**Aufholen:**	**Ausbau:**
–	–	– .....
–	–	– .....
–	–	– .....
–	–	– .....
Risiken:	**Abbau:**	**Absicherung:**
–	–	– .....
–	–	– .....
–	–	– .....
–	–	– .....

Abb. 7.1-5: Aufbau einer SWOT-Analyse

7.1.2.4 Portfolioanalysen

Innerhalb jeder Portfoliotechnik wird eine **Klassifikation von strategischen Geschäftseinheiten vorgenommen**. Diese geht auf Markowitz zurück, der die optimale Balance eines Wertpapierportefeuilles (Depots) zwischen Gewinnchancen und Verlustgefahren untersucht hat. Dieser Ansatz lässt sich auf die Unternehmenspraxis übertragen, indem je **Ansatz** eine unternehmens- und eine marktbezogene Dimension in Relation zueinandergesetzt werden. Um zu Klassifikationsmöglichkeiten zu gelangen, ist es erforderlich, Beurteilungseinheiten zu bilden. Dies sind strategische Geschäftseinheiten (SGEs, siehe S. 376).

Basisdaten

◆ **Vier-Felder-Portfolio**

Die zweidimensionale Portfoliotechnik ist nach der Boston Consulting Group (BCG) benannt und beinhaltet die ordinale Skalierung der Größen **durchschnittliches Marktwachstum** und **relativer Marktanteil** sowie **Kreisgrößen** analog zum Umsatzanteil am Unternehmen im Rahmen einer Matrix. Über diese drei Basisdaten ist Folgendes anzumerken:

◆ Der **relative Marktanteil** ist der Quotient aus eigenem absoluten Marktanteil und der Summe der absoluten Marktanteile der/des größten Wettbewerber(s). Der relative Marktanteil ist also ein doppelt relativer Wert, der

● < 1 ist, wenn die Wettbewerbsposition schwach bleibt (Marktfolger),

● > 1 ist, wenn die Wettbewerbsposition stark ist (Marktführer).

Entsprechend erfolgt der Eintrag für die SGE auf der horizontalen Skalierung (= Abszisse). Sie repräsentiert deren Cashflow-Verbrauch.

◆ Das **durchschnittliche Marktwachstum** ist das Ergebnis der mittelfristigen Marktentwicklung in Prozent. Hierbei ist etwas Fingerspitzengefühl angebracht, um dem logistischen Verlauf (Sättigungsfunktion) der Marktentwicklung zu entsprechen. Analog zu dem jeweiligen Wert erfolgt der Eintrag der SGE auf der vertikalen Skalierung (= Ordinate). Sie repräsentiert deren Cashflow-Generierung. Damit ist die Position der SGE innerhalb der Matrix eindeutig definiert.

◆ Die **Kreisgröße** repräsentiert die relative Umsatzbedeutung der SGE innerhalb des eigenen Unternehmens. Dazu wird mit einem skalierten Radius ein Kreis um den vorher definierten Schnittpunkt gezogen. Bei allen Angaben handelt es sich jeweils um Zustandswerte. Damit ist die Matrix formal vollständig.

Vier-Felder-Portfolio

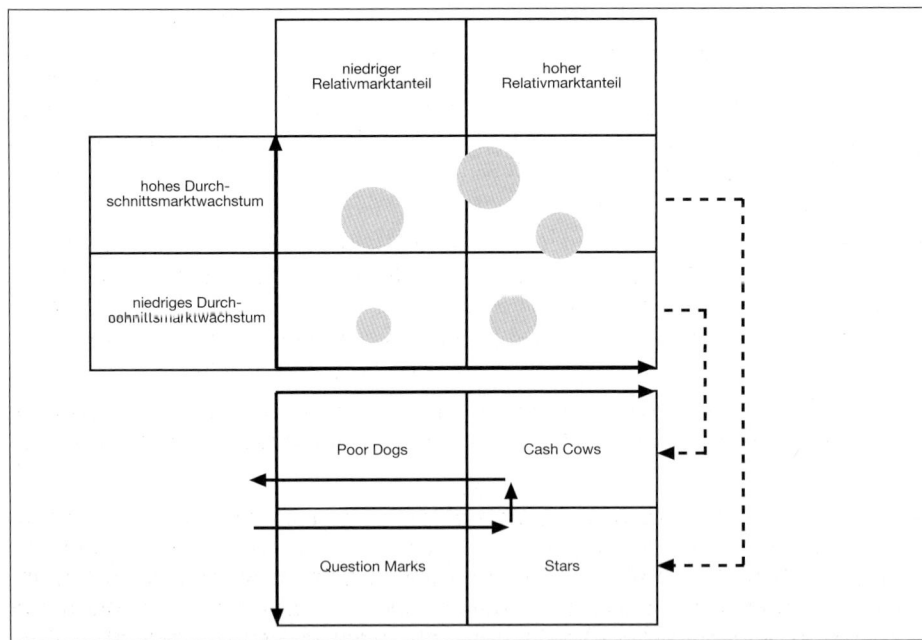

Abb. 7.1-6: Vier-Felder-Portfolio nach BCG

Teilt man die Abszisse (= relativer Marktanteil) und die Ordinate (= durchschnittliches Marktwachstum) jeweils in der Mitte der Extremwerte bzw. dort, wo der relative Marktanteil = 1 und die Marktwachstumsrate im Durchschnitt liegt (Cut-Off-Kriterien), ergeben sich vier Felder, in denen sich SGEs befinden können (gelegentlich werden auch ein relativer Marktanteil von 1,5 und eine Marktwachstumsrate von 10 % als Cut-Off-Kriterien genannt). Im Falle des BCG-Portfolios tragen die vier Felder anschauliche Namen:

Namen der Portfoliofelder

● Die Kombination aus hohem Durchschnittsmarktwachstum und niedrigem Relativmarktanteil bilden **Question Marks** (= Fragezeichen). Dies sind Nachwuchsprodukte in dynamischen Märkten. Gelegentlich werden diese auch als **Wildcats, Cinderellas** oder **Babies** bezeichnet.

● Die Kombination aus sowohl hohem Durchschnittsmarktwachstum als auch hohem Relativmarktanteil bilden **Stars** (= Sterne). Dies sind marktführende Produkte in dynamischen Märkten.

● Die Kombination aus niedrigem Durchschnittsmarktwachstum und hohem Relativmarktanteil bilden **Cash Cows** (= Melkkühe). Dies sind marktführende Produkte in stagnierenden Märkten.

● Die Kombination aus sowohl niedrigem Durchschnittsmarktwachstum als auch niedrigem Relativmarktanteil bilden **Poor Dogs** (= Arme Hunde). Dies sind Problemprodukte in stagnierenden Märkten.

Diese Reihenfolge entspricht auch dem normalen zeitlichen Ablauf des Produkterfolgs, wie er in der Lebenszyklus-Analyse vorzufinden ist. Damit ist bereits die eine Determinante der Matrix festgelegt. Die andere leitet sich aus der Erfahrungskurven-Analyse ab, denn die Marktstellung entspricht der relativen Kostensituation im Wettbewerb. Verknüpft spiegeln sich beide Determinanten im Portfolio.

Eine Besonderheit der Portfolios ist es, dass nicht nur eine Analyse der Istsituation vorgenommen wird, die dann jedem Beurteiler freistellt seinerseits daraus die richtigen Schlüsse zu ziehen. Hier ist vielmehr die Methode mit einer Art „Rezeptur" verbunden, die nach Durchführung der Analyse die jeweils anzuwendenden Handlungsmaximen in Abhängigkeit von den Analyseergebnissen vorgibt. Das heißt, an jede Position einer SGE knüpfen sich strategische Konsequenzen:

Strategische Konsequenzen

● Bei **Nachwuchsproduktmärkten** heißt es, zu selektieren, welche von ihnen förderungswürdig sind (Cinderellas), denn um alle SGEs gleichermaßen zu fördern, reichen regelmäßig die Finanzmittel nicht aus, und welche Produkte besser nach einer Testphase aus dem Markt genommen werden sollten (Trash). Dann muss spekulativ investiert und das damit verbundene Initialrisiko getragen werden.

● Bei **Starproduktmärkten** ist angezeigt, diese zu fördern und durch Investitionen in Richtung Marktdominanz zu stützen. Das Risiko reduziert sich im Zeitablauf mit den ersten Mittelrückflüssen.

● Bei **Melkproduktmärkten** heißt es, diese zu pflegen, aber keine zusätzlichen Investitionen darin zu tätigen. Ein hoher Marktanteil schafft Kostensenkungspotenzial, und da gleichzeitig Wachstumsaufwand fehlt, bleibt ein hoher Cashflow (Überschuss der Einnahmen über die Ausgaben) übrig. Mit diesem wird das Wachstum anderer SGEs finanziert. Risiken bleiben daher in engen Grenzen. Die Marktstellung ist unter allen Umständen zu halten.

- Bei **Problemproduktmärkten** ist angezeigt, Risiken zu minimieren, indem desinvestiert und das Angebot stufenweise oder ganz vom Markt genommen wird. Es sei denn, es wird eine Chance zum Relaunch durch Produktvariation gesehen.

**Strategie-
empfehlungen**

		Wettbewerbsposition	
		schwach	stark
Marktwachstum	schnell	Fragezeichen: Selektives Investieren: Marktentwicklung, Marktdurch- dringung, Produktentwicklung, horizontale Integration, Desinves- tition, Liquidation	Sterne: Investieren: Marktentwicklung, Marktdurch- dringung, Produktentwicklung, Vorwärtsintegration, Rückwärts- integration, horizontale Integration, konzentrische Diversifikation
	langsam	Arme Hunde: Desinvestieren: Rückzug, konzentrische Diversifi- kation, horizontale Diversifikation, laterale Diversifikation, Desinvestition, Liquidation	Melkkühe: Halten und Melken: Konzentrische Diversifikation, horizontale Diversifikation, laterale Diversifikation, Jointventure

Abb. 7.1-7: Strategieempfehlungen

**Kritik am
Vier-Felder-
Portfolio**

Kritik entzündet sich beim Vier-Felder-Portfolio vor allem an der Tatsache, dass nur zwei Kriterien in die Beurteilung einbezogen werden, nämlich Marktwachstum und relativer Marktanteil. So fehlt die Berücksichtigung der verschiedenen funktionalen Bereiche im Unternehmen, wie Finanzen, Forschung und Entwicklung, Logistik etc.

Ein weiterer Kritikpunkt liegt in der Ambivalenz bei der Einschätzung mittlerer Positionen im Portfolio. Letztlich bleibt es Willkür, welchem Feld diese zugeschlagen werden. In Anbetracht der daran geknüpften erheblichen Konsequenzen und der hohen realen Verbreitung von Mittelpositionen ist dies ein unbefriedigendes Ergebnis.

Ein Problem entsteht auch aus der Messung der Marktwachstumsrate. Gerade bei dynamischer Marktentwicklung ist deren korrekte Bestimmung sehr schwierig. Sie hängt zu einem erheblichen Anteil von der Anzahl der Zeitperioden ab, die zur Durchschnittswertermittlung herangezogen werden, sowie von der Form des zugrunde gelegten Trends (linear, progressiv, degressiv, logistisch etc.).

Schließlich sind der Erfahrungskurveneffekt und das Lebenszykluskonzept, also die Grundlagen der BCG-Portfolio-Analyse, nicht unumstritten.

Die Erfahrung zeigt, dass gerade konservative Märkte mit gemäßigter Wettbewerbsintensität und geordneten Marktbedingungen die Chance auf auskömmliche Renditen bieten. Dennoch werden keine Hinweise auf zusätzliche Programmelemente gegeben, da nur bestehende SGEs in die Analyse eingehen. Insofern fehlen Empfehlungen, wie sich ein Unternehmen über das derzeitig bestehende Programm hinaus auf die Markterfordernisse der Zukunft optimal einstellen kann. Außerdem werden mögliche Synergieeffekte zwischen einzelnen SGEs ignoriert.

Es werden nur aktuelle Wettbewerber berücksichtigt, nicht jedoch wichtige zukünftige Anbieter. Auch verändert sich die Beurteilung eines Portfolios fundamental, wenn potenzielle Konkurrenten, die aufgrund ihrer allgemeinen Marktmacht rasch in der Lage sind, Marktzutrittsschranken zu überwinden und nennenswerte Marktanteile zu okkupieren, in die Analyse einbezogen werden.

Die einseitige Berücksichtigung des Marktwachstums entspricht nicht mehr der Realität weithin gesättigter, stagnierender Märkte. Dazu bedarf es der Erweiterung der Matrix um zwei weitere Felder auf der Ordinate mit negativer Marktwachstumsrate und entsprechender Strategieempfehlung. Diese Felder heißen **Underdogs** bei niedrigem relativen Marktanteil und Marktschrumpfung, auch **Dodos**, bzw. **Buckets** bei hohem relativen Marktanteil und Marktschrumpfung (auch **War Horses**). Für diese werden ebenfalls Normstrategien angeboten.

Erweiterung der Matrix

◆ **Neun-Felder-Portfolio**

Diese mehrdimensionale Portfolio-Technik der McKinsey Comp. impliziert die ordinale Skalierung der Größen **Marktattraktivität der Branche** und **relative Wettbewerbsstärke** der Produkte sowie Kreisgrößen analog zur Branchenbedeutung mit Ausschnitten analog zum eigenen Marktanteil im Rahmen einer Matrix. Zu diesen Basisdaten ist Folgendes anzumerken:

Begriff

◆ Die **Marktattraktivität** ist eine aggregierte (angehäufte) Größe aus verschiedenen Kriterien. Für diese gibt es keinen festgesetzten Katalog, vielmehr können jeweils relevant erscheinende Daten zusammengestellt werden. Ein Gliederungsvorschlag umfasst die Berücksichtigung von:

Kriterien der Marktattraktivität

● Marktgröße und Marktwachstum (Marktentwicklung in der Kundenbranche, Einfluss von Produktivitätssteigerungen, Ausdehnung des Marktraums, Substitution durch qualitative Veränderung des Funktionsbedarfs, Stadium im Nachfragezyklus),

● Marktqualität (ausgedrückt etwa durch Rentabilität der Branche, Stellung im Markt-Lebenszyklus, Spielraum der Preisgestaltung, Schutzfähigkeit und technisches Know-how, Investitionshöhe, Anzahl/Intensität aktueller/potenzieller Anbieter/Nachfrager, Markteintrittsbarrieren, Substitutionsgefährdung, saisonale Schwankungen, Innovationspotenzial, Anforderungen an Distribution/Service, Konkurrenz- und Nachfragesituation, Sozialattraktivität etc.),

● Rohstoff- und Energieversorgung (Sicherheit, Preisstabilität, Alternativen etc.),

● Umweltsituation (Konjunkturabhängigkeit, öffentliche Meinung, Gesetzgebung etc.).

◆ Die **relative Wettbewerbsstärke** ist ebenfalls eine aggregierte Größe aus verschiedenen variablen, relativ zur Konkurrenz zu bewertenden Kriterien. Zu nennen sind etwa:

Kriterien der Wettbewerbsstärke

● Marktposition, ausgedrückt durch relativen Marktanteil, Finanzkraft der Anbieter, Wachstumsstärke des Unternehmens, Unternehmensimage, Preisvorteil, Produktqualität, Kunden-/Marktkenntnis, Rentabilität, Risikograd etc.,

● Produktionspotenzial bedingt durch Versorgungsbedingungen, Produktivität, Standortvorteil, größenbedingte Kostenvorteile, technisches Know-how, Lizenzen, technische Flexibilität, Potenzialausnutzung, Energie- und Rohstoffversorgung, Kapazität, Betriebsausstattung, Vertriebswege, Lieferbereitschaft etc.,

● Forschungs- und Entwicklungspotenzial (Innovationsfähigkeit, Grundlagen- und angewandte Forschung etc.),

● Führungskräftequalifikation (Professionalität, Urteilsfähigkeit, Arbeitsklima, Organisation etc.).

Die Ermittlung erfolgt durch Punktbewertung. Dabei wird jedes Kriterium einzeln bewertet und geht in die Gesamtbeurteilung ein. Daraus wird ein Durchschnitt gebildet, der die Lage innerhalb der Skalierungen von Abszisse (relative Wettbewerbsstärke) und Ordinate (Marktattraktivität) definiert.

Die **Kreisgröße** repräsentiert in diesem Fall die **Branchengröße**. Dazu wird mit einem skalierten Radius ein Kreis um den vorher definierten Schnittpunkt gezogen. Dieser verdeutlicht die absolute Bedeutung des betrachteten Markts, auf dem die SGE tätig ist. Innerhalb dieses Kreises markiert ein Kreisausschnitt den Anteil des eigenen Unternehmens an dieser Branche. Dies verdeutlicht die **unternehmensindividuelle Bedeutung** im betrachteten Markt.

Differenzierte Aussage-fähigkeit

Durch die Vielzahl einbezogener Einflussfaktoren ist die Neun-Felder-Matrix in der Lage, mehr Informationen zu berücksichtigen als die zweidimensionale Vier-Felder-Matrix. Dadurch verspricht man sich eine differenziertere Aussagefähigkeit. Ausgangsbasis der Analyse sind wiederum SGEs.

Teilt man Abszisse und Ordinate jeweils in drei gleiche Abschnitte, die dem unteren, mittleren und oberen Ergebnisdrittel im Punktbewertungsverfahren entsprechen, so entstehen neun Felder, in denen sich SGEs befinden können. Diese können wiederum in drei Zonen zusammengefasst und mit Normstrategien versehen werden. Dies entspricht dem **General-Electric-Ansatz**. Der **Shell-Ansatz** kennt darüber hinaus Einzelstrategien für jedes der neun Felder. Die Darstellung mit den drei Zonen grün, gelb und rot sieht Folgendes vor:

Zonen mit Norm-strategien

* Die **grüne Zone** ist die Zone von Investition und Wachstum. Hier geht es um Aufbau und Sicherung zukünftiger Erfolgspotenziale und damit um die Erschließung neuer Kundengruppen bzw. Anwendungsmöglichkeiten für langfristigen Gewinn. Die dort befindlichen SGEs sind finanziell durch **Mittelbindung** gekennzeichnet. Die entsprechenden Normstrategien lauten daher: Energisch wachsen, Marktführerschaft anstreben, maximal investieren, Schwächen identifizieren und abbauen, Stärken ausbauen, mindestens das Potenzial halten, Risiken akzeptieren, Preisführerschaft anstreben, Preis und Programm differenzieren, Kostendegressionseffekte ausnützen, für hohen (Produkt-/Firmen-)Bekanntheitsgrad werben, Distributionsquote steigern sowie kreative, dynamische Manager binden.

* Die **rote Zone** ist die Zone der Abschöpfung und Desinvestition. Hier geht es um die Aufgabe bestehender Produkte und bisheriger Märkte, sofern diese keine zukünftigen Erfolgspositionen erwarten lassen und deren „Umwandlung" in Cashflow wenig aussichtsreich scheint, oder alternativ deren Reduktion auf Randbedeutung. Die dort befindlichen SGEs sind finanziell durch **Mittelfreisetzung** gekennzeichnet. Die entsprechenden Normstrategien lauten: Desinvestieren, konsolidieren, auf profitable Nischen spezialisieren, Potenziale ausreizen, Gewinn vor Umsatz anstreben, maximalen Cashflow durch radikale Kostenreduktion erreichen, Managementkapazität abziehen, Programmbegrenzung durchziehen, Absatzwegeverkürzung anstreben.

* Die **gelbe Zone** ist die Zone selektiver Strategien. Hier geht es je nach Konstellation um Verteidigung, Konsolidierung oder Expansion erreichter Positionen. Die dort befindlichen SGEs sind finanziell durch die eher heterogene Situation der **Selektion** gekennzeichnet. Die entsprechenden Normstrategien lauten: Spezialisieren, extern wachsen, Instandhaltungsinvestitionen vornehmen, kurzfristigen Cashflow anstreben, Programmränder bereinigen, segmentspezifische Preise bilden, Vertriebswege

straffen, auf zielgruppenspezifische Kanäle spezialisieren, Produktimitation prüfen, gezieltes Wachstum, ansonsten Position absichern, stabiles Preisniveau anstreben, Mitarbeitermotivation sichern.

Neun-Felder-Portfolio

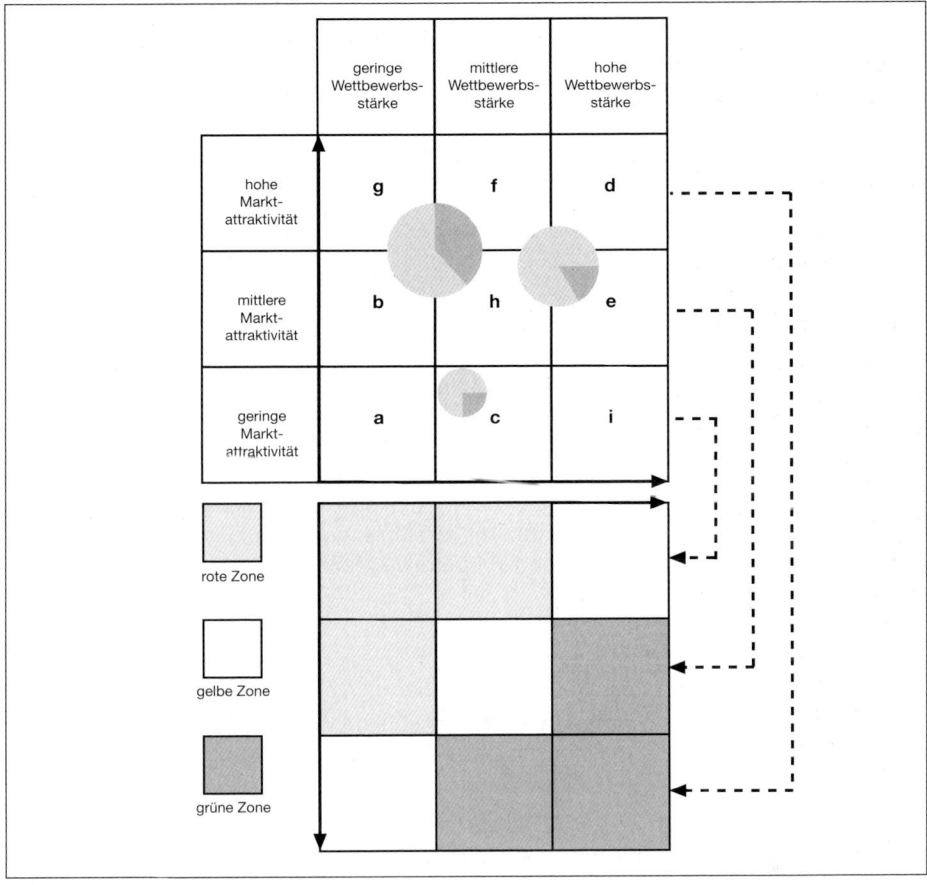

Abb. 7.1-8: Neun-Felder-Portfolio nach McKinsey & Company

Als **Kritik** gegenüber dem Neun-Felder-Portfolio wird vor allem geäußert, dass qualitative Sachverhalte zunächst subjektiv quantifiziert werden müssen, um in das Modell Eingang zu finden. Das Management ist jedoch durch komplexe Strukturen, unübersehbare Interdependenzen, nicht lineare Wirkungsverläufe, sich widersprechende Ziele und Datenmangel gekennzeichnet. Insofern kann eine Einschätzung nur auf Basis von Erfahrungen erfolgen, und zwar mit allen dabei notwendigerweise implizierten Unsicherheiten.

Kritik am Neun-Felder-Portfolio

Darüber hinaus ist auch die Auswahl der Beurteilungskriterien subjektiven Wertungen unterworfen. Gleiches gilt für die Bewertung dieser Kriterien. Diese Unwägbarkeiten kumulieren sich noch bei der Gewichtung der Kriterien. Deren mutmaßliche Wirkzusammenhänge sind unbekannt, sodass es zu Saldierungen zwischen einzelnen Kriterien kommen kann, die nach Art und Umfang nicht ausgewiesen werden. So kann ein Vorteil dieses Verfahrens rasch in seinen Nachteil umschlagen, statt mehr Information wird letztendlich weniger verarbeitet.

Zwar werden vielfältige Kriterien zur Beurteilung der strategischen Erfolgsposition herangezogen, doch damit sinkt gleichzeitig auch die Übersichtlichkeit der Analyse. Letztlich ist die Auswahl der Kriterien vom Einzelfall abhängig (z. B. von der betrachteten Branche) und es besteht die Gefahr, dass sich einzelne Kriterien aufschaukeln, weil die Beziehungen zwischen ihnen unbekannt sind. Falls Gewichtungen unter den einzelnen Kriterien eingeführt werden, erhöht dies die Gefahr subjektiver Verzerrung innerhalb der Bewertung. Der zuwachsende höhere Freiheitsgrad der Variablendefinition führt insofern womöglich zu mangelnder Determiniertheit der Analyseergebnisse.

Der Übergang zwischen den Feldern ist fließend, und es fehlen klare Abgrenzungskriterien. Damit aber wird der Output der Analyse anfällig für Manipulationen. Die daran anknüpfenden Folgerungen sind insofern nicht von Gültigkeit und womöglich von nicht viel größerem Wert als persönliche Einschätzungen.

Neben der zutreffenden Zielbeschreibung ist die aussagekräftige Beschreibung der Istsituation von entscheidender Bedeutung für eine stimmige strategische Konzeption. Die Istsituation limitiert zugleich den Gestaltungsspielraum jeder Konzeption um unrealistische Möglichkeiten. Werden die Unternehmensziele einer Periode durch die Konzeption realisiert, so werden diese in der darauf folgenden Periode zur Ausgangssituation, sodass ein iterativer (auf Wiederholung basierender) Verbesserungsprozess entsteht. Innerhalb einer Periode muss zudem die Istsituation stetig auf relevante Veränderungen hin untersucht werden, um die strategische Planung im Wege einer taktischen Anpassung zu aktualisieren und in operative Maßnahmen umzusetzen.

7.1.3　Konzeptalternativen

Nachdem Dr. Dr. Unrath von der UHW-SBE sowohl das Ziel seiner Unternehmung als auch die Istkonstellation, in der sie sich derzeit befindet, beschrieben hat, kann er nunmehr die eigentliche Strategie formulieren.

Sie soll ihm helfen, von der Istkonstellation zum Ziel zu gelangen. Dazu muss er bestimmen, wo die Kaufkraft in Form von Studiengebühren ist, von der die UHW-SBE existieren soll, welchen Markt innerhalb des gesamten Ausbildungsspektrums er genau akquisitorisch bearbeiten will, auf welche Weise die Nachfrage dort stimuliert werden soll, welche Position er am relevanten Markt erreichen will und wann er sich innerhalb des Marktlebenszyklusses bewegt. Beschreiben Sie bitte für ihn die entsprechenden Konzeptalternativen, um daraus die eigentliche Strategie zu entwickeln.

Die **Konzeption** beschreibt umfassend, **welche Stellgrößen im Rahmen der Unternehmensstrategie vorhanden sind und wie diese im Einzelnen justiert werden können**. Als Stellgrößen kommen die Bestimmung des Marktfelds, der Marktabdeckung, des Konkurrenzvorteils, des Marktverhaltens und der Zeitabfolge in Betracht. Es muss eine Justierung mindestens hinsichtlich jeder dieser Stellgrößen in einem vollständigen Konzept vorgenommen werden. Für jede Stellgröße bieten sich dabei vielfältige Justierungsmöglichkeiten.

7.1.3.1 Marktfeld

Das **Marktfeld** bestimmt, **wo die Kaufkraft am Markt ist**, von der ein Angebot leben soll. Dabei können mehrere Optionen unterschieden werden.

◆ Zur **Marktdurchdringung** gehören die Kundenbindung, die Intensitätssteigerung und der Kundenlieferanteil:

⋆ **Kundenbindung** drückt die Loyalität vorhandener Nachfrager zum eigenen Angebot aus. Dies ist in Zeiten stagnierender Märkte von hoher Bedeutung, da Kundenakquisition immer teurer wird.

 Ein Beispiel für Bemühungen zur Kundenbindung sind die sehr aufwendigen Kundenkontaktprogramme der Automobilhersteller, die in der Nachkaufphase der Beziehungspflege zu bestehenden Kunden dienen.

⋆ **Intensitätssteigerung** beabsichtigt die Verkürzung der Kaufabstände. Dafür gibt es zwei Ansatzpunkte, erstens eine engere zeitliche Abfolge der Verwendung mit der Konsequenz höheren Verbrauchs und früherer Ersatzbeschaffung und zweitens durch stärkeren Einsatz des Produkts.

Manipulative Intensitätssteigerung ist auch durch künstliche Veralterung (Planned Obsolescense) nach objektivem oder subjektivem Maßstab möglich. Objektiv bedeutet den Einbau von Sollbruchstellen in Produkte, die im Rahmen der Wertanalyse als Einsparpotenziale eingeplant werden und die gesamte Produktlebensdauer auf die kürzeste Teillebensdauer begrenzen. Subjektiv bedeutet, dass an sich noch völlig gebrauchsfähige Produkte durch Sozialtechniken (z. B. Modediktat) gesellschaftlich inakzeptabel gemacht und durch neue, zeitgemäße ersetzt werden.

Eine Intensitätssteigerung kann auch dadurch erzielt werden, dass Käufer, die zwei oder mehr Angebote wechselweise kaufen, zum Exklusivkauf für das eigene Angebot gewonnen werden (Mono-Loyalität).

⋆ **Kundenlieferanteil** bedeutet, dass es das Ziel jedes Anbieters sein muss, einen möglichst großen Anteil aller Ausgaben, die ein Nachfrager in eine Bedarfsgruppe investiert, auf das eigene Angebot zu konzentrieren (Wallet Sizing) und der Konkurrenz möglichst wenig Budget zu überlassen.

 Ein Beispiel bietet hier das Allfinanzangebot der Finanzdienstleistungskonzerne, das eigene Kontoführungs-, Geldanlage-, Versicherungs- und Bausparkassenprodukte bei Kunden mit Finanzdienstleistungsbedarf platzieren will.

◆ Zur **Markterweiterung** gehören die Konkurrenzverdrängung, der Systemwechsel und die Kundenrückgewinnung:

⋆ **Konkurrenzverdrängung** erfordert die Aufweichung vorhandener Kundenbindung, was wohl das schwierigste Unterfangen darstellt. Immerhin hält der Mitbewerber dagegen. Von daher ist diese an sich am nächsten liegende Möglichkeit zwar die spannendste, aber auch die gefahrenträchtigste.

 Ein Beispiel für erfolgreiche Konkurrenzverdrängung bietet die Sixt-Autovermietung, die sich in Europa durch eine aggressive Strategie gegen international etablierte Autovermietungskonzerne als Marktführer durchsetzen konnte.

⋆ **Systemwechsel** meint den Wechsel der Nachfrager zwischen substituierbaren Produktgruppen. Denn meist sind zwei oder mehr Systeme am Markt ähnlich gut zu einer Problemlösung geeignet. Vor der Marktentscheidung hat daher die Systementscheidung zu erfolgen. Dies bietet sich vor allem an, wenn innerhalb eines gemeinsamen Marktes zwei qualitativ unterschiedliche Produktgruppen vorhanden sind und Kaufkraft von der einen in die andere Kategorie abgezogen werden soll (z. B. von Binden zu Tampons bei der Monatshygiene). Wird hier die Weiche falsch gestellt, läuft die Nachfrage am eigenen Angebot vorbei.

★ Angesichts stagnierender oder gar rückläufiger Märkte ist die einseitige Postulierung von Umsatzzuwächsen freilich umstritten. Nicht selten wären Unternehmen bereits völlig zufrieden, gelänge es, ihren bestehenden Umsatz auch nur zu halten. Dabei ist es von zentraler Bedeutung, ehemalige Kunden, die zur Konkurrenz abgewandert sind oder nicht mehr kaufen, zurückzugewinnen **(Kundenrückgewinnung)**. Als problematisch erweist sich dabei die Tatsache, dass der Zugriff auf bestehende Kunden zwar hinlänglich vorhanden, der auf ehemalige Kunden aber durchaus schwierig ist. Selbst wenn Kontaktmöglichkeiten bestehen, gilt es immer noch, einen plausiblen Anlass für die neuerliche Kontaktierung zu finden, besonders, wenn Unzufriedenheit zum Kundenverlust geführt hat. Denn dann sehen ehemalige Kunden subjektiv berechtigterweise wenig Anlass, sich erneut mit einem früheren Anbieter zu beschäftigen. Chancenreicher ist die Situation, wenn ein Kundenverlust auf den Wunsch nach Abwechslung (Variety Seeking) zurückzuführen ist. Diese ehemaligen Kunden können durch ein verändertes Angebot (Produktdifferenzierung) durchaus aus den gleichen Gründen wieder zurückgewonnen werden, aus denen sie ehemals verloren gegangen sind. Allerdings ist ihre Bindungsfähigkeit begrenzt.

Produkt-erweiterung

◆ Zur **Produkterweiterung** gehören das Up-Selling, der Zusatzverkauf und das Cross-Selling:

★ **Up-Selling** erfolgt durch Erhöhung des Werts je Kaufakt. Dies wird infolge Aufstiegs zu einem höherwertigeren Angebot erreicht.

 Ein Beispiel ist der Umstieg von (kostengünstigeren) Normal-Kreditkarten auf (faktisch sich kaum davon unterscheidende, aber teurere) Edel-Kreditkarten, welche die Kreditinstitute bei ihren Kunden im Zuge einer „Produktkarriere" etablieren/durchsetzen o. Ä. wollen.

★ **Zusatzverkäufe** beabsichtigen eine Absatzsteigerung, indem das Ausgangsprodukt durch zahlreiche Aufwertungen in seinem Gebrauchswert gesteigert wird. Der dadurch mögliche, optisch attraktive Preis dient nur als Einstieg und ist oftmals intern subventioniert (Ausgleichsnehmer). Das Folgegeschäft wird dann zu Preisen abgewickelt, die nicht nur einen angemessenen Gewinn erwirtschaften, sondern darüber hinaus auch die entgangenen Deckungsbeiträge des Ausgangsprodukts (Ausgleichsgeber).

Beispiel Ein Beispiel für einen solchen sukzessiven Preisausgleich sind die Spielemodule, die von Spielekonsolenherstellern (Nintendo, Sega, Sony) deren Besitzern in immer kürzeren Zeitabständen mit immer neuen Inhalten angeboten werden und rasch den Wert der (subventionierten) Konsole überschreiten.

★ Unter **Cross-Selling** ist die Aktivierung von Kunden, die bereits ein anderes Produkt des eigenen Programms kaufen, zu verstehen. Dem liegt die Erkenntnis zugrunde, dass die Marktrealität durch Mehrproduktunternehmen geprägt ist und damit zugleich ein mehrfacher Zugriff auf Nachfrager besteht. So liegt es nahe, diese Zugriffsmöglichkeit zu nutzen, um den Kunden nachdrücklich gleich mehrere, anderweitig unverbundene Angebote zu unterbreiten.

Kundenparti-zipation

◆ Zur **Kundenpartizipation** gehören die Eroberung, das Bundling/Unbundling und die Set-Alternative.

★ **Eroberung** meint die Gewinnung bisheriger Kaufverweigerer. Sie zielt auf potenzielle Nachfrager ab, die, obwohl sie ihren objektiven Merkmalen nach als Käufer prädestiniert sind, ein Angebot nicht kennen und es deshalb auch nicht wahr-

nehmen können, oder auf Personen und Unternehmen, die, obgleich sie ein Angebot kennen, darauf verzichten, dieses in Anspruch zu nehmen.

* **Bundling** betrifft die Zusammenfügung von bisher selbstständigen Angeboten zu
einem neuen Gesamtangebot, das ein neuartiges Erlebnis hervorbringt. Das
Unbundling bedeutet die Trennung von bisher gemeinsam angebotenen Produkten
zu Einzelangeboten.

> **Beispiel**   Ein Beispiel für Bundling sind Paketangebote aus PC, Drucker, Bildschirm,
> Betriebssystem, Anwendungssoftware etc., wie sie im Computerhandel zu einem
> gemeinsamen Preis angeboten werden.

* Es ist ein Zeichen der Zeit, dass die Anbieter-/Markentreue der Nachfrager erodiert.
Angesichts dessen ist eine Positionierung auch denkbar als **Set-Alternative** zum
bisherigen Angebot, also im Wechsel mit dem Stammangebot. Dabei besteht immer
noch die Chance, Nachfrager zu gewinnen, die nicht bereit wären, ausschließlich ein
Angebot zu nutzen, dies aber sehr wohl im Wechsel mit anderen tun. Dies setzt freilich voraus, dass das eigene Angebot sich im Set der akzeptierten Kaufalternativen
befindet (Relevant Set of Brands).

> **Beispiel**   Ein Beispiel für die Set-Alternative ist das alkoholfreie Clausthaler-Bier (Binding-
> Brauerei). Es wird Konsumenten nahegelegt, zumindest im Wechsel zu anderen
> (alkoholhaltigen) Bieren oder bei gegebenen Anlässen auf alkoholfreies Bier umzu-
> steigen („Nicht immer, aber immer öfter!").

◆ Zur **Produktentwicklung** gehören die zeitliche Präsenzstreckung, die räumliche
Gebietsausdehnung und der Produktwandel:

**Produktent-
wicklung**

* **Präsenzstreckung** betrifft die zeitliche Ausweitung des Angebots und beabsichtigt,
unterjährige, saisonale Märkte in ganzjährige zu überführen. Gelingt es, diese oft
willkürliche zeitliche Restriktion aufzulösen, öffnet sich de facto ein neuer Markt.

> **Beispiel**   Beispiele sind hier das Überraschungsei von Ferrero, das als Saisonartikel zu
> Ostern gestartet ist, oder das Magnum-Eis von Langnese, das nicht nur im Som-
> mer, sondern ganzjährig distribuiert wird.

* **Gebietsausdehnung** erfolgt durch Nutzung neuer Märkte im In- und Ausland.
Dabei geht es um das Bestreben, durch Ausweitung des Absatzgebiets einer größeren Zahl von Nachfragern Zugang zum Produkt zu verschaffen und dadurch
zusätzliche Kaufkraft zu mobilisieren.

> **Beispiel**   Beispiele dafür finden sich bei den national distribuierten Premium-Biermarken
> (Warsteiner, Krombacher, Veltins, Königs etc.), die allesamt, wie in der Brauerei-
> branche üblich, als lokale Biermarken gestartet sind.

◆ **Produktwandel** bedeutet, dass dem Markt neue Einsatzmöglichkeiten eines Produkts zur Gewinnung neuer Angebotsnutzer aufgezeigt werden.

> **Beispiel**   Ein aktuelles Beispiel sind Kombi-Limousinen, die von Kleintransportern für Hand-
> werker und Kinderreiche zu Freizeit- und Spaß-Automobilen für Nutzer raumgrei-
> fender Hobbys konvertiert wurden.

◆ Zur **Marktentwicklung** gehören die Marktschaffung, die Partizipation am Mitbewerb und die Problemweckung:

**Marktent-
wicklung**

* **Marktschaffung** erfolgt durch das Angebot völlig neuartiger Problemlösungen am
Markt. Dies ist allerdings äußerst selten der Fall. Denn meist ersetzen neue Produkte
lediglich alte.

> **Beispiel** Beispiele finden sich dennoch, und zwar vor allem in der modernen Telekommunikation, also bei Angeboten für Mobilfunk, Internet, Satellitennavigation, Datenspeicher etc.

★ Bei der **Partizipation am Mitbewerb** wird auf kompetitive Aktivitäten gegenüber dem direkten Mitbewerb verzichtet und stattdessen darauf gesetzt, im Windschatten des Mitbewerbers mindestens proportional, möglichst aber überproportional, zu profitieren.

★ Die **Problemweckung** hat tatsächlich zwei Zielrichtungen. Sie zielt auf potenzielle Nachfrager, die ein Angebot zwar kennen, aber nicht als relevant empfinden, weil sie glauben, es nicht zu benötigen bzw. weil sie etwas brauchen, was das Angebot vorgeblich nicht zu leisten imstande ist.

> **Beispiel** Praktische Beispiele für die Problemweckung finden sich vielfach in der Kommunikation, so unter den Stichwörtern Gefrierbrand (Schutz vor im Kühlfach verderbenden Lebensmitteln durch geeignete Gefrierfolie/Toppits), Tiefbrühen (bessere Ausschöpfung des Kaffeearomas durch geeignetes Filterpapier/Melitta) oder Glaskorrosion (Vermeidung von Kalkablagerungen bei häufigem Spülen von Gläsern durch Maschinengeschirrspülmittel/Somat).

Marktfeld-bestimmung

	gegebenes Produkt	eigenes anderes Produkt	neues Produkt
bestehende eigene Kunden	Marktdurchdringung	Produkterweiterung	—
bestehende Konkurrenzkunden	Markterweiterung	—	Kundenpartizipation
neue Käufer	Produktentwicklung	Marktentwicklung	Diversifikation

Abb. 7.1-9: Matrix zur Marktfeldbestimmung

Diversifikation ◆ **Diversifikation** ist ein Sonderfall der Marktfeldbestimmung und hat das Angebot von für das Unternehmen neuen Produkten auf neuen Märkten zum Inhalt. Sie verfolgt zwei Zielrichtungen, die Erzielung von Synergien und die Erreichung von Risikoausgleich. **Synergie** bedeutet allgemein, dass die Summe mehr als deren addierte Einzelelemente ausmacht (2 + 2 = 5-Effekt). **Risikoausgleich** bedeutet die gegenseitige Kompensation von Schwankungen auf unverbundenen Märkten zur Stabilisierung des Ergebnisses.

Beide Effekte entstehen, wenn ein Unternehmen auf verwandtem (artähnlichem) Tätigkeitsfeld auf gleicher Marktstufe tätig wird **(horizontale Diversifikation)**. Als **betriebliche Synergiequellen** kommen mehrere Alternativen in Betracht:

● **Inputtreue.** Sie liegt vor, wenn ein Unternehmen sich bei der Diversifikation auf gleiche Einsatzfaktoren konzentriert (z. B. alles aus Kunststoff).

● **Prozesstreue.** Sie liegt vor, wenn vorhandenes Know-how außer im angestammten in weiteren Verfahren genutzt wird.

> **Beispiel** Hier lässt sich die seinerzeitige Angliederung von Jacobs-Suchard durch Philip Morris als Beispiel anführen. Beide sind Hersteller von schnell drehenden, problemlosen Verbrauchsgütern (FMCGs). Doch während Philip Morris Zigarettenhersteller ist (Hauptmarke Marlboro), allerdings mit bereits vollzogenen Diversifikationen bei Lebensmitteln durch Kraft und General Foods, stellt Jacobs- Suchard Kaffee (Jacobs, Hag, Onko) und Süßwaren (Milka, Toblerone) her. Die Zusammenlegung macht dennoch Sinn, da damit Effizienzvorteile nutzbar wurden.

● **Outputtreue.** Sie liegt vor, wenn ein Programm nach Bedarfsbündeln der Nachfrager organisiert ist (z. B. alles für Heimwerker).

Vertikale Diversifikation ist gegeben, wenn ein Unternehmen bei gleichem Tätigkeitsfeld auf einer anderen Marktstufe tätig wird. Dies ist möglich in Richtung auf den Endkonsum der Bedarfsträger (vorwärtsgerichtet) oder in Richtung auf die Bereitstellung des Urrohstoffs (rückwärts gerichtet).

 Als Beispiel für vorwärtsgerichtete Diversifikation gilt Bertelsmann durch die Einrichtung eigener Verkaufsfilialen als Zugang zum Endverbrauchermarkt für Populärliteratur. Dadurch konnte die Abhängigkeit des Buchverkaufs von Engagement und Fähigkeit des Buchhandels reduziert werden. Um nicht in Konkurrenz zu diesen etablierten Absatzmittlern zu geraten, wurde der Zugang für das Publikum durch die Notwendigkeit einer Clubmitgliedschaft reglementiert, für die diesem im Gegenzug Preis- und Sortimentsvorteile eingeräumt wurden.

Wird ein Unternehmen in einem anderen Tätigkeitsfeld auf einer anderen Marktstufe tätig, so handelt es sich um **diagonale** (auch lateral genannte) **Diversifikation**.

 Hier kann die Übernahme von Kentucky Fried Chicken, nach Pizza Hut, durch PepsiCo als Beispiel gelten. Das Fastfood-Angebot ist zwar dem des Softdrinks verwandt, da beide auf eine unkomplizierte Verzehrsituation abheben. Doch Kentucky Fried Chicken ist auf der Dienstleistungsebene gegenüber Endabnehmern tätig, während PepsiCo Hersteller mit Vertrieb über Absatzmittler ist. In diesem Fall kam erleichternd hinzu, dass der Cola-Absatz mit der Übernahme von Coke auf Pepsi umgestellt und damit ein nicht unerheblicher Mehrabsatz erreicht werden konnte.

Diagonale Diversifikation galt lange Zeit als hohe Kunst des Managements. Unternehmen sind dabei auf verschiedenen Märkten tätig, deren einzige Gemeinsamkeit in Reinform darin besteht, dass sie profitabel zu sein versprechen. Ohne falsche Sentimentalität werden Geschäftseinheiten, die nicht die Erwartungen erfüllen, abgestoßen und durch neue ersetzt (z. B. General Electric-Konzern). Neuerdings jedoch relativiert sich diese Euphorie, weil erkannt wird, dass mit Konglomeration nicht nur hohe Gewinnerwartungen, sondern auch respektable Verlustbefürchtungen verbunden sind. Und die Gefahren, auf fremden Aktionsfeldern zu scheitern, den Überblick zu verlieren und sich zu verzetteln, sind so gering nicht zu schätzen. Lupenreine Konglomerate werden inzwischen oft als pure Finanzholdings geführt, die das operative Geschäft eher kontrollieren, selbst aber nicht mehr handelnd eingreifen.

Aktuell wird das Phänomen der **Business Migration** diskutiert, bei der ein Unternehmen den Schwerpunkt seiner Geschäftstätigkeit dauerhaft neu definiert. Im Übergang wird jedoch für Außenstehende der Eindruck der medialen Diversifikation erweckt (z. B. von Preussag/Rohstoffkonzern zu TUI/integrierter Reiseveranstalter und Logistikkonzern).

Business Migration

	artähnliches Tätigkeitsfeld	artfremdes Tätigkeitsfeld
gleiche Marktstufe	horizontale Diversifikation	mediale Diversifikation (Business Migration)
andere Marktstufe	vertikale Diversifikation (vorwärtsgerichtet/ rückwärtsgerichtet)	diagonale/ laterale Diversifikation

Abb. 7.1-10: Formen der Diversifikation

7.1.3.2 Marktabdeckung

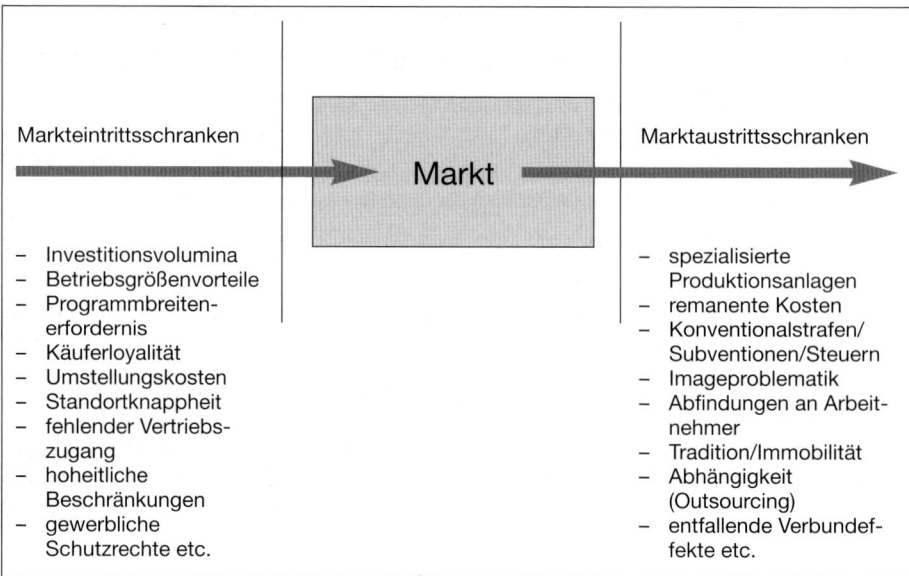

Marktschranken

Markteintrittsschranken

– Investitionsvolumina
– Betriebsgrößenvorteile
– Programmbreiten-
  erfordernis
– Käuferloyalität
– Umstellungskosten
– Standortknappheit
– fehlender Vertriebs-
  zugang
– hoheitliche
  Beschränkungen
– gewerbliche
  Schutzrechte etc.

Markt

Marktaustrittsschranken

– spezialisierte
  Produktionsanlagen
– remanente Kosten
– Konventionalstrafen/
  Subventionen/Steuern
– Imageproblematik
– Abfindungen an Arbeit-
  nehmer
– Tradition/Immobilität
– Abhängigkeit
  (Outsourcing)
– entfallende Verbundef-
  fekte etc.

Abb. 7.1-11: Marktschranken

**Markt-
abdeckung**

Die Marktabdeckung bestimmt, auf welchem Markt ein Unternehmen tätig werden soll. Diese Absicht ist im Wesentlichen von der Möglichkeit des Markteintritts bzw. bei Desinvestition von der des späteren Marktaustritts abhängig. Dieser wiederum hängt von den Marktbarrieren ab.

**Markteintritts-
schranken**

◆ **Markteintrittsschranken** beschränken den Aktivitätenumfang eines Unternehmens und sind praktisch vielfältig bedingt:

● So gibt es zur Marktpräsenz mindestens erforderliche **Investitionsvolumina**, die oft eine Höhe erreichen, die es einem Anbieter anderweitig unmöglich machen, am Markt zu agieren.

● Das Vorhandensein von **Betriebsgrößenvorteilen** (Skaleneffekte) lässt bei kleinen Losgrößen noch kein konkurrenzfähiges Angebot zu.

● Oftmals besteht das Erfordernis hoher **Programmbreite** schon zu Beginn der Marktpräsenz.

● **Käuferloyalität** wirkt ebenso limitierend. In dem Maße, wie Märkte besetzt sind und Käufer durch hohe Marketingaufwendungen an Marken gebunden werden, ist es kaum möglich, Konkurrenzverdrängung zu betreiben. Nur darüber aber kann in weitverbreitet stagnierenden Märkten noch eine Präsenz erreicht werden.

● **Hohe Umstellungskosten** entstehen, weil mit zunehmender Spezialisierung rentablere Einzweckproduktionsanlagen installiert werden, welche die Flexibilität zu Produktumstellungen nicht mehr ermöglichen.

● **Standortlimitationen** treffen in vielfältiger Weise etwa in der Ursprungsproduktion oder auch im Handel zu. Günstige Standorte sind nicht ohne Weiteres vermehrbar.

- **Fehlender Zugang zu Vertriebskanälen**, etwa im Einzelhandel, macht es vielfach praktisch unmöglich, eine für die Abverkaufschance ausreichende Platzierung zu erlangen, weil der vorhandene Regalplatz auf bestehende Anbieter aufgeteilt ist.

- Vielfach bestehen **hoheitliche Beschränkungen**, wobei Interessengruppen peinlich genau darauf achten, dass kein „Unbefugter" Zutritt zu „ihrem" Markt erhält.

- **Gewerbliche Schutzrechte** wirken ebenfalls marktschließend. Dabei handelt es sich um Patente, Markenzeichen, Gebrauchs- und Geschmacksmuster, Urheberrechte und Ausstattungen.

◆ Aber auch der Wunsch eines Unternehmens zur Rückführung von Aktivitäten wird durch zahlreiche **Marktaustrittsschranken** limitiert. Sie sind z. B. bedingt durch

Marktaustrittsschranken

- **technisch-wirtschaftliche Restriktionen:** Dies betrifft etwa spezialisierte Produktionsanlagen, die nicht oder nur mit erheblichem Aufwand umgerüstet werden können und daher eine Weiternutzung nahelegen.

- **remanente Kosten:** Diese entstehen, weil bei einer Produktionsaufgabe oft die weitere Versorgung mit Ersatzteilen sichergestellt werden muss. Dies gilt etwa für langlebige Gebrauchsgüter, bei denen vertraglich oder auf Kulanzbasis eine Verfügbarkeit von Wartungsleistungen und Ersatzteilen für einen bestimmten Zeitraum fixiert wird.

- **Konventionalstrafen:** Diese werden nicht selten fällig, wenn laufende Projekte nicht zu Ende gebracht werden, so etwa bei lang laufenden Liefer-, Bezugs- und Produktionsvereinbarungen.

- **Imageprobleme:** Sie entstehen, wenn ein Unternehmen Betriebsteile abstößt oder Teilprogramme mangels Erfolg aufgibt. Leicht wird von dieser Einstellung auf fehlendes Fortüne auch in anderen Betriebsteilen bzw. für das gesamte Unternehmen geschlossen.

- **gesellschaftlich-institutionelle Restriktionen:** So müssen staatlicherseits bezogene Subventionen oder erhaltene Steuervergünstigungen bei Ausstieg aus der Branche voll oder teilweise zurückgezahlt werden.

- **Sozialleistungen:** Zu denken ist an Abfindungen an Arbeitnehmer im Rahmen von Sozialplänen gegenüber Gewerkschaften oder einem Vergleich mit dem Management.

- **Sozial-emotionale Restriktionen:** Dies gilt gerade auch für inhabergeführte Unternehmen. Dort kommen oft irrationale Gesichtspunkte (z. B. Tradition) ins Spiel. Man will sich nicht von der angestammten Branche trennen, der man vielleicht schon seit Generationen verhaftet ist.

	Niedrige Markteintrittsschranken	Hohe Marktaustrittsschranken
Niedrige Marktaustrittsschranken	„Flohmarkt"	„Goldgrube"
Hohe Marktaustrittsschranken	„Mausefalle"	„Goldener Käfig"

Abb. 7.1-12: Markteintrittsschranken und Marktaustrittsschranken

Markt-parzellierung

Die **Marktparzellierung** ergibt sich, wenn eine Marktsegmentierung mit der Marktbearbeitung kombiniert wird. Sie geht von der plausiblen Hypothese aus, dass der Markterfolg eines Angebots umso größer ist, je eher es den Erwartungen der Zielpersonen entspricht. Für die Marktparzellierung werden zwei Dimensionen zugrunde gelegt:

● Nach der Art der Ansprache unterscheidet man **undifferenziert**, d. h., vorhandene Marktsegmente werden einheitlich bearbeitet, oder **differenziert**, d. h., vorhandene oder gebildete Marktsegmente werden verschiedenartig bearbeitet.

● Nach der Art der Abdeckung unterscheidet man **total**, d. h. die Bearbeitung aller möglichen Segmente eines Gesamtmarkts, oder **partiell**, d. h. die Bearbeitung nur einzelner Segmente des Gesamtmarkts.

Daraus ergeben sich durch **Kombination** folgende Gruppen:

undifferen-zierte Totalmarkt-bearbeitung

∗ Bei der einheitlichen Ansprache mit totaler Abdeckung findet keine Marktparzellierung statt. Diese **undifferenzierte Totalmarktbearbeitung** bedeutet die Abdeckung eines Gesamtmarkts bzw. aller seiner vorhandenen Segmente mit einer einheitlichen Gesamtstrategie.

> **Beispiel** Ein Beispiel dafür ist Nivea als Universalcreme mit omnipotentem Anspruch. Sie ist ideal für Mann und Frau, für Jung und Alt, für feuchte und trockene Haut, für Tag und Nacht etc. Sie wird als „Crème de la crème" dem Gesamtmarkt einheitlich angeboten. Eine solche Position ist nur vor dem historischen Hintergrund erklärbar. Heute wäre sie gar nicht mehr aufzubauen und ist deshalb eher untypisch. Es bedarf allerdings großen Geschicks, sie gegen Anfechtungen durch leistungsoptimierte Spezialisten zu verteidigen.

undifferen-zierte Teilmarkt-bearbeitung

∗ Bei der einheitlichen Ansprache mit partieller Abdeckung **(= undifferenzierte Teilmarktbearbeitung)** wird mit Bedacht nur ein Ausschnitt des Markts bedient. Bei der **Produktspezialisierung** werden verschiedene Märkte mit einem einheitlichen Produkt abgedeckt.

> **Beispiel** Dies ist etwa im Rahmen der Globalisierung gegeben. Aus Kosten- und Identitätsgründen wird dabei ein Produkt Ländergrenzen übergreifend unter Einsatz identischer Vermarktungsmaßnahmen angeboten.

Bei der **Marktspezialisierung** werden verschiedene Produkte auf einem einheitlichen Markt angeboten.

> **Beispiel** Als Beispiel mögen die verschiedenen Produkte eines Parfümherstellers (z. B. Lancaster) dienen. Sie werden parallel zueinander durch dieselben Aktivitäten angeboten (Depotparfümerie, hoher Preis, elitäre Werbung, aufwendige Packung).

differenzierte Totalmarkt-bearbeitung

∗ Bei der differenzierten Ansprache mit totaler Abdeckung wird der Markt in einzelne Segmente so aufgeteilt, dass der Gesamtmarkt bedient werden kann. Diese **differenzierte Totalmarktbearbeitung** bedeutet somit die Abdeckung aller vorhandenen oder gebildeten Segmente eines Gesamtmarkts mit jeweils verschiedenartigen Strategien.

> **Beispiel** Als Beispiel kann der Volkswagen-Konzern angeführt werden, zu dem u. a. die Marken VW, Audi, Seat und Skoda gehören. Diese decken durch die breite Vielfalt ihres Angebots unterschiedlichste Bedarfe individuell ab, so für Kleinstautos, Kompaktwagen, Mittelklassefahrzeuge, Oberklasselimousinen, Sportcoupés, Cabrios, Transporter etc. Und das jeweils mit verschiedenen Karosserieformen, Motorisierungsklassen, Motorenkonzepten und Antriebsformen. Damit findet beinahe jeder Käufer ein relevantes Angebot innerhalb des Konzerns.

⋆ Bei der differenzierten Ansprache mit partieller Abdeckung **(= differenzierte Teil-marktbearbeitung)** wird der Markt ebenfalls in einzelne Parzellen aufgesplittet, die jeweils spezifisch bearbeitet werden, aber nicht der gesamte Markt abgedeckt.

differenzierte Teilmarkt-bearbeitung

Bei der **Produktspezialisierung** werden verschiedene Märkte mit einem Basisprodukt und dessen Produktversionen differenziert abgedeckt.

 Als Beispiel kann der VW Golf dienen. In Deutschland ist er das statusneutrale Auto-mobil. In den meisten Exportmärkten hingegen ist er ein ausgefallenes Under-statement-Auto, was durch die dort höheren Anschaffungskosten bedingt ist. Daraus resultiert die Notwendigkeit zur unterschiedlichen Vermarktung.

Bei der **Marktspezialisierung** werden verschiedene Produkte auf einem Teilmarkt ein-heitlich angeboten.

 Als Beispiel kann der Luxusprodukteanbieter LMVH mit Uhrenmarken wie Chaumet, Ebel, Zenith etc. dienen. Hier wird der Markt für hochwertige Chronometer mit mehre-ren Marken parallel bedient, um eine bessere Ausschöpfung zu erreichen, wobei die Vermarktung jeweils gleichen Gesetzmäßigkeiten folgt.

Bei der **selektiven Spezialisierung** wird nur eine Produkt-Markt-Kombination bedient und vom Restmarkt differenziert.

 Als Beispiel kann der Duden-Verlag gelten. In dessen Programm werden ausschließlich Rechtschreiblexika angeboten, und dies auch nur im deutschsprachigen Raum, es erfolgt also sowohl eine produkt- als auch eine marktbezogene Konzentration.

	undifferenzierte Marktbehandlung	differenzierte Marktbehandlung
Teilmarktabdeckung	undifferenzierte Teilmarktbearbeitung – Produktspezialisierung – Marktspezialisierung	differenzierte Teilmarktbearbeitung – Produktspezialisierung – Marktspezialisierung – selektive Spezialisierung
Totalmarktabdeckung	undifferenzierte Totalmarktbearbeitung	differenzierte Totalmarktbearbeitung

Abb. 7.1-13: Matrix zur Marktparzellierung

Bisher wurde unterstellt, ein Unternehmen habe sich statisch nur zwischen bereits vor-handenen Teilmärkten zu entscheiden. Es gibt aber durchaus die Möglichkeit, durch Änderung der Spielregeln am Markt neue Teilmärkte zu etablieren. Dies untersucht die Matrix des **Strategischen Spielbretts** (nach McKinsey Comp.). Sie konzentriert sich dabei auf zwei Fragen:

Etablierung neuer Teil-märkte

– **Wie kann ein Unternehmen erfolgreich konkurrierend tätig werden?**
– **Wo kann ein Unternehmen erfolgreich konkurrierend tätig werden?**

Danach ist die eigene Strategie abhängig vom **Wettbewerbsverhalten** bereits etab-lierter Unternehmen sowie von der **Bedrohung** durch mögliche neue Konkurrenten. Das Kriterium „Wie konkurrieren?" unterteilt sich in die Alternativen:

– **nach bekannten Regeln handeln** (Anpassung an das **Old Game**)
– **nach neuen Regeln handeln** (Veränderung durch **New Game**)

Das Kriterium „Wo konkurrieren?" unterteilt sich in die Alternativen:

– **den gesamten Kernmarkt bearbeiten** (auf breiter Front als **Head On**) **oder**

– eine Marktnische bearbeiten (durch Ausweichen als Avoid)

Kombinationen   Daraus ergeben sich im Einzelnen vier **Kombinationen**:

● Wird die Anwendung bekannter Regeln auf dem Kernmarkt durch überlegene Marktabdeckung auf breiter Front versucht, so wird auf bestehende **Haupterfolgsfaktoren** gebaut. Dies ist die Kombination aus Old Game und Head On.

● Werden bekannte Regeln auf einem Teilmarkt durch Konzentration auf eine Erfolg versprechende Marktnische angewendet, so herrscht kreative **Segmentierung** vor. Dies ist die Kombination aus Old Game und Avoid.

● Die Anwendung neuer Regeln auf einem Teilmarkt durch Ergreifen der Initiative dort entspricht der **Innovation** in einer Marktnische. Dies ist die Kombination aus New Game und Avoid.

● Die Anwendung neuer Regeln auf dem Kernmarkt entspricht der **Änderung der Grundlagen des Wettbewerbs** durch Differenzierung zum eigenen Vorteil. Dies ist die Kombination aus New Game und Head On.

Beispiel   Erfolgreiche Beispiele für die Anwendung neuer Spielregeln bei Markenartikeln finden sich zur Genüge. So verkauft Avon Kosmetika im Bringprinzip, ganz im Gegensatz zum traditionellen Holprinzip der Branche. McDonald's geriert sich als Schnellrestaurant, ganz im Gegensatz zur traditionellen Bedien-Gastronomie. UPS bietet Schnelligkeit und Service beim Pakettransport, ganz im Gegensatz zur eher betulichen Briefpost. Body Shop propagiert tierversuchsfreie Naturkosmetik, ganz im Gegensatz zu etablierten Beauty-Marken, die immer artifiziellere Rezepturen anbieten. BIC macht Wegwerffeuerzeuge und Einwegkugelschreiber populär, wo diese Produktgattungen ansonsten eher prestigeträchtige Objekte darstellen. Swatch lobt die Armbanduhr als Modeobjekt und Lifestyle-Element aus, was viel mehr aussagt als nur Zeitanzeigen oder soziale Arriviertheit.

	Bekannte Spielregeln	Neue Spielregeln
Kern- markt	Aufbau auf bestehende Erfolgsfaktoren	Änderung der Wettbewerbsgrundlagen
Markt- nische	Kreative Segmentierung	Innovative Segmentierung

Abb. 7.1-14: Strategische Spielbrett-Matrix

7.1.3.3 Konkurrenzvorteil

Definition   **Der Konkurrenzvorteil bestimmt, auf welche Weise der vorher definierte Markt stimuliert werden soll. Dabei werden zwei alternative Positionen unterschieden, die Präferenzposition und die Preis-Mengen-Position. Die Präferenzposition (= Leistungsprimat) ist durch eine Reihe von Kennzeichen wie folgt charakterisiert:**

Präferenz-
position   ◆ Unerlässlich ist die Nutzung von Markeninhalten und -eigenschaften. Die Maxime der Gewinnpriorität vor der Umsatz-/Absatzorientierung impliziert Wert- anstelle von Mengendenken. Die Durchsetzung eines Hochpreislevels wird erst über Präferenzaufbau bei den Nachfragern möglich. Beim monopolistischen Preisspielraum geht es um die Erarbeitung eines Freiraums, innerhalb dessen die Preiselastizität der Nachfrage gering ist. Einer attraktiven Packung kommen wichtige Kommunikationsfunktionen zu. Umfangreiche Medienwerbung dient der Erreichung hoher Bekanntheit und Vertrautheit

in der Zielgruppe. Selektive Distribution unterstützt die Sicherung eines angebotsadäquaten Verkaufsumfelds.

Die **Preis-Mengen-Position** (= Kostenprimat) ist durch eine Reihe von dazu gegensätzlichen Kennzeichen charakterisiert:

◆ Das Preiswettbewerbskonzept drückt sich in aggressiver, kompetitiver Preissetzung durchgängig unter dem durchschnittlichen Preis des Mitwettbewerbs aus. Die Absatzpriorität (also Marktanteilsausbau) vor der Gewinnpriorität ist als weiteres Ziel zu nennen. Beim Preis-Leistungs-Verhältnis erfolgt die Kundengewinnung über eine vorteilhafte Kosten-Nutzen-Relation, die durch interne Aufwandsorientierung bei mittlerer Produktqualität realisierbar ist. Außerdem erfolgt eine Grundnutzenargumentation unter Verzicht auf profilierende Zusatznutzen. Damit wird ein insgesamt geringerer Marketing-Mix-Einsatz zur Kostenersparnis und deren Weitergabe im Preis möglich. Die Akzeptierung von Risiken ist unerlässlich, da der Preis das gefährlichste Wettbewerbsinstrument darstellt. Eine breite Distribution bis hin zur „Überallerhältlichkeit" ist vorteilhaft, um Kontaktchancen zu erzeugen.

Es gibt die Hypothese eines u-förmigen Zusammenhangs zwischen Unternehmenserfolg (gemessen als ROI, Return on Investment, also Rentabilität) und Mengenoutput (gemessen als Marktanteil) als **Marktpolarisierung** (Porter-Kurve). Demnach ist der Unternehmenserfolg hoch, wenn der Mengenoutput entweder sehr niedrig ist oder sehr hoch, und gering, wenn der Mengenoutput ein mittleres Niveau erreicht („zwischen den Stühlen"). Danach muss ein Unternehmen entweder anstreben, einen hohen Grad an Exklusivität zu erreichen oder eine extrem hohe Verbreitung. Diese Polarisierung führt nur noch durch Leistungsführerschaft (= Präferenz-Position) oder Kostenführerschaft (= Preis-Mengen-Position) zu einer Überlebensfähigkeit, während der Bereich dazwischen durch den Wettbewerb aufgerieben wird (= Stuck in the Middle).

Preis-Mengen-Position

Marktpolarisierung

Ein Beispiel für die Stuck-in-the-Middle-Position stellen die Warenhäuser dar. Sie werden von ihren Kunden weder als hochwertig genug erlebt, als dass sie gleichwertig zu Fachgeschäften angesehen werden, noch als preisgünstig genug, als dass sie mit Verbrauchermärkten konkurrieren können. Daran ändern auch moderne Fachabteilungskonzepte (z. B. Galeria von Kaufhof, KaDeWe von Karstadt) nichts. Denn die bloße Ansammlung von fachgeschäftsähnlichen Abteilungen unter Beibehaltung der warenhaustypischen Kriterien wie Großflächigkeit, Massengeschäft, Teilselbstbedienung etc. führt beim Publikum nicht dazu, die Einkaufsstätte anders einzuschätzen. Diese wird nach wie vor als Warenhaus erlebt, und damit bleibt dessen Preisbereitschaft unverändert.

Umgekehrt führen preisaggressive Konzepte (z. B. ehemals Kaufhalle von Kaufhof, Bilka von Karstadt) nicht dazu, dass man diese Warenhäuser nun als besonders preisgünstig erlebt, zumal deren Kostenniveau aufgrund der betriebstypischen Faktoren Fachpersonal, aufwendige Ausstattung, zentrale Lage etc. auch gar nicht mit der von Einkaufsstätten auf der grünen Wiese konkurrieren kann. Damit zieht es den preissensiblen Teil der Kundschaft nach wie vor dorthin. Von daher scheint kein Ausweg in Sicht, weil auch die Diversifikationsbestrebungen in Fachmärkte, Versandhandlungen, Spezialgeschäfte etc. nicht reibungslos ablaufen.

In Bezug auf die Exklusivität fehlt es Warenhäusern an Beratungsniveau, Individualität und Ausstattung. Kunden, für die diese Parameter von kaufentscheidender Bedeutung sind, nehmen ein höheres Preisniveau zur besseren Befriedigung ihrer Bedürfnisse anderweitig gern in Kauf. Umgekehrt fehlt die Kostengünstigkeit, weil Discounter in Stadtrandlagen bei Minimierung kaufbegleitender Services ihren Kostenvorsprung im Preis weitergeben können. Verbraucher, für die dies kaufentscheidend ist, akzeptieren bereitwillig das fehlende Einkaufserlebnis und nehmen selbst weite Wege auf sich.

**Markt-
stimulierung**

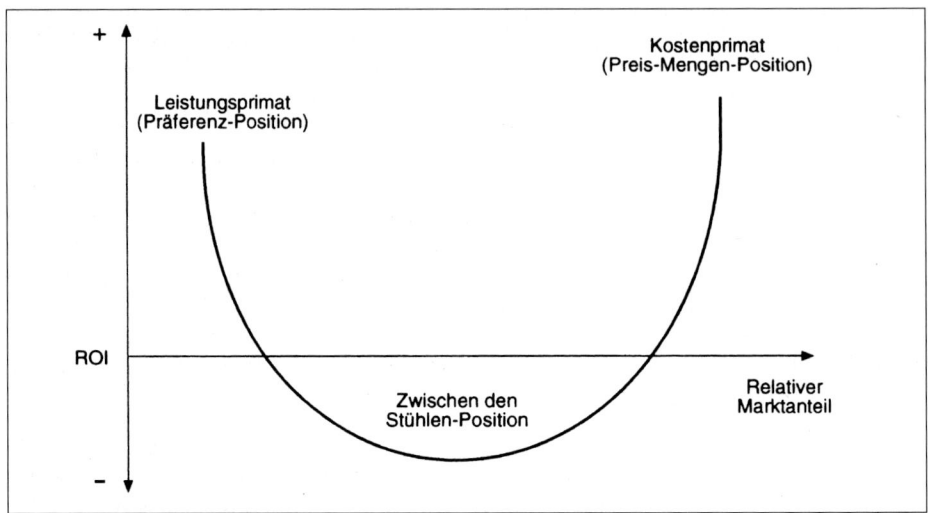

Abb. 7.1-15: Marktstimulierung („Porter-Kurve")

**Sinkende
Gesamtstück-
kosten**

Die Ausprägungen der (statischen) Größendegression **(= Skaleneffekte)** treten automatisch ein. Diese drückt sich ihrerseits in Fixkostendegression und Betriebsgrößeneffekt aus. Bei der **Kostendegression** legen sich die Fixkosten auf eine höhere Stückzahl um und führen demzufolge zu sinkenden Gesamtstückkosten (= Büchersches Gesetz).

Das **Bücher'sche Gesetz** resultiert aus der Tatsache, dass es sowohl beschäftigungsgradunabhängige (Fix-)Kosten gibt als auch solche, die beschäftigungsgradabhängig sind (variable Kosten). Erstere fallen an, gleich ob Ausbringung erfolgt oder nicht, Letztere fallen nur bei Ausbringung an. Bezogen auf Mengeneinheiten sind die variablen Kosten also starr und die fixen flexibel. Mit steigender Ausbringung legen sich die Fixkosten mit immer geringerem Betrag und Anteil auf das einzelne Stück um. Und zwar bis an die Kapazitätsgrenze. Dort entstehen zumeist einmalige zusätzliche Investitionskosten, z. B. für weitere maschinelle Anlagen oder zusätzlichen Lagerraum, die zum vorübergehenden sprunghaften Stückfixkostenanstieg führen, der in der Folge jedoch durch weitere Degressionseffekte wieder kompensiert wird.

Neben dieser **kapazitativen** Anpassung bestehen auch die Möglichkeiten der **intensitätsmäßigen** und **zeitlichen Anpassung**, Erstere z. B. durch schnellere Tourenzahl, Letztere z. B. durch Überstunden. Damit bleiben zwar die fixen Kostenbestandteile unverändert, es erhöhen sich jedoch die variablen Kosten. Der Vorteil der zeitlichen Anpassung liegt in der besseren Abbaubarkeit dieser Kostenpositionen bei Beschäftigungsrückgang. Kapazitative Anpassung führt hingegen zur Unterauslastung und damit zu Leerkosten, die weitgehend remanent sind oder nur durch Sonderabschreibung (z. B. Verschrottung), außerordentlichen Verlust (z. B. Notverkauf) oder Zusatzkosten (z. B. Umrüstung, Sozialplan) vermieden werden können. Der Nachteil intensitätsmäßiger Anpassung liegt in der Gefahr erhöhter Reparaturanfälligkeit der Anlagen mit entsprechenden Ausfallzeiten und größerer Mängelquote der Produkte infolge erhöhter Beanspruchung. Der Nachteil zeitlicher Anpassung liegt in verbreitet tarifvertraglicher Inflexibilität des Faktors Arbeit sowie in sozialpolitischen Erwägungen (Sonntagsarbeit, Neueinstellungen etc.).

Die andere Form der Ausprägung statischer Größeneffekte ist der **Betriebsgrößeneffekt**. Dieser begründet sich daraus, dass Großbetriebe potenziell insgesamt kostengünstiger zu produzieren in der Lage sind als kleinere Betriebe. Die Fixkostendegression findet an der Kapazitätsgrenze ihr Ende. Das heißt, je weiter diese Kapazitätsgrenze ausgedehnt ist, desto niedriger können die proportionalisierten Fixkosten fallen. Dies führt dazu, dass Großbetriebsformen am stärksten von diesem Effekt profitieren. Das wiederum bedeutet, dass ein Großbetrieb kostengünstiger anbieten kann als eine entsprechend aggregierte Anzahl von kleinen Betrieben. Der Kostenvorteil kann über den niedrigeren Preis zum Wettbewerbsvorteil instrumentalisiert oder als zusätzliche Gewinnmarge einbehalten werden. Dies hat in der Vergangenheit zu gewaltigen Konzentrationsbewegungen geführt, die sich unvermindert fortsetzen und in einer zunehmenden Oligopolisierung (Marktbeherrschung durch wenige Großunternehmen) der Märkte münden. **Betriebsgrößeneffekt**

Dies setzt freilich physische Konzentration der Produktionsstätten voraus. Daher haben Mergers (Fusionen) meist die Stilllegung von Betriebsstätten und die räumliche Zusammenlegung an einem (Niedrigkosten-)Standort zur Folge. So fürchten Arbeitnehmervertreter nicht zu Unrecht Entlassungen im Anschluss an Unternehmenskonzentrationen. Von daher ist die öffentliche Hand oft zu Zugeständnissen in Form von Subventionen, Infrastrukturmaßnahmen, Steuererleichterungen etc. bereit, um diese unliebsame Konsequenz zu vermeiden.

Mit der wirtschaftlichen Tätigkeit ist allerdings immer auch ein mehr oder minder großes Ausmaß an (unproduktiven) Administrationstätigkeiten verbunden (Overheads). Diese **Overheads** belasten bei Unterauslastung oder kleinen Auftragslosen die Rentabilität, zumal die Unübersichtlichkeit von Großbetriebsformen die Entstehung/ Bildung vermeidbarer Gemeinkosten in Bereichen, die nicht im Fokus des Interesses stehen, fördert. Die mit den Kosten verbundenen Nutzen werden von Mitarbeitern leicht zu Besitzstand erklärt und sind dann nur unter Zugeständnissen oder auch gar nicht mehr abbaubar. Dem versucht man zu begegnen, indem zum einen der Großbetrieb in eine Vielzahl autonomer Einheiten aufgebrochen wird, die im gewissen Rahmen eigenverantwortlich arbeiten **(Divisionalisierung)**, und zum anderen, indem die Komplexität offen legende Budgetierungs- und Kalkulationsverfahren angewendet werden (Prozesskostenrechnung etc.). **Rolle der Gemeinkosten**

Die **dynamischen Größeneffekte (= Erfahrungseffekte)** führen zum Phänomen der **Erfahrungskurve** mit weitreichenden strategischen Konsequenzen. Die Erfahrungskurve beschreibt, dass eine Verdopplung der kumulierten Ausbringungsmenge eines Produkts über alle Perioden (seit Produktionsbeginn) die inflationsbereinigten Stückkosten um 20–30 % zusätzlich zur statischen Degression bezogen auf die eigene Wertschöpfung potenziell senkt. Die Verdopplungszeit ist umso kürzer, je höher die jährliche Wachstumsrate ist. Begünstigend wirken dabei hohe Ausbringungsmenge/hoher Marktanteil und hohes Marktwachstum zur schnellen Mengenausweitung. Bei 30 % Degressionseffekt ist somit eine Verdopplung der Produktionsmenge zu 70 % der Ausgangskosten darstellbar, eine Vervierfachung der Menge zu 49 % der Ausgangskosten, eine Verachtfachung zu 34,2 % etc. Im Unterschied zu diesem Erfahrungskurveneffekt **Erfahrungskurve**

beziehen sich **Economies of Scale** (Skaleneffekte, s. S. 404.) nur auf die aktuelle Ausbringungsmenge pro Zeiteinheit, d. h., Skaleneffekte sind allein mengenabhängig,
Erfahrungskurveneffekte sind zeitabhängig (kumulierte Menge).

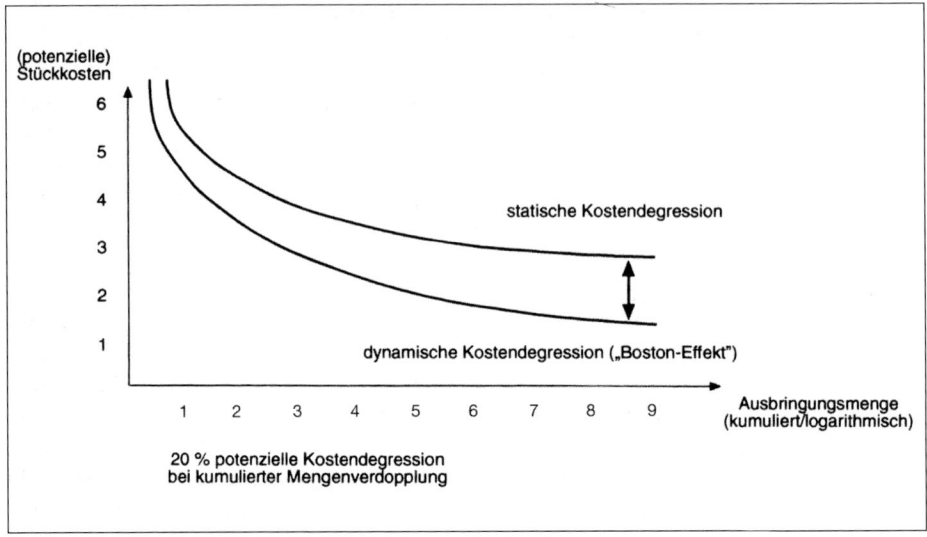

Abb. 7.1-16: Dynamischer Größeneffekt

Die Bedeutung des Marktanteils als kritischer Erfolgsfaktor wird somit zentral. Nutzen
alle Anbieter eines Produkts die Erfahrungskurve optimal aus, bestimmt der relative
Marktanteil die relative Kostenposition eines Anbieters. Das Unternehmen mit dem
größten relativen Marktanteil verfügt damit ständig über die größte potenzielle Gewinnspanne. Auch wird die Bedeutung einer Investition in wachsende Märkte betont, da dort
Erfahrungseffekte schnell genutzt und Marktanteile leicht errungen werden können.

**technischer
Fortschritt**
Dem liegen empirische Erkenntnisse zugrunde, die auf drei Ursachenbereiche schließen lassen. Einer davon ist der **technische Fortschritt**. Für Unternehmen hoher Ausbringung lohnt sich der Umstieg auf eine leistungsfähigere Technologie bereits frühzeitig, wenn sich abzeichnet, dass vorhandene technische Potenziale begrenzt bleiben,
während andere derartige Investitionsrisiken noch scheuen und versuchen, bestehende Technologien auszureizen.

Spezialisierte Anlagen ermöglichen bei höherem Fixkostenblock geringere direkte
Kostenanteile und damit stärker fallende Gesamtstückkosten. Typisch für solche Anlagen ist, dass sie mit größeren Anschaffungskosten verbunden sind, dafür aber geringere laufende Kosten verursachen, sofern Vollauslastung gegeben ist. Demgegenüber
sind **Mehrzweckanlagen** durch höhere variable Stückkosten gekennzeichnet, bieten
aber die Chance, bei Auftragsfriktionen ohne oder durch nur leichte Umrüstungen für
andere Produkte genutzt zu werden. Eine derartige Struktur ist jedoch kaum geeignet,
Kostenvorteile auszuschöpfen, sodass der Erfolgstrend in Richtung Einzweckanlagen
geht. Hier schafft technischer Fortschritt allerdings eine rasche Vermögensentwertung
und damit Anlass zu Umstieg auf die jeweils neueste Technologie. Dieser erfordert
wegen der höheren Fixkostenbelastung regelmäßig höhere Stückzahlen, um absolut
kosteneffizienter zu bleiben (= mutative Betriebsgrößenerweiterung). Dies wiederum
lohnt sich nur für Großbetriebsformen oder Unternehmen, die durch Programmunifizie-

rung in einer Marktnische hohe Outputlevels erreichen. Selbst dann fällt es Großunternehmen leichter, die damit verbundenen Finanzierungsrisiken zu tragen, zumal dabei oft Innenfinanzierung gegeben ist.

Eine weitere Ursache der dynamischen Größendegression ist die **Lernerfahrung**. Sie beruht auf der individuellen Ansammlung von Wissen bei Experten, denn eine intensive Auseinandersetzung mit einer Materie im großen Stil bewirkt Lerneffekte, die einen Vorsprung vor anderen Anbietern gewähren. Vor allem ist es dadurch möglich, im Zeitablauf kontinuierlich oder bei Verschärfung der Wettbewerbsintensität fallweise Preissenkungen entlang der sinkenden Stückkostenkurve vorzunehmen und damit die Marktpräsenz zu sichern. Lernkurveneffekte beschränken sich jedoch im weitesten Sinne auf den Produktionsbereich bzw. die Fertigungskosten.

Lerneffekte als Vorsprung für Anbieter

Eine wesentliche Voraussetzung für Lernerfahrung ist Spezialisierung **(Economies of Scope)**. So basiert das enorme Wachstum wirtschaftlicher Tätigkeit auf Arbeitsteilung. Durch die Aufsplittung komplexer Gesamtvorgänge in homogene, überschaubare Einzelvorgänge und deren Zuweisung auf Arbeitskräfte – oder allgemeiner Produktionsfaktoren – kann die Produktivität drastisch gesteigert werden, zumal wenn effiziente Produktionsbedingungen (Fließband etc.) gegeben sind, die heute zwingend um ein motivierendes Arbeitsumfeld (teilautonome Arbeitsgruppen etc.) zu ergänzen sind. Diese Arbeitsteilung kann sich zwischenbetrieblich oder innerbetrieblich vollziehen. In jedem Fall resultieren daraus Lernkurveneffekte. Diese sind umso größer, je intensiver die Auseinandersetzung mit einer Materie erfolgt. Diese Intensität ist wiederum vom Ausmaß der Beschäftigung abhängig, das mit dem Geschäftsvolumen wächst. Betriebliche Teilbereiche können weiter detailliert und mit Spezialisten besetzt werden. Dadurch nehmen die Qualität der Leistungen, die Optimierung bestehender und die Nutzung neuer Arbeitstechniken weiter zu.

Die **Rationalisierung** als Ursache schließlich betrifft Mengenvorteile bei den Produktionsfaktoren in Fertigung, Absatz und Beschaffung durch Substitution von Arbeit durch Kapital und Einsatzanpassung bei limitationalen Wertschöpfungsprozessen. Rationalisierung bewirkt, dass eine relative Marktsicherheit erreicht werden kann. So ist eine gegebene Absatzmenge mit zunehmendem Rationalisierungsgrad zu immer niedrigeren Stückkosten darstellbar. Besteht also Preisdruck von außen an einem Markt, so kann der kostengünstigere Anbieter unter Erhaltung seiner Gewinnspanne im Preis nachgeben, während weniger rationalisierte Anbieter bereits vom Markt ausscheiden. Außerdem kann der rationeller arbeitende Anbieter initiativ den Preis senken, um diese anderen vom Markt auszuschließen und deren Marktanteile zu übernehmen. Die relativ höchste Sicherheit hat in beiden Fällen der kostengünstigste Anbieter. Diese Überlegung führt zum Ziel der quantitativen Marktführerschaft. Von am Markt ausscheidenden Anbietern zuwachsende Marktanteile verbessern so die Wettbewerbsposition dramatisch und bewirken weiteres Übernahmepotenzial **(Konzentrationstendenz)**.

Rationalisierung

Die Erkenntnisse der Erfahrungskurve stehen im Übrigen nicht im Widerspruch zur Porter-Kurve. Die Aussagen der Erfahrungskurve beziehen sich auf das einzelne Marktsegment als relevanten Markt, die Porter-Kurve bezieht sich auf den Branchenmarkt als relevanten Markt.

Beispiel So ist etwa der Autohersteller Rover innerhalb der Pkw-Branche ein kleiner Hersteller, befindet sich daher grafisch im linken Ast (Nische) der Porter-Kurve. Innerhalb des Segments Jeep ist Rover jedoch ein großer Anbieter, kann daher auf Größenvorteile bauen.

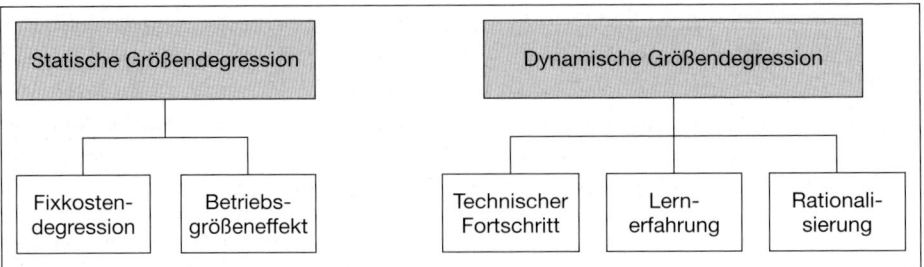

Abb. 7.1-17: Ursachen statischer und dynamischer Größendegression

7.1.3.4 Marktverhalten

Das Marktverhalten bestimmt, **welche Position ein Unternehmen am Markt zu erreichen sucht**. Dafür gibt es mehrere Alternativen.

Marktführer ◆ Als **Marktführer** wird gemeinhin der vom Umsatz her größte Anbieter auf einem Markt bezeichnet. Dabei kommt es darauf an, wie der relevante Markt abgegrenzt wird. Durch kumulative Einschränkung des relevanten Marktes ist es beinahe jedem Anbieter möglich, sich als Marktführer zu definieren. Die damit mutmaßlich verbundene positive Anmutung wird in der Unternehmenskommunikation vielfach genutzt. Mit der Marktführerschaft gehen eine Reihe von besonderen Chancen und Risiken einher. Zu den **Chancen** gehören die Möglichkeit zur Preisführerschaft, ein breiter Kompetenzvorsprung, Marktmacht gegenüber Partnern und die Beeinflussung der Gesamtmarktentwicklung.

Allerdings gibt es auch nicht zu verkennende **Risiken** der Marktführerschaft. Dazu gehören etwa gravierende Folgen bei Produktenttäuschung, Angriffsfläche für öffentliche Kritik, Konflikt mit der Wettbewerbsgesetzgebung, Inflexibilität, Innovationshemmung und Begünstigung latenter Marktnischen.

> Auf dem Computermarkt war und ist IBM überragender Marktführer. Dies impliziert die Initiative zur Preissetzung (durch barometrische Preisführerschaft), die Möglichkeit zur Markendehnung (auf IT-System-Beratung), die Verdrängung von Konkurrenten (z. B. Nixdorf bei Desktop-PCs) und die Beeinflussung des Gesamtmarkts. Aber auch die Blamage bei Flops, die kritische Auseinandersetzung in der Presse und mit dem Marktrecht, eine passive Haltung zu Innovationen und die Absatzquelle für aggressive Anbieter (z. B. Dell) sind zu berücksichtigen.

Marktherausforderer ◆ **Marktherausforderer** ist ein Anbieter, der innerhalb der Marktfolgerschaft dem Marktführer seine Stellung streitig machen will. Dies ist nur durch eine aggressive Strategie möglich. Für die Vorgehensweise sind zwei Dimensionen von Bedeutung, und zwar

● die **Ressourcenrelation**, d. h. das Verhältnis der aktivierbaren eigenen Ressourcen im Vergleich zu denen der Konkurrenz, diese ergibt sich zu **eigenem Vorteil** oder zu **fremdem Vorteil**, sowie

● der **Konfrontationsschwerpunkt**, d. h. Art und Ausmaß der Angriffsfläche, die der Angreifer gegenüber der Konkurrenz bietet, dieser ist **direkt** oder **indirekt**.

Aus der Kombination dieser Ausprägungen entstehen vier Handlungsmöglichkeiten:

● Direkte Konfrontation bei eigenem Ressourcenvorteil ergibt den **Frontalangriff**. Hier werden Konkurrenzhindernisse durch Nutzung eines Wettbewerbsvorsprungs überwunden. Es handelt sich also um eine Strategie der Stärke.

● Indirekte Konfrontation bei Ressourcenvorteil ergibt den **Flankenangriff**. Hier werden Konkurrenzhindernisse durch Veränderung der Marktstrukturen umgangen. Es handelt sich also um eine Strategie der Ausnutzung von Wettbewerbsschwächen.

● Direkte Konfrontation bei eigenem Ressourcennachteil ergibt den **Guerillaüberfall**. Hier werden Konkurrenzhindernisse durch sukzessive Reduktion der Zugangsbeschränkungen und Unterminierung der Marktstruktur überwunden.

● Indirekte Konfrontation bei eigenem Ressourcennachteil ergibt den **Überraschungsangriff**. Hier soll die Reaktionsverzögerung anderer zur Überwindung von Konkurrenzhindernissen verhelfen.

◆ **Marktmitläufer** sind weitere Anbieter innerhalb der Marktfolgerschaft, die im Windschatten des Marktführers und -herausforderers prosperieren. Sie sind daran interessiert, weitgehend unbehelligt zu bleiben. Die für moderne Produktionsbedingungen typischen hohen Ausbringungsmengen zur Erzielung von Kostendegressionseffekten fehlen bei ihnen oft und verhindern kompetitive Preise. Umgekehrt ist die Profilierung des Angebots gegenüber der Nachfrageseite aber oft nicht so ausgeprägt, dass sie die Abschöpfung fortgeschrittenen Preisniveaus erlaubt. Damit befinden sich Marktmitläufer in der gefährlichen Mittenposition des Markts, die im Rahmen der Polarisierung der Angebotsstellungen auszudünnen droht. Als Handlungsalternativen kommen in Betracht:

Marktmitläufer

● **Positionsverteidigung:** Marktmitläufer sehen sich kontinuierlich der Gefahr ausgesetzt, am Markt zwischen Marktführer und -herausforderer zerrieben zu werden. Deshalb gilt es, zunächst die erreichte Position abzusichern.

● **Flankenpositionsverteidigung:** Dies bedeutet, dass periphere Marktfelder verstärkt bearbeitet werden. Dadurch hofft man, Verluste im zentralen Marktfeld ohne größeren Widerstand kompensieren zu können.

● **Bewegliche Verteidigung:** Dies impliziert das Ausweichen des Marktmitläufers auf Angebotsparameter, die sich einer direkten Vergleichbarkeit entziehen.

● **Vorbeugender Angriff:** Dies entspricht dem bewährten Motto, dass Angriff die beste Verteidigung ist. Im Erfolgsfall kann damit wieder eine offensive Marktposition eingenommen werden.

● **Gegenangriff:** Hier wird auf einen konkreten Wettbewerbsvorstoß hin mit kompetitiven Aktivitäten geantwortet, um wieder den Status quo ante zu erreichen.

● **Strategischer Rückzug:** Damit wird eine gefährdete Position aufgegeben, um Verluste zu limitieren und Kräfte für andere Marktfelder zu sammeln.

◆ **Marktnischenanbieter** sind Unternehmen, die sich in der Marktfolgerschaft freiwillig mit einem kleinen Marktanteil begnügen und keinen Anspruch auf breite Präsenz hegen. Im Gegensatz zum offensiven Marktherausforderer und zu defensiven Marktmitläufern verhalten sich Marktnischenanbieter neutral, solange ihre Geschäftsbasis unangetastet bleibt. Meist zeichnen sie sich durch überragende Qualität und/oder Gestaltung ihrer Produkte aus. Beides vermag aus der Sicht bestimmter Zielgruppen ein höheres Preisniveau und eine geringere Erhältlichkeit zu rechtfertigen. Eine Gefahr entsteht aber aus der ausufernden Popularisierung dieser Angebote.

Marktnischenanbieter

Beispiel So hat Lacoste in dem Maße an Attraktivität verloren, wie die Marke in immer breiteren Kreisen der Bevölkerung Zuspruch fand. Dies machte neue Nischen für profilierte Anbieter frei, denen sich ehemalige Lacoste-Verwender zuwandten. Im gleichen Maße ging aber die Referenzfunktion der Marke verloren, die wiederum für verbliebene Nachfrager von hoher Bedeutung war. Am Ende stimmte die Akzeptanz dann weder bei den alten noch bei den neuen Kunden.

Außerdem wird diese komfortable Position durch moderne Produktionsprinzipien von Großunternehmen, die eine rentable Erstellung bis hinunter zu kleinen Stückzahlen ermöglichen, ausgehöhlt. Früher bedingten lange Rüstzeiten hohe Auflagen standardisierter Produkte, damit es zu einem Mengendegressionseffekt der Fixkosten kommen konnte. Dies verhinderte die effiziente Bearbeitung von Marktnischen. Heute ist es Großunternehmen jedoch angesichts verbreiteter Plattform- und Gleichteilekonzepte möglich, auch kleine Auflagen kosteneffizient zu fertigen.

Wettbewerbliche Strategien Im Marktverhalten können die Anbieter zwei wettbewerbliche Strategien für sich nutzen. Nach der **Art des kompetitiven Vorteils** kann einerseits ein **Leistungsvorteil** gegeben sein, d. h. eine führende Rolle am Markt, die auf der Angebotsqualität beruht, oder andererseits ein **Kostenvorteil**, d. h. eine führende Rolle am Markt, die auf den Gestehungskosten beruht (s. o.).

Marktabdeckung Das **Ausmaß der Marktabdeckung** kann einerseits umfassend sein, also die Erfassung des Gesamtmarkts vorsehen, oder andererseits konzentriert, also die selektive Erfassung eines oder mehrerer ausgewählter Teilmärkte vorsehen.

Daraus ergeben sich vier Kombinationen als

● umfassende Kostenführerschaft durch Schaffung eines entscheidenden Preisvorteils und dessen Nutzung im Gesamtmarkt,

● umfassende Leistungsführerschaft durch Schaffung eines entscheidenden Qualitätsvorteils und dessen Nutzung im Gesamtmarkt,

● konzentrierte Kostenführerschaft durch Konzentration auf einen preisorientierten Teilmarkt,

● konzentrierte Leistungsführerschaft durch Konzentration auf einen qualitätsorientierten Teilmarkt.

Für jede der Optionen ergeben sich Vor- und Nachteile, die im Folgenden kurz genannt werden.

umfassende Kostenführerschaft ◆ Die **umfassende Kostenführerschaft** bietet folgende **Vorteile**:

★ Das Unternehmen mit den niedrigsten Kosten einer Branche ist auch dann noch in der Lage, Gewinne zu erzielen, wenn die Marktkräfte (= Preisdruck) die Konkurrenten bereits in die Verlustzone zwingen.

★ Es besteht ein gewisser Schutz vor nachfragemächtigen Kunden, weil diese den Preis höchstens bis auf das Niveau des zweiteffizientesten Konkurrenten zu drücken vermögen.

★ Der Verhandlungsspielraum mit mächtigen Lieferanten wächst, da Kostensteigerungen im Einkauf weniger zur Weitergabe im Preis zwingen, sondern auch durch partiellen Gewinnverzicht aufgefangen werden können.

★ Es bestehen hohe Eintrittsbarrieren in den Markt, die einen relativen Schutz vor Mitbewerbern bieten.

★ Substitutionsprodukte können eher abgewehrt werden, weil eine relativ hohe Preisreagibilität des Anbieters besteht, sodass das Preis-Leistungs-Verhältnis stets attraktiv gehalten werden kann.

Nachteile der umfassenden Kostenführerschaft liegen in Folgendem:

* Grundlegend neue Technologien entwerten die Kostenführerschaftsposition.

* Nachahmer können durch Lerneffekte bald die gleiche Kostenstruktur wie der (dann ehemalige) Kostenführer erreichen, sodass kein Schutz vor Wettbewerbern mit gleichem Erfindungsreichtum besteht.

* Kostensteigerungen in hohem Ausmaß oder kumulierter Wirkung schwächen die Kostenführerschaft. Zwar sind alle Anbieter gleichermaßen davon betroffen, da aber die Position des Kostenführers mehr auf diesem Vorteil aufbaut als die Strategien der Mitbewerber, trifft ihn eine Schwächung dort existenzieller.

◆ Die **umfassende Leistungsführerschaft** bietet folgende **Vorteile**:

> **umfassende Leistungsführerschaft**

* Gegenüber aktuellen Konkurrenten entsteht ein qualitativer Vorsprung am Markt, der hohe Souveränität und Monetarisierung bietet. Konkurrenzanbieter können als nicht wirklich vergleichbar diskriminiert werden.

* Gegenüber nachfragemächtigen Abnehmern entsteht durch diese Alleinstellung eine äußerst starke Position, die schmerzliche Zugeständnisse vermeiden hilft.

* Potenzielle Konkurrenten bleiben so lange vom Erfolg ausgeschlossen, bis sie selbst ein unter Leistungsaspekten akzeptables Angebot zu unterbreiten in der Lage sind.

Nachteile der umfassenden Leistungsführerschaft liegen in Folgendem:

* Da es immer schwerer fällt, omnipotente Kompetenz aufrechtzuerhalten, wird die Position durch aufkommende Spezialisten sukzessiv ausgehöhlt.

* Es besteht die Gefahr, dass tatsächlich wahrnehmbare Leistungsunterschiede nur noch durch Einsatz überdimensional aufwendiger Aktivitäten erreichbar sind.

* Die Sicherung der Leistungsführerschaft bedarf überproportionaler Aufwendungen im Bereich Forschung und Entwicklung. Da mindestens der Aufwand des nächstbesten Anbieters bei gleicher Effizienz egalisiert werden muss, entsteht ein enormer Leistungsdruck auf Humanressourcen.

◆ Die **konzentrierte Leistungsführerschaft** bietet folgende **Vorteile**:

> **konzentrierte Leistungsführerschaft**

* Durch hohe Kundenbindung verringert sich die Preiselastizität der Nachfrage (starre Reaktion).

* Die Marktzutrittsschranken erhöhen sich in dem Maße, wie die Kundenbindung ausgeprägt ist, da das Wechslerpotenzial begrenzt bleibt.

* Der mit der Differenzierung erreichte höhere Ertrag schafft mehr Verhandlungsspielraum mit Lieferanten.

Bei den **Nachteilen** der konzentrierten Leistungsführerschaft handelt es sich um folgende:

* Es besteht die Gefahr, dass die Markenloyalität zu einem differenzierten Angebot bei Nachfragern durch Kostenvorteile anderer Anbieter überkompensiert wird.

* Die gewählte Alleinstellung unterliegt einem Wertewandel im Zeitablauf. Und nur solange der Angebotsnutzen psychologisch oder soziologisch attraktiv genug erscheint, rechtfertigt er einen Preisaufschlag.

* Nachahmer mindern das Differenzierungspotenzial. Denn deren „Me-too-Strategie" basiert meist auf partieller Preisunterbietung bei verwechslungsfähiger Leistung.

konzentrierte Kostenführerschaft

◆ Die **konzentrierte Kostenführerschaft** bietet folgende **Vorteile**:

* Spezialprodukte gehören oftmals zu den B- und C-Teilen der gewerblichen Beschaffung, auf denen weniger Fokus liegt als auf den A-Produkten.

* Mit dem Grad der Spezialisierung nimmt die Austauschbarkeit ab, sodass teilmonopolistische Renten am Markt eingefahren werden können. Substitutionskonkurrenz findet dort ihre Grenze, wo andere Produkte weder besser noch billiger sind.

* Spezialisierte Marktsegmente sind wegen ihres geringen Volumens meist für potente Konkurrenten wenig attraktiv, sodass diese von einem Markteintritt absehen.

* Kleine Anbieter werden zumeist von großen Konkurrenten am gleichen Markt geduldet oder sogar im Rahmen von Systemgeschäften als Sublieferanten eingesetzt.

Als wesentliche **Nachteile** der konzentrierten Kostenführerschaft sind folgende zu nennen:

* Es besteht die Gefahr, dass Vorzüge von Nischenangeboten durch geringe Preisunterschiede zu kostengünstigeren Anbietern mit hinlänglich leistungsfähigen Standardangeboten überkompensiert werden.

* Weiterhin kann der Gesamtmarkt Teilmarktbesonderheiten assimilieren und damit entwerten.

* Durch die geografische Ausweitung der Märkte bei zentraler Fertigung der Auftragslose werden hohe Logistikkosten fällig, welche die Einstandspreise der Kunden belasten. Dadurch erlangen lokale, weit weniger kostengünstig arbeitende Anbieter Vorsprünge.

	Kostenvorteil	Leistungsvorteil
Umfassende Marktabdeckung	Umfassende Kostenführerschaft	Umfassende Leistungsführerschaft
Konzentrierte Marktabdeckung	Konzentrierte Kostenführerschaft	Konzentrierte Leistungsführerschaft

Abb. 7.1-18: Wettbewerbspositions-Matrix

7.1.3.5 Zeitabfolge

Die Zeitabfolge bestimmt, **wann ein Unternehmen am Markt aktiv werden soll**. Vom Timing her ergeben sich dafür vier Möglichkeiten.

Pionier

◆ Der **Pionier** (Innovationsführer im Original) hält unablässig nach neuen Märkten und Produkten Ausschau und nimmt Chancen entschlossen wahr. Zur Philosophie dieser Unternehmen gehört es, Ansätze technischen Fortschritts unvermittelt umzusetzen und daraus Chancen für Wettbewerbsvorsprünge abzuleiten. Sie sind gekennzeichnet durch umfangreiche FuE (Forschung und Entwicklung), hohe Finanzstärke und Risikofreudigkeit.

Die **Chancen** des Pioniers sind vor allem die folgenden:

* Am Anfang eines Innovationszyklus besteht noch kein direkter Konkurrenzeinfluss. Daraus resultieren preispolitische Spielräume, die sich meist als Abschöpfungspreispolitik materialisieren, die vorübergehend überdurchschnittliche Spannen (Produzentenrente) und schnellen Return on Investment (Rentabilität) ermöglichen.

* Es besteht die Möglichkeit zur Etablierung eines dominanten Standards, für den jedoch eine rasche Diffusion von Neuerungen Voraussetzung ist. Dies wirkt als Markteintrittsschranke für Nachfolger. Hinzu treten gewerbliche Schutzrechte als Marktbarriere.

* Die Mengensteigerung schafft durch einen Vorsprung auf der Erfahrungskurve langfristige Kostenvorteile. Hinzu kommen aber auch statische Größeneffekte.

* Der frühe Eintritt in einen Markt schafft die längste Verweildauer und damit, zumindest potenziell, die Möglichkeit zum höchsten kumulierten Gewinn. Dadurch ist eine attraktive Produkt-/Marktposition realisierbar.

* Der Pionier hat oft Imagevorteile durch einen generellen Goodwill (Ruf als Innovator) in der Öffentlichkeit.

* Es gibt noch die Möglichkeit der Wahl des potenzialstärksten Absatzkanals und die Chance zu dessen Belegung.

Die **Risiken** des Pioniers sind hingegen folgende:

* Er trägt als Schrittmacher immer die größte Ungewissheit über die weitere Marktentwicklung.

* Man kann keine fremden Vorbilder nutzen, etwa hinsichtlich der Abschätzung der Nachfragebedingungen.

* Es besteht kontinuierlich die Gefahr von Technologieschüben, die Innovationsvorsprünge und alle damit verbundenen hohen Aufwendungen entwerten.

* Um seine Vorteile zu nutzen, muss der Innovator eine vorübergehende Marktmonopolisierung durchsetzen. Dies sicherzustellen, hat hohe Markterschließungskosten zur Folge.

* Die Gefahr besteht, durch Niedrigkosten-Imitatoren überholt zu werden, die sich die geschaffenen Rahmenbedingungen zunutze machen. Bei diesen entfallen Pionierkosten für Produktionserlaubnis, rechtliche Auflagen, Kundenschulung, Infrastrukturaufbau, Ressourcenerschließung, Komplementärproduktentwicklung etc.

* Es ist ein hoher Überzeugungsaufwand bei Kunden zu leisten, und zwar umso mehr, als je bedeutsamer die Neuerung von Abnehmern wahrgenommen wird.

* Zur Marktreifung von Neuerungen ist die Mobilisierung hoher FuE-Aufwendungen erforderlich. Da zugleich der Payback ungewiss bleibt, hängt die Existenz des Pioniers nicht selten vom Erfolg jeder einzelnen neuen Produktgeneration ab.

* Das Auftreten von imageschädlichen „Kinderkrankheiten" am neuen Produkt/ Prozess ist wahrscheinlich.

◆ Der **Frühe Folger** (Innovationsfolger durch Modifikation) sucht systematisch nach   **Frühe Folger**
der Adaptation von Neuerungen, ohne aber den ersten Schritt zur Markteinführung zu
wagen. Möglicherweise auch, weil diese Anbieter selbst nicht forschungsintensiv

genug sind, wohl aber entwicklungsstark. Sofern sich jedoch ein Pionier gefunden hat, beobachten sie dessen Markterfolg genau und übernehmen die Neuheit mit dem Ziel der optimierenden Veränderung.

Die **Chancen** des Frühen Folgers sind vor allem folgende:

* Er trägt ein weitaus geringeres Risiko als der Pionier, weil bereits Erkenntnisse aus dessen Marktpräsenz und ein erster Überblick über die Marktentwicklung vorliegen.

* Unter Umständen besteht noch die Möglichkeit zur Etablierung eines eigenen Standards, wenn die vorgestellten Standards nicht überzeugen oder noch keine ausreichende Marktbreite erreicht haben (Beispiel: Videostandard VHS von Panasonic/Matsushita nach Betamax U-matic von Sony).

* Die Marktpositionen sind noch nicht verteilt, insofern ist gegenüber dem Pionier noch kein entscheidender Boden verloren, und die Karten können neu gemischt werden. Allerdings arbeitet die Zeit gegen den Frühen Folger (First Mover Advantage).

* Der Lebenszyklus des Marktes steht noch am Anfang, das bedeutet (bei Erfolg) stark steigende Wachstumsraten, geringe Wettbewerbsintensität und die Durchsetzung von Prämienpreisen, also ein insgesamt angebotsförderndes Umfeld.

Die **Risiken** des Frühen Folgers sind hingegen folgende:

* Möglicherweise bestehen Markteintrittsbarrieren seitens des Pioniers, etwa durch gewerbliche Schutzrechte, Etablierung eines Systemstandards oder rasche Kostendegressionseffekte.

* Es ist eine Strategieausrichtung am Pionier erforderlich, sodass nicht mehr unbedingt freie strategische Wahl besteht, sondern eine mehr oder minder große Abhängigkeit von diesem.

* Es besteht die Notwendigkeit der Herausarbeitung eines eigenen komparativen Konkurrenzvorteils, da Nachfragern ansonsten kein Argument für die Angebotswahl offeriert werden kann.

* Auf den Vorstoß des Pioniers ist eine schnelle Reaktion erforderlich, da die Zeit für ihn arbeitet und eine Nachfolge durch andere Wettbewerber immer wahrscheinlicher wird, sodass die Position des Frühen Folgers ansonsten vergeben ist.

* Es ist von einem baldigen Markteintritt weiterer Konkurrenten auszugehen, sodass die Zeitspanne zur Materialisierung von Marktvorteilen eng begrenzt bleibt. Insofern entsteht eine Zeitfalle.

Modifikator   ◆ Der Innovationsführer durch Modifikation **(Modifikator)** legt sich auf sein hohes Fachwissen und laufende Detailverbesserungen von Lösungen fest. Hierbei steht die kundenspezifische Umsetzung allgemeinen technischen Fortschritts im Fokus. Hohe Produktqualität erlaubt Marktsegmentierung und strenge Kostenkontrolle erlaubt/ ermöglicht auskömmliche Rendite auch bei kleinen Stückzahlen.

Die **Chancen** des Modifikators sind vor allem folgende:

* Durch die Identifizierung und Besetzung von Marktnischen findet der Modifikator Schutz im hart umkämpften Markt, verbunden mit relativer Alleinstellung und der Möglichkeit zur Durchsetzung von Spielräumen bei der Preisgestaltung.

* Im Regelfall entstehen nur relativ geringe Entwicklungskosten, da viele Aufwendungen, vor allem solche der Grundlagenforschung, erspart werden.

* Der Modifikator geht weniger Risiko ein, weil er keine (radikale) Durchbruchsinnovation vollzieht, sondern nur eine (limitierte) Inkrementalinnovation, d. h. eher nur Detailänderungen.

* Es besteht die Chance, durch frühzeitiges Reagieren dem immer rascher einsetzenden Preisverfall an den Märkten zu entgehen. Wenn dieser einsetzt, kann der Modifikator sich schon wieder auf der nächsten Neuerungswelle positionieren.

Die **Risiken** des Modifikators sind hingegen folgende:

* Zunächst sind die Markteintrittsbarrieren etablierter Anbieter zu überwinden. Dazu gehören vor allem gewerbliche Schutzrechte mit Ausschlussfristen.

* Vor Kunden ist meist viel Überzeugungsaufwand notwendig, um Zusatznutzen zu verdeutlichen, die erst auf den zweiten Blick erkennbar und nutzenrelevant sind, dafür aber gleich auf den ersten Blick einen nennenswerten Mehrpreis implizieren.

* Es besteht die Gefahr, sich bei vielen Einzellösungen zu verzetteln, weil das Kernfeld des Markts bereits durch den Pionier besetzt oder sogar geschützt ist.

* Weiterhin besteht die Gefahr, Großanbieter anzulocken, die ein größeres als das bisher ausgeschöpfte Potenzial hinter der gebildeten Marktnische vermuten und Märkte, selbst bei Fehlschlag, verstopfen.

◆ Der Innovationsfolger im Original-Nachbau **(Nachzügler)** macht sich den Input von Innovatoren zu eigen und beutet diesen aus. Dies beginnt mit dem simplen Abkupfern von Produktideen und der konsequenten Wertanalyse zur Einsparung von Gestehungskosten an verdeckten Stellen mit nicht sofort feststellbaren Folgen. Kommen kostengünstige Arbeitsbedingungen hinzu, ist der Anbieter in der Lage, auf den ersten Blick verwechslungsfähige Produkte gegenüber anderen signifikant billiger anzubieten. Dies kann in reiner Nachahmung enden, die „Me-too-Angebote" präsentiert, welche gewerbliche Schutzrechte missachten.

Nachzügler

Die **Chancen** des Nachzüglers sind vor allem folgende:

* Dem Nachzügler entstehen erheblich niedrigere FuE-Aufwendungen, wenn es nicht sogar zu einer reinrassigen Kopie des Originals kommt. Die ersparten Kosten können voll als Preisvorteil weitergegeben werden.

* Die Anlehnung an Standards schafft Sicherheit für die Vermarktung durch ausgereifte Technik und hohen Verbreitungsgrad.

* Das erforderliche Know-how kann ggf. zugekauft werden, sodass es letztlich weniger eine Frage des Erfindungsreichtums, sondern eher der Finanzkraft ist, ob ein Markt bearbeitet werden kann oder nicht.

* Infolge des bereits fortgeschrittenen Lebenszyklus können Standardisierungspotenziale weitgehend ausgenutzt werden. Dies ermöglicht niedrigere Gestehungskosten.

Die **Risiken** des Nachzüglers sind hingegen folgende:

* Nachzügler haben es mit bereits etablierten Konkurrenten zu tun, die darauf angewiesen sind, nach der risiko- und aufwandsreichen Startphase eines Marktes dort auch weiterhin erfolgreich zu bleiben.

* Es besteht die Notwendigkeit des Aufbrechens von Geschäftsbeziehungen, die sich im Zeitablauf zwischen bereits vorher marktpräsenten Unternehmen und ihren Kunden etabliert haben und zu Kauftreue/Markenloyalität führen.

* Es besteht die Gefahr von Preiskämpfen, denn der Nachzügler wird, und kann, beinahe nur noch durch niedrigere Preise zum Erfolg kommen, den aber auch die bereits vorhandenen Anbieter für ihren Bestand brauchen.

* Durch die bloße Imitation innovativer Lösungen kann es nicht zur Entstehung von eigenem technischen Know-how kommen, das wiederum Voraussetzung ist, eines Tages als Innovator auftreten zu können.

* Für den Fall, dass der Lebenszyklus schon weit fortgeschritten ist und die verbleibende Marktpräsenz nicht mehr ausreicht, einen genügenden Mittelrückfluss zu erwirtschaften, bleiben Fehlinvestitionen in Fertigungsanlagen.

* Regelmäßig ergeben sich Imagenachteile, die aus minderer Bewertung der Leistung im Publikum resultieren.

Matrix der Innovations-neigung

	Vorstoß	Verfolgung
Original bzw. Originalnachbau	Pionier	Nachzügler
Differenzierung bzw. Modifikation	Modifikator	Früher Folger

Abb. 7.1-19: Matrix der Innovationsneigung

Outpacing-Konzept

Damit ist jedoch noch keine Aussage über den komparativen Erfolg der Zeitabfolge-Teilstrategie getroffen. Dies versucht vielmehr das dynamische **Outpacing-Konzept**, das aus einer Matrix mit den Dimensionen

– **wahrgenommener Produktwert und**
– **effektive Prozesskosten**

eines Angebots am Markt besteht. Beide Dimensionen sind jeweils ordinal in hoch und niedrig unterteilt.

Es wird davon ausgegangen, dass zu Beginn der Marktpräsenz (= Ausgangssituation) der wahrgenommene Produktwert eines Angebots bei Zielpersonen für gewöhnlich mangels Kenntnis und Vertrauen eher gering ist, zugleich die entstehenden Prozesskosten mangels Größen- und Erfahrungsdegression aber eher hoch sind. Erreicht werden soll im Ergebnis aber genau das Gegenteil, nämlich ein hoher wahrgenommener Produktwert bei gleichzeitig niedrigen anfallenden Prozesskosten (= Endsituation). Die konkurrierenden Anbieter stehen nun in einem Wettlauf um den schnellstmöglichen Weg von der Ausgangs- zur Endsituation und versuchen dabei, einander zu überholen (= Outpacing). Dafür gibt es zwei grundsätzliche Wege.

Präventives Outpacing

Zum einen kann versucht werden, über Leistungsführerschaft bei akzeptierten hohen Prozesskosten zunächst den wahrgenommenen Produktwert zu steigern (**„Präventives Outpacing"**). Danach wird dann versucht, über Standardisierung (z. B. Gleichteilekonzept) die Prozesskosten bei unverändert hohem Produktwert zu senken. Zunächst wird also mit allen Mitteln versucht, die Wertanmutung der Produkte zu steigern und dadurch Kostenerhöhungen im Preis weiter zu wälzen. Dies gelingt, bis die preisliche Schmerzgrenze der Nachfrager (z. B. im Automobilbereich) erreicht ist. Danach besteht nun der Zwang, um jeden Preis zu rationalisieren, ohne dabei den Produktwert anzutasten.

Zum anderen kann versucht werden, über Kostenführerschaft bei einem akzeptierten niedrigen Produktwert zunächst die entstehenden Prozesskosten zu senken (**„proaktives Outpacing"**). Erst danach wird angestrebt, über Differenzierung (z. B. Design) den Produktwert bei unverändert niedrigen Prozesskosten zu steigern. Zur Umsetzung der Prozesskostensenkung wird ein Arsenal von Managementmethoden eingesetzt, das unter dem Begriff **Lean Management** bekannt geworden ist. Erlössteigerungen über Preiserhöhung werden durch innovative Problemlösungen möglich bis hin zur Maßstabsetzung (= Benchmarking) in allen betrieblichen Bereichen.

Proaktives Outpacing

Ein Mittelweg ist ungeeignet als Erfolgsstrategie, obgleich er rein zeitlich zunächst als der vorteilhafteste erscheint (= Diagonale in der Matrix). Doch eine solche Kombination aus jeweils mittlerem wahrgenommenen Produktwert und mittleren effektiven Prozesskosten führt zwangsläufig zu einem wenig ausgeprägten, diffusen Erscheinungsbild am Markt. Damit kann weder aus einer Profilierung über den Qualitätsvorteil noch einer solchen über den Preisvorteil Nutzen gezogen werden. Dies bedeutet im Ergebnis aber, dass Anbieter bei einer solchen Strategie sowohl von Leistungsführern wegen deren Qualitätsvorteils, der von Teilen des Marktes hoch geschätzt wird, als auch von Kostenführern wegen deren Preisvorteils, der von anderen Teilen des Marktes hoch geschätzt wird, überholt werden. Insofern ist dies tatsächlich nicht der kürzeste, sondern der längste Weg.

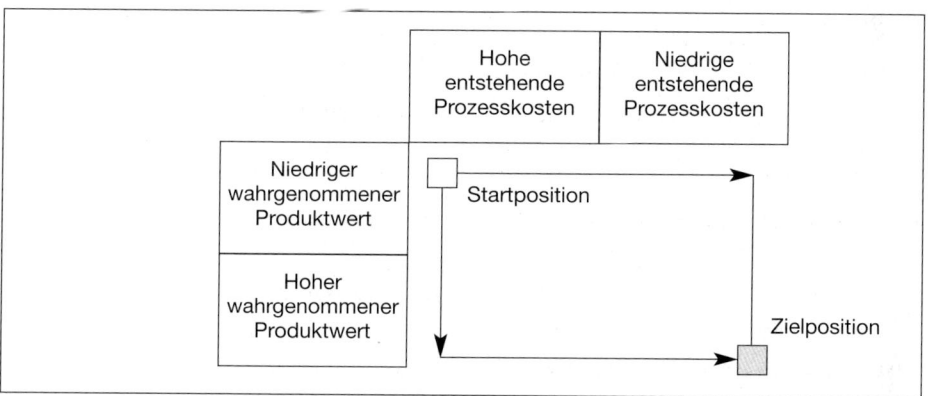

Abb. 7.1-20: Dynamische Zeitabfolgestrategien

Die Stellgrößen zur Bestimmung des Marktfelds, der Marktabdeckung, des Konkurrenzvorteils, des Marktverhaltens und der Zeitabfolge führen also zu einem **individuell konzipierten Strategieprofil** jedes Unternehmens, das in der Lage ist, ganzheitlich alle relevanten Stellgrößen der strategischen Unternehmensplanung zu erfassen, aufeinander abzustimmen und zu veranschaulichen. Außerdem kann durch Vergleich der Strategieprofile zwischen verschiedenen Perioden oder zwischen Wettbewerbern eine Aussage über Veränderungen bzw. Abweichungen vorgenommen werden. Die Strategie wird jeweils für eine strategische Geschäftseinheit erstellt und in regelmäßigen Abständen revidiert. Aus den Ausprägungen des Strategieprofils ergeben sich die Indikationen für die Setzung der unternehmenspolitischen Instrumente folgerichtig. Zudem ist das Strategieprofil **Maßstab für die Beurteilung aller betrieblichen Aktivitäten**, die zielgerichtet sind, wenn sie dem Strategieprofil entsprechen, und kontraproduktiv, wenn sie ihm zuwiderlaufen.

Individuell konzipiertes Strategieprofil jedes Unternehmens

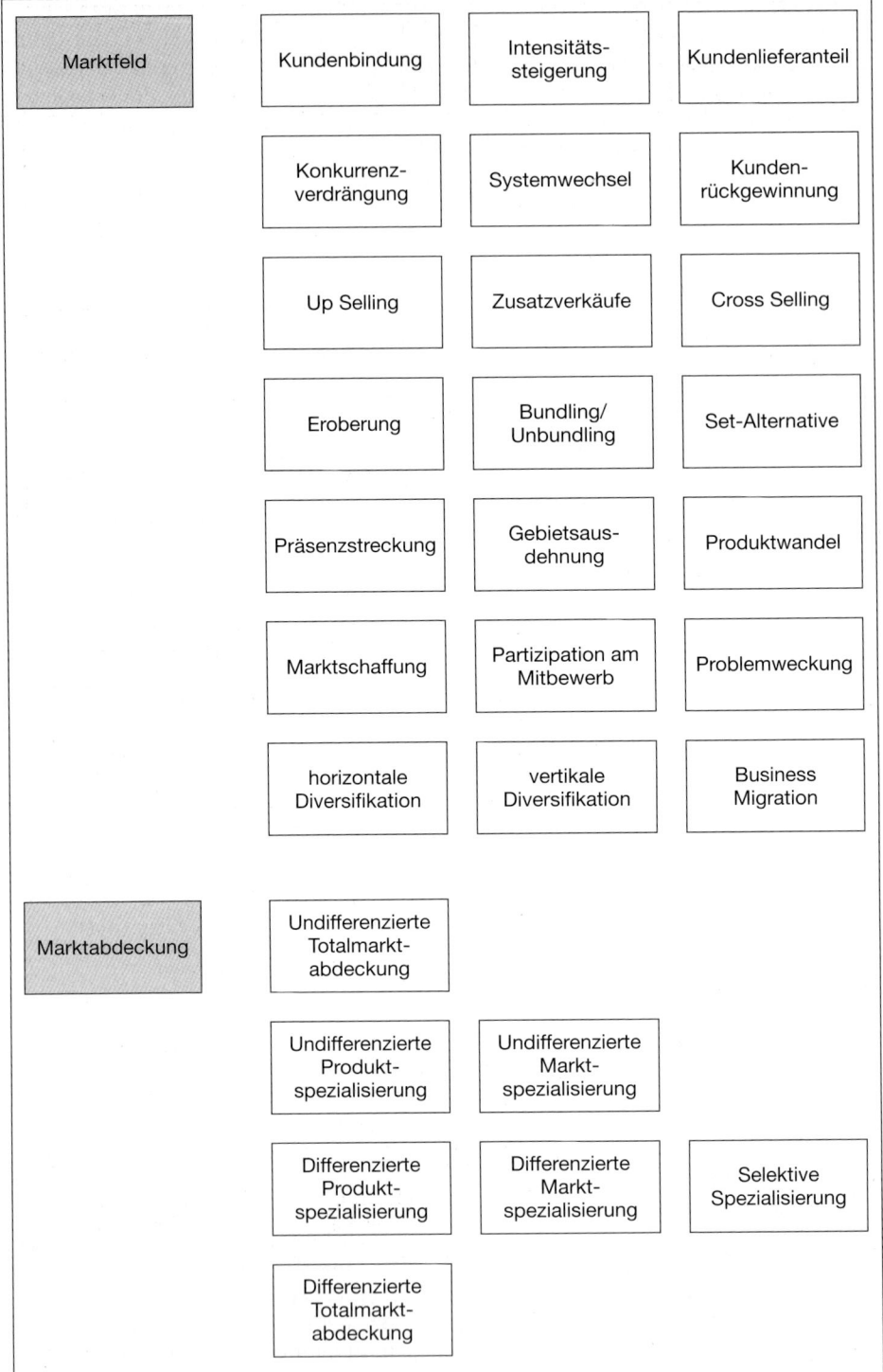

Abb. 7.1-21: Strategieprofil (I)

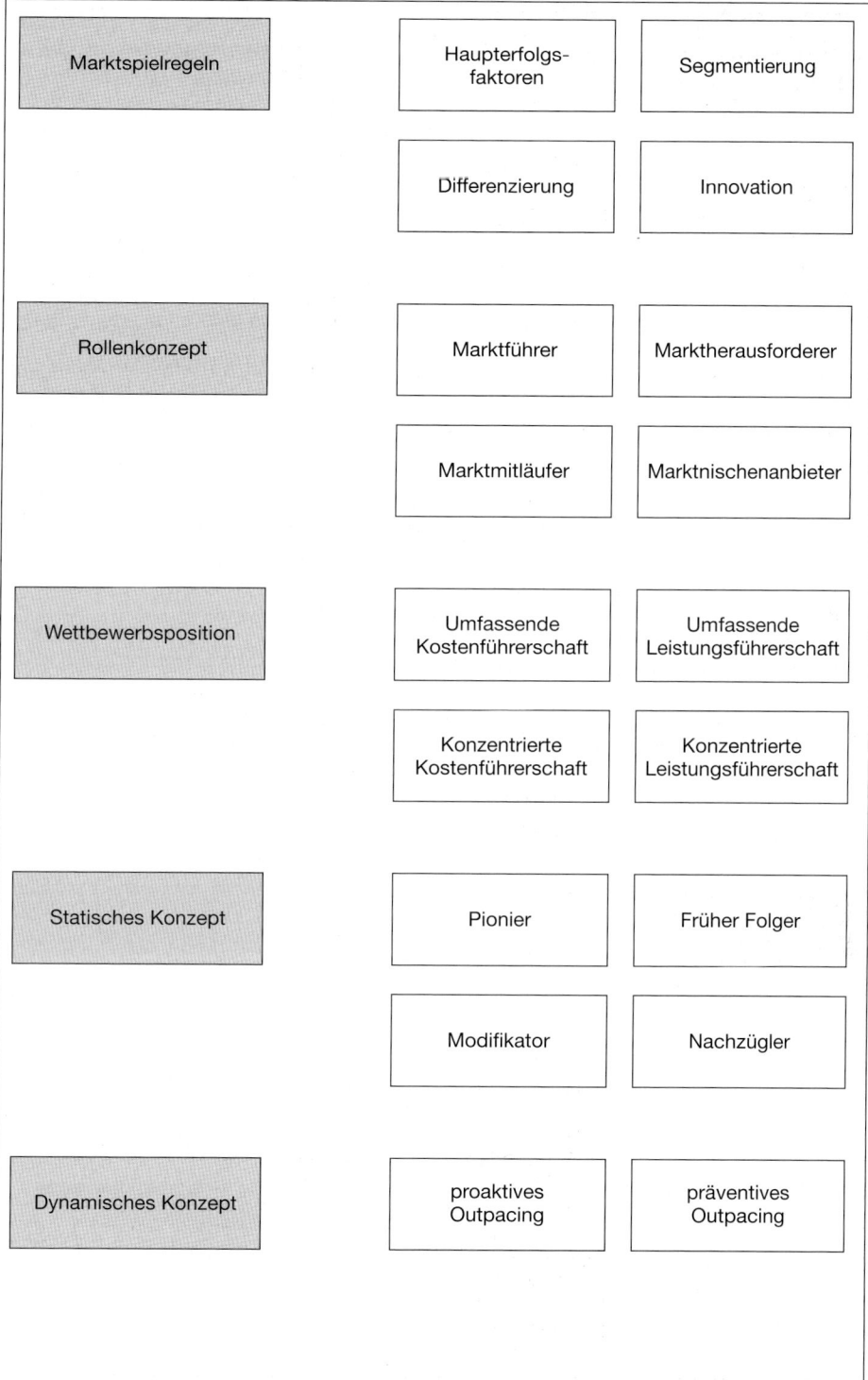

Abb. 7.1-22: Strategieprofil (II)

7.1.4   Strategiebewertung

Naturgemäß bedarf es letztlich eines Maßstabs, um beurteilen zu können, ob die erarbeitete Strategie tragfähig ist. Dazu im Folgenden einige Ansätze.

Der **Längsschnittvergleich** vergleicht das aktuelle Strategieraster mit den (rekonstruierten) Strategien vergangener Perioden bzw. den geplanten Strategien zukünftiger Perioden. Daraus werden Übereinstimmungen und Abweichungen ersichtlich, die aufschlussreiche Erkenntnisse liefern.

Der **Querschnittvergleich** vergleicht das aktuelle Strategieraster mit den (rekonstruierten) Strategien von Konkurrenten. Auch daraus werden Übereinstimmungen und Abweichungen ersichtlich. Dies ergibt eine gute Handhabbarkeit der komplexen Aufgabe.

Die **Prüfcheckliste** legt verschiedene Anforderungskriterien an eine Strategie und prüft, ob diese erfüllt sind oder nicht (dichotom) bzw. in welchem Ausmaß sie erfüllt sind (graduell). Die Anforderungskriterien sind jeweils individuell zu bestimmen. Verbreitet sind etwa folgende:

● Ist durch die Strategie ein Kundennutzen gewährleistet?

● Erlaubt die Strategie einen gravierenden Wettbewerbsvorteil?

● Trägt die Strategie zur Erreichung der Unternehmensziele bei?

● Baut sie auf Erfahrungen bzw. Stärken auf?

● Bündelt sie die Kräfte?

● Nutzt sie eindeutige Marktchancen?

● Sind Synergien möglich?

● Ist die Strategie aus Kosten- und Umfeldaspekten mittel- bis langfristig durchhaltbar?

● Stehen die Entscheidungsträger hinter dieser Strategie?

● Sind Realisierungsmöglichkeiten gegeben?

Dabei können auch mehrere Strategiealternativen miteinander verglichen werden. Jeweils können auch Mindestanforderungen oder Ausschlusskriterien bestimmt werden, die, wenn sie nicht erfüllt sind, zum Verwerfen einer Strategie führen.

Das **Punktbewertungsverfahren** beabsichtigt, diese qualitative Bewertung quantifizierbar zu machen. Dafür wird jedes Anforderungskriterium auf einer Skalierung bewertet. Mehrere Strategiealternativen können damit gerangreiht werden, sodass man zu einer eindeutigen Reihenfolge gelangt. Bei Bedarf können die Kriterien noch gewichtet werden, wenn man der Meinung ist, dass einzelne Kriterien für die Gesamtbewertung wichtiger sind als andere.

Die Kriterien sind wiederum individuell zu bestimmen, denkbar sind etwa folgende:

● Finanzbedarf zur Umsetzung,

● Risikoausmaß der Strategie,

● Profilierungschance am Markt,

● Know-how-Erfordernis,

● Flexibilität der Anpassung,

● Zeitbedarf zur Umsetzung.

7.2 Planung der Strategieumsetzung

In der Betriebswirtschaftslehre wird verbreitet ein Defizit in der Implementierung beklagt. Dies gilt auch für die strategische Unternehmensplanung. Während die Strategieentwicklung weithin genaustens untersucht ist, besteht hinsichtlich der Strategieumsetzung Nachholbedarf. An dieser Stelle werden exemplarisch die wohl wichtigsten Implementierungselemente dargestellt.

7.2.1 Prozessmanagement

Dr. Dr. Unrath von der UHW-SBE erinnert sich noch lebhaft an die heftigen Diskussionen mit den arroganten Unternehmensberatern von McZoston & Partner über die umwälzenden Aspekte des Prozessmanagements. Aber wie dem auch sei, recht hatten sie schon, diese Schnösel, wie sein intriganter Vorstandskollege vom Finanzressort sie immer zu bezeichnen pflegte. Und nach der Definition der Strukturen stellt sich auch ihm wieder die Frage nach der Gestaltung der Abläufe, besonders in Hinblick auf deren Verschlankung und Verbesserung. Helfen Sie der Erinnerung von Dr. Dr. Unrath auf die Sprünge und fassen Sie für ihn die allgemeine Darstellung und Bedeutung des Prozessmanagements zusammen.

7.2.1.1 Geschäftsprozesse

Im modernen Management stehen Aspekte des Prozessmanagements im Fokus. Geschäftsprozesse setzen sich aus mehreren Teil- oder Subprozessen zusammen, die wiederum aus einzelnen Aktivitäten bestehen. Schlüsselprozesse sind von entscheidender Bedeutung für das Unternehmen, weil diese die Kernkompetenz abbilden. Auch die Spezifikation der Schnittstellen zwischen Prozessen ist erforderlich. Anforderungen an Prozesse sind allgemein ihre Effektivität (Wirksamkeit) im Hinblick auf vorgegebene Aufgaben und Ziele, ihre Effizienz (Wirschaftlichkeit) im Hinblick auf die Ausführung, ihre Steuerbarkeit (Controlling) durch die verantwortlichen Personen und ihre Anpassungsfähigkeit an Veränderungen der Prozessumgebung (Flexibilität).

◆ **Ein Prozess ist allgemein eine Folge von wiederholt ablaufenden Aktivitäten mit messbarer Eingabe (Input), messbarer Wertschöpfung (Throughput) und messbarer Ausgabe (Output) durch systematisches Zusammenwirken von Produktionsfaktoren entlang einer Wertschöpfungskette zur Erreichung eines Ziels (Produkt/Dienstleistung).**   Definiton

Prozesse sind auf befristete Durchlaufzeiten gerichtet, d. h., das Ziel (Senke) steht schon vor Tätigkeitsbeginn fest. Weiterhin gibt es ein Ereignis zum Anstoßen des Tätigwerdens (Quelle). Dafür stehen Ressourcen bereit (Menschen, Sachmittel, Informationen etc.). Vom Projekt unterscheiden sie sich durch ihren repetitiven Charakter.

Die **Prozesssteuerung** erfolgt bereichsübergreifend und unter Beachtung gegenseitiger Abhängigkeiten. Eine isolierte Zielmaximierung wird damit zugunsten einer die betrieblichen Interdependenzen berücksichtigenden umfassenden Integration überwunden.

◆ Zunächst ist dazu die **Verantwortlichkeit für Prozesse** festzulegen (Process Ownership). Dabei muss bereichsübergreifend der gesamte Prozess mit seinen komplexen Wirkzusammenhängen beurteilt werden können. Dazu gehört im Einzelnen die   Verantwortlichkeit für Prozesse

Definition der Prozesse und Teilprozesse, Identifikation der Schnittstellen, Spezifikation der Input-Output-Beziehungen, Dokumentation der Prozesse, Bestimmung von Anforderungen an jeden Prozess, Abstimmung mit – auch internen – Kunden und Lieferanten, Festlegung von Messgrößen, Messpunkten und Methoden zur Erfolgsmessung.

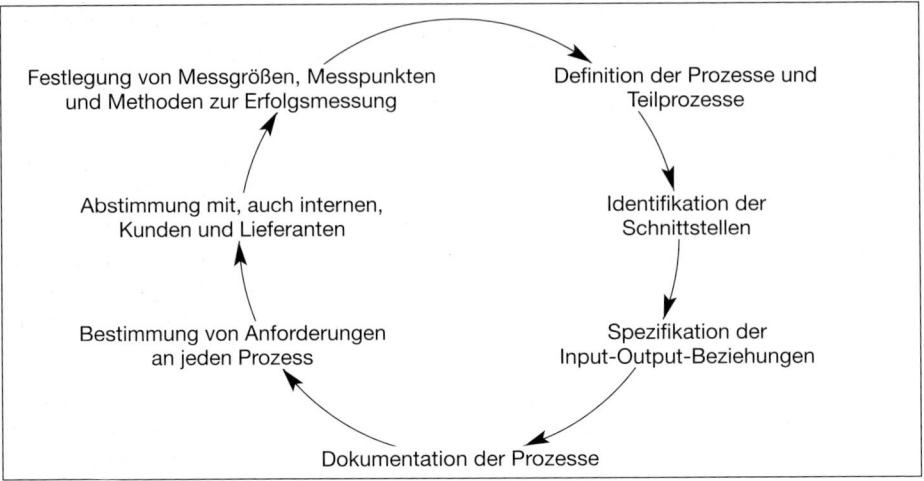

Abb. 7.2-1: Prozessphasen

Weiterhin sind dazu die Zusammenstellung eines Koordinationsteams und die Beschreibung des Istzustands notwendig.

Schwach-stellenanalyse

◆ Danach folgt eine **Schwachstellenanalyse**. Potenzielle Fehlerquellen sind ausfindig zu machen und Ursachen dafür zu bestimmen. Entsprechend ist der Prozess so zu verändern, dass Fehler nicht mehr auftreten. Anschließend sind die neuen, veränderten Prozesse zu beobachten und erforderlichenfalls rechtzeitig zu korrigieren. Ziel ist ein gegenüber Störgrößen unempfindlicher Prozess (Robust Design). Dazu dienen statistische Kennzahlen zum Ausweis der **Prozessbeherrschung** und **Prozessfähigkeit**. Erstere ist durch die Stabilität der Niveau- und Mittenlage eines Prozesses gekennzeichnet (die Mittelwerte schwanken dann lediglich zufallsbedingt), Letztere durch die Gleichförmigkeit zielführender Prozesse innerhalb vorgegebener Toleranzen. Die Stabilität kann im Nachhinein beeinflusst und gesteuert werden, die Gleichförmigkeit hingegen normalerweise nicht. Toleranzeinhaltung bedeutet aber keineswegs Fehlerfreiheit, denn jede Abweichung vom Soll ist ein Fehler, auch wenn sie innerhalb eines Schwankungsbereichs liegt.

Fehler entstehen oftmals durch **Komplexität** als vielfältige Ursache für betriebliche Kosten und Ineffizienzen. Zu denken ist an die

● Marktkomplexität durch Kundenvielfalt, hohen Anteil von Kleinkunden, unnötig hohe Programmbreite und Typenvielfalt, Auftragsvielfalt etc.,

● Produktkomplexität durch hohe Zahl von Teilleistungen, mangelnden Standardisierungsgrad, ungünstiges, nicht prozessoptimales Design etc.,

● Produktionskomplexität durch mehrere Leistungsstandorte und Erstellungsschritte, verschiedene Technologien in Hardware und Software, überzogene Produktionstiefe etc.,

- Organisationskomplexität durch vernetzte Aktivitäten, Koordinationsaufwand, aufwändige Systementwicklung und -anpassung etc.

Daher besteht verständlicherweise der Wunsch zur Komplexitätsreduktion. Dafür gibt es mehrere Ansätze:

Ansätze zur Komplexitätsreduktion

- **Schlanke Prozesse**, also solche ohne oder mit möglichst wenig Produktionsfaktorüberschuss (Slack). Sie schaffen eine vollständige Transparenz über den Status jedes Entscheidungsobjekts, über die nächsten Schritte, die Termineinhaltung und Zuständigkeiten für Aktivitäten.

- **Konzentration auf Kernprozesse**, also strategisch bedeutsame Aktivitäten. Dies befreit von Ballast und erlaubt eine Fokussierung auf Potenziale, die tatsächlich nachhaltige komparative Wettbewerbsvorteile zu schaffen imstande sind.

- **Flache Hierarchien** mit Verlagerung der Entscheidung auf die jeweils niedrigst mögliche Stufe. Dadurch werden Informationsverzerrungen („Stille-Post-Prinzip") vermieden, die Fähigkeiten der Operative genutzt und die Motivation der dort tätigen Mitarbeiter gestärkt.

- **Kommunikationsmedien** zur Informationsaufnahme, -speicherung, -verarbeitung und -weiterleitung. Durch diese können Prozesse dezentral gesteuert und koordiniert (Erhöhung der Effizienz) und dadurch bessere Entscheidungen getroffen werden (Erhöhung der Effektivität).

7.2.1.2 Prozessuale Verschlankung

Als Ansätze zur prozessualen Verschlankung dienen u. a. Lean Production, Wirkungsgradsteigerung, Durchlaufzeitenverringerung und Simultaneous Engineering.

◆ Der Begriff **Lean Production** kennzeichnet ein logistikorientiertes, dezentrales Organisations- und Steuerungskonzept, das die Einsatzfaktorver- und -entsorgung für eine Leistungserstellung auf Abruf zum Ziel hat und dies durch flexible Anpassung der Kapazitäts- und Einsatzmittelbedarfsplanung an die aktuelle Produktions- und Absatzsituation erreicht.

Lean Production

Dies bedingt eine Erhöhung der Wirtschaftlichkeit durch Übergang zu geringerer Arbeitsteilung, flacheren Hierarchien und einfacheren Kommunikations- und Kooperationsstrukturen. Dies wiederum sichert die Transparenz von Abläufen und ermöglicht damit dezentrale, selbststeuernde Gruppenarbeit und Leistungsmodularisierung. Ein weiterer Aspekt ist die Verringerung der Produktionstiefe sowie die Beteiligung von vorgelagerten Leistungsstufen an der Produktentwicklung und die Verringerung der Zahl der Zulieferer (Systemlieferanten).

◆ Die „Verschlankung" von Geschäftsprozessen soll insofern den Wirkungsgrad steigern. Zur Ermittlung des **Wirkungsgrads** können die einzelnen betrieblichen Leistungen in vier Gruppen unterteilt werden:

Einteilung der betrieblichen Leistungen

- Die werterhöhende Leistung **(Nutzleistung)** ist geplant und wertverändernd (positiv). Sie betrifft die Hauptzeiten von Vorkombination (nur bei Dienstleistungen), Endkombination (bei Sach- und Dienstleistungen), Entwicklung, Beschaffung, Marketing.

- Die zur Erstellung der Nutzleistung erforderliche Leistung **(Stützleistung)** ist geplant und wertneutral (notwendig), aber selbst nicht werterhöhend/den Kundennutzen

steigernd. Sie betrifft unvermeidliche Prozesse wie Transfer zwischen Leistungssta-
tionen, Beschaffung von Einsatzfaktoren, Zwischenprüfung der Leistungserstellung,
Rüsten maschineller Anlagen, Arbeitsmittelwechsel etc.

● Die unnötige Leistung **(Blindleistung)** ist ungeplant und wertneutral/nicht den Kundennutzen steigernd (aber auch nicht notwendig). Sie betrifft Zwischenlagerung für
halberstellte Leistungen, Sicherheitspuffer, Designänderung, Transport zwischen
Puffern, Einsatzfaktormangel (z. B. Fehlzeiten) und jede Art von Verschwendung.

● Die wertmindernde Leistung **(Fehlleistung)** ist ungeplant und wertverändernd (Ressourcenverbrauch). Sie betrifft Ausschuss, Fehlerfolgen, Nacharbeit/Wiedergut-
machung etc. Fehlhandlungen und deren Auswirkungen bedeuten, dass kein Kundennutzen erfolgt, der am Markt im Preis liquidierbar wäre.

Der Wirkungsgrad von Prozessen ergibt sich als Quotient aus dem Anteil der wert-
erhöhenden Leistung (nur Nutzleistung) und der insgesamt aufgewendeten Leistung
(Nutzleistung, Stützleistung, Blindleistung und Fehlleistung) für Prozesse.

Durchlauf-
zeiten

◆ Die **Durchlaufzeiten** setzen sich neben den eigentlichen **Bearbeitungszeiten** und
den **Rüstzeiten** (Prozessvorbereitung) auch aus **Transportzeiten** (Logistik/Transfer)
und **Liegezeiten** (Prozessunterbrechungen) zusammen. Hinzu kommen eine überlappende Produktion (d. h. die Verschränkung bereits erstellter Teilleistungen mit dem
nachfolgenden Wertschöpfungsabschnitt), die Leistungszerlegung in Teilaufträge und
deren parallele Bearbeitung sowie die Optimierung der Auftragsreihenfolge. Im Extremfall muss dabei die Losgröße 1 als Ziel definiert werden.

Simultaneous
Engineering

◆ Weiterhin führt **Simultaneous Engineering** zur Zeiteinsparung im Arbeitsfortschritt
und bei Rücksprüngen (wobei es ein generelles Ziel ist, diese Rücksprünge ganz zu
vermeiden) durch simultanen statt sequentiellem Leistungsfortschritt. Es handelt sich
damit um ein Organisationskonzept, das darauf abzielt, traditionell nacheinander erfol-
gende betriebliche Abläufe, auch unter frühzeitiger Einbeziehung externer Koope-
rationspartner, zeitlich stärker zu parallelisieren und auf diese Weise das spezifische
Wissen aller betroffenen Bereiche frühzeitig einzubringen.

7.2.1.3 Prozessuale Verbesserung

Realisierung
des
„magischen"
Vierecks

Im Mittelpunkt aller Bemühungen steht bei der prozessualen Verbesserung die Realisierung des „magischen" Vierecks aus **Sicherung von Qualitätsleistungen**, **Einhaltung der Zeitpräferenz, Erhaltung von Kostengünstigkeit** und **Erreichung von
Informationsvorteilen** der Beteiligten, dessen Teilziele kurzfristig nur partiell untereinander harmonisch sind. Unzulänglichkeiten schon bei einem dieser Kriterien werden
vom Markt nicht mehr hingenommen. Als zentral hat sich dabei vor allem die Qualitäts-
leistung erwiesen. Hierzu gibt es eine ganze Reihe von Ansatzpunkten.

Qualitäts-
management

◆ **Qualitätszirkel** stellen eine Form der Kleingruppenarbeit im Betrieb dar. Ziel ist die
Suche nach Verbesserungsmöglichkeiten der Arbeitsprozesse der beteiligten Gruppen-
mitglieder bzw. die Verbesserung der Produktqualität, der Aufgabenerfüllung und der
Humanisierung der Arbeit. Qualitätszirkel sind auf Dauer angelegt und bestehen möglichst aus Mitarbeitern einer hierarchischen Ebene mit gemeinsamer Erfahrungs-
grundlage. Sie finden in regelmäßigen Abständen auf freiwilliger Basis statt, um Themen des eigenen Arbeitsbereichs zu analysieren und unter Anleitung eines geschulten
Moderators mithilfe von Problemlösungs- und Kreativitätstechniken Ursachen zu
erkennen und Handlungsvorschläge zu erarbeiten sowie zu präsentieren, die dann

selbstständig oder im Instanzenweg umgesetzt und kontrolliert werden. Alle Qualitätszirkel eines Betriebs gehören zu einem Qualitätszirkelsystem, das aus Steuerungskomitee, Koordinator, Moderatoren und den eigentlichen Qualitätszirkelmitgliedern besteht.

◆ **Quality Function Deployment** (QFD/Hoshin-Planung) stellt einen funktionsübergreifenden, teamorientierten Ansatz dar, mit dem qualitative Anforderungen des Marktes systematisch in Leistungen des Unternehmens umgesetzt werden sollen. Zentral ist dabei die „Stimme des Kunden" (Customer Voice). QFD dient zur kundenorientierten Produktentwicklung mithilfe einer Beziehungsmatrix von Kundenanforderungen und Konstruktionsmerkmalen und ist ein Kommunikations- und Planungsinstrument, das konsequent die Anforderungen des Marktes für das Unternehmen operationalisiert. Es folgt damit dem Prinzip, Leistungen strikt so zu planen und zu produzieren, wie sie von Kunden gewünscht werden.

◆ Die Übersetzungsarbeit wird zumeist durch das **House-of-Quality-Modell** dargestellt. Von House of Quality spricht man wegen der optischen Darstellung der Auswahl, Klassifizierung und Gewichtung von Qualitätsmerkmalen. Dabei stellen die Kundenanforderungen die linke Wand des Hauses dar, die abgeleiteten Qualitätsmerkmale die Decke, die Beziehungen untereinander den Innenraum, die Konkretisierung der Qualitätsmerkmale in Zielgrößen den Boden, der Vergleich mit konkurrierenden Problemlösungen die rechte Wand und Wechselwirkungen der Qualitätsmerkmale das Dach.

Die Umsetzung der einzelnen Kundenforderungen in technische Merkmale ist ein Kernelement von QFD, ebenso wie die strukturierte Darstellung der Verknüpfung zwischen den Qualitätsmerkmalen und den resultierenden Erfüllungsgraden für die Kundenanforderungen. Basierend auf dem Vergleich mit den technischen Daten des Vorgängerprodukts und der Wettbewerber werden die technischen Vorgabewerte für ein neues/ verbessertes Produkt festgelegt. Zielkonflikte entstehen allerdings durch die positiven oder negativen Wechselwirkungen einzelner Qualitätsmerkmale.

◆ Als **statistische Methoden** zur prozessualen Verbesserung werden komplexe Verfahren (nach Shainin) eingesetzt, so der paarweise Vergleich, der Komponententausch, die Multi-Variations-Karte, die Variablensuche, der vollständige Versuch, der A-B-Vergleich und das Streudiagramm, um aus allen Einflussgrößen auf Qualität sukzessiv fortschreitend die Haupteinflussgrößen zu selektieren, die dann optimal justiert werden können. Dazu bedarf es wiederum beherrschter (reliabler) und fähiger (valider) Prozesse. Diese werden im Rahmen der **Statistischen Prozessregelung** (SPC) zu erreichen gesucht. Dabei werden alle systematischen Störeinflüsse auf die Qualität identifiziert und nach konstanten Betriebs- und Produktionsbedingungen hin eingestellt, sodass nur noch zufällige Qualitätsabweichungen verbleiben. Diese werden in Toleranz- und Eingriffsgrenzen normiert.

◆ Das **Design of Experiments** (DoE) versucht, den gleichen Effekt nicht erst bei laufender Produktion, sondern schon vorab zu erreichen. Dazu sind allerdings aufwendige Experimentaldesigns erforderlich. Hinsichtlich der Analyse zur Auswertung und Interpretation der derart gewonnenen Daten stehen eine Reihe strukturprüfender bzw. -entdeckender multivariater statistischer Verfahren zur Verfügung. Fehler sind dennoch nahezu unvermeidlich.

Zur Erfassung und Analyse solcher Fehler dienen diverse **Qualitätswerkzeuge**, wie:

⋆ die Fehlersammelliste (Darstellung auftretender Fehlerkategorien), das Histogramm (Häufigkeitsverteilung von Fehlern), das Korrelationsdiagramm (Zusammenhang zwischen Variablen), die Qualitätsregelkarte (Regelung von Produktionsprozessen), das Pareto-Diagramm (Prioritätensetzung), das Brainstorming (Ideenfindung über Fehlerursachen) und das Ursache-Wirkungs-Diagramm (Ishikawa).

Weiterhin gibt es **Managementwerkzeuge** zur Problemidentifikation, Lösungsfindung und Umsetzungsreihenfolge. Dazu gehören:

- das Affinitätsdiagramm (zur Problemstrukturierung), das Relationendiagramm (zur Ursachenanalyse), das Baumdiagramm (zur Mittelbestimmung), das Matrixdiagramm (zur Erfassung von Wechselwirkungen), das Matrix-Daten-Diagramm (zur Datenreduktion), der Problem-Entscheidungsplan (zur Findung von Störgrößen) und der Netzplan (zur Zeitabfolge).

7.2.2 Wertschöpfungskette

Die Geschäftsprozesse jeder Organisation lassen sich in Form einer Wertschöpfungskette analysieren und durch Verkürzung bzw. Verlängerung oder Verschränkung gestalten. Dr. Dr. Unrath, designierter Gründungsrektor der UHW-SBE, fragt sich, wie die Wertschöpfungskette einer Dienstleistungsorganisation wie einer privaten Universität wohl aussieht. Er erinnert sich noch dunkel, dass es da irgendwo primäre und sekundäre Aktivitäten gab. Aber ob die zusammenhängen? Und wenn ja, wie? Analysieren Sie bitte für ihn die Wertschöpfungskette und zeigen Sie Möglichkeiten für deren Gestaltung bzw. Verschränkung auf.

7.2.2.1 Wertkettenanalyse

Betrieb als Kette einzelner Wertschöpfungsstufen

Der drastische Wettbewerbsdruck an den Märkten (Hyper Competition) führt zu einer enormen Beanspruchung, die nur durch **konsequente Prozessorientierung** zu reduzieren ist. Sie fasst den gesamten Betrieb als Kette einzelner Wertschöpfungsstufen auf und organisiert ihn derart, dass möglichst wenig Schnittstellen entstehen und eine möglichst kurze, weil Kosten sparende und wettbewerbsfördernde Durchlaufzeit erreicht wird. Dies wiederum erfordert ein internes Lieferanten-Kunden-Denken, wobei jede vorgelagerte Stufe nur liefern darf, was die abnehmende Stufe nach Qualität, Zeit, Information und Kosten zu akzeptieren bereit ist, wobei die letzte Stufe (Endabnehmer) die daraus resultierende Gesamtleistung am Markt erlösen muss.

Definition

Die Gliederung dieser Wertschöpfungskette (Value Chain) erfolgt nach dem chronologischen Durchlaufprinzip, d. h. nach den Stufen, die während der Produktions- und Absatzprozesse durchlaufen werden. Die Wertkette setzt sich aus den einzelnen Wertaktivitäten und der Gewinnspanne zusammen.

Unternehmensrelevante Wertaktivitäten

Für die Analyse ist zunächst eine Ermittlung der **unternehmensrelevanten Wertaktivitäten** erforderlich, diese gliedern sich in primäre Aktivitäten (Schlüsselprozesse) und sekundäre Aktivitäten (Unterstützungsprozesse):

- **Primäre Aktivitäten** sind alle, die mit der unmittelbaren Erstellung und Vermarktung der betrieblichen Leistung zusammenhängen, meist Eingangslogistik/Lagerung, Operationen (Produktion)/Qualitätssicherung, Ausgangslogistik/Fertigwarenlagerung, Marketing/Vertrieb und Kundendienst/Abfallentsorgung.

- **Sekundäre Aktivitäten** sind solche, durch die erforderliche Input-Faktoren bereitgestellt oder infrastrukturelle Bedingungen zur reibungslosen Abwicklung der primären Aktivitäten erst geschaffen werden, meist Beschaffungsquellen, Personalwirtschaft, Technologieentwicklung/Innovation und Unternehmensinfrastruktur (Administration)/ Führung.

Dann werden für jede Kategorie die konkreten Wertaktivitäten spezifiziert. Nach der Kostenorientierung erfolgt die Zuordnung von Betriebs- und Anlagekosten zu den einzelnen Wertaktivitäten, die Feststellung der Kosteneinflussgrößen, die Gegenüberstellung mit der dabei erreichten Wertschöpfung und danach die Analyse zur besseren Verknüpfung der Wertaktivitäten für eine höhere Gesamtwertschöpfung (z. B. durch Outsourcing, wenn die verursachten Kosten höher sind als die zuwachsende Wertschöpfung).

Die Leistungsorientierung erfordert oft eine andere Aufgliederung der Wertkette, Ziel ist dann die Suche nach der Einmaligkeit von Leistungen (Differenzierung). Diese bemisst sich an der Wertschätzung durch Abnehmer, dazu sind die kaufentscheidenden Kriterien zu bestimmen, diesen werden Wertaktivitäten zugeordnet, danach erfolgt wieder die Analyse (z. B. Eliminierung nicht differenzierender Aktivitäten).

Der Wertschöpfungsprozess ist optimal bei minimalem Ressourcenverbrauch unter gleichzeitiger Berücksichtigung von (kurzer) Durchlaufzeit und (hoher) Qualität.

Wertschöpfungskette

Abb. 7.2-2: Wertschöpfungskette (nach Porto)

7.2.2.2 Wertkettengestaltung und -verschränkung

Zur Erreichung von Wettbewerbsvorteilen ist oftmals eine mehr oder minder komplette Neugestaltung der Wertschöpfungskette erforderlich. Wertschöpfung ist allgemein die Differenz aus Umsatzerlösen (plus Lageraufbau, sofern vorhanden) und Dienst- bzw. Materialzukauf sowie Sollzinsen. Sie deckt somit den **eigenen Faktoreinsatz und den Gewinn** ab. Die Wertschöpfungsspanne ist die Differenz aus allem, was an Unternehmensaktivitäten vom Markt honoriert wird, und den dafür zugekauften Einsatzfaktoren. Die Wertschöpfung kommt im Rahmen dieser Prozesse im Zeitablauf entlang einer Wertschöpfungskette zustande.

Wettbewerbsvorteile durch Wertketten

Der Gesamtwert einer Leistung ist derjenige Betrag, den Kunden dafür zu zahlen bereit sind. Um Gewinn zu erwirtschaften, müssen die zur Leistungserstellung notwendigen Aktivitäten also weniger kostenbelastet sein als der wahrgenommene Gesamtwert der Leistung.

Wertschöpfungskettengestaltung

Upstream Downstream

Die **Wertschöpfungskettengestaltung** betrifft die verlängernde Integration oder verkürzende Separation der Wertkette des eigenen Unternehmens:

* Eine Integration kann (vom Unternehmen aus gesehen) **rückwärts**, also in Richtung auf die Sicherung und Beeinflussung der Vorleistungsquellen (upstream), oder **vorwärts**, also zur Sicherung und Beeinflussung der Absatzstellen (downstream), erfolgen.

★ Für die Separation **(Outsourcing)** ergeben sich ebenfalls zwei Alternativen. **Eingangs** bedeutet die Vergabe von Operationen an vorgelagerte Wirtschaftsstufen. Denn im Zweifel ist es ökonomischer, Leistungen von hoch rationell arbeitenden Spezialisten zuzukaufen, als diese selbst weniger effizient zu erstellen. Der Gewinn steigt dabei, da das Einkaufsvolumen unter den eigenen Opportunitätskosten liegt. Damit gewinnt zugleich die Beschaffungsfunktion, die lange Zeit eher ein Schattendasein fristete, enorm an Bedeutung. **Ausgangs** bedeutet die Vergabe von Operationen an nachgelagerte Wirtschaftsstufen. Dies ist recht häufig bei Dienstleistungen anzutreffen, die konstitutiv der Beteiligung eines externen Faktors (Kunde) zu ihrer Produktion bedürfen. Durch Verlagerung von Teilprozessen vom Anbieter auf Nachfrager kann eine Leistung kostengünstiger erstellt werden (Externalisierung). Zu denken ist etwa an Fahrkartenautomaten im ÖPNV, an Buchungsterminals in Banken oder Eincheck-Automaten auf Flughäfen.

Wertschöpfungskettenverschränkung vorgelagert nachgelagert

Ausgangspunkt der Analyse ist aber nicht das Unternehmen allein, sondern die Einbettung seiner Wertschöpfungskette in die Branche. Insofern kommt es zu einer Verbindung mit vor- und nachgelagerten Aktivitäten **(Wertschöpfungskettenverschränkung/Make-or-buy-Entscheidung)**. Das Management muss seine Wertschöpfungskette im Vergleich zu denjenigen der Wettbewerber analysieren und ggf. im Hinblick auf die Branchenverhältnisse neu definieren. Die Wertschöpfungskettenverschränkung betrifft die Spreizung oder Kappung der Wertschöpfungskette zu Marktpartnern auf anderen Produktionsstufen hin, seien es Lieferanten oder Kunden. Diese Einbindung kann wiederum in zwei Richtungen erfolgen:

Make-or-buy-Entscheidung

★ **Vorgelagert** bedeutet, dass Lieferanten in die Wertschöpfungskette (Supply Chain) einbezogen werden. Dies ist vor allem im Rahmen des Aufbaus einer Lieferantenhierarchie anzutreffen. Ein gewerblicher Endabnehmer beschafft dabei im Anteil seines Outsourcing Systeme von Systemlieferanten (First Tiers), die er mit dem eigenen Wertschöpfungsanteil zu marktfähigen Fertigprodukten verbindet. Diese Endabnehmer beziehen ihrerseits im Rahmen ihres eigenen Outsourcing Komponenten von Komponentenlieferanten (Second Tiers), die sie mit dem eigenen Wertschöpfungsanteil zu marktfähigen Systemen verbinden. Die Lieferanten beziehen ihrerseits wiederum Teile von Teilelieferanten (Third Tiers), die sie jeweils zu marktfähigen Komponenten verbinden. Ein unmittelbarer Kontakt zum gewerblichen Endabnehmer besteht dabei nur noch auf der Systemlieferantenebene, alle anderen werden nur noch als Unterlieferanten tätig. Dies hat erhebliche Konsequenzen für die Wettbewerbsposition. Dieses **Outsourcing** führt, konsequent zu Ende gedacht, zur Bildung **virtueller Unternehmen**, d. h. von Unternehmen ohne eigene primäre Aktivitäten. Sie beschäftigen sich vielmehr zentral mit dem Aufbau und Unterhalt eines strategischen Netzwerks.

★ **Nachgelagert** bedeutet, dass Kundenaktivitäten in die Wertschöpfungskette (Supply Chain) einbezogen werden (dies bezeichnet man auch als **Insourcing**).

Es gibt große Potenziale sowohl für die horizontale wie für die vertikale Wertschöpfungskettenverschränkung. Dazu ein **Beispiel**:

Die Lufthansa fügt einzelne Serviceleistungen zu einem Gesamtservicekonzept zusammen, das sich dem Kunden als Servicekette (Stadtbüro, Flughafen, an Bord) wie folgt darstellt:

Beispiel einer Servicekette

`Beispiel` – Serviceleistungen im Stadtbüro betreffen das Angebot umfassender, kompetenter Beratung, ein zielgruppenspezifisches Leistungsangebot, den Verkauf von Flugscheinen, das Angebot von Zusatzleistungen und die Betreuung wichtiger Kundengruppen. Dazu gehören auch Wegweiser auf Straßen, am Terminal, an Eingängen, zusätzliche Kundenparkplätze und Gepäckträger. Außerdem neue Verkaufsstellen, Ticket-Terminals und Multifunktionsschalter.

– Serviceleistungen am Flughafen betreffen die Abfertigung an separaten Schaltern, die Realisierung von Sonderleistungen, die Durchabfertigung, Senator- und Premium-Lounges und die Hilfestellung bei Flugunregelmäßigkeiten, weiterhin Terminals mit Gepäckannahme und Check-in per Telekommunikation sowie separate Kontrollen für First- und Business-Class-Reisende sowie automatisierte Grenzkontrollen. Weiterhin gibt es Informationsschalter und Monitore für Ein- und Umsteiger sowie Anreisepläne und separate Warteräume für Business-Class-Reisende.

– Serviceleistungen an Bord betreffen den Kabinenkomfort, Mahlzeiten/Getränke, Betreuungsartikel, die Unterhaltung, Gastgeberrolle von Kabinen- und Cockpit-Personal. Nach dem Flug gehören Gebäudeparkposition bzw. bei Vorfeldposition separate Busverbindungen für First- und Business-Class-Passagiere sowie überdachte Treppen dazu. Es erfolgt eine beschleunigte Gepäckausgabe, die Bereitstellung von Gepäckträgern und Arrival-Lounges mit eingerichteter Fitness-Ecke.

7.2.3 PIMS-Studie

Naheliegend besteht der Wunsch, bei der eigenen strategischen Umsetzung von den Erfahrungen anderer Unternehmen zu lernen. Dem kam die PIMS-Studie nach. PIMS steht als Abkürzung für Profit Impact of Market Strategies. Absicht dieser zentralen, inzwischen allerdings eingestellten Studie der 1980er Jahre war es, festzustellen, wie strategische Entscheidungen sich auf die Leistungsstandards von Unternehmen, vor allem die Rentabilität, auswirken. Dazu wurden empirisch beobachtbare, dauerhafte Erfolgsunterschiede bei über 3.000 unternehmerischen Geschäftseinheiten (SGEs) verschiedener Branchen und Länder in Form des ROI (Return on Investment) als finanzieller Zielgröße gemessen. Alle Daten wurden in einer Datenbank aggregiert, statistisch analysiert, logisch strukturiert und dann anonymisiert. So war es jedem Teilnehmer an dem Projekt möglich, die Erfahrung Aller für sich zu nutzen und „gute" Strategien als gültige Erfolgsprinzipien abzuleiten, die sich zu Marktgesetzen (Laws of the Market Place) erheben lassen und konkurrenzfähigere Unternehmen von weniger konkurrenzfähigen unterscheiden.

Untersucht wurden dazu sechs Schlüsselfaktoren als Input, nämlich Marktattraktivität, (relative) Wettbewerbsstärke, Investitionsattraktivität, Budgetallokation, Unternehmensmerkmale sowie Veränderungen dieser Größen im Zeitablauf. Jede Größe wurde anhand verschiedener Kennzahlen erfasst und in Relation zum Output (ROI) ausgewertet. Die Ergebnisse wurden in einem Grundlagenreport ausgewiesen. Daneben gab es mehrere Sonderauswertungen:

● Der **PAR-Report** gibt über den durchschnittlichen ROI von aufgrund ihrer Rahmenkonstellation vergleichbaren Geschäftseinheiten Auskunft. Dadurch ist eine relative Einordnung des Erfolgs der eigenen Unternehmensstrategie möglich.

● Das **LIM-Modell** basiert auf datenreduzierten Eingaben und erlaubt damit eine prägnantere Aussage mit allerdings verringerter Güte. Dies ist für Ad-hoc-Analysen und Krisenmanagement jedoch immer noch ausreichend.

- Der **Strategy-Analysis-Report** ermöglicht eine bessere Abschätzung von Auswirkungen geplanter Strategieänderungen auf das Unternehmensergebnis. Dazu erfolgt eine Simulation von Cashflow-, Gewinn- und Marktwert-Outputs durch Vergleich mit anderen, derart geführten SGEs auf Basis angenommener Inputveränderungen.
- Der **Optimum-Strategy-Report** gibt Anhaltspunkte für eine optimale Ausrichtung der Strategievariablen für maximalen ROI. Als Referenz dienen dabei besonders erfolgreiche Geschäftseinheiten mit vergleichbaren Ausgangsdaten.
- Der **„Report on Look-Alikes"** erlaubt die Identifizierung der Strategie ähnlicher, jedoch erfolgreicherer SGEs im Datenbestand. Damit können Gewinnerstrategien analysiert und evtl. adaptiert werden.

Zentrale und zugleich umstrittenste Aussage der Studie war ein überlinearer Zusammenhang zwischen Marktanteil und Return on Investment, begründet vor allem durch Erfahrungskurveneffekte (Möglichkeiten der Massenproduktion lassen sich bei hohem Marktanteil besser realisieren), Spezialisierungseffekte (frühzeitige Nutzung der Lernrate im Zeitablauf durch hohen Marktanteil), Marktmacht (zur Durchsetzung gegen Konkurrenten) und Managementqualität (steigt mit steigender Unternehmensgröße). Als wesentliche Erkenntnis trat dabei zum Vorschein, dass Unternehmen mit hoher relativer Produktqualität, d. h. mit höherer Qualität als im Vergleich der direkten Mitbewerber, hinsichtlich der erfolgsbezogenen Kenngrößen, vor allem in Bezug auf den Return on Investment (ROI), besser abschneiden als hinsichtlich aller übrigen Parameter vergleichbare andere Unternehmen mit niedriger relativer Produktqualität. Damit war Qualität als zweitwichtigster Erfolgsfaktor neben dem Marktanteil, der für den ROI bedeutsam ist, identifiziert. Aus einer eher ungeliebten Größe konnte somit eine Kernforderung an die Unternehmensführung werden. Qualität bewirkt entscheidende Wettbewerbsvorsprünge, denn nicht nur die Kostenstruktur profitiert vom Qualitätsmanagement, sondern auch die Konkurrenzposition. Hohe Qualität erreicht danach 9 % mehr Umsatzwachstum p. a., 9 Indexpunkte höhere Preise, 11 % höheren Gewinn (Umsatzrendite) und 8 % höheren Marktanteil als niedrige Qualität.

In der PIMS-Studie wurden mithilfe von 37 Faktoren 75–80 % des Unterschieds im ROI zwischen zwei Geschäftseinheiten erklärt. Der verbliebene Rest konnte mithilfe der von PIMS genutzten Methoden nicht erklärt werden. Dabei handelt es sich u. a. um folgende:

- kurz- und langfristiges Marktwachstum, Inflationsrate, Export-/Importrate, Konzentrationsgrade auf Anbieter- und Nachfragerseite, Auftragsgröße, Produktpräferenz, gewerkschaftlicher Organisationsgrad, absoluter/relativer Marktanteil, relative Produktqualität, relatives Lohnniveau, Investitionsintensität, Wertschöpfung in Relation zum Umsatz, Umsatz pro Mitarbeiter, Kapazitätsausnutzung, Marketingaufwand und Relation zum Umsatz, FuE-Aufwendungen in Relation zum Umsatz, Produktinnovationsrate, Betriebs- und Unternehmensgröße, Diversifikationsgrad sowie Veränderungen in den fünf Variablenklassen Marktanteil, vertikale Integration, relativer Preis, Produktqualität und Kapazität.

7.2.4 Benchmarking

In moderner Form findet das Lernen von Anderen in Form des Benchmarking statt. Benchmarking verfolgt dabei einen Mess-, einen Positions- und einen Adaptationsanspruch. Es besteht im Wesentlichen aus der Sammlung und Analyse von Outputs (Resultaten, Erfolgsfaktoren) der eigenen Geschäftseinheit im Vergleich zu den Besten innerhalb und außerhalb des Unternehmens und der Auswertung derjenigen Prozesse (Methoden, Praktiken), die diese positiv von der eigenen Geschäftseinheit unterscheiden. Die Benchmarks sind aus Erfahrung, von der Konkurrenz, vom eigenen Unternehmen, auf Basis von Hypothesen (z. B. Plankostenrechnung) etc. abgeleitet.

Ziel ist, den Wandel im Unternehmen (Organizational Learning) anzustoßen. Dabei geht es über das, ohnehin wenig erfolgversprechende, reine Kopieren hinaus darum, Anregungen für kreative Weiterführungen zu entwickeln. Benchmarking setzt explizit bei einzelnen Unternehmensbereichen, nicht beim Unternehmen insgesamt an. Es ist ein dezentraler, alle Verantwortliche umfassender Prozess, der verlangt, für jede einzelne Teilleistung ein passendes „Vorbild" zu finden. Es steht also nicht der globale Betriebsvergleich, sondern der spezifische Einzelvergleich im Vordergrund.

Benchmarking verschafft Glaubwürdigkeit und Akzeptanz für die Setzung selbst hoher Zielstandards, weil dem von anderen Unternehmen/-steilen bereits realisierte Leistungen zugrunde liegen, womit der praktische Beweis dafür erbracht ist, dass sie erreicht werden können. Daraus folgt ein hohes Maß an Motivation zu herausragenden Leistungen, deren Beurteilung objektivierbar ist. Die Übernahme bewährter, erfolgreicher Prozesse ist zudem meist schneller und risikoärmer als deren eigene Entwicklung. Außerdem werden zusätzliche Ideen über das Benchmarking-Thema hinaus während der Auseinandersetzung damit generiert und der Neigung zu Selbstzufriedenheit und Bürokratisierung vorgebeugt.

Dafür gibt es verschiedene Ausprägungen:

- **Offenes Benchmarking** ist gegeben, wenn alle Beteiligten um die Untersuchung wissen. Verdecktes Benchmarking ist gegeben, wenn die Beteiligten nicht um die Untersuchung wissen (etwa im Rahmen von Competitive-Intelligence-Maßnahmen).
- **Kontinuierliches Benchmarking** wird in regelmäßigen Zeitabständen wiederholt. Ad-hoc-Benchmarking ist hingegen einmalig angelegt.
- **Internes Benchmarking** betrifft den Vergleich und die Analyse von Prozessen zwischen verschiedenen Bereichen eines Unternehmens bzw. Konzernteilen, Abteilungen, Profitcenters etc. Es bietet die Vorteile der einfachen Datensammlung und liefert gute Ergebnisse für diversifizierte, bereits exzellente Unternehmen. Vor allem entstehen keinerlei Geheimhaltungsprobleme. Dagegen spricht, dass nur ein sehr begrenzter Ausschnitt der Wirtschaftswirklichkeit betrachtet wird und ein hohes Maß interner Befangenheit der unvoreingenommenen Beurteilung der Erkenntnisse entgegensteht. So kann letztlich doch „Schlendrian mit Schlendrian" verglichen werden.
- **Externes Benchmarking** bietet hingegen den Vorteil der Vergleichbarkeit mit Praktiken/Technologien anderer Anbieter, die direkte Wettbewerber sein können oder auch branchenähnliche Unternehmen. Dies setzt die exakte Festlegung und Abgrenzung des Benchmarking-Themas und des dafür relevanten Informationsbedarfs voraus und funktioniert regelmäßig nur auf Basis der Gegenseitigkeit. Dagegen steht jedoch, dass es weitaus höhere Schwierigkeiten bei der Datensammlung gibt als bei internem Vorgehen. Vielmehr ist von einem antagonistischen Verhalten der beteiligten Unternehmen auszugehen.
- **Funktionales Benchmarking** betrifft den Vergleich mit Unternehmen/Organisationen außerhalb der angestammten Branche, aber gleicher Funktion, und zwar jeweils mit dem Klassenbesten einer Funktion. Es erschließt ein großes nutzbares Potenzial durch die Entwicklung professioneller Netzwerke/Datenbanken zwischen interessierten Unternehmen.
- **Wettbewerbsorientiertes Benchmarking** betrifft den Vergleich mit direkten Wettbewerbern derselben Branche. Dazu bedarf es der Schaffung einer Vergleichsbasis, die angibt, wer worin genau als der Beste (Best of the Best) zu gelten hat. Diese ist aber immer fraglich. Wesentliche Vorteile sind die Gewinnung geschäftsrelevanter Informationen, die weitgehende Vergleichbarkeit der dabei zugrunde liegenden Produkte/Prozesse, die relativ hohe Akzeptanz der Ergebnisse und die eindeutige Posi-

tionierung im direkten Vergleich. Von Nachteil sind jedoch die partiell schwierige Datenerfassung und die Gefahr branchenorientierter „Kopien", die kein Überholen (Outpacing) mehr erlauben.

- **Generisches Benchmarking** umfasst alle Bereiche/Prozesse eines Unternehmens. Es erfolgt eine ganzheitliche Fokussierung auf betriebliche Funktionsbereiche, die in Bezug auf ihr Angebotsspektrum in einer Vielzahl unterschiedlicher Unternehmen anzutreffen sind. Gerade die Vielfalt der Unternehmensgrößen, Branchen und Märkte bietet gute Ansatzpunkte zur Effektivitätssteigerung und Findung innovativer Lösungen für eine Vergrößerung des Ideenspektrums. Dagegen stehen jedoch Schwierigkeiten bei der Übertragung von Erkenntnissen zwischen den Beteiligten, die zeit- und kostenaufwendig sind.

Es wird eine Brücke von der reinen Leistungsanalyse zu selbstständigen Lernprozessen und eigenständigen Veränderungen geschlagen. Dabei bedarf es einer genauen Absprache und Vorbereitung mit dem Benchmarking-Partner, was genau Analysethema ist und wie dieses voll ausgeschöpft werden kann. Dies ist naturgemäß intern weitaus einfacher als extern. Außerdem ist zu unterscheiden, was 1 : 1 in den eigenen Prozess übernommen werden kann und was hinsichtlich individueller Gegebenheiten angepasst werden muss.

Neben der Primärerhebung von Daten kommt auch eine Sekundärerhebung in Betracht. Als Informationsquellen dienen einschlägige Publikationen zu den betreffenden Themen. Marktforschungsinstitute haben zumeist einen sehr guten Überblick über die „Unternehmenslandschaft". Empirische Erhebungen und Fallstudien geben Aufschluss über Daten, die aus „realen" Unternehmen stammen (wenn möglich, ist die Betriebsbesichtigung vorbildlicher Unternehmen anzustreben). Zur Auswertung stehen auch die Datenbanken mit internationalen Standardwerken zur Verfügung. Berufsverbände kommen als Auskunftsgeber ebenso in Betracht wie Herausgeber von Fachzeitschriften mit Artikeln über führende Unternehmen. Dann gibt es Benchmarking-Clubs mit Zugang für Mitglieder zu deren Benchmark-Daten, deren Aufnahme aber zumeist jeden Teilnehmer verpflichtet, selbst als Benchmarking-Partner für andere zur Verfügung zu stehen. Schließlich verfügen Unternehmensberatungen oft über relevante Informationen aus ihren globalen Netzwerken. Die Suche nach geeigneten Partnern ist auch eigenständig mithilfe von Internet-Sites möglich.

7.2.5 Business Process Reengineering und Kaizen

Dr. Dr. Unrath lehnt sich in seinem nappaledernen Sessel zurück und sinniert. Waren das turbulente Zeiten bei seiner Firma damals, als in den 1990er-Jahren der kontinuierliche Verbesserungsprozess der Japaner durch die revolutionäre Veränderung des Business Process Reengineering (BPR) ersetzt werden sollte. Plötzlich hatten alle Angst um ihren Arbeitsplatz, ja sogar die Vorstandsmannschaft sollte sich einem Audit unterziehen. Das hätte noch gefehlt und konnte mit vereinten Kräften gerade eben auf die zweite Führungsebene abgewiegelt werden. Rückblickend betrachtet ist aber dennoch etwas dran, an diesem Tabula rasa-Prinzip.

Er überlegt, wie ein BPR in Bezug auf eine herkömmliche Hochschule aussehen würde und welche Erkenntnisse er daraus für die Konzipierung seiner neuen privaten Universität ziehen kann. In der Tat faszinierend, die Frage: Wie sollte eine Hochschule aussehen, wenn es sie noch nicht gibt, wohl aber alles Wissen um deren Strukturen und Prozesse? Haben Sie eine Idee, die Dr. Dr. Unrath weiterbringt?

Business Process Reengineering (BPR) betrifft die grundlegende Optimierung der Wertschöpfungskette mit dem Ziel, Schnittstellen zwischen Input und Output zu vermeiden. Das Konzept hat drei Wortbestandteile, die den Begriff vollständig erklären:

- „Business" bedeutet, es geht um die gewerbliche Wertschöpfung und die Erzielung von komparativen Konkurrenzvorteilen.
- „Process" bedeutet, es geht um die Rückführung dieser Erfolge auf einzelne betriebliche Vorgänge (Prozesse) und Tätigkeiten (Subprozesse und Aktivitäten).
- „Reengineering" bedeutet, es ist eine revolutionäre Veränderung der Ablauforganisation beabsichtigt, an die sich dann erst eine evolutionäre Weiterentwicklung anschließt.

Ausgangspunkt ist immer die zentrale Frage: Wenn dieses Unternehmen heute mit dem jetzigen Wissen und beim gegenwärtigen Stand der Technik neu gegründet würde, wie würde es dann aufgebaut sein? Die Antwort darauf erfordert die Bereitschaft zu einem fundamentalen Überdenken und radikalen Redesign von Prozessen.

Daraus leiten sich drei Erkenntnisse ab:
- Da es um die Erhöhung der Wertschöpfung geht, sind die zentralen Ankerpunkte die Erreichung von Zeitersparnis, Informationsverbesserung, Qualitätssteigerung und Kostensenkung.
- Der Unternehmenserfolg wird als von elementaren Prozessen im Betrieb abhängig gesehen, die daher konsequent hinsichtlich ihrer Zusammenhänge und Abhängigkeiten zu analysieren sind. Am Anfang steht also die Sezierung des Betriebs.
- Die dabei vorgefundenen Strukturen werden nicht, wie etwa erfolgreiche japanische Geschäftsphilosophien dies nahelegen, kontinuierlich verbessert (Kaizen), da dabei die Gefahr einer dauerhaften Suboptimierung besteht, sondern sie werden infrage gestellt und verändert.

BPR ist somit eine revolutionäre Alternative zu **Kaizen** (als kontinuierlichem Verbesserungsprozess über Elemente wie Standardisierung, Kleingruppenaktivitäten, Vorschlagssysteme, Total-Quality Management, Just-in-Time-Lieferung, kooperative Teams, Produktivitätsverbesserung, Arbeitsdisziplin, Innovation [vgl. auch Kapitel 3.2]) und wie dieses eine Abkehr vom Taylorismus klassischer Prägung, also von einer feingliedrigen Arbeitsteilung. Dort wurde der Mensch oft als potenzieller Störfaktor betrachtet, den es zu kontrollieren und nach Möglichkeit zu beschränken galt.

Übernommen werden insofern die Grundprinzipien von Kaizen:
- **Bildung von Leistungsmodulen**, also weder fraktionierte Einzelteile noch werkstättisches Totalprodukt, vielmehr wird ein mittlerer Komplexitätsgrad angestrebt,
- **Bildung von Teams** aus Mitarbeitern mit multifunktionalen Einsatzmöglichkeiten, die als Eigner von Prozessen eigenverantwortlich denken und handeln,
- **Verringerung der Produktionstiefe** durch konsequentes Outsourcing aller Aktivitäten, denen nicht strategische Bedeutung zukommt, durch verschiedenartige Kooperation,
- **vertikale Integration der Wertschöpfungskette** durch Einbezug von Systempartnern, die exklusiv und langfristig in die Prozessgestaltung eingeplant werden.

Neu kommen beim BPR jedoch folgende entscheidende Ansätze hinzu:
- ⋆ Die **Prozess-Idee** als Primat der Ablauforganisation vor der Aufbauorganisation. Es werden Kernprozesse definiert, die strategisch relevant sind, also begrenzt substituierbar, nicht imitierbar, Ressourcen nutzend, und einen Wertzuwachs für Kunden erzeugend. Diese werden in Kompetenzzentren divisionalisiert. Daneben gibt es

Definition

Zentrale Fragestellung

Grundprinzipien von Kaizen

Entscheidende Ansätze des BPR

Support-Prozesse, die begleitend notwendig sind, jedoch ohne eigene Wertschöpfung ablaufen. Ziel ist es, vom Input in die Organisation bis zum Output an Kunden ohne organisatorische Schnittstelle auszukommen, also mit einem Mitarbeiter bzw. einem Team von Mitarbeitern (Operations). Dadurch soll Komplexität reduziert und Synergie genutzt werden.

* Die **Triage-Idee** als Klassifizierung. Ausnahmefälle, die in Kosten, Zeit, Information und Qualität nur schwer beherrschbar sind, werden reduziert, indem alle Geschäftsvorfälle nach abgestufter Problemhaltigkeit bzw. Routinisierung in **drei Kategorien** eingeteilt werden: hoch problemhaltige/wenig routinisierbare/komplexe Fälle, wenig problemhaltige/hoch routinisierbare/einfache Fälle sowie mittlere Fälle dazwischen liegend. Auf diese Weise können jeweils komplette Prozessabläufe für jede dieser drei Fallarten optimiert werden. Komplexe Fälle behindern also nicht die Abwicklung einfacher Fälle und umgekehrt.

* Die **informationelle Vernetzung** (virtuelle Organisation) als technische Voraussetzung. Unterschieden wird dabei in die interorganisationale Vernetzung zwischen Unternehmen, die interfunktionale Vernetzung innerhalb des Betriebs und die interpersonale Vernetzung im Arbeitsteam. Diese dienen vor allem der Steigerung der Prozesseffizienz bzw. der Verminderung von Leerzeiten als Differenz aus wertschöpfender Zeit und insgesamt vergangener Zeit.

7.2.6   Präventionssysteme

Dr. Dr. Unrath hat im Laufe seines langen Berufslebens gewiss stürmische Zeiten erlebt und erfolgreich hinter sich gebracht. Und eines hat sich ihm dabei unauslöschlich ins Gehirn eingeprägt, und das hat er auch seinen unerfahrenen Referenten, diesen Plagegeistern, immer wieder eingebläut: Risiken rechtzeitig identifizieren. Deshalb will er von Anfang an ein leistungsfähiges Präventionssystem in der Universität etablieren. Welche Arten von Präventionssystemen können dabei unterschieden werden? Welches empfehlen Sie ihm zur Anwendung?

Proaktive Handlungen sollen angesichts rascher Umweltänderungen frühzeitig über die Erfolgs- und Ertragslage des Unternehmens, deren Gefährdung, aber auch deren Potenziale, informieren und dadurch dessen Überlebensfähigkeit sichern. Dies betrifft frühe Hinweise auf mögliche Änderungen vor allem im Kaufverhalten, Anzeichen technologischer Neuerungen und Bedrohungen unternehmerischer Freiheiten durch Reglementierung sowie Änderungen im Konsum- und Investitionsklima.

Präventions-systeme

Es gibt verschiedene **Generationen** von Präventionssystemen:

* Bei **Frühwarnsystemen** geht man davon aus, dass es Ereignisse bzw. Entwicklungen im Umfeld des Unternehmens gibt, die dem laufenden Beobachtungsspektrum entgehen bzw. zu spät erfasst oder aber als irrelevant verworfen werden. Frühwarnsysteme sollen daher Veränderungen in den Rahmenbedingungen frühzeitig ausweisen, um den Reaktionsspielraum bei Entscheidungen zu erhöhen. Es handelt sich also um einen Before-Fact-Approach, etwa im Gegensatz zum Krisenmanagement als After-Fact-Approach. Prognosebasis sind Vorkopplungsinformationen zum permanenten Soll-Vergleich mit hochgerechneten Istwerten und Ausweis über Kennzahlen.

* **Früherkennungssysteme** arbeiten auf Basis vorlaufender Indikatoren, die relevante Umweltbereiche repräsentieren, die intensiv verfolgt und vernetzt werden. Dabei

geht es um die Bestimmung von Indikatoren, die Festlegung von Sollgrößen und Toleranzgrenzen je Indikator, die Aufgaben der Informationsverarbeitungsstellen und die Ausgestaltung der Informationskanäle. Probleme ergeben sich bei der Suche und Erfassung jeweils relevanter, ebenso zuverlässiger wie vorauslaufender Indikatoren. Allerdings sind zunehmend diskontinuierliche Veränderungen für die komplexen Märkte der Gegenwart typisch.

* **Frühaufklärungssysteme** sind strategisch, auf das Gesamtunternehmen und computergestützt ausgerichtet. Sie sollen nicht nur Gefahren, sondern auch Chancen frühzeitig identifizieren. Trotz Diskontinuitäten gibt es schwache Signale, die Veränderungen ankündigen. Diese **Weak Signals** sind gekennzeichnet durch geringe Eintrittswahrscheinlichkeit bei gleichzeitig geringer Stärke und hoher Bedeutung für das Unternehmen. Gelingt es, diese frühzeitig zu erfassen, können Überraschungen vermieden werden.

Präventionssysteme können betrieblich oder überbetrieblich (z. B. in Verbänden) oder auch außerbetrieblich (z. B. Schufa) organisiert sein, sowie einzelbetriebswirtschaftlich oder gesamtwirtschaftlich ausgelegt. Dabei werden zwei Aktivitäten eingesetzt: **Aktivitäten von Präventionssystemen**

● Das **Scanning** ist der Prozess der weithin ungerichteten Suche nach Informationen. Dabei werden auch momentan nicht relevante Datenbereiche beachtet.

● Das **Monitoring** hingegen setzt ein, wenn ein bestimmtes Problemfeld identifiziert ist, um es analytisch tiefer zu durchdringen, wobei schwierig zu bestimmen ist, was nur unspezifisches Grundrauschen ist und was bereits schwaches Signal.

Problematisch ist die organisatorische Verankerung zur Verwirklichung eines Präventionssystems. Eigentlich handelt es sich dabei um eine Kern-Managementaufgabe, die auf allen dispositiven Ebenen angesiedelt ist. Gerade dort aber sind die Gefahren hoch, durch Gewöhnung, Betriebsblindheit, Primat der operativen Tätigkeit etc. Entwicklungsanzeichen zu verpassen. Schließlich ist auch der Erfolgsnachweis von Präventionssystemen problematisch, obgleich auf deren Basis vielfältige Entscheidungen getroffen werden.

7.2.7 Entscheidungsfindung

Dr. Dr. Unrath hat in detailreicher Denkarbeit mehrere, leicht abweichende Konzepte für die UHW-SBE ausgearbeitet. Jetzt muss er eine Beschlussempfehlung vorbereiten, um vor seinen Kollegen am nächsten ersten Monatsmittwoch bestehen zu können. Das ist alles andere als einfach, beruhen doch die seinen Konzepten zugrunde liegenden Annahmen überwiegend auf weichen Faktoren. Dennoch, eine Empfehlung muss her. Wie raten Sie, dabei vorzugehen? Welche Entscheidungssituationen stellen sich dabei und nach welchen Maßstäben können für diese rationale Entscheidungen herbeigeführt werden?

Wirtschaften heißt immer auch Entscheiden. In der strategischen Unternehmensplanung sind Entscheidungen besonders weit reichend, sodass sie gründlich zu prüfen sind. Dabei können verschiedene Entscheidungssituationen unterschieden werden. **Entscheidungssituationen**

◆ **Deterministische Entscheidungen** (Entscheidungen unter Sicherheit/Gewissheit) sind dadurch gekennzeichnet, dass ein Ziel in einem Umfeldzustand erreicht werden soll. Eine Handlungsalternative dominiert dabei alle anderen in Bezug auf einen Um- **Deterministische Entscheidungen** feldzustand, d. h., das schlechtestmögliche Ergebnis dieser Alternative ist immer noch besser als die bestmöglichen Ergebnisse aller anderen Alternativen.

Entscheidungshilfen kommen hier vor allem aus dem **Operations Research**. Zum Auffinden der optimalen Alternative dient die Maximierung bzw. Minimierung der Zielfunktion. Zentrales Verfahren ist dabei die lineare Optimierung, welche die Maximierung eines Ergebnisses unter Einhaltung von restringierenden Nebenbedingungen zum Inhalt hat und grafisch oder rechnerisch (Simplex-Verfahren) aufgelöst werden kann. Modellausprägungen sind hier die statische (lineare, nicht lineare, ganzzahlige) Optimierung, die dynamische Optimierung oder die graphentheoretische Optimierung.

Praktisch sind solche leicht beherrschbaren Entscheidungssituationen jedoch äußerst selten anzutreffen.

Indeterministische Entscheidungen

◆ Weitaus häufiger wird ein Ziel in verschiedenen denkbaren Umweltzuständen zu erreichen gesucht. Dann liegt Ungewissheit vor, d. h., eine Handlungsalternative tritt wahrscheinlicher ein als andere. Dies ist immer dann gegeben, wenn mehrere Umweltzustände eintreten können, von denen zum Zeitpunkt der Entscheidung aber unbekannt ist, welcher tatsächlich eintritt **(indeterministische Entscheidungen)**. Für die Lösung solcher Entscheidungsprobleme existieren eine Reihe von Regeln, deren wichtigste folgende sind:

● **Minimax-Regel:** Es wird diejenige Handlungsalternative bevorzugt, die im ungünstigsten Umweltzustand noch zum relativ besten Ergebnis führt.

● **Maximax-Regel:** Es wird diejenige Handlungsalternative bevorzugt, die im günstigsten Umweltzustand zum besten Ergebnis führt.

● **Laplace-Regel:** Es wird diejenige Handlungsalternative bevorzugt, deren ungewichteter Durchschnitt aller Ergebniswerte am höchsten ist.

● **Hurwicz-Regel** (Pessimismus-Optimismus-Regel): Es wird diejenige Handlungsalternative bevorzugt, deren gewichteter Durchschnitt des bestmöglichen und des schlechtestmöglichen Ergebnisses am höchsten ist.

● **Savage-Niehans-Regel:** Es wird diejenige Handlungsalternative bevorzugt, deren größte Diskrepanz zwischen dem Ergebnis der gewählten Alternative und dem günstigsten Ergebnis am geringsten ist.

Subjektive und objektive Wahrscheinlichkeitsverteilungen

Häufig gibt es aber zumindest Anhaltspunkte für eine Entscheidung, sei es, weil subjektive Erfahrungswerte aus der Vergangenheit für einzelne Umfeldzustände gegeben sind **(subjektiv-stochastische Entscheidungen)** oder objektive Wahrscheinlichkeitsverteilungen für den Eintritt einzelner Umfeldzustände ermittelt werden können **(objektiv-stochastische Entscheidungen)**. Auch für deren Lösung existiert eine Reihe von Regeln. Wichtige Regeln sind folgende:

● **Modalwert:** Es wird diejenige Handlungsalternative gewählt, die im wahrscheinlichsten Umweltzustand den höchsten Zielwert liefert.

● **Bayes-Regel:** Es wird diejenige Handlungsalternative mit dem höchsten Erwartungswert (Produkt aus Ergebnis und Eintrittswahrscheinlichkeit) gewählt, wobei Risikoneutralität des Entscheiders unterstellt wird.

● **Erwartungswert-Streuungs-Prinzip:** Es wird diejenige Handlungsalternative mit dem höchsten Erwartungswert entsprechend der individuellen Risikoneigung des

Entscheiders gewählt. Ein dem Risiko abgeneigter Entscheider bevorzugt einen niedrigeren Ergebniswert mit höherer Eintrittswahrscheinlichkeit und umgekehrt.

- **Bernoulli-Prinzip:** Es wird diejenige Handlungsalternative mit dem höchsten Nutzenwert des Ergebnisses gewählt, der abhängig ist von der individuellen Risikopräferenz (Risikogier, Risikoaversion, Risikoneutralität). Diese muss daher vorab beim Entscheider ermittelt werden.

Komplizierter wird die Lage bei Entscheidungssituationen mit mehreren Zielen und einem Umfeldzustand (hier kommt als Verfahren die Vektoroptimierung zum Zuge) oder gar mehreren Zielen und verschiedenen Umfeldzuständen (hier kommt die Kombination von Vektoroptimierung und Entscheidungsregeln unter Ungewissheit zum Zuge).

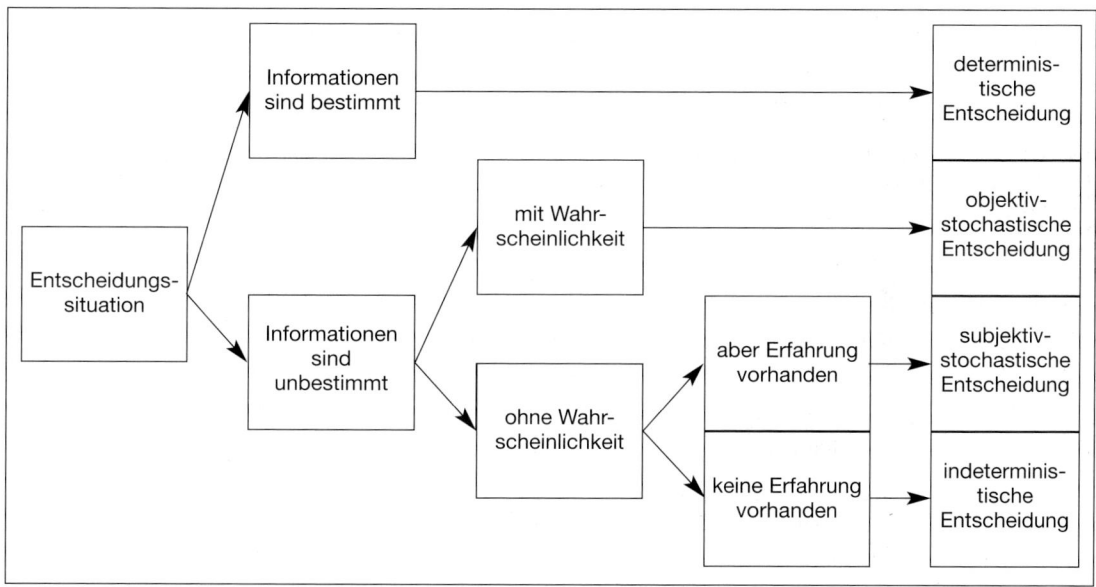

Abb. 7.2-3: Entscheidungssituationen

Literatur

Aaker, David A.: Strategisches Marktmanagement, Wiesbaden 1989

Abell, D./Hammond, J.: Strategic Marketing Planning, Englewood Cliffs 1979

Ansoff, H. Igor: Corporate Strategy – An Analytical Approach to Business Policy for Growth and Expansion, New York 1965

Bea, Franz Xaver/Haas, Jürgen: Strategisches Management, 4. Auflage, Stuttgart–Jena 2005

Becker, Jochen: Marketing-Konzeption, 8. Auflage, München 2006

Benkenstein, Martin: Strategisches Marketing, 2. Auflage, Stuttgart u. a. 2002

Corsten, Hans: Grundlagen der Wettbewerbsstrategie, Leipzig 1998

Diller, Hermann (Hrsg.): Marketingplanung, 2. Auflage, München 1998

Dillerup, Ralf/Stoi, Roman: Unternehmensführung, 2. Auflage, München 2008

Ehrmann, Harald: Unternehmensplanung, 5. Auflage, Ludwigshafen 2007

Fritz, Wolfgang: Marketing-Management und Unternehmenserfolg, 4. Auflage, Stuttgart 2006

Gälweiler, Aloys: Unternehmensplanung, 2. Auflage, Frankfurt-New York 1986

Hahn, D./Taylor, B. (Hrsg.): Strategische Unternehmensplanung, 8. Auflage, Berlin u. a. 1999

Hinterhuber, Hans H.: Strategische Unternehmensführung I, 7. Auflage, Berlin–New York 2004

ders.: Strategische Unternehmensführung II: Strategisch handeln, 6. Auflage, Berlin u. a. 1997

Homburg, Christian/Krohmer, Harley: Marketingmanagement, 2. Auflage, Wiesbaden 2006

Hopfenbeck, Waldemar: Allgemeine Betriebswirtschafts- und Managementlehre, 14. Auflage, München 2002

Holzbaur, Ulrich D.: Management, Ludwigshafen 2001

Hungenberg, H.: Strategisches Management in Unternehmen, 5. Auflage, Wiesbaden 2008

Kotler, Philip u.a.: Grundlagen des Marketing, 4. Auflage, München u. a. 2007

Kuß, Alfred/Tomczak, T.: Marketingplanung, 4. Auflage, Wiesbaden 2004

Macharzina, Klaus/Wolf, Joachim: Unternehmensführung, 5. Auflage, Wiesbaden 2005

Meffert, Heribert/Burmann, Christoph/Kirchgeorg, Manfred: Marketing, 10. Auflage, Wiesbaden 2008

Meffert, Heribert: Marketing-Management, Analyse – Strategie – Implementierung, Wiesbaden 1994

Müller-Stewens, Günter/Lechner, Chistoph: Strategisches Management, 3. Auflage, Stuttgart 2005

Nieschlag, Robert/Dichtl, Erwin/Hörschgen, Hans: Marketing, 19. Auflage, Berlin 2003

Pepels, Werner: Grundlagen der Unternehmensführung, München–Wien 2005

Pepels, Werner: Handbuch des Marketing, 5. Auflage, München 2009

Porter, Michael E.: Wettbewerbsvorteile: Spitzenleistungen erreichen und behaupten, Frankfurt–New York 1986

ders.: Wettbewerbsstrategie: Methoden und Analyse von Branchen und Konkurrenten, 7. Auflage, Frankfurt a.M.–New York 1992

Pümpin, Cuno: Management strategischer Erfolgspositionen, 3. Auflage, Frankfurt–New York 1991

Raffeé, Hans/Wiedmann, Klaus P. (Hrsg.): Strategisches Marketing, 2. Auflage, Stuttgart 1989

Rupp, Manfred: Produkt-Markt-Strategien, 3. Auflage, Zürich 1988

Staehle, Wolfgang H. (u. M. v. Conrad, Peter/Sydow, Jörg): Management, 8. Auflage, München 1999

Steinmann, H./Schreyögg, G.: Management, 4. Auflage, Wiesbaden 1997

8 Projektmanagement

8.1 Grundlagen

Immer mehr Organisationen und Betriebe aller Branchen gehen dazu über, komplexe Probleme mithilfe von Projekten bearbeiten zu lassen, welche für diese Probleme Lösungen versprechen. Solche Projekte müssen systematisch gemanagt werden, um den gewünschten Erfolg nicht dem Zufall zu überlassen. Zu diesem Zweck hat sich in der Wirtschaftspraxis ein Katalog spezieller Managementinstrumente herauskristallisiert, der unter dem Begriff „Projektmanagement" zusammengefasst wird.

Projektmanagement ist vergleichbar mit einem Handwerk, in dem man mit bestimmten Methoden, Werkzeugen und Verfahren Produkte erstellt. Projekte ohne Einsatz von Projektmanagement sind vergleichbar mit einem Handwerk, welches auf Werkzeuge und handwerkliche Techniken verzichtet.

Dabei spielt es kaum eine Rolle, ob ein Wirtschafts-, Schul-, Umwelt-, Entwicklungshilfe- oder irgendein anderes Projekt gemanagt werden soll, denn im Kern durchlaufen alle Projekte dieselben Phasen und vergleichbare Probleme. Etwas überspitzt darf man sagen: Wer ein Wirtschaftsprojekt leiten kann, kann auch jedes andere Projekt leiten. Anders als viele nicht kommerzielle Projekte stehen wirtschaftliche Projekte jedoch unter hohem Erfolgs- und Kostendruck. Aus diesem Grunde ist der Einsatz des Projektmanagements in Wirtschaftsbetrieben üblich.

8.1.1 Projektbegriff

Projektbegriff

Viele Vorhaben werden als „Projekt" bezeichnet, wie etwa der Bau einer Immobilie, die Anfertigung einer speziellen Maschine nach Anforderungen des Kunden, die kommerzielle Erstellung von Internetseiten oder die Entwicklung einer neuen Werbestrategie für Handelsbetriebe. Aber sind das tatsächlich immer Projekte? Da es zahlreiche Definitionen des Projektbegriffs gibt, kann die Frage so nicht eindeutig beantwortet werden.

Projekte sind nach allgemeinem Verständnis umfangreiche Vorhaben zur Lösung eines komplexen Problems. Es gibt jedoch verschiedene Meinungen darüber, wie diese Vorhaben aussehen müssen. In der DIN 69901 des Deutschen Instituts für Normung werden mehrere für ein Projekt erforderliche Merkmale benannt:

- **Einmaligkeit der Bedingungen in ihrer Gesamtheit:** Ein Projekt wird demnach von Natur aus immer zum ersten und zum letzten Mal durchgeführt. **Projektmerkmale**

- **Zielvorgabe:** Jedem Projekt werden präzise Ziele vorgegeben, die das Projekt erreichen muss.

- **Zeitliche, personelle, finanzielle Begrenzung:** Ein Projekt hat stets einen konkreten Endtermin und begrenzte Mittel zur Erreichung der Projektziele.

- **Abgrenzung von anderen Vorhaben:** Das Projekt muss ein in sich geschlossenes Vorhaben mit eigenem Projektergebnis sein.

- **Projektspezifische Organisation:** Speziell für dieses Projekt müssen organisatorische Rahmenbedingungen eingerichtet werden.

Darüber hinaus gelten folgende Merkmale in der Wirtschaftspraxis als typisch für ein Projekt:

- **Komplexität:** Die Lösung des Problems muss zahlreiche komplizierte Zusammenhänge berücksichtigen.

- **Aufwand:** Die Projektarbeit ist umfangreich und erfordert viele Mitarbeiter und finanzielle Mittel.

- **Fachübergreifender Charakter:** Fachleute verschiedener Disziplinen bzw. Mitarbeiter unterschiedlicher Abteilungen sind beteiligt.

- **Teamarbeit:** Die Fachleute arbeiten eng zusammen, da ständiger Informationsaustausch und die Weitergabe von Teilleistungen erforderlich sind.

Anhand dieser Kriterien kann man verschiedene Vorhaben daraufhin überprüfen, in welchem Maße sie wirklich als Projekte gelten können. So handelt es sich bei der Produktion großer Maschinen für verschiedene Auftraggeber im In- und Ausland nicht um Projekte, wenn die Herstellung stets dieselben und im Vorfeld bekannten Produktionsschritte durchläuft. Aber auch einmalige Produktentwicklungen gelten nicht als Projekt, wenn dabei etwa auf unbegrenzte Mittel zurückgegriffen werden kann oder diese nicht bis zu einem bestimmten Termin fertiggestellt werden müssen.

Andererseits kann es sich bei der zielorientierten Entwicklung eines einfachen Druckbleistifts durchaus um ein Projekt handeln, sofern einem dafür gebildeten Team begrenzte Mittel zur Verfügung stehen, die Entwicklung eine komplexe Problemlösung erfordert und ein Projektendtermin feststeht.

8.1.2 Arten von Projekten

Projektarten Um die Vielfalt verschieden gearteter Projekte unterscheiden und einordnen zu können, teilt man Projekte in Projektarten ein. Üblicherweise wird nach drei Kriterien unterschieden.

◆ Wesen des Auftragnehmers

Projekte werden von vielen Organisationen durchgeführt. Das können entweder Non-Profit-Organisationen oder Wirtschaftsunternehmen sein.

Non-Profit-Projekte

Non-Profit-Projekte Non-Profit-Projekte sind Projekte von Organisationen, die nicht kommerziell tätig sind, wie zum Beispiel staatliche Organisationen, Kirchen, das Rote Kreuz usw. Folgende Projekte sind typische Non-Profit-Projekte:

- **Entwicklungshilfeprojekte**, z. B. der Bau eines Brunnens in Afrika durch den Deutschen Entwicklungsdienst.

- **Schulprojekte**, z. B. die Aufführung einer Oper durch mehrere international beteiligte Schulen.

- **Soziale Projekte**, z. B. die Wiedereingliederung drogenabhängiger Jugendlicher als einmalige Kooperationsmaßnahme einer Klinik und einer Drogenberatungsstelle.

Wirtschafts-projekte #### Wirtschaftsprojekte

Wenn Projekte von Wirtschaftsunternehmen (Unternehmen mit Gewinnerzielungsabsicht) durchgeführt werden, spricht man von Wirtschaftsprojekten. Dabei ist es unerheblich, ob das Projekt für ein anderes Unternehmen oder innerhalb des Unternehmens durchgeführt wird. Unter Projekten werden im Folgenden stets Wirtschafts-projekte verstanden.

◆ **Rolle des Auftraggebers: Externes oder internes Projekt**

Externe Projekte

Bei externen Projekten vergibt ein rechtlich eigenständiges Unternehmen einen Projektauftrag an ein anderes rechtlich eigenständiges Unternehmen. Die Auftragnehmer sind dabei in der Regel Unternehmen, die sich auf die Durchführung von Projekten spezialisiert haben.

So vergibt beispielsweise ein Industriebetrieb den Auftrag an ein Bauunternehmen, eine Lagerhalle zu bauen, ein Automobilhersteller erteilt einen Projektauftrag an ein Maschinenbauunternehmen oder ein Großhändler beauftragt einen Softwarehersteller, ein Auftragsbearbeitungsprogramm zu erstellen. Die vereinbarte Auftragssumme ist im betriebswirtschaftlichen Sinne der Erlös (Umsatz), mit dem der Auftragnehmer seine Projektkosten abdeckt und i. d. R. zusätzlich einen Gewinn erwirtschaftet.

Interne Projekte

Interne Projekte werden innerhalb eines Unternehmens in Auftrag gegeben und als Auftrag angenommen.

Möglicherweise erkennt die Leitung eines Wirtschaftsunternehmens den Bedarf einer betriebsinternen Problemlösung in Form eines Projekts, etwa die Einrichtung eines innerbetrieblichen Netzwerks oder die Erstellung eines Konzepts zur Vermarktung über ein Internetportal. Die Initiative kann aber auch von einer Fachabteilung ausgehen, welche dann zur Durchführung eines Projekts einen **Projektantrag** an eine höhere Unternehmensebene stellen muss.

Für interne Projekte wird ein Budget festgelegt, welches ausreichen muss, die Projektkosten abzudecken. Das Projektteam kann dabei meistens auf Ressourcen (Sachmittel oder Personen) des Unternehmens zurückgreifen.

◆ **Umfang des Projektes**

Es gibt keine eindeutig quantifizierbare Grenze zwischen Groß- und Kleinprojekten. Diese Unterscheidung ist einerseits abhängig von der Branche und andererseits vom Ermessen der einzelnen Unternehmen.

Diese Unterscheidung ist immer dann von Bedeutung, wenn es um die Frage der Entscheidungswege zur Projektdurchführung geht. So müssen **Großprojekte** i. d. R. von der Unternehmensleitung genehmigt werden, während **Kleinprojekte** von unteren Unternehmensebenen selbstständig in Auftrag gegeben werden können.

8.1.3 Bedeutung von Projekten in der Wirtschaft

Die Bedeutung von Projektarbeit in der internationalen Wirtschaftspraxis nimmt rasant zu. Diese Entwicklung hat folgende Gründe:

◆ **Komplexe Aufträge erfordern fachübergreifende Zusammenarbeit**

So wie der Mensch zunehmend lernt, in komplexen Zusammenhängen zu denken, so fallen auch die Aufträge für Problemlösungen immer komplexer aus. Beispielsweise

Marginalien: Externe Projekte · Interne Projekte · Projektumfang · Komplexe Aufträge setzt die Entwicklung und Umsetzung eines Marketingkonzepts eines Online-Dienstleisters die Berücksichtigung komplexer Zusammenhänge voraus, welche folgende Fragen aufwerfen: Wer sind unsere Kunden? Welche Bedürfnisse haben unsere Kunden? Welche Anforderungen stellen sie an uns und unsere Produkte? Über welche Medien lassen sich unsere Kunden am besten ansprechen? Welche Mediengestaltung verspricht den größten Erfolg? Welche Rolle spielen dabei Informations- und Telekommunikationstechniken wie Internet, SMS oder Mobilfunk? Mit welchen technischen Möglichkeiten kann unser Marketingkonzept umgesetzt und gepflegt werden?

Ein solches Projekt verlangt Fachleute aus verschiedenen Bereichen, beispielsweise Marktforscher, Werbefachleute, Mediengestalter, Programmierer, Internetspezialisten usw., die nur in fachübergreifender Teamarbeit die geforderte Konzeption erarbeiten und umsetzen können.

Entsprechend werden solche Problemlösungen vermehrt in Form von Projekten unter Einsatz von Methoden des Projektmanagements entwickelt.

Veränderte Umweltbedingungen

◆ **Die Umfeldbedingungen ändern sich**

Die Unternehmen sehen sich in einer dynamischen Umwelt tief greifenden Veränderungen ausgesetzt:

★ **Neue IT-Technologien:** Mit der flächendeckenden Verfügbarkeit moderner Informations- und Telekommunikationstechniken verändern sich auch die Kommunikationsgewohnheiten zwischen Kunde und Lieferant. Produkte werden aktuell im Internet präsentiert und Bestellungen können vom Arbeitsplatz oder von zu Hause aus per Tastatur und Bildschirm ausgelöst werden. Liefermöglichkeiten und -termine werden umgehend mitgeteilt und Rechnungen per E-Mail zugestellt. Solche Kommunikationswege müssen häufig schnell und unternehmensspezifisch geschaffen und in die jeweilige Organisationsstruktur eingebettet werden. Das Lösungskonzept kann für das beschriebene Problem in seiner Einzigartigkeit schnell und unter optimaler Nutzung der verfügbaren Ressourcen in einem Projekt entwickelt werden.

★ **Staatliche Auflagen:** Im Rahmen der Umsetzung politischer Konzepte werden eine Reihe von Auflagen geschaffen (z. B. zur Reduktion von umweltschädlichen Emissionen), welche die Unternehmen zur Entwicklung oder zum Einsatz entsprechender Techniken zwingen. Hierfür gibt der Staat in der Regel einen zeitlichen Rahmen vor, dessen Überschreitung erhebliche Sanktionen zur Folge haben kann. Finanzielle Begrenzungen werden meist durch die Unternehmen selbst gesetzt. Auch hier stellen Projekte eine geeignete Vorgehensweise zur Problemlösung dar.

Internationaler Wettbewerb

◆ **Druck durch den internationalen Wettbewerb**

Die von Politikern häufig zitierte „internationale Wettbewerbsfähigkeit" bezieht sich auf drei Ebenen: den Kostenwettbewerb, den Zeitwettbewerb und den Qualitätswettbewerb.

★ **Kostenwettbewerb:** Während vor wenigen Jahren die meisten Unternehmen nur auf nationalen Märkten tätig waren, wird durch den zusammenwachsenden europäischen Binnenmarkt einerseits und den globalen Weltmarkt andererseits der Wettbewerbsdruck immer größer. So stehen beispielsweise deutsche Autohersteller seit geraumer Zeit im Wettbewerb mit ausländischen Produzenten, welche ihre Produkte aufgrund geringerer Personalkosten erheblich günstiger anbieten können.

Dem Problem der Kostensenkung begegnet man bei Projekten durch die Vorgabe von Kostenzielen. Das Kostenziel definiert dabei die Höhe der Gesamtkosten eines Projekts, die nicht überschritten werden darf. Hierdurch wird sowohl bei der Projektleitung als auch bei den Projektbeteiligten ein höheres Kostenbewusstsein erzeugt, was sich wiederum positiv auf eine zielorientierte und effektive Arbeitsweise auswirkt. Mit anderen Worten: Es sind nur solche Aufwendungen zulässig, die einen Beitrag zur Erreichung der vereinbarten Projektziele leisten.

* **Zeitwettbewerb:** Für den Erfolg eines Produktes ist es oft entscheidend, wann es auf den Markt kommt. Häufig setzen sich Produkte einfach deswegen durch, weil sie früher in den Regalen der Händler stehen als möglicherweise bessere Produkte anderer Wettbewerber.

Um im Zeitwettbewerb zu bestehen, sind Projekte ebenfalls eine große Hilfe. Sie ermöglichen durch bestimmte Planungstechniken die gleichzeitige Bearbeitung möglichst vieler Arbeitsschritte und optimieren damit den gesamten Zeitbedarf. Ohne diese Methode werden häufig Arbeitsschritte unnötigerweise zeitlich nacheinander durchgeführt, was zu einer Verlängerung des Gesamtzeitbedarfs führt. Projekte arbeiten grundsätzlich mit strengen Zeitzielvorgaben. Auch hier führt das Bewusstsein um die Abhängigkeiten einzelner Arbeitsschritte von dem Abschluss vorgelagerter Schritte bei Projektleitung und Projektbeteiligten zu einer effektiven und termingerechten Arbeitsweise im Projekt.

* **Qualitätswettbewerb:** Nationale Produkte müssen sich in immer stärkerem Maße in ihrer Qualität auch mit internationalen Produkten messen lassen. Dabei kommt es ganz entscheidend auf die Qualitätsanforderungen des Kunden an. Denn ein „Zuwenig" an Qualität wirkt sich direkt – wie auch ein kostenintensives „Zuviel" an Qualität indirekt über den Preis – negativ auf die Kundenzufriedenheit aus.

Aus diesem Grunde sehen Projekte auch Qualitätsziele vor, welche abhängig vom jeweiligen Produkt kundenspezifisch definiert und nach Projektabschluss überprüft werden. Auch daher wird zunehmend auf das Projekt als Problemlösungsmethode zurückgegriffen.

8.1.4 Aufgaben des Projektmanagements und Projektphasen

Für die erfolgreiche Durchführung von Projekten ist der systematische Einsatz von Projektmanagementinstrumenten, einer Art „Werkzeugkasten zur Durchführung von Projekten", erforderlich.

◆ **Projektmanagement ist die zielorientierte Vorbereitung, Planung, Steuerung, Dokumentation und Überwachung von Projekten mithilfe spezifischer Instrumente. Der Begriff Instrumente umfasst sowohl Methoden und Techniken des Projektmanagements (z. B. die Einteilung von Projekten in Phasen, die Entwicklung spezieller Pläne, Vereinbarungen zum Informationssystem) als auch Werkzeuge (wie Programme zur Projektplanung und -steuerung, Formulare und Checklisten).** *Definition*

Das Projektmanagement teilt zu diesem Zweck Projekte stets in Phasen ein. Je nach Branche und Projektziel können unterschiedliche Phasen definiert werden. Deshalb wird an dieser Stelle ein Phasenmodell vorgestellt, welches allgemeingültig für jedes Projekt angewendet werden kann:

1. Das Projektmanagement bereitet das Projekt vor **(Definitionsphase)**. *Projektphasen*

2. Es folgt eine umfangreiche **Planungsphase**, in der verschiedene Teilpläne für das Projekt erstellt werden.

3. Dann beginnt die eigentliche Projektdurchführung, also die Umsetzung der Projektplanung **(Durchführungsphase)**.

4. Schließlich werden alle Maßnahmen im Zusammenhang mit der Abnahme durch den Kunden und der Erfahrungsauswertung durchgeführt **(Abschlussphase)**.

In folgendem Phasenschema sind den **vier Projektphasen** die Instrumente des Projektmanagements zugeordnet:

Nr.	Phase	Instrumente des Projektmanagements	
1	Definition	● Problemanalyse ● Entscheidung zur Projektdurchführung ● Klärung der Projektziele ● Projektauftrag ● Projektorganisation ● Kick-off-Meeting	**Begleitend:** Steuerung
2	Planung	● Identifizierung der Arbeitspakete ● Projektstrukturplan ● Projektablaufplan ● Kapazitätsplan ● Kostenplan ● Qualitätsplan	Dokumentation
3	Durchführung	● Umsetzung der Projektpläne	Controlling
4	Abschluss	● Präsentation ● Abnahme ● Projekteinführung ● Abschlussbesprechung ● Abschlussbericht ● Teamauflösung	

Abb. 8.1-1: Phasen eines Projekts

Die Steuerung, das Controlling und die Dokumentation begleiten alle Projektphasen von Anfang an. Die Planung begleitet auch nach Abschluss der eigentlichen Planungsphase das Projekt bis zum Projektabschluss, da Projektpläne immer wieder angepasst und aktualisiert werden müssen. Im Folgenden sollen die in Abbildung 8.1-1 aufgezählten Instrumente vorgestellt werden.

8.1.5 Praxisfall IPOS

Die Meier Möbelwerke GmbH produziert hochwertige Holzmöbel in den drei Produktlinien Wohnmöbel, Büromöbel und Gartenmöbel. Kunden sind Möbelgroß- und -einzelhandlungen überwiegend auf dem deutschen Markt.

Der Vertriebsbereich regt zur Erweiterung der Kommunikationspolitik die Entwicklung eines Internetauftritts des Unternehmens an, über den nicht nur die unmittelbaren Kunden sondern auch die Verbraucher als endgültige Käufer der Produkte der Meier

Möbelwerke angesprochen werden. So soll die Homepage den Endverbraucher über das Unternehmen sowie die umweltschonenden Produktionsverfahren, das aktuelle Möbelprogramm und Bezugsquellen informieren.

Den Möbelhäusern soll als unmittelbaren Kunden die Möglichkeit der Onlinebestellung geboten werden. Da in der Abteilung IT-Systeme Mitarbeiter mit den erforderlichen technischen Kenntnissen beschäftigt sind, soll das Vorhaben intern durchgeführt werden. Als Verantwortlicher wird Herr Bertram, Leiter IT-Systeme, benannt und beauftragt, sich um alles Weitere zu kümmern.

Eine Prüfung des Vorhabens durch Herrn Bertram ergibt, dass alle Merkmale für ein Projekt erfüllt sind:

Projekt-merkmale im Praxisfall

- Die Entwicklung der Homepage wird **einmalig** durchgeführt; die spätere Pflege der Site ist nicht mehr Gegenstand des Projekts.

- Das **Ziel** des Vorhabens ist vorgegeben und wird im Rahmen der Phase der Projektdefinition zu präzisieren sein.

- Das Vorhaben ist **zeitlich begrenzt**, da die Homepage zum 31. Juli im Internet verfügbar sein soll. Das **Budget** zur Finanzierung der erforderlichen **personellen Ressourcen und Sachmittel** ist der Geschäftsleitung im Rahmen des Projektauftrags anzugeben.

- Das Vorhaben **grenzt sich** klar **von anderen Vorhaben ab** und führt zu dem **Ergebnis** der Verfügbarkeit der Site im Internet.

- Das Vorhaben soll in Form der reinen **Projektorganisation** mit entsprechendem Informationssystem durchgeführt werden.

- Das Vorhaben weist einen gewissen Grad an **Komplexität** auf, da neben den technischen Aspekten auch Fragen zu Design, Marketing, Betriebswirtschaft und Internet-Sicherheit zu klären sind.

- Die Anforderungen an die Site sind hoch, die Umsetzung dementsprechend **aufwendig**.

- Das Vorhaben kann nur **fachübergreifend** gelöst werden, da neben den IT-Spezialisten auch das Know-how der Mitarbeiter in Vertrieb, Logistik und Produktion gefragt ist.

- Das Vorhaben wird als **Teamarbeit** zu lösen sein, da Informationen eingeholt und ausgetauscht und Teilergebnisse an andere Teammitglieder weitergegeben werden müssen.

Die Geschäftsleitung entscheidet sich zur Realisation des Vorhabens als Projekt und wählt den Projektnamen „Internet-Präsenz mit Online-Shop" – kurz IPOS genannt.

8.2 Projektmanagement in der Phase „Projektdefinition"

„Ist ein Problem erst einmal definiert, so ist es bereits halb gelöst."
Henry Ford

Herr Bertram hat als Mitarbeiter in verschiedenen Projektteams und als Leiter von zwei erfolgreich abgeschlossenen Projekten gute Kenntnisse im Projektmanagement sammeln können. Dabei hat er allerdings in vielen Situationen auch erfahren müssen,

was bei Projekten so alles schiefgehen kann. Er erinnert sich an ein Projekt bei seinem früheren Beschäftigungsunternehmen, einem mittelständischen Maschinenhersteller, das in folgender Weise ablief:

In mehreren kaufmännischen Abteilungen häufen sich die Probleme.

Zahlreiche Mitarbeiter sind unzufrieden mit veralteten Computern sowie Fax- und Telefongeräten. Außerdem werden dringend weitere Geräte in mehreren Büros benötigt. Mehrere Mitarbeiter regen daher das interne Projekt „Modernisierung der Büroausstattung" an, welches erwartungsgemäß vom Geschäftsführer genehmigt wird. Um sich nicht lange mit Projektformalitäten aufzuhalten, werden umgehend zahlreiche Geräte erworben und installiert.

Doch schon bald kommt es zu unlösbaren Problemen: Die neuen Faxgeräte passen nicht an ihren bisherigen Platz, die neuen EDV-Programme sind nicht miteinander kompatibel, die Strahlenbelastung der neuen Monitore hält der Betriebsrat für unzumutbar und keiner weiß, wie die neue Telefonanlage zu bedienen ist.

Im Übrigen stellt sich heraus, dass Unzulänglichkeiten im PC-Netzwerk die eigentlichen Ursachen für viele Probleme waren. Der Geschäftsführer sucht vergeblich nach Verantwortlichen, um herauszufinden, bis wann das Projekt endlich abgeschlossen ist. Leider gibt es keinen Projektleiter und niemand weiß, wann das Projekt beendet sein soll. Verärgert stellt der Geschäftsführer fest, dass dieses Projekt dem Unternehmen nur Schaden zugefügt hat.

Fragen in der Phase der Projekt-definition

Im Vorfeld eines Projektes herrschen gewöhnlich unklare Vorstellungen davon, wie das Problem überhaupt beschaffen ist und was tatsächlich unter welchen Bedingungen getan werden muss. Zu Beginn eines jeden Projektes ist es daher erforderlich, das Projekt klar zu definieren, indem man folgende konkrete Fragen beantwortet:

- Wie sieht das Ausgangsproblem genau aus?
- Wie konnte es zu diesem Problem kommen?
- Soll zur Problemlösung ein Projekt durchgeführt werden?
- Wer ist Auftraggeber des Projektes?
- Welche Ziele verfolgt das Projekt genau?
- Welche Mittel stehen für das Projekt zur Verfügung?
- Bis wann soll das Projekt bzw. Teilprojekte fertig sein?
- Wer soll dem Projektteam in welcher Funktion angehören?
- Wie soll das Projekt organisiert werden?

Das Projektmanagement geht der Beantwortung dieser Fragen in der ersten Phase des Projektes, der Phase der „Projektdefinition", systematisch nach. Was dazu im Einzelnen getan und beachtet werden muss, wird im folgenden Abschnitt vorgestellt.

8.2.1   Beschreibung und Analyse des Problems

Problem-beschreibung und Analyse der Ursachen

Jedes Projekt hat einen Anlass. Das kann eine neuartige Idee (wie z. B. eine Produktinnovation), aber auch ein Problem (z. B. überhöhte Produktionskosten) sein. Wirtschaftsprojekten liegt in der Regel ein Problem zugrunde, das im Projekt gelöst werden soll.

Um das Projekt überhaupt in Gang zu bringen, muss dieses Problem zunächst erkannt werden. Dies kann an ganz unterschiedlichen Stellen im Unternehmen geschehen.

Beispiel – Die Verkaufszahlen des vergangenen Quartals signalisieren einen deutlichen Umsatzrückgang für eine bestimmte Warengruppe.

– Das Controlling erkennt eine überproportionale Kostensteigerung im Bereich Außendienst.

– Ein Mitarbeiter legt im betrieblichen Vorschlagswesen ein Konzept zur Verbesserung eines bestimmten Arbeitsablaufs vor.

– Im Zusammenhang mit der Einführung einer neuen Branchensoftware sollen alle betroffenen Mitarbeiter bedarfsorientiert geschult werden.

– In einem Unternehmen zur Herstellung von Haushaltsgeräten soll der Energieverbrauch der produzierten Geräte reduziert werden.

– Die Marketingabteilung beobachtet seit geraumer Zeit, dass ein Konkurrenzanbieter vor allem junge Kunden erfolgreich durch SMS-Werbung anspricht. Nun soll geprüft werden, welche alternativen Kommunikationsmöglichkeiten für Werbemaßnahmen genutzt werden könnten.

– Ein Produktionsunternehmen beabsichtigt, im kommenden Geschäftsjahr die Gesamtkosten um 10 % zu reduzieren. Daher sollen die Abteilungen Einkauf, Lager und Produktion gemeinsam Vorschläge zur Optimierung der logistischen Prozesse entwickeln.

– Von den Mitarbeitern wird zunehmend ein verbessertes innerbetriebliches Kommunikations- und Informationssystem gefordert. Der Betriebsrat schlägt daher die Einführung eines Intranets vor.

– Der Vorstand einer Bank erwägt die Entwicklung und Einführung eines neuen Betreuungskonzeptes für die Vermögens- und Anlageberatung der Kunden.

– Eine Einzelhandelskette vermutet ein bisher ungenutztes Marktpotenzial in einer Kleinstadt im Frankfurter Raum und erwägt daher die Einrichtung und Eröffnung einer neuen Filiale.

Bei Problemen geht es also immer darum, dass die derzeitige Situation – das „Ist" – erheblich von einem gewünschten Zustand – dem „Soll" – abweicht.

Ein erster Schritt, um zum Kern des Problems vorzudringen, ist eine Analyse des Problems, welche sich in zwei Schritten vollzieht: einer detaillierten Problembeschreibung und einer anschließenden Analyse der Problemursachen. Ziel dieser Analyse ist es, mehr über das Problem zu erfahren, um daraus die Aufgabenstellung des Projekts und effektive Lösungswege zu entwickeln.

◆ Problembeschreibung

Im Rahmen der Problembeschreibung soll das Problem näher erfasst werden. Dazu werden Antworten auf folgende Fragen gesucht:

● Welches Problem tritt konkret auf?

● Wie macht sich das Problem bemerkbar?

● In welchen Unternehmensbereichen bzw. bei welchen Produkten bzw. bei welchen Prozessen tritt das Problem auf?

● Auf welche Weise können die derzeitige Situation bzw. der betroffene Prozess im Detail erhoben und dargestellt werden **(Istanalyse)**?

● Seit wann tritt das Problem auf?

● Welche betriebswirtschaftlichen Auswirkungen hat das Problem?

● Welche Personen sind beteiligt?

● Welche Sachmittel kommen gegenwärtig zum Einsatz?

● Wie laufen die Prozesse derzeit ab?

● In welchem wirtschaftlichen und technischen Umfeld wird das Problem beobachtet?

Fragen im Rahmen der Problembeschreibung

◆ **Ursachenanalyse**

In einem zweiten Schritt wird analysiert, wie es zu diesem Problem kommen konnte und ob das Problem selbst Ursache anderer Probleme ist. Häufig kann aus den Problemursachen bereits auf mögliche Problemlösungen geschlossen werden. Nun müssen folgende Fragen beantwortet werden:

Fragen im Rahmen der Ursachenanalyse

- Wie konnte es zu der Abweichung zwischen „Ist" und „Soll" kommen?
- Hängen die Ursachen mit den beteiligten Personen zusammen?
- Liegt die Ursache für das Problem in der Organisation des Unternehmens oder des Geschäftsprozesses?
- Liegen Ursachen in den verwendeten Sachmitteln, Verfahren oder technischen Hilfsmitteln?
- Sind Veränderungen im Umfeld für die Entstehung des Problems verantwortlich – und wenn ja, welche?

Die Ergebnisse dieser Problemanalyse werden schriftlich dokumentiert.

8.2.2   Projektziele und Anforderungskatalog

„Wer nicht weiß, wo er hin will, darf sich nicht wundern, wenn er nicht ankommt."
Volksweisheit

Aus den Ergebnissen der Problemanalyse können nun sinnvolle Projektziele abgeleitet werden. Diese gelten für das gesamte Projekt und stellen eine Richtschnur für alle Projektbeteiligten dar. Am Grad der Erreichung dieser Ziele wird letztlich der Projekterfolg gemessen.

Ziel

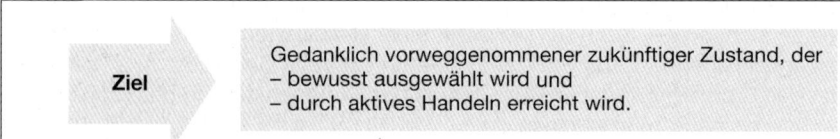

Ziel → Gedanklich vorweggenommener zukünftiger Zustand, der
– bewusst ausgewählt wird und
– durch aktives Handeln erreicht wird.

Auftraggeber und Auftragnehmer müssen gleiche Vorstellungen von den Projektzielen haben, wenn es keine bösen Überraschungen hinsichtlich des Projektergebnisses geben soll. Diese Übereinstimmung wird konkret über die Formulierung und Vereinbarung von Projektzielen erreicht.

Funktionen von Projektziele

Zielfunktionen

Im Laufe des gesamten Projekts übernehmen die Projektziele mehrere Funktionen, die dem Projekterfolg dienlich sind und sich wie folgt zusammenfassen lassen:

- **Präzisierungsfunktion:** Auftraggeber und Auftragnehmer wird die Konkretisierung des Projektauftrags detailliert vor Augen geführt.
- **Orientierungsfunktion:** Projektleiter und Projektteam können sich bei allen Maßnahmen an den betreffenden Zielen orientieren.
- **Motivationsfunktion:** Das nachweisliche Erreichen von Teilzielen wirkt motivierend auf die Projektmitglieder.
- **Kontrollfunktion:** Mithilfe konkreter Ziele kann objektiv überprüft werden, wie erfolgreich das Projektteam gearbeitet hat.

Zielkomponenten

Projektziele lassen sich grundsätzlich in drei Zielkomponenten zerlegen:

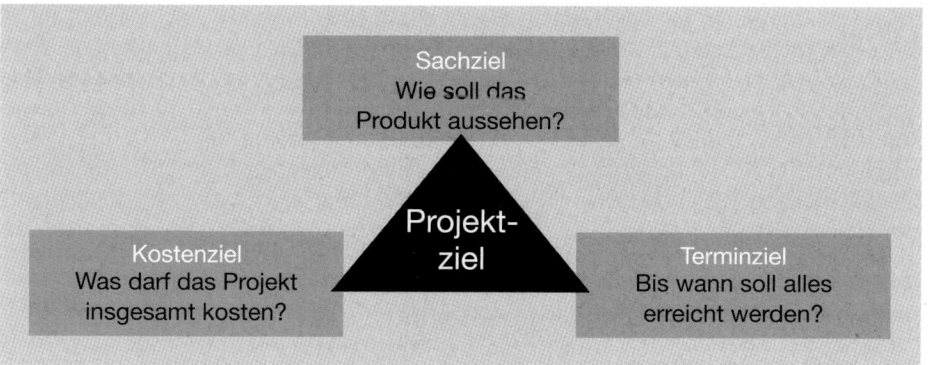

Abb. 8.2-1: Zielkomponenten von Projektzielen

Während sich das **Sachziel** auf das Projektergebnis bezieht, dienen das **Kosten-** und **Terminziel** der Beachtung der Rahmenbedingungen. Alle drei Zielkomponenten lassen sich sowohl auf das Gesamtziel als auch auf isolierte Teilziele beziehen.
Bedeutende Teilziele des Projekts wie etwa die Fertigstellung des Rohbaus bei einem Immobilienprojekt werden als **„Meilenstein"** bezeichnet und häufig mit einem Terminziel verknüpft. Bei externen Projekten können Meilensteine zur Fälligkeit vertraglich vereinbarter Teilzahlungen führen.

Formulierung der Projektziele

Da die Projektziele Grundlage für den Projektauftrag und damit für das weitere Vorgehen sind, muss ihrer richtigen Formulierung unbedingt große Aufmerksamkeit und ausreichend Zeit geschenkt werden. Für die Formulierung zweckmäßiger Projektziele gibt es daher Regeln, von denen die wichtigsten in folgender Checkliste zusammengefasst sind:

Checkliste zur Formulierung zweckmäßiger Projektziele
● Das Ziel muss verständlich und klar formuliert werden (keine undeutlichen Formulierungen, hinter denen sich weitere Ziele verstecken können).
● Das Ziel muss tatsächlich erreichbar sein.
● Das Ziel muss objektiv messbar (operationalisierbar) sein.
● Das Ziel darf keine unnötigen Lösungswege vorwegnehmen (nicht das „Wie" sondern das „Was" muss geklärt werden).
● Jedes Ziel weist aus, bis wann es erreicht sein soll (Zeitbezug).

Ein Positivbeispiel für die Formulierung zweckmäßiger Projektziele könnte lauten: „Planung, Entwicklung und Publikation einer neuen Website für das Unternehmen XY bis zum 30. Juni dieses Jahres."
Negativbeispiel: „Fertigstellung einer besseren Website bis nach den Ferien".

**Anforde-
rungskatalog**

Präzisieren der Projektziele durch einen Anforderungskatalog

Die vereinbarten Projektziele werden anschließend durch einen Anforderungskatalog präzisiert. In diesem Katalog werden alle Anforderungen schriftlich festgehalten, denen das Projektergebnis genügen muss. Bei Großprojekten können solche Detailanforderungen ganze Schrankwände mit Aktenordnern füllen. Die Grenze zwischen „übergreifenden" Projektzielen einerseits und Detailanforderungen an das Projektergebnis andererseits verläuft häufig fließend. Sofern ein externes Projekt öffentlich ausgeschrieben wird, dienen Projektziele und Anforderungskatalog den Bewerbern (Auftragnehmern) als verbindliche Vorgabe für die Entwicklung eines Entwurfs für ein Lösungskonzept. Der detaillierte Anforderungskatalog wird auch als „Lastenheft" bezeichnet (DIN 69905).

**Lösungs-
konzept**

8.2.3   Entwurf des Projektergebnisses

Auf Grundlage der vorliegenden Projektziele und der Anforderungen an das Projektergebnis entwickelt das Projektteam (Auftragnehmer) eine oder mehrere Lösungen als Entwurf, z. B. eine Skizze einer Website, Raum- und Ablaufpläne für ein Event, eine technische Zeichnung einer Maschine oder ein Drehbuch eines Films. Die Entwicklung eines Entwurfs des Projektergebnisses zu diesem Zeitpunkt wird aus zwei Gründen vorgenommen:

1. Der Auftraggeber bekommt eine konkrete Vorstellung vom Projektergebnis und kann an dieser Stelle noch Änderungswünsche anmelden.

2. Der Auftragnehmer kann aus dem Entwurf die Projektplanung ableiten.

In der Praxis wird dieser Entwurf gemeinsam mit der gesamten Projektplanung in Form eines verbindlichen Angebots an den Auftraggeber geschickt. Die Projektplanung soll jedoch aus Gründen der Übersichtlichkeit erst in Kapitel 8.3 vertieft werden. Der Entwurf für ein Lösungskonzept kann im sogenannten „Pflichtenheft" (DIN 69905) festgehalten werden. Sofern es zu diesem Zeitpunkt noch nicht möglich ist, einen solchen Entwurf zu erstellen, ersetzt eine genaue Beschreibung der Lieferungen und Leistungen den Entwurf.

8.2.4   Durchführbarkeitsanalyse

Ob ein Problem überhaupt durch ein Projekt gelöst werden soll, hängt von der Entscheidung der verantwortlichen Entscheidungsträger im Unternehmen ab. Entscheidungskriterien sind dabei vor allem:

**Entschei-
dungs-
kriterien**

- **Machbarkeit:** Das Projekt muss tatsächlich realisierbar sein.

- **Projektrisiko:** Das Risiko muss überschaubar sein.

- **Wirtschaftlichkeit:** Aufwand und Erfolg müssen in einem angemessenen Verhältnis stehen.

Gibt es alternative Problemlösungsmöglichkeiten neben dem Projekt, so muss eine fundierte Entscheidung für eine Lösungsalternative getroffen werden. Nicht immer ist das Projekt die ideale Problemlösung, denn es ist aufwendig und verursacht hohe Kosten.

Grobplanungen und Vorstudien

Bei kleineren Projekten wird eine Entscheidung zur Projektdurchführung häufig sehr früh getroffen. Bei größeren Projekten beschaffen sich die Entscheidungsträger in der Regel zunächst fundierte Informationen, bevor sie sich für ein Projekt entscheiden. Oft ist es erforderlich, umfangreiche Planungskonzepte zu entwickeln, um Aussagen über Kosten und Nutzen des Projekts zu erhalten. Dazu greift der zukünftige Projektleiter auf Experten zurück, um in einer groben Projektplanung vorrangig Projektkosten zu schätzen und Meilensteine zu benennen. Umfangreiche Grobplanungen, die die Grundlage der Entscheidung zur Projektdurchführung darstellen, nennt man **„Vorstudien"**. Diese können ebenfalls in Form eines Projektes entwickelt werden.

8.2.5 Projektvertrag

Der Projektvertrag enthält die juristisch verbindlichen, übereinstimmenden Willenserklärungen von Auftraggeber und Auftragnehmer zur Durchführung eines genau definierten Projekts. Projektverträge werden stets schriftlich abgeschlossen, da neben Gründen der Nachweisbarkeit schriftliche Dokumente weniger Raum für Missverständnisse lassen als mündliche Vereinbarungen. Bis ein Projektvertrag fertig unterschrieben ist, vergeht meist viel Zeit, denn Auftraggeber und Auftragnehmer müssen häufig aus unklaren Vorstellungen einen präzisen Vertrag herausarbeiten. In der Praxis wird ein Projektvertrag gewöhnlich erst dann abgeschlossen, wenn mindestens eine grobe Projektplanung vorliegt, aus der alle wichtigen Termine und die Projektkosten hervorgehen (siehe Kapitel 8.3: Projektmanagement in der Phase „Projektplanung").

Formal kann der Projektvertrag auf zweierlei Weise entstehen:

Variante 1: Der Projektauftrag

Bei internen Projekten sowie bei Kleinprojekten wird gewöhnlich ein „Projektauftrag" verfasst. Dazu wird ein standardisiertes Formular ausgefüllt, welches die wichtigsten Eckdaten des Projekts in übersichtlicher Form enthält (siehe Muster Abb. 8.2-3: Projektauftrag „IPOS"). Typischerweise enthält es folgende Angaben:

- Projektname: Jedes Projekt bekommt einen eigenen Namen.

- Projektleiter: Name der für das gesamte Projekt verantwortlichen Person

- Projektanlass: zusammengefasste Ergebnisse der Problemanalyse

- Projektziele: Hauptziele des Projekts (Detailanforderungen als Teilziele werden in ein sogenanntes „Lastenheft" als Anlage ausgelagert).

- Projektbudget: Geldbetrag, der für das Projekt zur Verfügung steht

- Randbedingungen: alle Bedingungen, die in der Projektdurchführung beachtet werden müssen (z. B. Gesetze, einzuhaltende Zeiten usw.)

- Termine und Meilensteine: Meilensteinergebnisse, -termine und Abgabetermin

- Unterschriften: Auftraggeber und -nehmer unterzeichnen den Projektauftrag.

Variante 2: Das Angebot

Bei Großprojekten sowie externen Projekten, bei denen sich mehrere interessierte Auftragnehmer bewerben können (Ausschreibung), entwickelt jeder Auftragnehmer ein ausführliches Angebot, um den Projektauftrag zu erhalten. Es enthält üblicherweise:

● Anschreiben (siehe Muster S. 507) mit folgenden Angaben:
  ＊ Leistungen des Auftragnehmers
  ＊ Termine und Meilensteine
  ＊ Preise für Lieferungen und Leistungen
  ＊ Zahlungs- und Lieferungsbedingungen
  ＊ Gültigkeitsdauer des Angebots
  ＊ Form von Vereinbarungen (z. B. mündliche Absprachen)

● Projektziele und Detailanforderungen an das Projektergebnis (Lastenheft) des Auftraggebers

● Entwurf des Projektergebnisses (z. B. Bauzeichnung, technische Zeichnung usw.)

● vollständige Projektplanung (aus Gründen der Nachvollziehbarkeit)
  ＊ Projektstrukturplan (ggf. mit allen Arbeitspaketbeschreibungen)
  ＊ Projektablaufplan (mit allen Meilensteinen)
  ＊ ggf. Ressourcenplan
  ＊ Kostenplan

Nimmt der Auftraggeber das Angebot an, so ist der Projektvertrag abgeschlossen.

8.2.6　Projektorganisation

Wenn das Projekt in seinen Grundzügen bekannt ist, stellt sich bereits das Problem der Projektorganisation. In diesem Zusammenhang muss zunächst geklärt und organisiert werden, wie das Projekt in das Unternehmen integriert wird, wer das Projekt leitet und wer daran mitarbeitet. Darüber hinaus müssen die erforderlichen Arbeitsbedingungen organisiert werden.

So muss zunächst die Art der Rahmenorganisation des Projekts gewählt werden (siehe Kapitel 1.6.3). Entscheidungsfaktoren für die Integration des Projekts in die Organisationsstruktur sind u. a. der Projektumfang und die Bedeutung des Projekts für die Unternehmensleitung. Der Projektleiter ist zu bestimmen (siehe Kapitel 1.6.3) und das Projektteam zu bilden.

Projektteam

◆ **Projektteam**

Erfolgreiche Teamarbeit ist eine Grundvoraussetzung für das Gelingen eines Projekts. Um ein erfolgreiches Projektteam zusammenzustellen, führt der Projektleiter im Idealfall zunächst Gespräche mit den entsprechenden Mitarbeitern und deren Vorgesetzten zu folgenden Fragen:

● Sind die Mitarbeiter angemessen qualifiziert?
● In welchem Maße sind zusätzliche Qualifikationsmaßnahmen erforderlich?
● Müssen bestimmte Spezialisten in bestimmten Projektphasen eingeplant werden?
● Wie sieht es mit der Motivation der Mitarbeiter aus?

- Sind die Mitarbeiter im Projektzeitraum tatsächlich verfügbar (Urlaub, Anforderungen aus anderen Abteilungen, Fortbildungen usw.)?

- Verstehen sich die Mitarbeiter untereinander?

◆ **Projektinfrastruktur**

Hinsichtlich der Infrastruktur unterscheidet man Räumlichkeiten, Arbeitsmittel und Dienstleistungen:

- **Räumlichkeiten:** Büros, Arbeits- und Konferenzräume und ein Sekretariat. Diese sind zu prüfen auf Eignung hinsichtlich Größe, Lage, Verfügbarkeit und technischer Anbindung (Anschlüsse für Telefon, Telefax, Internet, Netzwerk)

- **Arbeitsmittel:** Computer, ggf. vernetzt, in ausreichender Anzahl mit erforderlichen Leistungsmerkmalen und erforderlicher Software, Scanner, Drucker, CD-Brenner, Kopierer, Telefone und Faxgeräte, Moderationsmaterial (Flipcharts, Stifte, Pinnwände, Karten, Whiteboard usw.)

- **Dienstleistungen:** Dienstleistungen des Sekretariats oder anderer Unternehmenseinheiten

◆ **Projektinformationssystem**

Ein Kernproblem vieler Projekte ist das der Informationsweitergabe bzw. -beschaffung. Viele Projektmitarbeiter werden unabsichtlich über wichtige Entscheidungen nicht informiert, andererseits wissen diese häufig nicht, wen sie wann worüber informieren sollen. Zu diesem Zweck wird ein „Projektinformationssystem" eingerichtet. Die **Leitfrage** des Projektinformationssystems lautet: **Wer informiert wen wann wie worüber?**

Mithilfe folgender Techniken und entsprechender Vereinbarungen über deren Nutzung kann der Informationsfluss optimiert werden:

- ⋆ **Projektordner:** Dieser wird zu Projektbeginn in Verantwortung des Projektleiters angelegt und dient der gesamten Projektdokumentation, d. h. der schriftlichen Erfassung des Projektprozesses und der Produktentstehung (siehe Kapitel 8.4.4).

- ⋆ **E-Mail:** Diese ist nach Tom Peters (vgl. Tom Peters, Projektmanagement, S. 20) das wichtigste Element eines Projektinformationssystems. Dabei sollte ein standardisiertes E-Mail-Formular gewährleisten, dass alle grundsätzlich relevanten Informationen enthalten sind. Damit der Absender die Kenntnisnahme der E-Mail kontrollieren kann, sollte er vom Adressaten eine Empfangsbestätigung verlangen, denn eine nicht gelesene Mail hat keinen Nutzen.

- ⋆ **Intranet:** In diesem hauseigenen Medium können Info-Plattformen eingerichtet werden, auf die alle bzw. entsprechend befugte Projektmitarbeiter Zugriff haben. Dieses Medium kann als eine Art „virtueller Projektordner" betrachtet werden.

- ⋆ **Teambesprechungsroutinen:** Diese stellen sicher, dass die Mitarbeiter der verschiedenen Bereiche regelmäßig über Entwicklungen in anderen Teilbereichen des Projekts informiert sind (siehe Kapitel 8.4.2).

- ⋆ **Review** (engl.: Nachprüfung): In solchen Veranstaltungen informieren alle Projektmitarbeiter das gesamte Projektteam über ihre Zwischenergebnisse. Damit werden alle Projektmitarbeiter über alle Details informiert. Die Anwesenheit ist i. d. R. Pflicht und wird dokumentiert. Die Effizienz von Reviews kann gesteigert werden, wenn sie von Experten begleitet werden.

Die einzelnen Techniken sind jedoch völlig nutzlos, wenn es kein für alle transparentes und einfaches **Regelsystem** gibt. Beispielsweise kann die Regel formuliert werden, dass alle Änderungen am Zeitplan an alle Mitarbeiter des Projektes per E-Mail weitergegeben werden müssen.

8.2.7   Kick-off-Meeting

Das Kick-off-Meeting ist die erste gemeinsame Sitzung des gesamten Projektteams nach Erteilung des Projektauftrags. Sinn dieses Meetings ist es, die Projektmitarbeiter mit den Bedingungen des Projektes vertraut zu machen und diesen die Möglichkeit zu geben, sich in das Team einzubringen. Die inhaltliche Arbeit soll dabei eher im Hintergrund stehen[1]. Üblicherweise verfolgt ein Kick-off-Meeting die im Folgenden aufgeführten Ziele:

◆ **Gleicher Informationsstand**

Ziele der Kick-off-Meetings

Der Projektleiter informiert alle Teammitglieder über:

● Auftraggeber und dessen Bedeutung für das Unternehmen,

● Projektauftrag, Projektziele und Projektaufgaben,

● Projektorganisation,

● grobe Zeitplanung und Meilensteine sowie

● Vorgehensweisen/Methoden/Einsatz von Werkzeugen, sofern sie verbindlich sind.

◆ **Kennenlernen der Projektmitglieder untereinander**

Da alle Beteiligten in nächster Zukunft eng zusammenarbeiten sollen, ist es wichtig, dass sich die Teammitglieder kennen. Falls dies noch nicht der Fall ist, ist es sinnvoll, dass sich die Projektmitarbeiter untereinander vorstellen. Das kann beispielsweise geschehen, indem sich jeweils zwei Mitarbeiter gegenseitig befragen und anschließend den jeweils anderen vorstellen. Später werden sich die Projektmitglieder intensiver im Rahmen der gemeinsamen Arbeit kennenlernen.

◆ **Rolle und Erwartungen der einzelnen Teammitglieder**

In diesem Zusammenhang sollten die Teammitglieder ihre Fachkenntnisse und Erfahrungen in Projektarbeit einerseits als auch ihre Erwartungen und Wünsche hinsichtlich des Projektverlaufs andererseits mitteilen.

◆ **Vereinbaren von Spielregeln**

Für die Zusammenarbeit eines Teams sollten stets gemeinsam Spielregeln formuliert werden, die anschließend schriftlich festgehalten werden. An dieser Stelle können sich zuvor geäußerte Erwartungen von Teammitgliedern in konkreten Regeln niederschlagen und vom gesamten Team verabschiedet werden. Sie sind dann verbindlicher Verhaltensmaßstab für dieses Projekt.

---

1 Alternativ wird die Projektstartsitzung mit dem Auftraggeber zur Klärung der Projektziele ebenfalls als „Kick-off-Meeting" bezeichnet. Diese Begriffsbedeutung ist hier nicht gemeint.

Das können etwa Regeln zum Ablauf von Besprechungen sein, wie z. B. die Einhaltung einer Rednerliste, damit kein Beitrag übergangen wird, aber auch Regeln zum Konfliktmanagement oder Regeln der Weiterleitung von Informationen oder Arbeitsergebnissen.

◆ Verteilung von Aufgaben und Qualifizierungsmaßnahmen

Sofern eine Grobplanung des Projekts vorliegt, kann an dieser Stelle bereits die Zuordnung konkreter Aufgaben oder grober Aufgabenbereiche zu den einzelnen Projektmitgliedern bzw. Teilteams erfolgen. Dabei sollte sich der Projektleiter an Qualifikation und Interesse der Projektmitglieder orientieren. In diesem Zusammenhang sind ergänzende Schulungsmaßnahmen zur Qualifizierung der Mitarbeiter mit den betreffenden Projektmitarbeitern zu diskutieren oder zu vereinbaren, sofern sie für die Bearbeitung des Projektes erforderlich sind.

8.2.8 Praxisfall IPOS

◆ Problembeschreibung und -analyse

Die Geschäftsleitung der Meier Möbelwerke GmbH ernennt Herrn Bertram zum Projektleiter des Projekts „Internet-Präsenz mit Online-Shop" – kurz IPOS genannt.

Projektdefinition im Praxisfall IPOS

In einem gemeinsamen Gespräch mit Vertretern der Bereiche Vertrieb und Einkauf/Logistik, der Geschäftsleitung und Herrn Bertram wird das Problem analysiert. Viele andere Möbelhersteller im gemeinsamen Markt verfügen bereits über eine Internetpräsenz. Marktforschungsergebnisse zeigen, dass sich bestimmte Verbrauchergruppen nicht nur in den Möbelgeschäften über Produkte informieren, sondern sich auch durch Internetrecherchen über aktuelle Möbelprogramme orientieren möchten. Der Vertrieb betont die Möglichkeit der kurzfristigen Aktualisierung der Informationen auf der Homepage.

Außerdem wird eine Vereinfachung der Kommunikation mit den interessierten Verbrauchern vermutet, die über eine entsprechend einzurichtende Kontaktmöglichkeit Kataloge und Prospekte per E-Mail anfordern können. Durch den zu integrierenden Online-Shop soll der Bestellvorgang durch die Möbelhäuser, die sich durch ihre Kundennummer und ein Passwort identifizieren, vereinfacht und der Versandvorgang beschleunigt werden.

◆ Entscheidung zur Projektdurchführung

Es wurde bereits mit positivem Ergebnis geprüft, ob das Vorhaben alle Projektmerkmale aufweist (siehe Kapitel 8.1.5). Die erforderlichen personellen und materiellen Ressourcen sind im Unternehmen verfügbar. Die Geschäftsleitung entscheidet sich, den Internetauftritt in einem internen Projekt zu entwickeln, um so die Kommunikation und Kooperation mit den Projektbeteiligten zu vereinfachen.

◆ Klärung der Projektziele

Die Ziele des Projekts werden von der Geschäftsleitung, den Vertretern der Bereiche Vertrieb und Einkauf/Logistik und dem Projektleiter formuliert:

Sachziele und Anforderungen

● Das Projektteam erstellt und publiziert im Internet eine Homepage für die Meier Möbelwerke GmbH.

- Die Homepage erfüllt die Anforderungen an das Corporate Design der Meier Möbelwerke GmbH.

- Jede Produktlinie wird mit ihrem aktuellen Programm und Informationen zu den Produktionsverfahren vorgestellt.

- Die Homepage enthält die Möglichkeit der Bestellung von gedruckten Produktinformationen durch den Verbraucher.

- Es werden Links zu den Möbelhäusern als Bezugsquellen für den Verbraucher hinterlegt.

- Das Betriebsgelände mit den Verwaltungs- und Produktionsgebäuden soll durch Fotos dargestellt werden.

- Die Homepage enthält einen Online-Shop zur Bestellung der Artikel durch die autorisierten Möbelhäuser. Zeichnungen der Ersatzteile mit Angabe von relevanten Maßen und Merkmalen als auch der Bestellnummern sollen die richtige Bestellung absichern.

- Je zwei Mitarbeiter aus den Bereichen Vertrieb und Einkauf/Logistik sollen so weit in das Produkt eingewiesen werden, dass sie selbstständig einfache Aktualisierungen vornehmen können.

Terminziele

- Der Entwurf (Struktur und Design) wird der Geschäftsleitung am 9. Juni vorgestellt.

- Die Erstellung der Homepage ist am 18. Juli abgeschlossen.

- Spätestens am 31. Juli wird die Homepage im Internet publiziert.

Kostenziel

Der Projektleiter rechnet mit einem Arbeitsaufwand von 1.100 Stunden für die Entwicklung der Homepage, die mit einem internen Verrechnungssatz von 45,00 EUR in Ansatz gebracht werden. Die Projektleitung wird pauschal mit 7.000,00 EUR verrechnet. Die Kosten für den Online-Shop und die Entwicklungssoftware werden mit 1.000,00 EUR beziffert. Die Projektkosten gehen zu Lasten des Marketingbudgets. Insgesamt fallen also Projektkosten von insgesamt 57.500,00 EUR an.

◆ **Projektorganisation**

Als **Projektrahmenorganisation** bietet sich für IPOS die reine Projektorganisation an, da sich das **Team** aus drei IT-Fachleuten und einem Mitarbeiter aus dem Bereich Marketing bildet, die konzentriert und als selbstständige Einheit unter der **Projektleitung** durch Herrn Bertram arbeiten sollen.

Zur **Infrastruktur** wird Folgendes vereinbart: Alle erforderlichen Betriebsmittel (Computer, Drucker, Scanner, digitale Kamera, Internetanschluss, Software) und Arbeitsplätze stehen in der Abteilung IT-Systeme zur Verfügung. Die Teammitglieder nutzen einen gemeinsamen Ordner zur Dateiablage im Netz. Alle Absprachen werden schriftlich fixiert. Die schriftliche Kommunikation erfolgt per E-Mail, der Projektleiter wird standardmäßig in Kopie informiert. Gedruckte Dokumente werden in einem für alle Teammitglieder verfügbaren Aktenordner aufbewahrt.

◆ Projektauftrag

Der Projektleiter nimmt als (interner) Auftragnehmer den zuvor gemeinsam formulierten Projektauftrag von der Geschäftsleitung in ihrer Rolle als (interner) Auftraggeber entgegen.

Projektauftrag	
Projektname	IPOS – Internet-Präsenz mit Online-Shop
Projektleiter/in	Manfred Bertram, Leiter IT-Systeme
Projektanlass	● Die Meier Möbelwerke GmbH ist nicht im Internet präsent. ● Marktforschungsergebnisse belegen das Verbraucherinteresse an Onlineinformationen zu den Produkten und dem Unternehmen. ● Unsere unmittelbaren Kunden fragen verstärkt die Möglichkeit von Onlinebestellungen nach.
Projektziele	Erstellung und Publikation einer Internetpräsenz der Meier Möbelwerke GmbH, Details siehe Lastenschrift.
Projektbudget (EUR)	57.500,00 EUR
Randbedingungen	● Provider soll die XY-AG sein. ● Geltendes Onlinerecht wird berücksichtigt.
Termine und Meilensteine	● 30. Mai: Abschluss der Projektplanung ● 2. Juni: Beginn der Projektdurchführung ● 9. Juni: Vorstellung Detailkonzept ● 18. Juli: Entwicklung Homepage abgeschlossen ● 31. Juli: Homepage im Internet zugriffsfähig
Unterschriften	Auftraggeber Auftragnehmer (Name, Unterschrift) (Name, Unterschrift)

Abb. 8.2-3: Projektauftrag „IPOS"

Lastenheft zum Projekt IPOS
Folgende Sachziele sind verbindlicher Bestandteil des Projektauftrags: ● Das Projektteam erstellt und publiziert im Internet eine Homepage für die Meier Möbelwerke GmbH. ● Die Homepage erfüllt die Anforderungen an das Corporate Design der Meier Möbelwerke GmbH. ● Jede Produktlinie wird mit ihrem aktuellen Programm und Informationen zu den Produktionsverfahren vorgestellt. ● Die Homepage enthält die Möglichkeit der Bestellung von gedruckten Produktinformationen durch den Verbraucher. ● Es werden Links zu den Möbelhäusern als Bezugsquellen für den Verbraucher hinterlegt. ● Das Betriebsgelände mit den Verwaltungs- und Produktionsgebäuden soll durch Fotos dargestellt werden. ● Die Homepage enthält einen Online-Shop zur Bestellung für die autorisierten Möbelhäuser. Zeichnungen der Ersatzteile mit Angabe von relevanten Maßen und Merkmalen und Bestellnummern sollen die richtige Bestellung absichern. ● Je zwei Mitarbeiter aus den Bereichen Vertrieb und Einkauf/Logistik sollen so weit in das Produkt eingewiesen werden, dass sie selbstständig einfache Aktualisierungen vornehmen können.

Abb. 8.2-4: Lastenheft zum Projekt „IPOS"

Lösungskonzept (Pflichtenheft): Design der Website und Site-Struktur

Design (Scribbles)

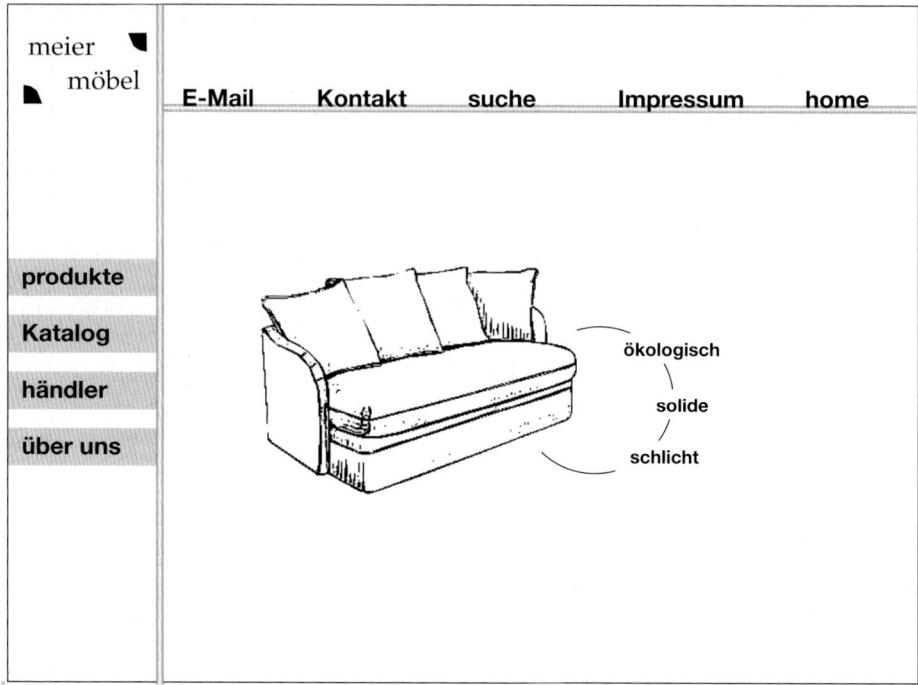

Abb. 8.2-5: Startseite der neuen Site

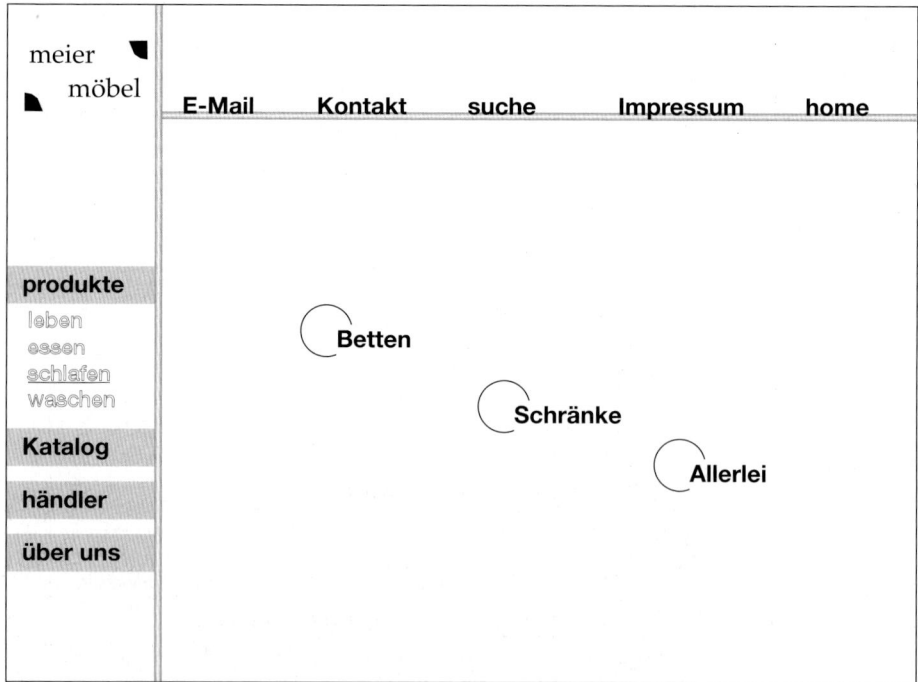

Abb. 8.2-6: Unterseite der neuen Site

Site-Struktur

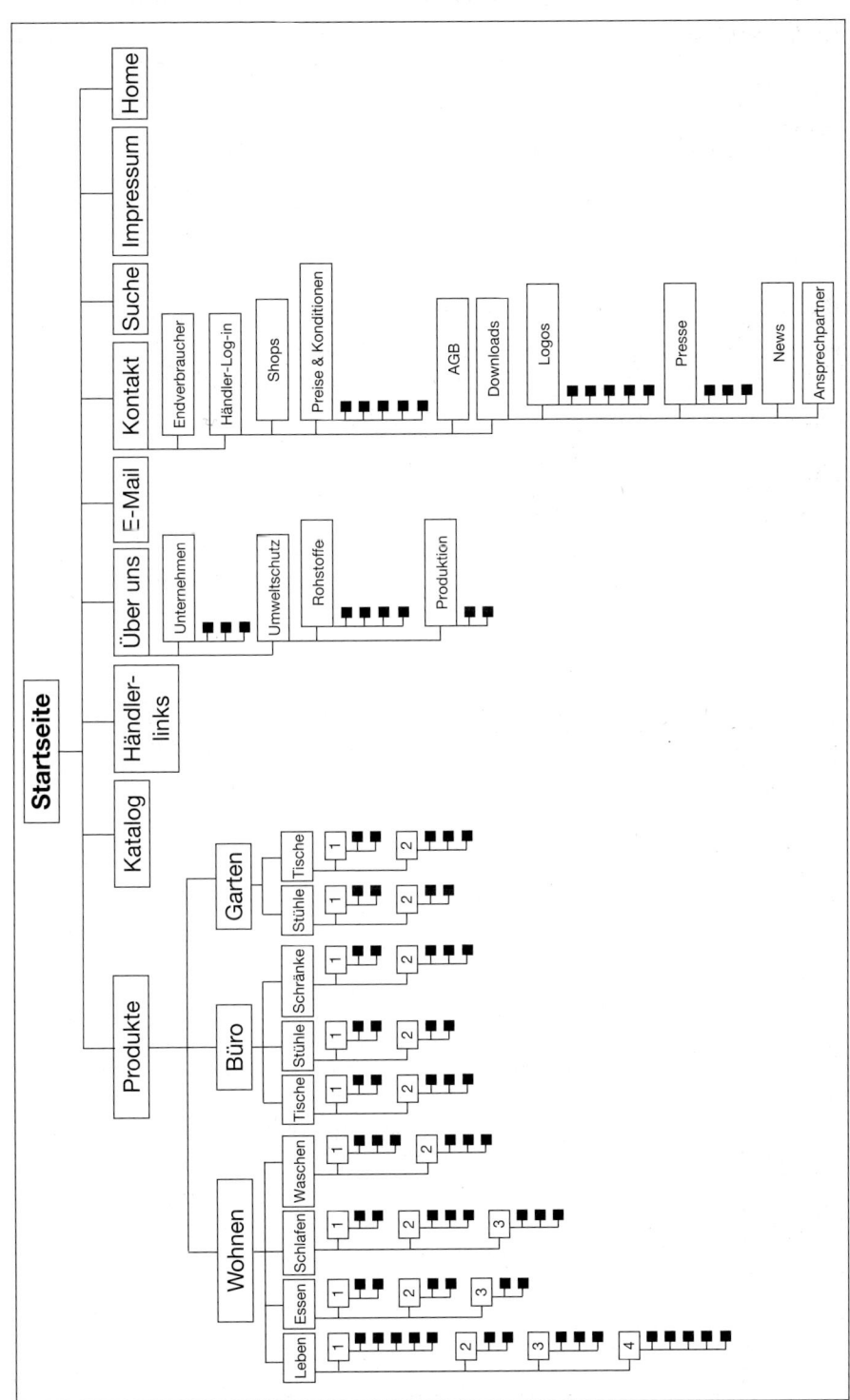

Abb. 8.2-7: Site-Struktur

◆ Kick-off-Meeting

Das Projektteam trifft sich mit dem Projektleiter zur ersten gemeinsamen Sitzung nach der Erteilung des Projektauftrags – dem Kick-off-Meeting.

Folgende Tagesordnungspunkte (TOPs) werden nach Ernennung eines Protokollanten abgehandelt:

- **Austeilung Projektauftrag an alle Teammitglieder:** Jedes Teammitglied soll den Projektauftrag mit allen Projektzielen genau kennen und erhält daher eine Kopie des Projektauftrags.

- **Information über alle Rahmenbedingungen:** Der Projektleiter, Herr Bertram, informiert alle Teammitglieder über die Projektorganisation und die grobe Zeitplanung.

- **Kennenlernen und Erwartungshaltung:** Die Projektmitglieder stellen sich vor, teilen ihre Erfahrungen mit und äußern ihre Erwartungen an das Projekt.

- **Aufgabenverteilung:** Eine grobe Aufgabenverteilung und die Vorgehensweise im Rahmen der anstehenden Projektplanung wird vereinbart.

- **Spielregeln:** Die Gruppe ist sich einig, dass jeder möglichst gemäß seiner Qualifikationen eingesetzt werden soll, dass Entscheidungen gemäß der besten Argumente getroffen werden sollen und gegenseitiges Zuhören bei Vorschlägen Grundvoraussetzung der Zusammenarbeit ist. Die letzte Entscheidungsbefugnis soll immer beim Projektleiter liegen. Die Kommunikationsregeln (Infrastruktur) und die Vereinbarungen zur Ablage der Dateien und Dokumente werden eingehalten. Konflikte werden sofort bei Wahrnehmung durch die Betroffenen angesprochen und nach Möglichkeit geklärt. Erst wenn zwischen den Betroffenen keine Klärung herbeigeführt werden kann, ist der Projektleiter einzuschalten.

Damit sind die Voraussetzungen für die ausführlichen Planungsarbeiten geschaffen, welche Gegenstand der nächsten Projektphase sind.

Praxistipps
für die
Projektleitung
in der
Definitions-
phase

8.2.9 Praxistipps für die Projektleitung

◆ Tipp Nr. 1: Nicht jedes Projekt annehmen

Übernehmen Sie nie die Projektleitung eines Projekts, dessen Projekterfolg Sie sich nicht konkret vorstellen können. Häufig wird ein Projekt als erster Schritt auf der Karriereleiter versprochen, doch wenn das Projekt scheitert, tragen Sie als Projektleiter die Verantwortung und schaden Ihrer Karriere. Nutzen Sie die Schritte des Projektmanagements als Hilfestellung, um vor Ihrer Ernennung als Projektleiter systematisch all Ihre Fragen zum Projekt beantworten zu lassen.

◆ **Tipp Nr. 2: Projektbedingungen mitgestalten**

Lassen Sie sich nicht überraschen, wie die Projektbedingungen konkret aussehen werden, sondern versuchen Sie im Rahmen Ihrer Möglichkeiten Einfluss zu nehmen. Besonders bedeutsam sind die personelle Besetzung des Projektteams sowie die tatsächliche Verfügbarkeit dieser Mitarbeiter. Aber auch die Bedingungen, unter denen Sie arbeiten werden (Büroräume, technische Ausstattung usw.) sollten Sie nicht dem Zufall überlassen.

◆ **Tipp Nr. 3: Die Projektleitung nur allein übernehmen**

Akzeptieren Sie nie eine geteilte Projektleitung. Was wie eine Arbeitserleichterung aussieht, bringt Sie schon bald in Schwierigkeiten. Geteilte Projektleitungen führen stets zu Kompetenzüberschneidungen und Verantwortungslücken.

◆ **Tipp Nr. 4: Einen befugten Auftraggeber benennen**

Stellen Sie bei jedem Projekt sicher, dass es einen offiziell befugten Auftraggeber für das Projekt gibt. Häufig werden Projekte „einfach so" angefangen und verlaufen im Sande, da es keinen regulären Auftraggeber gibt. Der Auftraggeber sollte bis zum Projektende erreichbar sein.

◆ **Tipp Nr. 5: Projektstart mit Auftraggeber als Workshop organisieren**

Klären Sie die wichtigsten Projektziele und den Anforderungskatalog des Auftraggebers im Rahmen eines gut vorbereiteten Projektstart-Workshops (auch als „externes Kick-off-Meeting" bezeichnet). Je besser Sie in dieser Veranstaltung den Auftraggeber beraten können und je sorgfältiger Sie gemeinsam mit dem Auftraggeber alle fachlichen Anforderungen ermitteln, desto geringer ist die Gefahr, dass wesentliche Anforderungen unberücksichtigt bleiben und später ihr Projekt gefährden.

◆ **Tipp Nr. 6: Keine Fachexperten als Projektleiter einsetzen**

Dieser Tipp klingt vielleicht befremdlich, doch es hat sich vielfach gezeigt, dass Fachexperten keine guten Projektleiter sein müssen: Durch das hohe Maß an Fachkenntnis neigen Fachexperten oft dazu, sich in fachliche Lösungen hineinzudenken. Der Projektleiter jedoch muss einen Blick für das ganze Projekt haben, methodisch geschult und vor allem kommunikations-, kritik- und konfliktfähig sein. Das ist aber oft nicht typisch für Fachexperten. Einige Unternehmen entscheiden sich daher für sozialkompetente Projektleiter mit technischem Grundverständnis und stellen diesen einen technischen Experten als Berater zur Seite.

8.3   Projektmanagement in der Phase „Projektplanung"

„Sage mir, wie ein Projekt beginnt, und ich sage dir, wie es endet."

Gero Lomnitz

Herr Bertram hat sich einem offenen Kreis junger Projektleiter angeschlossen. Beim vergangenen Treffen schilderte ihm sein Tischnachbar den folgenden Fall:

Die Geschäftsleitung eines Transportunternehmens erwägt den Neubau eines Verwaltungsgebäudes mit zahlreichen Büro- und zwei Konferenzräumen. Für das Projekt, welches innerhalb eines Jahres abgeschlossen sein soll, stehen 1,5 Millionen EUR zur Verfügung. Um Kosten und Zeit zu sparen, wird der Planungsprozess bewusst kurz gehalten und auf bisherige bauliche Erfahrungen vertraut. So können die erforderlichen Handwerksbetriebe und Zulieferer sofort nach Baugenehmigung beauftragt werden und die Baumaßnahmen nach bereits zwei Wochen beginnen.

Trotz zahlreicher Absprachen und Verträge kommt es unter anderem zu folgenden Schwierigkeiten: Das Fundament kann nicht rechtzeitig gelegt werden, da die Pumpschläuche in diesem Zeitraum nicht verfügbar sind, der Beginn aller weiteren Vorgänge verzögert sich. Die Maurer müssen ihre Arbeit unterbrechen, da nicht genügend Ziegel geliefert wurden, die Kundenzufahrt wurde vergessen und der Dachdecker muss unverrichteter Dinge wieder gehen, da der Dachstuhl noch nicht steht. Als die Hausbank nach der Hälfte der Projektdurchführung darauf hinweist, dass der Kreditspielraum bereits ausgeschöpft ist, müssen neue, teure Kredite aufgenommen werden. Immer häufiger werden umständliche Terminverlegungen nötig.

Schließlich wird der Neubau mit viermonatiger Verspätung fertig und kostet letzlich 3 Millionen EUR – doppelt so viel wie vorgesehen. Enttäuscht stellt der Bauherr auch noch erhebliche Mängel am Bau fest.

Tatsächlich kommt es in der Praxis immer wieder vor, dass unzureichend geplante Projekte nicht rechtzeitig fertig werden, den Kostenrahmen weit übersteigen und überdies ein qualitativ unbefriedigendes Projektergebnis hervorbringen. Häufig werden Projekte aus diesen Gründen auf halbem Wege abgebrochen und führen bei den Projektmitarbeitern zu Frustrationen aufgrund ihres unergiebigen Arbeitseinsatzes und des erlebten Misserfolgs. Dieses Problem lässt sich auf alle Arten von Projekten übertragen.

Planung   Unter Planung versteht man grundsätzlich die geistige Vorwegnahme zukünftigen Handelns. Das Planungsverständnis des Projektmanagements geht jedoch darüber hinaus, indem es den Planungsprozess in standardisierte Teilschritte zerlegt und bestimmten Spielregeln unterwirft.

Ohne eine **zielorientierte**, **gewöhnlich systematische und detaillierte Planung** haben Projekte nur eine geringe Erfolgschance. Die Aufgaben des Projektmanagements in der Planungsphase werden im Folgenden dargestellt.

Im Projektmanagement wird die Planung in sechs systematisch aufeinander aufbauenden Schritten vollzogen.

Dabei ist die Planung am Ende der Planungsphase nicht endgültig abgeschlossen, sondern zieht sich als dynamischer Prozess durch das gesamte Projekt. Denn veränderte Bedingungen im Projekt, neue Erkenntnisse, der im Laufe des Projekts immer bessere Informationsstand oder einfach Abweichungen von den Plandaten erfordern eine ständige Anpassung der existierenden Planung. Spezielle Software-Tools zur Projektplanung unterstützen dabei sowohl die eigentliche Projektplanung als auch die spätere Steuerung und Kontrolle des Projektverlaufs in der Phase der Projektdurchführung.

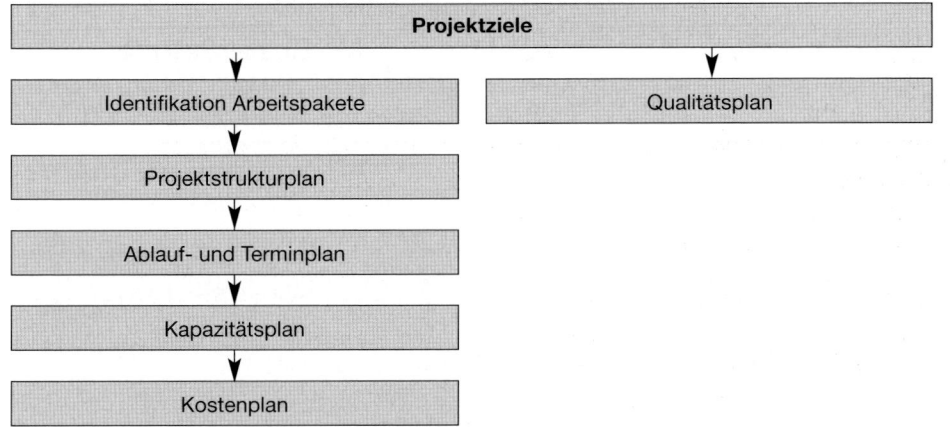

Planungs-schritte im Projekt-management

Abb. 8.3-1: Planungsschritte im Projektmanagment

8.3.1 Identifizierung der Arbeitspakete

Zuerst müssen alle erforderlichen Aktivitäten im Projekt ermittelt werden.

Die Sammlung der einzelnen Aufgaben und Aktivitäten nimmt das Projektteam in gemeinsamen Sitzungen (z. B. unter Verwendung der Methode des „Mindmapping") vor, in der die unterschiedlichen Kompetenzen der Teammitglieder genutzt werden. Falls erforderlich, können auch Experten aus dem Unternehmen oder externe Berater hinzugezogen werden. Hier wird in einem ersten Schritt eine vollständige **Aktivitäten-liste** erstellt, welche sämtliche Maßnahmen zur Erreichung der Projektziele enthält.

Aktivitäten-liste

In einem zweiten Schritt werden diese Aktivitäten zu sogenannten **Arbeitspaketen** zusammengefasst.

Arbeitspakete

Diese zerlegen das Projekt in handhabbare Portionen und können als „Projekt im Projekt" verstanden werden. Arbeitspakete sind die kleinste ausgewiesene Einheit der Projektplanung. Die Zerlegung eines Projekts in zweckmäßige Arbeitspakete ist für den Projekterfolg von höchster Wichtigkeit, deswegen gilt für die Arbeitspaketenentwicklung folgender Regelkatalog:

Checkliste: Regeln der Arbeitspaketentwicklung

- Für jedes Arbeitspaket wird eine ausführliche Arbeitspaketbeschreibung auf dem Formblatt (siehe Formblatt unten) erstellt.
- Für jedes Arbeitspaket gibt es einen Verantwortlichen.
- Jedes Arbeitspaket ist,
  – in sich abgeschlossen,
  – in sich steuer- und kontrollierbar,
  – in Art und Umfang übersichtlich (nicht zu groß und nicht zu klein).
- Das Ergebnis des Arbeitspakets ist präzise beschrieben und von den Ergebnissen anderer Arbeitspakete klar abgrenzbar.
- Jede Tätigkeit im Projekt kann genau einem Arbeitspaket zugeordnet werden.
- Extern vergebene Aufgaben sind als Arbeitspakete zu definieren.
- Jedes Arbeitspaket erhält eine aussagefähige Arbeitspaketbezeichnung.

Arbeitspaketbeschreibung

Projektname:	AP-Nr.:	AP-Bezeichnung:
Beginn des AP:	**Ende des AP:**	**AP-Verantwortliche/-r:**

Ergebnisse (oder: was genau soll dabei herauskommen?):

Tätigkeiten (oder: was genau muss in diesem Arbeitspaket gemacht werden?):

Voraussetzungen (oder: welche Arbeitspaketergebnisse und Ressourcen benötigen wir?):

Unterschrift Projektleiter/-in:	Unterschrift Arbeitspaket-Verantwortliche/-r:

Beispiel zur Identifizierung von Arbeitspaketen: Für das Projekt „Neubau Verwaltungsgebäude" sollen in vereinfachter Weise folgende Arbeitspakete zugrunde gelegt werden:

- Baugrube und Fundamente ausheben
- Estrich
- Dach
- Innenputz
- Außenputz
- Vorplatz
- Garten

- Fundament/Mauerwerk
- Zaun
- Sanitärinstallation
- Montage Fenster/Außentüren
- Elektroinstallation
- Montage Innentüren
- Bauabnahme und -übergabe

In der anschließenden Projektplanung sind diese Arbeitspakete Grundlage

**Projekt-
strukturplan**

● einer systematischen und überschaubaren Gliederung des gesamten Projekts (Projektstrukturplan),

● der Ermittlung von logischen Abhängigkeiten zwischen den einzelnen Arbeitspaketen (Projektablaufplan) sowie der Zuordnung einer Laufzeit und eines Abschlusstermins (Terminplan),

● der Zuordnung erforderlicher personeller und sachlicher Ressourcen (Kapazitätsplan),

● der Ermittlung der Projektkosten (Kostenplan).

8.3.2 Projektstrukturplan

Der Projektstrukturplan (PSP) als Baumdiagramm hat die Aufgabe, komplexe Projektstrukturen übersichtlich und hierarchisch geordnet darzustellen. Auf einen Blick lassen sich alle Arbeitspakete des Projekts erfassen und einordnen, was die Kommunikation im Projektteam erheblich erleichtert.

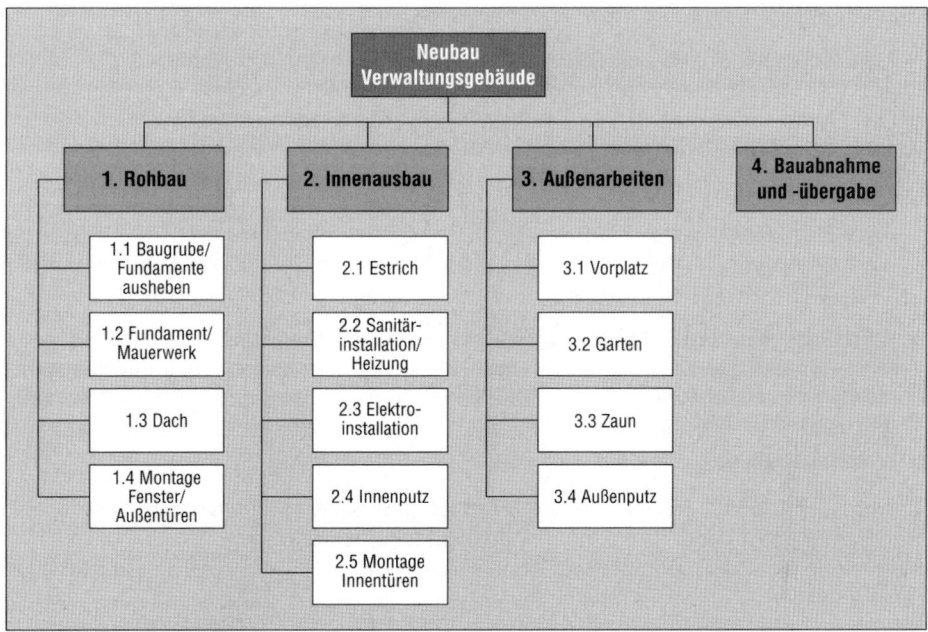

**Projekt-
strukturplan
mit
dekadischer
Codierung**

Abb. 8.3-2: Projektstrukturplan für das Beispielobjekt „Neubau Verwaltungsgebäude"

Im Projektstrukturplan sind grundsätzlich zwei Gliederungsprinzipien möglich:

Objekt-orientierter Projekt-strukturplan

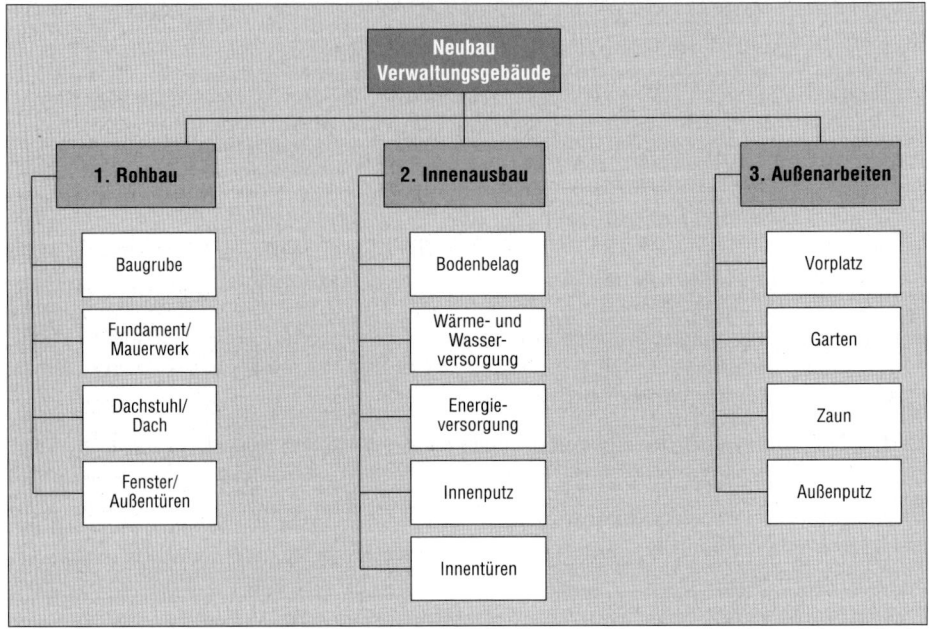

Abb. 8.3-3: Objektorientierter Projektstrukturplan

Dazu werden alle ermittelten Arbeitspakete zweckmäßigen Oberbegriffen zugeordnet, mit einer Nummerierung (Codierung) versehen und in grafischer Form dargestellt. Für das Beispielprojekt „Neubau Verwaltungsgebäude" kann sich der auf S. 461 abgebildete Projektstrukturplan (Abb. 8.3-2) ergeben.

Auf der obersten Ebene des Projektstrukturplans steht der Projektname. Die zweite Ebene gibt die Oberbegriffe an, die zugleich Teilprojekte darstellen können. In der dritten Ebene finden sich dann die den Oberbegriffen zugeordneten einzelnen Arbeitspakete. Für die Codierung wird gewöhnlich das dekadische System genutzt.

⋆ **objektorientierte Gliederung:** Hier stellen die Arbeitspakete und deren Oberbegriffe konkrete Gegenstände bzw. Arbeitsergebnisse dar. Die objektorientierte Gliederung findet man häufig bei Projekten im Anlagenbau (z. B. Bau einer Immobilie oder einer Maschine).

⋆ **funktionsorientierte Gliederung:** Hier werden die Arbeitspakete und Oberbegriffe als Aufgabe bzw. Maßnahme benannt. Dieses Prinzip bietet sich immer dann an, wenn es sich um abstrakte Projekte handelt, deren Teilergebnisse schwer vorstellbar sind bzw. keine materiellen Gegenstände darstellen (z. B. Entwicklung eines Warenwirtschaftssystems).

Anhand der Abbildungen 8.3-3 und 8.3-4 kann man sehen, wie ein Projektstrukturplan wahlweise objekt- oder funktionsorientiert gestaltet werden kann. In der Praxis findet man häufig eine Mischung beider Gliederungsprinzipien, d. h., einige Teilprojekte sind objektorientiert und andere funktionsorientiert innerhalb eines Plans dargestellt.

Als Software-Tool für die Erstellung von Projektstrukturplänen bieten sich Grafikprogramme an. Die vorliegenden Projektstrukturpläne wurden mit MS-PowerPoint erstellt.

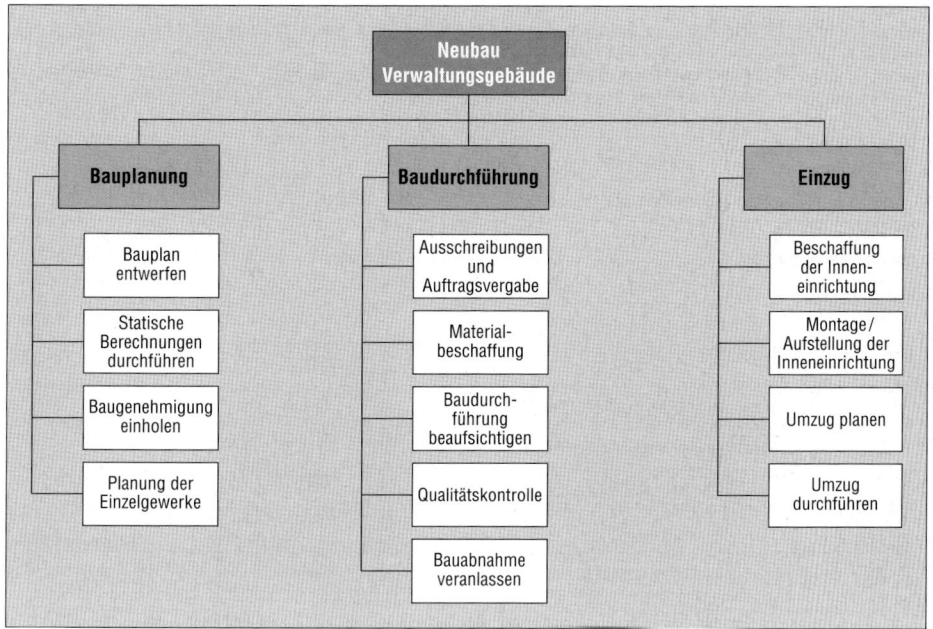

Abb. 8.3-4: Funktionsorientierter Projektstrukturplan

8.3.3   Projektablaufplan und Terminplan

Die Aufgabe von Ablauf- und Terminplan ist es, dem Projektverlauf eine zeitliche Komponente hinzuzufügen, wobei der Ablaufplan Dauer und zeitliche Staffelung der einzelnen Arbeitspakete festlegt und der Terminplan dem Projektverlauf konkrete Kalendertermine zuweist. Ablauf- und Terminplan werden als **Balkendiagramm** und als **Netzplan** dargestellt. Beide Varianten sind Ablauf- und Terminplan zugleich.

Die ermittelten Arbeitspakete werden dazu um zwei Aspekte ergänzt:

1. Es werden die **logischen Abhängigkeiten** zwischen den einzelnen Arbeitspaketen ermittelt. Hierbei wird die Frage beantwortet, welche Arbeitspakete zwingend abgeschlossen sein müssen, bevor folgende Arbeitspakete begonnen werden können, bzw. welche Arbeitspakete parallel bearbeitet werden können.

2. Für jedes Arbeitspaket wird eine **Dauer** ermittelt, die als Grundlage für die Terminplanung dient.

Als Ergebnis dieser Überlegungen wird eine **Vorgangsliste** – meist in Form einer Tabelle – erstellt. Sie ist verbindliche Grundlage für die Erstellung sämtlicher Projektablauf- und Terminpläne.

Mithilfe dieser Vorgangsliste können nun ein Balkendiagramm und ein Netzplan erstellt werden.

**Projektablauf-
plan und
Terminplan**

**logische
Abhängig-
keiten**

Dauer

Vorgangsliste

Vorgangsliste			
Vorgangsnummer	**Vorgangsbezeichnung**	**Vorgänger**	**Dauer in Tagen**
1	Estrich	3	2
2	Dach	6	3
3	Innenputz	9, 10, 8	8
4	Vorplatz	12	2
5	Garten	12	10
6	Fundament/Mauerwerk	13	10
7	Zaun	4, 5	1
8	Sanitärinstallation/Heizung	2	10
9	Montage Fenster/Außentüren	2	4
10	Elektroinstallation	2	8
11	Innentüren	1	1
12	Außenputz	9	8
13	Baugrube und Fundamente ausheben	–	2
14	Bauabnahme und -übergabe	7, 11	1

Abb. 8.3-5: Vorgangsliste für das Beispielobjekt „Neubau Verwaltungsgebäude"

◆ **Darstellung als Balkendiagramm**

**Balken-
diagramm**

Im Balkendiagramm (siehe Abb. 8.3-6) werden an der senkrechten Achse die einzelnen Arbeitspakete untereinander eingetragen, die horizontale Achse ist die Zeitachse. In diesem Plan werden auch die Termine der Meilensteine erfasst. Die Länge der Balken drückt die Dauer der einzelnen Vorgänge (= Arbeitspakete) aus, die Pfeile, die die Balken miteinander verbinden, zeigen die logischen Abhängigkeiten.

Puffer

Liegt zwischen zwei miteinander verbundenen Vorgängen ein freier Zeitraum, so kann dieser als Puffer genutzt werden. Ein **Puffer** ist der Zeitraum, um den sich ein Vorgang verschieben bzw. verzögern darf, ohne dass der geplante Anfangstermin der nachfolgenden Vorgänge beeinflusst bzw. das Gesamtprojekt verzögert wird.

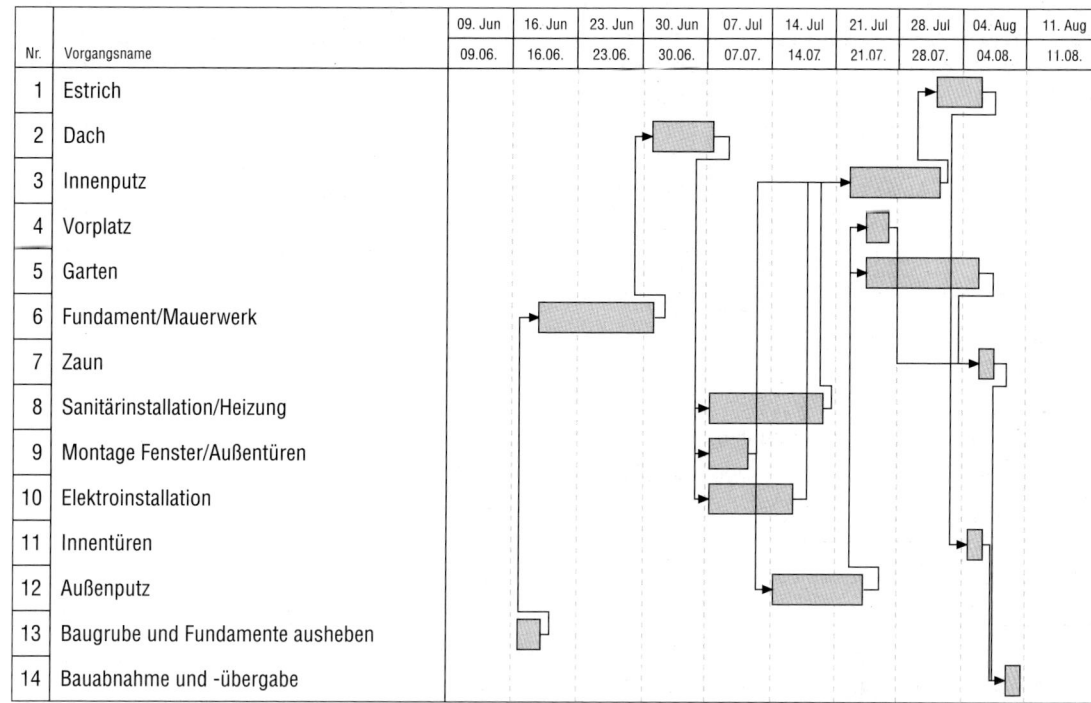

Nr.	Vorgangsname	09. Jun 09.06.	16. Jun 16.06.	23. Jun 23.06.	30. Jun 30.06.	07. Jul 07.07.	14. Jul 14.07.	21. Jul 21.07.	28. Jul 28.07.	04. Aug 04.08.	11. Aug 11.08.
1	Estrich										
2	Dach										
3	Innenputz										
4	Vorplatz										
5	Garten										
6	Fundament/Mauerwerk										
7	Zaun										
8	Sanitärinstallation/Heizung										
9	Montage Fenster/Außentüren										
10	Elektroinstallation										
11	Innentüren										
12	Außenputz										
13	Baugrube und Fundamente ausheben										
14	Bauabnahme und -übergabe										

Abb. 8.3-6: Balkendiagramm für das Beispielobjekt „Neubau Verwaltungsgebäude"

◆ **Netzplantechnik**

Mithilfe der Netzplantechnik (NPT, in Anlehnung an: Wamper, Horst W., Wirtschafts-informatik/Organisationslehre, S. 298 ff.) können auch komplexe Projekte mit einer umfangreichen Zahl von Arbeitspaketen geplant, gesteuert und überwacht werden, für die das Balkendiagramm keine ausreichende Übersicht mehr bietet.

Netzplan-technik

Jedes Arbeitspaket – auch Vorgang genannt – wird im Netzplan durch einen Vorgangs-knoten dargestellt, für den folgende Gestaltungsregeln vereinbart werden:

Vorgangs-knoten

FAZ		**FEZ**
Vorgangsnummer	Vorgangsbezeichnung	
D	GP	FP
SAZ		**SEZ**

Abb. 8.3-7: Vorgangsknoten aus dem Netzplan

Die Abkürzungen bedeuten:

D	Dauer	SEZ	spätester Endzeitpunkt
FAZ	frühester Anfangszeitpunkt	GP	Gesamtpuffer
FEZ	frühester Endzeitpunkt	FP	freier Puffer
SAZ	spätester Anfangszeitpunkt		

Gesamtpuffer **Freier Puffer**	Verbindungspfeile zwischen den Vorgangsknoten drücken hierbei die logischen Abhängigkeiten zwischen den einzelnen Arbeitspaketen aus. Der **Gesamtpuffer** ist die Zeitreserve, die einem Vorgang dann zur Verfügung steht, wenn kein anderer Vorgang diese Reserve beansprucht. Der **freie Puffer** ist die Zeitreserve, um die sich ein Vorgang verzögern darf, ohne den nachfolgenden Vorgang in seinem frühesten Anfangszeitpunkt zu beeinflussen. Er wird dem letzten Vorgang in einer Kette von Vorgängen zugeordnet, die einen gemeinsamen Gesamtpuffer aufweisen. Bei termingerechtem Verlauf aller Vorgänger muss für die Dauer des freien Puffers gewartet werden, bevor der nächste Vorgang beginnen kann. Der freie Puffer verringert sich in dem Maße, wie Vorgänger den Gesamtpuffer beansprucht haben.
Phase 1: Struktur-analyse	Die Anwendung der Netzplantechnik erfolgt in den folgenden Phasen: In dieser Phase werden alle Arbeitspakete in ihrer logischen Abhängigkeit grafisch abgebildet.
Phase 2: Vor-wärtsrechnung	Bei gegebenem Projektanfangstermin werden aufgrund der geplanten Dauer der einzelnen Arbeitspakete die frühestmöglichen **Anfangs-** und **Endtermine** eingetragen. Hierbei lässt sich gleichzeitig die gesamte Projektdauer bei einer Realisierung des geplanten Verlaufs ermitteln.
Phase 3: Rückwärts-rechnung	Bei der Rückwärtsrechnung wird ermittelt, wann die einzelnen Arbeitspakete spätestens begonnen und fertiggestellt werden müssen, damit der in der Vorwärtsrechnung ermittelte früheste Endtermin des gesamten Projekts nicht gefährdet wird.
Phase 4: Ermittlung der Zeitreserven und des kritischen Wegs	In dieser letzten Phase der Netzplantechnik wird ermittelt, welche Puffer **(Zeitreserven)** existieren und welche Arbeitspakete als besonders kritisch gelten. Dies sind die Arbeitspakete, die keinerlei zeitliche Reserven aufweisen. Ihnen muss in der Projektdurchführung besondere Aufmerksamkeit geschenkt werden, da ihre Verzögerung automatisch den pünktlichen Projektabschluss gefährdet. Die Kette der Arbeitspakete, die alle keine Puffer aufweisen, wird auch als **kritischer Weg** bezeichnet.

Die Regeln zur Anwendung der Netzplantechnik sind im Folgenden kurz zusammengefasst.

Phase	Regel-Nr.	Regel
Strukturanalyse	1	Abhängigkeiten werden durch Pfeile dargestellt. Pfeilrichtung: Von links nach rechts und vorzugsweise von oben nach unten
	2	Ein Vorgang kann mehrere Vorgänger und/oder Nachfolger haben.
	3	Ein Netzplan darf keine Schleifen enthalten (Zeitrechnung wäre dann nicht möglich).
	4	Vom Projektanfang (Startknoten) bis zum Projektende (Zielknoten) muss ein ununterbrochener Ablauf gegeben sein.
Vorwärtsrechnung	5	Der Startvorgang beginnt mit einem FAZ von 0.
	6	FEZ = FAZ + Dauer
	7	FEZ eines Vorgangs ist FAZ aller unmittelbar nachfolgenden Vorgänge
Vorwärtsrechnung	8	Münden mehrere Vorgänge in einen Knoten, so ist dessen FAZ der größte FEZ aller Vorgänge.

Phase	Regel-Nr.	Regel
Rückwärts-rechnung	9	FEZ des Zielknotens ist SEZ des Projekts.
	10	SAZ = SEZ – Dauer
	11	SAZ eines Vorgangs ist SEZ aller unmittelbar vorausgehenden Vorgänge.
	12	Haben mehrere Vorgänge einen gemeinsamen Vorgänger, so ist dessen SEZ der früheste (kleinste) SAZ aller Nachfolger.
	Zur Kontrolle:	Der SAZ des Startknotens muss den Wert 0 aufweisen.
Zeitreserven und kritischer Weg	13	GP = SAZ – FAZ oder GP = SEZ – FEZ
	14	$FP_{des\ Vorgangs\ A} = FAZ_{des\ Nachfolgers\ B} - FEZ_{des\ Vorgangs\ A}$
	15	Vorgänge ohne Zeitreserven sind kritische Vorgänge.
	16	Der kritische Weg ist die Kette aller kritischen Vorgänge.

Für das Beispielprojekt „Neubau Verwaltungsgebäude" entsteht folgender Netzplan:

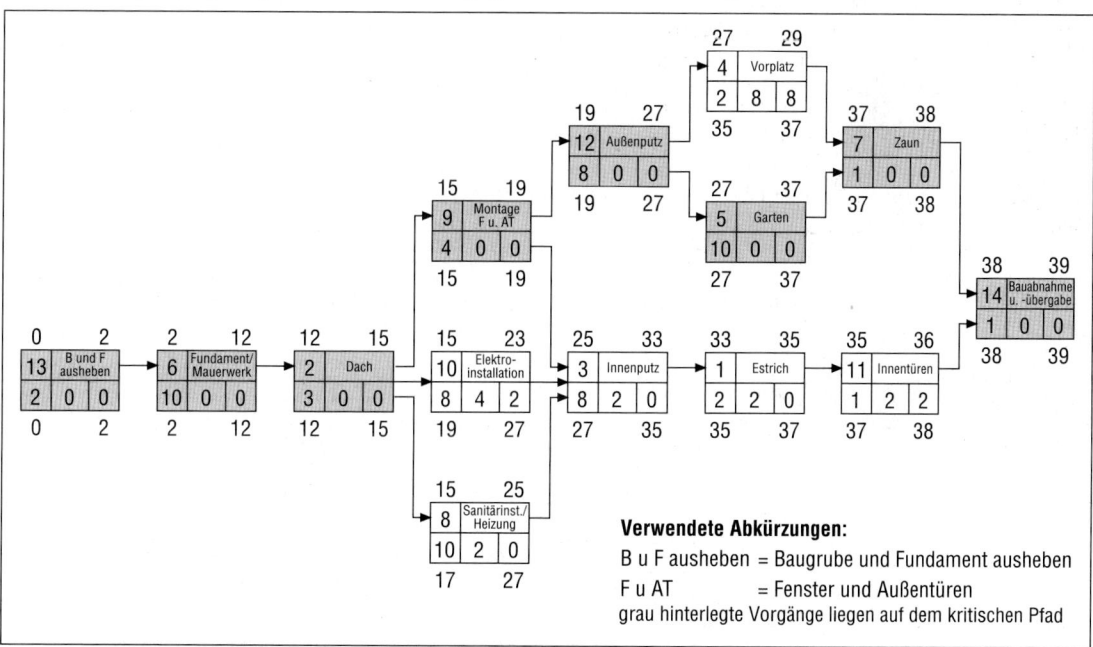

Abb. 8.3-8: Netzplan für das Beispielprojekt „Neubau Verwaltungsgebäude"

Der kritische Weg wird in der Praxis oft durch eine farbige Linie hervorgehoben.

8.3.4 Kapazitätsplan

Kapazitäts-plan

Um die in den bisherigen Planungsschritten definierten Vorgänge mit ihren logischen und zeitlichen Abhängigkeiten realisieren zu können, müssen die erforderlichen **Ressourcen** zur Verfügung gestellt werden. Die Ressourcen setzen sich zusammen aus Personen mit bestimmten Qualifikationen (z. B. Programmierer, Netzwerkspezialisten, Projektleiter,

Trainer) und aus Sachmitteln (z. B. Personalcomputer mit entsprechender Software, Telekommunikationsmittel, Besprechungsräume und Fahrzeuge). Die Kapazitätsplanung war dann erfolgreich, wenn die erforderlichen Ressourcen in der Projektdurchführung

- in der richtigen Art und Qualität,
- in der richtigen Menge,

- zur richtigen Zeit,
- am richtigen Ort

bereitstehen.

Die Kapazitätsplanung erfolgt in vier Schritten.

Schritte der Kapazitätsplanung

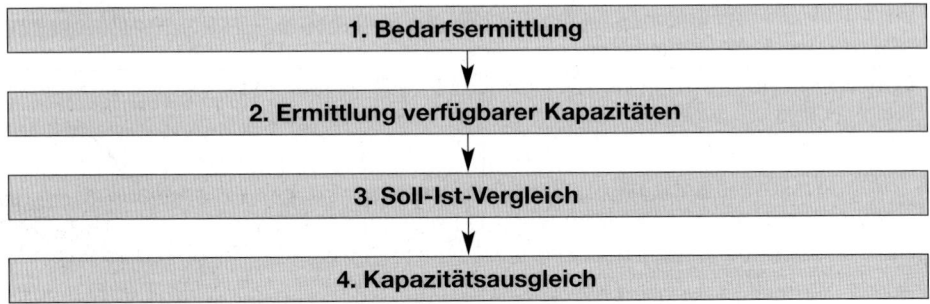

Abb. 8.3-9: Schritte im Rahmen der Kapazitätsplanung

Bedarfsermittlung

In einem ersten Schritt wird mithilfe der vorliegenden Arbeitspakete ermittelt, welche Personen und Sachmittel zu welchem Zeitpunkt an welchem Ort benötigt werden. Je detaillierter die Arbeitspakete beschrieben sind, desto einfacher ist dieser Schritt der Kapazitätsplanung. Die Zusammenfassung der erforderlichen Ressourcen aller Arbeitspakete führt zu den benötigten Ressourcen des gesamten Projekts. Häufig werden in diesem Zusammenhang **Kapazitätsgruppen** gebildet. Zum Beispiel könnte eine Kapazitätsgruppe Programmierer gebildet werden, in der alle Mitarbeiter derart qualifiziert sind, dass sie sich gegenseitig vertreten können.

Ermittlung verfügbarer Kapazitäten

In einem zweiten Schritt werden die tatsächlich verfügbaren Kapazitäten ermittelt. Auch wenn im Unternehmen oder der Projektgruppe grundsätzlich genügend Programmierer vorhanden sind, führen bereits geplante Abwesenheiten, etwa durch Urlaub oder durch Weiterbildungsmaßnahmen, zur Reduzierung der Verfügbarkeit. Auch können erforderliche Qualifikationen nicht gegeben sein, wenn der Kunde die Anwendung einer Programmiersprache wünscht, die bisher im Unternehmen noch nicht genutzt wurde.

So kommt es in einem dritten Schritt zum Vergleich der für das Gesamtprojekt benötigten Ressourcen mit den tatsächlich verfügbaren Ressourcen, der in der Regel Abweichungen zwischen beiden Größen deutlich macht.

Kapazitätsausgleich

Im **Kapazitätsausgleich** als viertem Schritt wird ein Kompromiss zwischen der vorhandenen Istkapazität und der geforderten Sollkapazität gesucht. Als Ausgleichsmaßnahmen im Rahmen gegebener Pufferzeiten können

- Vorgänge zeitlich verschoben werden,
- Vorgänge verlängert werden, sodass zur selben Zeit weniger Ressourcen benötigt werden,
- Vorgänge geteilt werden, sodass die Teilvorgänge in Zeiten ausgeführt werden, in denen die Kapazität zur Verfügung steht.

In diesem Zusammenhang kann der Projektleiter entscheiden, ob es sinnvoll bzw. erforderlich ist, den Projektmitarbeitern fehlende Qualifikationen (z. B. durch Schulungen) zu vermitteln.

8.3.5 Kostenplan

Mit der Planung der Projektkosten werden drei Ziele verfolgt:

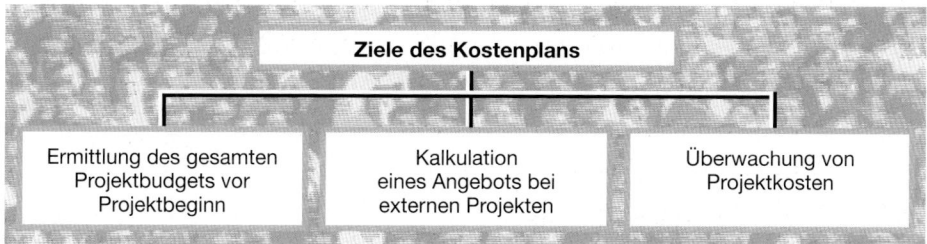

Die Projektkosten müssen vor Beginn eines Projektes geschätzt werden, denn jedes Projekt ist einmalig und findet „zum ersten Mal" statt. Es werden grundsätzlich drei Verfahren unterschieden:

1. **Parametrische Kostenschätzung** (Faustformeln): In jeder Branche lassen sich in der Regel bestimmte „Konstanten" überschlagen, die rasch für alle Arten von Projekten hochgerechnet werden können. So weiß man in der Baubranche beispielsweise, wie viel ein Kubikmeter umbauten Raumes kostet; in der Raumfahrt ist bekannt, welche Kosten mit der Entsendung einer Tonne Nutzlast ins Weltall verbunden sind usw.

Verfahren zur Planung von Projektkosten

2. **Analogie-Schätzverfahren:** Oft können Kostenschätzungen unbekannter Vorhaben von Erfahrungen aus ganz anderen Bereichen profitieren: So können z. B. Kosten der Vernietung von Metallplatten aus dem Schiffbau teilweise auf den Brückenbau übertragen werden. Kosten der Erstellung von Messeständen entsprechen häufig Kosten von Ausstellungsprojekten aus Museen usw.

3. **Bottom-up-Verfahren** (bottom up = von unten nach oben): Diesem Verfahren liegt der Projektstrukturplan mit all seinen Arbeitspaketen zugrunde. Dabei werden die Kosten eines jeden Arbeitspaketes geschätzt und am Ende addiert. Eine besondere Rolle spielt dabei die Anwendung von **Verrechnungssätzen**. Soll etwa ermittelt werden, wie viel die Stunde eines Programmierers kostet, so müssen alle Kostenbestandteile erfasst werden, die mit seiner Arbeit verbunden sind. Das sind neben seinem Gehalt auch die Lohnnebenkosten (z. B. der Arbeitgeberanteil für Sozialversicherungen), sein Büro mit Möbeln und Bürogeräten aller Art (Miete und Abschreibungen), Schulungskosten, Kosten durch Nutzung von Dienstfahrzeugen usw. Sämtliche dieser Kosten werden anteilig auf eine Leistungseinheit (z. B. Stunde) bezogen und in einem Verrechnungssatz zusammengefasst. Es müssen aber auch anteilig die Kosten berücksichtigt werden, die auf den ersten Blick mit der Leistung dieses Mitarbeiters gar nicht in Verbindung stehen, wie z. B. Verwaltungs- oder Vertriebskosten.

   Für unterschiedliche Arten von Mitarbeitern werden entsprechend den Kosten, die sie verursachen, unterschiedliche Verrechnungssätze ermittelt. Je nachdem, wie viele Stunden die einzelnen Gruppen von Mitarbeitern mit ihren spezifischen Verrechnungssätzen in einem Arbeitspaket tätig sind, lassen sich diese Kosten je Arbeitspaket hochrechnen. Dazu kommen die Kosten für Rohstoffe bzw. Halb- oder Fertigteile, die in das Projektprodukt eingehen (z. B. Stahl beim Schiffbau).

Während das parametrische und das Analogie-Schätzverfahren hauptsächlich zu Projektbeginn für die Ermittlung des gesamten Projektbudgets eine Rolle spielen, kommt das Bottom-up-Verfahren in allen Projektphasen zum Einsatz. Es ist das bedeutendste Verfahren und liefert außerdem wertvolle Daten für das Kostencontrolling (siehe Kapitel 8.4.3). Sowohl für Controllingzwecke als auch zur rechtzeitigen Bereitstellung finanzieller Mittel werden die Kosten im Zeitablauf dargestellt:

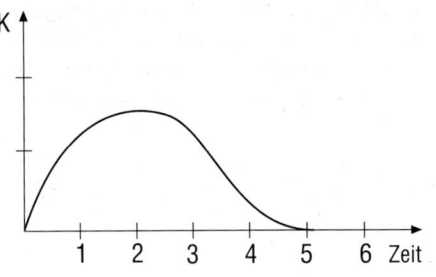

Kosten der Entwicklung einer Maschine

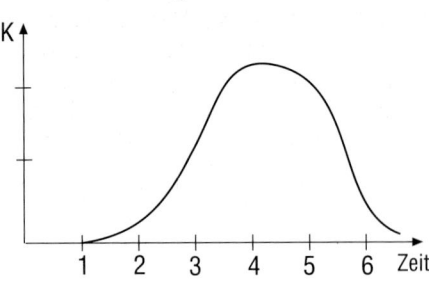

Kosten der Konstruktion einer Maschine

Qualitätsplan

8.3.6   Qualitätsplan

Die **Leitfrage** der Qualitätssicherung lautet **Wann macht wer was wie, um die Qualität zu garantieren?** Unter Qualität versteht man im Projektmanagement die Erfüllung vereinbarter Anforderungen an Teilprodukte und an das Endprodukt. Darüber hinaus soll das Projektergebnis den Erwartungen des Auftraggebers genügen. Zu diesem Zweck wird ein Qualitätsplan entwickelt, welcher im Kern folgendermaßen aufgebaut ist:

⋆ **Formulierung von Qualitätszielen**

Qualitätsziele können identisch mit Projektzielen aus dem Lastenheft sein oder daraus abgeleitet werden. Es ist zweckmäßig, die Erwartungen und Anforderungen des Auftragnehmers mit ihm gemeinsam in Qualitätsziele umzusetzen.

Beispiel   Projekt „Entwicklung von Regenkleidung": Atmungsaktivität des Innen- und Außenmaterials

⋆ **Benennung der Qualitätskriterien**

In einem zweiten Schritt müssen solche Qualitätsziele an konkreten und messbaren Kriterien festgemacht werden. So kann man später überprüfen, ob diese Ziele tatsächlich erreicht wurden.

Beispiel   Projekt „Entwicklung von Regenkleidung": Wasserdampfdurchlässigkeit von 10.000 $g/m^2/24\,h$

⋆ **Wege zur Qualitätszielerreichung**

Nun wird geplant, wann welche Maßnahmen durch wen erfolgen sollen, um diese Ziele zu erreichen.

Beispiel   Projekt „Entwicklung von Regenkleidung": Spezielle Verfahren der Materialbeschaffung durch die Einkaufsabteilung, z. B. Einkauf von mindestens drei Materialvarianten, welche bereits durch unabhängige Institute getestet worden sind.

⋆ **Qualitätskontrolle**

Schließlich wird genau festgelegt, wann wer mit welchen Maßnahmen welche Ergebnisse prüft.

Beispiel   Projekt „Entwicklung von Regenkleidung": Hauseigene Dauertests von Halbfertigprodukten und vernähten Fertigprodukten im Labor sowie in realen Outdoor-Tests durch bestimmte Testpersonen vor der Weiterverarbeitung

Solche Qualitätspläne können durch projektübergreifende und standardisierte Maßnahmen der Qualitätssicherung ergänzt werden. Diese betreffen den gesamten Verfah-
rensablauf im Betrieb bzw. im Projekt des Auftragnehmers. Hier können beispielsweise
Anforderungen an das Verfahren der Auftragsgestaltung oder Projektplanung festgelegt
werden. Im Rahmen der ISO 9000 ff. (Normen zur Qualitätssicherung betrieblicher
Abläufe) kann sich jeder Betrieb „zertifizieren" lassen. Dieses Zertifikat garantiert zwar
noch keine gute Qualität, aber es weist nach, dass der Betrieb die Rahmenbedingungen für gute Qualität geschaffen hat.

Nr.	Qualitätsziel	Kriterium	Maßnahme	Kontrollmaßnahme
1.				
2.				
3.				
4.				
5.				

Abb. 8.3-10: Standardisiertes Formular „Qualitätsplan"

8.3.7 Praxisfall IPOS

Projekt-
planung im
Praxisfall
IPOS

*Insgesamt steht dem IPOS-Team ein Zeitraum von ca. 10 Wochen für das gesamte Pro-
jekt zur Verfügung. Da im Projektmanagement gewöhnlich etwa 20 bis 25 % der
gesamten Projektdauer für die Planungsphase zugrunde gelegt werden, rechnet das
Team mit einer reinen Durchführungszeit für das Projekt von ca. 8 Wochen. Drei Teammitglieder werden während der Projektdauer Urlaub haben, was in der Kapazitätsplanung berücksichtigt werden muss.*

◆ **Identifizierung der Arbeitspakete**

Identifizierung
der Arbeits-
pakete im
Praxisfall IPOS

In einem ersten Schritt setzt sich das Team zusammen und sammelt alle Arbeitsschritte,
die den Mitgliedern im Zusammenhang mit der Erstellung der geforderten Homepage einfallen. Dabei müssen sämtliche Maßnahmen von der Gestaltung der Seite über die
Informationsbeschaffung bis hin zur Publikation im Netz bedacht werden.

Der Projektleiter moderiert das Gespräch. Als Hilfsmittel stehen eine Pinnwand, ein
Flipchart und ein Overheadprojektor mit Folien zur Verfügung.

Folgende Arbeitspakete werden identifiziert:

● Festlegen der Struktur der gesamten Homepage mit allen Unterseiten
● Abstimmen eines einheitlichen grundsätzlichen Designs der gesamten Homepage
  einschließlich sämtlicher Unterseiten
● Beschaffung sämtlicher Informationen für die einzelnen Seiten
● Schreiben sämtlicher Texte mit MS-Word

- Beschaffung von vorliegenden Fotos
- Fotografieren neuer Bilder
- Scannen von Fotos, Bildern und Grafiken
- Beschaffung erforderlicher Zugangsdaten zum Provider
- Erstellung von Bildern/Grafiken (z. B. der Navigationsleiste) und Hintergründen
- Erstellung der Buttons
- Einbinden des Online-Shops
- Erstellung von Rahmen (Frames)
- Einfügen fertiger Textdokumente in die HTML-Seiten
- Einfügen von Bildern und Grafiken in die HTML-Seiten
- Erstellen von Verweisen (Links) innerhalb der Seite und auf andere Seiten
- Nachbearbeitung gestalterischer Mängel (Restoutfit)
- Durchführung eines Offline-Testlaufs mit marktüblichen Browsern
- Publikation im Netz und Kontrolle, ob die Seite tatsächlich im Netz fehlerfrei läuft

◆ **Projektstrukturplan**

In einem nächsten Schritt wird eine Ordnung dieser Arbeitspakete hergestellt, indem gleichartige Arbeitspakete zu Gruppen zusammengefasst und mit Überschriften versehen werden (siehe Abb. 8.3-11).

Mithilfe dieses Projektstrukturplans kann der Projektleiter die einzelnen Arbeitspakete bzw. Teilprojekte den jeweiligen Teammitgliedern gemäß Neigungen und Fähigkeiten zuordnen.

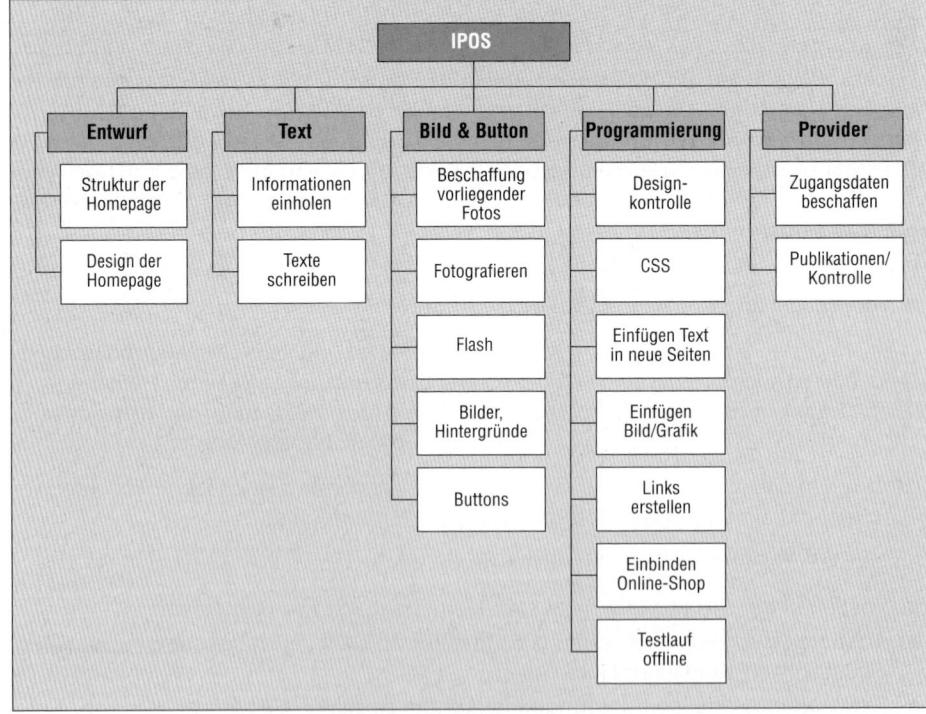

Abb. 8.3-11: Projektstruktur des Projekts „IPOS"

◆ Projektablaufplan

Projektablaufplan im Praxisfall IPOS

Anschließend erstellt das Team eine Vorgangsliste mit allen Arbeitspaketen, in der die geschätzte Dauer eines jeden Arbeitspakets sowie logische Abhängigkeiten eingetragen werden. Dazu muss das Team entweder auf Erfahrungen von Teammitgliedern zurückgreifen oder gemeinsam Schätzungen anstellen. Bei der Planung soll berücksichtigt werden, dass das gesamte Team an der Planungssitzung der Struktur und des Designs der Homepage teilnehmen soll.

Anschließend werden die Daten in das Programm MS-Project eingegeben.

Vorgangsnummer	Vorgangsbezeichnung	Dauer in Tagen	Vorgänger
1	Struktur der Homepage	3	
2	Design der Homepage	3	1
3	Informationen einbinden	3	2
4	Texte schreiben	3	3
5	Fotos und Grafiken beschaffen	5	5
6	Fotografieren	2	2
7	Flash	2	5
8	Gestaltung Bilder und Hintergründe	6	6; 7
9	Buttons	6	6; 7
10	CSS	3	8; 9
11	Einfügen Text in HTML-Seiten	4	4; 10
12	Einfügen Grafiken (Bilder, Buttons, Hint.)	1	11
13	Links erstellen	1	12
14	Einbinden Online-Shop	4	13
15	Design-Kontrolle (einheitliche Gestaltung)	2	14
16	Testlauf über Browser (offline)	2	15
17	Zugang Provider sicherstellen	4	2
18	Publikation und Testlauf (online)	1	16; 17

Abb. 8.3-12: Vorgangsliste „IPOS“

Dazu müssen in einem ersten Schritt die tatsächlichen Arbeitstage definiert werden. Hierfür werden in einer Kalenderfunktion z. B. die ausfallenden Feiertage und die Betriebsferien aus der Projektzeit herausgerechnet.

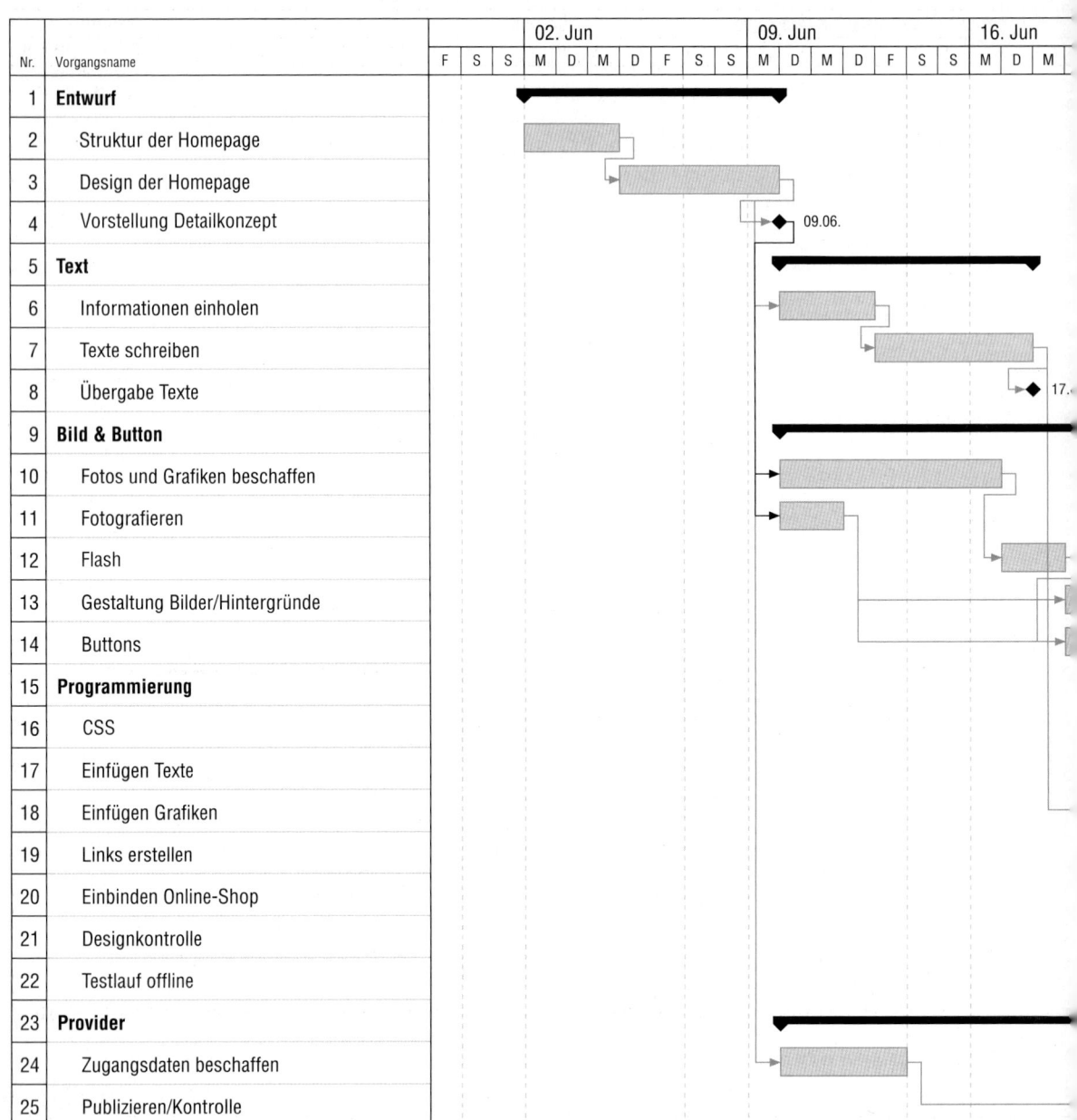

Nr.	Vorgangsname			02. Jun							09. Jun								16. Jun		
		F	S	S	M	D	M	D	F	S	S	M	D	M	D	F	S	S	M	D	M
1	**Entwurf**																				
2	Struktur der Homepage																				
3	Design der Homepage																				
4	Vorstellung Detailkonzept											09.06.									
5	**Text**																				
6	Informationen einholen																				
7	Texte schreiben																				
8	Übergabe Texte																		17.		
9	**Bild & Button**																				
10	Fotos und Grafiken beschaffen																				
11	Fotografieren																				
12	Flash																				
13	Gestaltung Bilder/Hintergründe																				
14	Buttons																				
15	**Programmierung**																				
16	CSS																				
17	Einfügen Texte																				
18	Einfügen Grafiken																				
19	Links erstellen																				
20	Einbinden Online-Shop																				
21	Designkontrolle																				
22	Testlauf offline																				
23	**Provider**																				
24	Zugangsdaten beschaffen																				
25	Publizieren/Kontrolle																				

Abb. 8.3-13: Balkendiagramm des Projekts „IPOS"

	23. Jun								30. Jun								07. Jul								14. Jul								21. Jul			
S	M	D	M	D	F	S	S	M	D	M	D	F	S	S	M	D	M	D	F	S	S	M	D	M	D	F	S	S	M	D	M	D

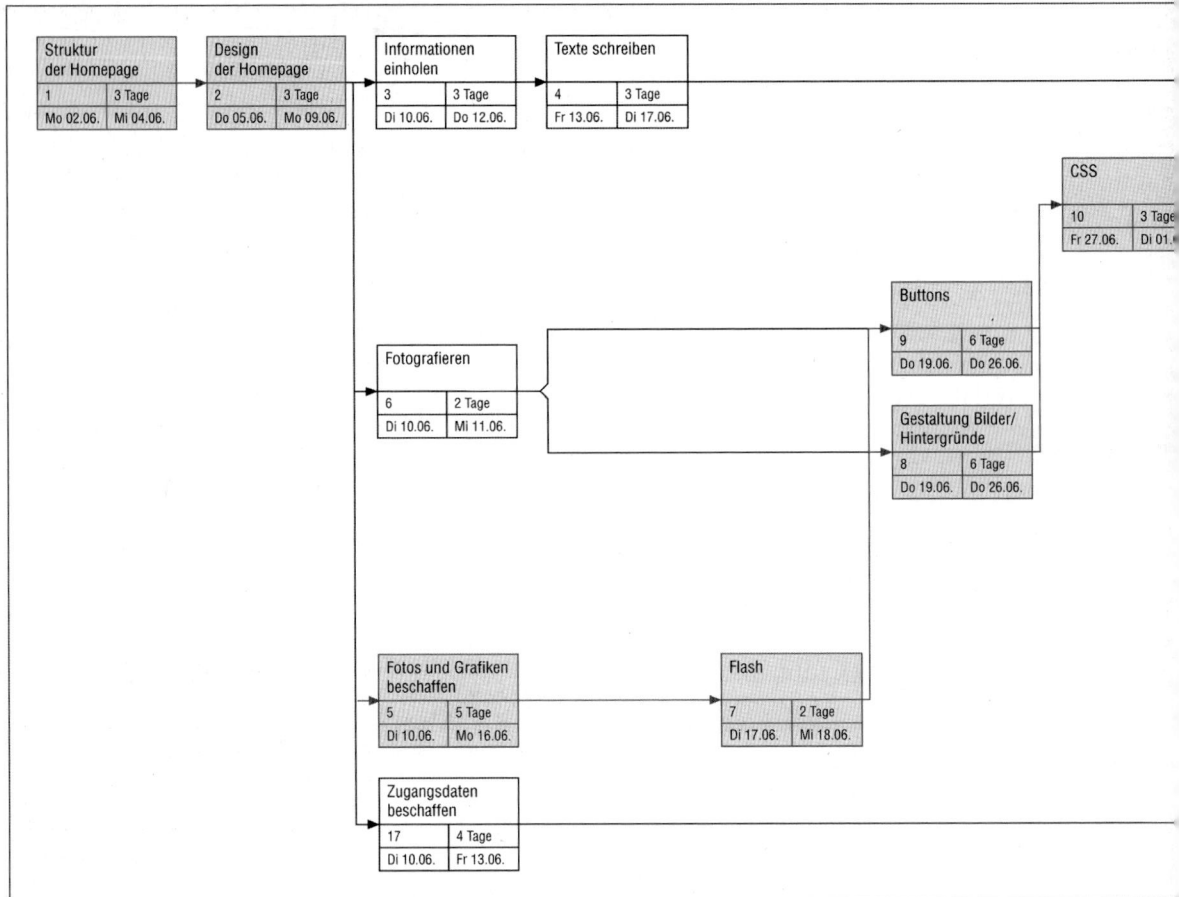

Abb. 8.3-14: Netzplan des Projekts „IPOS"

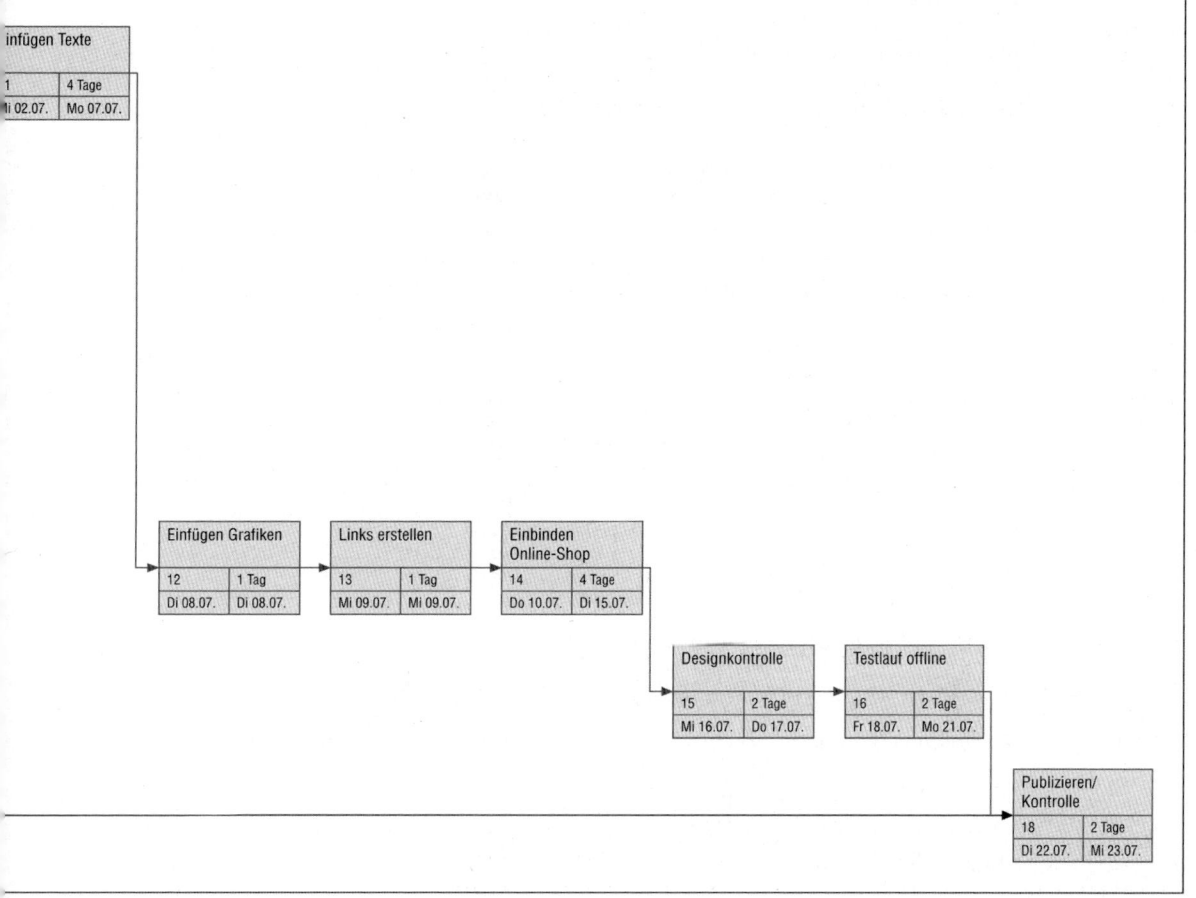

**Kapazitäts-
planung im
Praxisfall
IPOS**

◆ **Kapazitätsplan**

Das IPOS-Projektteam hat vorwiegend die erforderlichen personellen Kapazitäten ein-
zuplanen, die Sachkapazitäten stehen nach gegenwärtigem Kenntnisstand durch-
gehend zur Verfügung. Das Hauptproblem, das gelöst werden muss, besteht darin,
dass kein Teammitglied versehentlich in mehreren Arbeitspaketen gleichzeitig eingeplant wird. Das Team verständigt sich darauf, den personellen Kapazitätsplan mit in
das Balkendiagramm einzubinden (hier nicht dargestellt). Die betreffenden Namen
werden dann jeweils hinter den Arbeitspaketen vermerkt.

◆ **Auszug aus dem Qualitätsplan**

**Qualitäts-
planung im
Praxisfall
IPOS**

Qualitätsziel	Alle Seiten der Homepage sollen ein einheitliches Layout aufweisen.
Qualitätskriterien	Einheitliche Gestaltung der äußeren Merkmale der Seiten.
Wege	Entwicklung von Standards zur Gestaltung der Seiten unter Angabe relevanter Formatierungs-, Gestaltungs- und Designregeln.
Qualitätskontrolle	Testpersonen prüfen unter Verwendung einer Checkliste das einheitliche Layout der einzelnen Seiten.

**Praxistipps
für die
Projektleitung
in der
Planungs-
phase**

8.3.8   Praxistipps für die Projektleitung

◆ **Tipp Nr. 1: Dauer der Planungsphase angemessen kalkulieren**

Es gibt die verbreitete Tendenz, die Planungsphase abzukürzen oder gar ganz zu über-
springen. In Amerika spricht man in diesem Zusammenhang vom „Whisky-Syndrom":
„Why isn't Sam coding yet?" Deutsche Industrieprojekte kalkulieren ca. 25 % der Projektzeit als Planungszeit ein, in Japan nimmt die Planungsphase häufig noch mehr Zeit
in Anspruch. Eine sorgfältige Planung verkürzt die Durchführungsphase erheblich.

◆ **Tipp Nr. 2: Grobplanung vor Abschluss des Projektvertrags erstellen**

In der Praxis wird die Planungsphase häufig in die Definitionsphase integriert: So entstehen grobe Projektstruktur-, Ablauf- und Kostenpläne bereits vor Abschluss des Projektvertrags. Für die Auftragsakquise (Auftragsbeschaffung) ist es darüber hinaus von
Vorteil, wenn der Auftaggeber in einem Angebot die Projektplanung nachvollziehen
kann. Eine glaubwürdige Projektplanung erhöht die Chance für den Auftragnehmer, den
Auftrag zu bekommen.

◆ **Tipp Nr. 3: Projektteam so früh wie möglich in die Planung einbeziehen**

Projektleiter haben oft die Tendenz, dem Projektteam eigene Planungsüberlegungen
„überzustülpen". Das kann für die Motivation des Teams sowie die Planungsqualität
verheerende Folgen haben. Je früher Arbeitspaket- und Teilprojektverantwortliche in
die Planung einbezogen werden, desto größer die Chance, dass die Planung realistisch
ist und dass das Team den Ehrgeiz entwickelt, die eigenen Planungsziele zu erreichen.

◆ **Tipp Nr. 4: Arbeitspakete aussagefähig benennen**

Beim Entwickeln und Benennen der Arbeitspakete werden häufig vorschnell Arbeits-
spaketnamen vergeben, die für Dritte oder für das Team selbst zu einem späteren Zeit-

punkt zu Verwirrung führen. Jeder Arbeitspaketname sollte kurz und dennoch selbsterklärend sein. Das spart viel Zeit und unnötige Nachfragen gerade dann, wenn für Projektverantwortliche mehrere größere Projekte zu koordinieren sind.

◆ **Tipp Nr. 5: Bei der PSP-Entwicklung das „Was" und nicht das „Wie" klären**

Gerade in technischen Berufen gibt es die Neigung, vorschnell in technischen Lösungen zu denken. So kennen einzelne „eine gute Software, um ein Problem zu lösen". Hier besteht die große Gefahr, dass viel zu früh und mit den falschen Mitarbeitern über technische Lösungen diskutiert wird. Aus diesem Grunde muss der Projektleiter gewährleisten, dass an dieser Stelle nur über das „Was" und nicht das „Wie" gesprochen werden muss, um überhaupt erst die erforderlichen Arbeitspakete zu identifizieren. Die konkreten technischen Lösungen werden dann später innerhalb der Arbeitspakete entwickelt. In diesem Zusammenhang hat es sich bewährt, einen „Was-Beauftragten" einzusetzen, der auf nichts anderes achtet.

◆ **Tipp Nr. 6: Personalressourcen sicherstellen**

Dem Projektleiter nützen zugesagte und eingeplante Ressourcen nichts, wenn sie nicht tatsächlich verfügbar sind. So kann es zum Beispiel passieren, dass ein Mitarbeiter im Ressourcenplan eingeplant ist, jedoch im betreffenden Zeitraum in den Urlaub fährt, weil er bzw. die Personalabteilung den Termin aus den Augen verloren hat. Um dieses Risiko zu minimieren, sollte der Projektleiter deshalb mit den betreffenden Mitarbeitern selbst sowie auch mit der Personalabteilung sprechen, um sicherzustellen, dass diese nicht versehentlich an anderer Stelle gebunden sind. In unserem Beispiel könnte das für diesen Mitarbeiter in Form einer Urlaubssperre in einer bestimmten Kalenderwoche umgesetzt werden.

8.4 Projektmanagement in der Phase „Projektdurchführung"

„Alles, was in einem Projekt schieflaufen kann, läuft schief."

Veit Didczuneit, Projektmanager

Das IPOS-Team und Herr Bertram als Projektleiter haben sorgfältig alle Schritte der Projektdefinition und Projektplanung durchlaufen. Alle Projektpläne liegen vor und die Mitarbeiter starten mit großem Engagement in die Durchführung des Projekts.

Nach wenigen Tagen wird der Projektleiter unsicher, da er immer wieder Projektmitarbeitern begegnet, denen nicht klar ist, was sie tun sollen. Kaum hat er sie mithilfe seiner Pläne noch einmal darauf hingewiesen, muss er feststellen, dass mehrere Mitarbeiter unabhängig voneinander an ein und derselben Sache arbeiten, ohne voneinander zu wissen. Daraufhin kommen zwei Mitarbeiter unverrichteter Dinge aus einer Besprechung mit der Vertriebsabteilung zurück und teilen mit, dass die zugesagten Dokumente noch nicht verfügbar seien. Außerdem sind einige Produktzeichnungen für den Online-Shop nach dem Scannen in so schlechter Qualität, dass sie manuell nachbearbeitet werden müssen. Diese und ähnliche Probleme führen dazu, dass der Projektleiter zunehmend von den Plänen abweicht, um die dringendsten Probleme zuerst zu lösen. Doch immer öfter reagieren Projektmitarbeiter verärgert darüber, dass sie über Veränderungen im Projektablauf nicht informiert worden seien und damit ihre Arbeitspakete nicht wie geplant fortsetzen könnten. In vielen Fällen ist der Projektleiter gar nicht erreichbar, da er seinen Routineaufgaben als Abteilungsleiter nachgehen muss.

Schließlich wird er von der Geschäftsleiterin zur Rechenschaft gezogen, weil sie zu wichtigen Änderungen nicht gehört wurde. Daraufhin nutzt Herr Bertram das anstehende Wochenende, um noch einmal alle Probleme zu reflektieren und verbesserte Vorgehensweisen zu entwickeln.

Eine gute Projektdefinition und Planung sind zwar eine notwendige, aber keine hinreichende Voraussetzung für eine erfolgreiche Projektdurchführung. Auch in dieser Phase hat das Management wichtige Aufgaben zu erledigen. Im Kern ist das die Projektsteuerung.

Projekt-steuerung

Projektsteuerung ist vergleichbar mit dem Steuern eines Viermasters durch die raue See im letzten Jahrhundert: Der Kapitän eines solchen Schiffes verfolgte einen theoretisch ermittelten Kurs mithilfe seiner Karten, musste aber täglich mit unerwarteten Schwierigkeiten (Strömungen, Unwetter, Versorgungsengpässen, Meuterei usw.) rechnen. Ein Kapitän war ein guter Kapitän, wenn sein Schiff termingerecht und ohne größere Probleme den Zielhafen erreichte. Dazu musste er sich im Kartenlesen so gut auskennen wie in den Bereichen Wetterkunde, Schiffskunde und Menschenführung.

Auch Projekte sind mit vielen unvorhersehbaren Problemen und Risiken behaftet. Um die Projektziele dennoch in der vorgegebenen Zeit zu erreichen, ist eine professionelle Steuerung der Projektdurchführung erforderlich.

Die in diesem Kapitel vorgestellten Instrumente des Projektmanagements sind für die Phase der Projektdurchführung von besonderer Bedeutung. Bei einigen Instrumenten bietet sich der Einsatz jedoch auch in anderen Projektphasen an.

8.4.1   Zusammenspiel von Projektsteuerung, -controlling und -dokumentation

Projekt-controlling

Die **Projektsteuerung** ist die zielgerichtete Lenkung aller Tätigkeiten im Rahmen eines Projekts zur rechtzeitigen Fertigstellung des Projektergebnisses zu den vorgegebenen Bedingungen. Die Projektsteuerung übernimmt i. d. R. der Projektleiter. Sie steht im Mittelpunkt der Durchführungsphase. Die Steuerung eines Projektes setzt voraus, dass Abweichungen vom richtigen Kurs bemerkt werden. Das ist die Aufgabe des Controllings. Das **Projektcontrolling** hat die Aufgabe, Abweichungen der Projektdurchführung von der Projektplanung zu entdecken und die Projektsteuerung bei der erforderlichen Kurskorrektur zu unterstützen. Das Controlling kann daher als ein Teilbereich der Steuerung verstanden werden.

Projekt-dokumentation

Sowohl für die Projektsteuerung als auch für das Projektcontrolling ist es unbedingt erforderlich, stets auf alle relevanten Informationen zurückgreifen zu können. Diese Aufgabe erledigt die **Projektdokumentation**, indem sie durch eine systematische Ordnung aller Arten von Dokumenten die Projektsteuerung bzw. das Projektcontrolling mit erforderlichen Informationen versorgt.

8.4.2 Operative Maßnahmen der Projektsteuerung

In der Steuerung von Projekten haben sich einige Maßnahmen bewährt, die im Folgenden vorgestellt werden.

◆ **Team- und Gruppenleiterbesprechungen**

Die Projektleitung führt Besprechungen mit dem gesamten Projektteam, den Teams in den einzelnen Arbeitspaketen oder den Verantwortlichen für die einzelnen Arbeitspakete durch.

Team- und Gruppenleiterbesprechungen

Je nach Zweckmäßigkeit entscheidet sich der Projektleiter für die Teilnehmer, die zur Besprechung eingeladen werden. Um die Kontrolle über die wesentlichen Entwicklungen zu behalten, sollte der Projektleiter regelmäßig Besprechungen mit den Verantwortlichen der einzelnen Arbeitspakete vornehmen. Wichtig ist, dass alle Teilnehmer rechtzeitig über die Tagesordnungspunkte informiert werden, auf die Sitzung vorbereitet sind und nach der Sitzung die Dokumentation der Besprechung erhalten.

Ziele von Team- und Teamleiterbesprechungen
● Sowohl die Projektleitung als auch die Projektmitarbeiter verschaffen sich Orientierung über die Projektentwicklung in den einzelnen Projektteilbereichen.
● Aktuelle Probleme werden angesprochen und Lösungen entwickelt.
● Erforderliche Arbeitsaufträge, die im Projektverlauf entstehen, werden verteilt.
● Teamleiter entwickeln ein Verantwortungsbewusstsein für ihren Teilbereich und entlasten damit die Projektleitung.
● Projektmitarbeiter und Teilbereichsleiter identifizieren sich mit dem Gesamtprojekt.

In regelmäßigen Besprechungen liegt allerdings die Gefahr, dass diese als lästige Pflicht empfunden werden und an Effektivität verlieren. Umso wichtiger ist daher die systematische und zielorientierte Vorbereitung jeder Besprechung und die zügige Erledigung aller Tagesordnungspunkte.

Planung des Sitzungsablaufs

Für die Durchführung der Besprechung hat sich folgender Ablaufplan einer Arbeitssitzung bewährt:

1. Begrüßung der Teilnehmer/-innen

2. Ernennen des Protokollanten (siehe Formular S. 487)

3. Klärung der Ziele der Arbeitssitzung

4. gegenseitige Information über die Arbeitsergebnisse seit der vergangenen Sitzung

5. Information über aufgetretene Probleme

6. Entscheidung über die Vorgehensweise zur Behandlung der Probleme

7. Abarbeiten der übrigen Tagesordnungspunkte

8. Vereinbarung von Maßnahmen, die im Anschluss an die Sitzung zu erledigen sind (sogenannte **„to do's"**)

9. Vereinbarung des nächsten Sitzungstermins

Je umfangreicher die Sitzung hinsichtlich Dauer und Anzahl der Teilnehmer, desto wichtiger ist der Einsatz professioneller Moderationstechniken.

Maßnahmen zur Problemvermeidung

◆ **Maßnahmen zur Problemvermeidung**

Auch eine gute Projektplanung kann nicht alle möglichen Risiken und Probleme, die mit der Projektdurchführung verbunden sein könnten, berücksichtigen. Ansonsten würden die Planungen viel zu umfangreich und von den Projektmitarbeitern nicht mehr beachtet. Zur Problemvermeidung bzw. -minimierung in der Projektdurchführung lassen sich drei projektbegleitende Maßnahmen unterscheiden:

* **Laufende Vorfeldanalyse:** Der Projektleiter denkt sich in wichtige Vorgänge, die in naher Zukunft geplant sind, sorgfältig hinein. Beispielsweise sollte man mit rheinländischen Zulieferbetrieben in der Karnevalszeit vorsichtig sein, da diese dann möglicherweise nicht lieferfähig sind. Für eine Hardwareanalyse beim Kunden ist einzukalkulieren, dass bestimmte Geräte möglicherweise in der geplanten Zeit nicht zugänglich sind, da der Kunde die Geräte vielleicht selbst benötigt.

* **Kurzfristige Ressourcensicherstellung:** In allen Fällen, in denen in der Vorfeldanalyse mögliche Probleme bemerkt worden sind, stellt die Projektleitung die Verfügbarkeit bzw. Funktionstüchtigkeit von personellen und sachlichen Ressourcen sicher. Für die obigen Beispiele bedeutet das, dass der Projektleiter mit den Zulieferbetrieben bzw. dem Kunden noch einmal Kontakt aufnimmt und sich die Realisierung der Vereinbarungen bestätigen lässt.

* **Priorität für kritischen Pfad:** Sowohl die laufende Vorfeldanalyse als auch die kurzfristige Ressourcensicherstellung werden zunächst auf dem kritischen Pfad (siehe Kapitel 8.3.3) vorgenommen, da eine Verzögerung dieser Arbeitspakete die rechtzeitige Projektfertigstellung gefährdet.

Als wichtigste Kompetenz für die Projektleitung zählt in diesem Zusammenhang Projekterfahrung. Ein Projektleiter, der konkrete Probleme in der Praxis schon einmal erlebt hat, ist eher für das nächste Projekt sensibilisiert.

Kontakt zum Auftraggeber

◆ **Kontakt zum Auftraggeber/Änderungsmanagement**

Der Kontakt zum Auftraggeber beschränkt sich nicht nur auf die Erteilung des Projektauftrags. Über die ausführlichen Besprechungen bzw. den entsprechenden Schriftverkehr in der Phase der Projektdefinition hinaus gibt es verschiedene Gründe dafür, dass der Kontakt zum Auftraggeber erhalten bleibt:

* Der Auftraggeber zeigt Interesse am Projektverlauf und möchte über bestimmte Entwicklungen informiert werden (z. B. Teilnahme an Meilensteinveranstaltungen).

* Der Auftraggeber wünscht nachträgliche Änderungen oder Ergänzungen des Projektauftrags.

* Der Auftragnehmer sucht den ständigen Kontakt zum Auftraggeber als vertrauensfördernde Maßnahme (Kundenbetreuung als Marketinginstrument).

In jedem Fall sollte der Projektleiter alleiniger Ansprechpartner für den Auftraggeber sein, um zu vermeiden, dass der Auftraggeber mit verschiedenen Projektmitarbeitern möglicherweise nicht zu vereinbarende Absprachen trifft.

Sitzungsprotokoll

Projektname:	Protokollant/-in:

Datum:	Ort:	von	bis	Uhr

Teilnehmer/-innen:

Ziel(e) der Arbeitssitzung:

Ergebnisse/Begründung zu den einzelnen TOPs

TOP Nr.		Bemerkung

Maßnahmen, die sich aus der Arbeitssitzung ergeben:

was?	wer?	bis wann?

Termin der nächsten Arbeitssitzung:

Unterschrift Protokollant/-in	Unterschrift Projektleiter/-in

◆ Korrektur von Planabweichungen

Das Projekt gerät in große Gefahr, wenn der Projektverlauf von der Projektplanung abweicht. Für solche Abweichungen kann es verschiedene Gründe geben:

* Fehlplanung (aufgrund falscher Einschätzungen oder Denkfehler)

* Verzögerungen bei der Durchführung einzelner Arbeitspakete

* nachgeschobene Änderungswünsche des Projektauftrags durch den Auftraggeber, evtl. verbunden mit einer formalen Vertragsänderung

* unvorhergesehene Ereignisse (z. B. Krankheit eines Mitarbeiters)

* Durch den Projektfortschritt wird der Informationsstand ständig verbessert.

Der Projektleiter muss diese Abweichungen so schnell wie möglich feststellen und Korrekturmaßnahmen ergreifen. Grundsätzlich kann er sich entscheiden zwischen der Korrektur des betreffenden Projektplans oder Korrekturmaßnahmen im Projektverlauf (z. B. Reduzierung der Dauer von Arbeitspaketen). Ziel solcher Korrekturen ist die Aufrechterhaltung der Verbindlichkeit sämtlicher Pläne, denn sonst besteht die Gefahr, dass die Projektpläne nicht mehr ernst genommen werden und aus dem Blick geraten. Planänderungen im Laufe eines Projektes gehören zum Projektalltag.

◆ Förderung der Motivation der Teammitglieder

Die Motivation des Projektteams spielt eine entscheidende Rolle bei jeder Projektarbeit. Eine „Dienst-nach-Vorschrift-Arbeitshaltung" macht die Projektleitung einsam und erfolglos. Die Projektleitung kann nur gemeinsam mit einem motivierten Team die Projektziele erreichen. Die Mitarbeitermotivation verfolgt mehrere Ziele:

Ziele der Mitarbeitermotivation

● Die Teammitglieder identifizieren sich mit dem Projekt und machen den Projekterfolg zu ihrer Sache.

● Die Teammitglieder haben Spaß an der ihnen zugewiesenen Arbeit.

● Die Projektleitung wird vom Team in ihrer Funktion akzeptiert.

Mit folgenden Maßnahmen unterstützt der Projektleiter die Erreichung dieser Ziele:

* Der Projektleiter pflegt einen kooperativen Führungsstil und tritt nicht autoritär auf; so fühlt sich jedes Teammitglied in seiner Rolle ernst genommen. Zu diesem Zweck muss die Projektleitung an keiner Stelle auf ihren Führungsanspruch verzichten, wohl aber einen kollegialen Umgangston pflegen.

* Die im Kick-off-Meeting erhobenen Erwartungen und Qualifikationen der einzelnen Teammitglieder werden ernst genommen und bei der Aufgabenzuordnung bzw. bei den Qualifikationsmaßnahmen angemessen berücksichtigt.

* Im Rahmen von Team- und Teamleitersitzungen erfragt der Teamleiter regelmäßig ein Feedback zur Arbeitszufriedenheit. Dabei ist es wichtig, dass er konstruktive Kritik annehmen kann und diese nicht persönlich nimmt.

* Die möglichst frühe Einbindung von Teammitgliedern in das Projekt, um die Identifizierung mit dem Projekt zu gewährleisten – etwa durch die Beteiligung am Planungsprozess.

* Konflikte und schlechte Stimmung unter Mitarbeitern sollte die Projektleitung ernst nehmen und so früh wie möglich die Problemursache mit den Betroffenen benennen und mit ihnen Problemlösungen entwickeln. Häufig werden Sachkonflikte geführt, hinter denen Beziehungskonflikte stehen. So steht hinter dem Streit über die geeignete Software nicht selten ein versteckter Machtkampf.

8.4.3 Projektcontrolling

Der englische Ausdruck „control" hat mehrere Bedeutungen, er wird unter anderem übersetzt mit „Kontrolle", „Überwachung", aber auch mit „Steuerung". Tatsächlich sind Steuerung und Kontrolle eng miteinander verflochten: Ein Auto zu steuern bedeutet zugleich, stets die Fahrtrichtung zu kontrollieren und, vielleicht unbewusst, zu korrigieren. Entsprechend unterstützt das Projektcontrolling die Projektsteuerung mit systematisch erhobenen und ausgewerteten Informationen zum Projektverlauf.

Hauptaufgabe des Controllings ist der **Soll-Ist-Vergleich**, bei dem tatsächliche Entwicklungen mit den geplanten Entwicklungen verglichen werden. Wenn die Solldaten den Istdaten entsprechen, besteht kein Problem. Sofern jedoch Abweichungen entstehen, müssen diese erfasst und deren Ursachen erforscht werden. Im Idealfall teilt das Projektcontrolling der Projektleitung Art und Umfang der Abweichungen sowie deren Ursachen unverzüglich mit. Die Projektleitung kann dann entsprechende Korrekturmaßnahmen einleiten.

Soll-Ist-Vergleich

Das Projektcontrolling kann bei Kleinprojekten zugleich in der Hand der Projektsteuerung liegen. Bei größeren Projekten wird das Projektcontrolling als Teilfunktion der Projektleitung unterstellt oder von einer eigenständigen Controllingabteilung des Unternehmens außerhalb der Projektorganisation übernommen.

◆ Arten des Projektcontrollings

Das Projektcontrolling lässt sich in folgende drei Arten unterteilen:

- Termin- und Ablaufcontrolling
- Kostencontrolling
- Ergebniscontrolling (Qualitätssicherung)

Termin- und Ablaufcontrolling

Das Termin- und Ablaufcontrolling überprüft projektbegleitend, ob der Projektablaufplan eingehalten wird. Damit wird den Projektmitarbeitern ein Bewusstsein für die Zeitplanung von Anfang an vermittelt – und nicht erst kurz vor Projektabschluss, wie es in der Praxis immer wieder vorkommt.

Termin und Ablaufcontrolling

Verglichen werden in erster Linie die Soll- und Istzustände

- der Arbeitspakete und
- der Meilensteine

hinsichtlich der planmäßigen Vorgabe (Soll) mit dem Überprüfungsdatum (Ist).

Bei umfangreicheren Projekten wird eine besondere Variante des Soll-Ist-Vergleichs, die **Meilenstein-Trend-Analyse**, vorgenommen. Diese stellt in einer einzigen Grafik die ursprünglich geplanten Meilensteintermine sowie deren spätere zeitliche Verschiebung im Projektverlauf dar (siehe Abb. 8.4-1).

Die ursprünglich geplanten Meilensteintermine sind an der Senkrechten (ganz links) eingetragen. Die über der waagerechten Achse vermerkten Berichtszeitpunkte sind die Zeitpunkte, zu denen der Projektleiter seine Statusberichte erstellt und darin die ggf. korrigierten Meilensteintermine vermerkt. Dabei gilt:

- Steigung der Kurve > 0 bedeutet Meilensteinterminverzug
- Steigung der Kurve = 0 bedeutet Meilensteintermine pünktlich
- Steigung der Kurve < 0 bedeutet Meilensteintermine vorgezogen

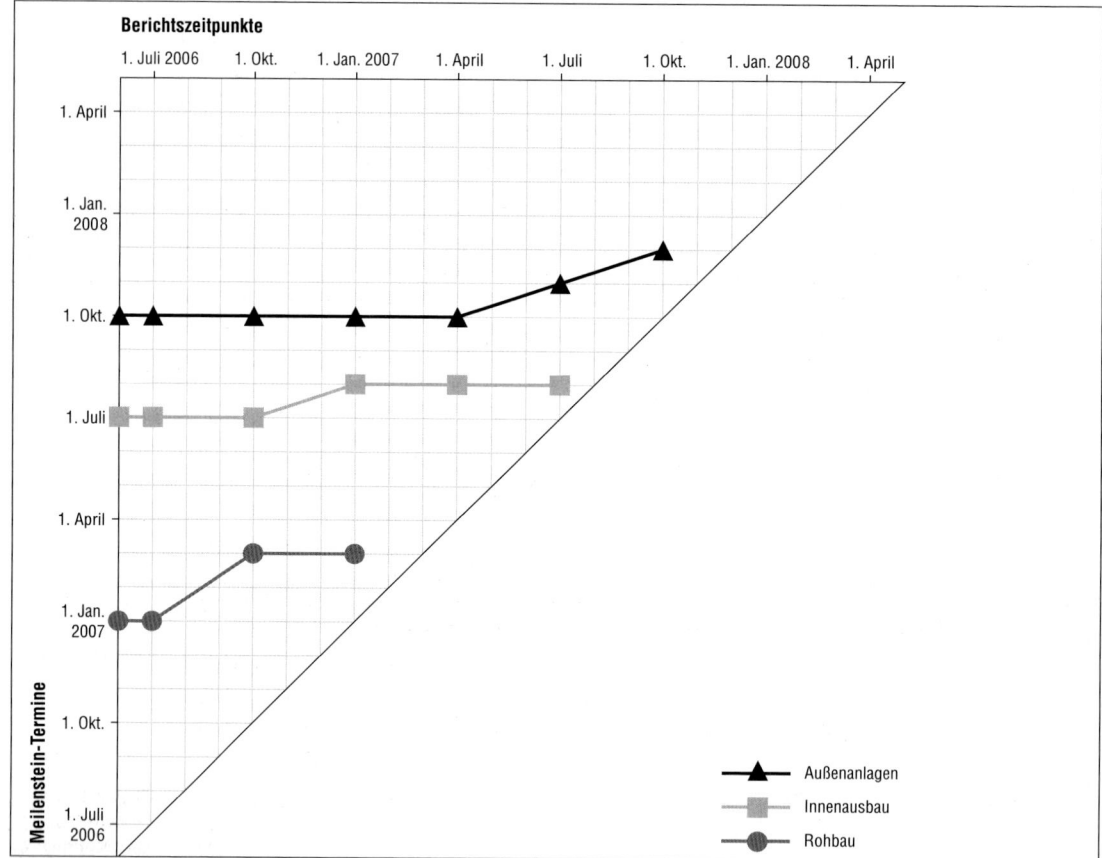

Abb. 8.4-1: Meilenstein-Trend-Analyse

**Kosten-
controlling**

Kostencontrolling

Kostencontrolling kann bei Projekten leicht aus dem Blick geraten. So werden bei öffentlichen Bauprojekten die Kostenvorgaben nicht selten um ein Vielfaches überschritten. Projektkosten sind aber eine wichtige Projektzielgröße, deren Nichtbeachtung den Auftragnehmer ruinieren kann.

Grundlage der Bemessung sind hier die Kosten der Arbeitspakete, die im Kostenplan veranschlagt sind. In diesem Fall werden die geplanten Kosten der einzelnen Arbeitspakete mit den tatsächlich angefallenen Kosten verglichen (siehe Abb. 8.4.2 und Abb. 8.4-3). Unfertige Arbeitspakete müssen hinsichtlich ihrer voraussichtlichen Kosten geschätzt werden. Zur Schätzung der Kosten siehe Kapitel 8.3.5.

Ergebniscontrolling (Qualitätssicherung)

Da Projekte zur Lösung verschiedenster Problemstellungen durchgeführt werden, stehen dementsprechend am Ende von Projekten völlig einzigartige Projektergebnisse wie etwa eine neu entwickelte Software oder die Ausstattung eines Betriebs mit einem neuen Netzwerk. Das Ergebniscontrolling stellt die sorgfältige Erstellung des Qualitätsplans sowie eine Umsetzung sicher (siehe dazu Kapitel 8.3.6).

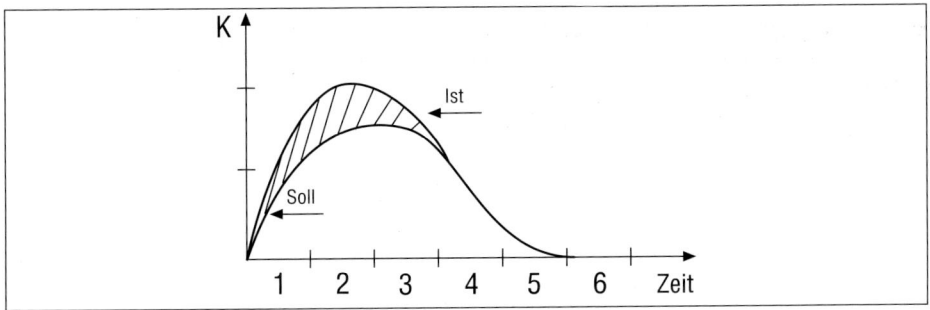

Abb. 8.4-2: Abweichung von geplanten Entwicklungskosten einer Maschine

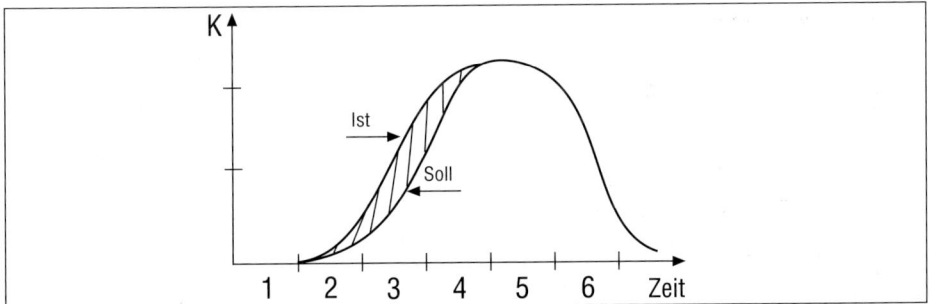

Abb. 8.4-3: Abweichung von geplanten Konstruktionskosten einer Maschine

Je früher im Projektverlauf Qualitätsmängel bemerkt und Korrekturmaßnahmen eingeleitet werden, desto kostengünstiger fallen diese aus. Qualitätscontrolling darf daher nicht erst zu den Meilensteinen oder gar zu Projektende beginnen, sondern muss als projektbegleitende Maßnahme von Anfang des Projektes an verstanden werden:

* **Definitionsphase:** Das Ergebniscontrolling prüft die Vollständigkeit, Eignung und Präzision der Projektziele, welche den verbindlichen Maßstab für das Projekt darstellen. Wurde z. B. bei einer Software für die Auftragsbearbeitung an die Benutzerfreundlichkeit der Korrekturmöglichkeiten bei irrtümlichen Eingaben durch den Anwender gedacht?

* **Planungsphase:** Das Ergebniscontrolling prüft die Umsetzung der Projektziele in geeignete Qualitätspläne. An dieser Stelle müssen Qualitätsziele formuliert werden. In unserem Beispiel muss an dieser Stelle also deutlich werden, welche Möglichkeiten die Eingabemaske bei irrtümlichen Eingaben anbietet.

* **Durchführungsphase:** Das Ergebniscontrolling kontrolliert das Beschaffungswesen (Projektressourcen), regt einen Austausch von Unterlagen unter Projektmitarbeitern an und überprüft, ob die Produktdokumentation lückenlos ist. Zu den Meilensteinterminen erfolgen etwa Testläufe, Vorstellungen von Teilprojekten in Form von Präsentationen oder Workshops mit der Gelegenheit zur Diskussion, die durch Teilprojekt-Checklisten unterstützt werden können.

* **Abschlussphase:** Das Projektergebnis wird einer umfassenden Endkontrolle unterzogen, indem der Zielerreichungsgrad gemäß Projektauftrag und Qualitätsplan überprüft wird. Mängel werden für den Projektabschlussbericht dokumentiert.

Ursachen für Soll-Ist-Abweichungen

◆ **Ursachen für Soll-Ist-Abweichungen**

In Anlehnung an Birker (Birker, Projektmanagement, S. 138) lassen sich folgende typische Ursachen für Soll-Ist-Abweichungen in der Projektpraxis unterscheiden:

Planungsfehler	Ausführungsfehler der Rahmenbedingungen	Änderungen
Bei Tätigkeiten ● vergessen ● fehlerhafte Schätzung ● Termine nicht überprüft ● Risiko unberücksichtigt	**Mitarbeiterführung** ● falsche Auswahl ● mangelnde Einweisung ● mangelnde Aufsicht	**Leistungsänderung** ● durch Auftraggeber ● durch Behördenauflagen u. Ä.
Kapazitätsplanung ● Überbelastung nichtbeachtet ● Verfügbarkeit nicht abgestimmt	**Fehler der Bearbeitenden** ● mangelhafte Einkaufskontrolle von Zukaufsteilen ● unsachgemäße Lagerung/Transport ● verspätete Disposition	**Witterungseinflüsse** **Streik** **Kündigungen** **Krankheiten** **Maschinenausfall**
Bezogen auf den Mitarbeiter ● Know-how nicht beachtet ● Schulung/Einarbeitung nicht eingeplant ● Urlaub/Fortbildungen usw. nicht berücksichtigt		**Veränderte Prioritäten des Auftraggebers**

8.4.4 Projektdokumentation

Die Projektdokumentation übernimmt eine wichtige Informationsfunktion für alle Projektbeteiligten in allen Phasen des Projekts. Diese kann aber nur funktionieren, wenn die erforderlichen Adressaten die für sie bestimmten Dokumente auch bekommen. Der Projektleiter sollte zu diesem Zweck ein **„Projektinformationssystem"** einrichten, d. h. ein System, das gewährleistet, dass die Dokumente den Weg zu ihren Adressaten finden. Dazu zählt beispielsweise die Einrichtung eines standardisierten Verteilersystems. Außerdem können Gruppenleiter verpflichtet werden, selbstständig bestimmte Dokumente aus dem Projektordner einzusehen (siehe 8.2.5).

Grundsätzlich werden zwei Arten von Dokumentationen unterschieden: Die Dokumentation des Projektverlaufs (Prozessdokumentation) und die Dokumentation des Projektergebnisses (Produktdokumentation):

Prozessdokumentation

◆ **Prozessdokumentation**

Die laufende Dokumentation des Projektverlaufs soll die Transparenz des komplexen Projektgeschehens fördern. So kann sich der Projektleiter ein Bild von den Entwicklungen in den verschiedenen Teilbereichen machen, der Controller kann eine Istanalyse für einen anschließenden Soll-Ist-Vergleich vornehmen, Projektmitarbeiter können sich über Projektziele und in Vergessenheit geratene Besprechungsergebnisse informieren und der Auftraggeber kann Entscheidungen im Projektverlauf nachvollziehen. Schließlich kann das Projektmanagement aus Problemen im Projektverlauf, die der Dokumentation zu entnehmen sind, wertvolle Erkenntnisse ableiten.

In der Durchführungsphase werden vorrangig folgende Dokumente erstellt:

- **Besprechungsprotokolle** von Team- und Gruppenleiterbesprechungen. Diese wurden in Abschnitt 8.4.2 bereits vorgestellt.

- **Statusberichte** als periodische Berichte der Projektleitung mit Angaben zur Projektentwicklung im Berichtszeitraum, zum Stand der Ergebnisse, zu Soll-Ist-Vergleichen mit Kommentar sowie zu Problemen und geplanten Problemlösungen (siehe Formular S. 494).

- **Sonderberichte** bei größeren unvorhergesehenen Problemen und Risiken, denen sich die Projektleitung gesondert zuwendet, um eine mögliche Gefährdung des gesamten Projektverlaufs zu vermeiden und Grundlagen für rasche Entscheidungen zu schaffen.

◆ **Produktdokumentation**

Produktdokumentation

Als zur Jahrtausendwende alte Programme „jahrtausendfähig" gemacht werden mussten, wurden viele Betriebe Opfer mangelnder Produktdokumentation. Alte Software war nicht mehr zu entwirren und nachzuvollziehen. Aus diesem Grund wird auch die Entstehung und Struktur des Projektergebnisses selbst dokumentiert. Damit wird der innere Aufbau eines Produktes auch für Dritte zu einem späteren Zeitpunkt nachvollziehbar. Typische Beispiele für Produktdokumentationen sind:

- Technische Zeichnungen
- Grundrisse
- Schaltpläne

- Konzepte
- Bedienungsanleitungen
- Dokumentation einer Ausstellung

◆ **Übersicht: Dokumentation des Gesamtprojekts**

Dokumentationselemente in den einzelnen Projektphasen

In der folgenden Übersicht sind die verschiedenen Elemente der Dokumentation aller Projektphasen erfasst:

Phase/Produkt	Dokument	
Definitionsphase	● Problembeschreibung und -analyse ● Projektantrag ● Vorstudie	● Projektauftrag (mit zugehörigem Schriftverkehr) ● Lastenheft
Planungsphase	● Projektstrukturplan ● Projektablaufplan (Balkendiagramm, Netzplan)	● Kapazitätsplan ● Kostenplan ● Qualitätsplan
Durchführungsphase	● Sitzungsprotokolle ● Statusberichte	● Sonderberichte
Abschlussphase	● Präsentationsunterlagen ● Abnahmeprotokoll	● Abschlussbesprechungsprotokoll ● Abschlussbericht
Produkt	● Produktdokumentation ● Einweisungsunterlagen (Einweisung Auftraggeber)	

Projekt-Statusbericht   Nr.

Projektname:	Projektleiter/-in:

Datum:	Anlass des Statusberichts: ☐ Meilenstein erreicht ☐ schwerwiegendes Problem ☐ Routinebericht	erstellt von:

Projektstatus

Status:	Termine: (Gesamtprojekt, Arbeitspakete, Meilensteine)	Ressourcen:	Qualität:	Budget:
gemäß Plan	☐	☐	☐	☐
gefährdet	☐	☐	☐	☐
Anpassung erforderlich	☐	☐	☐	☐

Kurze Erläuterung

Entscheidungen zur weiteren Vorgehensweise:

Nr.	Maßnahme	verantwortlich	bis wann?

Unterschrift Projektleiter/-in	Unterschrift Auftraggeber/-in

8.4.5   Praxisfall IPOS

Nach einer sorgfältigen Kontrolle der Pläne auf Stimmigkeit und realistische Einschät-
zung kann das Team mit den Umsetzungsarbeiten beginnen.

Bereits in den ersten beiden Sitzungen, in denen die Struktur und das Design der Seite
als Entwurf festgelegt werden sollen, bemerkt die Gruppe den Zeitdruck, der durch die
strenge Planung von Anfang an ausgeübt wird. Dieser Zeitdruck ist zwar lästig, fördert
aber das Vertrauen in die eigene Planung.

In den nächsten Wochen setzt das IPOS-Team die Planung nach und nach um. Dieser
Prozess der Projektdurchführung kann natürlich hier nicht vollständig wiedergegeben
werden. Stattdessen werden im Folgenden exemplarisch einige typische und auf andere Projekte übertragbare Probleme und deren Lösungen durch Projektleiter und
-team beschrieben.

Rückläufe sind unbrauchbar

Problem: Für die Darstellung der Produkte im Rahmen der Homepage benötigt das
Projektteam entsprechende Informationen (Bilder und Produktbeschreibungen) aus
dem Vertrieb. Die Texte zu den Produkten werden allerdings in unterschiedlichem Umfang und teilweise überhaupt nicht zur Verfügung gestellt.

Lösung: Der Projektleiter stimmt sich mit den verantwortlichen Mitarbeitern der Vertriebsabteilung ab. Sie definieren einen Standard für die Struktur, die Inhalte und den
Umfang der Informationen und sorgen für die Umsetzung der Vereinbarungen bei den
betroffenen Kollegen.

Der Server ist ausgefallen

Problem: Der Server ist wegen eines technischen Problems für den Rest des Tages
ausgefallen. Dadurch kann auf dringend notwendige Dokumente nicht zugegriffen
werden. Damit können einige der für heute vorgesehenen Arbeiten nicht durchgeführt
werden und zwei Mitarbeiter sitzen mehr oder weniger untätig herum.

Lösung: Durch kurzfristige Ressourcenverlagerung arbeiten die beiden Kollegen bei
anderen Arbeitspaketen mit oder nehmen sich Arbeiten vor, die zwar nicht unmittelbar
zur Bearbeitung anstehen, aber ohne Server-Zugriff erledigt werden können.

Mitarbeiter halten vereinbarte Standards nicht ein

Problem: Bei der Summe der Unterseiten für die Homepage passiert es immer wieder,
dass bestimmte vereinbarte Standards (Abstände, Zeichengrößen und -farben usw.)
nicht eingehalten werden.

Lösung: Der Projektleiter bittet ein Teammitglied, eine Vorlage mit allen Standards für
jeden Mitarbeiter zugänglich ins Netz zu stellen, und weist das Team an, die Standards
einzuhalten.

Der Auftraggeber hat nachträgliche Änderungswünsche

Problem: Die Geschäftsleitung findet immer mehr Gefallen an dem Projekt. Durch die
regelmäßigen Informationen über den Arbeitsfortschritt werden die Möglichkeiten im
Rahmen der Internetpräsenz stetig deutlicher. So stellt die Geschäftsleitung immer

wieder neue Anforderungen an das gewünschte Projektergebnis und damit auch an den Projektleiter und das -team.

Lösung: Im Idealfall kann sich der Projektleiter auf den vereinbarten Projektauftrag berufen und die Ausführung nachträglicher Änderungswünsche ablehnen oder auf ein Folgeprojekt verlagern. Hier stellt sich natürlich die Frage der Zweckmäßigkeit. Der Projektleiter sollte für den Fall, dass Änderungswünsche berücksichtigt werden, jedoch dafür Sorge tragen, dass der zeitliche Rahmen des Projekts entsprechend verlängert wird oder entsprechend erweiterte Ressourcen verfügbar sind und dass das Projektbudget angemessen angepasst wird.

Unerwartete Schwierigkeiten treten auf

Problem: Der Onlineshop kann zwar technisch ohne Probleme in die Seite integriert werden, aber bei Testläufen wird deutlich, dass noch gar nicht geklärt ist, wie die weitere organisatorische Abwicklung der Auftragsausführung im Unternehmen durchgeführt werden soll. Auch werden Widerstände der Mitarbeiter in der Logistik gegen die neue Technik deutlich.

Lösung: Der Projektleiter entwickelt mit einem Sachbearbeiter im Bereich Logistik einen Arbeitsablauf. Dieser Ablauf wird in einfacher und verständlicher Weise dokumentiert. Die ausführenden Mitarbeiter werden in den Arbeitsvorgang eingewiesen, führen den Vorgang in diversen Übungsläufen praktisch aus und erhalten die Zusage der Unterstützung bei auftretenden Problemen.

Vereinbarte Regeln werden nicht eingehalten

Problem: Zwar hat das Projektteam klare Vereinbarungen zum Informationssystem getroffen, dennoch muss der Projektleiter immer wieder beobachten, dass Sitzungsprotokolle und Berichte nicht rechtzeitig oder gar nicht im Projektordner abgelegt sind. Dies hat zur Folge, dass auch vorgesehene Informationswege nicht ordnungsgemäß eingehalten werden und Informationsdefizite entstehen, die zu unnötigen Nachfragen oder gar Doppelarbeiten führen.

Lösung: Der Projektleiter schaltet seine Sekretärin als „Controller Projektinformationssystem" ein. Er informiert sie über die Vereinbarungen zum Informationssystem und weist sein Team an, alle geforderten Dokumente in Kopie auch an seine Sekretärin zu leiten. Werden Termine überschritten, fordert die Sekretärin zunächst die Erledigung beim entsprechenden Teammitglied an. Erst nach Verstreichen einer weiteren Frist wird der Projektleiter eingeschaltet.

Pläne können nicht eingesehen werden

Problem: Der Projektleiter ist wegen einer zweitägigen Tagung nicht erreichbar. Das Team benötigt dringend Einsicht in den aktuellen Stand des Projektablaufplans, der allerdings ohne das entsprechende Passwort nicht zu öffnen ist.

Lösung: Um gleichen Fällen für die Zukunft vorzubeugen, werden alle Dokumente der Projektplanung in einem gemeinsamen Ordner abgelegt, für den die Teammitglieder Leserechte erhalten.

Ein Teammitglied ist nicht auf die Sitzung vorbereitet

Problem: Alle Teammitglieder treffen sich zur vereinbarten Teamsitzung. Schnell wird deutlich, dass ein Projektmitarbeiter sich nicht auf seine Präsentation vorbereitet hat.

Die Sitzung läuft Gefahr, wegen fehlender Informationen zur uneffektiven Zeitverschwendung zu werden.

Lösung: Der Projektleiter bricht die Sitzung unverzüglich ab und führt mit dem unvorbereiteten Mitarbeiter ein Personalgespräch, in dem er die Auswirkungen dieses Verhaltens für das Team, den Fortschritt des Projekts und die Auswirkungen auf das Unternehmen darlegt und konkrete Absprachen für die Zukunft trifft. Ein neuer Sitzungstermin wird kurzfristig unter Berücksichtigung der Vorbereitungszeit vereinbart.

Planungsfehler

Probleme:

a) Das Arbeitspaket „Einfügen Texte" war in der Planung zeitlich völlig unterschätzt worden. Dieser Vorgang dauert erheblich länger als geplant.

b) Das Arbeitspaket „Scannen" wartet unnötig lange auf die Ergebnisse des Arbeitspakets „Fotos und Grafiken beschaffen", da diesem Vorgang in der Planung zu viel Zeit eingeräumt worden war.

c) Es zeigt sich schließlich, dass „Einbinden Online-Shop" parallel zu „Links erstellen" hätte vorgenommen werden können und daher die Abhängigkeiten zwischen den Arbeitspaketen nicht sinnvoll ermittelt wurden.

Lösung:

a) Das Arbeitspaket wird verlängert, der Plan entsprechend geändert.

b) Der verantwortliche Leiter des Arbeitspakets „Fotos und Grafiken beschaffen" gibt sofort nach Erkennen des geringeren Zeitbedarfs Information an den Projektleiter. Dieser passt den Plan an und informiert das Team über die neuen Planungsergebnisse.

c) Der Projektleiter notiert diese Erfahrung für den Abschlussbericht, um sie späteren Projekten nutzbar zu machen.

8.4.6 Praxistipps für die Projektleitung

Praxistipps für die Projektleitung in der Durchführungsphase

◆ **Tipp Nr. 1: Die Pläne als Ausgangspunkt Ihrer Arbeit**

So wie der Kapitän eines stolzen Viermasters in der Vergangenheit über seinen Seekarten den Kurs berechnete, so sollten auch Sie stets Ihre Pläne als Ausgangspunkt Ihrer Arbeit betrachten. Sie liefern die erforderliche Transparenz und liefern Ihnen ein ständiges Bezugssystem zur Beurteilung der Arbeitsfortschritte. Verlieren Sie sich nicht in fachlichen Detailproblemen.

◆ **Tipp Nr. 2: Bei Kritik die Sach- und Beziehungsebene auseinanderhalten**

Projektverantwortliche sollten bei jeder Form von Kritik stets die Sach- und die Beziehungsebene klar auseinanderhalten: Ein Mitarbeiter sieht ein, wenn Sie ihn darauf hinweisen, dass er vertrauliche Unterlagen beim Kunden nicht offen herumliegen lassen darf. Es liegt in der Natur der Sache, dass auf diese Weise empfindliche Informationen an die falsche Stelle gelangen und der Mitarbeiter wird dies in der Regel einsehen. Er wird jedoch Widerstände entwickeln, wenn Sie diese Kritik mit persönlichen Beleidigungen und Geringschätzungen („Ich habe Ihnen schon 1000 Mal gesagt ... Sie kapieren das nie ... ." usw.) vermischen. Anders verhält es sich, wenn der Mitarbeiter einen verdeckten Beziehungskonflikt austrägt.

◆ **Tipp Nr. 3: Beziehungskonflikte mutig ansprechen**

In vielen Fällen sind vermeintliche Sachdiskussionen oder Konflikte zu einem Sachthema in Wirklichkeit verdeckte Beziehungsprobleme (z. B. Machtkämpfe, Akzeptanzprobleme). Handelt es sich um ein reines Beziehungsproblem, ist der Projektleiter gut beraten, vollständig auf die Beziehungsseite zu wechseln („Ich habe das Gefühl, Sie sind unzufrieden mit mir, könnte das sein?"). Auf diese Weise kann ein Beziehungsproblem geklärt werden und das Projekt kann weitergehen. Das Unterdrücken schwelender Beziehungskonflikte führt dazu, dass die Stimmung nur noch schlechter wird. Die Faustregel bei Beziehungskonflikten lautet: „Störungen haben Vorrang" (Ruth Cohn).

◆ **Tipp Nr. 4: Eine Feedbackkultur aufbauen**

Viele Projektverantwortliche scheuen ein negatives Feedback und ziehen es vor, mögliche Unzufriedenheiten besser zu unterdrücken, als sich ihnen zu stellen. Das aber führt einerseits dazu, dass Mitarbeiter, die sich nicht trauen, Missstände anzusprechen, in die innere Emigration verschwinden. Andererseits werden Verbesserungspotenziale für das ganze Unternehmen nicht genutzt. Wenn aber der Projektleiter deutlich macht, dass er jeden mit seinen Überlegungen und Sorgen ernst nimmt und auch Verantwortung überträgt, so darf er mit breiter Unterstützung durch das Team rechnen und das Unternehmen baut systematisch seine Schwachstellen ab.

◆ **Tipp Nr. 5: Geleistete Projektstunden täglich erfassen**

Um die Entwicklung der Projektkosten realistisch mitverfolgen zu können, ist es in der Praxis hilfreich, die tatsächlich geleisteten Projektstunden so früh wie möglich zu erfassen. Halten Sie Ihre Mitarbeiter an, die Projektarbeitszeit mindestens am Ende des Tages zu notieren. Das gilt vor allem in den Fällen, in denen die Projektmitarbeiter auch während des Projekts in ihren Fachabteilungen bleiben (Projektkoordination, Matrixorganisation).

◆ **Tipp Nr. 6: Die Einhaltung von Spielregeln von Anfang an gewährleisten**

Projektregeln für das gesamte Projektteam sind von großer Bedeutung für einen reibungslosen Projektablauf. Wenn Sie als Projektleiter jedoch nicht auf die konsequente Einhaltung dieser Regeln achten, verlieren Sie Glaubwürdigkeit und Sie riskieren, dass sich nach und nach Fehlverhalten verbreitet, welches Sie irgendwann nicht mehr korrigieren können. Dazu müssen Sie öfter den Mut haben, unangenehme Konflikte anzugehen.

8.5 Projektmanagement in der Phase „Projektabschluss"

„Ende gut, alles gut."

Volksweisheit

Das IPOS-Team führt das Projekt zur Entwicklung und Veröffentlichung der Internet-Präsenz der Meier Möbelwerke GmbH erfolgreich durch. Auch wenn es am Ende der Durchführungsphase noch zu einigen Überstunden kommt, ist das Team mit seiner Arbeit zufrieden. Herr Bertram möchte das Projekt nun noch gut abschließen und erinnert sich an eine Reorganisationsmaßnahme, an der er vor Jahren mitarbeitete.

Damals führte das Versicherungsunternehmen „Bremer Vereinigte" ein internes Projekt zur Umstrukturierung mehrerer Abteilungen mit dem Ziel der Kostensenkung durch. Unmittelbar nach Erreichen der Projektziele gingen alle Projektmitarbeiter wie auch der Projektleiter selbst an ihre alten Arbeitsplätze zurück. Doch der Projektleiter wurde immer wieder auf das bereits abgeschlossene Projekt angesprochen: Der Vorstand wünschte genauere Informationen zu Projektkosten und Projektverlauf, Leiter anderer Projekte erkundigten sich mehrfach nach bestimmten Erfahrungen, die möglicherweise in diesem Projekt gemacht wurden, und immer wieder fragten die Mitarbeiter der umstrukturierten Abteilungen nach, ob und wann es eine offizielle Einweisung der Betroffenen in die neu abgegrenzten Aufgabenfelder gebe.

Auch die Mitarbeiter im Projektteam waren unzufrieden, da überhaupt keine Abschlussveranstaltung und kein Feedback über die Qualität der Arbeit stattfand. Überhaupt – so sagten die Mitarbeiter – sei das ganze Projekt irgendwie sang- und klanglos beendet worden. Als der Projektleiter auch noch von der Geschäftsleitung dafür getadelt wurde, diverse Projektinformationen nicht dokumentiert zu haben, war er völlig frustriert. Er hatte das Projekt doch erfolgreich durchgeführt, und nun blieb dieser bittere Nachgeschmack ...

Herr Bertram möchte diese Erfahrungen nutzen und in die Gestaltung der Abschlussphase des Projekts einfließen lassen.

Häufig unterliegt das Projektmanagement dem verbreiteten Irrtum, mit Fertigstellung des Produktes sei ein Projekt beendet. Tatsächlich aber werden in dieser Projektphase von verschiedenen Seiten ganz unterschiedliche Interessen an das Projekt herangetragen. Diese **Interessengruppen** werden im Folgenden skizziert.

Kunde/Auftraggeber

Dieser wünscht gewöhnlich eine ausführliche Produktpräsentation sowie die sofortige Übergabe bzw. Installation des fehlerfreien und vollständigen Produktes. Darüber hinaus verlangt er eine vollständige Produktdokumentation, um unabhängig vom Auftragnehmer zu einem späteren Zeitpunkt Änderungen am Produkt vornehmen oder bei Dritten in Auftrag geben zu können.

Anwender des Produktes

Das können beispielsweise Sachbearbeiter sein, die eine fachgerechte Einweisung in das Produkt erwarten. Diese Anwender können, müssen aber nicht identisch mit dem Auftraggeber sein.

Projektteam

Die Projektmitarbeiter wünschen nach Produktfertigstellung ein Feedback von den anderen Projektmitarbeitern, dem Projektleiter und dem Auftraggeber, in dem ihre Leistungen beurteilt und gewürdigt werden. Außerdem besteht in den meisten Fällen das Interesse an einer Abschlussfeier, in der man sich noch einmal über andere Themen als die Arbeit unterhalten kann.

Projektleiter

Der Leiter eines Projekts strebt an, die zurückliegenden Monate anstrengender Tätigkeit in persönlich nutzbare Projekterfahrung zu überführen. Außerdem will er einen eindeutig definierten Schlusspunkt des Projektes und der damit verbundenen Verantwortung erreichen.

Andere Projektleiter und zukünftige Projektteams

Diese haben ein vorrangiges Interesse an Informationen über gute und schlechte Erfahrungen aus dem Projektverlauf, denn wer die Verantwortung für den Erfolg von

Interessengruppen beim Projektabschluss

Projekten trägt, in denen viele unvorhergesehene Situationen bewältigt werden müssen, möchte gern wissen, wie andere Projektteams verwandte Probleme gelöst haben.

Unternehmensleitung

Für die betriebswirtschaftliche Bewertung des Projekts ist die Unternehmensleitung interessiert an einer kurzen Übersicht über den Projektverlauf, einer Rückmeldung der Kundenzufriedenheit und einer **Abschlusskalkulation** für die quantitative Erfolgsermittlung.

Projekt-managementinstrumente in der Abschlussphase

Diesen unterschiedlich gearteten Interessen gerecht zu werden, ist die Aufgabe des Projektmanagements in der Abschlussphase.

Für die Abschlussphase sieht das Projektmanagement folgende Instrumente vor, um den Interessen aller Projektbeteiligten gerecht zu werden:

- **Abschlusspräsentation:** Dem Kunden wird das Projektergebnis (Produkt) vorgestellt. Als Abschlusspräsentation wird auch eine abschließende Präsentation gegenüber der eigenen Unternehmensleitung oder anderen Projektteams des eigenen Unternehmens zum Projektverlauf (Prozess) bezeichnet.

- **Abnahme:** Der Auftraggeber nimmt das Projektergebnis offiziell ab.

- **Einweisung:** Der Anwender wird in das Projektergebnis (Produkt) eingewiesen.

- **Abschlussbesprechung:** Der Projektleiter nimmt mit dem Projektteam vorrangig eine Rückschau des Projektverlaufs, aber auch eine Vorschau auf etwaige zukünftige Aktionen vor.

- **Abschlussbericht:** Der Projektleiter trägt alle erheblichen Informationen über den Projektverlauf und das Projektergebnis zusammen.

- **Auflösung des Projektteams:** Die Projektmitarbeiter erhalten neue Aufgaben.

Im Folgenden werden diese Instrumente im Detail erläutert.

Abschlusspräsentation

8.5.1 Abschlusspräsentation

Die Abschlusspräsentation dient einerseits dem Zweck, innerhalb kürzester Zeit gleich mehrere Interessenten über grundsätzliche Aspekte zum Projektergebnis oder Projektverlauf zu informieren.

Andererseits hat das Projektteam mit einer gelungenen Präsentation die Möglichkeit, die eigene Projektarbeit so gut wie möglich zu „verkaufen". Sie ist Bestandteil des sogenannten **Projektmarketings**.

An jede erfolgreiche Präsentation werden abhängig von Zielsetzung, Inhalt und Zielgruppe spezifische Anforderungen gestellt. Daher müssen sich Projektleiter und Projektteam ausführlich auf die Abschlusspräsentation vorbereiten und Regeln zu Kommunikation, Vortrag, Medieneinsatz und Organisation des Präsentationsrahmens beachten.

Zu Fragen der Planung, Vorbereitung und Durchführung der Abschlusspräsentation verweisen wir auf Kapitel 6 im Band „Kommunikation" der Buchreihe Fachschule für Wirtschaft (Elias, Schneider: Kommunikation, Troisdorf 2006).

8.5.2　Abnahme des Projektergebnisses

Das fertige Projektergebnis wird zum vereinbarten Endtermin durch den Auftraggeber abgenommen. Um einen reibungslosen Ablauf der Abnahme für alle Beteiligten sicherzustellen, ist deren sorgfältige Vorbereitung durch den Projektleiter erforderlich. Er muss außerdem den Auftraggeber und die eingeplanten Teammitglieder rechtzeitig über Termin, Ort und Ablauf der Abnahme informieren, denn bei der Abnahme sind Auftraggeber und Auftragnehmer anwesend. Darüber hinaus müssen die betreffenden Projektmitarbeiter über ihre Aufgabe im Rahmen der Abnahme informiert werden.

Der Ablauf einer Abnahme ist abhängig von der Art des Projektergebnisses. So wird bei der Abnahme eines Neubaus eine Begehung mit dem Bauherrn vorgenommen, eine Software wird in der Regel gemeinsam mit dem Projektauftraggeber und dem Projektteam einem umfangreichen Testlauf unterzogen und die Abnahme eines Marketingkonzepts kann in Form einer Beamer-gestützten Präsentation mit Übergabe einer CD/DVD erfolgen.

◆ Stationen der Abnahme

Die Abnahme eines Projektergebnisses durchläuft im Kern folgende Stationen:

- Der Auftragnehmer stellt dem Auftraggeber das Projektergebnis vor.

- Etwaige Mängel bzw. Abweichungen von vereinbarten Zielgrößen werden schriftlich dokumentiert.

- Es wird eine Liste von **Nachbesserungsmaßnahmen** erstellt.

- Auftragnehmer und Auftraggeber stimmen weitere Schritte ab.

- Begleitend wird ein **Abnahmeprotokoll** aufgesetzt und anschließend von Auftragnehmer wie Auftraggeber unterschrieben.

8.5.3　Einführung in das Projektergebnis

Häufig kommen Projektergebnisse (Produkte) beim Kunden im Routinebetrieb zum Einsatz wie etwa die für ein Unternehmen entwickelte Software. Zur Vermeidung von Fehlern, Beschädigungen und unnötigen Folgekosten ist es wichtig, dass die Mitarbeiter in die Bedienung und Anwendung dieser Produkte systematisch eingewiesen werden.

Bei leicht handhabbaren Produkten kann eine **Einweisung** des Auftraggebers durch die betreffenden Projektmitarbeiter erfolgen. Auch eine einfache Einweisung muss systematisch vorbereitet sein, um den Anwender nicht zu verwirren oder zu verärgern.

8.5.4　Abschlussbesprechung

Die Abschlussbesprechung ist für die Projektleitung und alle Teammitglieder die letzte offizielle gemeinsame Dienstveranstaltung des Projektes. Folgende Tagesordnungspunkte sollten Gegenstand der Sitzung sein:

Berichterstattung zur Kundenzufriedenheit

Es bietet sich an, die Abschlussbesprechung mit der Bekanntgabe der Kundenzufriedenheit mit dem Projekt einzuleiten. Zu diesem Zweck muss der Projektleiter bereits im Vorfeld ein Feedback des Auftraggebers zum Projektergebnis und ggf. zum Projektverlauf eingeholt haben. Abhängig von der Zielsetzung der Feedbackrunde kann der Auftraggeber aber auch an dieser Stelle persönlich teilnehmen.

Reflexion und Feedback des Projektteams

Für die Durchführung von Projekten gilt in besonderem Maße, dass man aus Erfahrungen am besten lernt. Das betrifft gute wie schlechte Erfahrungen. Im internationalen Vergleich haben Deutsche jedoch überdurchschnittlich viel Probleme damit, Fehler zuzugeben: Eingestandene Fehler werden häufig als Schwäche oder Gesichtsverlust interpretiert, viele Manager sind daher auch nicht wirklich kritikfähig. Eine solche Grundhaltung steht einem konstruktiven Lernprozess im Weg.

Zweckmäßig ist in diesem Zusammenhang eine gemeinsame Reflexion mit einem gegenseitigen Feedback im Projektteam mit Projektleitung. Dabei geht es weder darum, seinen Ärger loszuwerden und seine Überlegenheit unter Beweis zu stellen, noch den Projektablauf zu beschönigen. Vielmehr geht es darum, den Projektverlauf aus Sicht der einzelnen Teammitglieder nachzuvollziehen und somit gute Ideen wie auch Fehlentwicklungen und Verbesserungsvorschläge besser verstehen zu können.

Die Feedbackrunde soll Antworten auf folgende Fragen liefern:

- In welchem Maße wurden die vereinbarten Ziele bzw. Teilziele hinsichtlich Zeit, Kosten und Qualität erreicht und wo wurden sie nicht erreicht bzw. auch „übererreicht"?
- Was waren die Gründe für das Nichterreichen von Zielen?
- Was lief in den Augen aller Beteiligten gut und was nicht?
- Was ist den Projektbeteiligten im Projektverlauf aufgefallen?
- Welche Empfehlungen würde das Projektteam für Folgeprojekte abgeben?

Die Dokumentation dieser Ergebnisse ermöglicht die Nutzbarmachung und Weitergabe wertvoller Projekterfahrungen. Alle Projektbeteiligten können dieses Gespräch darüber hinaus nutzen, um mögliche Konflikte aus einer anderen Perspektive wahrzunehmen und diese dann ggf. beizulegen.

Weiteres Vorgehen

- **Ausstehende Arbeiten:** Für Ergänzungen, Nachbesserungen sowie Supportmaßnahmen im Rahmen des Projektes müssen geplante organisatorische wie personelle Maßnahmen umgesetzt werden.
- **Neue Aufgabengebiete für die Mitarbeiter:** An dieser Stelle können Perspektiven für die Mitarbeiter, deren Arbeit im Rahmen des Projektes vollständig abgeschlossen ist, besprochen werden. Grundsätzlich bestehen die Alternativen der Rückführung in die ursprüngliche oder eine neue Abteilung oder des Einsatzes in anderen Projekten.
- **Planung Abschlussfeier:** Nach langer und i. d. R. intensiver Zusammenarbeit sollte die letzte gemeinsame Veranstaltung in geselliger Form stattfinden.
- **Abschlussbericht:** Der Projektleiter wird anschließend den Abschlussbericht erstellen. Er kann zu diesem Zeitpunkt darauf hinweisen, inwiefern der Bericht zugänglich sein wird bzw. welche alternativen Möglichkeiten bestehen, über den Projektabschluss informiert zu werden (siehe Kapitel 8.5.5).

Die Abschlussbesprechung ist ein wichtiges Instrument, um Erfahrungen, die im Rahmen des Projektes gesammelt wurden, zu benennen und zu bündeln. Damit diese wertvollen Erfahrungen nicht verloren gehen, ist die Protokollierung dieser Besprechung von großer Bedeutung.

8.5.5 Abschlussbericht

Der Projektabschlussbericht des Projektleiters ist das letzte Dokument der Projektdokumentation. Er wird gemeinsam mit dem Projektordner archiviert und umfasst insgesamt folgende Aspekte:

- **Projektauftrag:** Zum Projektauftrag gehört das Lastenheft und ggf. der damit verbundene Schriftverkehr mit dem Auftraggeber.

- **Planungsunterlagen:** Dazu gehören hauptsächlich der Projektstrukturplan, die Vorgangsliste, der Projektablaufplan, der Kapazitätsplan, der Kostenplan sowie der Qualitätsplan.

- **Bestandsaufnahme Zielerreichung:** Ein Soll-Ist-Vergleich soll den tatsächlichen Zielerreichungsgrad hinsichtlich der Dimensionen Produktqualität, Zeiteinhaltung sowie Projektkosten erfassen.

- **Abweichungsanalyse:** In dieser Analyse werden die Gründe für die einzelnen Soll-Ist-Abweichungen benannt. Diese greifen auf die Erfahrungen des Projektleiters sowie die gesamte Projektdokumentation zurück. Eine große Rolle spielen in dem Zusammenhang die Ergebnisse der Feedbackrunden.

- **Abgeleitete Empfehlungen:** Diese lassen sich aus der Abweichungsanalyse ableiten und betreffen die Soll-Ist-Differenzen.

- **Weitere Empfehlungen für zukünftige Projekte:** Empfehlungen anderer Art, die aus den Projekterfahrungen abzuleiten sind.

- **Nachkalkulation:** Der Projektleiter muss für jedes Arbeitspaket nachweisen, welche Projektmittel für welche Zwecke aufgewendet wurden. Die Summe der einzelnen Posten ergibt die Projektgesamtkosten, die im Idealfall das Projektbudget nicht übersteigen.

- **Ansprechpartner:** Für weitere Rückfragen, die sich aus dem Projekt ergeben können, werden schließlich die betreffenden Ansprechpartner benannt. Das können beispielsweise Rückfragen des Kunden zur Produktdokumentation oder der Unternehmensleitung zur Verwendung der Projektmittel sein.

8.5.6 Teamauflösung

Etwa zeitgleich mit der Abgabe des Abschlussberichts erfolgt nun die offizielle Teamauflösung mit der damit verbundenen Überführung der Projektmitarbeiter in neue Aufgabengebiete. Ausgenommen von dieser Maßnahme sind Projektmitarbeiter, die für Anschlussarbeiten im Projekt verbleiben sollen.

8.5.7 Praxisfall IPOS

◆ **Vorbereitung und Durchführung der Abschlusspräsentation**

Der Projektleiter bereitet die Abschlusspräsentation im Rahmen einer Sitzung der Geschäftsleitung vor, an der auch Vertreter der betroffenen Abteilungen und das Projektteam teilnehmen werden. Für die Präsentation der Homepage sind auf der Tagesordnung 30 Minuten eingeplant. Er notiert sich die Ergebnisse seiner Vorüberlegungen:

Projekt-abschluss im Praxisfall IPOS

- *Ziel der Abschlusspräsentation: Präsentation der Homepage unter Berücksichtigung der wirtschaftlichen Bedeutung für das Unternehmen*
- *Zielgruppe: Geschäftsleitung und leitende Vertreter der betroffenen Abteilungen, die alle keine Fachleute der Internetbranche sind*
- *Thema der Präsentation: Die neue Internetpräsenz der Meier Möbelwerke GmbH unter Einbindung eines Onlineshops*
- *Zeit: Um in der vorgegebenen Zeit auch Fragen beantworten zu können, darf die reine Präsentation 20 Minuten nicht überschreiten.*
- *Medien: Notebook mit gespeicherter Homepage und Beamer, Folien zu Zielsetzung, Ablauf und Ergebnis des Projekts; Notizkarten mit wichtigen Vortragsinhalten*

Nach einem „Probelauf" vor dem Projektteam wird die Abschlusspräsentation erfolgreich durchgeführt. Es werden Fragen zu Soll-Ist-Abweichungen und zukünftigen Erweiterungsmöglichkeiten gestellt, die der Projektleiter und die Teammitglieder beantworten können.

◆ Abnahme und Nachbesserung

Die Abnahme erfolgt, wie vorgesehen, im Anschluss an die Präsentation. Die Geschäftsleitung bedankt sich beim Projektteam für die hervorragende Arbeit. Nach einem Routinebetrieb von sechs Monaten soll über Nachbesserungen und ein mögliches Folgeprojekt gesprochen werden.

◆ Einführung in das Produkt

Bereits im Lastenheft wurde festgelegt, dass einfache Aktualisierungen der Produktinformationen selbstständig durch einige Mitarbeiter der Bereiche Vertrieb und Einkauf/Logistik erfolgen. Zu diesem Zweck wird eine Einweisung mit konkreten Übungsfällen für die Dauer von zwei Tagen in der kommenden Woche durchgeführt.

◆ Abschlussbesprechung

Der Projektleiter lädt das Projektteam eine Woche nach der Einweisung zu einer Abschlussbesprechung ein.

- **Feedback Projektleiter:** Herr Bertram gibt dem Team gegenüber noch einmal die zufriedenen Äußerungen der Geschäftsleitung wieder und bekundet sein Interesse an einem Folgeprojekt mit derselben Teambesetzung.
- **Feedback Projektteam:** Das Team ist insgesamt der Meinung, dass das Projekt gut verlief. Es wird reflektiert, was gut gemacht wurde und was beim nächsten Mal besser gemacht werden könnte.
- **Weitere Vorgehensweise:** Das Team geht zunächst auseinander, wird aber in die Überlegungen zu Nachbesserungen oder einem Folgeprojekt nach 6 Monaten einbezogen werden.
- **Planung einer Abschlussfeier:** Die Gruppe einigt sich auf einen Tag, ein Restaurant und eine Uhrzeit, um die von der Geschäftsleitung ausgesprochene Einladung zu einem Abendessen wahrzunehmen.
- **Aushändigung Abschlussbericht:** Der Projektleiter wird einen Abschlussbericht verfassen und an die Geschäftsleitung übergeben.

◆ **Abschlussbericht**

Der Abschlussbericht enthält die folgenden Inhalte:

● **Projektauftrag**

● **Projektpläne**

● **Bestandsaufnahme Zielerreichung**
  - Das Zeitziel wurde mit Publikation der Homepage bis zum 23. Juli erreicht.
  - Die Sachziele gemäß Projektauftrag bzw. Lastenheft wurden erreicht.
  - Das Kostenziel wurde durch einige erforderliche Überstunden leicht überschritten.

● **Ursache für Soll-Ist-Abweichung:** Der Projektleiter hat die einzelnen Soll-Ist-Abweichungen und deren Ursachen aufgeführt.

● **Abgeleitete Empfehlungen:** Zur Vermeidung der aufgetretenen Probleme in zukünftigen Projekten auch anderer Projektleiter, formuliert Herr Bertram seine Empfehlungen. Sie werden im Abschlussbericht auch anderen Mitarbeitern des Unternehmens zugänglich sein.

● **Detaillierte Nachkalkulation:** Der Projektleiter stellt alle Kosten des Projekts zur Nachkalkulation und internen Verrechnung zusammen.

● **Ansprechpartner:** Herr Bertram bleibt als Projektleiter Ansprechpartner in allen Fragen, die das Projekt in der Folgezeit betreffen.

Teamauflösung: Nach der Urlaubszeit trifft sich das Projektteam im September zum letzten Mal – in der Altstadt zu einem gemütlichen Abendessen beim Italiener und anschließendem Besuch einer Cocktail-Bar. Diesen Abend hält das Team in angenehmer Erinnerung. Er endete mit der Frage: „Wann machen wir das nächste Projekt?"

8.5.8 Praxistipps für die Projektleitung

◆ **Tipp Nr. 1: Präsentationen inhaltlich und organisatorisch gut vorbereiten**

Präsentationen sind wichtige Höhepunkte des Projekts, in dem Sie gewöhnlich viele bedeutende Menschen (Kunden, Vorgesetzte, Presse usw.) unter Ihren Zuschauern haben. Die Präsentation muss in Ihrem Interesse ein Erfolg sein. Eine gute Präsentation steht und fällt vor allem mit einer guten inhaltlichen aber auch technischen Vorbereitung. Entwickeln Sie einen klaren roten Faden, erstellen Sie anschauliche Medien und stellen Sie im Präsentationsraum rechtzeitig sicher, dass Sie keine technischen Probleme bekommen (Beamer oder Laptop defekt, Speichermedium inkompatibel, Mangel an Steckdosen, zu helles Tageslicht usw.). Hier steckt der Teufel oft im Detail!

◆ **Tipp Nr. 2: Aus Erfahrungen lernen**

Die Abschlussphase ist gerade für einen Projektleiter Gold wert: Hier kann er wertvolle Projekterfahrungen sammeln. Dazu muss er eine Atmosphäre des Vertrauens schaffen, in der alle Projektmitarbeiter den Mut haben, Schwächen des Projektverlaufs sowie Verbesserungsvorschläge für die Zukunft zu äußern. Dazu haben sich besonders folgende zwei einfache Einstiegsfragen zur Projektreflexion bewährt, welche ein konstruktives Klima schaffen:

● Was war gut und sollte beim nächsten Projekt beibehalten werden?

● Was könnte man in zukünftigen Projekten besser machen?

Praxistipps für die Projektleitung in der Abschlussphase

◆ **Tipp Nr. 3: Eine Never-Ending-Story beenden**

Häufig ziehen sich Projekte in der Abschlussphase unerwartet in die Länge. Das kann verschiedene Ursachen haben. Häufig sind Supportaufgaben des Auftragnehmers nicht eindeutig geklärt. Solche Fragen gehören in den Projektauftrag. In vielen Fällen haben aber auch Projektmitarbeiter ein Interesse daran, Projekte in die Länge zu ziehen, da sie versuchen, so lange wie möglich in dieser Funktion weiterarbeiten zu können. In diesem Falle muss der Projektleiter im Interesse des gesamten Projekterfolgs die Motive der Projektmitarbeiter genau prüfen und entsprechende Gespräche einleiten, um das Projekt faktisch abschließen zu können.

◆ **Tipp Nr. 4: Den Projekterfolg selbstbewusst verkaufen**

Ein Projekt ist in der Regel eine so aufregende wie nervenaufreibende und arbeitsaufwendige Veranstaltung. Nach Abschluss des Projekts sollten Sie den Mut und das Selbstbewusstsein haben, Ihren Projekterfolg auch in angemessener Form im Hause deutlich zu machen - frei nach der Devise „Tue Gutes und rede darüber" leisten Sie einen legitimen Beitrag für Ihr eigenes Projektmarketing.

Literatur

Beiderwieden, Arndt/Pürling, Elvira, Projektmanagement, Troisdorf 2006.

Birker, Klaus, Projektmanagement, Berlin 2001.

Peters, Tom, Projektmanagement, München 2001.

Wamper, Horst W., Wirtschaftsinformatik/Organisationslehre, Köln 2005.

Michaela Musterfrau
Straßburger Straße 25
28211 Auftragnehmerort

Anton Mustermann
Lettestraße 49
53773 Auftraggeberort

Auftragnehmerort, 3. März 20..

Angebot: Projekt Marketingkonzept

Sehr geehrter Herr Mustermann,

wie mit Ihnen in der Projektstartsitzung am 8. Februar besprochen, bieten wir Ihnen
folgende Leistungen an:

* Stärken-/Schwächen-Analyse Ihrer Wettbewerber in der Region
* repräsentative Kundenbefragung in Ihrem Unternehmen
* Entwicklung eines begründeten Marketingkonzepts für Ihr Unternehmen

Aus unserer Projektplanung (siehe Anlage) ergeben sich folgende Termine, die wir
Ihnen hiermit vorschlagen:

* Meilenstein 1: Ergebnisse der Stärken-/Schwächen-Analyse am 20. März ..
* Meilenstein 2: Ergebnisse der Kundenbefragung am 10. April 20..
* Abgabe sämtlicher Projektergebnisse und Projektpräsentation am 24. April ..

Für die Reise- und Sachmittelkosten stellen wir Ihnen 120,00 EUR (siehe Kostenplan) in Rechnung, die Bezahlung erfolgt bei Übergabe des vollständigen Projektergebnisses in Ihrem Hause.

Das Angebot ist gültig bis 15. März 20... Abweichende Vertragsbestandteile bedürfen der Schriftform.

Mit freundlichem Gruß

Michaela Musterfrau

Anlagen:

* Lastenheft des Auftraggebers
* Entwurf Projektergebnis: Grobgliederung Marketingkonzept
* Projektstrukturplan
* Projektablaufplan mit Meilensteinterminen
* Kostenplan
* Kontaktliste Ansprechpartner

Sachwortverzeichnis

A

Abbau von Überstunden 302
ABC-Analyse 211
abfallwirtschaftliche Produktver-
  antwortung 64
Ablaufcontrolling 489
Ablauforganisation 38
Ablaufverfahren der Personal-
  beschaffung 274
Abnahme des Projektergebnisses
  501
Abnahmeprotokoll 501
Above-the-line 128
Absatz 135, 137
Absatzpotenzial 106
Absatzprogramm 138
Absatzvolumen 106
Absatzweg 118
Absatzwerbung 123
Abschlussbericht 503
Abschlussbesprechung 501
Abschlusskalkulation 500
Abschlusspräsentation 500
absoluter Direktabsatz 118
Abwandlungen 150
adaptive Preispolitik 110
AIDA-Schema 124
Akkordlohn 290
Akkordrichtsatz 290
Akkordzuschlag 290
Akkordzuschlag 290
Aktienarten 354
Aktivitätenliste 463
Amortisationsdauer 328
Analogie-Schätzverfahren 473
analytische Verfahren 288
Änderungen im Arbeits- und
  Sozialrecht 272
Änderungsmanagement 486
Anforderungsbezogene
  Vergütungsgestaltung 286
Anforderungskatalog 448, 450
Anforderungsprofil 270
Anlässe der Personalbeurteilung
  291, 292
Annuität 332
Annuitätenmethode 332
Anonyme Ware 89
Ansatzpunkte der Personal-
  beurteilung 291
Ansatzpunkte für die Mitarbeiter-
  beurteilung 292
anthropometrische Arbeitsplatz-
  gestaltung 286
Anwender 499
Arbeit 24
Arbeitsablaufplanung 167
Arbeitsbewertung 289
Arbeitsfolgeplan 170
Arbeitsfolgeplanung 170
arbeitsorganisatorische Anforde-
  rungen 286
Arbeitspaketbeschreibung 463,
  464
Arbeitspakete 463
Arbeitspläne 168
Arbeitsplatzgestaltung 284
Arbeitsschutz 285
Arbeitsteilung 141
Arbeitstrukturierung 163
Arbeitsumgebung 285
Arbeitsverteilung 194
Arbeitsverträge 281
Arbeitsverwaltung 278
Arbeitswert 287, 289

Arbeitswissenschaftliche
  Anforderungen 285
Arbeitszeit 282
Arbeitszeitregelungen 282
Arbeitszerlegung 141
Arbeitszufriedenheit 263, 285
Assessment-Center 279
Assessment-Center-Verfahren 294
ationalisierung 407
Aufbauorganisation 38
Aufgaben der Personalwirtschaft
  261
Aufgabenanalyse 38
aufgabenbezogene Organisation
  263
Aufgabenbild 267
Aufgabenverteilung 263
Aufgabensynthese 40
Aufhebungsverträge 302
Auftraggeber 486
Auftrags- und Terminwesen 184
Auftragsumwandlung (Auftrags-
  neustrukturierung) 184
Ausbildender 296
Ausbildereignungsverordnung 295
Ausbildungsbeauftragte 295, 296
Ausbildungsordnung 295
Ausbildungsplatz 296
Ausbildungsrahmenplan 295
Außen- und Verkehrsmittel-
  werbung 125
Außendienstberichte 78
Außenfinanzierung 340
außerbetriebliche Personal-
  beschaffung 275
Auswahl der Ausbildungsplätze
  296
Auswahlentscheidung 280
Auszubildende 295
Automation 166
autoritativer Führungsstil 305

B

Balanced Scorecard 294
Balkendiagramm 467, 468
Barkapitalwertmethode 329
Barwert der Investition 329
Bauart 240
Baukastenprinzip 157
Baukastensystem 140
Baustellenfertigung 164
Bayes-Regel 436
Bearbeitungszeiten 424
Bedarfsplanung 181
Bedingungsfaktoren 281
Bedingungsfaktoren des Personal-
  einsatzes 281
Befragung 82
Belastung am Arbeitsplatz 289
Belastungsanpassung 178
Belegwesenplanung 181
Below-the-line 128
Benchmarking 430
Beobachtung 83
Bernoulli-Prinzip 437
Berufsbildungsgesetz 295
Berufsordnungsmittel 295
Beschaffung 24, 135, 200
Beschaffungs-Homepage 230
Beschaffungsalternativen 274
Beschaffungsinstrumente 274
Beschaffungskonzepte 222
Beschaffungslogistik 200
Beschaffungsmärkte 274
Beschaffungsmarktforschung 208

Beschaffungsort 274
Beschaffungsprozess 207
Beschaffungszeit 275
Beschäftigungsgrad 175
Bestandsorientierte Finanzanalyse
  342
Bestimmungsfaktoren des
  Personalbedarfs 270
Betrieb 17
Betriebliche Geschäftsprozesse 25
Betriebliche Organisations-
  strukturen 272
betrieblicher Ausbildungsplan 296
betriebliches Umweltinformations-
  system 66
Betriebsdaten 142
Betriebsdatenerfassung 142
Betriebsgrößeneffekt 405
Betriebskosten 318
Betriebsmittel 24
Betriebspyramide 43
Betriebsstoffe 24
Betriebswirtschaftliche
  Entscheidungen 34
Betriebswirtschaftslehre 13–16
Betriebswirtschaftslehre 54
Beurteilungsgespräch 293 f.
Bevölkerungsentwicklung 271
Bewerber-Vormerk-Datei 277
Bezugsrecht 356
Bilanz 66
biografische Fragebögen 294
Blindleistung 424
Blocklager 246
Bodenlager ohne Lagerhilfsmittel
  246
Bottom-up-Verfahren 473
Brainstorming 96
Branchenanalyse 378
Break-even-Analyse 96
Break-even-Point 96, 109
Bruttopersonalbedarf 272 f.
Bücher'sche Gesetz 404
Budgetierung 269
Bulletin Board/Schwarzes Brett
  231
Bundes-Immissionsschutzgesetz
  58
Bundesagentur für Arbeit 278
Bundling 395
Business Migration 397
Business Mission 371
Business Process Reengineering
  432 f.

C

CAD 143
CAE 143
CAM 143
CAP 143
CAQ 144
Cash Cows 387
Cashflow 312, 348
Center-Konzept 47
Chancen-Risiken-Analyse 383
Change Management 373
chaotische Lagerhaltung 257
Chargenfertigung 159
CIM 142
CIP 142
clean-technology 55
College Recruiting 278
Controlling 35
Convenience goods 88
Copytest 127

Corporate Behaviour 132
Corporate Communication 132
Corporate Design 132
Corporate Identity 132
Cost Center 47
Cross-Selling 394

D

Darlehensarten 360
Darstellung der Personalsituation,
  qualitativ 267
Darstellung der Personalsituation,
  quantitativ 267
Darstellung des qualitativen
  Aspektes 269
Darstellung des quantitativen
  Aspektes 268
Datenbanken 79 f.
Datenverarbeitung 142
Degenerationsphase 92, 103
Design 98
Design of Experiments 425
Desinvestition 314, 339
deskriptive Entscheidungstheorie
  16
Deterministische Entscheidungen
  435
Dezentrale Lager 243
diagonale Diversifikation 397
Dienstleistungswerbung 124
differenzierte Teilmarktbearbeitung
  401
differenzierte Totalmarktbearbei-
  tung 400
Direktabsatz 118
Direktansprache 277
Discountgeschäft 122
Distributionspolitik 117
Diversifikation 149
Diversifikation 396
Divisionale Organisation 264
Divisionale Organisations-
  strukturen 46
Divisionen 46
Dose 64
Dual Sourcing 226
Durchführbarkeitsanalyse 450
Durchlauf-Regal 250
Durchlaufzeitenplanung 171
Durchleuchtungskontrolle 198
durchschnittliche Kapazität 175
durchschnittliches Markt-
  wachstum 386
Dynamische Lager 245
dynamische Verfahren 329
dynamisches System 19

E

E-Procurement 230
Economies of Scale 406
Economies of Scope 407
effektive Kapazität 175
Eigenfertigung 150
Eigenfinanzierung 341
Eigenkapitalrentabilität 344
Eigenkontrolle 199
Eigentumsverhältnisse 243
Eignung 282
einfache Massenfertigung 160
Einführungsphase 92
Eingangskontrolle 199
Eingangslager 245
Einkauf 200
Einlagen- und Beteiligungs-
  finanzierung 351

Einliniensystem 44
Einstellung zur Umwelt 265
Einweg- und Mehrweg-Transport-
  system 66
Einwegpfand 64
Einwegverpackung 64
Einzelbeschaffung 222
Einzelfertigung 157
Einzelhandel 121
Einzelwerbung 124
elastische Nachfrage 107
Elektronische Beschaffungs-
  marktforschung 230
Elektronische Marktplätze 231
Elektronische Medien 125
Elementverfahren 156
End-of-Pipe-Technologien 54
Endkontrolle 199
Energieverbrauch 53
Entgeltdifferenzierung durch
  Leistungsbeurteilung 291
Entlohnung 285
Entscheidungsbaumverfahren 338
entscheidungsorientierter Ansatz
  15
Entsorgung 202
Entwurf 150
Entwurf des Projektergebnisses
  450
Erfahrungseffekte 405
Erfahrungskurve 405
Ergebniscontrolling 491
Erhebungsmethode 82
erklärungsbedürftige Produkte 88
Eroberung 394
Errichtungsanalyse 38
Ersatzteillager 245
Ersparnisprämie 291
Erwartungshaltung 282
Erwartungswert-Streuungs-Prinzip
  436
Erzeugungsverfahren 155, 156
ethisch-normative ökologische
  Betriebswirtschaftslehre 54
EU-Öko-Audit-Verordnung
  (EMAS – VO) 203
Europäische Kommission 65
Experiment 83
externe Faktoren des Personal-
  bedarfs 271
Externe Projekte 441
Externes Benchmarking 431

F

Fachboden-Regal 247
Fachgeschäft 121
Fachmarkt 122
Factoring 361
Factory-Outlets 122
Fähigkeitsprofil 270
faktortheoretischer Ansatz 15
Fehlleistung 424
Feinterminierung 189
Feldbeobachtung 83
Feldexperiment 84
Fertigungsablaufplanung 167
Fertigungsgruppe 161
Fertigungskette 166
Fertigungskontrolle 194
Fertigungsplanung 167
Fertigungsprogramm 25
Fertigungsprogrammplanung 147,
  150, 152
Fertigungssteuerung 183
Fertigungsstraße 166
Fertigungsstufen 151
Fertigungssynchrone Beschaffung
  223
Fertigungstiefe 150

Fertigungsverfahren 155 f.
Fertigwarenlager 245
Festplatzsystem 257
Fifo – first in, first out 239
Filo – first in, last out 239
Finanzanalyse 342
Finanzbereich 310
Finanzierung 25
Finanzierung 311, 339
Finanzierung aus Rückstellungs-
  bildung 364
Finanzierung durch Abschrei-
  bungswerte 362
Finanzierungsarten 340
Finanzierungsbegriff 339
Finanzierungsregel 344, 346
Finanzplan 316, 349
Finanzplanung 349
Finanzwirtschaft 311
Fließfertigung 162
Flop 93
Flussprinzip 162
Formalziele 262
Franchiseing 119
freie Beurteilungsform 293
freier Puffer 469
Fremdbezug 150
Fremdfinanzierung 341, 356
Frühadopter 92
Frühaufklärungssysteme 435
Frühe Folger 413
frühe Mehrheit 92
Früherkennungssysteme 434
frühester Anfangszeitpunkt 469
frühester Endzeitpunkt 469
Frühwarnsysteme 434
Führungsgrundsätze 308, 373
Führungskonzepte 303
Führungsstile 305
fünf Bedürfniskategorien 306
Funktion der Personalbestands-
  analyse 266
Funktionale Organisation 263
Funktionale Organisationsstruk-
  turen 44
Funktionales Benchmarking 431
Funktionen der Personalwirtschaft
  261
Funktionsbereiche 244
Funktionskontrolle 198
funktionsorientierte Marketing-
  organisation 72
Funktionsorientierter Projekt-
  strukturplan 467
Funktionsrabatt 115

G

Gabelstapler 254
garantierter Mindestlohn 290
Gebietsausdehnung 395
gebietsorientierte Marketing-
  organisation 74
gebundene Beurteilung 293
geknickte Nachfragekurve 108
gelbe Zone 390
Geldakkord 290
Generisches Benchmarking 432
Genfer Schema 287
Gesamtkapitalrentabilität 345
Gesamtpuffer 469
Geschäftsfelder 148
Geschäftsfeldplanung 148
Geschäftsprozesse 421
Geschäftsprozesse aus System-
  sicht 26, 27
Gesetz der Massenfertigung 163
Gesetz zur Förderung der Kreis-
  laufwirtschaft und Sicherung
  der umweltverträglichen

Beseitigung von Abfällen
  (KrW-/AbfG) 58
Gestaltung der Arbeitsaufgabe
  283
Gewinnschwelle 96
Gewinnthesaurierung 361
Gewinnvergleichsrechnung 324
Global Sourcing (International
  Sourcing) 224
Grobterminierung 189
Großhandel 121
Grundformen der Arbeits-
  bewertung 287
Grundgesamtheit 82
Grundlagen 261
Grundnutzen 87
Grüner Punkt 65
grüne Zone 390
Gruppenfertigung 161
Gruppenleiterbesprechung 485

H

Handelsmakler 120
Handelsorientierte Verkaufs-
  förderung 129
Handelsvertreter 120
Handelswarenlager 245
Handlager 245
Handlungssituationen 13
Handlungsziele 75
Harzburger Modell 304
Haushaltswerbung 124
Hifo – highest in, first out 239
hochkomplexes System 19
Hochregallager 240
Homepage 279
horizontale Diversifikation 396
horizontale Marktplätze 233
horizontale Zieleinordnung 370
House-of-Quality-Modell 425
Hubwagen 254
Humanziele 135
Hurwicz-Regel 436

I

indeterministische Entscheidun-
  gen 436
indirekter Absatz 118, 120
informationstechnische Arbeits-
  platzgestaltung 286
Informationswerbung 124
Ingenieurformel 320
Inhaberaktien 355
Innenfinanzierung 340, 361
innerbetriebliche Personalbeschaf-
  fung 275, 276
Innovatoren 92
Inputtreue 396
Inselfertigung 161
Instanzenbild 267
Instrumente der Personalbeschaf-
  fung 277
Instrumente des Projektmanage-
  ments 444
intensitätsmäßige Anpassung der
  Kapazität 178
Intensitätssteigerung 393
Interessengruppen 499
interne Faktoren des Personal-
  bedarfs 270
Interne Projekte 441
Interne Zinssatzmethode 333
interner Zinssatz 333
Internes Benchmarking 431
Internetauktion 232
Internetbörse 232
Internetgestützte Beschaffungs-
  aktivitäten 230
Internetkatalog 232

Investition 311, 313
Investitionsarten 314
Investitionsbedarf 316
Investitionsbegriff 313
Investitionsgüterwerbung 124
Investitionsplanung 315
Investitionsrechnung 317, 329
Investment Center 47
Istanalyse 447
IT-Technologie 265

J

Job Enlargement 164, 284
Job Enrichment 164, 284
Job Rotation 164, 284, 299
Job Sharing 276
Jobportale im Internet 279

K

Kaizen 145 432 f.
Kalkulationszinssatz 318, 333
kalkulatorische Abschreibungen
  318
kalkulatorische Zinsen 318, 323
KANBAN 145
Kapazitäten 151
Kapazitätsabstimmung 177
Kapazitätsausgleich 472
Kapazitätsausnutzungsgrad 175
Kapazitätserweiterungseffekt 363
Kapazitätsgruppen 472
Kapazitätsplan 471
Kapazitätsplanung 173, 177
Kapital 151
Kapitalabfluss 340
Kapitalbedarf 316, 349
Kapitaldienst 324
Kapitalerhöhungen 355
Kapitalkosten 318
Kapitalwert 329
Kapitalwertmethode 329
Kapitalwiedergewinnungsfaktor
  332
Karrierepläne 269
Karriereplanung 299
Kaufhaus 122
Kaufkraft 106
Kennzahlen 35
Kennzahlen der horizontalen
  Bilanzstruktur 346
Kennzahlen der Kapitalstruktur
  344
Kennzahlen zur Finanzierungs-
  struktur 344
Kennzahlen zur Vermögens-
  struktur 343
Kernkompetenz 373
Kernprozesse 19, 26
Key-Account-Manager 73
Kick-off-Meeting 454
Kommissionär 120
Kommunikationspolitik 123
Komplexität 422
Konditionenpolitik 114
konjunkturelle Schwankungen 271
Konkurrenzverdrängung 393
Konkurrenzvorteil 402
Konsignationslager 245
Konstruktion 150
Konsumgüterwerbung 124
Kontinuierliches Benchmarking
  431
Kontrahierungspolitik 104
konzentrierte Kostenführerschaft
  412
konzentrierte Leistungsführer-
  schaft 411
Kooperationsprinzip 58
kooperativer Führungsstil 305

Korrekturverfahren 338
Kosten 54
Kostencontrolling 490
Kostendegression 159, 404
Kostenplan 473
Kostenrechnung 79
Kostenschätzungen 473
Kostenstellenrechnung 196
Kostenüberwachung 195
Kostenvergleichsrechnung 318
Kostenziel 449
Kragarm-Regal 249
Krananlagen 255
Kreditpolitik 116
Kreditwürdigkeit 344, 357
kritische Menge 321
kritischer Weg 470
Kultur 372
Kultursponsoring 132
Kulturwandel 373
Kunden- oder Lieferantenkredite
116
Kundenbindung 393
Kundenlieferanteil 393
kundenorientierte Marketing-
organisation 73
Kundenorientierung 70
Kundenpartizipation 394
Kündigung 302
künstliches System 18
Kurzarbeit 302
kurzfristige Kreditformen 359

L
Laborbeobachtung 83
Laborexperiment 84
Lade-, Hebe- und Fördermittel 254
Lagerarten 239
Lagereingang 234
Lagereinrichtung 245
Lagerhaltung 24, 233
Lagerkosten 186, 244
Lagerorganisation 256
Lagerplan 257
Lagerplatznummer 257
Lagertechnik 245
Lagerung 237
Lagerzonen 256
langfristige Preisuntergrenze 110
Längsschnittvergleich 420
Laplace-Regel 436
Lasswell-Formel 126
Lastenaufzüge 255
Lastenheft 450
Laufkräne 255
Lean Management 144, 417
Lean Production 144, 423
Leasing 361
Leiharbeit 302
Leistungsbedingungen 292
Leistungsbereich 310
Leistungsbereitschaft 292
Leistungsbezogene Vergütungs-
gestaltung 289
Leistungsbild 267
Leistungserstellung 24, 134
Leistungserstellungsprozess 25
Leistungsfähigkeit 292
leistungsorientiert 304
Leistungsorientierung 304
leistungsreagible Lohnform 289
Leistungsverwertung 25
Leitungskompetenzen 41
Leitungsspanne 43
Leitungstiefe 43
Lernbereitschaft 263
Leseranalyse 125
Leverage Effekt 345
Lieferantenanalyse 228

Lieferantenauswahl 226, 229
Lieferantenbewertung 226, 227
Lieferanteneingrenzung 228
Lieferantenkontrolle 227
Lieferantenverhandlung 229
Liegezeiten 424
Lifo – last in, first out 239
LIM-Modell 429
Linie 265
Linienfertigung 161
Liquidationserlös 323
Liquidität 312, 341
Liquiditätseffekt 362
Local Sourcing 225
Lofo – lowest in, first out 239
Lohmann-Ruchti-Effekt 363
Lohngruppenverfahren 288
Losgröße 185
Lösungskonzept 450
Low-Involvement-Produkte 89

M
magische Nutzen 88
Make-or-Buy-Entscheidungen 150
Managementwerkzeuge 426
Managerial Grid 304
Manuelle Fertigung 166
Markenartikel 89
Markenstrategien 90
Marketing 70
Marketing-Mix 85
Marketingentwicklung 69
Marketinginstrument 85
Marketingkonzeption 76
Marketingstrategie 76
markierte Ware 89
Marktabdeckung 398
Marktanalyse 77
Marktanteil 106
Marktattraktivität 389
Marktausstrittsschranken 399
Marktbeobachtung 77
Marktdurchdringung 393
Markteintrittsschranken 398
Marktentwicklung 395
Markterweiterung 393
Marktfeld 392
Marktformen 106, 107
Marktforschung 77
Marktforschungsbericht 85
Marktforschungsinstitut 80
Marktführer 408
Marktherausforderer 408
Marktinformationsbeschaffung 69
Marktmitläufer 409
Marktnischenanbieter 409
Marktorientierung 25
Marktparzellierung 400
Marktpolarisierung 403
Marktpotenzial 97, 106
Marktprognose 77
Marktschaffung 395
Markttest 84, 101
Marktverhalten 408
Marktvolumen 98, 106
Maschinenbelegung 189
Maschinenbelegungsplanung 190
Maschinisierung 166
Maslow 306
Massenfertigung 158, 159
Maßnahmen des Personalabbaus
302
Material- und Warenwirtschaft 24
Materialbedarfsplanung 182
Materialwirtschaft 200
materialwirtschaftliches Optimum
200
Matrix-Organisation 264
Matrix-Projektorganisation 51

Matrixorganisation 48
maximalen Kapazität 174
Maximax-Regel 436
Mechanisierung 166
Mediadaten 125
mehrfache Massenfertigung 160
Mehrfachfertigung 158
Mehrheitswerbung 124
Mehrliniensystem 44
Mehrwegsystem 68
Meilenstein 449
Meilenstein-Trend-Analyse 489
Mengenleistungsprämie 291
Mengenrabatt 115
Merchandising 129
Merkmale der Stelle 281
Messen 120
Millimeterpreise 125
Mindestkapazität 175
Minimax-Regel 436
Minutenfaktor 290, 291
Mission 371
Mitarbeiter-Portfolios 270
Mitarbeiterbeurteilungen 269
Mitarbeiterorientierung 304
Mitarbeitervergütung 286
Modalwert 436
Modifikator 414
Modular Sourcing 223
Monomarkenstrategie 90
Monopol 107
Motivation der Mitarbeiter 306
MRO-Güter 233
Multiple Sourcing 226

N
Nachbesserungsmaßnahmen 501
Nachkalkulation 195
nachsorgend bzw. defensiv 54
Nachzügler 92, 415
Näherungsverfahren 187
Namensaktien 355
Nettopersonalbedarf 273
Netzplan 467
Netzplantechnik 469
Neun-Felder-Portfolio 389
Neuplanungen 181
nicht finanzielle Investitions-
rechnung 335
Non-Profit-Projekte 440
Normalkapazität 175
Normalleistung 290
normative Entscheidungstheorie
16
Normung 138
Nutzleistung 423
Nutzungsprämie 291
Nutzwertanalyse 218, 335
Nutzwerte 335

O
Objektanalyse 39
objektorientierte Stellenbildung
206
Objektorientierter Projektstrukturplan 466
Offenes Benchmarking 431
offensive Preispolitik 110
Offline-Datenbanken 80
Ökobilanz 66, 67
Ökologie 53, 56
ökologieorientierter Ansatz 54
ökologisch orientierte Arbeitsplatzgestaltung 286
ökologische Buchführung 66
ökologische Unternehmenspolitik
56, 57
ökologische Verbraucherpolitik 57
Ökonomie 53

Ökosystem 56
Oligopol 107
Online-Datenbanken 80
Online-Shopping 122
Operationalisierte Unternehmens-
ziele 59
operative Analyse 33
operative Planung 31
Operatives Controlling 36
Optimale Bestellmenge 221
optimale Kapazität 174
optimale Losgröße 158, 186, 187
optimaler Verschuldungsgrad 346
Optimum-Strategy-Report 430
Organigramm 43
Organisation 37
Organisationsstruktur 72
Organisationstypen 160
Organisationstypen der Fertigung
156
organisatorische Herausforderun-
gen 265
Outpacing-Konzept 416
Outplacement 300, 303
Outplacement-Beratung 300
Outplacement-Councelling 303
Outputtreue 397
Outsourcing 302 f., 428
Overheads 405

P
Paletten-Hochregal 248
Paletten-Regal 247
PAR-Report 429
Parametrische Kostenschätzung
473
Partie- und Chargenfertigung 159
Partiefertigung 159
Partizipation am Mitbewerb 396
Paternoster-Regallager/Umlauf-
regale 252
patriarchalischen Führungsidee
304
Pay-back-Methode 328
Pay-off-Methode 328
Penetrationspreisstrategie 113
Personal-Service-Agenturen 278
Personalabbau 300
Personalausbildung 295
Personalauswahl 279
Personalbedarf, externe Faktoren
271
Personalbedarf, interne Faktoren
271
Personalbedarfsplanung 270
Personalberater 278
Personalbeschaffung 273
Personalbestandsanalyse 265
Personalbestandsentwicklung 273
Personalbestandsstatistik 268
Personalbewegungsstatistik 268
Personaleinarbeitung 281
Personaleinsatz 281
Personaleinsatzplan 283
Personaleinstellung 281
Personalentwicklung 296
Personalentwicklung along-the-job
299
Personalentwicklung into-the-job
298
Personalentwicklung near-the-job
299
Personalentwicklung off-the-job
299
Personalentwicklung on-the-job
298
Personalentwicklung out-of-the-
job 300
Personalentwicklungspläne 269 f.

Personalführung 303, 307
Personalinformationssysteme (PIS) 269
Personalkostenstatistik 268
Personalleasing 276
Personalreferentensystem 264
Personalsituation, qualitative Darstellung 267
Personalsituation, quantitative Darstellung 267
Personalzeitstatistik 268
Personalzusatzkosten 269
persönliche Nutzen 88
Pfandpflicht 64
Pfandrückgabe 65
Phasenanalyse 39
physiologische Arbeitsplatz-gestaltung 286
physische Distribution (Distributionslogistik) 122
Picks 239
PIMS-Studie 429
Pionier 412
Planabweichung 488
Planung 31
Planung des Betriebsmittelbedarfs 181
Policy Deployment 294
Polypol 107
Poor Dogs 387
Portalkräne 255
Portfolio 269
Portfolioansätze 338
Post-Test 83
potenzielle Verbraucher 98
PPS 143
Präferenzposition 402
Präsenzstreckung 395
Präventionssysteme 434
Präventives Outpacing 416
Praxisbezug 13
Pre-Test 83
Preis-Mengen-Position 403
Preisdifferenzierung 111
Preiselastizität 107
Preisflexibilität 114
Preisindex 105
Preiskonstanz 114
Preisniveau 104
Preispolitik 104
Preispolitische Strategien 112
Preisstrukturanalyse 219
Premiumpreisstrategie 113
Primäraufgaben 40
Primärbedarf 183
Primärmarktforschung 81
Printmedien 125
Prinzip der verlängerten Werkbank 150
Prioritätsregel 192
proaktives Outpacing 417
Problemanalyse 446
Problembeschreibung 447
problemlose Produkte 88
Problemweckung 396
Product-Placement 131
Product-Publicity 131
Produkt- und Programmanalyse 90
Produkt-/Produktionsprogramm-planung 145
Produktarten 88
Produktbegriff 87
Produktdifferenzierung 94, 149
Produktdiversifikation 94, 149
Produktdokumentation 493
Produkteliminierung 87, 103
Produktentwicklung 100, 395
Produkterweiterung 394

Produktforschung 149
Produktgruppen 148
Produktidee 94
Produktideen 148
Produktinnovation 87, 93, 148
Produktion 134, 137
Produktion 56, 62
Produktionsfaktoren 134, 188
Produktionsfaktoren 24
Produktionsorientierung 70
Produktionsplan 145
Produktionsprogramm 138
Produktionsprogramm 272
Produktionstechniken 156, 165
Produktionstypen 156, 157
Produktionswirtschaft 134, 135
Produktivität 262
Produktkonzeption 97
Produktlebenszyklus 91
Produktmanager 73
Produktmodifikation 87, 101
produktorientierte Marketingorga-nisation 72
Produktpolitik 86
Produktportfolio 91
Produktpositionierung 98
Produktprogramm 146
Produktrelaunch 93, 101
Produkttest 100
Produktvariation 149
Produktverpackung 99
Produktwandel 395
Profilabgleiche 269 f.
Profit Center 47
Programmbreite 25
Programmplanung 152, 154
Programmtiefe 25
Progressive Kalkulation 109
Projektablaufplan 467
Projektabschluss 498
Projektanfangstermin 470
Projektarbeit 284
Projektaufgaben 299
Projektauftrag 451
Projektbudget 451, 473
Projektcontrolling 484, 489
Projektdefinition 445
Projektdokumentation 484, 492
Projektdurchführung 483
Projekte 50
Projektinformationssystem 453
Projektinfrastruktur 453
Projektkoordination 51
Projektleiter 451
Projektleitung 52
Projektmanagement 439
Projektmarketing 500
Projektname 451
Projektordner 453
Projektorganisation 452
Projektphasen 443
Projektplanung 462
Projektreflexion 502
Projektressourcen 471
Projektsteuerung 484
Projektstrukturplan 465
Projektteam 452
Projektvertrag 451
Projektziele 448
Promotionspreisstrategie 114
Prozess 421
Prozessbeherrschung 422
Prozessdokumentation 492
Prozessfähigkeit 422
Prozessmanagement 421
Prozesstreue 396
Prozessuale Verbesserung 424
Prüfcheckliste 420

psychologisch orientierte Arbeits-platzgestaltung 286
psychologische Preisfestsetzung 111
Public Relations 130
Puffer 468
Punktbewertungsverfahren 420

Q
Qualifikationsfördernde Arbeits-strukturierung 299
Qualifizierte Beratung 300
qualitative Anpassung 178
qualitative Kapazität 176
Qualitätskriterien 474
Qualitätsplan 474
Qualitätsprämie 291
Qualitätssicherung 475
Qualitätsüberwachung 197
Qualitätsüberwachung nach dem Prüfer 199
Qualitätsüberwachung nach dem Zeitpunkt 199
Qualitätsüberwachung nach den Messkriterien 199
Qualitätswerkzeuge 425
Qualitätsziele 474
Qualitätszirkel 299, 424
Quality Function Deployment 425
quantitative Kapazität 173
quantitative Kapazitätsanpassung 178
Querschnittvergleich 420
Question Marks 387

R
Rabattpolitik 115
Rahmenorganisation 452
Ranganalyse 39
Rangfolgeverfahren 288
Rangreihe 289
Rangreihenverfahren 288
Rationalisierungsmaßnahmen 138, 140 f.
Recalltest 127
Recognitiontest 127
Recycling 60, 61, 63
REFA-Methodenlehre 287
Regallager 246
Regelkreis 194
Reifephase 92
Reihenfertigung 158, 161
reine Projektorganisation 51 f.
Reisender 119
relative Wettbewerbsstärke 389
Relativer Deckungsbeitrag 154
relativer Direktabsatz 118
relativer Marktanteil 386
Relaunch 101
relevanter Markt 375
Rentabilität 262, 311
Rentabilitätsformel 327
Rentabilitätsvergleichsrechnung 326
Report on Look-Alikes 430
Retrograde Kalkulation 109
Risiko 338
Risikoanalyse 338
Risikozuschlag oder -abschlag 338
Rohstoffe 24, 53, 62
Rohstoffverbrauch 60
rote Zone 390
Rücknahmeverpflichtung 63
Rückwärtsintegration 150
Rückwärtsrechnung 470
Ruhestandsvorbereitung 300
Rüstkosten 186
Rüstzeiten 424

S
Sachleistungswerbung 124
Sachziele 135, 449
saisonale Besonderheiten 271
saisonaler Beschäftigungsrück-gang 301
Sättigungsphase 92
Savage-Niehans-Regel 436
Schaden-Nutzen-Analyse 67
Schüttgut 238
Scoring-Modelle 336
Sekundäraufgaben 40
Sekundärbedarf 183
Sekundärmarktforschung 78
Selbstfinanzierung 340, 361
Selbstkosten 197
Sensitivitätsanalyse 338
Serienfertigung 158
Set-Alternative 395
Shopping goods 89
Sicherheit 312, 357
sicherheitstechnisch orientierte Arbeitsplatzgestaltung 286
Sicherungsfunktion 237
Sichtkontrolle 198
Simultaneous Engineering 424
Single Sourcing 226
Sitzungsablauf 485
Skaleneffekte 404
Skalierung 335
Skimmingstrategie 113
Soll-Ist-Vergleich 194, 472
Sonderbericht 493
Sortenfertigung 158
Sortierungsfunktion 238
Sortiments- oder Dachmarken-strategie 90
Soziale Formalziele 263
sozio-technisches System 19
soziologische Nutzen 88
Soziosponsoring 132
Sparten 46
späte Mehrheit 92
spätester Anfangszeitpunkt 469
spätester Endzeitpunkt 469
Speciality goods 89
Spekulationsfunktion 238
Spezialgeschäft 121
Spezialisierung 140, 283
Speziallager 240
Sponsoring 131
Sportsponsoring 132
Stabliniensystem 45
Stammaktien 354
Standort 242
Stärken-/Schwächen-Analyse 29, 382
Stars 387
Statische Amortisationsrechnung 328
Statische Lager 245
Statische Verfahren der Investi-tionsrechnung 317
Statistische Prozessregelung 425
Statusbericht 493
Stelle 41, 281, 283
Stellen-/Personalbedarfsplanung 183
Stellenanzeigen 278
Stellenarten 41
Stellenausschreibung 277
Stellenbeschreibung 43, 266
Stelleninhaber 40
Stellenplan 266
STEPP-Analyse 377
Stetigförderer 255
Stichprobenkontrolle 198
stochastische Investitionsmodelle 338

stochastisches System 19
Stoffkreisläufe 60
Store-Test 101
störende Umwelteinflüsse 285
Straßenfertigung 161
Strategie 368
Strategiebewertung 420
Strategische Bilanz 29
Strategische Geschäftseinheit 376
Strategische Gruppe 375
Strategische Planung 31
Strategische Unternehmensziele 59
Strategisches Controlling 35
Strategisches Geschäftsfeld 375
Strategisches Spielbrett 401
Strategy-Analysis-Report 430
Strukturanalyse 470
strukturelle Wandlungen 301
Stückgut 238
Stufenwertzahlverfahren 288
Stützleistung 423
Submix-Bereich 85
Substitutionsgüter 107
Suggestivwerbung 124
summarische Verfahren 287
Supply Chain Management (SCM) 201
SWOT-Analyse 384
System 55
System der Unternehmung 17 f.
Systematische Arbeitsplatz-
    wechsel 299
Systematische Arbeitsunter-
    weisung 298
Systembeziehungen 18
Systemelemente 18
systemtheoretischer Ansatz 15
Systemwechsel 393

T
Taktzeit 162
Tariflohn 290
task force 299
Teamarbeit 284
Teambesprechung 485
technische Kapazität 174
technischer Fortschritt 406
Technologische Entwicklungen 272
Technoökosystem 59
Teilautonome Gruppen 284
Teilefamilie 140, 157
Teilerhebung 81
Teilzeitverträge 302
Teleshopping 122
Terminbearbeitung 189
Termincontrolling 489
Terminplan 467
Terminüberwachung 195
Terminziel 449
Testmarkt 101
Totalkapazität 176
traditionelle Organisations-
    strukturen 265
Transportplanung 179
Transportzeiten 424

Treuerabatt 116
Typung 139

U
übergeordnete Ziele 75
Überwachung der Kapazitäts-
    auslastung 195
umfassende Kostenführerschaft 410
umfassende Leistungsführerschaft 411
Umfeldanalyse 377
Umfeldorientierung 59
Umfeldorientierung 70
Umlaufregal 252
Umsetzungskompetenzen 40
Umwelt 53, 54, 55
Umweltbedingungen 16
umweltgerechten Produktions-
    gestaltung 59
Umweltökonomie 53
Umweltprotokoll 66
Umweltrecht 57
Umweltschutz 54 f., 57 f.
Unabhängigkeit 312
Unbundling 395
undifferenzierte Teilmarktbearbei-
    tung 400
undifferenzierte Totalmarktbear-
    beitung 400
unelastische Nachfrage 107
Ungewissheit 338
Unsicherheit 337
Unternehmensanalyse 75
Unternehmensexterne Distribu-
    tionsorgane 120
Unternehmenshierarchie 264
Unternehmensinterne Distribu-
    tionsorgane 119
Unternehmenskultur 372
unternehmensphilosophisches
    Konzept 56
unternehmensspezifischen
    Ausgangslage 69
Unternehmenswerbung 124
Unternehmung 17
Unterstützungsprozesse 26
Unterziele 76
Up-Selling 394
Ursachen des Personalabbaus 301
Ursachenanalyse 448
USP (unique selling proposition) 98

V
Value Analysis (Wertanalyse) 215
Value Engineering 216
Veränderungsplanungen 181
Verantwortungsarten 41
Verbraucherorientierte Verkaufs-
    förderung 129
Veredelungsfunktion 238
Verfahren der Personalbeurteilung 293
verhaltenstheoretischer Ansatz 15

Verkäuferorientierte Verkaufsför-
    derung 129
Verkaufsförderung 128
Verkaufsniederlassung 119
Verkaufsorientierung 70
Verpackungsbegriffe 64
Verpackungsverordnung 63
Verrechnungssätze 473
verrichtungsorientierte Stellenbil-
    dung 206
Versandhandel 122
Versandlager 245
Verschiebe-Regal 252
Vertikale Diversifikation 397
Vertikale Marktplätze 233
vertikale Zieleinordnung 370
Vertragshändler 119
Verursacherprinzip 57
Vier-Stufen-Methode 298
Virtuelle Organisation 265
Vision 371
Vollautomation 166
Vollerhebung 81
Vollkontrolle 198
Vorauswahl in verschiedenen
    Schritten 280
Vorauswahlverfahren 280
vorbeugende/vorsorgende bzw.
    offensive 54
Vorfeldanalyse 486
Vorgabezeit 291
Vorgangsknoten 469
Vorgangsliste 467
Vorproduktlager 245
Vorratsbeschaffung 222
Vorsorgeprinzip 57
Vorteile außerbetrieblicher
    Personalbeschaffung 277
Vorteile innerbetrieblicher
    Personalbeschaffung 276
Vorwärtsintegration 150
Vorwärtsrechnung 470
Vorzugsaktien 354

W
Waben-Regal 250
Wachstumsphase 92
Warenhaus 122
Wasserhaushaltsgesetz 58
Werbebudget 126
Werbeerfolgskontrolle 127
Werbemittel 125
Werbeobjekt 124
Werbestratigie 126
Werbesubjekt 124
Werbeträger 125
Werbeziele 124, 126
Werkstattfertigung 160
Werkstoffe 24
Werkstofflager 245
Werkzeuglager 245
Wertanalyse 215
Wertekreislauf 62
Wertewandel 265, 271
Wertkette 15
Wertkettenanalyse 426
Wertschöpfungskette 426

Wertschöpfungskettengestaltung 428
Wertschöpfungskettenverschrän-
    kung 428
Wertstoff 61
Wertziele 135
Wettbewerbsorientiertes Bench-
    marking 431
Wettbewerbsorientierung 70
Wettbewerbssituation 77
Wirtschaftliche Formalziele 262
wirtschaftliche Kapazität 174
Wirtschaftlichkeit 151, 262
Wirtschaftlichkeitsanalyse 96

X
XYZ-Analyse 214

Z
Zahlungsbedingungen 116
Zahlungsfrist 116
Zahlungsunfähigkeit 312
Zahlungsverkehr 311
Zahlungsweise 117
Zahlungsziel 116
Zeitabfolge 412
Zeitakkord 290
Zeitbezug 370
zeitliche Kapazitätsanpassung 177
Zeitlohn 289
Zeitrabatt 115
Zeitüberbrückungsfunktion 237
Zentrale Lager 242
Zentralisation der Entscheidungen 45
Zerstörungskontrolle 198
Zielausmaß 370
Zielbeziehungen 21
Ziele 20, 32
Zieleinheit 370
Zielfunktionen 448
Zielgewichtung 370
Zielgruppenanalyse 91
Zielharmonie 76
Zielinhalte 20, 370
Zielkomponenten 449
Zielkonflikte 21, 76
Zielneutralität 76
Zielobjekt 370
Zielraumerstreckung 370
Zielrichtung 370
Zielsetzung 297
Zielsetzung der Personalwirtschaft 261
Zielsetzungen der Arbeitsplatz-
    gestaltung 284
Zielsystem 369
Zielsysteme 20, 23
Zufriedenheit mit den
    Bedingungen des Arbeits-
    platzes 263
Zusatznutzen 87
Zusatzverkäufe 394
Zweckbeziehungen 40
Zwischenkontrolle 199
Zwischenlager 245
Zwischenziele 76